Bernhard Kugler

Geschichte der Kreuzzüge

Bernhard Kugler

Geschichte der Kreuzzüge

ISBN/EAN: 9783741183904

Hergestellt in Europa, USA, Kanada, Australien, Japan

Cover: Foto ©ninafisch / pixelio.de

Manufactured and distributed by brebook publishing software (www.brebook.com)

Bernhard Kugler

Geschichte der Kreuzzüge

Geschichte der Kreuzzüge.

Von

Dr. Bernhard Kugler,
Professor an der Universität Tübingen.

Mit Illustrationen und Karten.

Berlin,
G. Grote'sche Verlagsbuchhandlung.
1880.

Heinrich von Sybel

in herzlicher Verehrung und Dankbarkeit

zugeeignet.

Vorwort.

Ich habe mir erlaubt, diesem Buche Sybels Namen voran zu stellen aus persönlichen wie aus sachlichen Gründen. In herzlicher Dankbarkeit erinnere ich mich der frohen Tage meiner Jugend, als Sybel mich in das Studium der Geschichte und zwar der Geschichte der Kreuzzüge einführte. Außerdem aber bewegt mich der Wunsch, diejenigen Leser dieses Buches, die Laienkreisen angehören, nachdrücklich darauf hinzuweisen, daß wir vor allem Sybels einstigen Forschungen zur Geschichte der Kreuzzüge das kritisch begründete und gesicherte Verständniß dieser wundersamen Wallfahrten verdanken, dessen wir uns heute erfreuen. Denn Sybel hat zuerst in methodischer Weise, nach den „Gesetzen der historischen Kritik", die Geschichte der Kreuzzüge behandelt und dadurch die Straße geebnet, auf der seine Nachfolger ungehemmt fortschreiten und mit leichterer Mühe das Gebiet unserer Kenntnisse vermehren konnten.

Große Kreuzzüge, denen die Ehre einer Zahlbezeichnung zu Theil wurde, rechnete man bisher eine wechselnde Menge. Ziemlich fest eingebürgert haben sich nur der erste Kreuzzug von 1097, der zweite von 1147, der dritte von 1189, der vierte von 1204. Prüft man diese Zahlbezeichnungen auf ihren wahren Charakter, so erkennt man leicht, daß es sich hier weniger um Zahlen, als um eine Art von Eigenschaftswörtern handelt. Der Kreuzzug von 1101, der Masse der Pilger nach einer der bedeutendsten von allen, ist in dieser Liste nicht aufgeführt; ebensowenig der gleichfalls ansehnliche Kreuzzug von 1197, während bie mit nicht größeren Kräften unternommene Pilgerfahrt von 1204 die Auszeichnung einer Zahl genießt. Der Kreuzzug von 1101 ist aber beinahe in seinem Beginne gescheitert und bildet somit fast nur ein trauriges Nachspiel der ruhmreichen Heerfahrt von 1097: die Ereignisse von 1197 entbehren ebenfalls einer klar hervortretenden selbständigen Bedeutung: der Zug von 1204 nimmt dagegen ein eigenartiges Interesse für sich in Anspruch. Unter dem ersten Kreuzzuge fassen wir also die Kriegsthaten zusammen, deren Mittelpunkt die Eroberung Jerusalems bildet. Als zweiten Kreuzzug bezeichnen wir die Erhebung Europas, die durch den Verlust Edessas, durch den beginnenden Sturz der Kreuzfahrerstaaten hervorgerufen worden ist. Der dritte Kreuzzug ist die Antwort Europas auf den Sieg Saladins über Jerusalem. Der vierte Kreuzzug, wie geringfügig an sich, ragt hervor durch die Eroberung Konstantinopels und die Gründung des lateinischen Kaiserreiches.

Gliedern wir auch den Ueberrest der Kreuzzüge in demselben Geiste, der in diesen Zahlbezeichnungen waltet, so dürfte sich empfehlen, alle Ereignisse, die aus den Jahren 1212 bis 1230 in unser Gebiet gehören, unter dem Namen des fünften Kreuzzuges zusammen zu fassen. Eine Bewegung durchströmt diese Jahre, von Papst Innocenz III. entfacht; und schon von Anfang an spielt in derselben eine hervorragende Rolle derjenige Fürst — Kaiser Friedrich II. —, der endlich den Frieden mit Sultan Alkamil schließt und dadurch Jerusalem zum letzten Male für die Christenheit erwirbt. Als sechster und letzter Kreuzzug erscheinen dann schließlich die Pilgerfahrten der vierziger Jahre des dreizehnten Jahrhunderts, ausgezeichnet vornehmlich dadurch, daß in ihnen ein mächtiger Herrscher, Ludwig der Heilige, auftritt, welcher die schon von Grund aus umgestaltete, der Vergangenheit fremd gegenüber stehende Welt noch einmal im Geiste Gottfrieds von Bouillon zum heiligen Kriege mit sich fortreißt.

Die Fachgenossen bitte ich, bei der Beurtheilung des vorliegenden Buches im Auge zu behalten, daß hier auf engem Raume und in bescheidenen Formen der Versuch gemacht ist, eine Art Handbuch für die Geschichte der Kreuzzüge zu veröffentlichen. Es galt, dem Leser aus der breiten Masse des Publikums unterhaltende Belehrung zu bieten, dem Anfänger historischen Studiums und dem Schullehrer ein Bild vom heutigen Stande unserer Kenntnisse sowie die Anleitung zu selbständigem Weiterarbeiten zu geben. Zu letzterem, glaube ich, werden selbst die wenigen kritischen und literarischen Notizen, die dem Texte beigefügt sind, hinreichen: es ist die Brücke geschlagen, die den nach reicherem Wissen Verlangenden von selber dazu hinüber führt. Jede Bemerkung aber, die dieses Buch zu gemeinnützigem Gebrauche geeigneter zu machen im Stande ist, werde ich mit Dank aufnehmen und, wenn mir dies in Zukunft verstattet ist, entsprechend zu verwerthen suchen.

Tübingen, Ende 1879.

B. Kugler.

Kirche des heiligen Grabes zu Jerusalem.

Erstes Kapitel.

Morgenland und Abendland vor den Kreuzzügen.¹)

Der Kampf zwischen den Völkern des Morgenlandes und den Völkern des Abendlandes ist fast so alt wie die Geschichte des Menschengeschlechts selber. Im Alterthum haben vornehmlich die Heeresmassen der Perser die selbständige Entwickelung der europäischen Kultur bedroht; im Mittelalter ist

---

1) Während der ersten Jahrzehnte dieses Jahrhunderts traten zwei Männer mit gelehrten und so eingehenden Arbeiten über die gesammte Geschichte der Kreuzzüge auf, daß die älteren Bücher über diesen Gegenstand seitdem nur noch für ganz vereinzelte Forschungszwecke Werth behalten haben. Es sind dies Michaud und Willen. Michaud veröffentlichte (Paris 1812—1817) eine dreibändige „Histoire des croisades", die mehrere Auflagen in steigender Bändezahl (zuletzt Paris 1840) erlebte. Außerdem ließ er (Paris 1830) eine vierbändige „Bibliothèque des croisades" erscheinen, welche Auszüge aus den Quellenschriftstellern der Kreuzzüge giebt. Seine Geschichte der Kreuzzüge zeichnet sich zwar durch anziehende Darstellung aus, ruht aber durchweg auf sehr ungenügender Quellenkritik und ist deshalb für heutige Ansprüche im wesentlichen unbrauchbar: seine „Bibliothek" bietet zum Theil noch immer schätzenswerthes Material, namentlich in dem Bande, der Auszüge aus arabischen Quellenwerken enthält, der aber nicht von Michaud selber, sondern von seinem Mitarbeiter Reinaud herrührt. Willen veröffentlichte (Leipzig 1807—1832) eine siebenbändige Geschichte der Kreuzzüge, die auf Grundlage umfassender Kenntnisse mit außerordentlichem Fleiß und in ihren späteren Theilen auch mit treffendem kritischen Takte gearbeitet ist. Der erste Band (Geschichte des ersten Kreuzzuges) ist für uns völlig veraltet, die darauf zunächst folgenden Bände sind durch neuere Einzelforschungen zumeist überwunden, aber etwa die zweite Hälfte des Werkes hat noch bedeutenden Werth und bildet zum Theil die Hauptgrundlage unserer Kenntnisse. — In neuester Zeit sind vornehmlich zwei Werke erschienen, welche zwar die ganze Geschichte der Kreuzzüge begleiten, aber nur die Theilnahme eines Volkes an denselben darzustellen suchen, einmal des Grafen Riant „Expéditions et pèlerinages des Scandinaves en Terre Sainte au temps des croisades", ein Band Paris 1865 nebst einem Heft „Tables" Paris 1869, und zweitens Röhricht's „Beiträge zur Geschichte der Kreuzzüge", zwei Bände, Berlin 1874 und 1878. Ein Theil vom ersten Bande dieser Beiträge nebst dem ganzen zweiten Bande enthält nämlich die Geschichte der deutschen Pilger- und Kreuzfahrten nach dem heiligen Lande. Diese Geschichte ruht auf den ausgebreitetsten Studien, vergegenwärtigt den heutigen Stand der Forschung und erleichtert künftige Arbeiten über das Zeitalter der Kreuzzüge durch das in den Anmerkungen reichhaltig dargebotene gelehrte Material. Röhricht hat sich außerdem durch eine ganze Reihe kleinerer monographischer Arbeiten zur Geschichte der Kreuzzüge (s. unten) verdient gemacht. — Raumers weit verbreitete „Geschichte der Hohenstaufen" (6 Bände, Leipzig 1824, 5. Aufl. Leipzig 1878)

der Kriegssturm der Araber gegen Byzantiner und Germanen losgebrochen. Der Angriff der Perser ruhte aber in erster Linie auf politischen Grundlagen, während die Araber sich zugleich im Gefühle ihres konfessionellen Gegensatzes gegen das Christenthum erhoben und nicht blos kämpfen und siegen,

enthält zwar großentheils auch die Geschichte der Kreuzzüge, die aber auf Seiten der Forschung von jeher viel zu wünschen übrig ließ und jetzt als veraltet bezeichnet werden muß. Giesebrechts „Geschichte der deutschen Kaiserzeit" (bis jetzt 4 Bände, Braunschweig 1855 ff., 4. Aufl. 1874 ff.) ist inzwischen an die Stelle des Raumer'schen Werkes getreten und wird in den Theilen, die ihr noch fehlen, durch umfangreiche Monographien, die unten erwähnt werden, ergänzt. — Die Geschichte der Griechen im Zeitalter der Kreuzzüge ist in anziehender Weise behandelt worden von George Finlay in der „History of the Byzantine and Greek empires from 1057 to 1453", Edinburgh and London 1854. Auf eindringenderer Kenntniß ruht aber Hopfs „Geschichte Griechenlands vom Beginn des Mittelalters bis auf unsere Zeit", abgedruckt in der „Allgemeinen Encyklopädie der Wissenschaften und Künste von Ersch und Gruber, Bd. 85 und 86, Leipzig 1867 und 1868". Auf der vortrefflichen Grundlage, die Hopf gelegt hat, baut fort Hertzberg in seiner „Geschichte Griechenlands" Bd. I und II, Gotha 1876 und 1877. Auch mag noch erwähnt werden Ed. de Muralt „Essai de chronographie Byzantine 1057—1453", 2 Bde Bâle et Genève 1871. — Eine Uebersicht über die Geschichte des mohammedanischen Morgenlandes giebt Weil „Geschichte der Chalifen", 5 Bde, Mannheim und Stuttgart 1846—1862. Der dritte Band dieses Werkes umfaßt die Geschichte der Jahre 945—1258. Derselbe Autor hat auch eine kurzgefaßte „Geschichte der islamitischen Völker von Mohammed bis zur Zeit des Sultan Selim", Stuttgart 1866, veröffentlicht. — Für die Kulturgeschichte im Zeitalter der Kreuzzüge ist von hervorragendem Werthe das so reichhaltige wie zuverlässige Werk Heyds, „Geschichte des Levantehandels im Mittelalter", 2 Bde, Stuttgart 1879. Ferner: Reuter „Geschichte der religiösen Aufklärung im Mittelalter", 2 Bde, Berlin 1875 und 1877. — Die bedeutendsten Quellenschriften zur Geschichte der Kreuzzüge sind, von gänzlich veralteten Editionen abgesehen, zusammengefaßt worden von Jac. Bongarsius in dem noch heute werthvollen Werke „Gesta Dei per Francos, sive orientalium expeditionum, et regni Francorum Hierosolymitani historia (ab a. 1095 ad 1420) a variis, sed illius aevi scriptoribus, litteris commendata", Hanoviae 1611. 2 tom. in 1 vol. Seit dem Jahre 1841 erscheint jedoch in Paris unter dem Titel „Recueil des historiens des croisades" eine neue Sammlung unserer Quellenschriften, die ein viel umfangreicheres Material der Forschung darbietet. Im übrigen können diese Quellenschriften hier nicht namhaft gemacht werden, vornehmlich deshalb, weil zu ihnen nicht blos diejenigen Aufzeichnungen gehören, die sich ausschließlich mit der Geschichte der Kreuzzüge beschäftigen, sondern fast alle Chroniken und ein großer Theil der Briefe und Urkunden, aus denen wir die Geschichte des elften, zwölften und dreizehnten Jahrhunderts überhaupt kennen lernen. Der Forscher muß neben den „Gesta Dei per Francos" und dem „Recueil des hist. des croisades" das gesammte abend- wie morgenländische Quellenmaterial zur Geschichte dieses Zeitalters im Auge behalten; die Einführung in dasselbe bieten theils die gelehrten Beigaben der andern, im vorliegenden Buche erwähnten Erzeugnisse der neueren Literatur, theils und in sehr bequemer Weise das vortreffliche Nachschlagewerk Potthasts „Bibliotheca historica medii aevi", ein Band, Berlin 1862, nebst „Supplement", Berlin 1868. — Das erste Kapitel des vorliegenden Buches stützt sich endlich noch auf Röhricht „Die Pilgerfahrten nach dem heiligen Lande vor den Kreuzzügen", abgedruckt in Raumers historischem Taschenbuch, herausgegeben von Riehl, 1875.

sondern die Besiegten auch zum Islam bekehren wollten. Die Perser sind außerdem nach vergleichsweise kurzem Ringen der höheren Begabung der Hellenen erlegen, und ein großer Theil Asiens ist darnach für griechische Bildung und Gesittung gewonnen worden; die Mohammedaner haben dagegen das ganze gräcisirte Asien, Nordafrika und die reichsten Länder Europas erobert und die Herrschaft des Kreuzes trotz vereinzelter Mißerfolge ein volles Jahrtausend lang in immer engere Grenzen zurückgedrängt; erst seit wenigen Generationen — seit dem Entsatze von Wien im Jahre 1683 — hat sich die Furcht vor den Waffen des Halbmondes im Herzen Europas allmählich gelegt, und erst die neueste Zeit hat die Ueberlegenheit der abendländischen Kultur vor der des Morgenlandes wieder zu vollem und allseitigem Ausdruck gebracht.

In diesen Zusammenhang gehören die Kreuzzüge. Sie sind nicht nur aufzufassen als ein gesteigerter Ausdruck des Verlangens, in heißer Andacht am Grabe Jesu Christi zu Jerusalem zu beten, sondern eben sowohl als ein großartiger und, wenn auch schließlich mißlungener, so doch überaus folgenreicher Versuch der gesammten Christenheit, die an den Islam verlorenen altchristlichen Gebiete in ganzem Umfange wieder zu gewinnen und daneben die Herrschaft des Kreuzes sogar noch nach andern Seiten über die bisherigen Grenzen auszudehnen. Wir haben daher zunächst zu betrachten, wie weit die Mohammedaner in den christlichen Ländern bis kurz vor dem Beginn der Kreuzzüge vorgedrungen waren.

Das erste Jahrhundert nach dem Tode ihres Propheten hat ihnen die gewaltigsten Erfolge gebracht. Da sind ihre Heerschaaren in reißendem Siegeszuge über Persien bis nach Indien und Turan gelangt; Syrien und Afrika haben sie den Byzantinern, Spanien den Westgothen entrissen. Dann haben sie jenen ungeheuren Doppelangriff auf den Ueberrest der Christenheit unternommen, indem sie auf der einen Seite die Hauptstadt des oströmischen Reiches, Konstantinopel, zu Lande und zur See belagerten und auf der andern Seite über die Pyrenäen weg in das Reich der Franken einbrachen. Hier aber scheiterte ihr verwegenes Beginnen. Der tapfere Kaiser Leo III., der Isaurier, zwang sie durch seinen heldenmüthigen Widerstand (717—718), die Belagerung von Konstantinopel nach Jahresfrist endlich wieder aufzuheben, und der fränkische Heerbann unter Führung Karl Martells brachte ihnen auf den weiten Gefilden zwischen Tours und Poitiers im Herbst 732 eine blutige Niederlage bei. Die schweren Verluste, die sie auf beiden Kriegsschauplätzen erlitten hatten, bewirkten nun wohl, daß sie in der nächsten Folgezeit nicht mehr so riesenhafte Unternehmungen planten wie zuvor; ihre Kampflust gegen die Christen blieb aber trotzdem immer rege, und Schritt um Schritt erweiterten sie auch jetzt noch das Gebiet des Islams. Die Inseln des Mittelmeeres fielen ihnen großentheils zur Beute, besonders seitdem sie sich im Laufe des neunten Jahrhunderts auf Kreta und auf Sicilien festgesetzt hatten. Von dort aus plünderten sie die Küsten der Balkanhalbinsel und Italiens, siedelten sich hier und dort für längere Zeit an und drangen im zehnten Jahrhundert noch einmal tief nach Frankreich und über die Alpen bis ins Herz Graubündens hinein.

Die Machtstellung, welche der Islam in solcher Weise durch die Waffen gewann, erscheint um so bedeutender, wenn man beachtet, daß die mohammedanischen Gelehrten und Künstler den christlichen damals mindestens ebenbürtig, in manchen Beziehungen sogar überlegen waren. Das Verdienst der Araber darf hierbei freilich nicht überschätzt werden. Sie hatten das Glück gehabt, altkultivirte und großentheils noch reiche und blühende Länder zu erobern, deren Handel und Industrie, Kunst und Wissenschaft sie nur eben zu studiren, sich anzueignen und nach ihren eigenen Fähigkeiten weiter auszubilden brauchten. Dies aber haben sie mit Eifer und Geschick gethan. Philosophie und Naturwissenschaften, Baukunst und Poesie wurden in gleicher Weise gepflegt; und so haben kriegerische Macht, Reichthum und geistige Kultur zusammen dahin gewirkt, den mohammedanischen Erbkreis auf eine für jene Zeiten hohe Stufe der Vollendung zu heben.

Uebel dagegen stand es von vornherein mit der staatlichen Entwickelung dieses Erbkreises. Die Nachfolger des Propheten, die Chalifen, fanden nur sehr kurze Zeit vollen Gehorsam bei ihren Untergebenen. Der Ehrgeiz weltlicher Machthaber wie der Fanatismus religiöser Sektirerei rüttelte an ihrer Herrschaft. Allmählich bildeten sich drei Chalifate: das alte und rechtgläubige (sunnitische) Chalifat, erst zu Damaskus, dann zu Bagdad; das spanische Chalifat der Omajjaden, welches sich nicht aus religiösen, sondern aus politischen Gründen abgesondert hat; und das ketzerische (schiitische) Chalifat der Fatimiden in Aegypten. Der Bagdader Chalif verlor überdies seine weltliche Macht an eine ganze Reihe mehr oder minder unabhängiger und sich gegenseitig bekämpfender Fürsten, so daß ihm zuletzt nur die geistliche Leitung seiner Anhänger übrig blieb; und das spanische Chalifat zersplitterte im Anfange des elften Jahrhunderts ebenfalls unter den Händen herrschsüchtiger provinzieller Gewalthaber.

Diese staatliche Zerfahrenheit des mohammedanischen Wesens ermöglichte den Christen, was ihnen sonst wohl kaum geglückt wäre, nicht blos in dem Reste ihrer Besitzungen sich zu behaupten, sondern auch einen kleinen Theil des Verlorenen wieder zu gewinnen. Die spanischen Westgothen, von denen einige Schaaren im äußersten Norden der Halbinsel ihre Freiheit bewahrt hatten, entrissen den Feinden in unaufhörlichen Kriegen nach und nach etwa ein Drittel des schönen Landes, und die Byzantiner eroberten in der zweiten Hälfte des zehnten Jahrhunderts Kreta und die Hauptplätze Syriens, besonders das große und reiche Antiochien, die zweite Stadt ihres Reiches.

Aber die furchtbare Lehre Mohammeds, die den Gläubigen den Krieg gegen die Ungläubigen zur Pflicht macht und dem tapfern Streiter den köstlichsten Lohn im Paradies in Aussicht stellt, beschwor immerfort neue Gefahren für die Christen herauf. Im elften Jahrhundert verließen wild kriegerische Turkomanenhaufen, nachdem sie zum Islam übergetreten waren, ihre alten Sitze am kaspischen Meere und Aralsee, und brachen in das Gebiet des Bagdader Chalifates ein. Ihr erster Häuptling hatte Seldschuk geheißen und nach diesem hatte man dessen Nachfolger wie das ganze Volk späterhin Seldschuken genannt. Nach und nach gelang es denselben, jene unter einander hadernden Fürsten in Iran und Mesopotamien zu verdrängen und fast das ganze mohammedanische Vorderasien in ihrer Hand zu vereinigen. So wie dieses geschehen war, kam neue Bedrängniß über das byzantinische Reich. Kleinasien wurde angegriffen, auf wiederholten Raubzügen entsetzlich verheert, und endlich wurde ein für alle Folgezeit entscheidender Sieg erfochten, indem der große Sultan der Seldschuken, Alp Arslan, am 26. August 1071 bei Manzikert in Armenien den Kaiser Romanus Diogenes vollständig aufs Haupt schlug und selber gefangen nahm. Aehnliches geschah wenige Jahre darauf im äußersten Westen, nachdem die tapfern und fanatischen Almoraviden in der westlichen Hälfte Nordafrikas ein großes Reich gegründet und von dort aus die Trümmer des spanischen Chalifates sich unterworfen hatten. Auch hier erhob sich die erfrischte Kraft des Islams zu fast vernichtenden Stößen gegen die Christen.

Bei solcher Lage der Dinge mußte die Frage auftauchen, ob die Vertheidigung des Kreuzes gegen die Mohammedaner nicht in anderer Weise, nicht einmüthiger als bisher betrieben werden könne. Vor allem bedroht war das byzantinische Reich, dessen volle Hälfte, Kleinasien, nach dem Schlage von Manzikert gegen die Seldschuken nicht mehr behauptet werden konnte. Dieses Reich war freilich keineswegs schon so altersschwach, wie oftmals dargestellt worden ist. Es hatte während der letzten Jahrhunderte eine große Zahl von tapfern und klugen Männern auf dem Throne wie an der Spitze der Heere gesehen; die trefflich geschulten byzantinischen Legionen waren einmal uns andre der Schrecken von Slaven und Arabern geworden; in mancherlei Wissenschaft und Industrie war man den Nachbarn noch immer überlegen, und die herrschende Nationalität im Reiche, die griechische, hatte schwere Erschütterungen, die in den ersten Jahrhunderten des Mittelalters eingetreten waren, mit zäher Kraft überwunden. Trotzdem befand man sich damals, vornehmlich durch eigne Verschuldung, in einer überaus schlimmen Lage. Denn etwa seit einem Menschenalter war die alte Festigkeit der Regierung in wiederholten Palastrevolutionen und Empörungen unzufriedener Magnaten zu Grunde gegangen. Eine erbärmliche Serailwirthschaft hatte sich in dem allgemeinen Wirrwarr breit gemacht. Die Wehrkraft des Heeres war durch geizige Vorenthaltung aller militärischen Bedürfnisse tief geschwächt worden, und um das Uebel auf die Spitze zu treiben, hatte man an der verwundbarsten Stelle der Grenzen eine so verkehrte wie schmähliche Politik getrieben. Im Osten Kleinasiens bestand nämlich schon seit beinahe zwei Jahrhunderten unter der Dynastie der Bagratiden ein freier armenischer Staat, den man in Konstantinopel aus Ländergier und aus Religionshaß gegen die besondere Kirche der Armenier mit feindseligen Augen betrachtete.

Gerade in der Zeit, in der man diesen Staat mit allen Mitteln hätte aufrecht halten sollen, hatte man ihn mit List und Gewalt zur Unterwerfung gezwungen, dadurch aber die Grenzwehr gegen die Seldschuken begreiflicher Weise nicht gestärkt, sondern empfindlich geschwächt. Und so war es denn nach alledem kein Wunder, daß Kaiser Romanus Diogenes trotz tapfern Dreinschlagens, an dem gerade er es nicht hatte fehlen lassen, den Feinden erlegen war, und daß sein Nachfolger Michael VII. (1071—1078), ein gelehrter Pedant ohne irgend welche Thatkraft, vollends daran verzweifelte, mit den eigenen Hülfsmitteln vor dem Ansturm der siegesfrohen Mohammedaner sich zu behaupten.

Als er nun aber nach Unterstützung umherblickte, wohin sollte er sich wenden? Drei Jahrhunderte früher war auf Grundlage der Siege Karl Martells und seiner Nachfolger im fernen Westen das römische Kaiserthum wieder errichtet worden, und Karl der Große hatte eine so weithin wirkende Macht besessen, daß er nicht blos zu Gunsten der Christen des heiligen Landes mit dem Chalifen Harun Arraschid in freundlichem Verkehr hatte treten, sondern sogar eben diesen Glaubensgenossen für den Fall schwerer Bedrängniß militärische Hülfe gegen die Mohammedaner hatte in Aussicht stellen können, woraus die Sage späterhin einen förmlichen Kreuzzug Karls erdichtet hat. Auch die Nachfolger des großen Kaisers waren noch bedeutend genug erschienen, um Byzantiner und jerusalemitische Christen anzuregen, bei ihnen eine Unterstützung gegen die Feinde ihres Glaubens zu erbitten. Bald jedoch war das Frankenreich in wüste Anarchie verfallen, und wenn auch die kraftvollen deutschen Kaiser aus den Häusern der Sachsen und der Salier einen großen Theil desselben in ihrer Hand wiederum vereinigt hatten, so schien auch deren Macht eben damals dem Ende entgegen zu gehen. In Teutschland regierte mehr dem Namen als der That nach seit 1056 der junge Heinrich IV. Die Großen des Reiches hatten statt seiner die Herrschaft ergriffen und suchten die Krone auf die Dauer ihrer Willkür zu unterwerfen. In Italien erhoben sich aller Orten lokale Gewalten; Frankreich befand sich unter dem schwachen Könige Philipp in vollständiger Auflösung; eine große und starke Staatsgemeinschaft war im Gebiete der römischen Christenheit nicht mehr zu finden.

Dafür aber versuchte jetzt das Papstthum an die Spitze des Abendlandes zu treten. Gregor VII., ganz erfüllt von den theokratischen Idealen, die seit dem Sturze des Karolingerreiches allmählich in Westeuropa entstanden waren, setzte sofort Geist und Leidenschaft, sein ganzes Leben dafür ein, die Kirche und die Staaten, Fürsten und Völker seinem alleinigen Willen zu unterwerfen. Die Geistlichen sollten, frei von jedem weltlichen Einfluß, nur von ihm abhängig sein; von den Laien verlangte er Gehorsam nicht blos in Sachen der Religion, sondern ebenso entschiedenen und unmittelbar auch in den Dingen dieser Welt. Als eine Art geistlichen Kaisers wollte er nach seinem Willen lenken die Politik des Staatsmannes, das Schwert des Kriegers und das Gebet jedes gläubigen Christen. Der Plan war so riesenhaft wie ausschweifend und schließlich unausführbar. Fürs erste machten aber die Forderungen des Papstes den tiefsten Eindruck und rissen die Gemüther der Menschen unwiderstehlich mit sich fort. Schon gebot Gregor über viele „Getreue des heiligen Petrus", Fürsten und Kriegsleute aus Frankreich, Burgund und Italien, seiner Winke gewärtig, um mit Schwert und Lanze am Ausbau der römischen Theokratie zu arbeiten.

In Rom allein befand sich daher in diesem Augenblick eine Macht, die den Byzantinern Rettung vor den Seldschuken bringen konnte. Und auf Gregor richtete denn auch Kaiser Michael vornehmlich seinen Blick, bat um Hülfe und stellte sogar die Vereinigung der Christenheit des Ostens mit der abendländischen Kirche in Aussicht. Mit Entzücken vernahm der Papst diese Kunde, die ihm einen neuen, fast unabsehbaren Wirkungskreis eröffnete. Er beschloß jener Bitte zu willfahren, und er hoffte — großen Sinnes wie immer —, daß es nun gelingen werde, die Griechen und die Armenier der päpstlichen Herrschaft zu unterwerfen, dabei die Seldschuken aus Kleinasien zurück zu drängen und bis nach Jerusalem zu den heiligsten Stätten der Christenheit vorzurücken. Während des Jahres 1074 forderte er in mehreren Schreiben die Gläubigen auf, zu diesem Unternehmen ihm Beistand zu leihen. Auch glückte es ihm schon, ein Heer von 50,000 Mann zu versammeln, an dessen Spitze er selber den Feldzug zu eröffnen gedachte. Ehe es aber dazu kam, wurde er von abendländischen Sorgen und Mühen, besonders von dem nunmehr beginnenden Streit mit König Heinrich von Deutschland vollständig gefangen genommen, und sah sich gezwungen, Konstantinopel und Jerusalem einstweilen ihrem Schicksal zu überlassen.

Papst Gregor VII. Facsimile aus der Chronik „de passagiis in Terram Sanctam" zu Benrdig.¹)

Seit dieser Zeit war aber gleichsam die Pforte geöffnet, durch welche die christlichen Heere gegen den Islam vorbrechen konnten. Die byzantinischen Kaiser blieben auch fernerhin in der gefährdetsten Lage und mußten sich bald von neuem an die geistlichen Beherrscher des Abendlandes wenden. Die Nachfolger Gregors hatten das gleiche Interesse wie dieser, die Hülfe zu gewähren; und eigenthümliche Richtungen und Entwickelungen im Innern der westeuropäischen Christenheit trieben überdies und in immer steigendem Maße eben dazu an.

Die romanischen wie die germanischen Nationen befanden sich damals in einem Zustande überquellender Jugendkraft, die fast unaufhörlich und aller Orten zur Uebervölkerung zu führen drohte. In wie hohem Grade dies der

---

1) Die Handschrift „de passagiis in Terram Sanctam" ist zwar nicht gleichzeitig mit den Kreuzzügen, aber sehr bald nach denselben abgefaßt. Wir entnehmen dieser Quellenschrift noch eine Anzahl ähnlicher unten folgender Zeichnungen.

Fall war, läßt sich freilich nicht mit Zahlen belegen, aber allein schon der Umstand, daß späterhin auf den Kreuzzügen wahrhaft ungeheure Schaaren zumeist kräftiger Männer der Heimat verloren gingen, ohne dort besonders merkbare Lücken zu hinterlassen, weist darauf hin, daß die dezimirten Reihen sich überaus schnell wieder schlossen. Dazu kam, daß bei den Völkerstämmen des äußersten Nordens, den Skandinaviern oder Normannen, die Zeit der Völkerwanderung noch nicht abgelaufen war, der alte Wandertrieb vielmehr sich noch ebenso rege wie erfolgreich bethätigte. Anfangs hatten diese Normannen nur als Seeräuber die Meere durchstreift und die Küsten geplündert, dann aber sich in Frankreich festgesetzt und von dort aus erst vor kurzem sowohl Süditalien wie England erobert. In den weiten Ebenen Osteuropas hatten sie außerdem noch russische Fürstenthümer gegründet, und dichte Schaaren (unter dem Namen Warangen oder Waräger) strömten fort und fort nach Konstantinopel, wo sie den Kaisern wegen ihrer stürmischen Tapferkeit als bevorzugte Soldtruppen Dienste leisteten. Die Folge hiervon war, daß nicht blos die Normannen an vielen Orten nach neuen Gelegenheiten zur Unternehmung von Kriegs- und Eroberungszügen ausschauten, sondern daß die überschüssige Männerkraft des ganzen Abendlandes in lebhafte Gährung gerieth und mit heißem Verlangen nach ritterlichen Abenteuern trachtete, um reiche Beute für die Heimat zu gewinnen oder draußen in der Fremde Burgen, Städte und Länder zu erstreiten. Dieser kriegerische Drang richtete sich dann bei den ununterbrochen fortdauernden Kämpfen zwischen Christenthum und Islam ganz von selber gegen die Gebiete des letzteren.

Da ist schon im Anfange des elften Jahrhunderts in Südfrankreich einmal davon geredet worden, daß christliche Waffen nicht blos die ungläubige Nachbarschaft, sondern auch das mohammedanische Morgenland selber bekämpfen sollten; und im Zeitalter Gregors VII. ist der gleichsam spontane Kampf der abendländischen Ritterschaft gegen den Islam allenthalben in Gang gekommen. Burgundische, aquitanische und normannische Grafen und Herren haben den Fürsten Spaniens in immer steigenden Massen erst bei der siegreichen Ausdehnung ihrer Herrschaft und dann bei der Vertheidigung derselben gegen die Almoraviden geholfen. Deutsche, Franzosen und Angelsachsen sind neben den Warangen in Kleinasien den Seldschuken entgegengetreten, und die italienischen Normannen haben unter der genialen Führung Robert Guiskards und seines jüngeren Bruders, des Grafen Roger, in langem und heißem Ringen, welches bis zum ersten Kreuzzuge andauerte, den Arabern nach und nach ganz Sicilien entrissen. Gleichzeitig mit diesen ritterlichen Schaaren erhoben sich auch die Bürgerschaften der eben aufblühenden italienischen Seestädte. Amalfi und Venedig trieben schon seit geraumer Zeit gewinnreichen Handel mit Byzantinern wie Arabern. Amalfi besaß, wie es scheint, in den sechziger Jahren des elften Jahrhunderts Handelskolonien in Konstantinopel, Jerusalem und Antiochien, und stand in regem Geschäftsverkehr mit den industriellen Städten an der Küste von Tripolis und Tunis.

Aber neben den friedlichen Beziehungen, die sich dadurch zwischen den Christen und Mohammedanern bildeten, zeigt sich auch hier die Theilnahme an der allgemeinen kriegerischen Bewegung gegen den Islam. Vornehmlich waren es die Pisaner und Genueser, die sämmtliche Inseln im westlichen Becken des Mittelmeeres nebst den Küsten von Spanien und Nordafrika in kecken Streifzügen heimsuchten und unermeßliche Beute davon trugen. Im Jahre 1087 verlangte Papst Victor III. ein größeres Unternehmen von ihnen. Sie eroberten darauf die Doppelstadt El-Mehdia-Zuila im tunesischen Gebiet, befreiten viele christliche Gefangene und zwangen die Einwohner, Tribut zu zahlen und die päpstliche Oberherrschaft anzuerkennen.

Wenn die Entwickelung nur auf den bisher erwähnten Bahnen weiter gegangen wäre, so hätte der Islam vielleicht größere Verluste erlitten, als späterhin der Fall gewesen ist. Das vielgestaltige Verlangen nach Kampf, Sieg und Beute, nach Eroberung von Burgen, Städten und Ländern konnte für sich allein schon der Herrschaft der Almoraviden und Seldschuken ernste Gefahren bereiten, namentlich wenn die kriegs- und wanderlustigen Schaaren des Abendlandes fortbauernd von einem überlegenen Geiste, wie dem Gregors VII., Richtung und Ziel ihres Strebens empfingen. Aber in der römischen Christenheit, vom Oberhaupte derselben herab bis zum geringsten Laien, war in jenen Tagen noch eine andere Stimmung verbreitet, durch die der Kampf gegen den Islam einerseits zwar in der überschwenglichsten, aller Voraussicht spottenden Weise gefördert, andrerseits aber auch mit Elementen, die den Erfolg sofort wieder bedenklich in Frage stellten, durchsetzt werden sollte.

Es ist die mittelalterliche Askese, die diese Wirkung ausgeübt hat. Denn in derselben Zeit, in der jene theokratischen Ideale entstanden waren, hatte das gesammte Leben des christlichen Westeuropas in geistliche Bahnen eingelenkt. Eins hatte hier das andere befördert. Das Streben nach Errichtung der Theokratie wäre völlig aussichtslos gewesen ohne die tiefe religiöse Erregung der Volksmassen, während diese wiederum durch die neue Machtstellung der Kirche gesteigert wurde. Aeußerliche Antriebe, wie der Verfall der Staatsgewalten, kriegerische Bedrängniß, Hungersnoth, Pestilenz und, ums Jahr 1000 bis tief ins elfte Jahrhundert hinein, die Angst vor dem Ende der Welt und dem Eintreten des jüngsten Gerichtes verstärkten aller Orten die geistliche Strömung. Da wurden die Laien wie die Kleriker von dem Gefühle der verworfensten Sündhaftigkeit ergriffen. Fürsten verließen ihre Schlösser und wurden Mönche, um der errettenden Gnade Gottes näher zu kommen. Mönche verließen ihr Kloster, wo das Geräusch der Welt sie noch zu bitter ängstigte, und rangen als Einsiedler in wildester Oede nach der Vergebung ihrer Sünden. Unzählbar viele beteten, fasteten und geißelten sich, bis in der Stunde der tiefsten Zerknirschung eine himmlische Erleuchtung ihnen den Trost gab, daß ihre Schuld von ihnen genommen sei.

Diese geistliche Strömung ergriff einen der Lebenskreise des Zeitalters nach dem andern. In Südfrankreich entstand während wilden Kriegs-

getümmels die Ansicht, daß zur Ehre Gottes in bestimmten Zeiten auf Erden
Frieden gehalten werden müsse, und so kam es zum „Gottesfrieden", zur
Treuga Dei, nach der vier Tage in jeder Woche, ursprünglich von Mittwoch
Abend bis Montag früh, jegliche Fehde ruhen sollte. Der Kampf gegen
den Islam hatte seiner Natur nach von vorn herein viele Berührungspunkte
mit der Askese; am stärksten aber und schließlich entscheidend wirkte hier
der Charakter, den das Wallfahrtenwesen allmählich angenommen hatte.

Denn Reisen zu den heiligen Erinnerungsstätten der Christenheit waren
zwar immer gemacht worden. Mit andächtiger Rührung hatten die Christen
schon in den ältesten Zeiten die Orte in Palästina besucht, „wo die Füße des
Herrn gestanden;" aber erst nachdem die Kirche auf die Verdienstlichkeit der
Pilgerfahrten hingewiesen hatte, erst seitdem die asketische Stimmung in den
Mühen, Kosten und Gefahren, die der Pilger auf sich nahm, ein Gott wohl=
gefälliges Werk der Buße sah und dem Gebete an besonders weihevollem
Platze, der Berührung der Reliquien die Kraft zuschrieb, den Sünder am
sichersten zu entsündigen, erst seit dieser Zeit und ganz vornehmlich im
Laufe des elften Jahrhunderts ist das Wallfahren ein bedeutender Faktor im
Leben des christlichen Mittelalters geworden. Da sind alljährlich viele
Tausende nach Maria=Einsiedeln gezogen, nach San=Jago de Compostella
und besonders nach Rom, zu den Gräbern der Apostel Petrus und Paulus,
zu den Ketten Petri, deren Späne abgefeilt Wunder wirkten, zu den Splittern
des heiligen Kreuzes, den Bildnissen Jesu Christi und der Mutter Gottes,
kurz zu den zahllosen Reliquien, die frommer Wahn dort vereinigt sah.
Viele andere aber haben das höchste Wagniß auf sich genommen und sind
„über das Meer" gepilgert, nach Palästina, wo der Heiland gelebt hatte und
gestorben war, wo die Spuren seines Wirkens, der Tradition nach, von Ort
zu Ort verfolgt werden konnten.

Die Skandinavier haben auch in diesen Dingen eine eigenthümliche
Stellung eingenommen. Sie sind mit Vorliebe nicht nach Rom, sondern nach
Konstantinopel gegangen, weil hier ihre Stammesgenossen im Dienste des
Kaisers standen und ebenfalls zahllose Reliquien der Anbetung sich darboten.
Zur Pilgerfahrt „über das Meer" aber vermählte sich in ihrer Brust das
Verlangen, welches die christliche Lehre in ihnen geweckt hatte, mit dunkler
heidnischer Tradition. Denn im fernen Osten, wo die Sonne aufgeht, lag
ihnen das selige Land der Asen mit der heiligen Stadt Asgard, wo der
Tod nicht herrschte, sondern himmlische Helle und ewiges Leben den Wandrer
umfing. Dorthin — nach Jerusalem — drängte alles, was von religiösen
Vorstellungen in ihnen lebte.

Im elften Jahrhundert finden wir unter vielen andern in Palästina
eine lange Reihe italienischer und französischer, deutscher und englischer Bischöfe,
sodann einen norwegischen König, einen dänischen Prinzen, einen Herzog
von der Normandie, Grafen von Barcelona, Toulouse, Anjou, Luxemburg,
Flandern, Holland und Kent. Solche vornehme Herren reisten zumeist mit

stattlichem Gefolge; andere schlossen sich ihnen an, und so ballten sich allmählich Pilgerhaufen von Hunderten und selbst Tausenden zusammen. Der größte dieser Haufen machte sich im Jahre 1064 auf den Weg. Er war nach der mäßigsten Angabe 7000 Mann stark, umfaßte Deutsche und Engländer und stand unter der Führung des Erzbischofs Siegfried von Mainz, sowie mehrerer deutscher Bischöfe und Herren und des Abtes Ingulf von Croyland. Die Pilger erreichten das Ziel ihrer Sehnsucht, aber nur nach schweren Kämpfen, die der Mehrzahl von ihnen ein frühes Grab bereiteten.

Wenn die Männer des Abendlandes Jerusalem erreichten, so bemächtigte sich ihrer naturgemäß ein zwiefaches Gefühl. Sie versanken nicht blos in schwärmerisches Entzücken, sobald sie des Glückes theilhaftig wurden, am Grabe des Herrn beten zu dürfen, sondern sie wurden eben so entschieden von heißem Ingrimm ergriffen, weil an der heiligsten Stätte die Feinde ihres Glaubens herrschten. So führte der fromme Drang ganz von selber zur Kampflust. Die Askese und die kriegerische Richtung der Zeit berührten sich und schmolzen in einander. Schon machte sich dies geltend an mancher Stelle, wo Christen und Mohammedaner in Streit lagen; in Sicilien z. B. erschien den erhitzten Gemüthern zum ersten Male der heilige Georg, der Patron der Kriegsmänner und Wallfahrer, auf milchweißem Roß; und es bedurfte somit nur noch irgend eines äußerlichen Anstoßes, um eine ungeheure militärisch-geistliche Explosion, eine Völkerwanderung der seltsamsten Art im Abendlande gegen das Morgenland hervorzurufen.

Diesen Anstoß gaben nun endlich und zwar in doppelter Weise die Seldschuken. Denn auf der einen Seite eroberten sie während der siebziger und achtziger Jahre des elften Jahrhunderts fast ganz Syrien, welches bis dahin ungefähr ein Jahrhundert lang den fatimidischen Chalifen von Aegypten unterthänig gewesen war.[1]) Die syrischen Christen wie die abendländischen Pilger hatten freilich unter dem Fanatismus und der Habgier der Fatimiden manchmal schwer zu leiden gehabt; nach deren Sturze wurden aber die Bedrückungen und Gewaltthaten so arg, daß schon Papst Victor III. hierdurch zu jener Aufforderung an die Pisaner und Genueser im Jahre 1087 veranlaßt worden sein mag, deren Erfolg die Einnahme von El-Mehbia-Zuila gewesen ist. Auf der andern Seite aber setzten sich die Seldschuken in allen Theilen Kleinasiens immer entschiedener fest und riefen hierdurch vor allem die gemeinsame Erhebung der römischen Christenheit zum ersten Kreuzzuge hervor.

Der schwache byzantinische Kaiser Michael VII., der vergeblich den Papst Gregor um Hülfe gebeten hatte, war nämlich im Jahre 1078 entthront worden. Zwei seiner Feldherren hatten gleichzeitig gegen ihn das Schwert ergriffen: Nicephorus Bryennius in Adrianopel und Nicephorus Botoniates in Nicäa. Der letztere siegte und regierte als Kaiser von 1078 bis 1081.

---

1) Auch Antiochien, in dem sich die Griechen seit dem zehnten Jahrhunderte behauptet hatten, fiel damals (1084) unter die Herrschaft der Seldschuken.

Seine Hauptstütze war anfangs ein hochbegabter und vornehmer Mann, Alexius, aus dem Geschlechte der Komnenen, welches dem Reiche schon mehrere tüchtige Feldherren und Staatsmänner und sogar einen trefflichen, nur zu kurze Zeit regierenden Kaiser (Isaak Komnenus 1057—1059) gegeben hatte. Bald jedoch entstand zwischen Nicephorus Botoniates und Alexius eine feindselige Spannung. Der Komnene entfloh vom Hofe, sammelte rasch ein Heer, bemächtigte sich durch Verrath am 1. April 1081 der Hauptstadt und wurde am folgenden Tage zum Kaiser gekrönt.

Hiermit begann eine Regierung, die den Zusammenbruch des byzantinischen Reiches in weite Ferne hinausschob. Denn Alexius war tapfer und thätig, klug und ehrgeizig, unbeugsam vor allem im Unglück. Kaum auf den Thron gelangt, führte er mit Hülfe seiner Mutter die strenge Sitte früherer Zeiten in den kaiserlichen Palast zurück und warf sich alsdann den Seldschuken entgegen. Hier gelang es ihm, die Feinde, die soeben angesichts von Konstantinopel die Gestade des Bosporus plünderten, ein wenig tiefer in das Innere Kleinasiens zurückzudrängen und selber wieder auf der bithynischen Küste festen Fuß zu fassen. Vielleicht wäre diesem guten Anfange auch sogleich die erwünschteste Fortsetzung gefolgt, wenn nicht gerade jetzt die kaum erst neu erfrischten Kräfte des alten Kaiserreiches noch von anderen Seiten her vollständig in Anspruch genommen worden wären.

Denn in diesem verhängnißvollen Augenblick, in welchem die römische Christenheit den Komnenen viel eher hätte nachdrücklich unterstützen als irgendwie bedrängen sollen, landete der Normannenherzog Robert Guiskard mit einem mächtigen Heere an der illyrischen Küste, begierig, seinem italienischen Reiche byzantinische Provinzen hinzuzufügen. Alexius

Kaiser Alexius.
Nach einem griechischen Manuskript des Basilan.

trat dem neuen Feinde muthig entgegen und bekämpfte ihn mit allen Hülfsmitteln, die er und sein Land besaßen. Die Truppen wurden sorgfältig ausgerüstet und eingeübt; Kostbarkeiten der kaiserlichen Familie und selbst Kirchengeräthe wanderten, als das baare Geld nicht mehr ausreichte, in die Münze; die Venetianer, die mit Eifersucht auf die steigende Macht der Normannen blickten, erhielten volle Handelsfreiheit in der Hauptstadt wie in den Provinzen und ließen ihre Flotten dafür am Kriege gegen den Herzog theilnehmen; alle übrigen Feinde Guiskards in Italien endlich und sogar mehrere seiner Unterbefehlshaber wurden durch Gold gewonnen, ihre Waffen gegen ihn zu kehren oder sein Heer zu verlassen und zum Kaiser überzugehen. Hierdurch gelang es, nach schweren und wechselvollen Kämpfen die schon bis ins Herz des Reiches eingedrungenen Normannen allmählich wieder bis an die Küste, an der sie gelandet waren, hinaus zu drängen; und als der furchtbare Gegner, Herzog Robert selber, im Juli 1085 starb, gaben dessen Söhne den für sie hoffnungslos gewordenen Krieg sofort und vollständig auf.

Kaum aber war diese Gefahr von der jungen Komnenenherrschaft abgewehrt, als die wilden, den Seldschulen stammverwandten Petschenegen, die vor Zeiten aus dem Innern Asiens hergewandert waren und von ihren Sitzen an der untern Donau aus das byzantinische Reich schon mehrfach bedrängt hatten, die alten Feindseligkeiten erneuerten und verheerend durch die Thäler des Ballangebirges nach dem inneren Thracien vorbrachen. Alexius hatte auch hier schwere Kriegsnoth zu bestehen, und erst nach mehrjährigem Ringen kam es im April 1091 zu der gräßlichen Entscheidungsschlacht bei Lebunion, in der das Volk der Petschenegen bis auf einen unbedeutenden Rest vernichtet wurde.

Darnach endlich konnte sich der Kaiser wieder gegen die Seldschuken wenden, und in einer Beziehung war deren Lage jetzt keine günstige. Alp Arslan, der Sieger von Manzikert, und dessen Sohn und Nachfolger Malikschah (1071—1092) hatten wohl als große Kriegeshelden weite Länderstrecken zu erobern, aber einen fest gefugten Staat nicht zu gründen vermocht: Die Feldherren und Provinzstatthalter, zum Theil Prinzen aus dem Hause der Sultane selber, durften nach ihrer Willkür schalten und traten bald wie unabhängige Fürsten auf. Dazu kam nach dem Tode Malikschahs ein wüthender Krieg, den dessen Brüder und Söhne um die Erbschaft führten. Der älteste Sohn, Barkjarok, behauptete sich freilich im Sultanate, konnte jedoch nicht verhindern, daß die Reichseinheit sich immer mehr auflöste und besonders das Gebiet der westlichen Provinzen in eine Menge größerer und kleinerer Emirate zerfiel. Den Stamm von Kleinasien mit den Hauptstädten Nicäa und Jkonium beherrschte damals Kilibsch Arslan; neben ihm aber, und zumal in den reicheren Küstenlandschaften, hatten viele kleine Kriegshäupter selbständige Fürstenthümer gegründet.

Diese Zersplitterung des Sultanates nützte jedoch den Byzantinern nur wenig. Denn die furchtbaren Kriege des letzten Jahrzehents hatten ihre Geld- und Menschenkräfte zu hart mitgenommen, während die Seldschuken inzwischen leichtes Spiel gehabt hatten, sich in Kleinasien fester einzunisten. Alexius war zwar eifrig bemüht, seine Mittel zu vermehren, indem er, wie die Nothlage gebot, die Unterthanen schonungslos besteuerte, im übrigen jedoch für eine gute Verwaltung, für strenge Rechtspflege und Polizei, und somit für die Grundlagen der öffentlichen Wohlfahrt sorgte; auch versuchte er bald durch listige Verhandlungen, bald in offenem Kampfe den Feinden Abbruch zu thun; und in der That glückte es ihm, eine Reihe fester Plätze an der Südküste der Propontis nebst mehreren Inseln im ägäischen Meere, namentlich Lesbos, Chios und Samos, auf denen sich die Seldschuken ebenfalls schon festgesetzt hatten, wieder zu gewinnen; aber diese kleinen Erfolge waren das Aeußerste, was der Kaiser zu erreichen vermochte. Sollte er sich nun hierbei beruhigen? Sollte er den Seldschuken die weiten Gebiete, die sie seit der Schlacht bei Manzikert erobert hatten, endgültig überlassen? Es war ja eine Lebensfrage für das ganze byzantinische Reich, ob man zum wenigsten Kleinasien wieder gewinnen werde oder nicht. Denn Konstantinopel und Athen waren fortdauernd bedroht, so lange in Nicäa und an der kleinasiatischen Küste seldschukische Emire saßen. Diese mußten vertrieben werden; Nicäa und Jkonium mußten wieder christliche Garnisonen erhalten, wenn anders es gelingen sollte, dem Andrang des Islams und den Völkerwogen, die von Zeit zu Zeit mit wilder Verheerungslust aus dem Innern Asiens hervorbrachen, auf die Dauer Widerstand zu leisten.

Mit den eigenen Kräften war aber Kleinasien nicht mehr zu befreien. Da erhob sich Alexius zu einer Maßregel, die weltgeschichtliche Bedeutung gewonnen hat. Er beschloß die Hülfe des römischen Abendlandes herbeizurufen, in ähnlicher Weise, wie das schon sein Vorgänger Michael VII. versucht hatte. Er wandte sich deshalb im Jahre 1095 an Papst Urban II., offenbar nicht in der Meinung, nur ein paar kleine Söldnerschaaren zugesendet zu erhalten, dergleichen aus aller Herren Länder längst in seinen Diensten standen, sondern voll Verlangen nach einer ausgiebigeren Unterstützung, die ihm durch das mächtige geistliche Oberhaupt der römischen Welt vermittelt werden sollte.

Zweites Kapitel.

Erster Kreuzzug.[1)]

Papst Urban II.

Zwanzig Jahre waren vergangen, seitdem Gregor VII. den kühnen Plan gefaßt hatte, an der Spitze der Getreuen des heiligen Petrus gegen die Selbschulen ins Feld zu ziehen. Das Unternehmen war damals nicht aus-

---

[1)] Die Geschichte des ersten Kreuzzuges darf, wie oben erwähnt, nicht mehr aus Willens Geschichte der Kreuzzüge entnommen werden. Das Hauptbuch für das Studium des ersten Kreuzzuges bildet H. v. Sybels „Geschichte des ersten Kreuzzuges", Düsseldorf 1841. Die Forschung ist darnach weiter geführt worden von Kugler „Komnenen und Kreuzfahrer", abgedruckt in Sybels historischer Zeitschrift, Bd. XIV, 1865, und von Hagenmeyer sowohl in seinem „Ekkehardi Hierosolymita", Tübingen 1877, wie in seinem „Peter der Eremite", Leipzig 1879. Die Bücher Hagenmeyers enthalten eine reiche Fülle gelehrten Materials; der „Hierosolymita" besonders ist werthvoll, nicht deshalb, weil die kleine Schrift Ekkehards, die diesen Namen trägt, von neuem abgedruckt worden ist, sondern wegen der kritischen Anmerkungen, welche der Herausgeber hinzugefügt hat. Außer diesen Büchern kommen vornehmlich in Betracht die bezüglichen Abschnitte aus den schon erwähnten Werken Riants und Röhrichts über die Kreuzfahrten der Skandinavier und der Deutschen, und ebenso die Werke von Finlay, Hopf, Hertzberg, Weil, Heyd u. s. w., die sämmtlich, was ein für allemal gesagt sein mag, auch den folgenden Kapiteln des vorliegenden Buches zu Grunde liegen. — Die besonders hohe Bedeutung, welche der erste Kreuzzug, eben als erster seiner Art, in den Augen sowohl der Zeitgenossen wie der Nachwelt, in der Geschichte und in der Sage gewonnen hat, nöthigt hier aber noch zu einer weiteren Bemerkung, die sich ausnahmsweise auch auf die Hauptquellenschriften dieser Wallfahrt zu erstrecken hat. Wir besitzen eine Reihe werthvoller, unbefangen und zumeist mit Umsicht geschriebener kleiner Chroniken, die von Theilnehmern am Kreuzzuge verfaßt worden sind, z. B. von einem anonymen Normannen (Gesta Francorum et aliorum Hierosolymitanorum), von dem Provenzalen Raimund de Agiles, dem Nordfranzosen Fulcher von Chartres u. s. w. Ein paar Jahrzehnte später schrieb sodann Albert von Aachen eine umfangreiche Chronik des heiligen Krieges (1095—1121), in welcher er neben anderem die Fülle der Sagen, die sich inzwischen über die Thaten und Leiden der Kreuzfahrer, besonders Peters von Amiens und Gottfrieds von Bouillon, gebildet hatten, in voller Naivetät zum Ausdruck brachte. Endlich in den achtziger Jahren des zwölften Jahrhunderts verfaßte ein kenntnißreicher und hochgebildeter Mann, der Erzbischof Wilhelm von

geführt worden, weil der Papst, nachdem er kaum die Rüstungen zum morgenländischen Kriege begonnen hatte, genöthigt worden war, seine ganze Kraft für die Vertheidigung der jungen päpstlichen Theokratie im Abendlande einzusetzen. Schließlich war er sogar dabei erlegen und wie ein Flüchtling fern von Rom gestorben. Anders standen die Dinge jetzt. Urban II., der seit dem 12. März 1088 auf dem Stuhle Petri saß, war zwar von den gleichen theokratischen Idealen erfüllt wie Gregor; aber geschmeidigeren Sinnes als sein großer Vorgänger vermied er es, dem Widerstand der weltlichen Gewalten durch allzu schroffes Auftreten immer neue Nahrung zu geben, und errang gerade dadurch den Sieg. Im Jahre 1094 durfte er zufriedenen Blickes den römischen Erbkreis überschauen. England und Frankreich, Spanien und Deutschland beugten sich seinem herrschenden Einflusse. König Philipp,

Tyrus, eine sehr detaillirte Geschichte des Reiches Jerusalem bis zum Jahre 1184, in der eine Vermittelung zwischen den Sagen Alberts von Aachen und der glaubwürdigen Geschichtserzählung jener älteren kleinen Chroniken durchzuführen versucht ist. Dieser Vermittelungsversuch, der natürlich an sich ein verkehrtes Unternehmen war und weder Sage noch Geschichte giebt, bildete aber bis auf Sybel die Grundlage für die meisten Erzählungen vom ersten Kreuzzuge und bestimmte sogar darüber hinaus die Auffassung, welche auch späteren Kreuzzügen von den Historikern entgegengebracht wurde. Es war deshalb ein großes Verdienst Sybels, das wahre Verhältniß der sagenhaften und der geschichtlich glaubwürdigen Ueberlieferung in den Grundzügen zum ersten Male festzustellen, d. h. Albert von Aachen in ziemlich weitem Umfange und in entsprechendem Maße auch Wilhelm von Tyrus zu verwerfen und jenen ursprünglichen kleinen Chroniken den Platz, den sie verdienen, endlich wiederzugeben. Heute stehen wir nun freilich nicht mehr ganz auf dem Standpunkte Sybels, der in der Abweisung Albert'scher Berichte etwas zu weit gegangen zu sein scheint. Aber die Methode, die Sybel angewendet hat, müssen wir unverbrüchlich festhalten und nur noch mehr ins Einzelne eingehend, als dies vor vierzig Jahren möglich war, zwischen sagenhaften und geschichtlichen Ueberlieferungen zu scheiden versuchen. Hierzu ist vor allem eine umfassende Kritik Alberts von Aachen nöthig, eine Arbeit, von der sich in der neuesten lateinischen Literatur erst bescheidene Anfänge finden. — Außer jenen lateinisch geschriebenen Quellenwerken, auf die noch Sybels Geschichte des ersten Kreuzzuges ausschließlich sich stützt, besitzen wir jetzt auch reichhaltige Liedercyklen in altfranzösischer Sprache: „Le chevalier au cygne et Godefroid de Bouillon", herausgegeben von Reiffenberg in den Monum. pour servir à l'histoire de Namur tom. 2. divis. Légendes historico-poétiques t. IV—VIII, Bruxelles 1846—1859, ferner: Paulin Paris „La chanson d'Antioche" 2 tom., Paris 1848, und: C. Hippeau „La conquête de Jérusalem" Paris 1868. Diese Liedercyklen enthalten neben dem buntesten Spiel der Sage und der dichterischen Willkür ohne Zweifel einzelnes historisch Brauchbare. Abgefaßt sind sie in der heute noch uns liegenden Form allerdings lange nach dem ersten Kreuzzuge; wann sie eigentlich entstanden sind, ist noch streitig, doch dürfte schwer nachzuweisen sein, daß nicht viele einzelne Lieder dieser Cyklen schon sehr frühzeitig und vielleicht noch während des Kreuzzuges selber, wohin eine nahe liegende Vermuthung drängt, gedichtet worden sind. Vgl. Sybel „Sagen und Gedichte über die Kreuzzüge", abgedruckt in der „Allgemeinen Monatsschrift für Wissenschaft und Literatur", Kiel, Juli bis Dezember 1851. Sybel „Aus der Geschichte der Kreuzzüge", abgedruckt in „Wissenschaftliche Vorträge, gehalten zu München im Winter 1858" Braunschweig, 1858. Hagenmeyer „Peter der Eremite", besonders S. 314 ff.

der den Zorn der Kirche durch Entführung der schönen Bertrade, der Gattin des Grafen Fulko von Anjou, erregt hatte, sah sich jetzt von den schwersten Strafen bedroht, und Kaiser Heinrich IV. war so tief gebemüthigt, daß eine Wiedererhebung desselben zur alten Macht oder auch nur eine ernst= liche Fortsetzung des Kampfes gegen die Oberhoheit des Papstes kaum mehr möglich erschien.

Urban gedachte aber nicht auf seinen Lorbeeren auszuruhen. Er war von vornehmem Geschlechte, aus Frankreich gebürtig, und die eigenthümliche geistlich=kriegerische Richtung der Zeit, die unter den Franzosen bisher am stärk= sten sich entwickelt hatte, erfüllte ihn gleich seinen Volks= und Standesgenossen. Auch war er immerhin noch jung genug — etwa 50 Jahre alt —, um die Lösung selbst der größten neuen Aufgabe mit Vertrauen auf seine Kraft übernehmen zu können; und so folgte er denn willig dem Antriebe, den er vom fernen Osten her empfing.

In den ersten Tagen des März 1095 hielt er eine große Synode in Piacenza, zu der sich 4000 Geistliche und 30,000 Laien vereinigt hatten. Hier wurden Fragen der Kirchenzucht erlebigt, Beschlüsse gegen König Philipp und Kaiser Heinrich gefaßt und vor allem Gesandte des Kaisers Alexius angehört, die von Griechenland herüber gekommen waren, um den Papst und alle Christen um Beistand gegen die Seldschuken in Kleinasien zu bitten. Urban rief nun sofort die Gläubigen zur Unterstützung der Byzantiner auf, und in der That versprachen ihm hier schon viele, zum Kampf gegen die Feinde des Kreuzes nach Konstantinopel zu ziehen.

Papst Urban II.
Faksimile aus der Handschrift „de passa-
glio in Terram Sanc-
tam" (Benedig).

Von Piacenza reiste aber der Papst noch im Sommer 1095 über die Alpen nach Frankreich, durchzog wie ein Triumphator einen großen Theil dieses Landes und ging endlich nach Clermont in der Auvergne, um dort vom 18. November an eine zweite große Synode zu halten. Auch hier wurde zuerst eine Reihe rein kirchlicher Bestimmungen getroffen, dann König Philipp in seinem eignen Lande in den Bann gethan, der Gottesfrieden als ein allgemeines Gesetz der Kirche verkündigt und schließlich — am 26. Novem= ber — die Versammlung berufen, die der Synode von Clermont ewige Dauer im Gedächtniß der Menschen sichern sollte. Unzählbare Massen waren an diesem Tage zusammengeströmt, da eine Vorahnung der kommen= den Dinge sich weit und breit geregt hatte. Der Papst sah sich in der Mitte von 14 Erzbischöfen, 225 Bischöfen und 400 Aebten; die Menge der niedern Geistlichen und der Laien ließ sich nicht schätzen. Unter freiem Himmel, da kein Gebäude diese Schaaren zu fassen vermochte, begann er zu reden von dem, was alle Herzen erfüllte, ohne daß sie sich dessen klar bewußt waren. Er sprach von schmählicher Entweihung der christlichen Kirchen zu Jerusalem, von den bittern Leiden der dortigen Gläubigen und der frommen Pilger

unter der rohen Fauft der Seldſchuken, von den großen Gefahren, von denen
Konſtantinopel wie das ganze Abendland durch das ſiegreiche Vordringen
der Feinde ausgeſetzt ſeien, von der Vergangenheit endlich, welche die franzö=
ſiſche Ritterſchaft, deren Voreltern ſchon ihr Schwert gegen „die Söhne der
Hagar" gezogen, zu Muth und Kampfluſt entflammen ſollte. Wie ein Herold
Gottes rief er zum heiligen Kriege und verlangte von allen, die Waffen
tragen konnten, daß ſie ſich in den Dienſt des höchſten Kriegsherren, Jeſu
Chriſti, ſtellten zum Streite gegen die Ungläubigen, zur Befreiung Jeru=
ſalems, zur Erfüllung des Wortes, daß „Sein Grab wieder glorreich werde".

Indem er ſo redete, ſchuf er aber ein anderes Unternehmen, als der=
einſt von Gregor VII. beabſichtigt worden war. Die Unterſtützung des
Kaiſers Alexius und die Verdrängung der Seldſchuken aus Kleinaſien traten
allmählich in den Hintergrund. Dafür erhoben ſich vor aller Augen als
erſchüteſte Ziele die Wiederaufrichtung der Chriſtenherrſchaft im heiligen
Lande und das Gebet am freien Grabe des Herrn. Urban war nicht ſo
ſehr der geiſtliche Kaiſer, der die Getreuen des heiligen Petrus zur Er=
weiterung ſeiner Theokratie planvoll zu verwenden ſuchte, als vielmehr der
erhabenſte Aſket, der dem myſtiſchen Drange der Maſſen in zündenden
Worten Ausdruck gab. Gerade deshalb aber wirkte ſeine Rede unwiderſteh=
lich, einer Offenbarung gleich. Schon während er ſprach, wurde er von
ſtürmiſchem Zuruf unterbrochen. Nachdem er geendet, erſcholl von Tauſen=
den und aber Tauſenden wiederholt das Loſungswort des heiligen Krieges:
Gott will es! Gott will es! Viele vergoſſen Thränen oder bebten vor
innerer Erregung, und ſchaarenweiſe drängten ſie ſich, das Zeichen der
kriegeriſchen Pilgerfahrt — ein rothes Kreuz, auf der rechten Schulter an
das Gewand geheftet — zu empfangen.

Darauf erneuerte Urban den Befehl der Kirche, den Gottesfrieden un=
verbrüchlich zu halten, ſtellte das Eigenthum der Kreuzfahrer unter den
beſonderen Schutz des apoſtoliſchen Stuhles und beauftragte die Geiſtlichen,
in ihrer Heimat das Werk der Kirche durch ihre Predigt zu fördern und
die Kreuzfahrer dem Gebete der Gläubigen zu empfehlen. Von mehreren
Seiten aufgefordert, ſelber an die Spitze der Bewegung zu treten, lehnte der
Papſt dies zwar ab, doch verſuchte er, die Oberleitung des Unternehmens
in der Hand der Kirche zu behalten. Denn einer der erſten, die das Kreuz
auf ſich nahmen, war Adhemar von Monteil, Biſchof von Puy, ein Mann
recht nach dem Herzen Urbans, berühmt wegen ſeiner Frömmigkeit und zu=
gleich ein ritterlicher Streiter in der Vertheidigung kirchlicher Rechte.[1]) Mit
Freuden gab ihm der Papſt ſeinen Segen und vertraute ihm als Legaten
der Kirche die Führung des Kreuzzuges an.

---

1) Die Chronik von Puy nennt ihn mit charakteriſtiſchem Ausdruck: facilis ad
omne bonum, gracilis ad equitandum. Cf. Hist. de Langued. II, 8.

Peter der Eremite.

In solcher Weise, märchenhaft genug, ist in Wahrheit der große mittelalterliche Angriffskrieg des Abendlandes gegen das Morgenland ins Leben gerufen worden. Die Sage hat aber daran kein Genüge gefunden und eine noch weit märchenhaftere Entstehungsgeschichte des Kreuzzuges erdichtet, der bis auf den heutigen Tag nur allzu oft Glauben geschenkt worden ist. Darnach ist der Klausner Peter von Amiens[1]) ums Jahr 1094 nach Jerusalem gepilgert und hat mit Schmerzen wahrgenommen, welche heidnischen Gräuel die Seldschuken dort verübten. Eines Tages ist er — so erzählt die Sage — in der Kirche des heiligen Grabes betend entschlafen; da erscheint ihm der Heiland in himmlischem Glanze und spricht zu ihm, dem schwachen und gebrechlichen Menschen: Peter, theuerster Sohn, stehe auf, gehe hin zu meinem Patriarchen und nimm von ihm den Brief meiner Sendung. In der Heimat sollst Du erzählen von dem Elend der heiligen Stätten und sollst die Herzen derer, die da glauben, erwecken, daß sie Jerusalem reinigen

Vision Peters in der Kirche des heiligen Grabes. | Peter empfängt vom Patriarchen von Jerusalem den „Brief der Sendung".

Facsimile aus der Handschrift „de passagiis in Terram Sanctam" (Venedig).

und die Heiligen aus der Hand der Heiden erretten. Denn die Pforten des Paradieses sind ihnen eröffnet, die ich erwählt und berufen habe. Und Peter stand auf in der Frühe und ging zu dem Patriarchen, daß er den Brief der Sendung empfänge. Der Patriarch aber gab ihm den, und dankte ihm sehr, und Peter ging hin und vollbrachte die Meerfahrt in großer Angst, bis er nach Bari kam und endlich nach Rom. Da vernahm der Papst in Demuth und Freuden das Wort des Berufes und zog hin nach Clermont, den Weg des Herrn zu predigen. Und es erhoben sich alle Lande und alle Fürsten und Ritter in ganz Frankreich, um das heilige Grab zu befreien.

Dieses Geschichtchen widerstreitet nicht blos deshalb der Wahrheit, weil

---

1) Der Geburtsort Peters ist nicht sicher bekannt. Doch stammte der Klausner ohne Zweifel wenigstens aus der Stadt oder Umgegend, bezüglich der Diözese Amiens. Man darf ihn deshalb wohl Peter von Amiens nennen und durch diese Bezeichnung schon die irrigen Meinungen, die ihn aus Belgien, Teutschland u. s. w. abstammen lassen, zurückweisen.

es den Kreuzzug in übernatürlicher Weise durch das unmittelbare Eingreifen des Heilandes selber entstehen läßt, sondern auch weil Peter von Amiens zwar schon vor 1095 eine Pilgerfahrt nach dem heiligen Lande angetreten, Jerusalem aber damals gar nicht erreicht hat.[1]) Dem Papst Urban und nicht dem Klausner Peter bleibt daher der Ruhm, das Abendland zur Befreiung Palästinas von der Herrschaft der Selbschuken aufgerufen zu haben. Der letztere hat aber trotzdem schon im Jahre 1095 eine bedeutende Rolle gespielt.

Denn wenn der Papst auch nach der Synode von Clermont noch lange in Frankreich blieb, an vielen Orten zum Kreuzzuge antrieb und vornehmlich die Großen des Landes für denselben zu gewinnen suchte, so trat sein Wirken allmählich doch in den Hintergrund, da die einmal entfesselte Bewegung nunmehr aus eigener Kraft nach allen Seiten reißend um sich griff. Am schnellsten zeigten sich die Massen des niederen Volkes bereit, das Kreuz zu nehmen, weil sie während der letzten Zeiten durch Kriegsunruhen, Hungersnoth und mancherlei Krankheiten besonders schwer gelitten hatten und den Kreuzzug wie eine Erlösung aus Kummer und Elend, wie ein sicheres Mittel zur Erlangung von irdischem Glück und himmlischer Seligkeit betrachteten. An ihrer Spitze erschienen begeisterte Prediger, die mit hinreißender Beredsamkeit zum Kampfe für den Heiland aufriefen, keiner aber mit leidenschaftlicherem Schwunge und größerem Erfolge als Peter von Amiens. Mit funkelndem Auge, durch Entbehrungen abgemagert und gebräunt von der heißen Sonne des Südens trat er vor die Bauern von Mittel- und Nordfrankreich[2]) und machte solchen Eindruck auf ihre erregten Sinne, daß sie schaarenweise ihm wie einem Propheten des Herrn folgten. Schon während des Winters 1095 auf 1096 sammelte er ein ganzes Heer, freilich ohne Mannszucht und fast ohne Waffen, Männer, Weiber und Kinder in buntem Gemische, alle aber fanatisch erhitzt und voll Begierde nach Kampf. Einen ähnlichen Haufen brachten in denselben Gegenden einige Ritter zusammen, unter denen besonders Walter von Pexejo und dessen Neffe Walter Senzavehor (Habenichts) genannt werden. Diese beiden Massen vereinigten sich nach kurzer Frist, zogen zusammen gen Osten und betraten somit den deutschen Boden.

Hier kamen sie zu einem Volke, welches eine eigenthümliche Stelle in der Geschichte der Kreuzzüge einnehmen sollte. Denn im Ganzen ist es zwar richtig, daß die Deutschen damals wie auch späterhin den Anruf zum heiligen Kriege mit gleichgültigerem Ohre gehört haben als die Franzosen oder

---

1) Die Kenntniß dieses Umstandes verdanken wir dem Geschichtswerke der Anna Komnena, lib. X, ed Bonn. II, 29.
2) Peter scheint seine Kreuzpredigt in der Landschaft Berry, also nicht gar fern von Clermont in Auvergne begonnen zu haben. Gesicherte Nachrichten über sein Auftreten vor oder auch nur auf dem Konzil von Clermont sind jedoch in keiner Weise vorhanden.

überhaupt die Romanen. Im Frühling 1096 insbesondere wirkten ihr kälteres Blut und der lange Streit zwischen Kaiser und Papst, der noch immer nicht völlig ausgetragen war, gemeinsam dahin, daß sie großentheils der Botschaft des neuen Heils, welches durch den Kampf für das Grab Jesu Christi erworben werden sollte, skeptisch entgegentraten. Sie stellten sich wohl an die Brücken und Heerstraßen, wenn der wimmelnde Zug der Wallfahrer vorüber drängte, und spotteten über die Armen, „die durch falsche und thörichte Hoffnungen getäuscht ihren heimatlichen Boden verließen". Aber für viele Einzelne besaß das Beispiel der westlichen Nachbarn unwiderstehlich verlockende Gewalt, und dazu kam noch, daß der schreckliche Bürgerkrieg, der die Kräfte der Nation bisher vollständig in Anspruch genommen hatte, dennoch auch die Kreuznahme begünstigte, weil durch ihn Elend und Armut weit verbreitet waren, denen selbst mit Hülfe des abenteuerlichsten Unternehmens zu entfliehen wie eine Erlösung erscheinen durfte. In ähnlich trauriger Lage und aus Verzweiflung über dieselbe hat unser Volk ein halbes Jahrhundert später in plötzlichem Aufschwunge Hunderttausende von Männern in den fernen Osten entsendet, und auch im Frühling 1096 haben dichte Schaaren zumeist von kleinen Leuten, Bauern und Mönchen, Landstreichern und Wegelagerern das Kreuz auf sich genommen.

Die Betheiligung der Deutschen an den Kreuzzügen hat vielleicht auf die äußere Erscheinung derselben eingewirkt. Wir lesen nämlich nicht blos, daß die Wallfahrer mit einem geistlichen Schlachtruf wie mit jenem Deus le volt oder mit den Worten „Gott und das heilige Grab" dahin gezogen sind, sondern „wo sie aufbrachen und anzogen, sungen sie zuvor ein geistlich Lied, gleichwie jetzund die Schiffleute, wenn sie vom Lande stoßen, Gott um Gnad bitten und ein geistlich Lied singen". Wie alt diese Sitte war und wie weit sie sich ausgebreitet hat, ist schwerlich festzustellen, doch scheint es fast, daß sie dem sangesfreudigen Deutschland vornehmlich angehört.[1]) Im zwölften Jahrhundert ist hier in Aller Munde das Pilgerlied:

> In Gottes Namen vare wir,
> Einer Gnaden gere wir
> Nû helfe uns diu gotes kraft
> und daz heilige grap,
> da got selber inne lac.
> Kyrieleis.

Walter von Pexejo, Walter Habenichts und Peter von Amiens marschirten mit ihren Haufen gemeinsam bis nach Köln, wo sie das Osterfest feierten. Die beiden Ritter zogen darnach sogleich weiter, während Peter sich durch

---

1) Wir hören zwar auch von Kreuzfahrerliedern anderer Völker, z. B. der Lombarden; aber die Deutschen scheinen in dieser Beziehung doch den Reigen geführt zu haben. Vgl. Röhricht, Beiträge zur Geschichte der Kreuzzüge, S. 40 und 47, und Hoffmann von Fallersleben, Geschichte des deutschen Kirchenliedes, 3. Aufl. Hannover 1861, S. 39 ff.

den Erfolg seiner Predigten in Köln festhalten ließ. Jene gingen durch Süddeutschland nach Ungarn und erreichten noch in leiblicher Haltung das Gebiet der Bulgaren. Hier aber wurden sie das Opfer hitziger Angriffe, die, unaufhörlich wiederholt, die lockere Ordnung der Schaar sprengten, die Vorräthe derselben vernichteten und Tausenden Leben und Freiheit kosteten. Walter von Pexejo kam unterwegs um, und nur ein tief erschöpfter, schwacher Rest, geführt von Walter Habenichts, erreichte Konstantinopel und fand dort in freundlicher Aufnahme einige Erquickung.

Etwas besseres Glück hatte Peter von Amiens, der inzwischen in Köln und im Innern Deutschlands neue beträchtliche Streitkräfte gesammelt hatte und mit etwa 40,000 Mann den ungarischen Grenzen zuzog. Auch er hatte der Tradition nach sowohl in Ungarn wie in Bulgarien, zum Theil Dank der Zuchtlosigkeit seiner Schaaren, schwere Kämpfe zu bestehen, in denen das Heer einmal völlig auseinander gesprengt sein soll, doch gelang es ihm jedenfalls, die Hauptmasse desselben unversehrt zu bewahren und zusammen zu halten, so daß er Ende Juli immerhin noch mit ansehnlicher Macht vor Konstantinopel einzutreffen vermochte.

Währenddessen hatten sich aber in der Heimat noch viele ähnliche Haufen gebildet. Denn die zündende Kraft der Kreuzpredigt hatte sich allmählich im weitesten Umkreise, in Italien und Spanien, in England und in Skandinavien bethätigt. Schiff auf Schiff kam von den nördlichen Inseln und Küsten in die Häfen von Frankreich und Deutschland. Hier vereinigten sich die Söhne der verschiedensten Länder zum gemeinsamen Zuge. Diese Haufen waren im wesentlichen von dem gleichen Schlage wie die Peters und der beiden Walter. Nur zeigten sich die schwärmerische Hitze und die wüste Zuchtlosigkeit wenn möglich noch gesteigert. Neben Männern, die sich in wilder Extase das Zeichen des Kreuzes selber in die Haut gebrannt hatten und dann erklärten, die Hand Gottes habe dies gethan, sah man Diebe und liederliche Dirnen in Masse. An der Spitze einer Schaar fand man einen Gänserich und eine Ziege, weil diese Thiere — viel mehr nach altheidnischen als nach christlichen Vorstellungen — von göttlichem Geiste erfüllt am besten den richtigen Weg zeigen könnten. Das platte Land wurde weit und breit ausgeraubt und endlich brach, was seitdem so oft noch bei Kreuzzugsrüstungen sich wiederholen sollte, eine gräuliche Judenhetze, eine Verfolgung also der heimischen Gegner Jesu Christi aus. In Lothringen besonders, am Rhein und in Böhmen wurden die Juden, zumeist in thätlichem Trotze gegen die Bischöfe, welche die Unglücklichen zu retten suchten, ermordet, ihre Güter geplündert und die Synagogen zerstört.

Einen derartigen Haufen brachte zuerst ein gewisser Volkmar zusammen und zog mit ihm durch Sachsen und Böhmen nach Ungarn. Hier aber fand er bei den Einwohnern des Landes energischen Widerstand, und nachdem die Mehrzahl der Pilger erschlagen oder gefangen war, stäubte der Rest in wildem Entsetzen auseinander.

Aehnlich ging es gleich darauf einem andern Haufen, den der rheinländische Priester Gottschalk unter argen Gewaltthaten durch Bayern und Oesterreich nach Ungarn geführt hatte. Die Ungarn warfen sich mit Ingrimm auf die Mordbrenner und hieben sie vollständig zusammen.

Dasselbe Schicksal hatte auch die dritte und größte dieser Schaaren, die aus Franzosen, Vlämingern, Engländern und Deutschen bestand, mehr als 200,000 Mann stark gewesen sein soll[1]) und vornehmlich von zwei rohen und grausamen Edelleuten, dem Vicomte von Melun und dem Grafen Emich von Leiningen befehligt wurde. Diese Pilger betrachteten sich jetzt als im offenen Kampfe mit den Ungarn und begannen die Belagerung des festen Wieselburg. Der tüchtige ungarische König Koloman vertheidigte die Stadt hartnäckig, verzweifelte aber schon, der fanatischen Tapferkeit der Gegner auf die Dauer Widerstand leisten zu können, als mit einem Male die Angriffe aufhörten und die Pilger in jäher Flucht aus einander stürmten. Mitten im Siege war ein Grauen über sie gekommen, unbegreiflich und unwiderstehlich; nur das nackte Leben zu retten waren sie bedacht. Aber die meisten wurden von den nachsetzenden Ungarn niedergehauen. Wenige retteten sich in die Heimat oder vereinigten sich später mit dem großen Kreuzheere.

Auch Peter von Amiens entging mit seiner Gesolgschaft schließlich dem Unheil nicht, dem alle diese Horden erlagen. In Konstantinopel angelangt, wurde ihm vom Kaiser Alexius eine Audienz gewährt und von demselben vorgestellt, daß seine Schaaren wenig geeignet seien, die Seldschuken zu besiegen; er möge deshalb die Ankunft weiterer Zuzüge und besserer Truppen erwarten. Peter war verständig genug, auf diesen Rath einzugehen, und versprach, wenn man ihm den nöthigen Unterhalt zusichere, sich in Ruhe und Ordnung bis zum Eintreffen größerer Heere bei Konstantinopel zu gedulden. Aber er war nicht im Stande, sein Wort zu halten. Von seinen Leuten warfen sich die einen mit gesteigerter Raubgier auf die Schätze der großen Stadt, vor der sie lagerten; die andern klagten, es sei gottlos, hier in weltlicher Lust so lange zu zögern, man müsse weiter zum heiligen Grabe und zur Rettung des christlichen Glaubens. Dazu kam noch, daß Kaiser Alexius sehr bald den guten Rath bereute, den er diesen allzu unbequemen Gästen gegeben hatte, und nunmehr selber zur Fortsetzung des Zuges drängte. Deshalb sah sich Peter nach kurzer Frist genöthigt, den Bosporus zu überschreiten und somit bis an die Grenze der Christenherrschaft vorzurücken.[2])

---

1) Die Zahl ist schwerlich genau zu nehmen. Sie deutet nur an, daß sich hier eine sehr große Masse von Menschen zusammengefunden hatte.
2) Hagenmeyer, Peter der Eremite, S. 175 ff. meint, Alexius habe dem Pilgerheere von vornherein befohlen, über den Bosporus zu setzen, und sein wohlgemeinter Rath, vor dem Eintreffen besserer Truppen keinen Kampf mit den Seldschuken zu wagen, habe nur ruhigem Verweilen der Abendländer auf dem asiatischen Ufer gegolten. Die im Texte vorgetragene Ansicht schließt sich genauer an die Quellen an; der Unterschied zwischen beiden Meinungen ist aber nicht erheblich.

24 Zweites Kapitel. Erster Kreuzzug.

Doch versuchte er auch hier noch, das nun aus nächster Nähe drohende Verderben fern zu halten, indem er mit seinen eigenen Leuten wie mit Walter Habenichts und dessen schwacher Schaar und mit einigen italienischen Haufen, die sich den letzteren unterwegs angeschlossen hatten, kurz mit allen Pilgern, die glücklich bis nach Konstantinopel vorgedrungen waren, ein Lager an der Südküste der Propontis bei Civitot, dem Helenopolis der Griechen, bezog und dort längere Zeit verweilte.[1]) Aber Unbändigkeit und blinder Eifer führten trotzdem die Katastrophe herbei. Erst wurde die Umgegend des Lagers ausgeplündert. Dann wurden weitere Streifzüge gemacht, besonders von einigen tausend Franzosen, die bis gegen Nicäa vorrückten und prahlend mit reicher Beute heimkehrten. Darüber erbosten sich Deutsche und Italiener und verlangten, zu ähnlichem Glück geführt zu werden. Peter verlor in diesem Treiben den Rest seines Ansehens und ging voll Verdruß und

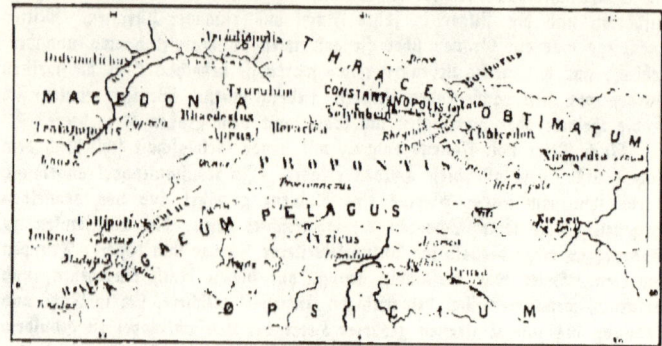

Küstengebiet der Propontis.

Schmerzen nach Konstantinopel zurück. Die Deutschen brachen aber wirklich auf, gelangten bis nach Xerigordon, einem befestigten, jedoch von der Besatzung verlassenen Platze, vermuthlich nicht weit von Nicäa, und nahmen von demselben Besitz. Gleich darauf erschien ein seldschukisches Heer, schloß sie in dem Orte ein und schnitt ihnen das Trinkwasser ab. Einige Tage ertrugen sie die Qualen des Durstes; endlich ging ein Theil von ihnen zu den Feinden über, die nun mit leichter Mühe den halb verschmachteten Zurückgebliebenen den Garaus machten. Nachrichten von diesen Kämpfen drangen bis ins Hauptlager der Pilger bei Helenopolis und erregten dort wilde Streitbegier. Umsonst warnten die Führer. Das Lager wurde verlassen und eine Strecke Weges, gen Nicäa, vorwärts marschirt, bis man auf die Selb-

---

1) Hinsichtlich der viel umstrittenen Lage von Civitot entscheide ich mich für Helenopolis, das heutige Hersek, nordwestlich von Nicäa, und nicht für Kemlik (Cius), westlich von Nicäa. Vergl. Hagenmeyer, Peter der Eremite, S. 179 ff.

schufen stieß, die sich auf das entscheidende Zusammentreffen wohl vorbereitet hatten. Hier fielen Walter Habenichts und was sonst von ansehnlicheren Männern noch vorhanden war. Die übrige Masse wurde zersprengt, auf der Flucht verfolgt, und jeder Haufen, der wieder Stellung zu gewinnen suchte, von neuem angegriffen und aufgerieben. Kümmerliche Reste wurden an der Küste von der byzantinischen Flotte aufgenommen und nach Konstantinopel zurückgeführt. Dort verkauften die Unglücklichen ihre Waffen und zerstreuten sich elend und dürftig nach allen Seiten (Oktober 1096).

In dieser trostlosen Weise verlief und endete die erste gemeinsame Erhebung der Christen gegen den Islam. Europa wurde durch dieselbe wohl von mancherlei Gesindel befreit; weit schwerer aber wog es, daß viele Tausende kräftiger Bauern, die den Kern all jener Haufen gebildet hatten, beim Mangel geeigneter Oberleitung ihren dunklen Trieben zum Opfer gefallen waren. Wie groß die Zahl der von den Feinden Erschlagenen oder Gefangenen und der in Folge der Wanderung arm und siech Verkommenen ist, das läßt sich nicht genau angeben, doch darf man nach den Anhaltspunkten, die unsere Quellen darbieten, wohl sagen, daß wenigstens zwischen ein und zweimal hunderttausend Mann damals zu Grunde gegangen sind. Wen aber darf man deshalb anklagen? Papst Urban hat die furchtbare Niederlage zwar insofern selber veranlaßt, als er auf der Synode von Clermont sich vornehmlich an die mystisch-asketische Stimmung seiner Zuhörer wendete, anstatt den Krieg mit dem Islam in staatsmännischem Sinne planmäßig vorzubereiten. Indessen eine eigentliche Verschuldung liegt hierin nicht, da der Papst gleich den meisten seiner Zeitgenossen von jener Stimmung selber ganz erfüllt war. Außerdem wäre es ohne den Appell an den geistlichen Drang, der in den Völkern des Abendlandes von Spanien bis Norwegen lebte, nicht möglich gewesen, so heiße Sehnsucht nach dem heiligen Kriege ringsum zu erwecken. Und hinter den unglücklichen Bauernhaufen erhoben sich nun die Fürsten und die Ritter, die bei aller Wärme ihres religiösen Gefühls auch für die Dinge dieser Welt ein offenes Auge besaßen.

Das große Kreuzheer.

Schon in Clermont hatte Papst Urban, einen Tag nach seiner großen Kreuzpredigt, die Nachricht erhalten, daß Raimund von Saint Gilles, Graf von Toulouse und Markgraf der Provence, den Feldzug gegen die Ungläubigen mitmachen werde. Dieser Raimund war außerordentlich reich, eifrig kirchlich gesinnt und von lebhaftem Thatendrang erfüllt, dabei freilich auch leicht zu Neid und Mißgunst gereizt, besonders späterhin, als er bei der Absicht, für die eigene Person Eroberungen im Morgenlande zu machen, kluge und starke

Nebenbuhler fand.¹) Fast ein Jahr lang arbeitete er daran, sich und die Seinen zu dem bevorstehenden Kriege sorgfältig auszurüsten und schließlich hatte er die Genugthuung, daß die Grafen und Ritter Südfrankreichs nicht blos schaarenweise seinem Beispiel folgten, sondern sich auch zumeist ihm selber anschlossen. Sogar mehrere Bischöfe, darunter der Legat des Papstes, verstärkten mit zahlreichem Gefolge das Heer, welches im Herbst 1096 unter den Fahnen Raimunds sich sammelte.

Inzwischen war aber auch der Adel in der Mitte und im Norden Frankreichs unter die Waffen getreten und hatte sich von Provinz zu Provinz um hervorragende Führer gruppirt. Von diesen letzteren verdient erwähnt zu werden zunächst Graf Hugo von Vermandois, König Philipps Bruder, ein stattlicher Rittersmann in der Vollkraft der Jahre, den manche wegen seiner hohen Geburt schon als künftigen Herrscher im Morgenlande betrachteten. Doch hat er sich allmählich zu unbedeutend an Geist und Charakter gezeigt, um wirklich eine Krone erringen zu können. Neben ihm zeichnete sich durch Reichthum, Freigebigkeit und würdevolles Wesen Graf Stephan von Blois und Chartres anfangs so sehr aus, daß ihn die übrigen Fürsten in Asien eine Zeit lang zum oberen Anführer des Heeres setzten; schließlich aber hat gerade er durch Eitelkeit und Unbeständigkeit den übelsten Nachruf sich zugezogen. Ein besserer Mann war Herzog Robert von der Normandie, wenigstens insofern als er seine normannische Abstammung in ausdauerndem Kampfesmuth bewährt hat. Im übrigen ist auch von ihm nicht viel Gutes zu melden, weil er, voll schlaffer Genußsucht, höheren Antrieben nicht leicht zugänglich war. In der Heimat hatte er von seinen Brüdern, dem König Wilhelm II. von England und dem Prinzen Heinrich, sowie von dem trotzigen Adel seines Landes unaufhörliche Anfechtungen zu erleiden gehabt. Da war ihm der Aufruf zum Kreuzzuge wie ein erwünschter Anlaß erschienen, unerquicklichen Verhältnissen den Rücken kehren zu dürfen. Ohne Mittel, wie er war, verpfändete er in sorglosem Leichtsinn sogleich sein ganzes Land für 10,000 Mark Silber an König Wilhelm, rüstete seine eigenen Leute und sah mit Freuden, wie auch zahlreiche normannische und englische Große seiner Führung sich anvertrauten. Graf Robert II. von Flandern endlich, der Sohn eines alten Jerusalempilgers, Graf Roberts des Friesen, war trotz mancher heimischen Bedrängnisse reich und mächtig genug, um ein ansehnliches Heer zusammenzubringen; doch besaß er geringe Fähigkeit zur Führung desselben, da er vielmehr nur geschickt gewesen sein soll, Schwert und Lanze mit ungewöhnlicher Wucht zu handhaben.

Die flandrische Rüstung erstreckte sich schon von Frankreich bis in das deutsche Reich hinein. Hier besaß aber für weite Kreise der Ritterschaft

---

1) Raimund soll schon vor dem Abmarsche aus der Heimat das Gelübde gethan haben, nie wieder in dieselbe zurückzukehren. Jedenfalls hat er bald darauf nur noch nach der Erwerbung einer neuen Fürstenherrschaft im Morgenlande getrachtet.

noch größere Anziehungskraft als Graf Robert der Herzog von Niederlothringen, Gottfried von Bouillon. Die Eltern desselben waren Eustach Graf von Boulogne und Ida, die Schwester Herzog Gottfriebs des Höckrigen von Niederlothringen, des treuen Freundes Kaiser Heinrichs IV. Der Vater wie die Mutter leiteten ihr Geschlecht bis auf Karl den Großen zurück, und der Oheim richtete seine Zuneigung auf den jungen Neffen und machte ihn zu seinem Erben. Kaiser Heinrich übergab demselben überdies schon frühzeitig die Mark Antwerpen, erhob ihn späterhin (1089) zum Herzog von Niederlothringen, und so vereinten sich bei Gottfried die erlauchteste Abstammung, beträchtlicher Güterbesitz und das Gewicht einer der höchsten Reichswürden, um ihm eine bedeutende Stellung zu sichern. In dieser hat der Herzog sich stets als ein wackerer Degen bewährt, fromm, tapfer und rührig bei vielen kleinen Händeln, in denen sein eigenes Interesse auf dem Spiele stand; um die großen Gegensätze der Zeit, namentlich um den Streit zwischen Kaiser und Papst, hat er sich dagegen nicht gerade lebhaft bekümmert. Als die Nachricht vom Kreuzzuge zu ihm drang, erwirkte er sich vom Kaiser die Erlaubniß zur Theilnahme an demselben, verpfändete einen Theil seiner Besitzungen und sammelte mit Hülfe seiner Verwandten und unter dem Herbeiströmen der Lothringer sowie einiger rechtsrheinischer Deutschen ein gewaltiges Heer.

Hiernach ist Gottfried immerhin einer der bedeutendsten Kreuzesfürsten gewesen und hat manche der Genossen durch seine gediegene Persönlichkeit wie durch seine Macht überragt. Spätere Erdichtung hat aber noch weiteres hinzugefügt. Denn nachdem der Herzog am Schlusse des Kreuzzuges in Jerusalem die höchsten Ehren erworben hatte, verlangte die erregte Phantasie der Zeitgenossen, daß auch die Vorgeschichte des Helden mit allem nur erdenklichen Schmuck und Glanz umgeben werde. Da wurde seine Abstammung auf das idealste Vorbild edler Ritterlichkeit zurückgeführt, auf den sogenannten Ritter mit dem Schwane, von dem vornehmlich die Sagen Lothringens erzählten; da war schon von seiner Mutter die große Zukunft des Sohnes voraus verkündigt worden, und er selber hatte in jeder Weise hohe und herrliche Thaten verrichtet durch Beschirmung der Unschuld, durch Vernichtung des Gegenkönigs Rudolf von Rheinfelden und durch die Erstürmung von Rom im Dienste seines Kaisers. So war er vorbereitet und von Gott selber berufen, der eigentliche Führer der Christenheit zum seligsten Ziele, zur Befreiung des heiligen Grabes zu werden.

Gottfried
von Bouillon.
Facsimile aus
„de passagiis in
Terram Sanctam" (Benebig).

Dies alles gehört der Sage an. Gottfrieds Ansehen unter den Kreuzfahrern ruhte nur auf den oben angegebenen Umständen und entwickelte sich auch nie so weit, daß man ihn als das Oberhaupt des ganzen Heeres betrachten dürfte. Nur muß noch bemerkt werden, daß der Herzog das Glück hatte, zusammen mit mehreren, zum Theil sehr begabten Verwandten und Freunden ins Feld ziehen zu können. Von den beiden Brüdern, die ihn begleiteten, war zwar der eine, Eustach, soviel wir wissen, eben nur ein tapferer Rittersmann, der andere aber, Balduin, stach um so mehr hervor. Hoch gewachsen, von imponirendem Wesen und voll kühner Unternehmungslust hat er fast von Anbeginn des Kreuzzuges eine bedeutende Rolle gespielt und in späteren Jahren die Krone des Reiches Jerusalem mit Ehren getragen. Auch ein Neffe Gottfrieds, Balduin der Jüngere, ein Sohn des Grafen Hugo von Rethel, gehört im wesentlichen diesem Kreise an, obgleich er den Kreuzzug theilweise nicht unter den lothringischen Fahnen mitmachte. Nach dem Tode Balduins I. ist er demselben auf dem Throne Jerusalems gefolgt und hat sich dort nicht geringere Verdienste als seine Vorgänger erworben.

Während Frankreich und ein Theil von Teutschland zum heiligen Kriege rüsteten, blieb auch Italien nicht zurück, und hier trat der Fürst in den Vordergrund, der mehr als alle übrigen auf die Gestaltung des Kreuzzuges Einfluß gewinnen sollte, Boemund, der älteste Sohn Robert Guiskards. Dieser Normanne hatte damals schon ein wechselvolles Leben hinter sich. Denn sein Vater war zweimal verheiratet gewesen, erst mit einer Dame seiner Verwandtschaft, Alberada, dann mit der schönen und heldenmüthigen Prinzessin Sigelgaita von Salerno. Boemund, der Sohn der weniger vornehmen Alberada, hatte nun zwar trotz Sigelgaita und deren Sohn Roger, so lange Robert Guiskard lebte, eine bedeutende Rolle spielen können; namentlich war er in jenem großen Kriege mit Kaiser Alexius (1081—1085) eine Zeit lang oberster Anführer des normannischen Heeres im byzantinischen Reiche gewesen; nachdem aber der Vater gestorben war, mußte er nach vergeblichem Widerstreben dem Stiefbruder die Vorherrschaft in Süditalien überlassen und mit dem unbedeutenden Fürstenthum Otranto vorlieb nehmen. Sein Sinn stand jedoch nach höheren Dingen. Er fühlte die Kraft in sich, gleich den Ahnen in fernen Ländern Schätze und Kronen zu erkämpfen. Sein eiserner Körper war jeglicher Beschwerde gewachsen; an verwegenem Muthe stand er keinem der Genossen nach; an nüchterner und klarer Auffassung irdischer Verhältnisse übertraf er sie alle. Frühzeitig hatte er durch den Krieg gegen Byzanz die Richtung auf den Osten erhalten, die seitdem wohl durch den Verkehr italienischer Kaufleute, besonders der Bürger von Amalfi mit dem Morgenlande mannigfach genährt worden war. Er kannte die Lage der dortigen Fürsten und Völker, der Städte und Reiche und beschloß, darnach seine Maßregeln zu treffen. Als der Kreuzzug die römische Christenheit in Bewegung setzte, fühlte er seine Stunde gekommen und sah nur mit Sorgen, daß er für sich allein nicht die Mittel besaß, ein größeres Heer ins Feld zu stellen. Doch fand er auch hier bald Rath. Denn als einzelne Kreuzfahrerhaufen, von Norden herwandernd, bis nach Süditalien kamen und als

Boemund.
Facsimile aus „de passagiis in Terram Sanctam" (Venedig).

schon hier und da in seiner Nachbarschaft die Lust zur Theilnahme am heiligen Kriege sich regte, da verhandelte er bald mit diesem Haufen, bald mit jenem Herren und erreichte, daß ihrer viele sich ihm unterordneten. Und als dann ein heftiger Streit zwischen den Amalfitanern und den Normannen ausbrach, sämmtliche Fürsten der letzteren zum Kampfe gegen die mächtige Stadt sich vereinigten, die Ritter aber mit Spannung auf die Nachrichten von der ringsum wachsenden Kreuzzugsbewegung lauschten, da rief er eines Tages in zahlreicher Versammlung das Losungswort aus: „Gott will es! Wenn die ganze Welt sich erhebt, so denke ich nicht zu feiern. Ich ziehe hinaus. Wer von Euch, Ihr Herren, nimmt mit mir das Kreuz des Heilandes und folgt mir nach in den Streit für Christum?" Es war wie der Funke in der Mine: sie drängten sich in dichten Schaaren herzu, das Zeichen des Kreuzes zu empfangen; und nach kurzer Frist musterte Boemund ein Heer, ebenbürtig den Myriaden Raimunds von Toulouse und Gottfrieds von Bouillon.

Unter den Fürsten, die in seinem Gefolge einherzogen, war der bedeutendste Tankred, nicht ein Vetter Boemunds, wie oftmals gesagt worden ist, sondern ein Neffe desselben[1]). Die Sage und die Dichtung haben sich dieses Kreuzfahrers mit Vorliebe bemächtigt und aus ihm das erhabenste Vorbild frommer und edler Ritterlichkeit gemacht. Das ist nur insofern richtig, als Tankred die

Kriegsleute aus dem Ende des 11. Jahrhunderts.
Fragment eines Pergamentgemäldes.

geistlich-kriegerische Stimmung jener Tage zu besonders starkem Ausdruck brachte. Religiöse Zweifel, Angstgefühle wegen der eignen Sündhaftigkeit haben ihn lange umhergetrieben, und der Kampf gegen den Islam ist ihm wie die Versöhnung mit Gott schon hier auf Erden erschienen. Daneben aber war er ein echter Normanne, verschlagen und habsüchtig, brennend ehrgeizig und voll Berserkerwuth in der Schlacht. Von Boemund unterschied er sich am meisten dadurch, daß ihm der Sinn für die Aufgaben des Feldherrn und Staatengründers vollständig fehlte: sein Interesse erstreckte sich nur auf die Werke des Ritterthums: die gefahrvollsten Abenteuer aufzusuchen und den Ruhm des unbesiegbarsten Helden zu ertrotzen, war das Ziel seiner heißesten Sehnsucht. Für sich allein bedeutete er nicht viel: unter

---

1) S. Hagenmeyer, Ekkehardi Hierosolymita p. 329.

Boemunds Leitung war er ein schneidiges Werkzeug, um an dem Aufbau einer neuen Normannenherrschaft im Morgenlande mitzuwirken.

Nach alledem waren also im Herbst 1096 ganz gewaltige Massen zum Kampfe gegen die Seldschuken bereit. Papst Urban hat damals dem Kaiser Alexius gemeldet, daß nicht weniger als 300,000 Kreuzfahrer auf dem Wege seien, um das Land zu befreien, „wo Seine Füße gestanden". Diese Pilger unterschieden sich sehr wesentlich von ihren unglücklichen Vorgängern, den Bauern und Landstreichern Peters von Amiens. Dem Ritterheere fehlte es nicht an Waffen, Vorräthen und Kriegsübung; sogar einige Einsicht in die ungeheuren Schwierigkeiten der Aufgabe, die man lösen wollte, war vorhanden. Uebel stand es dagegen mit dem Oberbefehl und in Folge davon auch mit dem inneren Zusammenhalt des Kreuzheeres. Kein großer Monarch, dem die andern hätten gehorchen müssen, befand sich unter den Pilgern, und der Papst hatte, statt selber den Zug als Anführer mitzumachen, hiermit nur seinen Legaten beauftragt[1]). Adhemar von Monteil hat nun zwar mit einzelnen Fürsten verhandelt und denselben als Sammelplatz, von dem aus gemeinsam vorgerückt werden sollte, Konstantinopel bestimmt; weiter aber hat er auf die Rüstungen, die Marschrouten und den Kriegsplan kaum eingewirkt, geschweige denn eine eigentliche Oberfeldherrschaft ausgeübt. Unter diesen Kreuzfahrern gab es daher, genau genommen, weder Ober- noch Unteranführer. Jeder selbständige Mann waffnete sich und begann die Pilgerfahrt, wie, wann und in welcher Richtung es ihm gefiel. Nur das Bedürfniß gegenseitiger Anlehnung verursachte, daß die Einzelnen sich zu Haufen zusammenschaarten, wobei natürlich die Kleinen gern in das Gefolge der Großen traten. So bildeten sich zwar leicht und schnell stattliche Heere, aber der Bestand derselben, der im wesentlichen nur auf freiwilliger Unterordnung der Krieger unter die selbstgewählten Führer ruhte, wechselte oftmals, je nachdem die ersteren von einem Fürsten zu dem andern übergingen oder auch zeitweise in voller Selbständigkeit ihre Straße zogen. Diese bunte Masse wurde daher im Grunde nur zusammengefügt und zusammengehalten durch das gemeinsame Interesse, d. h. durch die heiße Leidenschaft aller, die Seldschuken zu besiegen und dadurch sei es zu voller Seligkeit zu gelangen, sei es Geld und Gut, Städte und Länder zu gewinnen.

Ritter vom ersten Kreuzzug.
Aus einem Manuscript des britt'schen Museums.

---

1) In jenem Briefe an Alexius bezeichnet Urban den Legaten als dux belli.

Die Kreuzfahrer im griechischen Reiche.

Als Kaiser Alexius die Nachricht erhielt, daß diese wunderfame Armada den Islam bekriegen werde, sah er in eine ebenso hoffnungsreiche wie gefahrdrohende Zukunft. Die Kreuzfahrer wollten ja ihn selber von seinen schlimmsten Feinden befreien, aber indem sie dies thaten, konnte es leicht geschehen, daß sie dem byzantinischen Reiche noch ärgere Noth als die Selbschuken bereiteten. Denn Alexius hatte zwar die Hülfe des Abendlandes herbeigerufen, natürlich jedoch ohne zu ahnen, daß so riesenhafte Heeresmassen durch Papst Urban unter die Waffen gebracht werden könnten. Diesen Hunderttausenden war der Sieg über die Selbschuken freilich zuzutrauen, aber ebenso entschieden auch, daß sie die mit ihrem Blute eroberten Städte und Länder nicht den Byzantinern ausliefern, sondern für sich selber behalten würden. Durfte Alexius dies dulden, durfte er zugeben, daß Kleinasien, das nahe Nicäa vor allem, in die Hände der Kreuzfahrer falle? Wenn es für sein Reich schon bisher den Selbschuken gegenüber eine Lebensfrage gewesen war, ob es ihm gelingen werde, auf dem asiatischen Boden wieder weit genug festen Fuß zu fassen, so war dies jetzt noch viel ernstlicher der Fall. Hatten ihn doch schon einmal die italienischen Normannen in tödtliche Bedrängniß gebracht: wie sollte es erst werden, wenn die abendländische Ritterschaft eine mächtige Herrschaft in Kleinasien gründete, und dermaleinst etwa ein gleichzeitiger Angriff von beiden Seiten — von Nicäa und von Palermo her — auf Konstantinopel losbrach?

Dies sind die Erwägungen, auf deren Grundlage die byzantinische Politik in der nun folgenden Zeit beurtheilt werden muß. Es ist zwar oft gesagt worden, Alexius hätte sich den Kreuzfahrern in christlich-brüderlicher Gesinnung bedingungslos in die Arme werfen sollen, oder auch, er hätte am besten gethan, sich von jeder Berührung mit diesen fremdartigen übergewaltigen Recken so weit nur immer möglich fern zu halten[1]) — beides aber ist nicht richtig. Der Kaiser mußte unter allen Umständen in Freundschaft oder Feindschaft sich so mit ihnen zu stellen suchen, daß seinem Reiche die unentbehrliche Abrundung in Asien gesichert wurde.

Allerdings waren hierbei Schwierigkeiten genug zu überwinden, weil das Wesen der Byzantiner und der Kreuzfahrer in vielen und wichtigen Punkten nicht mit einander harmonirte. Auf der einen Seite die vom Alterthum ererbte, streng geregelte Staatsverwaltung, die von Alexius im bittern Drang der Zeiten leidlich wieder hergestellt worden war; auf der andern Seite ritterliche Ungebundenheit in allerhöchster Entwickelung: hier Ueberreste einer überlegenen Bildung, grade damals neubelebt; dort zumeist urwüchsigste Rohheit: hier endlich die griechische Kirche, die der Kaiser eifrig

---

1) Dies ist Sybels Ansicht: Geschichte des ersten Kreuzzuges, S. 311 ff.

pflegte, da der Klerus ihm vornehmlich bei der Regeneration des Staates behülflich sein sollte; dort nicht blos die römische Kirche mit ihrem Gegensatze zur griechischen, sondern eine jedem Andersgläubigen fanatisch feindliche Stimmung. Trotz alledem aber durfte kein Zweifel auftauchen, daß man es eben versuchen und mit allen Kräften darnach ringen mußte, an der Seite der Kreuzfahrer und mit ihrer Hülfe die nothwendigsten asiatischen Eroberungen zu machen. Dabei konnte man auch insofern auf einen guten Erfolg hoffen, als wieder mancherlei Umstände dafür sprachen, daß sich die ganze Pilgermasse vielleicht doch für byzantinische Zwecke benutzen und darnach in unschädliche Ferne fortdrängen lassen werde. Die Mehrzahl der abendländischen Krieger verlangte ja nur, das weit abgelegene Jerusalem zu befreien; und wenn auch manche Fürsten und Ritterhaufen voll irdischer Ländergier nach sonstigen Eroberungen ausschauten, so mochte es wohl glücken, denselben nur solche Gebiete preiszugeben, die Alexius nicht durchaus für sich selber in Anspruch nehmen mußte. Hier zeigte sich sogar sehr bald die Möglichkeit zu einem festen und für beide Theile vortheilhaften Abkommen. Denn der kluge Boemund, der alte Gegner der Byzantiner, erneuerte jetzt keineswegs, wie anfangs gefürchtet wurde, die früheren Feindseligkeiten, sondern strebte nach Frieden und Freundschaft, in der richtigen Erkenntniß, daß er und der Kaiser zunächst gemeinsame Interessen hätten. Er hat auch schon sehr frühzeitig, vielleicht während der Kreuzesrüstungen in Italien und jedenfalls bald darauf, sein Augenmerk auf ein bestimmtes Gebiet gerichtet, in dem er einen neuen Normannenstaat zu gründen wünschte: auf das herrliche Antiochien und das umliegende nordsyrische Land. Wenn Alexius seiner Absicht keine Hindernisse in den Weg legte, so ließen sich die Dinge offenbar nicht allzu schwer dahin ordnen, daß die Byzantiner, was sie vor allem bedurften, Kleinasien wieder bekamen, während die Kreuzfahrer ihre irdischen wie überirdischen Wünsche in Syrien erfüllt sehen mochten.

Die Politik des Kaisers hat aber nicht diesen Weg eingeschlagen, und es ist für jene Tage wie für das ganze Zeitalter der Kreuzzüge verhängnißvoll entscheidend geworden, daß Alexius von einer solchen Theilung der zu hoffenden Beute nichts wissen wollte. Er faßte vielmehr die ausschweifende Idee, sich mit den Kreuzfahrern nicht etwa nur zu beiderseitigem Vortheil zu verbinden, sondern dieselben schlechtweg als seine Werkzeuge zu benutzen. Was sie in Zukunft erobern würden, in welcher Ferne auch immer, das sollte, weil ja alle Lande bis an die Grenzen von Iran und Arabien einst zum byzantinischen Reiche gehört hatten, nunmehr wieder unter dessen Hoheit zurückkehren. Und um diesen Anspruch den Pilgern recht verständlich zu machen, beschloß Alexius die Formen des abendländischen Lehnswesens zu Hülfe zu nehmen, und bereitete sich vor, für die zu erwartenden Eroberungen von den Kreuzesfürsten den Lehnseid zu fordern. Hiermit hat er die großen Schwierigkeiten, die der gemeinnützigen Verbindung zwischen ihm und jenen auch so schon im Wege standen, naturgemäß unendlich gesteigert und, wie

Die Joige zeigen wird, sich selber, seinem Reiche und der Sache der gesammten Christenheit unberechenbar geschadet.¹)

Der Anfang der persönlichen Berührungen zwischen Byzantinern und Kreuzfahrern gestaltete sich trotzdem überraschend günstig. Denn jener königliche Prinz, Graf Hugo von Vermandois, hatte kaum das Kreuz genommen, als er auch schon, von jähzigem Thatendrang ergriffen, aus Frankreich gen Süden aufbrach, ohne nur die Vollendung der eignen Heeresrüstung abzu-

---
¹) Die Frage, welche Beziehungen Kreuzfahrer und Griechen verständiger Weise zu einander hätten unterhalten sollen, ist ebenso häufig aufgeworfen wie verschieden beantwortet worden. Von der Beantwortung dieser Frage hängt aber das Verständniß der Geschichte der Kreuzzüge großentheils ab, und deshalb mag hier noch folgendes bemerkt werden. In der oben angeführten Abhandlung „Kreuzfahrer und Komnenen" habe ich die Ansicht aufgestellt, daß Kaiser Alexius zwar durch die Lebensinteressen seines Reiches gezwungen war, mit den Lateinern sich zum Kampfe gegen die Selbschulen zu vereinigen, daß aber dieses Bündniß nur dann dauernd gute Frucht tragen konnte, wenn der Kaiser sich mit der Wiedereroberung Kleinasiens begnügte und den Genossen die syrischen Landschaften zu beliebiger Verfügung überließ. Diese Ansicht ist seitdem von einigen Forschern als berechtigt anerkannt worden, andere haben Widerspruch dagegen erhoben. Der letztere stützt sich, soweit ich sehe, darauf, daß ein gemeinsames Handeln zwischen den Pilgern und den Byzantinern wegen der zwischen ihnen obwaltenden Kulturverschiedenheit unmöglich gewesen sei, und darauf, daß Alexius eine selbständige Macht der Kreuzfahrer in Syrien, der Normannen zumal, als eine feindliche hätte fürchten, der Gründung derselben also vorbeugen müssen. Ich kann diesem Widerspruch kein Gewicht beilegen. Die Kulturverschiedenheit hat Griechen und Kreuzfahrer nicht gehindert, in viel nähere Beziehungen zu einander zu treten, als zur Herstellung jenes Bündnisses zwischen ihnen nöthig gewesen wäre; hierzu genügte ja, daß der Kaiser und die Kreuzesfürsten, besonders Boemund, über die „Theilung der zu hoffenden Beute" sich einigermaßen verständigten. Die Ansicht sodann, daß Alexius den Normannen Antiochien nicht gönnen durfte, weil er von dort aus einmal angegriffen werden konnte, stellt die Lage der Dinge geradezu auf den Kopf. Alexius mußte vor allem Nicäa und Jkonium zurück erhalten, wenn sein Reich wieder dauernd lebensfähig werden sollte, Antiochien kam für ihn erst in zweiter Linie in Betracht. Eine normannische Herrschaft in Syrien konnte ihm wohl einmal recht lästig werden (wenn auch kaum mehr als dieses, sobald nur der Griechenstaat wieder wahrhaft erstarkt war); die Nichtwiedererwerbung von Kleinasien schloß dagegen schlechthin tödliche Gefahren in sich. — Mit alledem soll übrigens dem Kaiser Alexius kein moralischer Vorwurf deshalb gemacht werden, weil er die Beute mit den Kreuzfahrern nicht hat theilen wollen. Er hat freilich nicht eingesehen, daß er das große Pilgerheer vernünftiger Weise wie eine selbständige Macht hätte behandeln müssen, aber nur die imperialistische Tradition seines Reiches trieb ihn auf die verkehrten Bahnen seiner Politik. Er hat ähnlich gehandelt wie die großen deutschen Kaiser im Mittelalter: Syrien hatte für ihn fast dieselbe Bedeutung wie Italien für jene, und Antiochien darf wohl das komnenische Mailand genannt werden. In beiden Fällen hat sich die imperialistische Tendenz furchtbar gerächt. Das deutsche Königthum ist in Italien zu Grunde gegangen, und über dem Streben nach syrischen Lorbeeren haben die Komnenen die rechte Stunde zur Unterwerfung Jkoniums versäumt. Der Bruderzwist zwischen Griechen und Kreuzfahrern hat großentheils den Grund gelegt zum endlichen Sturze des Reiches Jerusalem wie des oströmischen Kaiserthums und insoweit auch veranlaßt, daß noch heutigen Tages der Halbmond auf der Hagia Sophia glänzt.

warten. In Italien gab ihm Papst Urban zu seiner großen Freude ein
geweihtes Banner des heiligen Petrus mit; nach Konstantinopel sendete er,
um sich anzumelden, ein schwülstiges Schreiben, und im Spätherbst 1096
segelte er von Bari nach Thrrhachium hinüber. Dort war man auf ihn
vorbereitet. Der byzantinische Befehlshaber der Festung nahm ihn ehrenvoll auf, umgab ihn aber zugleich mit Wachen, so daß der Graf, ohne etwas
davon zu merken, ein Gefangener war. Ebenso beaufsichtigt wurde er dann
nach Konstantinopel geführt und dort vom Kaiser so glänzend empfangen,
daß der eitle Mann, von alledem sehr befriedigt, ohne Bedenken den ge-
forderten Lehnseid leistete.

Nun aber nahte sich Herzog Gottfried von Bouillon, der schon Mitte
August 1096 mit seinem ganzen Heere die Heimat verlassen hatte, nach
Oberdeutschland und durch dieses hindurch bis an die ungarische Grenze gezogen war. Hier hatte er den König Koloman überzeugt, daß er nicht gleich
den früheren Pilgerführern
seine Mitchristen schädigen
lassen werde, und hatte darnach Ungarn in Frieden durch-
wandert. Auch durch das
Land der Bulgaren und einen
Theil des griechischen Gebiets
war der Marsch glücklich von
statten gegangen — auf
jener uralten großen Handels-
und Heerstraße, auf welcher
der Sage nach schon Karl der
Große zum heiligen Grabe gezogen ist, über Nissa und Sophia bis nach Philippopel hinab —, als endlich dem Herzog bekannt wurde, welches Schicksal
inzwischen Hugo von Vermandois gehabt hatte. Da flammte bei ihm und
seinen Lothringern gewaltiger Zorn auf. Plündernd durchschritten sie das untere
Thracien und kamen am 23. Dezember trotzigen Sinnes vor Konstantinopel an.
Der Kaiser that nun zwar das Möglichste, um ein gutes Einvernehmen mit
Gottfried wieder herzustellen, da er aber gleichzeitig den Lehnseid forderte, so
erreichte er nicht viel. Die Lothringer enthielten sich wohl weiterer Gewaltthätigkeiten, quartierten sich jenseit des goldenen Hornes in Pera ein und
verbrachten dort in tiefstem Frieden die nächsten Wintermonate, Gottfried
selber vermied jedoch jede persönliche Berührung mit Alexius und setzte
wiederholten und immer bringenderen Einladungen, zu einer Unterredung in
die Residenz zu kommen, kaltblütig die Antwort entgegen: noch traue er dem
Kaiser nicht so weit, um eine Zusammenkunft mit ihm zu wagen. Der
Grund dieses Verfahrens war natürlich kein andrer, als daß sich der Herzog
auf solche Weise am bequemsten der Ablegung des Lehnseides entziehen zu
können meinte. Alexius wurde dadurch allmählich zu der Erkenntniß ge-

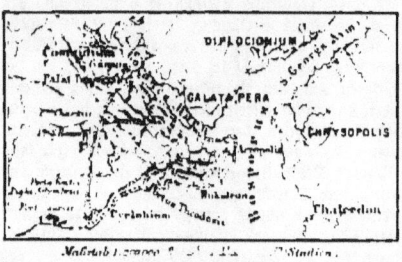

Konstantinopel.

nöthigt, daß er diesen Fürsten nur mit Gewalt zu seinem Willen bringen werde. Am Gründonnerstag, 2. April 1097, befahl er deshalb seinen Truppen, einen Angriff auf die Lothringer zu machen, der aber so gründlich fehlschlug, daß man sofort wieder zu Verhandlungen seine Zuflucht nahm. Graf Hugo begab sich im Auftrage des Kaisers zu Herzog Gottfried. Allein dieser empfing den Abgesandten auf die rauheste Art: Du, eines Königs Sohn, bist ein Sklave geworden, und willst jetzt mich zum Sklaven machen? Er erklärte, er werde weder den Lehnseid leisten, noch, wie Alexius gewünscht hatte, sein Heer vor der Ankunft der übrigen Kreuzesfürsten nach Asien übersetzen. Hierauf erschien als das Sicherste, noch einmal die Waffen zu erheben und alle Kräfte zur Demüthigung dieses lothringischen Stolzes anzuspannen. Diesmal glückte es. Das byzantinische Heer errang am Charfreitag einen entschiedenen Sieg. Gottfried bequemte sich, dem Kaiser den Lehnseid zu schwören, und seine Truppen gingen nach wenigen Tagen über den Bosporus.[1]) Im persönlichen Verkehr mit dem Herzog zeigte sich Alexius sodann als ein Meister in der Kunst der Menschenbehandlung. Er beschenkte den neuen Vasallen so freigebig und feierte ihn so auserwählt, daß in dessen Herzen ganz und gar keine Nachwirkung der vorausgegangenen bösen Händel übrig blieb.

Es war aber ein furchtbar gewagtes Spiel, durch welches die byzantinische Staatskunst zu solchem Erfolge gelangte. Denn während man mit den Lothringern in offenem Kampfe lag, waren von allen Seiten her andere Kreuzheere im Anmarsch begriffen, und leicht hätten diese mit jenen gemeine Sache machen können, wenn der Sieg über Gottfried nicht in der letzten Stunde endlich errungen worden wäre. Nun durfte man dagegen hoffen, daß das Beispiel des Herzogs von Bouillon nicht ohne Einfluß auf die übrigen Fürsten bleiben werde.

Die wenigste Mühe machte dem Kaiser Boemund, der im Spätherbst von Apulien aufgebrochen und während des Winters langsam durch Epirus und Macedonien nach Thracien vorgerückt war. Auf dem Marsche hatten sich die Normannen freilich starke Gewaltthätigkeiten erlaubt, weil sie mehrfach durch die Weigerung der Einwohner, Lebensmittel abzugeben, gereizt worden waren. Boemund aber hatte trotz der Unbändigkeit der Seinen, namentlich Tankreds, und trotz gelegentlicher Gefechte mit den byzantinischen Truppen, die ihr Land gegen Ausschreitungen der Kreuzfahrer decken sollten,

---

1) Nach Albert von Aachen wären die Kämpfe zwischen Gottfried und dem Kaiser in einer für den ersteren rühmlicheren Weise zu Ende gegangen. Gottfried habe erst das Schwert niedergelegt, nachdem der Kaiser Frieden angeboten und seinen Sohn Johannes, den späteren Kaiser, als Geißel gestellt habe. Alberts Bericht enthält außerdem noch mehrere von dem obigen abweichende Mittheilungen über Gottfrieds Schicksale im Griechenreiche, aber alles dieses darf nicht eher in unsere Geschichtserzählung aufgenommen werden, als bis der Grad der Glaubwürdigkeit der großen Chronik Alberts in sorgfältigerer Weise, als bisher geschehen, festgestellt ist.

3*

im wesentlichen doch den Frieden zu erhalten verstanden, und verließ sogar, nachdem die Hauptschwierigkeiten dieses Zuges überwunden waren, am 1. April im Geleite vornehmer kaiserlicher Beamten sein Heer, um demselben voraus nach Konstantinopel zu eilen. Hier tauschte er mit Alexius Freundschafts=versicherungen aus, leistete nach kurzem Bedenken den Lehnseid, dem er schwerlich eine große Tragweite zutraute, und empfing dafür so werthvolle Geschenke, daß er ausrief: hätte ich solche Schätze, die ganze Welt sollte mir dienen. Weil aber die Dinge bisher so erfreulich für ihn verlaufen waren, so deutete er dem Kaiser nun auch an, daß er für sich selber nach einer bedeutenden Machtstellung im Morgenlande strebe.¹) Damit stieß er natür=lich auf Widerstand. Alexius, in der unglücklichen Politik befangen, die Kreuzfahrer ausschließlich zu seinem eigenen Vortheil zu benutzen, erblickte in Boemund sofort einen Nebenbuhler und be=obachtete seitdem alle Schritte desselben mit tief geheim gehaltenem aber nur um so feind=seligerem Mißtrauen.

Kreuzfahrer zur See.
Facsimile aus „de passagiis in Terram Sanctam" (Venedig).

Nach und nach er=reichten nun auch Robert von Flandern, Raimund von Toulouse, Robert von der Normandie, Stephan von Blois und die übrigen Herren alle Konstantinopel. Die Flandrer und die Nord=franzosen waren sämmtlich durch Italien südwärts bis Apulien gezogen, von dort über das Meer gegangen und von der epirotischen Küste aus den Spuren Boemunds gefolgt. Nur Raimund von Toulouse hatte sich nördlich um das adriatische Meer herum gewendet und Dalmatien auf einem durch das rauhe Gebirge und die Feindseligkeit der wilden Einwohner äußerst beschwerlichen Marsch durchschritten, um dann gleich den übrigen von Epirus nach Thracien zu gelangen. Sie leisteten alle, mit alleiniger Ausnahme des Grafen Raimund, den Eid ohne Schwierigkeit. Dieser aber weigerte sich mit hartnäckigster Zähigkeit, weil ihn die Forderung des Kaisers im tiefsten Grunde seines Wesens verletzte und empörte. Denn er war sonst zwar ein kleinlicher Charakter, voll Pedanterie, Eigensinn und Neid, daneben jedoch von der religiösen Seite des Kreuzzuges so tief durchdrungen wie nur ein Mönch,

---

1) Er hat den Kaiser um die Würde eines Großdomestikus im Orient gebeten, vielleicht auch schon seinen Wunsch nach der Erwerbung von Antiochien ausgesprochen.

und nach Landgewinn so begierig wie ein Normanne. Seiner Frömmigkeit widerstrebte es, im heiligen Kriege sich einem irdischen Herrn unterzuordnen; und seine Habgier fürchtete, daß ihm die fürstliche Herrlichkeit im Morgenlande, von der er schon träumte, durch den Lehnseid geschmälert werden möchte. Boemund war über solche Bedenken leicht hinweggekommen, Raimund aber, ebenso ängstlich gewissenhaft wie habsüchtig, setzte jeder Bestürmung von Seiten des Kaisers unerschütterlichen Widerstand entgegen. Selbst als Alexius das provenzalische Heer, ähnlich wie früher das lothringische, mit einem kräftigen und erfolgreichen Angriffe heimsuchen ließ, erschütterte dies den Grafen so wenig, daß er im Gegentheile nur trotziger wurde und laut nach Rache für solche Treulosigkeit verlangte. Die Entscheidung in diesem widerwärtigen Zwiste wurde endlich nur dadurch herbeigeführt, daß Boemund sich mit scharfen Worten gegen Raimund erhob und seinen ganzen Einfluß dem Kaiser zu Gebote stellte. Der Graf war darüber tief empört, aber auch Alexius sah mit steigendem Argwohn auf den so dreist vorgehenden Normannen und erklärte deshalb, als ihm Raimund nun wenigstens das Gelübde anbot, nichts gegen sein Leben und seine Ehre unternehmen zu wollen, daß er hiermit zufriedengestellt sei. Nicht lange darnach einigte er sich mit dem Grafen vollständig auf Grundlage des gemeinsamen Hasses gegen Boemund.

Die politischen Bestrebungen, die sich während des Kreuzzuges geltend gemacht haben, waren damit alle schon zum Ausdruck gekommen: das heiße Verlangen der Normannen wie der Provenzalen nach fernen Schätzen und Kronen, bei den einen keck und genialisch, bei den andern weniger geistreich, aber um so starrköpfiger auf die Erreichung des Zieles gerichtet; dazu der ungeheuerliche Anspruch der Byzantiner nach Wiedererrichtung der alten Weltherrschaft in den Küstenländern des östlichen Mittelmeeres. Der feindliche Gegensatz, der in diesen Bestrebungen lag, konnte noch eine Zeit lang halb verdeckt bleiben, mußte aber schließlich den Erfolg des Kreuzzuges schwer beeinträchtigen; und Kaiser Alexius hat schon damals die erste Strafe für die Ueberspannung seiner Politik erhalten, indem die Listen und Gewaltthaten, durch die er die Mehrzahl der Kreuzesfürsten seinem Anspruch unterwarf, den Grund zu dem folgenschweren Haß des römisch-christlichen Abendlandes gegen ihn und sein Reich legten.

Belagerung von Nicäa.

Die Zahl der Pilger, die sich nun zu gemeinsamem Marsche durch das Gebiet der Ungläubigen sammelten, wird sehr verschieden angegeben: wie der Sand am Meere, wie die Sterne des Himmels sagt wohl ein Zeitgenosse. Doch dürfte der Wahrheit am nächsten kommen, was schon Papst Urban voraus verkündigt hatte, daß nämlich 300,000 gut gerüstete Krieger vorhanden waren, denen freilich noch ein langer Troß von Knechten und Mönchen, Frauen und Kindern, Spielleuten und Dirnen nachfolgte. Bisher hatte dieses gewaltige Heer nur zum Theile ernstere Mühen und Gefahren zu bestehen gehabt und glühte noch durchweg von wilder Streitbegier, heißer Andacht und sehr irdischer Lebenslust. Das erste Ziel, welches seinen Waffen sich darbot, war Nicäa, die Hauptstadt Kilidsch Arslans, der damals, wie wir wissen, trotz der Zerrüttung der seldschukischen Macht wenigstens den größten Theil Kleinasiens beherrschte. Der Fürst (gewöhnlich Sultan genannt) war abwesend und erwartete nach der Niederlage, die seine Truppen den Schaaren Peters von Amiens beigebracht hatten, wohl kaum, so bald wieder und von so furchtbaren Massen der Abendländer angegriffen zu werden. Deshalb konnten die ersten Abtheilungen des Kreuzheeres, nachdem sie im Laufe des April über den Bosporus gegangen waren, von den Feinden ungehindert bis vor die Mauern von Nicäa vorrücken und sich sogleich zur Belagerung anschiden. In der Stadt war man trotz starker Besatzung in großer Sorge, theils weil die Kreuzfahrer draußen übermächtig schienen, theils weil bei den unterworfenen aber noch zahlreichen Christen innerhalb der Mauern die Zuneigung zu den Glaubensgenossen sich regte. Schon erwog man die Bedingungen, unter denen die Stadt übergeben werden könnte, als der gesunkene Muth durch die Nachricht erfrischt wurde, daß Kilidsch Arslan mit einem großen Heer zum Entsatze herannahe. Hierauf begann erst der rechte Ernst dieses Krieges.

Nicäa liegt auf geringer Erhöhung mitten in einem weiten von Bergen umgebenen Thalkessel. Die Befestigungen waren im besten Stande, die Westseite überdies durch den askanischen See, dessen Wellen damals noch die Stadtmauern bespülten, besonders geschützt. Von den Kreuzfahrern, deren einzelne Abtheilungen sehr langsam eintrafen, waren bisher nur die Normannen, Lothringer und Flandrer zur Stelle und lagerten vor der Nord- und Ostfront; die Südfront war noch frei. Am 14. Mai, als von schneller Uebergabe der Stadt nicht mehr die Rede war, wurde sofort, Tankr Boemunds Energie, ein kräftiger Angriff gemacht und in den nächsten Tagen mit unermüdlichem Eifer fortgesetzt. Aber jetzt war auch Kilidsch Arslan in der Nähe und entwarf den Plan, theils auf der freien Südseite in die Stadt zu rücken und aus derselben einen mächtigen Ausfall auf die Belagerer zu machen, theils auch die letzteren mit anderen Schaaren von außen her zu umfassen. Die Kreuzfahrer hätten somit in einen sehr schweren Kampf verwickelt werden können, wenn nicht in diesem Augenblick die Provenzalen angelangt und auf der Südfront in die Lücke des Belagerungsringes eingetreten wären. Als gleich darauf — es war Morgens am 17. Mai — das Hauptkorps des Sultans heranrückte, wurde es zu seiner völligen Ueberraschung von Graf Raimund mit Ungestüm angegriffen und mit bedeutendem Verlust in weite Flucht geworfen. Nicht besseres Glück hatten die Selb-

De pasagio.

Congregati barones ultra brachium sancti Georgii versus Nicheam iter dirigunt et cum appropinquarent Nicomedie ocurrit eis Petrus heremita cum paucis, qui sibi remanserant, cui barones plurima tribuerunt. Inde processerunt et Nicheam obsederunt XV° madii. Interim dux Normanie Constantinopolim venit.

XI De Duce Normanie et aliis.

Dux Normanie et alii comites cum gente multa Constantinopolim venerunt et transierunt per Apuliam et Duracium feceruntque imperatori homagium et muneribus honorati ad alios pervenerunt et cum magna letitia recepti sunt. Fuerunt autem in exercitu sexcenta millia peditum, equitum vero loricatorum usque ad centum millia. Cogitant autem in isto principio ita agere ut cunctis audientibus terrorem immitant.

XII De obsidione civitatis Nicee.

Civitas Nichea in plano est sed prope montes et nemora, et lacum magnum habet ex parte occidentis, cujus unde ad murum verberant civitatis. Ex alia parte sunt fovee profunde et late, predicti laci replete aquis ac aliorum fonclum. Muris et bellatoribus viris munitissima. Huic civitati et universe regioni a Constantinopoli usque Tarsum dominabatur Solimanus superius memoratus. Hic ad montana se retraxerat ad decem millia, continue vero per exploratores investigabat, qua parte posset invadere peregrinos et amovere obsidionem ab urbe. Peregrini praeterquam ex parte laci civitatem circumdant et in magna ponunt angustia. Solimanus per lacum in navicula transmitit, qui opidanos confortent et moneant, ut cum ipse agressus fuerit peregrinos ex parte una, ipsi apertis januis ex parte alia agrediantur. Nuncii isti ut intueri possent, qua parte Solimanus valeat intentionem perficere, descenderunt de navicula aliquantulum ab urbe remoti, sed capti Solimani denudaverunt consilium. Proinde peregrini omnes suis in locis parati ordinate consistunt.

Vom Kreuzzuge.

Die (bei Konstantinopel) versammelten Barone gehen über den Meeresarm des heiligen Georg bis nach Nicäa. Als sie sich Nikomedien näherten, kam ihnen Peter der Eremite mit den Ueberresten seiner Schaar entgegen. Die Barone schenkten ihm viel, marschirten weiter und umlagerten Ricäa am 15. Mai. Inzwischen kam der Herzog von der Normandie nach Konstantinopel.

Vom Herzog von der Normandie und anderen.

Der Herzog von der Normandie und andere Grafen kamen mit vielem Volk nach Konstantinopel. Sie waren durch Apulien und Dyrrhachium gezogen, leisteten dem Kaiser den Lehnseid, wurden mit Geschenken geehrt, kamen zu den Genossen und wurden mit großer Freude aufgenommen. Es waren im Heere 600,000 Fußtruppen und 100,000 Panzerreiter. Sie beabsichtigen im Anfang so zu handeln, daß sie allen, die davon hören, Schrecken einflößen.

Von der Belagerung der Stadt Nicäa.

Die Stadt Nicäa liegt in der Ebene, aber nahe bei Bergen und Wäldern. Westwärts befindet sich ein großer See, dessen Wasser die Mauer der Stadt bespülen. Auf der anderen Seite sind tiefe und breite Gräben, voll vom Wasser des Sees und anderer Quellen. (Die Festung war) sehr stark durch ihre Mauern wie durch ihre kriegerische Besatzung. Ueber diese Stadt und das ganze Land von Konstantinopel bis Tarsus herrschte der oben erwähnte Soliman, der sich zehn Meilen weit ins Gebirge zurückgezogen hatte, aber unaufhörlich durch Kundschafter ausforschen ließ, auf welcher Seite er die Kreuzfahrer angreifen und die Belagerung von der Stadt abwenden könnte. Die Kreuzfahrer umzingeln die Stadt mit Ausnahme der Seeseite und bringen sie in große Angst. Soliman schickt Boten in einem Schiffchen über den See, welche die Städter ermuthigen und ermahnen sollen, daß sie, wenn er selber die Kreuzfahrer auf der einen Seite angegriffen habe, die Thore öffnen und von der andern Seite angreifen sollten. Die Boten verließen das Schiffchen in geringer Entfernung von der Stadt, um zu untersuchen, an welcher Stelle Soliman seine Absicht ausführen könnte. Sie wurden aber gefangen und verriethen Solimans Plan. Deshalb stellen sich alle Kreuzfahrer, ein jeder an seinem Platze, in Schlachtordnung auf.

Belagerung von Nicäa.

Aus der im Anfang des vierzehnten Jahrhunderts verfaßten Chronik „de passagiis in Terram Sanctam"
(Venedig).

schulen auf den anderen Schauplätzen: so viele ihrer, sagt ein Augenzeuge, von den Bergen herabstiegen, so viele ließen ihre Köpfe in der Ebene zurück. Die Christen sollen in dieser Schlacht nur 3000, die Feinde 30,000 Mann verloren haben.

Nicäa war nun auf sich selber angewiesen, da Kilibsch Arslan zu neuen Rüstungen ins Innere Kleinasiens zurückging. Die Belagerung machte bei dem Ungeschick der Reiterschaaren für Bekämpfung fester Plätze nur langsamen Fortschritt, doch wurde die Besatzung der Stadt wieder zaghafter, als es den Provenzalen gelang, durch Untergrabung des Mauerwerkes einen großen Eckthurm zu Fall zu bringen, und besonders, als die Byzantiner leichte Schiffe herbeischleppten, heimlich in den askanischen See hineinließen, stark bemannten und mit dieser improvisirten Flotte die bisher noch ungefährdete Westfront bedrohten. Nun regte sich von neuem die alte Neigung zur Uebergabe und zwar um so stärker, als Alexius den Belagerten vorstellen ließ, sie sollten nur seinen Truppen die Thore öffnen; er werde ihnen die leichtesten Bedingungen gewähren. Binnen kurzem war man handelseinig. Die byzantinischen Befehlshaber der Flotte und eines kleinen Landheeres, welches inzwischen auch sich eingestellt hatte, verabredeten mit den Kreuzesfürsten einen allgemeinen Sturm, und nachdem derselbe — am 19. oder 20. Juni — begonnen hatte, wurden plötzlich die kaiserlichen Truppen eingelassen, die Thore wieder geschlossen und die Pilger somit um den Lohn ihrer Kämpfe betrogen.

Alexius erreichte hierdurch freilich einen großen Erfolg. Er gewann die wichtigste Stadt des westlichen Kleinasiens, die Hauptstadt seines gefährlichsten Gegners. Hätte er sich derselben aber nicht auch und zwar in eblerer Weise bemächtigen können, wenn er den Pilgern von vornherein erklärt hätte, welchen Theil der Beute er unbedingt für sich in Anspruch nehmen müsse und welchen anderen Theil er ihnen allenfalls preisgeben könne? Es darf angenommen werden, daß seine Bundesgenossen wenigstens so viel politischen Sinn besaßen, um zu verstehen, daß man ihm die Vergrößerung seines Reiches in Kleinasien nicht mißgönnen dürfe. Nun aber hatte er zuerst den Lehnseid erzwungen und dann die kaum gewonnenen Vasallen schnöde überlistet. Er begriff, daß er den Unwillen der Kreuzfahrer, der sich in bedrohlichster Heftigkeit darüber erhob, soweit nur immer möglich besänftigen müsse, und er bot deshalb dem ganzen Heere für die Schätze, die es in dem eroberten Nicäa hätte sich aneignen können, die reichste Entschädigung an. Die Fürsten gingen darauf ein, und Alexius hielt auch sein Wort, natürlich aber verhinderte er dadurch nur, daß der Ingrimm der Pilger sich thätlich gegen ihn wendete. Der Kaiser gab, nach dem bitteren Worte eines Theilnehmers am Zuge, so viel, daß er für immer ein Verräther heißen und verflucht sein wird unter dem Volke.

Wenige Tage darauf vereinigte Alexius die Kreuzesfürsten noch einmal um sich, um die Fortsetzung des Unternehmens mit ihnen zu berathen. Er

wollte die Pilger von nun an, da das für ihn wichtigste Kriegsobjekt sicher
in seinen Händen war, allein vorausziehen lassen, wünschte jedoch, daß ihm,
ehe man auseinander ging, der Lehnseid erneuert werde, und versprach
dafür, zur Theilnahme am Kampfe gegen die Seldschulen mit einem byzan=
tinischen Heere später nachzufolgen. Die Fürsten schworen alle, wie er ver=
langt hatte; selbst Tankred, der voll trotzigsten Freiheitssinnes sich bisher
der Ablegung des Eides zu entziehen gewußt hatte, beugte sich jetzt nach
einem heftigen Ausbruch seiner leidenschaftlichen Seele, den er bald
darauf bereute und eben durch Nachgiebigkeit gut zu machen suchte. Dann
wurde wohl noch mancherlei besprochen hinsichtlich der Marschroute des
Pilgerheeres und der Verpflegung desselben, sowie hinsichtlich der Bundes=
genossen, die man etwa gegen die Seldschulen aufbieten könne. Die Kreuzes=
fürsten haben hierbei, wie die nachfolgenden Ereignisse beweisen, mehr mili=
tärische und politische Einsicht gezeigt, als man ihnen gewöhnlich zutraut:
der einzige Name freilich, der bei der Erwähnung solcher Dinge von den
Quellen öfters genannt wird, ist der Boemunds.

Marsch durch Kleinasien.

Am 27. Juni begann der Abmarsch des gesammten Kreuzheeres von
Nicäa gen Südosten. Nach ein paar starken Tagereisen durch gebirgige
Gegenden stieß man am 1. Juli in der Ebene von Doryläum, dem heutigen
Eski=Schehr, auf den Feind. Es war Kilidsch Arslan, der mit nicht weniger
als 150,000 Reitern den Fall seiner Hauptstadt zu rächen gedachte und eine
sehr günstige Gelegenheit zum Kampfe sich auserjehen hatte. Denn die
Christen waren durch Unachtsamkeit auseinander gekommen. In der Nähe
der Seldschulen befanden sich nur Boemund, Tankred, Robert von der Nor=
mandie und Stephan von Blois; ein paar Stunden seitab zogen Hugo,
Robert von Flandern, Gottfried und Raimund sorglos ihre Straße. Der
Sultan griff die ersteren mit wüthender Heftigkeit an. Aber Boemund,
dessen Tüchtigkeit sich die übrigen Fürsten unterordneten, hielt hier den
Kampf in zäher Defensive aufrecht, bis die fernen Genossen benachrichtigt
und in die Schlachtlinie eingerückt waren. Dann wurden die Seldschulen
von den nun übermächtigen Gegnern nicht blos zurückgeworfen, sondern unter
den schwersten Verlusten vollständig aus dem Felde geschlagen.

Hiermit war der kleinasiatische Krieg im wesentlichen schon beendigt.
Kilidsch Arslan verwüstete nur noch die Gegenden, durch welche die Kreuz=
fahrer ziehen mußten, plünderte dabei namentlich die christlichen Bewohner
des Landes und zog mit allen mohammedanischen Streitkräften, die er unter=
wegs um sich sammeln konnte, immer weiter nach Osten zurück. Es zeigte
sich dabei, daß die Seldschulenherrschaft in Kleinasien noch verhältnißmäßig

leicht vernichtet und die Halbinsel somit dauernd dem Christenthum wiedergewonnen werden konnte. Die Pilger dachten aber nicht daran, hiervon für sich selber Nutzen zu ziehen: sie überließen dies vollständig den Byzantinern. Der Marsch des Heeres ging über Synnada, Klein-Antiochien und Ikonium nach Heraklea, dem heutigen Eregli. Zeitweise hatte man bittern Mangel zu leiden, eben weil die Seldschuken Kleinasien, „sonst das fruchtbarste Land, schrecklich verheert hatten". Doch ertrug man frohen Muthes alle Strapazen. „Wir verstanden uns gegenseitig nicht," sagt ein französischer Kreuzfahrer, „aber wir waren wie die Brüder einmüthig in der Liebe; denn so geziemt es den Gerechten, die da pilgern".

Kampf zwischen Kreuzfahrern und Sarazenen.
Von einem früher in der Kirche von St. Denis befindlichen Fenster aus dem 11. Jahrh.

Von Eregli aus gestaltete sich das Unternehmen in sehr eigenthümlicher Weise. Ein großer Theil des armenischen Volkes hatte nämlich während der letzten Menschenalter, seitdem die Seldschuken von Iran aus gen Westen vorgedrungen waren, nach und nach seine alten Sitze verlassen und eine neue sichere Heimat in dem nordwestlichen Mesopotamien, in Kappadocien, Cilicien und Nordsyrien gesucht. Hier waren diese Einwanderer freilich auch bald von denselben Feinden be-

Kampf zwischen Kreuzfahrern und Sarazenen.
Fenster aus der Kirche Notre-Dame zu Paris (11. Jahrh.).

drängt worden, hatten ihnen aber zäh und tapfer widerstanden und besonders die Auflösung des großen Seldschukenreiches während der letztvergangenen

Kreuzfahrer auf dem Marsche.
Facsimile aus „de passagiis in Terram Sanctam" (Venedig).

Zeiten benutzt, um ihre Freiheit zu behaupten oder wieder zu gewinnen. In diesem Augenblick gab es nördlich wie südlich vom Taurus und weit östlich von demselben bis über den Eufrat hinaus eine ganze Reihe selbständiger armenischer Fürsten, unter denen sich besonders Konstantin, der Sohn Rubens, in Cilicien, und Thoros in Edessa auszeichneten. Die Kreuzfahrer hatten frühzeitig erkannt, daß diese Armenier ihnen die vortrefflichsten Bundesgenossen werden könnten, und hatten deshalb schon während der Belagerung von Nicäa oder gleich nach dem Falle der Stadt Gesandte an jene Fürsten geschickt. Jetzt suchte man nun überdies durch die Art, wie der Kriegszug fortgesetzt wurde, die Armenier in möglichst weitem Umkreise gegen die Seldschuken unter die Waffen zu rufen.

Denn das Kreuzheer ging von Eregli aus nicht auf dem Wege, der am nächsten zum Ziele geführt hätte, durch Cilicien nach Syrien, sondern wendete sich in weitem Bogen

nördlich um den Taurus herum. Nach Cilicien wurden nur Tankred und
Balduin, Gottfrieds Bruder, mit kleinen Schaaren entsendet, die auch
völlig hinreichten, um die dortigen Armenier in Bewegung zu bringen und
die vereinzelt zwischen ihnen befindlichen seldschukischen Besatzungen zu ver=
treiben. Die beiden Fürsten geriethen dabei in häßlichen Streit, weil
Tankred in diesem schon mehr zu Syrien als zu Kleinasien gehörigen Ge=
biete sofort Versuche machte, die von Boemund ersehnte Normannenherr=
schaft hier zuerst zu errichten. Balduin trat dagegen auf und verdrängte
ihn in der That aus Tarsus; trotzdem blieb das Streben Tankreds nicht ganz
erfolglos, vornehmlich weil der Lothringer bald zu neuen Unternehmungen
weiter zog.

Das Hauptheer war inzwischen über Cäsarea und Komana nach Koxon
und schließlich auf sehr beschwerlichen Gebirgswegen nach Marasch marschirt.
Ueberall hatte man die Armenier in heißem Kampfe mit den Seldschuken
gefunden, hatte sie ausgiebig unterstützt und sogar Besatzungen unter ihnen
zurückgelassen. In Marasch traf Balduin wieder ein, jedoch nur um nach
kurzer Zeit sich abermals von den Genossen zu trennen. Mit wenigen
Rittern ging er südostwärts in das sogenannte Eufratese, gewann die Zu=
neigung der Armenier, schlug in vielen kleinen Gefechten die Seldschuken,
kurz hatte solche Erfolge (Winter 1097—1098), daß endlich Fürst Thoros
von Edessa ihn zu sich einlud. Der Graf machte sich sofort auf den Weg,
erreichte trotz der Nachstellungen der Feinde glücklich die ferne Stadt und
wurde von dem Fürsten zum Nachfolger in der Herrschaft erklärt. Schon
nach einigen Wochen aber war er hiermit nicht mehr zufrieden; und da auch
die Edessaner wünschten, daß Thoros abdante und Balduin sofort auf den
Thron erhoben werde, so wurde jener zuerst gezwungen, seine Würde nieder=
zulegen, und dann sogar von dem wild erregten Volke in gräulicher Weise
umgebracht (März 1098). Eine Theilnahme des Grafen an der Mordthat
ist nicht nachzuweisen. Doch zog er allen Gewinn aus derselben, da er nun
in voller Sicherheit die Regierung in die Hand nehmen konnte. Er beherrschte
seitdem das volkreiche Edessa mit Kraft und Umsicht und gewann in dieser
starken Stellung für den glücklichen Fortgang des Kreuzzuges sehr bald die
höchste Bedeutung.

Wenden wir uns aber zum Hauptheere, welches wir bei Marasch ver=
lassen haben, wieder zurück. Der Zug desselben ging von dort aus im
ganzen südwärts, am Ifrin entlang, bis zum Orontes. Am 21. Oktober
1097 wurde Antiochien erreicht, bei und in dem die Christen mehr als ein
Jahr lang die gewaltigsten Kämpfe und die schwersten Leiden dieses ganzen
Krieges zu bestehen haben sollten.

Belagerung von Antiochien.

Antiochien war in jenen Tagen noch eine der größten und schönsten Städte aller Küstenländer des Mittelmeeres. Es dehnte sich, einen Tagemarsch vom Meere entfernt, am Südufer des Orontes theils in der reichen Thalniederung, theils auf steilen Bergen weithin aus. Die West= und Südseite, auf den Bergen gelegen, waren für mittelalterliche Kriegskunst völlig uneinnehmbar; beinahe ebenso stand es auch mit der Nord= und Ostseite in der Ebene, da die Stadtmauern, die eine solche Dicke hatten, daß ein Viergespann auf ihnen umherfahren konnte, von 450 Thürmen bedeckt und beherrscht wurden. Gebieter dieser furchtbaren Festung war der Emir

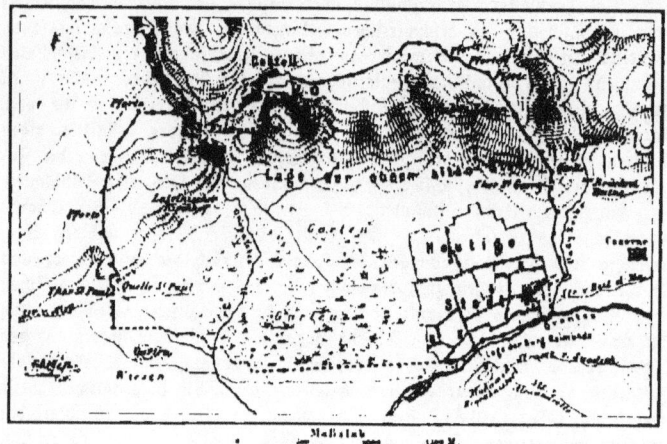

Plan von Antiochien.

Baghi Sijan, ein grausamer und roher, aber kluger und energischer Kriegsmann, der ein sehr tüchtiges Heer zu seiner Verfügung hatte. Die Kreuzfahrer hätten daher kaum eine schwache Hoffnung hegen dürfen, sich dieses Platzes zu bemächtigen, wenn ihnen hier nicht wiederum die arge Zerrüttung der Seldschukenherrschaft zu gute gekommen wäre. Syrien zerfiel damals in eine Unzahl von Emiraten, die sich nicht blos gegenseitig bekämpften, sondern zum Theil auch an Stelle des Bagdader Chalifen den fatimidischen Herrn Aegyptens als höchstes Oberhaupt anerkannten und somit die bitterste Feindschaft, welche die mohammedanische Welt zerklüftete, in ihre kleinen lokalen Händel hineinmischten. An der Spitze der Freunde Bagdads stand Dekak, Herr von Damaskus, während der bedeutendste Parteigänger der Fatimiden der Emir Ridhwan von Haleb war. Baghi Sijan hatte bisher auf der Seite der letzteren gestanden, warf sich jetzt aber mit raschem Ent=

schlusse den ersteren in die Arme, weil er von diesen und, was schwerer wog, von den seldschukischen Emiren des inneren Asiens, sowie vom Sultan Barkjarok selber die kräftigste Unterstützung gegen die Christen erlangen zu können hoffte. Er hat sich in dieser Erwartung auch nicht ganz getäuscht, doch ist das gewaltige Entsatzheer, welches der Sultan ihm gesendet hat, zur Rettung Antiochiens schließlich zu spät gekommen.

Die Kreuzfahrer begannen die Belagerung der großen Stadt in sehr nachlässiger Weise, indem sie sich zunächst darauf beschränkten, in der schönen Orontesebene angesichts der ebendort gelegenen Thürme und Mauerstrecken Stellung zu nehmen. Die Normannen und Nordfranzosen ließen sich vor der Ostseite nieder, die Lothringer, Flandrer und Provenzalen vor der Nord= seite: den anderen Seiten stellte man nicht einmal Beobachtungsposten gegen= über. Hierzu kam, daß das ganze Heer nach den Beschwerden der bisherigen Kämpfe und Märsche den Reichthum der paradiesischen Gegend mit Entzücken aber auch in unbesonnenster Schwelgerei genoß und daher in wenigen Wochen sich von bitterem Mangel bedroht sah. Baghi Sijan bemerkte kaum die Thorheit seiner Gegner, als er dieselbe auch aufs trefflichste ausbeutete. Seine leichten Truppen verließen die Stadt auf den freigebliebenen Seiten, um= schwärmten und beunruhigten fortwährend das christliche Lager und machten zeitweise jede Zufuhr von Lebensmitteln unmöglich. Da stieg der Mangel bis zur Hungersnoth und zugleich kündigte sich die winterliche Jahreszeit in heftigen Stürmen und endlosen Regengüssen an. Wie immer in solchen Fällen brach nunmehr im christlichen Lager eine tödtliche Krankheit aus, der in allen Heeresabtheilungen der siebente Mann unterlegen sein soll. Kein Wunder, daß die Zucht der Truppen sich lockerte und eine hoffnungslose Stimmung bedenklich um sich griff.

Indessen diese Uebel waren noch zu besiegen, wenn man nur die anfäng= lich begangenen Fehler wieder gut machte. Es war vor allem nothwendig, sowohl für die Sicherung einer regelmäßigen Zufuhr wie für eine hinreichende Einschließung der Stadt zu sorgen. In der ersteren Beziehung half vor= nehmlich die freundliche Verbindung mit den Armeniern, die nach und nach den nothwendigsten Bedarf an Lebensmitteln lieferten; und die Einschließung der Stadt wurde ebenfalls allmählich erreicht, indem man rings um dieselbe an den wichtigsten Punkten Verschanzungen anlegte. So zunächst im Osten, wo auf Boemunds Wunsch eine beherrschende Bergeshöhe besetzt und mit einem Kastell versehen wurde; dann nördlich vom Orontes, um die Brücke zu sperren, die von der Nordwestecke der Stadt über den Fluß führte und den Belagerten bisher die bequemste Gelegenheit zu mannigfacher Belästigung der Christen geboten hatte; und endlich im äußersten Westen, wo Tankred, fern von den Genossen, aber auf so ausgesetztem Posten erst recht in seinem Elemente, in den Ruinen verfallener Klostergebäude sich einnistete, von dort aus den Umkreis des ganzen Gebirges rastlos durchspürte und die Blokade Antiochiens somit erfolgreich vollendete.

Der Bau jener zweiten Verschanzung vor der Orontesbrücke führte übrigens noch einen Schritt weiter. Denn neben dem Ritterheere, dessen Thaten wir bisher verfolgt haben, tauchten schon seit einiger Zeit andere Pilgerschaaren auf. Es waren Seefahrer aus dem hohen Norden, von den deutschen, französischen und englischen Küsten; außerdem Genuesen, denen bald auch Pisaner nachfolgen sollten; zum Theil echte Kreuzfahrer, zum Theil jedoch nur heimatlose Abenteurer, selbst übelberüchtigte Seeräuber. Sobald das große Ritterheer aus dem Innern Kleinasiens sich den Küsten des Mittelmeeres genähert hatte, waren ganze Flotten dieser Leute herangekommen. Schon in Cilicien hatten Balduin und Tankred von ihnen Unterstützung erhalten, und als jenes Brückenkastell errichtet werden sollte, lag gerade ein Schiffsgeschwader im Sankt Simeonshafen, am Ausgange des Orontesthales, vor Anker. Die Mannschaft desselben schien geeignet, am Bau des Kastells mitzuhelfen. Boemund und Raimund holten sie hierzu ab, wurden aber unterwegs von einer starken Truppenabtheilung Baghi Sijans überfallen. Dies zu rächen erhob sich das ganze christliche Lager, und es entwickelte sich ein allgemeiner Kampf, der besonders Dank des wuchtigen Dreinschlagens Gottfrieds und seiner Lothringer mit einer sehr blutigen Niederlage der Feinde endete. Seitdem fühlten sich die Belagerten nicht mehr stark genug, um im freien Felde den Kampf mit den Christen aufzunehmen.

Inzwischen waren aber schon von den Emiren Syriens ein paar Versuche gemacht worden, Antiochien zu entsetzen. Zuerst hatten sich, die Hoffnungen Baghi Sijans insoweit erfüllend, die Fürsten der damascenischen Partei gegen Ende des Jahres 1097 mit starker Macht erhoben, waren jedoch unterwegs und noch fern von ihrem Ziele auf ein christliches Heer von 30,000 Mann gestoßen, welches Boemund und Robert von Flandern zur Einsammlung von Lebensmitteln aus dem Lager vor Antiochien herausgeführt hatten. Am 31. Dezember war es zu einer blutigen Schlacht gekommen, in Folge deren diese Seldschuken, obgleich kaum besiegt, doch nicht weiter vorzugehen gewagt und sogar ihr Unternehmen ganz aufgegeben hatten. Ein paar Wochen später waren sodann Ribhwan von Haleb und dessen Freunde, der immer stärkeren Erregung der mohammedanischen Welt nachgebend, zum Angriff geschritten, aber mit nicht besserem Erfolge als ihre Vorgänger. Denn als ihr Heer das Orontesthal erreicht hatte, war dasselbe — am 9. Februar — von den Kreuzfahrern tapfer empfangen und besonders durch einen wohlberechneten Gegenstoß Boemunds und der Seinen zum Rückzug genöthigt worden. Nachdem diese vereinzelten Entsatzversuche abgeschlagen waren, wurde jedoch endlich den Pilgerfürsten gemeldet, daß einer der mächtigsten von allen seldschukischen Emiren, Kerbogha von Mosul, durch Sultan Barkjarok damit beauftragt, die Streitkräfte der feindlichen Gebiete in umfassenden Rüstungen vereinigt habe und nunmehr mit einem fast zahllosen Heere von Osten heranrücke. Wenn dasselbe vor Antiochien eintraf, ehe die Stadt gefallen war, so blieb den Christen kaum etwas anderes übrig als ein ehrenvoller Untergang.

Hier gab Boemund die Entscheidung. Antiochien war ja schon längst das Ziel seiner Sehnsucht, und schon seit einiger Zeit hatte er Vorbereitungen getroffen, sich die künftige Herrschaft in dieser Stadt zu sichern. Ein hoher

Ein Stück von der Westseite der Festungsmauern Antiochiens.

byzantinischer Offizier, Tatikius, der bisher die Kreuzfahrer begleitet und die Interessen des Kaisers Alexius bei denselben vertreten hatte, war von ihm durch heuchlerische Warnungen vor schlimmen Anschlägen der übrigen Fürsten aus dem Lager fortgeschreckt worden; und diese wiederum hatte er sämmtlich,

mit Ausnahme des Grafen von Toulouse, durch die schlaue Weigerung, sich
an dem Kriege fernerhin zu betheiligen, wenn man ihm nicht eine Ent=
schädigung dafür gewähre, zu dem Versprechen gebracht, ihm dereinst Antiochien
zu überliefern. Außerdem gelang es ihm nun auch, einen Parteigänger im
Innern der belagerten Stadt zu gewinnen. Denn obgleich sich Baghi Sijan
als ein unerschrockener Kriegsmann um seine Untergebenen große Verdienste
erworben hatte, so konnte er, seiner rohen Härte halber, doch nicht auf feste
Treue derselben zählen. Ein armenischer Renegat, Firuz, Befehlshaber eines
Eckthurmes an der Westseite der Stadt, faßte den Entschluß, eine Gewalt=
that, die ihm der Emir zugefügt hatte, durch Auslieferung der Stadt an
die Christen zu rächen, und wendete sich deshalb an Boemund, der ihm wohl
als der rechte Anführer des ganzen Kreuzheeres erschien. Der Normanne
ging mit Freuden auf die Verbindung mit dem Armenier ein und erklärte
darnach seinen fürstlichen Genossen, er könne ihnen die Stadt öffnen, doch
müßten sie ihm zuvor noch einmal zusagen, daß nur er in derselben die
Herrschaft erhalten solle. Hiergegen erhob sich jetzt eine Zeit lang Wider=
spruch, und es wurde darauf hingewiesen, daß der Lehnseid, den man dem
Kaiser geschworen, mit solcher Verfügung über Antiochien sich nicht vereinigen
lasse. Da gab Boemund scheinbar die Sache auf und wartete in eisiger
Ruhe, bis die Nachrichten sich drängten, welche ungeheure Macht der Emir
von Mosul versammelt habe, wie nahe dieselbe schon herangerückt sei; und
bis die Fürsten in Folge davon ihm einstimmig, so daß auch Graf Raimund
nicht mehr widersprach, das Zugeständniß machten, er solle, wenn er sie aus
so schlimmer Lage errette, Antiochien bekommen.

Kaum war dies geschehen, so ging Boemund ans Werk. Am Abend
des 2. Juni 1098 führte er einen Theil des Heeres ins Gebirge hinaus
und auf weiten Umwegen die Nacht hindurch an den Fuß des Thurmes, in
dem Firuz befehligte. Im Morgengrauen legte der Fürst selber die Sturm=
leiter an. Die Seinen drängten hinauf und stürmten hinab in die Stadt.
Draußen erhoben sich die Genossen zum wildesten Angriff. Die Seldschuken,
völlig überrascht, leisteten wenig Widerstand. Bald waren die Thore ge=
öffnet; Flucht, Morden, Verfolgung raste durch alle Straßen; Baghi Sijan
entschlüpfte durch eine kleine Pforte, wurde aber im Gebirge entdeckt und
niedergemacht; nur sein Sohn Schams Eddewlet raffte ein paar Tausend
Mann zusammen, schlug sich mit ihnen bis zur Citadelle, hoch oben im
Süden der Stadt hindurch, und behauptete diesen wichtigen Punkt trotz der
heftigsten Stürme, die Boemund sofort gegen denselben richtete.

Die Masse des Heeres kümmerte sich nicht um diese Schmälerung des
Erfolges und auch nicht um die furchtbare Gefahr, die von Osten drohte.
Die Einwohner der eroberten Stadt, soweit sie nicht Christen waren, wur=
den alle erschlagen, ihre Häuser rein ausgeplündert. Die wenigen Vorräthe,
die man nach der langen Belagerung noch vorfand, wurden in wüsten Ge=
lagen verpraßt. Kein fürstlicher Befehl vermochte die Rasenden zu zähmen.

Kampf mit Kerbogha von Mosul.

Nach drei Tagen war Kerbogha da. Er hatte 300,000, nach anderen Nachrichten sogar 600,000 Mann zusammengebracht, und hätte schon längst vor Antiochien anlangen können, wenn er nicht in thörichter Verkennung seiner Hauptaufgabe zuerst Edessa zu nehmen versucht hätte. Hier hatte ihm Graf Balduin tapfer und geschickt widerstanden, und die drei Wochen, die von den Seldschuken vor den Mauern der mesopotamischen Festung nutzlos vergeudet worden waren, haben vielleicht das christliche Heer vor Antiochien gerettet. Auch so noch aber fragte es sich jetzt, ob nicht die letzte Stunde des Kreuzzuges vielleicht schon nahe herangekommen war.

Denn Kerbogha blokirte nun mit seinen überlegenen Schaaren die Stadt dergestalt, daß die Christen von keiner Seite Lebensmittel in dieselbe hinein=schaffen konnten und von neuem den bittersten Mangel dicht vor Augen hatten. Nachdem dies erreicht war, begann der Emir am 9. Juni den An=griff, indem er seine Truppen theils von der Citadelle herab ins Innere Antiochiens, theils gegen die Westfront der Festung stürmen ließ. Hierbei erreichte er jedoch keinen guten Erfolg, da die Kreuzfahrer inzwischen zu Ordnung und Mannszucht zurückgekehrt, der Citadelle gegenüber die offene Stadt wie mit einer lebendigen Mauer deckten und im Westen durch einen energischen Ausfall die Linien der Belagerer zersprengten. An der letzteren Stelle gelang es den Seldschuken zwar, sich wieder zu sammeln, siegreich vorzudringen und sogar in die Stadt selber einzubrechen. Bald aber sahen sie hier dieselbe lebendige Mauer wie von der Citadelle aus vor sich und mußten am nächsten Tage unter schwerem Verlust aus der kaum gewonnenen Stellung weichen.

Als hierdurch deutlich wurde, daß in diesen Pilgern noch außerordent=lich viel Kraft und Muth vorhanden war, änderte Kerbogha sein Verfahren. Er lagerte den Haupttheil seines Heeres in sicherer Entfernung, am Nord=ufer des Orontes, westlich von der Stadt, hielt dabei die Blokade durch abgesonderte Schaaren aufrecht und griff die Christen nur noch von der Citadelle herab, hier aber rastlos, unausgesetzt und mit immer frischen Truppen an. So hoffte er die furchtbaren Gegner durch Hunger und durch die stete Bedrängung an ihrer verwundbarsten Stelle ohne eigene Gefahr zu ermüden und endlich zu überwinden. Der Plan war gut ersonnen und schien zum Siege führen zu müssen. Denn die Noth stieg in Antiochien bald zu unerträglicher Höhe. Mit wüthender Begier warf sich das darbende Volk auf die ekelhaftesten Dinge, wenn sie nur verzehrbar schienen: Gras, Baumrinden, Schuhsohlen, Panzerriemen; das Aas gefallener Thiere erschien bei solchem Mangel als die kostbarste Speise. Dabei mußte man angesichts der schrecklichen Citadelle unaufhörlich kämpfen, mit ermattenden Armen sich wehren gegen gut verpflegte, alltäglich sich erneuernde Feinde. Mit unglaub=

licher Standhaftigkeit wurde diese Lage eine zeitlang ertragen; es kam vor, grauenhaft zu erblicken, sagt ein Augenzeuge, daß mitten im Gedränge ein Fechtender zusammensank, unversehrt aber krafterschöpft, einschlief und wenn ihn kein feindliches Schwert traf, erwacht sich wieder in den Streit stürzte. Ohne Frage haben die Pilger in diesen Tagen schwerer zu dulden gehabt und heldenmüthiger gerungen als zu irgend einer anderen Zeit des ganzen Kreuzzuges.

Aber nicht alle waren von solchem Schrot und Korn. Einzelne verzweifelten an der Sache der Christenheit und gingen zu den Feinden hinüber. Andere ließen sich Nachts an Stricken von der Mauer herab und suchten in heimlicher Flucht die Meeresküste und an dieser die Rettung zu gewinnen, die ihnen in Antiochien nicht mehr möglich erschien. Anfangs gab es solcher Ausreißer — Stricklaufer nannte man sie — nur wenige und geringe Leute; allmählich bewerkstelligten sie die Flucht in ganzen Schaaren, unter denen sich namhafte Ritter und vornehme Herren befanden. Sogar einer der Fürsten des Heeres, Graf Stephan von Blois, muß zu ihnen gerechnet werden. Freilich war er schon vor der Einnahme Antiochiens aus dem Lager der Glaubensgenossen an die Küste entwichen, weil schon damals der Eindruck der allgemeinen Gefahr seinen schwachen Muth überwältigt hatte. Jetzt aber war es vollends um ihn geschehen: er eilte, ein Schiff zu besteigen, und segelte zurück nach Kleinasien, da hier in Syrien doch alles verloren sei. Diese bösen Beispiele wirkten allmählich auflockernd auf das ganze Heer. Plötzlich ging der Ruf durch die Stadt, die Fürsten alle gedächten zu fliehen. Sogleich stürzten die Massen in wildem Aufruhr zu den Thoren, und das letzte Verderben wäre hereingebrochen, wenn nicht Bischof Adhemar und Boemund schließlich noch die Tobenden zum Stillstehen und zur Besinnung gebracht hätten.

Die bittere Noth erzeugte jedoch auch andere leidenschaftliche Stimmungen. Die Hungernden und Eleuden beteten in steigender Erregung, exaltirten sich zu himmlischen Visionen und fanden Trost in der Erscheinung aller Heiligen, der Jungfrau Maria und Jesu Christi selber. Eines Tages kam ein geringer Provenzale, Peter Bartholomäus, zum Grafen Raimund und meldete, der heilige Andreas habe ihm die Lanze gezeigt, mit der man Christi Leib am Kreuze durchstochen; in der Peterskirche zu Antiochien sei sie vergraben, in ihrem Besitze werde man von aller Noth befreit werden. Der Graf, allem mystisch-asketischen Wesen zugänglich, nahm sich des Menschen an. Man ließ die Kirche räumen, zwölf Männer gruben einen Tag lang; endlich Abends — denn die Lanze mußte gefunden werden — fand man sie nicht weit von den Stufen des Hochaltars tief in der Erde versteckt.

Solche Dinge belebten wieder die Hoffnungen auf endliche Errettung. Aber nicht der schwärmende Geist der Fanatiker sollte den entscheidenden Kampf herbeiführen, sondern die ruhige Festigkeit weltlich kluger Gesinnung.

Kampf mit Kerbogha von Mosul. 51

Die Fürsten ernannten für 14 Tage Boemund zum Oberanführer des Heeres mit unbeschränkter Vollmacht. Der bändigte zuerst die Zuchtlosigkeit der Truppen, indem er einigen Abtheilungen, die wieder plötzlich verzagt den Kampf verweigerten, die Quartiere über den Köpfen anstecken ließ, wobei mehr als 2000 Gebäude in Asche sanken. Dann rüstete er zu einem Ausfall mit allen Kräften, zum Siege oder zum Untergang. Denn es blieb nichts anderes mehr übrig: man mußte braußen die Gegner zersprengen und zerschmettern, oder drinnen verhungern. Boemund sorgte für den Schlachtplan; die Wuth der Krieger wurde durch Beten und Fasten gesteigert; den Pferden aber wurde sorgfältig Futter gereicht.

Ehe es zum Kampfe ging, schickte man eine Gesandtschaft an Kerbogha, ihn zu friedlichem Abzuge zu bewegen. Der Emir antwortete dagegen mit harten Worten, er lasse nur die Wahl zwischen Bekehrung zum Islam und dem Tod. Damit waren die Würfel gefallen, aber sie lagen für die Christen günstiger, als diese nur ahnen mochten. Denn wohl hatten sie höchstens nur über 150,000 erschöpfte Krieger zu verfügen, von denen ein Theil in der Stadt, zur Deckung gegen die Citadelle zurückbleiben mußte; der Gegner war mehrere Mal so stark; indessen die alte Zerrüttung des seldschukischen Wesens hatte sich auch bei ihm wieder geltend gemacht. Ridhwan von Haleb und Dekak von Damaskus befanden sich unter den Fahnen Kerboghas und säeten Zwietracht; die Emire und Stammeshäupter alle haberten mit einander, und schon war die ganze gewaltige Bewaffnung des Morgenlandes nahe daran, sich selber zu zerstören. Dazu kam noch, daß Kerbogha diese Schäden im eigenen Heere hochmüthig übersah, während er die Christen eines ernstlichen Streites nicht mehr für fähig hielt.

Als die Kreuzfahrer am 28. Juni Morgens zur Schlacht ausrückten, ließ der Emir sie daher ungestört die Orontesbrücke passiren und auf dem nördlichen Ufer ihm gegenüber Stellung nehmen. Ein schneller Stoß gegen die aufmarschirenden Kolonnen hätte ihm vielleicht von vornherein den Sieg gesichert; er aber glaubte dessen nicht zu bedürfen. Erst als drei Viertel des Pilgerheeres in breiter Front den Angriff begannen, suchte ein gut berittener Seldschukenhaufe demselben in Flanke und Rücken zu kommen, wurde hier aber von Boemund festen Fußes empfangen und nach heißem Kampfe in die Flucht geschlagen. Dies wirkte erfrischend auf das Vorrücken der christlichen Front, und da gleichzeitig die innere Zwietracht im mohammedanischen Heere durch Unbotmäßigkeiten aller Art zu heftigem Ausbruch kam, so blieb dem Emir von Mosul nichts übrig, als schleunigst den Rückzug anzuordnen. Auf demselben löste sich die gewaltige Armada bald vollends auf; ihr reiches Lager gewährte den Siegern unendliche Beute, und diese sahen sich leichter und vollkommener, als sie selbst in kühnen Träumen hätten hoffen dürfen, aus der ungeheuersten Gefahr befreit.

Während all dieser Kämpfe um Antiochien, oder vielmehr schon seit Beginn des Kreuzzuges überhaupt waren inmitten des Pilgerheeres geschäftige

4*

Federn bemüht, den Gang der Ereignisse Zug für Zug aufzuzeichnen. Denselben verdanken wir nicht allein eine Reihe schlichter und wahrheitsgetreuer Erzählungen, die für Feststellung der Geschichte jener Tage von unschätzbarem Werthe sind, sondern außerdem auch literarische Produkte von noch anderer Art. Denn die leidenschaftliche Erregung, in der sich die große Masse der Wallfahrer von Anfang an befand und die im Verlaufe des Krieges noch zunahm, wirkte mit hinreißender Gewalt in den Köpfen der Berichterstatter. Es erschien ihnen wie ein Wunder, daß sie jetzt im fernen Osten lebten, mitten unter Mohammedanern, in der Pracht der syrischen Landschaft, gestern noch in Todesnoth, heute gerettet und gesichert durch strahlenden Sieg. Da ging die Ruhe der Beobachtung verloren; die Thätigkeit der Phantasie drängte sich in den Vordergrund, und ein dichtes Gewebe von Sagen umspann in kurzer Frist die ganze Geschichte des Kreuzzuges. Die Heldenthaten, deren Zeuge man gewesen, wurden ins Fabelhafte vergrößert, neue wurden dazu erfunden und alle zusammen wohl mit dem Namen des Kreuzesfürsten, zu dessen Schaar der Erzähler gehörte, verknüpft. So entstand ein Ruhm Gottfrieds und Hugos, Raimunds und Roberts, den diese trotz aller Tapferkeit nicht verdienten. Daneben wurden Ereignisse erdichtet, die beinahe gar keinen Zusammenhang mehr mit dem wirklich Geschehenen hatten, wie die rührende Sage von dem dänischen Königssohne Swen, der erst nach dem Abzuge des großen Kreuzheeres von Nicäa mit seiner Braut Florina und mit 1500 Rittern durch Kleinasien gezogen, von den Griechen den Seldschuken verrathen und von diesen im Waldesdickicht überfallen und mit seiner ganzen Begleitung niedergemacht sein soll. Am folgenreichsten aber wurde diese unbewußte dichterische Thätigkeit für die Umbildung der Geschichte Peters von Amiens.

Diesen seltsamen Feldherrn haben wir verlassen, als er kurz vor der Vernichtung seines Bauernheeres auf der kleinasiatischen Küste nach Konstantinopel zurückging. Dort wartete er auf die Ankunft der Fürsten und Ritter und machte in deren Gefolge den eigentlichen Kreuzzug mit. Bei ihm waren wohl noch manche seiner alten Genossen, zu denen sich nach und nach allerhand geringes Volk hinzufand, Bettler und Marodeure, so daß sich schließlich wieder ein großer Haufen, dem ähnlich, den Peter früher befehligt hatte, nur noch weit roher als dieser, zusammengeballt haben mag. An der Spitze desselben stand zwar der Sage nach ein militärischer Führer, den seine Untergebenen selber in spottlustiger Stimmung mit einem türkischen Worte den König Tafur, den Bettelprinzen nannten. In Wirklichkeit aber war Peter der Hort dieser Leute, und der Heiligenschein, der seine Person umstrahlte, gab ihm auch im übrigen Heere ein gewisses Ansehen. Im Januar 1098, als die Noth der Christen vor Antiochien auf dem Gipfel war, hatte Peter freilich eine kleinmüthige Stunde gehabt und zusammen mit andern Kreuzfahrern die Flucht ergriffen. Aber Tankred war ihm nachgeeilt und hatte ihn zur Rückkehr bewogen. Bald darauf nahm er wieder eine so hervorragende Stellung ein, daß z. B. kurz vor dem entscheidenden Ausfalle der Christen aus Antiochien jene Gesandtschaft an Kerbogha, der wohl jeder der vornehmen Herren auszuweichen suchte, ihm übertragen wurde. Und nicht lange nach dem Siege über das Heer von Mosul scheint er überdies zum Verwalter einer Art von Armenkasse, die zur Unterstützung der Mittellosen im Heere gegründet wurde, ernannt worden zu sein.

Das Bettlervolk des sogenannten Königs Tafur erging sich nun im Preise Peters in ähnlicher Weise, wie die Lothringer Ritter ihren Herzog Gottfried, die Franzosen den Grafen Hugo, den Bruder ihres Königs, in den Vordergrund ihrer Erzählungen stellten. Und hier ist daher wohl die Quelle für jene so unendlich oft wiederholten Sagen zu suchen, nach denen Peter, von Jesus Christus selber beauftragt, das Abendland zum Kreuzzuge aufgerufen hat. Unter den Bettlern befanden sich vielleicht auch Leute, die diese Erzeugnisse der schwärmenden Phantasie in Liedern verkündigten. Andere Pilger fühlten sich zu gleichem Thun begeistert, und so entstanden allmählich umfangreiche Liedercyklen, die in buntester Mischung Wahrheit und Dichtung, Geschichte und Sage enthalten, und neben der tiefreligiösen Stimmung der Kreuzfahrer auch der ausgelassensten Laune einen oft überraschenden Ausdruck geben, wie aus folgenden Versen, die von dem Treiben der Bettler im Lager vor Antiochien berichten, genugsam hervorgeht.[1])

> Nun will ich euch erzählen von unserm Christenheer,
> Das draußen ist im Lager. Die Theurung drückt es schwer,
> Sein Vorrath ging zur Neige, gar schlimm ist es bestellt.
> Herr Peter, der Eremite, er saß vor seinem Zelt,
> Da kommt zu ihm der König Tafur mit großem Schwall,
> Es waren an die Tausend, der Hunger nagt sie all.
> „O Herr, nun rathet uns, und sehet unsre Noth.
> Wir müssen Hungers sterben, erbarmet euch um Gott!"
> Entgegnete Herr Peter: Ihr Tröpfe fort, ihr Trägen!
> Seht ihr die todten Türken nicht liegen allerwegen?
> Sie sind ein trefflich Essen, wenn man sie salzt und brät.
> Da sprach Tafur, der König: Ihr habt gar klug geredt.
>
> Herrn Peters Zelt verläßt er und schickt die Seinen fort.
> Mehr sind es denn zehntausend, sind sie an Einem Ort.
> Sie häuten ab die Türken und weiden gut sie aus,
> Gesotten und gebraten wird dann das Fleisch zum Schmaus.
> Gar weidlich mundet's ihnen: sie essen's ungesalzen
> Noch auch des Brods dazu. Ein mancher spricht mit Schnalzen
> Zu seinem Nebenmann: Die Fasten sind vergangen,
> Mich will mein Lebtag nicht nach beßrer Kost verlangen,
> Dem Schweinefleisch zieh' ich's vor und ölgesott'nem Schinken,
> Laßt uns dran gütlich thun, bis wir zu Boden sinken.

---

[1]) Diese Verse sind aus dem französischen Original durch Emanuel Geibel übersetzt und in dieser Gestalt zum ersten Male durch Sybel in den oben erwähnten Vorträgen „Aus der Geschichte der Kreuzzüge" veröffentlicht worden. Wenn diese Verse als Produkte des Kreuzzuges selber hier wiedergegeben werden, so geschieht dies mit dem Vorbehalte, der am Schlusse der Anm. oben S. 16 angedeutet worden ist.

Da kommen mit Graf Robert Tankred und Boemund
Und von Bouillon der Herzog, der hoch in Ehren stund.
Im vollen Harnisch gehen sie, bewehrt vom Kopf zum Fuß,
So bieten sie Tafur, dem König, ihren Gruß.
Sie fragen ihn mit Lachen: Nun, wie behagt's euch? Sprecht!
Fürwahr, versetzt der König, ich löge sagt' ich: schlecht.
Hätt' ich nur was zu trinken! Am Essen fehlt es nicht.
Wohlan, spricht Herzog Gottfried, ich schaff' euch, was gebricht;
Er ruft nach einem Kruge von seinem guten Wein.
Deß trinkt Tafur, der König; es geht ihm sänftlich ein.

Mit Entsetzen blickten die Belagerten von den Mauern und Thürmen
Antiochiens auf dies Gelage und Baghi Sijan selber rief

Nach Boemund; es brachte der Wind herab den Ton.
Bei Mahom, rief er zornig, man rieth euch nimmer gut;
Die Todten so zu schänden, bleibt eitel Frevelmuth.
Doch Boemund entgegnet: Herr, was man hier gethan,
Von uns nicht ward's befohlen, noch sind wir Schuld daran.
Tafur ersann's, der König, mit seiner Teufelsschaar:
Die sind ein arg Gesindel. Es schafft uns Leid fürwahr,
Daß ihnen baß, denn Wildpret, das Türkenfleisch behagt,
Doch dämpfen wir sie nimmer, dem Himmel sei's geklagt!

Die Kreuzfahrer nach dem Siege.

Der lecke Uebermuth, der in diesen Versen sich ausspricht, mag wohl in mancher guten Stunde und besonders nach der Verjagung Kerboghas die Reihen des Christenheeres erfüllt haben. Aber trotz alles Siegesjubels machte der Kreuzzug jetzt keine weiteren Fortschritte und gerieth allmählich sogar auf sehr bedenkliche Weise ins Stocken. Denn die Fürsten beschlossen zunächst, nach den furchtbaren Leiden und Kämpfen der letzten Monate den Truppen einige Zeit zur Erholung zu gönnen. Mehrere Schaaren verließen darauf Antiochien, um in dem Lande rings umher ihren Lebensunterhalt zu suchen und im kleinen Kriege von den seldschukischen Emiren der Nachbarschaft möglichst viele Beute zu gewinnen. Eine große Zahl von Pilgern blieb jedoch in der eroberten und nach der langen Belagerung sehr ungesunden Stadt zurück, und hier brach nun während der Hitze des Sommers 1098 eine ansteckende Krankheit aus, der Tausende erlagen, darunter kein Geringerer als der wackere Bischof Adhemar von Puy, der päpstliche Legat († am 1. August), der Einzige, in dem sich die Einheit des Kreuzheeres bisher sichtbar dargestellt und der auch unablässig die Eintracht der Fürsten und die Zucht der Truppen zu erhalten sich bemüht hatte. Dieser Todesfall war um so beklagenswerther, als gerade damals die Wallfahrer in heftigem Zwist beinahe schon die Waffen gegen einander erhoben. Boemund nämlich forderte, daß ihm nunmehr Antiochien zum alleinigen Besitze überlassen werde. Raimund kam auf seinen alten Widerspruch zurück und erklärte hartnäckig, die Stadt solle und müsse dem Kaiser Alexius ausgeliefert werden. Boemund bestritt dies rundweg, und für seine Ansicht fiel schwer ins Gewicht, was inzwischen von Seiten der Byzantiner geschehen war.

Diese hatten nämlich, seitdem die Kreuzfahrer von Nicäa aus gen Syrien marschirt waren, auch ihrerseits mit den Seldschuken weiter gekämpft und anfangs bedeutende Erfolge errungen. Im westlichen Kleinasien waren Smyrna, Ephesus und Sardes, Philadelphia und Laodicea in ihre Hand gefallen; im Innern der Halbinsel hatte Kaiser Alexius selber Phrygien siegreich durchzogen und im Juni 1098 Philomelium erreicht. Hier aber waren schlimme Nachrichten zu ihm gekommen: jene Strickläufer, an ihrer Spitze Graf Stephan von Blois, hatten, bei ihm Schutz suchend, mitgetheilt, wie riesenstark Kerboghas Heer und wie bedrängt Antiochien sei. Bald hatte es sogar den Anschein gewonnen, daß die Kreuzfahrer unter allen Umständen verloren seien und daß die Byzantiner sich bei weiterem Vorrücken nutzlos in die größte Gefahr begeben würden. Anstatt daher den Entsatz Antiochiens um jeden Preis zu versuchen, war der Kaiser vielmehr zu dem Entschluß gelangt, den Feldzug vollständig zu beendigen. Er hatte nur noch einige Maßregeln ergriffen, um die Grenzen seiner neu erworbenen Provinzen möglichst gut zu sichern, und war dann in Frieden heimgekehrt.

Sollte nun dieses Antiochien, welches ausschließlich nur durch das Blut der Kreuzfahrer erobert und behauptet worden war, den Byzantinern überantwortet werden? Boemund hatte natürlich von vornherein die Stimmung der meisten Genossen für sich, als er hiergegen Protest erhob. Die Fürsten vereinigten sich zwar noch einmal dahin, dieser Sache halber eine stattliche Gesandtschaft unter Führung des Grafen Hugo von Vermandois an Alexius zu schicken, dieselbe erzielte aber für die nächstfolgende Zeit gar keine Wirkung, zumal da Graf Hugo, der Anstrengungen der Kreuzfahrt überdrüssig, nicht mehr nach Syrien, sondern nach Frankreich zurückkehrte. Der Streit zwischen Raimund und Boemund ging daher unausgesetzt weiter fort und verbreitete sich von den Führern des Heeres bis zu den geringsten Pilgern hinab. Denn wie der kleinliche, habgierige und neidische Raimund neben dem genialen und rücksichtslosen Boemund, so standen auch die Provenzalen neben den Normannen. Die letzteren, sagt ein Zeitgenosse[1]), sind stolzen Auges und lebendigen Geistes, rasch liegt die Hand am Schwerte, übrigens lieben sie zu verschwenden und verstehen nicht zu erwerben. Die Provenzalen dagegen, wie das Huhn neben der Ente, leben schlecht, erwerben eifrig, sind arbeitsam, aber weniger kriegerisch. Dazu kam eine tiefe Ver-

---

1) Obige Charakteristik bezieht sich zwar wörtlich nur auf Franzosen und Provenzalen; es ist damit aber ganz allgemein ein Gegensatz nordfranzösischen und normannischen Wesens zum provenzalischen gemeint.

schiedenheit der beiden Volksmassen hinsichtlich der religiösen Empfindung. Die Provenzalen waren heißen mystischen Dranges voll, während die Normannen und mit ihnen die übrigen Franzosen, von jeher etwas kühler gestimmt, dem Wunderglauben jener allmählich Spott und Zweifel entgegensetzten. Die heilige Lanze gab jetzt nach der Vertreibung Kerboghas Anlaß zu tausend Aergernissen. Boemund höhnte über dieselbe: seine Gesinnungsgenossen redeten von Betrug, den sie nicht einmal als gut angelegt loben wollten: vielgestaltiger Streit und Zank zerklüftete das ganze Christenheer.

Ueber alledem vergingen der Sommer und der Herbst 1098, ohne daß Anstalten zur Fortsetzung des Kreuzzuges getroffen wurden. Boemund und die Normannen konnten diese Zögerung leicht ertragen, da sie ihr Ziel im wesentlichen schon erreicht hatten. Auch Raimund wollte aus Antiochien schlechterdings nicht weichen, um dem Gegner dort nicht freies Spiel zu lassen; in seiner Heerschaar überwog aber schließlich über den Haß gegen Boemund die glühende Sehnsucht nach Vollendung der Wallfahrt, nach dem Gebet am Grabe des Herrn. „Wenn die Fürsten," so hieß es hier, „uns weigern, nach Jerusalem zu ziehen, so wollen wir ohne sie das heilige Grab besuchen; und wenn der Streit um Antiochien noch länger dauert, nun so wollen wir die Stadt lieber zerstören." Raimund erschrak, als er dieser Stimmungen inne wurde, die vornehmlich seine Autorität mit Vernichtung bedrohten, befahl auf der Stelle den Ausmarsch aus Antiochien und zog (Ende November) mit den Seinen südostwärts ins innere Syrien, gen Maarra, eine damals nicht unbedeutende, gut befestigte und blühende Stadt. Kaum aber war die Belagerung derselben begonnen, so kam auch Boemund herbei, um durch seine Theilnahme am Kampfe zu verhindern, daß sich Raimund etwa allein zum Herrn des Platzes mache. Der Ort wurde bald darauf genommen: gleichzeitig besetzten ihn Provenzalen wie Normannen, und derselbe Streit, der über Antiochien tobte, erhob sich nun auch über Maarra, so daß abermals und wochenlang von der Fortsetzung des Kreuzzuges nicht mehr die Rede war. Die Provenzalen geriethen darüber in helle Verzweiflung und führten endlich gegen Maarra die Drohung aus, die sie schon gegen Antiochien im Sinne gehabt hatten, d. h. sie zerstörten in wilder Empörung fast die ganze Stadt und zwangen dadurch den Grafen Raimund, an ihrer Spitze weiter gen Süden zu ziehen. Boemund sah mit Vergnügen, in welch bedrängter Lage sein Nebenbuhler sich befand, und benutzte die gute Gelegenheit zu einem schnellen Angriffe auf ein paar feste Gebäude in Antiochien, in denen eine zurückgebliebene Schaar provenzalischer Truppen die Ansprüche ihres Herrn vertheidigte. Er bezwang dieselben und war seitdem in der That der alleinige Inhaber der schönen Orontesstadt. Raimund wurde hierdurch zu solchem Zorn und Neid gereizt, daß er sofort noch einen Versuch zu machen beschloß, um zu ähnlichem Glücke zu gelangen. Anstatt auf geradem Wege gen Jerusalem zu bleiben, führte er sein Heer an die Küste hinaus, voll heißen Verlangens, Stadt und Land des Emirs von Tripolis sich zu unterwerfen. Am 14. Februar 1099 erreichte er den ersten tripolitanischen Ort, die feste Burg Irkah, und begann dieselbe zu belagern. An seiner Seite befanden sich einige andere Pilgerfürsten, die sich ihm schon unterwegs angeschlossen hatten; auch die übrigen trafen nach und nach sämmtlich im Lager vor Irkah ein, bis auf Boemund und Balduin von Edessa, die beide ihre kaum gewonnenen Fürstensitze noch nicht auf längere Zeit verlassen mochten. Unter den vor jener Burg Versammelten spielte die eigenthümlichste Rolle Tankred, weil er in ein Dienstverhältniß zu Graf Raimund getreten war und dennoch — ohne Zweifel im Auftrag Boemunds, dem die Gründung eines provenzalischen Fürstenthumes so nahe bei Antiochien sehr unangenehm sein mußte — den Plänen seines Dienstherrn nach Kräften entgegen wirkte. Wie aber in Folge davon die alten Händel sich wieder regten, ein Theil des Heeres stürmisch nach Jerusalem begehrte, Raimund hingegen trotzig zu bleiben verlangte, kam nun gar eine byzantinische Gesandtschaft ins Pilgerlager und bat, den Weiterzug für einige Monate, etwa bis Johannis, zu verschieben; um diese Zeit wolle Alexius selber mit einem Heere in Syrien eintreffen. Raimund vernahm dies mit lebhafter Freude, da er hiernach hoffte, die Truppen so lange vor Irkah und selbst Tripolis festhalten zu können, bis diese Orte erobert wären. Aber seine Gegner meinten, daß es jetzt erst recht nothwendig geworden sei, den Marsch ohne Zögern fortzusetzen. Denn wenn man bis Johannis warte und somit den Kaiser in seiner Absicht bestärke, so werde dieser seine Waffen in Syrien ohne Frage zunächst gegen Boemund richten. Die Entscheidung kam nach langem Streite, wie schon bisher so auch diesmal, aus der Masse der Kreuzfahrer, vornehmlich der provenzalischen. Visionen erhitzten die Gemüther; der Ruf nach Jerusalem durchtoste das ganze Lager; plötzlich erhoben sich die Schaaren, zündeten ihre Zelte an und zogen in unordentlichen Haufen gen Süden (Mitte Mai). Raimund weinte Thränen des Grimmes und der Wuth; doch mußte er sich fügen, da auch die meisten Fürsten froh waren, nur irgendwie von der Stelle zu kommen. Und so wälzte sich der Kreuzzug jetzt endlich ohne Aufenthalt seinem letzten Ziele entgegen.

Eroberung Jerusalems.

Hier aber wartete der Wallfahrer noch ein schweres Stück Arbeit, da sich soeben ein neuer Gegner Jerusalems bemächtigt hatte. Der Leser erinnert sich, daß die ägyptischen Fatimiden vor Zeiten über beinahe ganz Syrien und somit auch über die heilige Stadt geherrscht hatten und erst während der letzten Jahrzehnte durch die Seldschuken von dort verdrängt worden waren. Hieran anknüpfend hatten die Kreuzesfürsten schon während der Belagerung Nicäas den Gedanken gefaßt, der deutlicher als jede ähnliche

Regung erkennen läßt, wie weit diese mystisch erregten Kriegsmänner doch auch weltlich kluger Berechnung zugänglich waren, — den Gedanken nämlich, sich selber mit den Fatimiden, mit verabscheuungswürdigen Mohammedanern also, zum Kampfe gegen den gemeinsamen seldschukischen Feind zu verbinden. Einige Ritter waren deshalb im Juni 1097 nach Kairo geschickt worden und ägyptische Gesandte hatten sich im christlichen Lager vor Antiochien eingefunden; die beabsichtigte Vereinigung war aber so wenig zu Stande gekommen, daß vielmehr die Fatimiden, offenbar in der Meinung, Seldschuken und Kreuzfahrer seien beide durch ihre harten Kämpfe völlig erschöpft, noch im Sommer 1098 gewagt hatten, für sich allein einen Angriff auf Jerusalem zu machen. Derselbe war geglückt, und der Vezier Afadhal, der damals im Namen des schwachen Chalifen Mostali in Kairo das Regiment führte, ließ nun den Christen sagen, sie dürften nur in kleinen und unbewaffneten Haufen die heilige Stadt besuchen.

Dem Kreuzheere schuf dies natürlich keinen Schrecken. Die Zahl desselben war freilich gewaltig zusammengeschmolzen, da nach allen Verlusten in Schlachten und durch Krankheiten und nach dem Zurückbleiben beträchtlicher Streitkräfte in Nordsyrien wohl nur noch einige 20,000 Mann von Irkah gen Süden aufbrachen. Aber die Begeisterung ersetzte, was der Zahl fehlte, und die Widerstandskraft der Feinde war durch die Niederlage Kerboghas tief erschüttert. Der Marsch ging an der Küste entlang, vorüber an den volkreichen Städten Beirut, Sidon, Tyrus und Akkon. Die mohammedanischen Besatzungen derselben wagten keinen Kampf und leisteten den Pilgern zum Theil sogar Vorschub. Allmählich bogen diese von der Küste ab und gingen nach Ramle und weiter ins Innere des Landes hinein. Als nur noch eine kleine Strecke bis Jerusalem zurückzulegen war, löste sich jede Ordnung im Heere auf. Von heißester Andacht getrieben stürmten die Schaaren dahin, und als endlich — am 7. Juni — die Mauern und Thürme der heiligen Stadt vor ihren Augen auftauchten, sanken sie in die Kniee und priesen den Herrn, der sie bis dorthin geleitet hatte.

Robert von der Normandie und Robert von Flandern lagerten sich vor der Nordseite der Stadt. Vor der Westmauer nahmen Stellung Tankred, Gottfried und endlich Raimund, dessen Truppen auch noch die Südseite umfaßten. Der Osten, wo der Oelberg sich erhebt, blieb unbesetzt. Schon nach wenigen Tagen versuchte man ohne alle Vorbereitungen, nur gestützt auf die enthusiastische Stimmung des Heeres, die Stadt zu erstürmen. Dies mißlang, und man sah sich zu einer regelmäßigen Belagerung genöthigt, die anfangs große Schwierigkeiten darbot. Denn in der Umgegend von Jerusalem war weder genug Wasser, noch Speise, noch Holz zum Bau von Belagerungsmaschinen zu finden. Schon sah man sich in ernster Noth, als zu gutem Glücke einige genuesische Schiffe im Hafen von Joppe landeten und den Pilgern mit ihren Vorräthen von Brod, Wein und Arbeitsgeräth die willkommenste Unterstützung gewährten. Auch gelang es nach und nach, zum

Theil aus weiter Ferne, so viel Holzwerk zusammenzubringen, daß Sturmleitern und zwei große bewegliche Thürme angefertigt werden konnten. Als
dieselben nahezu vollendet waren, unternahm das ganze Heer auf Verlangen
eines provenzalischen Geistlichen, dem Bischof Abhemar im Traume den Befehl
dazu ertheilt hatte, eine große Prozession rund um Jerusalem herum, barfüßig
aber schwer bewaffnet, um sich in Andacht und Gebet von seinen Sünden
zu reinigen und die Gnade des Herrn zur Eroberung der heiligen Stadt
anzuflehen. Darnach schritt man zum Angriff. Der eine Thurm wurde von

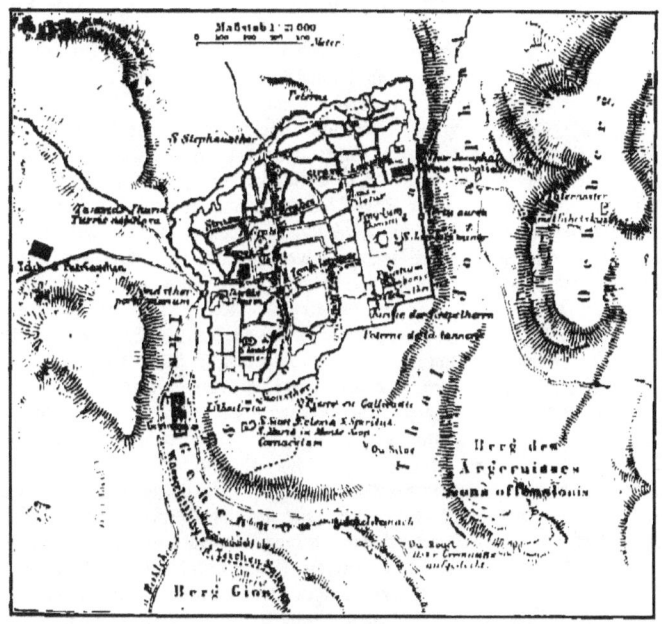

Plan von Jerusalem.

den vereinten Kräften der Normannen, Lothringer und Flandrer schon am
8. Juli an die Nordseite der Festung herangebracht. Weil aber die Mauern
hier in besonders gutem Zustande waren, so schaffte man ihn am nächsten
Tage auf die Ostseite hinüber. Den andern Thurm konnten die Provenzalen
auf der Westseite, durch Terrainschwierigkeiten gehindert, erst vier Tage
später ins Gefecht bringen. Von der Frühe des 14. Juli an tobte aber der
grimmigste Kampf hüben wie drüben, und am nächsten Tage mußte, wie
beide Theile fühlten, in der einen oder andern Weise die Entscheidung fallen.

Noch wurde am 15. Juli bis zum Nachmittage fort gerungen; da, in derselben Stunde, „in welcher Jesus Christus bereinst seine Passion vollendet hatte," gelang es, von dem Thurme im Osten die Fallbrüde auszuwerfen; Gottfried und sein Bruder Eustach waren unter den Ersten auf der feindlichen Mauer.¹) Gleichzeitig stürmten Tankred und Robert von der Normandie durch eine endlich gesprengte Bresche in die Stadt, und nicht lange darauf glückte den Provenzalen, angefeuert durch die Erscheinung eines leuchtenden Ritters auf der Höhe des Oelberges, auch ihrerseits die Eroberung. In wildester Mordlust rächten Fürsten und Ritter die Noth und Gefahren, die sie bestanden: „bis zum Knie der Reiter und zum Gebiß der Pferde" wuchs der Haufen der Leichen und strömte das Blut der Erschlagenen. Die Habsucht wühlte nach Schätzen, und besonders Tankred eilte umher, „Gold und Silber zu suchen, Pferde und Maulesel, Häuser voll von allem Guten".

So war's erreicht. Jerusalems Schmach war endlich gesühnt: das Kreuz hatte über den Islam triumphirt. Sofort aber erhob sich unter den Siegern ein böser Zwist, der sie sogar schon vor der Einnahme der Stadt zu verneinigen gedroht hatte. Die Geistlichen im Heere verlangten nämlich, daß nicht ein weltlicher Herr, sondern ein Patriarch über Jerusalem gesetzt und hier somit ein neuer Kirchenstaat gegründet werde. Dem traten die Fürsten entgegen, jedoch unsicher, wen sie nun zum Gebieter in der heiligen Stadt machen sollten. Der reichste unter ihnen und der Anführer der stärksten Heerschaar war Graf Raimund. Sie trugen ihm die Krone an; er aber lehnte ab, sei's weil er wirklich „an dieser Stätte eine irdische Krone zu tragen" sich scheute, sei's weil er hierfür seiner eignen, so oft schon gegen ihn murrenden Truppen nicht sicher genug war. Endlich beschlossen die Fürsten, den Herzog von Lothringen auf den Thron zu erheben.²) Sie ernannten ihn aber nicht zum Könige von Jerusalem, sondern nur zum Beschützer des heiligen Grabes, wie es scheint, weil der Herzog selber in Demuth nach dem bescheideneren Titel verlangte. So wurde — am 22. Juli 1099 — Gottfried von Bouillon der erste christliche Herrscher im befreiten Jerusalem und empfing hierdurch die Stellung, die seinen unsterblichen Ruhm begründet hat. Denn nun entstanden die Sagen von der wunderbaren Abstammung des Herzogs, von seinen frühen Heldenthaten in Deutschland und Italien, von seiner Feldherrnschaft über alle Kreuzfahrer, die er nach Gottes Rathschluß durch Noth und Tod zum beseligendsten Ziele geführt habe. Die Zeitgenossen wußten sich nicht genug zu thun in der Verherrlichung des hochbegnadeten Mannes, der als Fürst dort walten durfte, wo „Jesu Christi

---

1) Vergl. Röhricht, Beiträge zur Geschichte der Kreuzzüge, II. 37. Hagenmeyer, Peter der Eremite, S. 256, setzt die Einnahme der Stadt auf 9 Uhr Morgens.

2) Ehe sie sich an Gottfried wendeten, sollen die Fürsten die Krone noch dem Herzog Robert von der Normandie angeboten, aber auch von diesem eine ablehnende Antwort erhalten haben. Diese Nachricht ist jedoch nicht sicher genug begründet, um ihr vollen Glauben beizumessen.

Architektonischer Schmuck von der Vorderseite der Kirche des heiligen Grabes zu Jerusalem.

Füße gestanden"; und was die erhitzten Gemüther unbewußt erdichteten, das sangen die Sänger, ähnlich wie wir dies schon bei Peter von Amiens gesehen haben; und aus den Liedern der Sänger ist es in die Chroniken der Geschichtsschreiber übergegangen und hat Glauben gefunden bis hinab auf unsere Tage.

Indessen kaum hatte Gottfried den Thron des werdenden Reiches Jerusalem bestiegen, so sah er sich auf demselben durch einen gewaltigen Angriff bedroht. Denn jetzt kam der ägyptische Vezir Alafdhal mit starker Macht nach Syrien, um den Christen ihre Beute wieder zu entreißen. Er brachte

Façade der Kirche des heiligen Grabes.

20,000 Mann, wahrscheinlich schwerbewaffnete Aethiopen, mit sich und vereinigte mit diesen bei der festen Seestadt Askalon zahlreiche arabische Horden und einzelne versprengte seldschukische Schaaren. Ein Glück für die Christen, daß dies geschah, ehe deren Heer nach dem Falle Jerusalems auseinander gegangen war. Auch so noch waren die Mohammedaner an Zahl und Güte der Ausrüstung weit überlegen, aber ihre Gegner durften mit stolzem Vertrauen darauf rechnen, daß nach allen bisherigen Erfolgen der letzte und abschließende ihnen nicht fehlen werde. Am 12. August führte Gottfried die Seinen vor den Thoren von Askalon in die Schlacht. Das feindliche Heer wurde nach heißem Ringen beinahe vollständig vernichtet, das Lager desselben erbeutet, Alasbhal zur Flucht über die See genöthigt. Selbst Askalon wäre sogleich genommen worden, da Raimund schon erfolgreiche Verhandlungen mit der Besatzung begonnen hatte, wenn nicht Gottfried, der die Stadt dem Grafen nicht überlassen wollte, eine Verzögerung und schließlich dadurch das Scheitern der Verhandlungen herbeigeführt hätte.

Obwohl aber die wichtige Stadt somit in den Händen der Aegypter blieb, so waren die Fatimiden doch gleich den Seldschuken für geraume Zeit unschädlich gemacht. Jerusalem war gewonnen und gesichert und der erste Kreuzzug hiernach im wesentlichen zu seinem Ende gelangt.

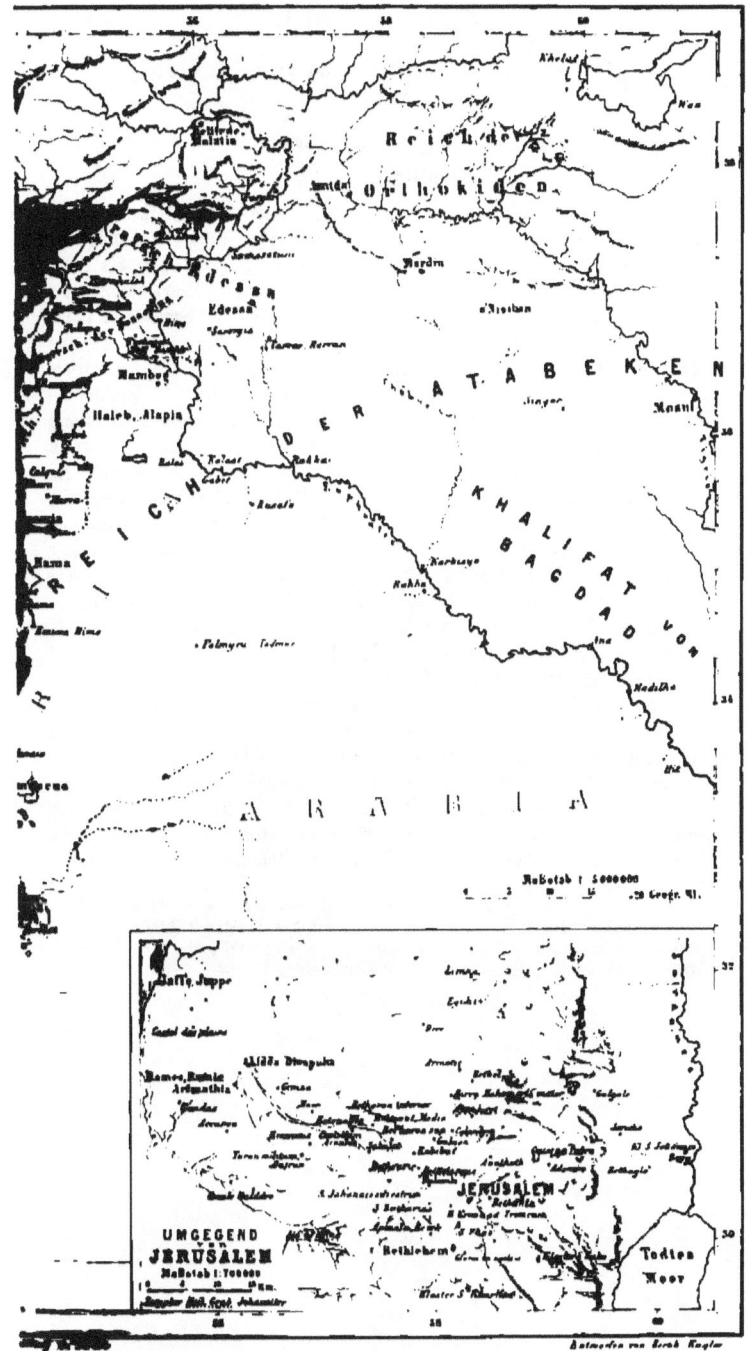

Drittes Kapitel.

Normannen und Griechen von 1099 bis 1119.[1]

Die Kreuzfahrer und Kaiser Alexius
von 1099 bis 1101.

Der erste Kreuzzug ist, wie wir gesehen haben, der Christenheit sehr theuer zu stehen gekommen. Viele Hunderttausende rüstiger Männer und unzählbare Summen an Geld und Gut sind in den Jahren 1096 bis 1099 zu Grunde gegangen. Allein wie groß auch immer die Opfer waren, die beinahe jegliches Volk Europas gebracht hatte, so dürfen die damals erreichten Erfolge doch nicht als zu schwer erkauft bezeichnet werden. Denn auf der einen Seite war es ja den Byzantinern gelungen, in dem festen Nicäa, diesem Trutz-Konstantinopel, wieder Fuß zu fassen, darnach sogar etwa den dritten Theil Kleinasiens unter ihre Herrschaft zu bringen und hierdurch die lange entbehrte Grundlage für ein leidlich gesichertes staatliches Dasein von neuem zu gewinnen. Auf der andern Seite hatten die Normannen in und um Antiochien diejenige Stadt und Landschaft Syriens mit glücklichem Griffe sich angeeignet, die ihnen sowie der gesammten Kreuzesritterschaft den besten und stärksten Stützpunkt für spätere, immer weiter greifende und dauerfähige Eroberungen gewähren konnte; und endlich war man im befreiten Jerusalem bei dem Ziele angelangt, welches der frommen Sehnsucht der meisten Pilger stets zunächst am Herzen gelegen hatte. Alles dieses aber war erreicht worden trotz der Fehlgriffe der byzantinischen Politik, trotz des neidischen Haders einzelner Kreuzesfürsten und trotz aller Verkehrtheiten, die aus der Unbotmäßigkeit oder dem Dunkel mystischer Triebe der fränkischen Heeresmassen hervorgegangen waren. Sollte daher nicht jetzt, nach solchen Siegen, die Zukunft des christlichen Morgenlandes in der erfreulichsten Weise sich gestalten?

In der That, es waren damals die besten Aussichten hierzu vorhanden. Denn Kaiser Alexius befehligte im Jahre 1099 größere Streitkräfte als jemals früher, und sein einst so mächtiger Gegner Kilidsch Arslan, nicht mehr Herr von Nicäa, sondern nur noch Sultan von Ikonium, war schwerlich im

---

1. Wilken, Geschichte der Kreuzzüge, Bd. II, und die anderen, oben schon genannten Werke. Sodann Sybels Abhandlung über das Königreich Jerusalem, abgedruckt in der Zeitschrift für Geschichtswissenschaft, Berlin 1845, Bd. III. Kugler, Boemund und Tankred, Fürsten von Antiochien, Tübingen 1862.

Stande, byzantinischen Angriffen, wenn diese nur energisch und andauernd gegen ihn geführt wurden, lange zu widerstehen. Man hätte in Konstantinopel hoffen dürfen, in kurzer Frist ganz Kleinasien besetzen und neu beleben, die alten armenischen Grenzen wieder erreichen und die mohammedanische Gefahr für alle Zeit vom Innern des Reiches entfernen zu können. Aehnlich lagen die Dinge in Antiochien. Boemund hatte noch immer ein recht starkes Heer zu seiner Verfügung, stützte sich auf die zahlreiche christliche, besonders armenische Bevölkerung Nordsyriens und durfte ziemlich sicher auf den Zuzug neuer Truppen aus Europa rechnen. Mit alledem war es nicht zu kühn, die Unterwerfung des nördlichen Syriens bis nach Mesopotamien hinüber und der Küstenlandschaften bis nach Palästina hinab zu planen; und falls daneben auch Gottfried und Balduin ihre Machtstellung in Jerusalem und in Edessa möglichst zu erweitern suchten, so konnte in jenen Tagen an die Gründung eines großen und starken Reiches fränkischer Ritterschaft ernstlich doch nur in Antiochien gedacht werden.

Aber freilich wenn in solcher Weise Kleinasien und Syrien für die griechische und für die römische Christenheit wieder gewonnen werden sollten, so mußten die Fehler und Thorheiten, die hüben wie drüben bisher so zahlreich begangen waren, endlich ein Ende nehmen; und vor allem mußte Kaiser Alexius zu der Einsicht kommen, daß nicht an der Unterwerfung der Normannen in dem schönen fernen Antiochien, sondern an der Vertreibung der Seldschuken aus den Hochebenen Phrygiens das Wohl seines Reiches hing. Hier nun ist es verhängnißvoll geworden für das Schicksal der gesammten Christenheit, daß der stolze Komnenenfürst auch jetzt noch nicht verzichten mochte auf irgend einen Theil ehemals byzantinischen Landes, und daß er deshalb lieber den Seldschuken Ruhe gönnte, um nur den verhaßten Normannen ihren Raub schließlich wieder abzujagen. Noch im Frühling 1099 entsendete er eine Landheer und eine Flotte gegen Antiochien und begann somit selber die lange Reihe der heillosen Kriege zwischen Byzantinern und Kreuzfahrern. Das Landheer drang nach Cilicien ein, traf dort aber auf überlegenen Widerstand der treu verbündeten Armenier und Normannen und mußte deshalb froh sein, nach einem seitwärts (gen Nordosten) gerichteten Marsche wenigstens Stadt und Gebiet von Marasch besetzen zu können. Die Flotte erreichte an der syrischen Küste auch nur einen kleinen Erfolg. Hier war nämlich der bedeutende, vorzugsweise von Griechen bewohnte Hafenplatz Laodicea schon während der Belagerung von Antiochien in die Gewalt des Herzogs Robert von der Normandie gekommen und von dessen Truppen besetzt worden. Die Garnison war mithin wenn auch nicht boemundisch, doch normannisch und bedrückte außerdem die Bürgerschaft durch maßlose Brandschatzungen; Grund genug zur Feindschaft für Alexius' Admirale. Als dann die Flotte die Belagerung begann, erhoben sich die Einwohner, froh über die Ankunft der Landsleute, verjagten die Besatzung und öffneten der Schiffsmannschaft die Thore.

Sofort aber erschien Boemund vor der Stadt, um die Verletzung der

Normannen zu rächen und seinen eigenen Vortheil zu wahren. Und er erhielt noch anderweitige Verstärkung.

Denn im Frühling des Jahres war auf Anregung Papst Urbans eine starke Flotte der Pisaner unter der Führung ihres Erzbischofs Dagobert in See gegangen und hatte sich, sei es aus älterer Feindschaft gegen die Griechen, sei es nur gereizt durch das Mißverhältniß zwischen diesen und den Normannen, sogleich gegen die jonischen Inseln gewandt, die vollständig ausgeplündert wurden. Alexius rüstete auf die Nachricht hiervon mit eifriger Anstrengung eine neue Flotte und versah sie mit allen Mitteln byzantinischer Kriegskunst. Die Pisaner litten durch Gefechte und Sturm auf offener See, erreichten aber trotzdem ihr Hauptziel vollständig, indem sie noch mit großer Macht in Syrien, und zwar bei Laodicea landeten. Boemund bewog sie darauf, an der Belagerung dieser Stadt Theil zu nehmen, und nach kurzer Zeit war der Hafen mit seinen Festungswerken in der Hand der Verbündeten.

Die zweite griechische Flotte war bis Cypern, welches dem Kaiser Alexius gehörte, nachgefolgt, fühlte sich jedoch zu schwach, um einen Entsatzversuch zu wagen. Da aber fand sich von anderer Seite her für die Belagerten eine unerwartete Unterstützung.

Denn inzwischen war nicht blos Jerusalem erobert und die Schlacht bei Askalon geschlagen worden, sondern die Fürsten und Ritter, die dort im fernen Süden gefochten, die heiligen Stätten gesehen, auch alter Pilgersitte nach im Jordan gebadet und sich Palmenzweige geschnitten hatten, waren darauf zu der Ansicht gekommen, daß sie ihr Kreuzzugsgelübde in jeder Beziehung erfüllt hätten und, sofern sie nicht etwa dauernd in Syrien bleiben wollten, nach Europa heimkehren dürften. Weitaus die meisten von ihnen, die beiden Roberte, Raimund von Toulouse und Eustach von Boulogne mit etwa 20,000 Mann zogen soeben an der syrischen Küste gen Norden entlang und waren nur noch ein paar Tagereisen von Laodicea entfernt. Die bedrängten Einwohner dieser Stadt, die hiervon hörten, schickten ihnen eiligst eine demüthige Gesandtschaft entgegen. Bei den Fürsten regte sich sogleich der alte Neid gegen Boemunds Glück, so daß sie, anstatt dem Genossen zu helfen, vielmehr beschlossen, denselben zum Frieden zu nöthigen. Schon drohte der Kampf der Wallfahrer untereinander auszubrechen, da trat der Erzbischof Dagobert zwischen die streitenden Parteien und brachte, wenigstens äußerlich, eine Versöhnung zu Stande. Die Laodicener wurden als Unterthanen des Kaisers anerkannt; Graf Raimund, der Freund des letzteren, besetzte mit einer kleinen Truppenschaar, die bei ihm blieb, die Festungswerke der Stadt; die übrigen Pilger aber, hohe wie niedere, soviel ihrer von Jerusalem aus hierher gekommen waren, schifften sich im Hafen von Laodicea ein (noch im September 1099) und kehrten zur Heimat zurück.

Die byzantinische Politik errang also damals einige Vortheile über die Normannen. Aber dieselben waren ein dürftiges Ergebniß nicht unbeträchtlicher Anstrengungen, ein um so dürftigeres, als dasselbe nicht einmal ausschließlich mit den eigenen Kräften, sondern zum Theil mit Hülfe einer Partei unter den Kreuzfahrern gewonnen war. Daraus ging hervor, daß die Streitkräfte des Kaisers Alexius für diesen Krieg, der in weiter Ferne mit einem klugen und starken Gegner geführt werden. mußte, doch nicht ausreichten und recht nutzlos vergeudet wurden. In der nächsten Zeit gelang es den Byzantinern zwar noch, ein paar Hafenplätze in Westcilicien zu besetzen, die Lage wurde aber auch hierdurch im wesentlichen nicht verändert, so daß schließlich Graf Raimund (im Anfange des Jahres 1100) Syrien verließ und nach Konstantinopel zurückkehrte, offenbar weil er jede Hoffnung verloren hatte, mit den ihm und seinen byzantinischen Freunden augenblicklich zu Gebote stehenden Mitteln größere Erfolge zu erreichen, vornehmlich etwa die Grundlage für ein provenzalisches Fürstenthum zu gewinnen.

Boemund sah sich daher einstweilen in der glücklichen Lage, seine Kraft nach anderen Seiten wenden zu können. Schon im Spätherbst 1099 meldete er dem Grafen Balduin von Edessa, er wünsche jetzt, nachdem die heilige Stadt in christliche Hände gekommen, persönlich sein Gelübde zu erfüllen und am Grabe des Heilandes dem Himmel für so viele Erfolge zu danken Balduin war zur Theilnahme am Zuge bereit, desgleichen Dagobert mit den Pisanern, und so vereinigte sich im November 1099 ein Kreuzheer von 25,000 Mann, um an der syrischen Küste südwärts gen Jerusalem zu ziehen. Die große Stärke desselben ist ein Beweis, über welche Macht der Fürst von Antiochien in jenen Tagen gebot, da wohl die Mehrzahl dieser Truppen weder Edessener noch Pisaner, sondern Normannen waren und natürlich noch genug derselben in Nordsyrien zurückblieben, um dieses Gebiet etwaigen Angriffen der Seldschuken oder Byzantiner nicht schutzlos preiszugeben.

Im Gegensatze hierzu waren in Palästina damals nur äußerst geringe Streitkräfte vorhanden. Denn Jerusalem und dessen Umgegend hatten durch die Kriege der letzten Jahre zwischen Fatimiden, Seldschuken und Kreuzfahrern besonders schwer gelitten: die Ortschaften lagen großentheils in Trümmern, die mohammedanischen Einwohner derselben waren erschlagen oder verjagt, die seit Alters dort seßhaften Christen gering an Zahl und arm an Geld und Gut. Herzog Gottfried hatte, seitdem die Roberte, Raimund und Eustach ihn verlassen hatten, höchstens noch 200 Ritter und ein- bis zweitausend Fußknechte unter seinem Befehl; und mit Sicherheit konnte er sogar nur auf die größere Hälfte dieser kleinen Schaar rechnen, da 80 von jenen Rittern mit dem entsprechenden Haufen von Knechten das Gefolge Tankreds bildeten, des einzigen Fürsten, der außer dem „Beschützer des heiligen Grabes" in Palästina geblieben war. Die beiden Herren, Gottfried sowohl wie Tankred, mühten sich zwar nun eifrig, die Macht der Christen im heiligen Lande weiter auszudehnen, natürlich aber bei so schwachen Mitteln mit ebenso bescheidenem Erfolge. Der Herzog belagerte im Herbste 1099 den festen Hafenplatz Arsuf, zunächst nördlich von Joppe. Die Besatzung desselben band einen christlichen Ritter, Gerhard von Avesnes, der in ihrer Gewalt war, an einen Mastbaum und stellte ihn auf die Mauer. Die Kreuzfahrer ließen sich dadurch nicht abschrecken: von ihren Geschossen getroffen sank der Ritter schwer verwundet nieder, kam jedoch, wie es heißt, mit dem Leben davon und fand sich später zu seinen Landsleuten zurück. Nach dem Falle Gerhards machten die Christen einen Versuch, die Stadt zu erstürmen, wurden aber zurückgeschlagen und mußten sich schließlich erschöpft zurückziehen. Tankred begab sich in derselben Zeit in den Norden Palästinas, nach Tiberias, setzte sich dort fest und holte sich reiche Beute von den Damascenern und den kleinen Emiren der Umgegend. Gottfried ernannte ihn zum Fürsten von Galiläa und kennzeichnete ihn damit als einen Vasallen des werdenden Reiches Jerusalem; doch durfte es wohl noch zweifelhaft erscheinen, ob sich Tankred nicht viel inniger verbunden fühlte mit seinen Landsleuten in Antiochien als mit den Lothringern in der heiligen Stadt.

So war die Lage hier im äußersten Süden der Christenherrschaft, als Boemund, Balduin und Dagobert am 21. Dezember 1099 vor den Thoren Jerusalems anlangten. Sie erfüllten zunächst durch Gebete an den heiligen Stätten den Rest ihres Kreuzzugsgelübdes und beschäftigten sich darnach mit einer zwar kirchlichen, zugleich aber für Herzog Gottfried überaus wichtigen Angelegenheit. Denn kaum war der letztere im Juli des Jahres zum Beschützer des heiligen Grabes erwählt worden, so hatten die damals in Jerusalem vereinigten Pilger dort auch einen Patriarchen eingesetzt. Dies war Arnulf, früher Kaplan des Herzogs Robert von der Normandie, ein Mann von dunkler Herkunft, jedoch rührig und gewandt, der außerdem das Glück gehabt hatte, gleich nach dem Antritte seines neuen Amtes die Reliquie des heiligen Kreuzes, d. h. ein Stück Holz von dem Kreuze, an welchem der Heiland gelitten haben sollte, wieder aufzufinden. Bisher fehlte ihm aber noch die Anerkennung seiner Würde von Seiten des Papstes; und wenn auch Erzbischof Dagobert diesem Mangel leicht hätte abhelfen können, da er von Urban II. beauftragt worden war, nach dem im Vorjahre erfolgten Tode des Bischofs Adhemar von Puy als Legat des römischen Stuhles unter den Kreuzfahrern zu wirken, so geschah nun doch von dem, was Arnulf hoffen mochte, geradezu das Gegentheil. Boemund nämlich wünschte, wie es scheint, daß ein möglichst ansehnlicher und einflußreicher Mann Patriarch zu Jerusalem werde, damit Gottfried neben einem solchen Genossen noch machtloser, als schon der Fall war, dastehe. In der gleichen Richtung bewegte sich wohl auch das Verlangen des Klerus, der ursprünglich ja gar keinen weltlichen, vielmehr nur einen geistlichen Herrscher in der heiligen Stadt begehrt hatte. Und schließlich war Dagobert selber ein begabter und ehrgeiziger Kirchenfürst, dem es als ein verlockendes Ziel seines Strebens erscheinen durfte, an der heiligsten Stätte der Christenheit eine Gewalt zu gewinnen, etwa wie der Papst in der Stadt und Landschaft von Rom. Alles dieses hat vermuthlich zu dem endlichen Ergebniß zusammengewirkt, daß Arnulf aufgefordert wurde, seine Würde niederzulegen, was er auch ohne Widerstreben that, und daß Dagobert darauf feierlich zum Patriarchen von Jerusalem erkoren wurde. Seitdem erstreckte sich Boemunds Einfluß selbst bis in die Mauern der heiligen Stadt hinein.

Das Jahr 1100 brach nach alledem unter günstigen Auspicien für die Normannen und somit für die Kreuzfahrer überhaupt an. Denn der Fürst von Antiochien war freilich selbstsüchtig und ränkevoll wie nur irgend einer seiner Landsleute, aber er war auch klug und stark. Durch seine Fähigkeiten wie durch seine Erfolge hatte er seine Standesgenossen unter den Pilgern sämmtlich tief in den Schatten gestellt. Die Zukunft des christlichen Syriens ruhte vornehmlich auf seinen Schultern und jeder Machtzuwachs, den er gewann, war deshalb zugleich ein Vortheil für die Sache der gemeinen Christenheit.

Aber gerade dieses so günstig beginnende Jahr sollte nun schwere Prüfungen über Boemund und seinen werdenden Staat bringen. Denn der Fürst kehrte zwar glücklich von Jerusalem nach Antiochien zurück und begann bald darauf das Wichtigste, was ihm zu thun übrig blieb, d. h. die Bekriegung des Emirs Ridhwan von Haleb, des bedeutendsten Gegners der Christen in ganz Nordsyrien. Er schlug auch dessen Heer in blutigem Treffen und lagerte sich schon voll Siegeshoffnung vor der Hauptstadt selber. Hier jedoch traf ihn zu seinem Unheil ein Bote des armenischen Fürsten Gabriel von Malatia, der ihm sein Gebiet zu übergeben versprach, wenn er ihm gegen den Emir Ibn Danischmend von Siwas (Sebaste, am oberen Halys) Hülfe leiste. Boemund hob sofort die Belagerung auf, zog in Eilmärschen gen Norden, stieß aber noch unterwegs und unvermuthet auf die turkomanischen Schaaren jenes Emirs, erlitt eine vollständige Niederlage und wurde nebst mehreren stattlichen Rittern selber — Mittsommer 1100 — gefangen.

Und ebenso nachtheilig, wenigstens für die Normannen, entwickelten sich trotz verheißungsvollster Anfänge in derselben Zeit die Dinge in Jerusalem. Dort wirkte zwar Herzog Gottfried so wacker und unermüdlich wie bisher, indem er Arsuf von neuem bekämpfte, einige andere Städte durch die Furcht vor seinem Schwerte zum Frieden nöthigte und die Häuser und Festungswerke der christlichen Ortschaften, namentlich der seit langem in Trümmern liegenden wichtigen Hafenstadt Joppe, so gut es gehen wollte, wieder aufbauen ließ; der Erfolg jedoch, den er mit alledem erreichte, war im Grunde sehr bescheiden, zumal da er gleichzeitig durch den neuen Patriarchen in peinliche Bedrängniß gebracht wurde. Denn Dagobert forderte jetzt in der That nichts geringeres, als daß die Städte Jerusalem und Joppe der Kirche des heiligen Grabes zu freiem Eigenthume übergeben würden, d. h. mit einem kurzen Worte, er verlangte die Umformung des Reiches Jerusalem in einen Kirchenstaat. Gottfried vermochte nach seiner ganzen bisherigen Haltung solchem Begehren keinen ernstlichen Widerstand entgegen zu setzen. Nach kurzem Widerstreben fügte er sich und bekannte sich sogar selber als

Lehnsmann des heiligen Grabes und des Patriarchen. Nur wolle er, wie er hinzufügte, die Einkünfte jener beiden Städte noch so lange beziehen, bis sein Gebiet um einen oder zwei Orte erweitert sei; sterbe er inzwischen ohne männliche Erben, so erlösche auch diese Bedingung.

Nicht lange darauf — am 18. Juli 1100 — endete das Leben des ersten christlichen Herrschers von Jerusalem. Die Sage erzählt, der Herzog sei von dem Emir von Cäsarea vergiftet worden; doch darf man als gewiß annehmen, daß er von einer ansteckenden Krankheit, die in dem verwüsteten, von Leichen- und Modergeruch erfüllten Palästina viele Opfer forderte, dahin gerafft worden ist. So starb Gottfried, nachdem er noch nicht ein ganzes Jahr lang als Beschützer des heiligen Grabes gewaltet hatte, und dieselbe Sage, die seine Geburt mit Wundern umgeben und seinen Tod mit einer tückischen That der Feinde des christlichen Glaubens verknüpft hat, hat ihn auch als Herrscher von Jerusalem überschwänglich gepriesen. Seine Erfolge als Kriegsheld wie als Friedensfürst haben darnach einander überboten; und selbst die Schöpfung einer viel späteren Zeit, das große Gesetzbuch der Assisen von Jerusalem, ist seiner Weisheit zugerechnet worden.[1]) In Wahrheit ist Gottfried in seinem letzten Lebensjahre derselbe gewesen wie früher: ein tapfrer Mann, schlichten Sinnes und demüthig fromm recht nach dem Herzen der Zeit: aber in seiner Jugend wie auf dem Kreuzzuge hatte er immer an der Spitze von vielen tausend Streitern in den Gang der Ereignisse einzugreifen vermocht: als Beschützer des heiligen Grabes dagegen sind ihm kaum etliche Hunderte zu gefahrvollstem Kampfe gefolgt; Sorge und Mühe ist zuletzt sein Loos gewesen, nicht Glanz und Sieg: nur die Sage hat ihren Liebling nicht verlassen und über die Tage, da er im Heimatslande des Erlösers herrschte, das Füllhorn ihrer Erdichtungen ausgegossen.

Nachdem Gottfried die Augen geschlossen, wurde nun aber keineswegs Dagobert, wie er ersehnt hatte, Herr von Jerusalem, sondern es erhob sich eine heftige Reaktion gegen die Bestrebungen desselben. Die lothringischen Ritter besetzten die Mauern und Thürme der heiligen Stadt und sandten an Balduin nach Edessa, er möge eilig kommen und des Bruders Erbschaft in Empfang nehmen. Hiergegen konnte der Patriarch höchstens normannische Waffen zu Hülfe rufen. Die nächsten waren die Waffen Tankreds, der gerade damals einen neuen Erfolg errang. Denn vor wenigen Wochen, noch bei

---

1) Sybel ist es gewesen, der in seiner Geschichte des ersten Kreuzzuges den treffendsten Beweis dafür geliefert hat, daß Gottfried durchaus nicht in der Lage war, die Assisen von Jerusalem zu verfassen oder verfassen zu lassen. Seine Beweisführung ist bis heute unwiderlegt, obgleich z. B. Francis Monnier, gestützt auf umfassende Durchforschung der Assisenhandschriften, behauptet, daß dieses Gesetzbuch dennoch auf Gottfrieds Thätigkeit zurückzuführen sei (cf. „Godefroi de Bouillon et les assises de Jérusalem" in „Séances et travaux de l'académie des sciences morales et politiques" 1873. 1874). Die Handschriften beweisen aber in dieser Sache lediglich nichts, da sie sämmtlich viel zu jungen Ursprunges sind.

70   Drittes Kapitel. Normannen und Griechen von 1099 bis 1119.

Lebzeiten Gottfrieds, war eine große venetianische Flotte nach Palästina ge=
kommen und hatte erfrischend auf den Kampf gegen die Feinde des Kreuzes
eingewirkt: Tankred bezwang in Folge davon soeben die stark befestigte
Hafenstadt Chaifa. Aber Dagobert meinte größere Unterstützung, als der
Fürst von Galiläa ihm etwa liefern konnte, nöthig zu haben, und schrieb
deshalb an Boemund, derselbe solle ihm selber so schnell als möglich Rettung
bringen und außerdem den Grafen Balduin, wenn nöthig mit Waffengewalt,
vom Zuge nach Jerusalem zurückhalten.[1]) Dieser Brief erreichte jedoch sein
Ziel nicht mehr, da Boemund inzwischen in die Gewalt des Emirs von
Siwas gefallen war, und die Stellung der Normannen war mithin zu gleicher
Zeit im Süden wie im Norden Syriens schwer bedroht.

Hier kam das meiste auf die Haltung Tankreds an, dessen Hauptauf=
gabe sein mußte, vor allem Antiochien zu sichern, nicht aber feindlich gegen
Balduin und die Lothringer auf=
zutreten. In einer Beziehung
that er da auch das Rechte, in=
dem er auf die Nachricht, es sei
so eben eine starke genuesische
Flotte mit einem neuen päpst=
lichen Legaten, dem Bischof Moritz
von Porto, in Laodicea gelandet,
ohne Verzug dorthin eilte und
sich von dem letzteren die Herr=
schaft in Antiochien übertragen
ließ. Darnach aber kehrte er,
anstatt in Nordsyrien zu bleiben,
nach Palästina zurück und er=
schöpfte sich in vergeblichen Ver=

Grab Gottfrieds von Bouillon in der heiligen Grabes-
kirche zu Jerusalem.

suchen, Einlaß in die Städte der Lothringer zu gewinnen. Inzwischen
erklärte Balduin, daß er die Regierung Jerusalems übernehmen wolle,
übergab Edessa an seinen Neffen Balduin den Jüngeren, der während
der letzten Zeit unter Boemunds Fahnen gekämpft hatte, sammelte
noch so viel Geld als möglich und begann endlich mit etwa 200 Rittern
und 700 Knechten den Marsch gen Süden. In Laodicea traf auch er mit
dem Legaten Moritz zusammen und wurde von diesem in seinem Unternehmen
bestärkt. Nach mancherlei Fährlichkeiten erreichte er Anfang Novembers
Jerusalem, zog unter dem Jubel seiner Landsleute ein und machte gleich
darauf einen kecken Streifzug durch die südlichsten Landschaften Syriens, auf
dem er, wenn auch unter wilden Grausamkeiten gegen die Feinde, reiche

---

1) Dagobert soll damals sogar beabsichtigt haben, den Fürsten von Antiochien
zum Nachfolger Gottfrieds zu machen. Hiermit wäre aber der Patriarch der Erfüllung
seiner eigenen hierarchischen Wünsche in den Weg getreten; auch ist seine Absicht sehr
ungenügend beglaubigt.

Beute gewann. Seine christlichen Gegner konnten diesen Erfolgen nichts Aehnliches entgegensetzen. Dagobert unterwarf sich, sobald Balduin von jenem Streifzuge zurückgekehrt war, leistete auf alle seine Ansprüche und Rechte Verzicht und krönte selber den Grafen am 25. Dezember 1100 in Bethlehem zum ersten Könige von Jerusalem. Tankred trotzte in thörichtem Eigensinn noch ein paar Monate lang, gab dann aber plötzlich, recht seiner Art nach, allen Widerstand und jede fernere Einmischung in jerusalemitische Verhältnisse auf, indem er nicht blos den König hier im Süden gewähren ließ, sondern demselben auch das Fürstenthum Galiläa auslieferte, vermuthlich wohl, „weil er seinen Gegner haßte und somit nicht in rechter Treue dessen Lehnsmann werden konnte" (März 1101).

Das verkehrte Verhalten Tankreds trug auch in Nordsyrien üble Früchte. Die Griechen machten in Cilicien Fortschritte und hätten vielleicht noch bedeutendere Erfolge erringen können, wenn sie nicht ihre Kräfte zur Abwehr von Gefahren, die sie von jener genuesischen Flotte im Sommer 1100 und bald darauf von neu sich sammelnden abendländischen Kreuzheeren erwarteten, auf anderen Schauplätzen hätten zusammenhalten müssen. Dafür aber wagten sich die benachbarten Seldschuken um so dreister wieder zum Angriffe hervor, bedrängten die Antiochener bis unter die Thore der Hauptstadt und verwickelten Graf Balduin II. von Edessa in schwere und zum Theil sehr verlustreiche Kämpfe. Tankred hätte hiernach, als er endlich im März oder April 1101 von Galiläa aus in Antiochien anlangte, sofort gegen die letzteren, weit gefährlicheren Feinde ins Feld rücken sollen; seine leidenschaftliche Erbitterung gegen die Griechen brachte ihn aber dazu, nicht blos Cilicien denselben wieder fort zu nehmen, sondern sich sogar in die Belagerung des festen Laodicea zu vertiefen, die, wenn sie auch schließlich mit der Eroberung der Stadt geendet hat, dennoch eine für wichtigere Aufgaben unwiderbringliche verloren gehende, überlange Zeit in Anspruch nehmen sollte.

Die Monate, die vom Anfange des Jahres 1100 bis tief in das Jahr 1101 vergingen, waren also für die syrischen Christen keine glücklichen. Jerusalem riß sich freilich von dem alles umklammernden Einfluß der Normannen los und begründete unter stolzem Titel ein selbständiges Staatswesen, aber in Nordsyrien waren große Einbußen erlitten und die kurz vorher noch so hellen Aussichten in die Zukunft tief verdunkelt. Es durfte schon fraglich erscheinen, ob diese Kreuzfahrer stark und verständig genug waren, um dem Islam im Morgenlande auf die Dauer Abbruch zu thun.

Kreuzzug des Jahres 1101.

Während in den Jahren 1097 bis 1099 das große Pilgerheer durch Kleinasien und Syrien vordrang, wurde seiner in der Heimat mit der wärmsten Theilnahme gedacht. Allabendlich klangen die Glocken, um zum

72 Drittes Kapitel. Normannen und Griechen von 1099 bis 1119.

Gebete für die Kreuzfahrer anzurufen, und Urban II. bemühte sich, die Streiter Jesu Christi durch Nachsendung neuer Schaaren zu verstärken. Am 29. Juli 1099 starb zwar der Papst, noch ehe die Kunde vom Falle Jerusalems Europa erreicht hatte, aber sein Nachfolger Paschalis II. zeigte den gleichen Eifer für die Sache des heiligen Landes und fand in den weitesten Kreisen willige Herzen zur Kreuznahme. Denn allmählich erfuhr man ja, daß dieser opfervolle Krieg nicht umsonst geführt worden war, daß

Kirche zu Bethlehem; Krönungsstätte Balduins I.

vielmehr der Herr die Seinen erhört und ihnen die Erreichung des beseligendsten Zieles gewährt hatte. Einzelne Pilger und Spielleute trugen die frohe Botschaft von Ort zu Ort und von Burg zu Burg. Mit jauchzendem Entzücken wurden ihre Schilderungen vernommen von grimmem Streite und strahlendem Siege, von der Befreiung der heiligen Stätten und von allen Wundern des Morgenlandes. Darnach zogen die ruhmgekrönten Helden der Kreuzfahrt heimkehrend durch die Lande. Sie wurden mit hohen Ehren empfangen und erweckten noch flammendere Begeisterung für die Sache, für die sie selber gekämpft und gelitten hatten.[1]) Endlich wurden auch von

---

1) Robert von Flandern, Robert von der Normandie, vermuthlich Eustach von Boulogne und viele andere vornehme wie geringe Pilger sind im September 1099 von Laodicea aus nach Europa zurückgekehrt. Robert von Flandern ist schon im Winter 1099 auf 1100 durch Frankreich nach seiner Heimat gezogen und überall mit

den Fürsten, die in Syrien zur Herrschaft gelangt waren, Briefe bekannt, die wohl mit stolzem Hinweis auf die bisherigen Erfolge glänzende Aussichten in die Zukunft eröffneten, zugleich aber die Glaubensgenossen im Abendlande bringend um schnelle und nachdrückliche Unterstützung baten. Da ballten sich von neuem Heerhaufen zum gemeinsamen Zuge gen Osten zusammen, und in kurzem war eine Rüstung im Gange, die jener vom Jahre 1096 an Umfang kaum nachstand.

Hierher gehören zunächst die Flotten von Pisa, Venedig und Genua, die, wie wir schon gesehen haben, in den Jahren 1099 und 1100 nach Syrien fuhren. Während des letztgenannten Jahres traten aber außerdem noch die Bewohner der Lombardei, ein großer Theil von Deutschland,

Mosaik aus der Kirche zu Bethlehem, auf Kosten des Kaisers Manuel vor 1170 ausgeführt.

Frankreich und Spanien unter die Waffen. Der Papst hatte viele Mühe, den Spaniern begreiflich zu machen, daß es ihnen nicht zukomme, die Seldschuken in Asien zu bekämpfen, weil sie vielmehr ihre Kraft gegen die Mo-

---

Jubel begrüßt worden. Während seiner letzten Jahre (er starb 1111) hat er sich noch als einer der hitzigsten Verfechter kirchlicher Ansprüche gegen das Kaiserthum in schlimmer Weise ausgezeichnet. Robert von der Normandie hat sich in Apulien mit Sibylla, einer Verwandten Robert Guiskards vermählt und ist erst nach Jahresfrist in die Heimat zurückgekehrt. Inzwischen war sein Bruder König Wilhelm II. von England gestorben und demselben der jüngste der drei Brüder, Heinrich, auf dem Throne gefolgt. Robert versuchte diesem das Königreich zu entreißen, verlor aber schließlich dabei auch die Normandie (1106) und verbrachte den Rest seines Lebens (er starb 1134) in englischer Haft. Peter von Amiens ist wahrscheinlich ebenfalls damals heimgekehrt. Die letzten Nachrichten über sein Leben sind sehr schwankend, erlauben jedoch die Vermuthung, daß er mit anderen von Jerusalem heimkehrenden

hammedaner im eigenen Lande richten sollten. Die anderen Völker dagegen ließ er gewähren oder spornte sie noch besonders zum heiligen Kriege an und bedrohte hierbei mit dem Bann die Personen, die schon vor Jahren das Kreuzzugsgelübde abgelegt, jedoch die Erfüllung desselben noch nicht begonnen hatten, und jene andern, die vor Vollendung der Wallfahrt zaghaft zur Heimat entflohen waren, wie Graf Stephan von Blois und die Strickläufer während der Belagerung Antiochiens.

Die Italiener, die diesmal das Kreuz nahmen, schaarten sich zumeist um Erzbischof Anselm von Mailand. Es sollen ihrer 50,000 gewesen sein, darunter nicht wenige hervorragende Männer, zwei Grafen von Blandrate, ein Graf von Parma, der Bischof von Pavia und andere. In Südfrankreich brachte Wilhelm von Poitou, Herzog von Aquitanien und als solcher der neunte seines Namens, ein ebenso großes oder noch zahlreicheres Heer zusammen. Mit Herzog Stephan von Burgund vereinigten sich die Bischöfe von Laon, Soissons und Paris nebst vielen edlen Herren aus den mittleren Provinzen Frankreichs. Um Graf Wilhelm von Nevers schaarten sich 15,000 Mann, und sowohl Hugo von Vermandois wie Stephan von Blois suchten durch neue Rüstungen die Schmach ihres Entweichens vom ersten Kreuzzuge vergessen zu machen und den zürnenden Papst zu versöhnen. In Deutschland gelobten die Wallfahrt Herzog Welf IV. von Bayern, die fromme Markgräfin Ida von Oesterreich, die Grafen Friedrich von Bogen, Heinrich von Regensburg und Ekkehard von Scheiren, ein tapfrer Marschall Kaiser Heinrichs IV., Namens Konrad, sodann Erzbischof Thiemo von Salzburg, die Bischöfe Ulrich von Passau und Gebhard von Konstanz und viele niedere Kleriker, Ritter und Knechte.

In diesen Pilgern, namentlich den Lombarden und Franzosen, lebte aber ein andrer Geist, als in ihren Vorgängern vom Jahre 1096. Sie meinten, daß das Schwerste, was von Kreuzfahrern gefordert werden könne, mit der Befreiung Jerusalems schon erreicht, daß hierdurch auch für sie die Ueberlegenheit christlicher Waffen über mohammedanische schon erwiesen war. Wohl mit derselben Begeisterung, aber nicht mit der gleichen Vorsicht, Zucht und tief innerlicher Fassung wie Gottfried, Raimund und Genossen, schritten sie zur Erfüllung ihres Gelübdes. Voll Siegesübermuth träumten sie von fabelgleichen Erfolgen: voll Lebenslust rüsteten sie sich wie zu üppigem Feste: ehrbare Frauen wie lockere Dirnen schlossen sich in übergroßer Zahl den Kriegsmännern an, und als rechte Charakterfigur der ganzen Masse ist kein Geringerer zu nennen als Herzog Wilhelm von Aquitanien, ein reicher, ritterlicher und begabter Mann, wegen der fröhlichen Lieder, die er gedichtet

---

Pilgern sich in die Gegend von Lüttich begeben, in der Nähe von Huy eine Kirche zu Ehren des heiligen Grabes gegründet und bei derselben mit einigen Wallfahrtsgenossen in klösterlichem Vereine nach der Regel des heiligen Augustinus gelebt habe. Er soll dann auch der erste Prior dieses Vereines geworden und als solcher am 8. Juli 1115 gestorben sein.

hat, als erster Troubadour gefeiert, zugleich aber durch viele Liebeshändel berüchtigt.

Dieses bunt gestaltete Heer glaubte also mit leichter Mühe hohen Ruhm gewinnen zu können. In Wahrheit aber zog es großen Gefahren entgegen, die bisher kaum genügend gewürdigt worden sind. Denn schon bei dem Marsche durch das byzantinische Gebiet lag diesen Pilgern die unglückselige Versuchung zu wilder Feindesthat sehr nahe, weil sie selber — nach allem Vorangegangenen begreiflich genug — von bitterem Grolle gegen Kaiser Alexius erfüllt waren: wie ein zweiter Judas erschien ihnen der listige Herr von Konstantinopel; perfidus und maledictus nannten sie ihn. Und in Kleinasien traten ihnen zwar großentheils dieselben Seldschuken entgegen, die im Jahre 1097 blutige Niederlagen erlitten hatten, aber Kilidsch Arslan durfte diesmal zuverlässig auf Unterstützung von Seiten seiner Glaubensgenossen rechnen, da zum wenigsten die ihm benachbarten Emire, besonders Ibn Danischmend von Siwas und Ridhwan von Haleb, die Verstärkung der Kreuzfahrer in Syrien im eigenen Interesse zu verhindern suchen mußten. So stand den allzu hochgemuthen neuen Pilgern ohne Zweifel ein schwerer Kampf mit zahlreichen Gegnern bevor, die ihrerseits sogar demselben voller Hoffnung entgegen sehen mochten, weil sie in der letzten Zeit den antiochenischen Normannen glücklichen Widerstand geleistet und den bedeutendsten aller Kreuzesfürsten, Boemund, gefangen genommen hatten.

Im Herbste 1100 verließen zuerst die Lombarden die Heimat und zogen durch Friaul, Kärnthen, Steiermark und Südungarn bis ins Morawathal, wo sie überwinterten. Kaiser Alexius kam ihnen schon hier, im fernsten Theile seines Reiches, hülfreich entgegen, indem er dafür sorgte, daß sie um billige Preise Lebensmittel erwerben konnten; trotzdem aber erlaubten sich viele Pilger in ihrem Grimm und Uebermuth arge Gewaltthaten gegen das Eigenthum und die Personen der Landeseinwohner. Mit Frühlingsanfang setzte das Heer den Marsch auf der alten Kreuzfahrerstraße südostwärts weiter fort, erreichte im März 1101 Konstantinopel und wurde angewiesen, in der Vorstadt Pera, in der schon Herzog Gottfried gelagert hatte, Quartier zu nehmen. Nach einiger Zeit zeigte sich dasselbe jedoch abermals so unbändig, daß Alexius besorgt wurde. Er forderte deshalb, die Lombarden sollten sich aus der Nähe der Hauptstadt entfernen, d. h. nach Asien übersetzen. Die trotzigen Pilger weigerten sich, griffen zu den Waffen und erstürmten schon das vor den Thoren Konstantinopels gelegene befestigte Münster Kosmidium, als es endlich dem Erzbischof Anselm und den übrigen Führern des Heeres gelang, die Truppen zur Vernunft zu bringen, sie über die Meerenge hinüber zu schaffen und den gerechten Zorn des Kaisers zu besänftigen.

Etwas später als die Lombarden und zum Theil erst im Frühjahre 1101 brachen die Franzosen und Deutschen auf. In größeren und kleinren Schaaren zogen sie zumeist ihre Straße durch Ungarn nach Belgrad und von dort ohne Zweifel weiter nach Sophia, Philippopel und Adrianopel. Die Stimmung, in der sie das byzantinische Reich betraten, scheint ungefähr die gleiche gewesen zu sein, wie die der Lombarden. Frevelmuth und Griechenhaß führten zu wüster Mißhandlung des Landes. Der Kaiser bemühte sich eifrig, den Frieden mit ihnen zu erhalten, sah sich aber auch genöthigt, die wilden Haufen zum Schutze der Seinen mit Truppen zu umgeben. Hier und da kam es zum Kampfe, und vor Adrianopel lieferten die Aquitanier den petschenegischen Söldnern des Kaisers eine förmliche Schlacht, bei welcher die Umgebungen dieser Stadt in Flammen aufgingen. Alle diese Vorgänge beeinträchtigten natürlich im voraus den etwa möglichen Erfolg des Kreuzzuges. Die Zuchtlosigkeit der Heeresmassen wuchs in gleichem Maße wie jene Gewaltthaten, und die Fähigkeit dieser Hunderttausende, einen ernsten Widerstand zu überwinden, nahm entsprechend ab.

Nach und nach vereinigten sich mit den Lombarden auf der asiatischen Küste der Marschall Konrad mit 2000 deutschen Rittern, Herzog Stephan von Burgund mit einem starken Heere, Graf Stephan von Blois und manche andere Herren, so daß, ehe noch die übrigen Deutschen und die Aquitanier herangekommen waren, der freilich sehr unsichern Ueberlieferung nach nicht weniger als 260,000 Kreuzfahrer bei einander gewesen sind. Diese gewaltige Masse ließ sich nicht lange in Unthätigkeit erhalten. Sie verlangte, ohne das Eintreffen der noch fehlenden Genossen erwarten zu wollen, sofort zu Kampf und Sieg weiter geführt zu werden, und sie berauschte sich vollends im Entwerfen und Besprechen der verwegensten Kriegspläne. Unter den Lombarden war nämlich der Gedanke aufgetaucht, daß man zu Ehren des Heilandes etwas ganz Großes unternehmen und zwar, nachdem die ersten Kreuzfahrer Antiochien und Jerusalem erobert hatten, nunmehr die Fesseln Boemunds in Siwas sprengen, darnach Bagdad bezwingen und hierdurch das Chalifat selber vernichten müsse. Dieser Gedanke, einmal ausgesprochen, wirkte mit verführerischer Kraft in den Köpfen der Fürsten und der Ritter. Vereinzelter Widerstand, der sich dagegen regte, war bald besiegt, und einmüthig wurde der Marsch gen Siwas und Bagdad beschlossen.

Es bedarf keiner Ausführung, daß dies ein unheilvoller Beschluß war. Bagdad lag für die Kreuzfahrer in unnahbarer Ferne, und das Heer sprach sich gleichsam selber sein Todesurtheil, indem es voll blinden Selbstvertrauens noch vor Beginn des Kampfes von unerhörten Siegen träumte.

Anders dürfte das Urtheil über den Feldzugsplan dieser Pilger nur dann lauten, wenn derselbe sich lediglich auf die Eroberung von Siwas und die Befreiung Boemunds beschränkt hätte. Dieser Ort war durch einen mäßig ausgedehnten Marsch zu erreichen: der Weg dorthin führte durch die Gegenden Kleinasiens, die unter dem Kriegsdrange der letzten Jahre am wenigsten gelitten hatten und deshalb leichter als andere den Unterhalt für ein großes Heer darbieten konnten: und ein Kampf mit den Truppen Ibn Danischmends von Siwas war unter keinen Umständen zu vermeiden, da der Emir, wie es scheint, sich gerüstet hatte, den Christen entgegen zu treten, auf welchem Wege dieselben auch vordringen mochten.¹) So hätten diese Pilger vielleicht doch noch einen großen Erfolg erlangen können, wenn sie mit Ruhe und Besonnenheit ans Werk gegangen wären.²)

Dieser Meinung scheint freilich entgegen zu stehen, daß Kaiser Alexius das gesammte Vorhaben der Kreuzfahrer mißbilligte und sie, wiewohl vergeblich, drängte, den Spuren Boemunds, Gottfrieds und Raimunds durch Kleinasien nach Syrien hin zu folgen. Auch Graf Raimund von Toulouse, der damals seine Pläne gegen die antiochenischen Normannen in Konstantinopel zu fördern suchte, sprach sich in der gleichen Richtung aus. Aber diesen beiden Männern lag es natürlich sehr am Herzen, die Pilger nicht blos von dem thörichten Zuge gegen Bagdad, sondern auch von dem Kampfe gegen Siwas abzuhalten, dessen Folge ja die Befreiung Boemunds, ihres gemeinsamen Feindes, sein konnte. Als ihre Einreden nichts fruchteten, ließen sie den Kreuzfahrern ihren Willen: Graf Raimund schloß sich ihnen sogar zum Marsche gen Osten an und der Kaiser gab ihnen einen höheren Offizier und eine kleine Truppenschaar mit, die als Wegweiser dienen und daneben wohl auch die Interessen ihres Herrn in den etwa vom Feinde befreiten Städten und Ländern wahrnehmen sollten. Gegen die Fürsten des Kreuzheeres zeigte sich Alexius bei persönlicher Begegnung auch diesmal sehr zuvorkommend; ob er den Lehnseid von ihnen gefordert hat, ist nicht überliefert, jedoch nach seinem Verhalten gegen ihre Vorgänger wie Nachfolger sehr wahrscheinlich.

Anfang Juni begannen die Pilger den Marsch und zogen von der Küste, an der sie bisher ihr Lager gehabt, ein paar Wochen lang ohne Anfechtungen oder Beschwerden fast genau ostwärts bis nach Ancyra. Diese namhafte Stadt eroberten sie und überließen sie dem Kaiser Alexius. Dann wendeten sie sich gegen Nordosten, erreichten Gangra, wagten den Ort aber nicht anzugreifen, da er ihnen zu fest dünkte, gingen in der eingeschlagenen Richtung noch eine Strecke auf dem linken Ufer des Halys fort, überschritten diesen

---

1) Dies kann aus dem Umstande geschlossen werden, daß den Kreuzfahrern in der entscheidenden Schlacht außer Kilidsch Arslan und Ibn Danischmend auch Ridhwan von Haleb und Karadscha von Harran, also syrische und mesopotamische Emire entgegengetreten sind. Um die letzteren vom Heranzuge der Pilger zu benachrichtigen und mit ihren Truppen herbeizuholen, war immerhin so viel Zeit nöthig, daß die ersten Schritte zu dieser Vereinigung mohammedanischer Streitkräfte vermuthlich schon früher stattgefunden haben, als irgend einer dieser Emire etwas von der Marschrichtung des christlichen Heeres erfuhr, und wohl auch ehe nur diese Marschrichtung von den Kreuzesfürsten selber angenommen war.

2) Wilken, Gesch. der Kreuzzüge, II. 119 ff., tadelt die Kreuzfahrer auch wegen des Zuges gen Siwas, weil derselbe auf unüberwindliche Schwierigkeiten habe stoßen müssen. Die schlimmsten Schwierigkeiten, welche diese Pilger zu überwinden hatten, scheinen aber nicht in der Art der Landschaften, durch die sie zogen, und nicht einmal in dem sehr kräftigen Widerstande der seldschukischen Emire, als vielmehr in ihrem eigenen hochfahrenden und zuchtlosen Wesen gelegen zu haben.

78 Drittes Kapitel. Normannen und Griechen von 1099 bis 1119.

Strom etwa bei Osmandschik, und zogen wieder ostwärts weiter gen Mar=
sivan. Während dieses ganzen Marsches durch Kleinasien scheinen die niedern
Pilger arge Frevelthaten verübt zu haben, wie bereinst im Morawathal und
bei Konstantinopel, während die Fürsten und Ritter, soweit sich sehen läßt,
zu wenig Sorgfalt darauf verwendeten, daß das Heer geordnet und geschlossen vorrücke. Die Seldschuken dagegen nahmen sich der Vertheidigung ihres Landes mit Geschick und Eifer an, in= dem sie die Gebiete, durch welche die Christen ziehen mußten, vor ihnen her verwüsteten, und sich aus weitem Um= kreise her so einmüthig wie noch niemals seit dem Jahre 1097 zum entscheidenden Kampfe zusammenschaarten. Mit Ibn Danischmend und Kilidsch Arslan ver= einigten sich vornehmlich die Emire Ridhwan von Haleb und Karadscha von Harran in Mesopotamien. Die bedeu= tenden Streitkräfte, die diese Fürsten aufgebracht hatten, warfen sich etwa in der zweiten Hälfte Julis und nicht weit östlich vom Halys den Kreuzfahrern ent= gegen. Ein heißes Fechten begann. Die Christen hielten, obgleich von Hunger erschöpft, zuerst tapfer aus und wiesen den Angriff glücklich ab. Am nächsten Tage drang der Marschall Konrad mit seinen deutschen Rittern noch eine Strecke weiter vor, eroberte einen festen Platz voller Lebensmittel, erlitt jedoch auf dem Rückzuge zu den Genossen schwere Verluste. Am darauf folgenden Tage wagten die Seldschuken einen zweiten Angriff und rangen noch manche Stunde lang vergeblich um den Sieg. Allmählich aber ermatteten die Pilger, und wohl waren es nicht allein der Mangel an Nahrung und die Hitze des Streites,

Einzelheiten saracenischer Bewaffnung.
Nach Glasmalereien des 11. Jahrhunderts in den früheren Fenstern der Kirche von St. Denis.

die ihnen lähmend in den Arm fielen, sondern vielleicht ebenso sehr der
Schrecken über den Sturz all ihrer triumphirenden Hoffnungen und das
Entsetzen vor der schneidigen Kraft der früher so thöricht mißachteten
Feinde. Wie immer in solchen Fällen, so ging es auch hier. Dieselben, die

noch vor kurzem Bagdad zu stürmen sich vermessen hatten, dachten nur noch angstvoll an die Rettung des eigenen Lebens. Schaar um Schaar wich aus der Schlacht: eine allgemeine Panik breitete sich aus: ein jeder warf von sich, was ihn am Fliehen hinderte, Kleider und Geld, Geräthe und Reliquien: die Fürsten und Ritter jagten in Eile von bannen, der Küste zu, um in irgend welchen Mauern, in denen Kaiser Alexius dort noch herrschte, Schutz zu suchen: hinter ihnen blieben zurück die Fußtruppen, die Mönche und Weiber, von den heranstürmenden Siegern bald alle erschlagen oder gefangen.

Die Niederlage war ungeheuer und entscheidend für das ganze Heer. Nur schwache Reste desselben erreichten die Küste, zumeist bei Sinope, und nur wenige dieser Geretteten entkamen von dort glücklich bis nach Konstantinopel, wie namentlich Stephan von Burgund und Stephan von Blois, Raimund von Toulouse, der Marschall Konrad und Erzbischof Anselm von Mailand. Der letztgenannte starb jedoch nicht lange nach dieser furchtbaren Katastrophe, am 31. Oktober 1101, in Konstantinopel. Seine Genossen blieben dort bis zum nächsten Frühjahre, freundlich verpflegt vom Kaiser; aber die gereizte Stimmung zwischen lateinischem und griechischem Wesen sog auch aus dem nur durch die Kreuzfahrer selber verschuldeten Untergange dieses großen Heeres neue Nahrung, denn es wurden für denselben bald die griechischen Wegweiser, bald auch der Freund des Kaisers, Graf Raimund, verantwortlich gemacht.

Nicht lange nachdem die Lombarden und deren Genossen ihren unglücklichen Zug gen Siwas begonnen hatten, Anfang Juni, kamen auch Wilhelm von Nevers, Hugo von Vermandois, Welf von Bayern, Ida von Oesterreich, Thiemo von Salzburg und Wilhelm von Aquitanien vor Konstantinopel an: ein zweites bedeutendes Heer von etwa 100,000 Mann ballte sich dort zusammen[1]. Der Kaiser kam den Fürsten mit freundlichen Worten und reichen Gastgeschenken entgegen, forderte aber und empfing auch von ihnen den Lehnseid, den schon die Kreuzfahrer vom Jahre 1097 geschworen hatten. Unter den übrigen Pilgern gährte jedoch der Haß gegen Alexius immer heftiger. „Der übermüthige Kaiser," so hieß es, „rühme sich schnöde, ihm sei's, wenn Franken und Seldschuken mit einander kämpften, nicht mehr, als wenn Hunde einander bissen." Schon wollte man sogar Kunde haben von geheimen Verhandlungen, die Kreuzfahrer an die Ungläubigen zu verrathen oder sie sonst irgendwie zu Grunde zu richten. Eine Panik begann, so daß Tausende sich scheuten, den Boden Kleinasiens zu betreten, und Schiffe aufsuchten, um zur See nach dem heiligen Lande zu gelangen. Aber viele von

---

1) Bisher wurde zumeist angenommen, daß nicht blos zwei, sondern drei einzelne Kreuzheere im Sommer 1101 den Marsch durch Kleinasien versucht haben, indem zwischen dem ersten und dritten Heere Wilhelm von Nevers allein seine Straße gezogen sei. Doch scheinen das sogenannte zweite und dritte Heer vielmehr nur eins gebildet zu haben S. Hagenmeyer, Ekkehardi Hierosolymita, p. 240.

diesen fürchteten auch hier byzantinische Tücke, verließen eilends die Schiffe und kehrten angstgetrieben zur Heimat zurück. Der Rest machte sich endlich durch Kleinasien auf den Weg, folgte bis Anchra den Spuren der Lombarden, erfuhr hier, wie es scheint, den Untergang derselben und bog darauf, tief erschreckt, scharf südwärts ab. In Philomelium erreichte man die Straße der Kreuzfahrer von 1097 und hielt sich auf derselben, an Ikonium vorüber, bis nach Heraklea (Eregli). Aber schon während dieses Marsches wurde das Heer unaufhörlich von seldschukischen Schaaren umschwärmt, litt durch Hunger, Durst und Gefechte, und verlor allen Glauben an einen glücklichen Ausgang des Kriegszuges. Als ihm bei Heraklea, etwa in der zweiten Hälfte Augusts, eine stärkere feindliche Macht, wohl unter der Führung derselben Emire, denen die Lombarden erlegen waren, den Weg versperrte, wagte es gar nicht mehr, ernstlich zu kämpfen, sondern stob in wirrem Entsetzen auseinander. Die Massen des Trosses und der Ritter wurden erschlagen oder gefangen. Erzbischof Thiemo und die Markgräfin Iba wurden ermordet; und es ist nur eine romantische Sage, daß die letztere in der Gefangenschaft einen seldschukischen Emir geheiratet haben und die Mutter des späteren gefährlichsten Christenfeindes, Imadeddin Zenkis, geworden sein soll. Hugo von Vermandois entkam bis nach Cilicien, starb aber dort. Die beiden Wilhelm von Nevers und von Aquitanien und Welf von Bayern retteten sich mit geringem Gefolge und zum Theil in ärmlichstem Aufzuge nach Cilicien und von dort nach Antiochien, wo sie von Tankred brüderlich aufgenommen und sorgsam verpflegt wurden.

So hatte sich ein ungeheures Unglück vollendet. Die römische Christenheit hatte diesmal fast ebenso riesenhafte Anstrengungen zur Ausdehnung ihres Gebietes gemacht, wie im Jahre 1097; der ersehnte und schon zuversichtlich erhoffte Erfolg war jedoch vollständig ausgeblieben. Die schwärmende Begeisterung für den Kampf gegen die Mohammedaner, die vier Jahre früher ihre Siegeskraft in zerschmetternden Stößen bewährt hatte, war diesmal dazu gelangt, die ihr gleichfalls innewohnende klägliche Schwäche zu trostlosestem Ausdruck zu bringen. Die Hunderttausende, die im Frühling 1101 kampfbereit am Bosporus gestanden hatten, wären bei einsichtiger Führung ohne Zweifel stark genug gewesen, um wenn auch unter harten so doch erst recht wirkungsreichen Kämpfen Boemund zu befreien, das antiochenische Normannenreich bis zu sicher dauerfähigen Grenzen auszudehnen und dem menschenarmen Jerusalem noch genügenden Nachschub an tüchtigen Streitern zu liefern. Jetzt war von alledem nicht blos nichts geschehen, sondern die gräßliche Niederlage mußte auch die Stimmung des Abendlandes in unheilvoller Weise beeinflussen. Daß die Christenheit zum dritten Male in solcher Masse zur Gründung oder Erhaltung fränkischer Kolonien im fernen Osten sich erheben werde, das war für lange Zeit nicht mehr zu erwarten.

Den Thorheiten, durch welche sich diese Kreuzfahrer des Jahres 1101 zu Grunde gerichtet haben, hat damals vielleicht noch ein Gegenbild in Syrien entsprochen. Denn unwillkürlich richtet sich das Auge des Forschers auf Antiochien und Edessa, fragend, warum benn die Fürsten dieser Orte ihren Glaubensgenossen nicht mit gewaffneter Hand hülfreich entgegengerückt sind. Tankred und Balduin besaßen freilich nur eine kleine Macht, verglichen mit den Schaaren jener Kreuzfahrer; wenn aber die Emire von Syrien und Mesopotamien zur Bekämpfung der letzteren bis in den Norden Kleinasiens eilen konnten, warum vermochte dann nicht wenigstens Tankred irgend welche Schritte zu thun, um seinen Glaubensgenossen die Erreichung ihres Zieles zu erleichtern?[1]) Aber Tankred war eben in seiner Stärke wie in seiner Schwäche ein ganzer und nichts als ein ganzer Kreuzritter, stürmisch tapfer, leidenschaftlich immer mit dem nächst vor ihm Liegenden beschäftigt, jedoch unfähig, darüber hinausgreifende Pläne zu fassen und folgerichtig durchzuführen.

Fürst Boemund und Kaiser Alexius seit 1102.

Wilhelm von Nevers, Wilhelm von Aquitanien und Welf von Bayern hatten sich, wie erwähnt, aus ihrer kleinasiatischen Niederlage nach Antiochien gerettet. Ebendorthin kamen von Konstantinopel her im Anfang des Jahres 1102 Stephan von Blois, Stephan von Burgund, der Marschall Konrad, mehrere Bischöfe und Graf Raimund von Toulouse, der alte Gegner der Normannen. Tankred ließ den letzteren gefangen nehmen, setzte ihn jedoch auf Bitten der übrigen Pilger bald wieder in Freiheit, nachdem er ihn hatte schwören lassen, keinen Ort zwischen Antiochien und Akkon in seine Gewalt bringen zu wollen. Vergebens aber suchte er hierdurch die endliche Festsetzung der Provenzalen auf der syrischen Küste zu verhindern. Denn als gleich darauf alle jene Herzöge, Grafen und Bischöfe von Antiochien aus den Süden weiterzogen und unterwegs, mit Hülfe einer soeben angelangten kleinen genuesischen Flotte, Tortosa eroberten, da machte sich Raimund, eidbrüchig, zum Herrn dieser Stadt. Tankred konnte ihn nicht von dort vertreiben, weil er, wie wir wissen, damals vor allem das griechische Laodicea zu erobern wünschte und seine Kräfte durch die Belagerung dieser festen Stadt so sehr in Anspruch genommen wurden, daß im Gegentheil Raimund einen wenn auch erfolglosen Versuch zum Entsatz derselben wagen durfte. Achtzehn Monate lang, bis ins Jahr 1103, dauerte der Kampf um Laodicea: endlich zogen die Normannen in die eroberte Stadt

---

[1]) Von den Thaten Tankreds im Jahre 1101 wissen wir nur, daß er im März oder April die Regierung Antiochiens übernahm, bald darauf die Griechen aus Cilicien hinauswarf und frühestens Ende des Jahres die Belagerung von Laodicea begann. Daß er daneben auch nur beabsichtigt habe, den herauziehenden Kreuzbrüdern direkt oder durch einen Angriff auf die Gebiete der Emire von Haleb oder Siwas indirekt zu helfen, ist nicht überliefert und nicht wahrscheinlich.

ein, aber an einen schnellen Sieg über die Provenzalen war nun nicht mehr zu denken. Denn inzwischen hatte Raimund theils an der Küste, südwärts von Tortosa, Fortschritte gemacht, theils auch im Innern Syriens mit den Emiren von Himß und Damaskus glücklich gekämpft und vornehmlich schon begonnen, das alte Ziel seines Ehrgeizes, das große und reiche Tripolis, ernstlich zu bedrängen. Dazu kam noch, daß Kaiser Alexius zu neuem Kriege gegen die Normannen eifrig rüstete und deshalb auch die Unternehmungen der Provenzalen nach Kräften unterstützte. Als Raimund auf einem der Stadt Tripolis benachbarten Hügel, dem späteren Pilgerberge, eine Befestigung anlegen wollte, befahl der Kaiser sofort, dem Grafen mit Material und Werkmeistern behülflich zu sein.

Den Kampf mit den Seldschuken vernachlässigte Tankred über den Händeln mit Griechen und Provenzalen begreiflicher Weise fast ganz und gar. Und so ruhte die letzte Hoffnung der Normannen, die Herrschaft des Islams endlich ins Innere Asiens zurückzudrängen, lediglich auf den gefangenen Boemund. Der Emir von Siwas hatte bisher dem Drängen des Kaisers Alexius, der durch Bitten wie durch Versprechungen die Auslieferung seines großen Gegners nach Konstantinopel zu erwirken suchte, widerstanden und hatte den Normannen angezeigt, daß er gegen die Zahlung von 100,000 Goldstücken ihren Fürsten aus dem Gefängniß entlassen werde. Tankred verspürte nun zwar keine Neigung zur Auslösung seines Oheims, dessen Zurückkunft für ihn den Verlust der Herrschaft bedeutete, etwas beizutragen; dafür aber übersandte endlich der armenische Fürst Gogh Wasil, der mächtigste der kleinen Souveräne am Taurus, opferfreudig jene Summe an Ibn Danischmend, und hierauf kehrte Boemund im Sommer 1103 in die Freiheit und nach Antiochien zurück.

Sofort kam ein frischerer Zug in das Leben und Treiben der nordsyrischen Christen. Boemund ergriff von neuem die Herrschaft und zwar ohne sich deshalb mit Tankred zu überwerfen, knüpfte die alte Freundschaft zwischen Normannen und Armeniern fester, als sie bisher je gewesen war, und begann noch im Jahre 1103, ohne sich um Griechen oder Provenzalen irgendwie zu kümmern, einen erfolgreichen Kampf gegen Ridhwan von Haleb. Gleichzeitig gingen die Edessener nach allen Seiten zu entschlossenem Angriffe über. An deren Spitze stand jetzt außer Balduin II. Joscelin von Courtenay, Herr von Tell-Baschir, der mit den Pilgern des Jahres 1101 nach Syrien gekommen und von Balduin mit den edessenischen Burgen und Landschaften westlich vom Eufrat belehnt worden war. Er war ein wild kriegerischer Rittersmann und machte den Namen der Franken von Tell-Baschir, wo er zumeist seinen Wohnsitz hatte, vom Taurus bis zum Eufrat gefürchtet, während Balduin die mesopotamischen Gebiete östlich und südlich von Edessa unbarmherzig ausplünderte. Im Anfange des Jahres 1104 entwickelte sich aus alledem der Plan, die wichtige Stadt Harran mit gemeinsamen Kräften anzugreifen.

Wenn es den Christen gelang, diese Stadt zu erobern, so war damit außerordentlich viel gewonnen. Denn Harran, der Ort, bei dem einst Crassus von den Parthern erschlagen worden war, beherrschte die besten Verbindungen zwischen Nordsyrien und dem östlichen Mesopotamien. Ridhwan von Haleb und alle syrischen Seldschuken waren, sobald die Kreuzfahrer hier festen Fuß faßten, von den Glaubensgenossen im Innern Asiens beinahe abgeschnitten und konnten in solcher Vereinzelung den Waffen ihrer christlichen Gegner schwerlich noch lange widerstehen. Boemund und Tankred eilten deshalb mit nicht weniger als 10,000 Mann zu diesem Kriegszuge herbei. Balduin, Joscelin und die Armenier kamen ebenfalls mit großer Macht. In froher Siegeszuversicht rückte man gen Harran.

Die Feinde waren in übler Lage. Harran allein konnte sich nicht lange behaupten, und die bedeutendsten Emire Mesopotamiens, Sokman von Hißn Keifa und Dschekirmisch von Mosul lagen selber miteinander in Fehde, versöhnten sich zwar noch in letzter Stunde und kamen eilig, aber nur mit 10,000 Reitern zum Entsatz heran. Die Christen rückten ihnen von Harran aus noch weiter südwärts bis an den Fluß Balik entgegen. Hier warfen sich die Seldschuken beim Ansturz der fränkischen Ritter sogleich in weite Flucht und wandten sich erst, als sie die Gegner vom Nachsetzen ermüdet glaubten. Die Edessener waren in frevlem Uebermuthe den Genossen vorausgeeilt, um den Kampf mit dem verachteten Feinde allein zu bestehen, und wurden nun von dem plötzlichen Angriff der Türken völlig überrascht. In einem Augenblick waren sie zersprengt, die Grafen Balduin und Joscelin gefangen, der Rest stürzte in wirrem Entsetzen auf das Gros des Heeres zurück. Boemund und Tankred hatten sich absichtlich fern gehalten, um zu rechter Zeit die Entscheidung herbeiführen zu können; jetzt stellten sie das Gefecht wieder her und behaupteten das Schlachtfeld bis zum Abend. Aber die Festigkeit der Truppe war tief erschüttert; Ausreißer lösten sich in Menge ab; so beschlossen die Fürsten im Schutze der Nacht den Rückzug. Der Marsch hatte jedoch kaum begonnen, als die feindlichen Reiter, im Verfolgen doppelt gefährlich, von allen Seiten auf die Christen einbrachen. Dazu fiel die Besatzung von Harran aus und versperrte alle Wege, welche zur Heimat, nach Edessa, zurückführten. Der Rückzug artete bald in wilde Flucht aus, und mit geringer Begleitung erreichten die normannischen Fürsten Edessa. Der Verlust der Christen soll 12,000, nach einer andern aber unglaublich klingenden Nachricht sogar 40,000 Mann betragen haben. Eine solche Schlacht ist von den Truppen des kleinen Königreiches Jerusalem während seines ganzen Bestandes kaum jemals geschlagen worden.

Der Tag von Harran war in jeder Hinsicht entscheidend. Wären die Normannen als Sieger und somit als Gebieter des Binnenlandes aus Mesopotamien zurückgekehrt, so hätten ihnen wohl weder die kleinen nordsyrischen Emirate, noch die Griechen oder die Provenzalen langen Widerstand mehr entgegensetzen können, und die Errichtung eines großen, auf der eignen Kraft sicher ruhenden, nach allen Seiten selbständigen Staates wäre für Boemund wahrscheinlich noch möglich gewesen. Nun aber erhoben sich in der drohendsten Weise ringsum die Feinde und Nebenbuhler. Die Heerschaaren von Mosul und Hisn Keifa umlagerten Edessa, Ridhwan von Haleb unterwarf einen Theil des antiochenischen Landes, die Griechen nahmen abermals die Hauptstädte Ciliciens, Tarsus, Adana und Mopsuestia, erzwangen sich den Eingang in den Hafen von Laodicea und besetzten die Stadt; nur die Citadelle hielt sich dort noch. Graf Raimunds Aussichten endlich stiegen höher als je, da er soeben und wiederum mit Hülfe genuesischer Mannschaften Klein-Gibellum (Gibelet), südlich von Tripolis, erstürmt hatte.

Hier zeigte sich freilich noch einmal die kriegerische Tüchtigkeit Boemunds und Tankreds im hellsten Lichte. Sie behaupteten Edessa, sicherten die Citadelle von Laodicea, brachten mit einem Worte den Anbrang der Feinde zum Stehen und hielten die Haupttheile sowohl ihres Fürstenthums wie der Grafschaft Edessa-Tell-Baschir ausdauernd in sicherer Hut. Aber das war auch das Höchste, was erreicht werden konnte. Größere Unternehmungen, siegreiches Vordringen, Gründung eines machtvollen Staatswesens, alles dieses war mit den Kräften, die aus der Niederlage gerettet waren, nicht mehr möglich. Doch noch gab es ein Mittel, welches vielleicht alle Verluste wieder ausglich, nämlich: schleunige starke Unterstützung aus der Heimat, ein neuer Kreuzzug, aber ganz in normannischem Sinne geleitet.

Boemund erkannte dies und handelte sofort darnach. Er sagte seinem Neffen, er werde nach dem Abendlande zurückkehren und um Hülfe werben, weil man mit den eigenen Kräften nicht mehr allen Feinden ringsum Widerstand leisten könne. Vergeblich erbot sich Tankred unter leidenschaftlichen Betheuerungen, die Ausführung dieses Planes auf sich zu nehmen, damit die Normannen nicht in der Noth von ihrem Oberhaupte verlassen würden. Boemund blieb fest: die große Sache erfordere den größten Vertreter, einen Geringeren werde niemand beachten. Er übertrug dem Neffen die Regierung Nordsyriens, raffte, soviel nur möglich, an Geld und orientalischen Kostbarkeiten zusammen und schiffte sich mit einer kleinen Flotte noch 1104 gen Westen ein[1]). Die Griechen wagten nicht, die Reise ihres gefürchteten Gegners zu stören.

Der Fürst landete glücklich in Italien und ließ seine Absicht eines neuen Heerzuges weit und breit verkündigen. Der Ruf seiner Thaten, seines Reichthums, seiner lockenden Verheißungen ging vor ihm her und bereitete ihm aller Orten jubelnden Empfang. Ritter und Volk strömten herzu und traten in seinen Dienst; Papst Paschalis II. billigte seinen Plan offen und feierlich. Dann ging er nach Frankreich und verkettete seine Sache mit den Interessen der legitimen Throne des Abendlandes, indem er sich mit Kon-

---

[1]) Die bekannte Anekdote der Anna Komnena, Boemund habe sich als Leichnam gen Westen führen lassen, um den Nachstellungen der Griechen zu entgehen, ist unglaubwürdig.

stanze, der Tochter König Philipps, vermählte und eine zweite Prinzessin als Braut für Tankred erwarb. Auch für sein Heer sorgte er dort. Bei jeder Gelegenheit, jeder Versammlung, in Kirchen und Palästen trat er als sein eigner Werber auf, erhob seinen begeisterten Kriegsruf, schilderte den Ruhm des Kampfes, die Ehre des Sieges, die Pracht der Beute, und vertheilte mit stolzer Freude das Handgeld seines Dienstes, das Kreuzeszeichen, an die Ritter, die ihn stürmisch umdrängten.

Als er nach Italien zurückgekehrt war, schlug er seinen Wohnsitz in Apulien auf und erwartete die von allen Seiten zusammenströmenden Heerhaufen. Im Herbste 1107 sah er sich, zum Aufbruch bereit, an der Spitze von mindestens 34,000 Mann, Rittern wie Fußknechten, und einer mächtigen Flotte.

Aber diese gewaltige Armada sollte nun keineswegs dazu dienen, um dem Fürstenthum Antiochien unmittelbare Hülfe zu bringen. Denn Boemund hatte zwar wohl Syrien noch mit dem verständigen Vorsatze verlassen, nur für den Krieg am Orontes und Euphrat tapfere Arme zu werben, bald darauf jedoch hatte der bisher so besonnen handelnde Mann sich einem anderen, wild abenteuerlichen Plane zugewandt. War es der Grimm gegen die Griechen, den die Kämpfe der letzten Zeit in ihm genährt hatten, war es das Zauberbild der kaiserlichen Krone von Konstantinopel, nach der er schon in jungen Jahren sich gesehnt haben mag, oder verblendete ihn der siegverkündende Jubel, der jeden seiner Schritte im Abendlande begleitete — wir kennen seine Beweggründe nicht, wir wissen nur, daß er die Ritterschaft Italiens und Frankreichs zwar zum Kreuzzuge aufforderte, aber zu einem Kreuzzuge, dessen erstes Ziel die Besiegung der schismatischen Griechen war. Hätte er 1107 sein starkes Heer nach Antiochien hinübergeführt, man kann kaum zweifeln, daß er das Ziel seines bisherigens Strebens erreicht, d. h. seinen syrischen Normannenstaat als den rechten Eckstein der Christenherrschaft im Morgenlande auf dauerfähige Grundlage gestellt hätte. Der Krieg mit den Griechen dagegen ließ bei ruhiger Abwägung der Machtverhältnisse kaum irgend welche Aussicht auf einen guten Erfolg übrig.

Denn die Widerstandskraft des byzantinischen Staates war seit jenen achtziger Jahren des elften Jahrhunderts, in denen Robert Guiskard und der junge Boemund denselben vergebens bekämpft hatten, bedeutend gewachsen. Kaiser Alexius verfügte über sehr ansehnliche Streitkräfte zu Lande und zur See, die er während der Werbungen Boemunds in Italien und Frankreich überdies noch in voller Muße sammeln, aufstellen und ausrüsten konnte. Auch besaß er selber jetzt in vollem Maße die Erfahrung im Normannenkriege, die ihm früher im Kampfe mit Robert Guiskard gefehlt hatte, und so durfte er dem drohenden Sturme ruhigen Muthes entgegensehen. Im Oktober 1107 schiffte sich Boemund mit seinem ganzen Heere in Brindisi auf 230 Kriegs- und Transportschiffen ein. Anfangs begünstigte ihn das Glück, so daß er unangefochten die Seefahrt vollenden, an der feindlichen

Küste bei Aulona landen und von dort nordwärts gegen Dyrrhachium vorrücken konnte. Darnach aber wandte sich das Geschick. Die große Seeburg Dyrrhachium, aus der Boemund seinen ersten sichern Stützpunkt im fremden Lande zu machen wünschte, war vortrefflich befestigt, mit Vorräthen reichlich versehen und von tapferen Männern vertheidigt. Während die Normannen die mühevolle Belagerung derselben begannen, rückten große byzantinische Heeresmassen von Macedonien her nach Albanien hinab und umzingelten die Feinde, ohne sich dem Kampfesungestüm derselben jemals in offener Feldschlacht zu stellen, erst in weitem und dann in engerem und immer engerem Bogen. Im Frühjahre 1108 vernichtete Boemund selber seine Flotte, um daraus Holz zu Belagerungsmaschinen zu gewinnen. Der Mauerbrecher dröhnte, ein hoher Thurm erhob sich bis über die Befestigungen der Stadt, die Mauern derselben wurden untergraben. Aber mit gleicher oder vielmehr vermöge des griechischen Feuers mit noch größerer Kunst wehrten sich die Belagerten. Dazu beherrschte jetzt die byzantinische Flotte unbestritten das Meer und schnitt die Zufuhr aus der Heimat ab, so daß allmählich bitterer Mangel im normannischen Lager einriß. Auch gelang es

Mittelalterlicher Belagerungsthurm mit Mauerbrecher.

dem Kaiser, durch hinterlistige Verläumdung Mißtrauen zwischen Boemund und einigen seiner vornehmsten Genossen zu säen. Schon war das ganze fränkische Heer von Unzufriedenheit und Klagen erfüllt, schon gingen einzelne Führer zum Feinde über. Boemund harrte trotzdem aus, so lange er sich noch an irgend einen Hoffnungsstrahl anklammern konnte; endlich aber mußte auch er erkennen, daß er völlig geschlagen war und ihm nur noch die Unterwerfung unter das Gebot des Siegers übrig blieb. Im September 1108 begab er sich nach Deavolis (Debul) in das Hauptquartier des Kaisers und schloß einen tief demüthigenden Frieden, indem er sich jedes Anspruches auf Cilicien, Laodicea und die provenzalischen Besitzungen begab; Antiochien und dessen Gebiet erhielt er als lebenslängliches Lehen; nach seinem Tode sollte aber auch dies der griechischen Krone anheimfallen, und füge sich schließlich Tankred diesen Bedingungen nicht, so wolle er, Boemund selber, ihn mit den Waffen dazu nöthigen.

Nach dem Friedensschluß löste sich das normannische Heer allmählich auf, indem ein Theil desselben in die Heimat zurückkehrte, ein Theil nach Syrien weiterzog, ein Theil auch in byzantinische Dienste übertrat. Boemund begab sich noch im Herbst 1108 nach Apulien, insoweit ungebeugten Sinnes, als er dort zu neuen Unternehmungen sich zu rüsten beabsichtigte. Aber es glückte ihm jetzt nichts mehr, und ohne noch irgend eine denkwürdige That verrichtet zu haben, starb er im Lande seiner Geburt im März 1111.

Mit ihm trat der Mann vom Schauplatz ab, der dem Zeitalter des ersten Kreuzzuges vor allem sein Gepräge verliehen hat. Denn Boemund hat mit treffendem Urtheil frühzeitig erkannt, daß weder in Kleinasien noch in Palästina, sondern in Nordsyrien der geeignetste Raum sich befand zur Gründung einer mächtigen fränkischen Kolonie, eines großen Normannenstaates, wie dergleichen sein Vater in Apulien, seine Stammesvettern in England ins Leben gerufen hatten. Mit Klugheit, List und Kraft hat er lange Jahre hindurch geradenwegs sein Ziel verfolgt, maßvoll im Glück und unbeirrt selbst durch schweres Unglück. Erst ganz zuletzt hat ihn der alte,

Schleudermaschine für griechisches Feuer.

rastlose, normannische Abenteuersinn ergriffen und zu dem thörichten Kriege gegen Alexius verlockt. Indem er in diesem die Kräfte, die zur endlichen Sicherung Antiochiens unentbehrlich waren, vergeudete, brachte er sich selber um die besten Früchte der bisherigen Mühen und verfehlte den Hauptzweck seines Lebens.

Alexius versuchte, als er von dem Tode seines großen Gegners hörte, nach dem Wortlaute des Friedens von Deabolis Antiochien an sich zu bringen. Er hatte um so mehr Anlaß dazu, als Tankred, seit 1104 Regent des Fürstenthums an Boemunds Statt, die Nothlage der Griechen in den Jahren 1107 und 1108 benutzt hatte, um erst Cilicien und dann Laodicea, deren beste Vertheidiger damals nach Albanien abgerufen worden waren, von neuem unter seine Herrschaft zu bringen. Der Kaiser meldete nun seine Ansprüche durch eine Gesandtschaft in Antiochien an, wurde aber mit höhnenden Worten abgewiesen. Darauf schickte er eine zweite Gesandtschaft mit vielem Gelde nach Syrien, um womöglich die Provenzalen und Jerusalemiten zu einem gemeinsamen Kriege gegen die Normannen zu bewegen. Die Gesandten wurden von den Provenzalen mit großer Wärme aufgenommen, vermochten sich jedoch mit den Jerusalemiten nicht zu einigen, und der ganze Erfolg ihrer Bemühung bestand schließlich darin, daß sie einen Theil des ihnen anvertrauten Geldes gegen Ablegung des Lehnseides den Provenzalen überließen.

Indessen Kaiser Alexius strebte jetzt auch noch auf anderen Wegen vorwärts zu kommen. Im Anfange seiner Regierung (im Mai 1082) hatte er den Venetianern vollständige Handelsfreiheit in der Hauptstadt wie in den Provinzen seines Reiches gewährt. Seitdem besaßen dieselben ein eigenes Quartier in Konstantinopel und bereicherten sich täglich durch ihren regen Verkehr mit allen bedeutenden Handelsplätzen der byzantinischen Welt, unterstützten aber auch zum Danke dafür den Kaiser sowohl in jenem schweren Kriege mit Robert Guiskard, wie in dem Kampfe mit Boemund vor den Mauern von Dyrrhachium. Alexius ließ sich jedoch hieran nicht mehr lange genügen, sondern versuchte nun auch mit den andern italienischen Seemächten und vornehmlich mit Pisa in nähere Verbindung zu treten. Denn die Pisaner hatten sich ja schon im Jahre 1099 unter der Führung ihres Erzbischofes Dagobert den Normannen zugeneigt erwiesen, und noch im Jahre 1108 hatte ein pisanisches Geschwader den Fürsten Tankred bei der Wiedereroberung von Laodicea unterstützt, so daß diese Macht zu gewinnen für die Griechen besonders wichtig erschien. Der Kaiser bot deshalb den Pisanern außer reichen Geschenken einen günstigen Handelsvertrag an, und wenn sich die Unterhandlungen über denselben auch ein paar Male zerschlugen und sogar im Herbst 1111 pisanische Schiffe im Bunde mit genuesischen und andern italienischen Fahrzeugen noch einmal die byzantinischen Küstenländer brandschatzten, so kam man doch gleich darauf (im Oktober 1111) in der Art zum Abschluß, daß von nun an die Pisaner gleich den Venetianern ein Quartier in Konstantinopel erhalten sollten und im ganzen Reiche Handel treiben durften, nur mit der Beschränkung, daß sie von allen Waaren, die sie einführen würden, einen Zoll von vier Prozent des Werthes entrichten mußten. Die Venetianer, die den byzantinischen Handel bisher fast monopolisirt hatten, sahen natürlich mit feindseligen Blicken auf diese Nebenbuhler, die so plötzlich am Bosporus auftauchten; die Griechen aber durften sich Glück wünschen, eben weil sie im Doppelverkehre mit Venedig und Pisa jedem derselben freier gegenüberstanden, und weil es ihnen gelungen war, die bisher besten Freunde der Normannen auf ihre Seite zu ziehen.

Bei solcher Lage der Dinge knüpfte Alexius sogar mit Papst Paschalis II. regen Verkehr an. Im Jahre 1112 kamen und gingen Gesandtschaften von Konstantinopel und von Rom, und kaiserliche Geschenke erfreuten den päpstlichen Hof. Man verhandelte zunächst über eine Vereinigung der morgenländischen und der abendländischen Kirche, unfraglich aber hegte Alexius weitergehende Absichten, da der Investiturstreit noch immer Italien und Deutschland erfüllte, Kaiser Heinrich V. im Banne lag und somit die Zeit günstig erschien, um an die Herstellung der byzantinischen Herrschaft in Italien, an die Ausdehnung des oströmischen Kaiserthums gen Westen denken zu dürfen.

Sehr unsanft jedoch sollte Alexius endlich daran erinnert werden, daß alle diese Händel mit den Lateinern die Hauptaufgabe, der er stets sich hätte widmen sollen, noch gar nicht berührten. Den Krieg gegen die Seldschuken hatte er seit 1098 in thörichtster Weise versäumt und denselben dadurch Muße gegeben, sich von ihren schweren Niederlagen zu erholen. Kilidsch Arslan von Ikonium hatte, so lange er lebte (bis 1107), freilich nicht gewagt, die Waffen von neuem gegen das byzantinische Reich zu erheben, hierfür aber seine allmählich wiederkehrenden Kräfte in kleinen Kriegen mit Armeniern, Kreuzfahrern und turkomanischen Schaarenführern geübt, und sein Sohn Malikschah fühlte sich bald stark genug, um zum Angriff gegen Alexius vorzugehen. Im Jahre 1110 überschritten die Seldschuken zum ersten Male wiederum die byzantinische Grenze; in den nächsten Jahren dehnten sie ihre Raubzüge durch Phrygien und Bithynien bis in die Nähe des Hellespontes aus. Alexius widerstand ihnen nur mit großer Mühe und beschränkte sich geraume Zeit hindurch auf die Vertheidigung der festen Plätze: der ganze Gewinn, den er aus dem Kreuzzuge für sich erworben hatte, war damit in Frage gestellt. Endlich — im Jahre 1117 — erreichte er bessere Erfolge, warf die Feinde, die mehrmals bis Nicäa vordrangen, kräftig zurück, ging zum Angriff über, und eroberte Westkleinasien bis Philomelium zum zweiten Male. Malikschah versuchte vergeblich, ihm die Beute zu entreißen, und bat schließlich um Frieden.

Nicht lange darauf — am 15. August 1118 — ist Kaiser Alexius gestorben.

Tankred und Roger del Principato, Fürsten von Antiochien.

Tankred hat sich als Fürst von Antiochien seit dem Jahre 1104 in einer Beziehung außerordentlich hervorgethan. Er hat die Geld= und Menschenkräfte, die ihm noch übrig geblieben waren, zu dem einzigen Zwecke unaufhörlichen stürmischsten Kampfes verwendet und dabei insofern bedeutende Erfolge erreicht, als er sein Herrschaftsgebiet durch eine Menge kleiner Eroberungen nach allen Seiten hin ausdehnte und abrundete. Er nahm an der Küste, außer Laodicea, Banias und Großgibellum, am oberen Orontes Apamäa, im Osten die kleinen Städte und Burgen bis vor die Thore von Haleb, im Nordosten und Norden die Landschaften fast bis hinüber zum Eufrat und hinauf zum Taurus, und endlich im Westen das schöne Cilicien. Dies alles glückte ihm großentheils freilich nur deshalb, weil die alte Zerrüttung der seldschukischen Welt noch immer fortdauerte, indem die einzelnen Emire sich voll Haß und Eifersucht unaufhörlich bekämpften und sich daher auch niemals zu einem wuchtigeren Angriff auf die Christen erhoben. Tankred hätte unter diesen Umständen wahrscheinlich mehr erreichen und nicht blos viele kleine Orte, sondern die Hauptstützpunkte der feindlichen Macht, vor allem das wichtige Haleb erobern können. Sein Sinn war aber jetzt ebenso wie früher keineswegs auf umsichtiges planmäßiges Vorgehen, sondern stets nur auf grimmiges Dreinschlagen, auf Beutemachen und Demüthigung gehaßter Gegner, kurz auf Befriedigung seiner heißen Affekte gerichtet. Vor allem übel war in dieser Beziehung, daß seine rücksichtslose Herrschsucht mehrfach zu Hader und Kampf mit den andern christlichen Fürsten führte und der gemeinen Sache hierdurch unwiederbringlicher Schaden zugefügt wurde.

Da überwarf sich Tankred zuerst mit den Armeniern, die doch die treuesten Bundesgenossen Boemunds gewesen waren. Ein armenischer Chronist klagt, daß seine Landsleute unerträgliche Quälereien von Seiten des rasenden Frankenvolkes zu erdulden gehabt hätten, und das sei geschehen, weil „damals die erlauchtesten Häupter und Krieger dieses Volkes nicht mehr lebten und ihre Fürstenthümer an unwürdige Nachfolger übergegangen waren". Der edle Gogh Wasil sah sich in Folge davon wiederholt veranlaßt, die Normannen mit Krieg zu überziehen.

Im Jahre 1108 kam es sogar zum Kampfe zwischen den Kreuzfahrern selber. Denn in diesem Jahre stritten zwei Emire um den Besitz von Mosul. Der eine derselben, Dschawali, der diesen Platz in der letzten Zeit inne gehabt hatte, setzte die Grafen Balduin und Joscelin, die seit der Niederlage von Harran zu Mosul in Haft gewesen waren, unter der Bedingung, ihm gegen seinen Nebenbuhler, Maudud Ibn Altuntekin, Hülfe leisten zu wollen, in Freiheit. Als nun die Grafen nach Edessa und Tell-Baschir, wo Tankred bisher an ihrer Stelle gewaltet hatte, zurückkehren wollten, trafen sie dort auf Widerstand, und es entstand ein blutiger Krieg, in dem — unnatürlich genug — auf der einen Seite Tankred und Ridhwan von Haleb, auf der andern Balduin, Joscelin, Dschawali und Gogh Wasil mit großer Erbitterung fochten. Dschawalis Macht ging in diesen Händeln zu Grunde: Dafür aber kam Maudud, ein strenger und eifriger Mohammedaner zu unbestrittenem Besitze von Mosul. Und wenn die christlichen Fürsten allmählich auch wieder Frieden schlossen, Balduin und Joscelin namentlich in ihre Herrschersitze zurückkehrten, so waren hiernach doch ihrer aller Streitkräfte tief erschöpft und sie selber noch lange von Zorn und Haß gegen einander erfüllt.

Noch Schlimmeres schien sich im Jahre 1109 an der syrischen Küste vorzubereiten. Denn Graf Raimund von Toulouse war während der unablässigen Kämpfe, mit denen er Tripolis bedrängte, im Frühling 1105 gestorben. Seine Besitzungen, Ansprüche und Pläne waren zunächst auf seinen Neffen, den Grafen Wilhelm von Cerdagne übergegangen, der denn auch Irkah erobert und Tripolis selber schon in ernstliche Noth gebracht hatte. Nun kam aber anfangs 1109 Bertrand, der Sohn des Grafen Raimund, mit starker Rüstung aus der Provence nach Syrien, um sich selber zum Herren in den Eroberungen seines Vaters zu machen. Er veruneinigte sich sofort mit Cerdagne und bat, während dieser Tankred herbeirief, den König Balduin von Jerusalem um Hülfe. Ein neuer Bruderkrieg stand in Aussicht, wurde jedoch noch glücklich sei's vor, sei's kurz nach dem Ausbruche durch einen Vertrag beseitigt, wonach das provenzalische Gebiet unter die beiden Prätendenten getheilt und Cerdagne für seinen Theil Lehnsmann Tankreds werden sollte. Doch wurde Cerdagne gleich darnach auf einem nächtlichen Ritte meuchlings erschlagen. Bertrand erbte das ganze Land, zwang die Tripolitaner noch im Juli desselben Jahres zur Capitulation und unterwarf sich als Lehnsmann der Krone Jerusalems.

Im nächsten Jahre rückten Maubud und viele andere mesopotamische Emire mit großer Macht zum Kampfe gegen die Christen vor. Ursprünglich waren sie von Balduin und Joscelin aus Haß gegen Tankred herbeigerufen, wendeten sich aber sehr bald gegen eben diese Grafen. Edessa wurde belagert und kam in die größte Noth. Da eilte Joscelin, um Hülfe zu suchen, nach Syrien. König Balduin und Graf Bertrand waren zuerst bereit, das Gesuch zu gewähren. Dann schloß sich Tankred in Folge dringender Vorstellungen des Königs dem Unternehmen an, und zuletzt wurde das christliche Heer noch durch beträchtliche armenische Schaaren verstärkt. Als Maubud von dieser allseitigen Erhebung der Gegner hörte, gab er die Belagerung von Edessa sofort auf, und leicht hätten die Christen jetzt einen bedeutenden Erfolg erringen können, weil die Wehrkraft der Seldschuken auch diesmal von dem traditionellen Zwiespalt unter ihren Führern schwer beeinträchtigt wurde. Aber bei den Kreuzfahrern sah es um nichts besser aus: Tankred namentlich, voll Groll gegen die Genossen, war durchaus unlustig zum Kampfe. So begnügte man sich damit, Edessa errettet zu haben, erlitt aber noch auf dem Rückmarsch durch den geschickt nachfolgenden Maubud an den Ufern des Eufrat eine empfindliche Schlappe.

Dasselbe klägliche Spiel wiederholte sich im Jahre 1111. Maubud brach wiederum mit einem großen Heere in die christlichen Gebiete ein, und zum zweiten Male vereinten sich sämmtliche Kreuzesfürsten zur Abwehr. Aber auf beiden Seiten bewirkten die gleichen Ursachen, daß der Krieg abermals ohne eine ernstliche Entscheidung aufhörte.

Tankred machte während aller dieser Jahre, wie schon erwähnt, Dank seiner unermüdlichen Kampflust eine Menge kleiner Eroberungen. Dadurch konnte aber nicht gut gemacht werden, daß die Christen sich, großentheils eben durch Tankreds Schuld, gegenseitig gehemmt und geschädigt hatten, und daß jede Gelegenheit versäumt worden war, die Gegner irgend einmal entscheidend niederzuwerfen. Die Feldzüge Maubuds ließen schon erkennen, daß die Kreuzfahrerstaaten, und zwar in erster Linie die Gebiete von Antiochien und Edessa, in tödtlicher Gefahr sich befanden, sobald nur einmal aus der bisher zwiespältigen Seldschukenwelt ein geschlossener Angriff gegen dieselben hervorging.

Bei solcher Lage der Dinge starb Tankred im Dezember 1112 und hinterließ die Regierung des Fürstenthumes seinem Verwandten Roger del Principato, jedoch mit dem Vorbehalte, daß wenn ein, jetzt noch unmündiger, Sohn, den Boemund hinterlassen, nach Syrien komme, diesem die Herrschaft übertragen werde. Roger war ein seinem Vorgänger sehr ähnlicher Fürst, fast mit den gleichen Tugenden und Fehlern. Sein Geschick wurde daher weniger durch die eigenen Thaten als durch das Verfahren der Feinde bestimmt.

Im Anfange begünstigte ihn, daß nicht blos der alte Haber unter den Seldschuken noch fortdauerte, sondern daneben ein Element der Zerrüttung, welches freilich auch früher schon vorhanden gewesen, sich jetzt besonders stark geltend machte. Kurze Zeit vor den Kreuzzügen hatte sich nämlich in den Gebieten des ehemaligen Persiens unter Anhängern des schiitischen Chalifats der Fatimiden ein fanatischer Missionar, Hasan Ibn Sabah, erhoben, und hatte im Anschluß an die ältere Sekte der Ismaeliten (so genannt nach Ismail, einem Enkel Alis in siebenter Linie) einen Verein gegründet, dessen Mitglieder wegen des Gebrauches von sowohl aufregenden wie auch betäubenden Geheimmitteln als Haschischin oder, wie die Franken dies aussprachen, als Assassinen bezeichnet wurden. Mit blutigem Grimm verfolgten diese Schiiten die Führer der sunnitischen Partei des Islams. Ihr Oberhaupt erzog seine Untergebenen zu sklavischem Gehorsam, vornehmlich in der Richtung, daß sie auf jede Gefahr und mit freudigem Willen, den Märtyrertod zu erleiden, den Dolch zur Vernichtung ihrer Gegner brauchten; und nicht wenige sunnitische Fürsten, Staatsmänner und Theologen sind ihnen in jenen Jahren zum Opfer gefallen. Von Persien aus hatten sie sich schon frühzeitig nach Syrien verbreitet, besonders seitdem sie von Ridhwan, der, wie wir wissen, vor dem ersten Kreuzzuge sich den Fatimiden angeschlossen hatte, in Haleb aufgenommen worden waren.[1]) Ihr Treiben hatte zur feindseligen Spaltung unter den syrisch-mesopotamischen Gegnern der Kreuzfahrer bisher schon wesentlich beigetragen; nach dem Tode Tankreds offenbarte sich aber die schädliche Wirkung desselben mit verdoppelter Kraft.

Denn im Frühling 1113 rückte Maudud von neuem im Bunde mit vielen anderen Emiren zum Kriege gegen die Christen aus. Diesmal zog er weder gegen Edessa noch gegen Antiochien, sondern geraden Weges gegen Jerusalem. Er meinte offenbar, daß er die Franken Nordsyriens, die ihm schon während der letzten Jahre nicht mehr allein, sondern nur zusammen

---

1) Die syrischen Assassinen setzten sich in der Folge vornehmlich im Berglande zwischen Tortosa und Apamea fest und bildeten dort im Besitze einer Anzahl von Burgen und Ortschaften eine geschlossene Gemeinschaft, eine Art von Staat. An der Spitze desselben stand gegen Ende des 12. Jahrhunderts Sinan, den die Mohammedaner den „Fürsten des Gebirges", die Christen den „Alten vom Berge" genannt haben.

mit den übrigen Christen zu widerstehen gewagt hatten, unbesorgt im Rücken seines Heeres schalten lassen könne, wie sie etwa noch wollten oder vermöchten. Sein Marsch ging am obern Orontes hinauf, über den Antilibanon nach Tiberias und bis auf die Südseite des Sees von Genezareth. Hier trat ihm Ende Juni König Balduin mit einer schnell gesammelten Heerschaar entgegen. Maudud griff die Christen sofort an, siegte vollständig und ließ nun das jerusalemitische Gebiet weit und breit von seinen Truppen durchstreifen. Indessen wenige Tage nach der Schlacht vereinigten sich mit dem kleinen Haufen, den der König aus der Niederlage gerettet hatte, Roger, Balduin von Edessa, Joscelin und der junge Graf Pontius von Tripolis, Sohn und Nachfolger des im Jahre 1112 gestorbenen Grafen Bertrand. Die Kreuzfahrer bezogen, 16,000 Mann stark, eine feste Stellung in den Bergen bei Tiberias. Maudud wagte nicht, sie dort anzugreifen, und litt mit seinem großen Heere bald so unter der Hitze des Sommers und dem Mangel an Nahrung, daß er vorzog, zufrieden mit den bisherigen Erfolgen, einstweilen nach Damaskus zurückzuweichen. Dort aber wurde er gleich darauf von einem Assassinen ermordet, sei es auf Befehl des Oberhauptes der Assassinen, sei es auf Antrieb Toghtekins, des Herrn von Damaskus, der von Maududs Macht Schaden für sich selber fürchtete.

Im Dezember 1113 starb Ridhwan von Haleb und nun rächte sich das parteisüchtige und gehässige Regiment, welches dieser Fürst geführt hatte, in der bittersten Weise an seinen Nachkommen und Unterthanen. Sein sechzehnjähriger Sohn Alp Arslan, der ihm folgte, war ein grausamer Wollüstling, der Hoch und Nieder durch tolle Verschwendung, durch Blutthaten und Ausschweifungen empörte. Sein eigner Sklave, Lulu, ermordete ihn schließlich und übernahm an Stelle eines anderen noch minderjährigen Sohnes Ridhwans die Regierung, aber die Zerrüttung in der unglücklichen Stadt stieg trotzdem von Tag zu Tage. Die Antiochener benutzten die Schwäche ihrer Nachbarn insofern, als sie im Gebiete von Haleb nach Herzenslust plünderten und verheerten, aber von einem ernstlichen Versuche des Fürsten Roger, diese zu seiner eigenen Sicherheit unentbehrliche Vorburg des christlichen Syriens endlich zu nehmen, erfahren wir lediglich nichts. Darüber verging mehr als ein Jahr, bis endlich im Frühling 1115 ein großer Emir aus dem fernen Osten, Bursuk, Herr von Hamadan, mit starker Rüstung nach Syrien kam. Die Kreuzfahrer wären wohl sogleich wieder in schlimme Noth gerathen, wenn sie nicht noch einmal in der Zwietracht der Gegner Rettung gefunden hätten. Lulu von Haleb, Toghtekin von Damaskus und der kriegerische Ilghazi, Emir von Mardin in Mesopotamien, vereinigten ihre Truppen, um Bursuk Widerstand zu leisten, und riefen die Christen zum Bunde herbei. Bursuk erfocht einige kleine Vortheile am oberen Orontes; als jedoch in der That Roger, Pontius und König Balduin zu seinen mohammedanischen Gegnern stießen, wagte er keinen entscheidenden Kampf, sondern wandte sich zum Rückzuge. Sowie er aber hörte, daß nun auch die große Verbindung seiner Feinde sich aufgelöst habe, kehrte er um und brach unter wilden Verheerungen in das Fürstenthum Antiochien ein. Doch sollte ihm dies jetzt schlecht bekommen. Denn wenigstens die Normannen waren schnell wieder gesammelt; die Edessener schlossen sich an, und am 14. September glückte es, das Heer Bursuks in der Nähe von Danit beim Lagerschlagen vollkommen zu überraschen und unter schweren Verlusten nach allen Seiten auseinander zu sprengen.

Dieser unerwartete Erfolg hätte gleichsam noch in der zwölften Stunde Rettung bringen können. Von den größeren Emiren Vorderasiens war nun wenigstens für einige Zeit nichts zu befürchten, und in Haleb herrschte, nachdem inzwischen auch Lulu ermordet worden war, die ärgste Anarchie. Die Normannen wußten aber auch jetzt keinen entsprechenden Vortheil aus dieser Lage zu ziehen. Einmal standen sie im Bunde mit Haleb und ein andermal befehdeten sie es in Siegesübermuth. Sobald sie zum Kampfe kamen, fochten sie wie stets bisher mit Löwenkraft und erstürmten noch 1118 Ezaz, die letzte Burg im Westen von Haleb; aber die unvergleichliche Gelegenheit, Haleb selber unter ihre Herrschaft zu bringen, wurde nichts destoweniger in sträflicher Leichtfertigkeit von ihnen versäumt.

Endlich, im Jahre 1119, richtete sich ein bedeutender Angriff gegen Antiochien. Die Einwohner von Haleb hatten sich schließlich nach auswärtigem Beistande umgesehen und den tapfern Ilghazi von Mardin zu sich entboten. Der rief nun die wilden Reiterstämme seiner Heimat auf, gegen 40,000 Mann, brach an ihrer Spitze in das Fürstenthum ein und belagerte zunächst die Burg Atharib, nicht fern von Haleb. Fürst Roger rückte ihm dreist entgegen, begierig nach dem entscheidenden Kampfe, obgleich er dringend ermahnt wurde, König Balduin um Hülfe zu ersuchen und dessen Ankunft abzuwarten. Im rechten Gegensatze hierzu zauderte im selbschukischen Lager der Führer und wollte vor der Vereinigung mit Toghtekin von Damaskus kein Treffen wagen; ihn aber riß der Ungestüm seiner Truppen fort, und auch jetzt schon im Besitze der gewaltigsten Uebermacht, willfahrte er nicht eher seinen Reitern, als bis diese ihm geschworen hatten, auf das äußerste zu kämpfen. Roger hatte sich inzwischen bei Belath, eine Strecke nordöstlich von Haleb, gelagert, in waldigem Thale, auf jeder Seite von Bergen umgeben, ohne Verpflegung und ohne genügende Nachricht vom Feinde. Einige seiner Ritter maßen sich am 26. Juni in lebhaftem Gefecht mit einem Schwarm der Seldschuken. Abends klagten die andern Ritter, nicht dabei gewesen zu sein; auch Roger verlangte immer dringender nach der Schlacht. In der Morgenfrühe des 27. beichtete das ganze Heer, alle waren zerknirscht über ihre Sünden, der Fürst selber zerfloß in andächtigen Thränen, konnte sich dann aber von dem Waldgebirge noch nicht trennen, ehe er eine Jagd darin gehalten. So wurde er von dem Angriffe der Seldschuken überrascht, der von drei Seiten her, von den Bergen in das Thal vordringend, erfolgte. Der Ausgang blieb nicht lange zweifelhaft: Roger selbst wurde erschlagen, mit ihm der Kern seines Heeres, und von der Mannschaft mehrere Tausende.

Dies war die Katastrophe, die seit Jahren drohend über den Häuptern der Normannen geschwebt hatte. Ilghazis Reiter streiften nach dem Siege plündernd durch das ganze Fürstenthum bis an die Seeküste hinaus. In Antiochien selber erhob sich die Geistlichkeit der Stadt, um in der drängendsten Noth für Vertheidigungsanstalten zu sorgen. Schwerlich jedoch hätte dies viel genützt, wenn nicht Ilghazi die beste Zeit zur Ausnutzung seines Erfolges in Schwelgereien verloren hätte. Die Hauptstadt kam dadurch über den gefährlichsten Augenblick glücklich fort: mußte sie aber nicht dem nächsten ernstlichen Angriffe dennoch erliegen, und waren dann nicht mit ihr Edessa, Tell-Baschir und die kleinen armenischen Herrschaften in deren Nähe alle verloren? Aus eigner Kraft wenigstens konnten sich die nordsyrischen Christen nicht mehr lange behaupten. Sollten sie vor dem Anbrange der Seldschuken errettet und gesichert werden, so konnte dies jetzt nur noch durch die inzwischen erstarkte Macht des Königreiches Jerusalem geschehen.

Viertes Kapitel.

Geschichte des Reiches Jerusalem, von 1100 bis 1143.¹)

König Balduin I.

König Balduin I. ist als der eigentliche Gründer des Reiches Jerusalem zu betrachten. Auf dem großen Kreuzzuge wie als Graf von Edessa hatte er Umsicht und Kühnheit gezeigt: seine Erfolge hatten ihm einen berühmten Namen gemacht. Als König war er bis an sein Lebensende unermüdlich im Kampfe, keck, unternehmungslustig und tapfer bis zur Verwegenheit, dabei von würdevollem Auftreten, wie dem Herrscher an heiligster Stätte geziemte, und doch vollkommen so weltlich gesinnt, wie sein schwerer Beruf von ihm erheischte. Jeden Gegner niederwerfen, Land und Leute gewinnen, Geld erobern, das waren die Ziele, deren Erreichung er nicht immer auf den geradesten Wegen erstrebte.

König Balduin I.
Facsimile aus „de passagiis in Terram Sanctam"
(Venedig).

Nach gethaner Arbeit gab er sich gern frohem Genusse hin, freilich nicht ohne dadurch, besonders wegen seines leichtfertigen Verkehrs mit dem weiblichen Geschlecht, üble Nachrede gegen sich hervorzurufen. Wie er aber einmal war, verdiente er dennoch den Namen, mit dem ein Zeitgenosse ihn geehrt hat, den der Blume der Könige.

Wunderlich erscheint eine Scene mystischen Charakters, die in das erste Jahr seiner Regierung fällt. Nach alter Tradition entzündete sich an den Lampen in der Kapelle des heiligen Grabes Charsamstag Nachmittags durch Gottes Gnade übernatürliches Feuer. Am Charsamstag des Jahres 1101 wartete aber die versammelte Menge trotz inbrünstigen Betens und Flehens vergeblich auf den Eintritt des Wunders. Der Abend kam und die Nacht verging, ohne daß die Sehnsucht der Gläubigen befriedigt wurde. Die einen sahen hierin voll tiefer Zerknirschung die Strafe ihrer Sünden, die andern erklärten, das Wunder sei nur nothwendig gewesen zum Beweise der gött-

---

1) Dieselben Bücher und Abhandlungen wie zum vorigen Kapitel. Außerdem Wilde, Geschichte des Ordens der Tempelherren, 2 Bde., 2. Aufl. Halle 1860. Kugler, Studien zur Geschichte des zweiten Kreuzzuges, Stuttgart 1866, erstes Kapitel.

lichen Allmacht, so lange die Mohammedaner über Jerusalem geherrscht hatten, und deshalb sei es von Gott jetzt nicht mehr gewährt worden. Am Ostermorgen wurde eine Prozession veranstaltet unter Vortritt des Königs, des Patriarchen Dagobert und des päpstlichen Legaten Moritz, der, wie wir wissen, im Jahre 1100 mit einer genuesischen Flotte nach Syrien gekommen war. Während derselben entzündete sich eine Lampe beim heiligen Grabe, bald ihrer mehrere, und unendlicher Jubel erfüllte die Kirche und die ganze Stadt. Ob der verspätete Eintritt des Wunders durch einen Fehler in der heimlichen Veranstaltung desselben veranlaßt wurde, oder ob dieser Abwickelung der Sache Absicht und Berechnung zu Grunde lagen, das wissen wir nicht, da unsere Quellen begreiflicher Weise darüber nichts mittheilen.

Wohl aber wissen wir, daß König Balduin geraume Zeit hindurch in bitterem Streite mit dem höchsten Geistlichen in Jerusalem lebte. Der fränkische Klerus hatte ja ursprünglich aus der heiligen Stadt einen Sitz hierarchischer Gewalt zu machen gewünscht, und nach Beseitigung jenes halb provisorischen Patriarchen Arnulf war Dagobert der Befriedigung dieses Verlangens schon sehr nahe gewesen, hatte aber schließlich dem weltlichen Herrscher, eben unserm Balduin, Weihnachten 1100 sich vollständig unterwerfen müssen. In der nächstfolgenden Zeit erhob sich von neuem der Haber zwischen Fürstenmacht und Priesterherrschaft in Jerusalem. Auf der einen Seite standen fürs erste Balduin und der kluge thatkräftige Arnulf, auf der andern der stolze Dagobert und, zeitweise wenigstens, der Legat Moritz. Genau läßt sich nicht sagen, wie der Handel verlaufen ist. Doch scheint so viel gewiß, daß der König bedeutende Opfer von dem reichen Patriarchen für die Kriegsführung gegen Seldschuken und Fatimiden gefordert hat und daß dabei auch die älteren Streitpunkte zwischen beiden wieder zur Sprache gekommen sind. Schließlich hat im Jahre 1103 ein Konzil unter dem Vorsitze eines anderen päpstlichen Legaten, des Kardinals Robert, Bischofs von Paris, stattgefunden, durch welches Dagobert abgesetzt und Ebremar, ein Geistlicher, der schon mit dem großen Kreuzheere 1099 nach Jerusalem gekommen war, auf den Patriarchenstuhl erhoben worden ist. Dagobert ist darauf nach Antiochien gegangen und im nächsten Jahre mit Boemund nach Italien gesegelt. In Rom gewann er den leicht bestimmbaren Papst Paschalis II. für sich und war, hierauf gestützt, schon im Begriff, wieder nach Syrien zurückzukehren, als er am 16. Juni 1107 zu Messina starb. Ebremar aber hatte sich inzwischen gleichfalls und aus den gleichen Gründen mit Balduin und Arnulf überworfen, und ging im Jahre 1107 theils deshalb, theils aus Furcht vor Dagobert, dessen Ende ihm noch unbekannt war, nach Rom. Auf dem Fuße folgte ihm im Auftrage des Königs Arnulf. Beiden gegenüber entschied nun durch ein Breve vom 4. Dezember 1107 Papst Paschalis, daß die ganze Sache abermals untersucht werden müsse, und schickte zu diesem Zwecke einen neuen Legaten, Erzbischof Gibelin von Arles, nach Jerusalem. Ein zweites Konzil, vermuthlich anfangs 1108, entschied, daß Dagobert unrechtmäßig abgesetzt worden sei und deshalb auch sein Nachfolger den ihm nicht gebührenden Platz räumen müsse. Die Neuwahl fiel auf Gibelin, der endlich den Wünschen des Königs sich fügte, und die syrische Kirche hätte von nun an den lange entbehrten Frieden genossen, wenn nicht die jetzt vereinigten Häupter Jerusalems mit der Bitte vor dem Papst erschienen wären, er solle alle Orte und Länder, welche der König und seine Ritter erobern würden, dem Patriarchate der heiligen Stadt zusprechen. Dies verletzte die Interessen Antiochiens, wo schon seit dem Jahre 1100 ein tüchtiger Mann, Bernhard, als Patriarch waltete. Der Papst entschied endlich, daß jeder eroberte Ort demjenigen der beiden Patriarchate zugetheilt werde, dem er zuverlässig früher angehört habe. Nur wenn dies nicht mehr festzustellen sei, solle derselbe ohne weiteres der geistlichen Gewalt Jerusalems untergeben werden. Gibelin behielt seine Stelle bis an sein Lebensende, Dezember 1111; dann folgte ihm wie ein Sieger nach so vielen Kämpfen Arnulf, von seinen Gegnern freilich noch einmal angegriffen und durch den Spruch eines päpstlichen Legaten, des Bischofs von Orange, aus dem Amte gedrängt; als er aber 1115 persönlich in Rom verhandelte, gelang es ihm, die Bestätigung des Papstes für seine Würde zu erhalten. Er wirkte, soweit wir wissen, in bestem Einvernehmen mit Balduin an der Spitze der jerusalemitischen Kirche und starb, wenige Wochen nach seinem Könige, im Frühjahr 1118.[1])

Balduin hat allem Anschein nach das Interesse des Staates in diesen kirchlichen Händeln nicht ohne Härte verfochten.[2]) In Wahrheit aber hat er damit nur den Interessen Aller gedient. Denn sowohl im Anfange seiner Regierung wie auch noch während des ganzen Verlaufes derselben ruhte die Zukunft Jerusalems schlechthin nur auf dem guten Schwerte des Königs und seiner Ritter. Das Reich bestand erst aus wenigen Städten, das Heer zählte keineswegs nach Tausenden, sondern erst nach Hunderten; alle vorhandenen Mittel mußten rücksichtslos benutzt werden, um sich nur zu behaupten; und erst wenn noch viele Eroberungen gemacht und zahlreiche neue Pilgerschaaren angelangt und zur Ansiedelung im heiligen Lande bewogen worden waren, konnte man sich für leiblich gesichert halten.

Hier hat sich nun der König von der besten Seite gezeigt. Denn schon im Frühling 1101 veranstaltete er mit jener mehrerwähnten gennesischen

---

1) Der Haß der Gegner Arnulfs klingt noch heute aus unsern Quellenschriften nach. Sie nennen ihn primogenitus Satanae, mala corona, caput omnium incredulorum etc. Aber wenigstens insofern als er Balduins Politik unterstützte, hat er gut für das gemeine Beste gesorgt. Hody, Godefroid de Bouillon et les rois latins de Jérusalem, p. 97 sagt im Ganzen mit Recht: Baudouin I. et Arnould sont les deux grandes physionomies du royaume chrétien de Jérusalem après Godefroid; digne l'un de l'autre; ils consolidèrent la conquête des chrétiens; c'étaient des hommes d'élite.

2) Nicht in seine Zeit gehören aber Patriarch Stephan und dessen Schicksale, sondern erst in die Jahre Balduins II. S. Sybels Abhandlung über das Königreich Jerusalem in der Zeitschrift für Geschichtswissenschaft, III, 54.

Flotte, die den Legaten Moritz gebracht hatte, energische Angriffe auf die kleinen Küstenstädte Arsuf und Cäsarea, die zwischen den christlichen Häfen Joppe und Chaifa mitten inne lagen. Beide Städte wurden im Mai dieses Jahres genommen, Arsuf durch Capitulation, Cäsarea durch Sturm. Reiche Beute wurde namentlich in letzterem Orte gemacht. Gleich darauf aber kam Nachricht vom Süden, daß die Aegypter sich endlich wieder zu einem Kriegszuge gegen die Kreuzfahrer aufgerafft hätten. Balduin rückte sofort ins Feld, kam jedoch nicht zum Schlagen, da weder er noch die Feinde den Kampf beginnen mochten. Indessen im Herbste kamen die Aegypter wieder, 30,000 Mann oder mehr noch stark, während der König an Rittern und Knechten nur 1160 Streiter zu sammeln im Stande war. Trotzdem zog man der Uebermacht, die so eben vom festen Askalon her nordwärts marschirte, muthig entgegen. Feurige Worte Balduins und der Anblick des heiligen Kreuzes, das von einem Abte getragen wurde, stärkten die kleine Schaar. Am 7. September wurden die Heere handgemein. Die ersten Reihen der Christen wurden umringt und überrannt, und schon stürmte ein Haufen der Aegypter siegesfroh in der Richtung auf Joppe weiter. Aber mit dem Reste der Seinen stand der König unerschütterlich und brach sich allmählich unter wuchtigen Schwertesschlägen eine so furchtbar blutige Bahn, daß die Hauptkraft der Feinde gegen Abend auf Askalon zurückwich. Die Nacht brachten die Sieger auf dem Schlachtfelde zu; inzwischen aber wurde Joppe sowohl zu Lande durch jenen Haufen, der am Heere des Königs vorüber gejagt war, wie auch zur See durch eine ägyptische Flotte ernstlich bedroht und erst der nächste Tag wendete auch hier Angst und Sorge in hellen Jubel.

Die Gefahr, welcher die kleine Christenherrschaft diesmal glücklich entgangen war, wiederholte sich jedoch noch drohender im nächsten Jahre. Hierbei war immer das Schlimmste, daß die Aegypter Askalon beherrschten und von dort wie von einem sicheren Brückenkopfe aus plötzlich ins Herz des Reiches Jerusalem eindringen konnten. Dies benutzten sie wie schon im Vorjahre so auch im Mai 1102 und rückten, ehe die Christen darauf gefaßt waren, unter argen Verheerungen auf dem Wege nach Ramle vor. Balduin war damals in Joppe, nachdem die Fürsten und Ritter, die aus dem unglücklichen Kreuzzuge des Jahres 1101 mit dem Leben davon gekommen waren, eine zeitlang bei ihm in Jerusalem sich aufgehalten, größtentheils aber auch sich schon wieder von ihm verabschiedet und die Heimfahrt über das Meer angetreten hatten.[1]) Von den vornehmeren Herren waren nur wenige noch freiwillig bei ihm geblieben, besonders Stephan von Burgund und der Marschall Konrad, und außer diesen,

---

1) Herzog Welf von Bayern hat die Rückreise schwer erkrankt angetreten und ist in Paphos auf Cypern im Herbste 1102 gestorben. Der leichtfertige Wilhelm von Aquitanien ist glücklich heim gekommen und hat darnach die überstandenen Fährlichkeiten „als erster Troubadour" in munteren Liedern besungen: „ut erat jocundus et lepidus . . . . coram regibus et magnatis atque Christianis coetibus multoties retulit (miserias suas) rythmicis versibus cum faceetis modulationibus".

durch widrige Winde soeben in den Hafen von Joppe zurückgetrieben, Stephan von Blois. Diesen Fürsten und der sonst gerade anwesenden Ritterschaft erklärte nun Balduin seine Absicht, sofort gegen die Aegypter reiten zu wollen. Vergebens baten ihn die Genossen, erst genaue Kundschaft über die Stärke des Gegners einzuziehen und den übrigen Heerbann aufzubieten. In Siegesübermuth riß er sie alle mit sich fort und warf sich Ende Mai nicht weit von Ramle auf den Feind. Die kleine Schaar wurde jedoch fast im ersten Anprall von der ungeheuren Ueberzahl auseinander gesprengt: einige flohen nach Joppe, die übrigen retteten sich nach Ramle, unter den letzteren der König, Marschall Konrad und, falls sie nicht schon in der Schlacht gefallen sind, Stephan von Burgund und Stephan von Blois. Ramle war nicht lange zu halten und der König entfloh deshalb in der nächsten Nacht mit wenigen Begleitern, um wenn möglich Entsatz herbei zu bringen. Ehe ihm dies glückte, fiel der kleine Ort und die dort Eingeschlossenen gingen fast sämmtlich in heldenmüthigem Kampfe zu Grunde.¹) Balduin aber erreichte nach einigem Umherirren glücklich Arsuf und von dort Joppe. Hier stießen nach einigen Tagen zu ihm 80 Ritter von Tiberias und 90 Ritter von Jerusalem. Auch traf gerade zur rechten Zeit eine Pilgerflotte im Hafen dieser Stadt ein. Mit diesen Kräften und nach besonnenerer Vorbereitung wagte der König eine zweite Schlacht, in welcher die Aegypter unter schweren Verlusten wieder zurückgedrängt wurden.

Darnach hatte man vor diesem Feinde einige Jahre lang Ruhe, bis im Sommer 1105 abermals eine ägyptische Flotte vor Joppe erschien und ein Landheer von 15,000 Mann aus den Thoren von Askalon hervorbrach. Hiergegen brachte der König jetzt schon eine Masse von 500 Rittern, eine Schaar leichter Reiter und 2000 Fußknechte zusammen. Mit denselben warf er sich am 31. August auf die Gegner und schmetterte sie in einem lang und blutig auf und ab wogenden Kampfe vollständig zu Boden.

Seitdem wagten die Aegypter nicht mehr, in offener Feldschlacht die Heldenkraft dieser Franken zu erproben, sondern begnügten sich damit, bei guter Gelegenheit kleinere Einfälle ins christliche Gebiet zu machen.

An solcher Gelegenheit fehlte es natürlich nicht, da Balduin fast unaufhörlich auch mit anderen Feinden, mit arabischen Schwärmen und den Emiren der syrischen Städte zu streiten hatte. Hierbei errang der König zunächst im Binnenlande leichte Erfolge, wo bald diesem, bald jenem vereinzelten Gegner reiche Beute oder auch ein Stück seines Landes abgenommen wurde. Wichtiger aber und schwieriger war der Krieg an der Küste, gegen die großen Seestädte, die dort noch in den Händen der Mohammedaner waren und die für das Reich Jerusalem zu gewinnen zu einer immer dringenderen Nothwendigkeit sich gestaltete. Denn so lange die Feinde dort

---

1) **Marschall Konrad** kam mit dem Leben davon, weil die Feinde, die ihn gefangen hatten, seine löwenhafte Tapferkeit bewunderten. Er wurde von Kaiser Alexius ausgewechselt und kehrte nach Italien zurück.

herrschten, war nicht blos der kleine Christenstaat im heiligen Lande von zu vielen Seiten und aus zu beängstigender Nähe fortwährend bedroht, sondern es blieb auch die Meerfahrt zwischen Europa und Syrien allzu unsicher und damit das glückliche Eintreffen neuer Pilger Jahr um Jahr ernstlich in Frage gestellt. Deshalb begann Balduin, sobald die ägyptische Gefahr nur einigermaßen beseitigt war, mit allen Kräften gegen diese Städte zu rüsten, und er wurde hierbei in der ausgiebigsten Weise von der überseeischen Heimat unterstützt.

Das Wallfahren der abendländischen Völker ins Morgenland hörte nämlich, seitdem Antiochien und Jerusalem wieder christlich geworden waren man darf fast sagen, gar nicht mehr auf. Um Ostern jedes Jahres pflegten große Pilgerschaaren im heiligen Lande einzutreffen, aber auch nach dem hohen Feste langten oft noch viele Nachzügler an. Da der Weg durch Kleinasien — seit 1101 noch entschiedener als vorher — so gut wie verschlossen war, so kamen sie alle zur See nach Syrien, und es trafen dort auf einander Bürger der italienischen Städte, französische und deutsche Ritter, englische Seehelden und die Recken des skandinavischen Nordens. Alle waren den Glaubensgenossen im Morgenlande hochwillkommen. Denn nicht leicht fand sich eine Schaar, die sich schlechtweg nur mit dem Gebete am heiligen Grabe begnügt, von der nicht wenigstens ein Theil zu Ehren Jesu Christi einen tapferen Strauß mit den Mohammedanern ausgefochten hätte. Auch blieb mauch einzelner für immer im Morgenlande, so daß im Heere Jerusalems nicht blos der Verlust, den jeder Kampf mit sich brachte, stets wieder ausgeglichen, sondern dasselbe in kurzer Frist verdoppelt und bald vervielfacht werden konnte. Antiochien und Edessa empfingen auf demselben Wege ohne Zweifel ebenfalls beträchtliche Verstärkungen, aber der Hauptstrom der Einwanderung, wenn man so sagen darf, ergoß sich doch naturgemäß in das Reich Balduins und allenfalls noch in das diesem nahe verbundene Tripolis.

Außerdem war bei der augenblicklichen Lage von allerhöchstem Werthe, daß diese neuen Pilger eben nicht zu Lande sondern zur See herankamen, daß sie mächtige Flotten und damit diejenige Waffe besaßen, ohne welche die Eroberung jener Seestädte nicht einmal gehofft werden durfte. Denn hier galt es, bald die Entsatzversuche mohammedanischer Geschwader zurückzuschlagen, bald die Belagerten durch Abschneidung der Zufuhr von der Seeseite zu ängstigen, oder auch kunstvolle Maschinen zu errichten, zu denen die Uebung und das Werkzeug der Schiffszimmerleute unentbehrlich waren. Alle Küstenstädte, deren man sich bisher bemächtigt hatte, waren ja nur mit Hülfe von Pilgerflotten eingenommen worden, und selbst bei der Belagerung von Antiochien und Jerusalem hatte die geschickte Hand solcher Werkleute vortreffliche Dienste geleistet.

Unter den Mannschaften dieser Flotten haben sich Franzosen, Engländer und Niederdeutsche, Dänen und Norweger mehrfach durch stürmische Tapferkeit und edeln Opfermuth ausgezeichnet, im Vordergrund aber standen natürlich fast immer die Italiener. Denn wenn auch das einst seegewaltige Amalfi damals keine besondere Regsamkeit mehr entfaltete, so waren hierfür Venedig, Pisa und Genua vom jugendmuthigsten Unternehmungsgeiste erfüllt. Für das erstere waren die Fahrten zum Morgenlande eine nahe liegende Ausdehnung des Verkehrs, den es längst mit den Küsten des byzantinischen Reiches pflegte; die anderen stürmten mit besonderer Lust dem Islam, den sie seit Jahren im westlichen Becken des Mittelmeeres verfolgt hatten, nun auch in die östliche Hälfte desselben nach: sie alle wünschten die Mohammedaner zu schlagen, ihre Handelsbeziehungen zu erweitern und dabei namentlich zukunftsreiche Niederlassungen in den christlichen Staaten Syriens zu gründen. Deshalb boten sie ihre Dienste den Kreuzesfürsten mit Freuden an, stellten aber hiergegen schwer wiegende Bedingungen und setzten die Erfüllung derselben in den meisten Fällen durch. Da wurde ihnen einmal Steuerfreiheit für ihr Leben und Wirken im syrischen Lande zugesagt; ein andermal wurde ihnen sogar ein Theil der Zölle des Hafens, an dem sie sich niederließen, überwiesen oder eine Reihe werthvoller Ländereien in der Nähe desselben geschenkt; vornehmlich jedoch wurde ihnen in den Küstenorten sowie in einigen Binnenstädten ein eigenes Quartier, ein Stadtviertel überlassen, welches, wenn es alle ihre Wünsche befriedigen sollte, außer den nöthigen Wohn- und Geschäftshäusern auch „Marktplatz, Kirche, Bad und Backofen" umfassen mußte. In diesen Quartieren bildeten sie bald kleine Staaten im Staat, unter der Herrschaft eigener Vicecomites, die ihnen von der Heimat aus bestellt wurden, frei von der Gewalt der Beamten und Richter des Fürsten, in dessen Städten sie saßen.

Im Jahre 1103 wagte König Balduin zum ersten Male, eine der großen Küstenstädte anzugreifen, indem er sich gegen Akkon wendete. Er zog mit seiner ganzen Macht vor die Stadt und bestürmte sie mit Muth und Ausdauer, richtete aber trotzdem lediglich nichts aus, weil er den schweren Kampf zu einer Zeit unternommen hatte, als ihm gerade keine bedeutendere Flotte zur Verfügung stand. Nicht lange darauf kam ein starkes genuesisches Geschwader nach Syrien. Der König setzte sich mit demselben sofort in Verbindung: die Genuesen waren willig zum Kampfe: Anfangs Mai 1104 wurde Akkon zu Lande und zu Wasser eingeschlossen und nach zwanzigtägiger Belagerung, am 26. des Monats, zur Capitulation gezwungen. Hiermit kam nicht blos ein bedeutender und hochberühmter Ort, sondern auch ein geräumiger und sicherer Hafen, der dem Reiche Jerusalem bisher noch fehlte, in die Hände der Christen.

In den nächstfolgenden Jahren hatte man noch einmal, wie erwähnt, mit den Aegyptern zu schlagen, dann allerhand kleine Kriegsnoth zu bestehen, und als der König endlich, 1108, im Vereine mit einer bunt gemischten Flotte, meist italienischen Schiffen, einen nachdrücklichen Angriff auf Sidon unternahm, so kam derselbe doch nicht zum Ziele, weil von den Glaubensgenossen der Sidonier starke Rüstungen zum Entsatze der Stadt gemacht wurden. Dafür aber glückte im Sommer 1109, wie oben schon erzählt, dem Grafen Bertrand die Einnahme von Tripolis. Hierbei hatte wieder ein genuesisches Geschwader die erwünschteste Hülfe geleistet; und ebenfalls mit Unterstützung der Genuesen gelang es dem König Balduin, am 17. Mai 1110 nach hartem Kampfe Beirut zu bezwingen. Die Seeleute der ligurischen Küste waren es also, die hier im fernen Osten die allerbedeutendsten Erfolge errangen. Dadurch erwarben sie sich aber nicht blos eine einflußreiche Stellung in den Kreuzfahrerstaaten, sondern auch und mit Recht den übeln Ruhm, die unbändigsten aller fränkischen Krieger zu sein. Niemand war grausamer und raubgieriger wie sie. Milde Kapitulationsbedingungen wurden von ihnen rücksichtslos verletzt.

Im Sommer 1110 kam eine prächtig gerüstete norwegische Flotte nach Syrien. 10,000 Mann waren an Bord, an ihrer Spitze der junge König

Seegefecht zwischen Christen und Mohammedanern.
Facsimile aus „de passagiis in Terram Sanctam" (Venedig).

Sigurd. Den alten Wikingern gleich, nach Heldenthaten dürstend, war er schon drei Jahre zuvor von der Heimat abgesegelt, hatte an den spanischen Küsten viele Mohammedaner erschlagen und beraubt, in Sicilien mit den stammverwandten Normannen freundschaftlich verkehrt, und sehnte sich nun sowohl nach dem Gebete am heiligen Grabe wie nach heißem Kampfe mit den Feinden Jesu Christi. Balduin schenkte ihm auf sein dringendes Verlangen ein Stück von der Reliquie des heiligen Kreuzes: dann gings hinaus gen Sidon, die Scharte, die die Jerusalemiten dort vor zwei Jahren erlitten hatten, endlich auszuwetzen. Die Stadt wurde von Heer und Flotte beider Könige, denen sich auch ein venetianisches Geschwader zugesellte, eng eingeschlossen und bald in große Noth gebracht. Die Belagerten wehrten sich verzweifelt, mit allen Mitteln, so daß sie sogar einen Meuchelmordsversuch gegen Balduin gemacht haben sollen. Als ihre Kraft erschöpft war, am 11. Dezember 1110, wurde ihre Unterwerfung dennoch mit Güte aufge=

nommen. Die Vornehmen durften auswandern, die kleinen Leute blieben unbehelligt in der Stadt zurück. König Sigurd verließ nicht lange darauf das Morgenland und ging über Konstantinopel zur Heimat. Dort hat er später in wüstem Treiben seine stolze Vergangenheit geschändet, aber als der hochsinnige Jorsalafari — Jerusalemfahrer — hat er trotzdem noch lange in der dankbaren Erinnerung seines Volkes gelebt.

Gegen Ende 1111 versuchte schließlich Balduin wieder ohne eine größere Unterstützung aus dem Abendlande, allein mit den Mitteln, über die er jetzt schon zu Lande und zu Wasser verfügte, Tyrus, die festeste Seeburg an der ganzen syrischen Küste zu bezwingen. Unermüdlich und mit vieler Kunst bekämpfte er dieselbe den ganzen Winter 1111 auf 1112. Aber er hatte seine Kraft doch überschätzt. Das Feuer der Belagerten zerstörte seine stärksten Thürme, seine Truppen wurden dezimirt, ein Entsatzheer war im Anzug: da gab er dieses Unternehmen auf und ging im Frühling nach Jerusalem zurück. Am Meeresufer hat er seitdem keinen Krieg mehr geführt. Aber außer Askalon im fernen Süden war Tyrus jetzt der einzige Punkt an der syrischen Küste, in dem der Islam noch herrschte. Alle übrigen Orte waren in christlichen Händen, und so war auch nach dieser Seite hin Balduins Lebensaufgabe im wesentlichen gelöst.

Von den letzten Jahren des Königs ist nicht so viel Gutes zu melden. Hier war noch das geringste, daß Balduin im Jahre 1113, nachdem er seine Gemahlin, eine armenische Fürstin, angeblich wegen ihrer Untreue verstoßen hatte, die reiche Herzogin Adelhaid, Wittwe Rogers von Sicilien, in die Ehe nahm, dieselbe jedoch im Jahre 1117, von Gewissensbissen beunruhigt und auf Anrathen des Patriarchen Arnulf, wieder in ihre Heimat zurückschickte; denn ob diese Ehehändel wirklich üble Folgen für das Reich Jerusalem gehabt haben, dürfte schwer zu erweisen sein.[1]) Aber daß der König die neue große Herrscheraufgabe, die der Gang der Dinge ihm schließlich entgegenbrachte, nicht mehr zu erfassen vermochte, war doch von recht verhängnißvoller Bedeutung.

Denn schon seit den letzten Zeiten Tankreds drückte, wie wir gesehen haben, die Macht der mesopotamischen Seldschuken in immer gefahrdrohenderer Weise auf die kleinen Staaten der Kreuzfahrer. Zweimal, in den Jahren 1110 und 1111, war Balduin selber nach Nordsyrien gezogen, um Edessa und Antiochien gegen den Angriff Maududs von Mosul beschützen zu helfen; und im Jahre 1113 war er durch den siegreichen Einfall des-

---

1) Nach dem heutigen Stande der Forschung ist nicht klar und vielleicht überhaupt nicht zu erkennen, welche politischen oder sonstigen Hintergedanken Balduin und wohl auch Arnulf bei diesen Händeln gehabt haben mögen. Die Auflösung der Ehe zwischen Balduin und Adelheid dürfte aber insofern kein Unglück, sondern vielmehr ein großes Glück für die Kreuzfahrerstaaten gewesen sein, als sonst Adelheids Sohn erster Ehe, der spätere König Roger von Sicilien, auf Balduin I. hätte folgen müssen und somit der vortreffliche Balduin II. nicht ans Ruder gekommen wäre.

selben Emirs ins jerusalemitische Gebiet handgreiflich darüber belehrt worden, wo von nun an der schlimmste Feind der Christen zu suchen war. Trotzdem begnügte er sich damit, nur gleich allen übrigen Kreuzesfürsten im Jahre 1115 zur Abwehr Bursuks von Hamadan an den Orontes zu eilen; nachdem aber dieser Zweck erreicht, Bursuk sogar von den Antiochenern bei Danit geschlagen und in Haleb jene wilde Anarchie ausgebrochen war, bekümmerte er sich niemals mehr um die fernen nordsyrischen Angelegenheiten.

Dieses gleichgültige Verhalten ist insofern allerdings sehr begreiflich, als dem Könige während seiner harten Kämpfe mit den Aegyptern und den Seestädten das Interesse und das Verständniß für die Schicksale von Antiochien und Edessa großentheils verschwunden sein mochte. Auch war das elende Parteigezänk, welches so oft Normannen, Edessener und Armenier gegen einander erbitterte, wenig dazu angethan, um bei Balduin eine rege Neigung zu energischem Betriebe des Krieges gegen Haleb und Mosul zu erwecken, und zwar um so weniger, als damals wohl immer noch die Antiochener die größte christliche Heeresmacht in Syrien besaßen, neben der die Jerusalemiten nicht leicht eine entscheidende Rolle spielen konnten.

Unthätig aber konnte Balduin nicht sein; und während der Norden ihn nicht reizte, lockte ihn um so zauberischer der geheimnißvolle Süden. Schon hatte er, besonders zum Schutze gegen Askalon und zur Sicherung der gesammten Südgrenze des Reiches einzelne beherrschende Punkte mit Burgbauten krönen lassen — keine darunter bedeutender und glücklicher gewählt als die auf dem Montroyal, wie er ihn selber taufte, weit gen Süden vorgeschoben, die Karawanenstraßen zwischen Aegypten, Syrien und Arabien je nach Bedürfniß deckend und abschneidend; — schon hatte er einen kecken Streifzug durch das steinige Arabien bis ans todte Meer ausgeführt, als er nun sogar mit auserwählter Mannschaft einen Einfall nach Aegypten begann und in der That — im Frühjahr 1118 — glücklich bis zum Nil vordrang. Man darf dieses Unternehmen aber schwerlich billigen. Die Angriffsstöße der Fatimiden gegen die Christen waren längst erlahmt. Aegypten zeigte sich schon als ein ziemlich ungefährlicher Nachbar Jerusalems. Außerdem war eine militärisch haltbare Grenze gegen die Bewohner des Nilthales in der Wüste südwärts vom heiligen Lande von der Natur selber gegeben; und auf dieser Seite blieb daher nur noch die Eroberung von Askalon, diese freilich recht dringend, zu wünschen übrig. Zu solchem Ziele führte jedoch ein phantastischer Ritt ins ferne Afrika am allerwenigsten.

Man erkennt zwar noch in diesen letzten Thaten Balduins denselben kühnen Helden, denselben hochsinnig thatenfrohen Fürsten, der er immer gewesen ist. Aber ein schlimmer Irrweg war es trotzdem, auf den der König sich nunmehr verloren hatte; und so war es für ihn wie für seinen Staat kein Unglück, daß das Ende seines Lebens heran nahte. Er erkrankte auf dem Feldzuge am Nil, bezeichnete noch seinen Bruder Eustach und seinen Vetter Balduin von Edessa als die Würdigsten, die ihm nachfolgen könnten, starb jedoch schon im März 1118, ehe der eilends mit ihm zurückkehrende Heereszug die Heimat zu erreichen vermochte.

Unter schmerzlichen Klagen seiner tapferen Kampfgenossen wurde sein Leichnam vor der Kirche des heiligen Grabes neben seinem Bruder Gottfried beigesetzt.

König Balduin II.

Balduin von Edessa war gerade in Jerusalem anwesend, als die Leiche König Balduins dort beigesetzt wurde, und hatte daher die besten Aussichten, zum Nachfolger gewählt zu werden. Einige der vornehmsten Ritter redeten zwar davon, man solle den Grafen Eustach, den Bruder des Verstorbenen, aus Europa kommen lassen; die Mehrzahl aber betonte mit Recht, daß man einen König wählen müsse, der schon unter ihnen weile und somit im Stande sei, jeder Gefahr sofort entgegenzutreten. In Folge davon wurde der Graf von Edessa auserkoren, als Balduin II. über Jerusalem zu herrschen. Am 2. April 1118 wurde er in der Kirche des heiligen Grabes als König gesalbt.

Nach seinem bisherigen Auftreten war er gleich seinem Vorgänger ein tapferer, thätiger und herrschbegieriger Mann. Auch hatte er mehrmals, einen Vortheil im Auge, krumme Wege nicht verschmäht und während der letzten Jahre sogar in recht schlimmer Weise sich ausgezeichnet durch gehässigen Hader mit seinen armenischen Nachbarn und mit seinem vornehmsten Vasallen, Joscelin von Tell-Baschir. Als König aber wendete er sein rücksichtsloses Spiel mit Treue und Aufrichtigkeit nur noch gegen die Feinde seines Glaubens und bewährte daneben eine großartig freie und kühne Auffassung seiner Herrscherpflichten, die der gemeinen Sache zu höchstem Nutzen gereichen sollte.

Da hat er zunächst Joscelin mit der Grafschaft Edessa belehnt und hierdurch aus diesem Gegner einen mächtigen und treu ergebenen Freund gemacht. Dann ist er auf die schreckliche Nachricht vom Tode Herzog Rogers und der besten normannischen Ritterschaft Ende Junis 1119 sofort aus Jerusalem gen Norden aufgebrochen und hat sich des verwaisten Antiochiens aufs kräftigste angenommen, indem er selber, nur mit Vorbehalt der Rechte von Boemunds noch minderjährigem Sohne, die Regierung des Fürstenthums ergriff und gleich darauf alle Ritter und Knechte, die er irgend zusammen zu schaaren vermochte, zum Kampf gegen den siegreichen Ilghazi hinausführte. Es war hohe Zeit, da der Emir von Mardin sich inzwischen mit Toghtekin von Damaskus vereinigt und schon zwei der stärksten Festungen des Fürstenthums, Atharib und Sarbanah, erobert hatte. In der Nähe von Danit, um die Mitte des August, trafen die Heere auf einander. Die Christen litten unter dem Anprall der feindlichen Reitermassen zuerst sehr schwer, dauerten jedoch, Dank besonders der festen Haltung des Königs selber, im blutigsten Streite aus und behaupteten schließlich das Schlachtfeld. Die Feinde gingen darauf zurück. Balduin aber und Joscelin nahmen ihren Vortheil wahr, durchstreiften Monate lang die Landschaften südwärts am Orontes hinauf und ostwärts bis zum Eufrat hinüber, und schwächten dabei die Widerstandskraft der Seldschuken, obgleich auch sie einmal eine tüchtige Schlappe erlitten, in empfindlichster Weise.

Die Folgen dieser tapfern Kämpfe waren verhältnißmäßig hoch erfreuliche. Die großen Lücken, welche die Schlacht bei Belath in den normannischen Heerbann gerissen hatte, ließen sich zwar nicht leicht oder schnell wieder ausfüllen; auch mußte Balduin zeitenweise nach Jerusalem zurückkehren, um von dort aus gegen die Damascener ins Feld zu ziehen; und einmal hemmte sogar Graf Pontius von Tripolis durch Aufruhr den Fortschritt der christlichen Waffen, bis er mittelst nachdrücklicher Rüstungen des Königs gezwungen wurde, sich der Lehnshoheit desselben von neuem gehorsam zu unterwerfen. Aber auch Ilghazi fand viele Hindernisse auf seinem ferneren Wege. Seine Truppen begannen zu meutern, da ihnen die Fortsetzung des schweren Krieges mit der zähen Kraft der Kreuzfahrer viele Gefahr bei geringer Beute in Aussicht stellte; ein neuer Feind erhob sich ihm im fernen Norden, in König David von Georgien, der denn auch, wie es heißt von einer Frankenschaar unterstützt, die Seldschuken in blutigem Treffen besiegte; endlich empörte sich sein eigner Sohn Suleiman, den er zum Statthalter von Haleb gemacht hatte, gegen ihn und wurde nur mit vieler Mühe gebändigt. Unter solchen Umständen trat der unerschrockene Ilghazi den Christen wohl noch ein paar Male dreist und drohend entgegen, sein Hauptaugenmerk war jedoch darauf gerichtet, mit diesen Feinden, wenn irgend möglich, zum Frieden zu kommen. Er verhandelte deshalb Jahr um Jahr mit ihnen und bot ihnen für einen Waffenstillstand die Abtretung einer stattlichen Reihe von Ortschaften an. Die Kreuzesfürsten gingen darauf ein, brachen aber bei guter Gelegenheit den Waffenstillstand und bemächtigten sich durch Kampf weiterer Ortschaften, bis ihnen die Feinde etwa zu stark wurden und es am räthlichsten schien, dasselbe Spiel mit Friedensverhandlungen und Kriegsführung von neuem zu beginnen. Man erkennt daraus, wie die Lage eigentlich war. Die Kraft der Christen reichte offenbar, so kurze Zeit nach den Verlusten des Jahres 1119, zu einem Hauptschlage noch nicht wieder aus. Haleb zu nehmen oder auch nur mit einem Angriffe von entsprechender Wucht zu bedrängen, war wohl kaum möglich. Aber kleine Vortheile wurden gegen Toghtekin wie gegen Ilghazi in Massen theils erkämpft theils erschlichen, und die Grenzen von 1119, wie es scheint, vollständig wieder erreicht, hier und da sogar überschritten.

Im November 1122 starb plötzlich der tapfere Emir von Mardin. Seine Macht zerfiel sofort unter schwachen Nachfolgern; dafür warf sich jedoch Belek Ibn Behram, der in der Gegend von Malatia mehrere feste Plätze besaß, mit dem wildesten Ungestüm in den Kampf gegen die Christen

108 Viertes Kapitel. Geschichte des Reiches Jerusalem von 1100—1143.

und errang hierbei anfangs die überraschendsten Erfolge. Denn zuerst glückte es ihm, auf dem Wege zwischen Antiochien und Edessa, bei Zerudsch, den Grafen Joscelin mit einem Gefolge stattlicher Ritter gefangen zu nehmen. Und als im nächsten Frühjahr König Balduin, hülfebereit wie immer, mit Heeresmacht herbei eilte, wich zwar Belek einem Zusammentreffen in offnem Kampfe aus, umlauerte aber die von Tell-Baschir heranmarschirenden Christen mit großem Geschicke, überraschte sie plötzlich, im April 1123, und brachte den König ebenfalls in seine Gewalt. Die beiden Fürsten, sowohl Balduin wie Joscelin, lagen seitdem auf Burg Chertbert in Haft.

Dies waren harte Schläge für die Kreuzfahrer. Ihre Aussichten waren während der letzten Jahre unleugbar gestiegen, und nun waren ihre Vorkämpfer, ihr König vor allem, gefangen. Indessen der gute Anstoß, den eben Balduin gegeben hatte, sein Geist, möchte man sagen, wirkte jetzt unter den Christen fort, und wohl darf man deshalb die Erfolge, die in der nächsten Zeit eintraten, auch seiner Umsicht und Thatkraft zurechnen.

Hier war zunächst ein großes Glück, daß Joscelin nach einiger Zeit unter mancherlei Fährlichkeiten aus der Haft in Chertbert entrann. Belek hatte inzwischen schon Harran und Haleb in seine Gewalt gebracht und die antiochenische Stadt Albara erstürmt. Nun aber hinderte ihn der Graf an der Spitze fast der gesammten christlichen Ritterschaft nicht blos an weiteren Fortschritten, sondern rächte sich auch durch eine furchtbare Verheerung des Gebietes von Haleb (Herbst 1123). Und als Belek im Frühling 1124 Menbidsch, in der Mitte zwischen Haleb und Harran, zu unterwerfen suchte, die dortigen Seldschuken jedoch Joscelin zu Hülfe riefen, kam es zwar zum heißesten, für die Christen sehr verlustreichen Kampfe, aber die Hauptsache war, daß in demselben der mächtige Gegner endlich selber fiel. In allen Kreuzfahrerstaaten erhob sich großer Jubel darüber: „Der Drache, der das Volk Gottes so bitter geängstigt hatte, war nunmehr erwürgt."

Und in derselben Zeit wurde an der syrischen Küste ein großer Sieg erfochten, den man noch entschiedener dem Antriebe des Königs verdankte. Denn Balduin hatte schon in dem harten Streite mit Ilghazi von Maridin erkannt, daß den Kreuzfahrern eine größere Unterstützung aus der Heimat dringend Noth that, und zwar um so mehr, weil in der letzten Zeit weniger Hülfe als früher von dorther gekommen war. Zum Theile war dies dadurch veranlaßt worden, daß Pisa und Genua in heftiger Fehde mit einander lagen und daher keine überschüssigen Kräfte zu neuen Zügen ins Morgenland besaßen. Der König hatte endlich in treffender Beurtheilung der Sachlage den Entschluß gefaßt, den Dogen Domenico Michiel von Venedig zur Heeresfahrt nach Syrien aufzufordern, und im Jahr 1122 war derselbe mit nicht weniger als 200 Schiffen von der heimischen Küste abgesegelt. Es dauerte jedoch lange, bis er sein Ziel erreichte, da er unterwegs in einen Streit mit den Byzantinern gerieth und Korfu belagerte. Inzwischen kamen die Kreuzfahrer in ernste Gefahr, indem erst Joscelin und dann Balduin gefangen genommen wurden und unter diesen Umständen sich auch die Aegypter einmal wieder hervorwagten. Die Jerusalemiten schickten den Venetianern Eilboten mit dringenden Bitten um Beschleunigung ihrer Fahrt entgegen, rüsteten sich aber auch selber voll muthiger Entschlossenheit. Der tapfere Eustach Grenier, Herr von Cäsarea und Sidon, wurde zum Reichsverweser ernannt und ein Heer von 8000 Mann an Rittern und Fußknechten zusammengebracht. Mit dem letzteren entsetzte Eustach die Stadt Joppe, die von den Mannschaften einer ägyptischen Flotte schon eng umlagert war, und nöthigte gleich darauf ein fast vierfach überlegenes ägyptisches Landheer bei Ibelin zu hastiger Flucht gen Süden (Juni 1123). Kaum aber fühlte sich hierdurch das Reich von der drückendsten Sorge befreit, als die Venetianer auf der Höhe von Askalon anlangten, mit heißer Wuth gegen die ägyptische Flotte losstürmten und auf den feindlichen Schiffen so furchtbar hausten, daß das Meer vom Blute der Erschlagenen sich röthete und die Küste noch lange nachher von verwesenden Leichnamen bedeckt blieb. Doch war alles dieses erst die Einleitung zu einem größeren Schlage, indem sich Jerusalemiten und Venetianer sich vereinigten, um Askalon oder Tyrus zu belagern. Die Eroberung der ersteren Stadt wäre freilich für das heilige Land das Bessere gewesen. Aber die Stimmen waren getheilt, indem die Bewohner je der nördlichen und der südlichen Gebiete des Reiches die ihnen zunächst gelegene mohammedanische Stadt zu bekämpfen wünschten, und die Autorität des Königs fehlte, um den Streit in der dem allgemeinen Interesse dienlichsten Weise zu entscheiden. In der Verlegenheit griff man zum Loose, und als dieses für Tyrus entschieden hatte, wendete man sich nach dieser Seite. Hier stand den Christen ein schweres Stück Arbeit bevor. Denn Tyrus war, wie im Alterthum so auch jetzt, außerordentlich fest, von der Seeseite fast unnahbar, vom Lande her nur auf einem Damme zu erreichen, an dessen Ende sich die stärksten Mauern und Thürme erhoben. Die Venetianer bedangen sich noch von ihren Genossen einen Vertrag aus, der alle Wünsche, welche italienische Bürger für ihre Niederlassungen in syrischen Städten nur irgend hegen konnten, in vollendetster Fassung erfüllte; dann wurde am 15. Februar 1124 die Belagerung begonnen. Dieselbe dauerte fast fünf Monate, obgleich die Aegypter wie die Damascener nur sehr schwächliche Entsatzversuche machten. Aber man hatte so lange Zeit nöthig, theils um die schwerfälligen Werkzeuge mittelalterlicher Belagerungskunst herzurichten, den feindlichen Mauern zu nähern und in rastlosem Kampfe zu erproben, theils auch um die Gegner zu ermüden und die Lebensmittel derselben zu erschöpfen. Endlich, am 7. Juli, empfing man den Lohn so vieler Mühen, indem die belagerte Stadt demüthig die Thore öffnete. Die Bedingungen der Uebergabe waren gelinde; aber auch diejenigen Ritter, die an dem Vermögen der Ueberwundenen sich gern rücksichtslos gütlich gethan hätten, erklärten sich zufrieden gestellt, als sie, in die Festung einrückend, die ungewöhnliche Widerstandsfähigkeit derselben erst recht erkannten.

Nicht lange nach diesem glänzenden Siege kehrte König Balduin zu seinen Glaubensgenossen zurück. Timurtasch, ein Neffe Beleks, hatte ihm die Freiheit gegeben gegen das eidliche Versprechen, eine große Summe Geldes zu zahlen, vier der besten antiochenischen Festungen in der Nähe von Haleb auszuliefern und mit dem arabischen Emir Dubeis, den selber nach Haleb gelüstete, kein Bündniß einzugehen. Der König hatte aber jetzt keinen anderen Gedanken, als die günstige Gelegenheit, die sich ihm zur endlichen Bewältigung Halebs darzubieten schien, rücksichtslos zu benutzen. Er ließ sich — bezeichnend genug für seine Art — vom antiochenischen Patriarchen Bernhard seines Eidschwurs entbinden, vereinigte sich mit Joscelin und Dubeis und begann noch im Herbst 1124 die nachdrücklichste Belagerung Halebs. Diesmal schien der Ort fallen zu müssen. Er hatte zwar fanatisch-tapfere, aber wenig zahlreiche Vertheidiger und beinahe keine Lebensmittel. Timurtasch war fern und mochte den schweren Krieg nicht auf sich nehmen. Da wendeten sich die Halebiner an Aksonkor, damaligen Emir von Mosul, und dieser, obgleich krank, raffte sich auf und drang mit einer starken Reiterschaar schnell gen Westen vor. Ihm gegenüber wagten die Belagerer nicht das Feld zu halten und gaben ihr Unternehmen auf.

Natürlich schloß sich hieran eine neue Epoche der Kämpfe zwischen den Christen unter ihres Königs Führung auf der einen Seite und den syrisch-mesopotamischen Seldschuken auf der andern. Die letzteren nahmen während derselben das antiochenische Schloß Kafrtab, im ganzen aber war der Vortheil auf Seite der Kreuzfahrer. Einmal wurde Aksonkor geschlagen, ein andermal und noch blutiger Toghtekin von Damaskus, und das tripolitanische Gebiet wurde durch die Eroberung von Rafania vergrößert. Als dann am 26. November 1126 Aksonkor von Assassinen ermordet wurde und sein Sohn und Nachfolger Masud, wahrscheinlich von einem feindlichen Emir vergiftet, ebenfalls bald starb, und als infolge davon in Haleb wieder die wildeste Anarchie ausbrach, indem ein Prätendent um die Herrschaft in dieser Stadt den andern bekämpfte, da war hier noch einmal, aber zum letzten Male, den Christen die günstigste Gelegenheit zur Befestigung ihrer Macht geboten.

Indessen noch vor Aksonkors Tode war der junge Boemund, Sohn des großen Boemund, mit stattlichem Gefolge und reichen Vorräthen nach Syrien gekommen. Der König hatte ihm sofort Antiochien übergeben und ihn mit Elise, seiner zweiten Tochter, vermählt. Boemund war ein schöner Jüngling von achtzehn Jahren, beredt und leutselig, tapfer und stolz, aber nur ein Rittersmann gleich Tankred, fern von dem zielbewußten Wesen seines Vaters und König Balduins. Mit dem verdienten Joscelin ließ er sich in gehässige Händel ein, die wieder einmal bis zum Bruderkriege der Christen unter einander führten, und verschmähte es darnach, mit Balduin und Joscelin, die gegen Haleb zogen, gemeinsam zu kämpfen. Er blieb freilich nicht ganz unthätig, erstürmte vielmehr das vor zwei Jahren an Aksonkor verlorene

Kafrtab, aber Haleb kam babei über ben gefährlichsten Augenblick, ben biese Stadt noch erlebt hatte, glücklich hinweg.

Gleich barauf widerfuhr bem Könige auf einer andern Seite basselbe Mißgeschick, einen faſt ſchon ſicheren Gewinn ohne eigenes Verſchulden aus ſeinen Händen verſchwinden zu ſehen. Denn im Jahre 1128 ſtarb Toghtekin von Damaskus. Gegen ſeinen Sohn und Nachfolger Buri bildete ſich eine Verſchwörung ber in ber Stadt zahlreich anweſenden Aſſaſſinen, die ſchließlich die Chriſten im Sommer 1129 zur Beſetzung von Damaskus herbeiriefen. Aber ehe noch Balduin, diesmal von allen Kreuzesfürſten begleitet, ſich ber Stadt nähern konnte, wurde ber Plan bem Emir verrathen und an ben Häuptern ber Aſſaſſinen blutig gerächt. Die Chriſten machten trotzdem noch einen Verſuch, ihr Ziel zu erreichen, mußten aber nach manchem Verluſte zurückweichen und froh ſein, baß es ihnen wenigſtens gelang, ben damas= cenischen Ort Banias, im Quellgebiete des Jordan, zu behaupten.

Balduin II. hat also weder Damaskus noch Haleb gewonnen. Den Hauptſtützpunkten ber ſeldſchukiſchen Macht gegenüber hat er keinen burch= ſchlagenden Erfolg gehabt. Aber ſein Schwert war ben Feinden trotzdem furchtbar geworden und bie Hoffnung, dieſelben in Zukunft vollſtändig nieder= werfen zu können, noch wohl begründet. Ein mohammedaniſcher Chroniſt ſagt von jenen Tagen: „Die Glücksſterne des Jslams hatten ſich unter ben Horizont geſenkt und bie Sonne ſeiner Geſchicke ſich hinter Wolken verborgen. Die Fahnen ber Ungläubigen wehten über ben Ländern ber Muſelmänner, und bie Siege ber Ungerechten überwältigten bie Gläubigen. Das Reich ber Franken erſtreckte ſich von Marbin in Meſopotamien bis El Ariſch an ben Grenzen Aegyptens; in ganz Syrien blieben nur wenige Städte von ihrer Herrſchaft frei. Auch von dieſen war Haleb ihnen zinsbar, und Damaskus mußte ihnen ſeine Chriſtenſklaven ausliefern. In Meſopotamien ſtreiften ihre Heere bis Amida und Niſibis, und bie Muſelmänner von Rakka und Harran fanden keinen Schutz gegen ihre Grauſamkeit."

Die Hoffnung, baß alles dieſes für bie Chriſten nur ber Anfang zu dauerndem Glücke ſein werbe, ruhte bamals auch auf ber innern Entwickelung ber Kreuzfahrerſtaaten. Die Volkszahl ſtieg, zerſtörte Städte erſtanden aus altem Schutte, und bas platte Land wurde fleißig bebaut. Dazu kam, baß, wie vornehmlich im Zeitalter Balduins I. die Anſiedelungen italieniſcher Bürger für die chriſtlichen Gebiete zu einer unſchätzbaren Stütze geworden waren, ſo jetzt in ben Jahren Balduins II. bie geiſtlichen Ritterorden ihr ſchneidiges Schwert für bas heilige Land erhoben. Denn um bas Jahr 1118 verfielen bie Ritter Hugo von Payens und Gottfried von St. Omer auf ben Gebanken, eine religiös-kriegeriſche Genoſſenſchaft zum Schutze ber Pilger gegen Räuber und Wegelagerer zu begründen; ſie glaubten ſo ihre Waffen am nützlichſten im Dienſte des Herrn zu gebrauchen. Im Bunde mit ſieben anderen franzöſiſchen Rittern, barunter Andreas, ein Oheim des heiligen Bernhard von Clairvaux, ſtifteten ſie ben neuen Orben, indem ſie in

112 Viertes Kapitel. Geschichte des Reiches Jerusalem von 1100—1143.

die Hände des Patriarchen von Jerusalem zu den Gelübden der Keuschheit, der Armuth und des Gehorsams auch das des Kampfes für die Pilger und die heiligen Stätten ablegten. Zu ihrem ersten Oberen erwählten sie Hugo von Payens. Der König bestritt anfangs zu großem Theile ihren Unterhalt und gab ihnen sogar eine Wohnung in seinem Palaste nahe bei der Stelle, wo einst der salomonische Tempel gestanden hatte. Nach derselben nannte man sie sofort Templer oder Tempelritter, milites Templi, Templarii. Einige andere Große sowohl Syriens wie Europas wendeten ihnen ebenfalls bald Gunst und Geschenke zu, doch mehrte sich weder ihre Zahl noch ihr Gut bedeutend, bis um 1127 erst die beiden Templer Andreas und Gundemar und nach diesen Hugo von Payens und einige weitere Mitglieder der Genossenschaft nach Frankreich reisten. Die Absicht war, sowohl im Interesse des Ordens dort zu wirken, wie überhaupt neue Rüstungen für das Morgenland ins Leben zu rufen. König Balduin gab ihnen deshalb auch ein dringendes Empfehlungsschreiben an den damals schon in den weitesten Kreisen verehrten Bernhard von Clairvaux mit.

Siegel des Tempelherrenordens.

Auf dem Konzil von Troyes im Januar 1128 empfahl Hugo seinen Orden den dort versammelten Vätern und bat um die Feststellung einer Regel für denselben. Sein Wort fiel auf fruchtbaren Boden, da seine Schöpfung in ihrer Verbindung von Waffendienst und religiöser Uebung aufs beste dem Zeitgeiste entsprach. Der heilige Bernhard gewährte dem Orden mit Freuden seine mächtige Fürsprache und betheiligte sich selber bei der Entwerfung der an die Klostersatzungen des heiligen Benedikt sich anschließenden Regel, ergriff auch später noch auf Hugos wiederholten Wunsch die Feder, um in einer kleinen Schrift die Verdienstlichkeit dieser neuen geistlichen Ritterschaft gegenüber der weltlichen zu preisen.[1]) Der Papst und der Patriarch von Jerusalem bestätigten die Regel des Ordens; Hugo aber durchzog Frankreich, England und Italien und fand überall das wärmste Entgegenkommen. Wo er erschien, drängten sich Männer aus den edelsten Geschlechtern zur Aufnahme in den Orden oder übertrugen demselben reiche Besitzungen. Kaiser Lothar schenkte ihm einen Theil seines Hausgutes in der Grafschaft Supplinburg; ähnlich verfuhren König Heinrich I. von England, Graf Dietrich von Flandern, Graf Raimund Berengar von Barcelona und viele andere Fürsten und Herren. Der arme Orden wurde in kurzer Frist einer der reichsten, und schon im Jahre 1129 sah Hugo von Payens, als er mit einem stattlichen Gefolge von Rittern und Knechten nach Syrien heimkehrte, sein Werk im besten Gedeihen.

Der Orden bestand seitdem, wie aus seiner Entstehungsart sich mit

---

1) Liber de laude novae militiae ad milites Templi.

König Balduin II. 113

Nothwendigkeit ergab, vornehmlich und in erster Linie aus waffentüchtigen Rittern. Sie allein trugen den weißen Ordensmantel mit dem rothen Kreuze, welches ihnen übrigens erst etwas später von Rom aus verliehen worden ist. Die Geistlichen und Kaplane des Ordens hatten eine untergeordnetere Stellung, und eine geradezu dienende Klasse waren die Waffenknechte und Hausleute. Das Oberhaupt des Ordens aber, der Meister desselben (magister Templariorum), nahm bald eine sehr hohe Stelle unter den Großen des Reiches Jerusalem ein.

Templer im Hausanzug.   Mönch vom Orden des heiligen Grabes.

Der überraschende Erfolg, den Hugo von Payens erzielt hatte, führte sodann bei einer älteren religiösen Verbrüderung in der heiligen Stadt eine völlige Umgestaltung herbei. Schon um das Jahr 1070 hatte ein reicher Amalfitaner, Maurus mit Namen, im Christenviertel zu Jerusalem eine geistliche Niederlassung begründet, aus der sich nach und nach ein Mönchskloster, ein Nonnenkloster und endlich ein Hospiz und Krankenhaus zur Aufnahme und Pflege armer und kranker abendländischer Pilger ausgeschieden hatten. Nach kurzer Frist aber stellte das Hospiz die Klöster, aus denen es hervorgegangen war, vollständig in Schatten. Es besaß ein allein seinen Zwecken dienendes Haus und eine Kapelle, die dem heiligen Johannes dem Barmherzigen, Patriarchen von Alexandrien, geweiht war. Im Jahre 1099 stand an der Spitze dieses Institutes der Provenzale Gerhard, der durch seine aufopferungs-

Kugler. Geschichte der Kreuzzüge. 8

114 Viertes Kapitel. Geschichte des Reiches Jerusalem von 1100—1143.

volle Thätigkeit sich die größten Verdienste um die Armen und Elenden erwarb und hierdurch wiederum die dankbarste Anerkennung Gottfrieds, des Königs Balduin I. und des Papstes Paschalis erlangte. Reiche Geschenke an Geld und Gut flossen sehr bald diesem Johanneshospitale zu; Tochterhäuser entstanden auf den Besitzungen desselben in verschiedenen Ländern Europas, und viele fromme Männer, darunter vornehme Herren, widmeten sich unter Gerhards Leitung dem demüthigen Krankendienste.

Nachdem Gerhard im Jahre 1118 gestorben war, wählten die Brüder des Hospitals zu ihrem Oberen Raimund Dupuis, einen ritterlichen Mann, der einst mit Gottfried zur heiligen Stadt gezogen war, dort aber den Panzer abgelegt und diesen „Hospitalitern" oder „Johannitern" sich zugesellt hatte. Er vereinigte eigentlich erst die Brüder zu einer festgeschlossenen mönchischen Genossenschaft, indem er sie in sehr strenger Weise zu den drei gewöhnlichen Gelübden des geistlichen Standes verpflichtete; bald aber ging er noch einen Schritt weiter. Denn nach dem Vorbilde der Templer zog auch er den Kampf gegen die Mohammedaner in die Aufgaben des Ordens, und bald entwickelten sich in demselben ebenfalls die drei Klassen der kämpfenden, geistlichen und dienenden Brüder. Der Pfleger des Hospizes verwandelte sich allmählich in den „Meister" der Johanniter, und das weiße Kreuz, das unterscheidende Zeichen dieses Ordens, wurde gleich dem rothen Templerkreuze der Schrecken der Feinde.[1]

Siegel des Hospitals.

Um 1130 war nach alledem die Lage der Kreuzfahrerstaaten eine in vielen Beziehungen befriedigende und hoffnungsreiche. König Balduin sorgte mit starker Hand für jegliches Bedürfniß derselben, und es bezeichnet die zwar rücksichtslose, aber immer auf das wesentliche Ziel gerichtete Art seines Waltens, daß der Patriarch Stephan von Jerusalem, der von 1128 bis 1130 an der Spitze der dortigen Kirche stand, nicht blos ganz vergebens die alten Ansprüche seines Vorgängers Dagobert auf Joppe und Jerusalem erhob, sondern daß nach dem Tode desselben der wenn auch unbegründete Verdacht entstand, der König habe den ihm unbequemen Prälaten durch Gift beseitigt.

Und dennoch entwickelten sich damals schon die Keime des Verderbens, von dem diese Staaten nach wenigen Jahren ergriffen werden sollten.

Hier war zunächst verhängnißvoll das Emporkommen eines neuen Machthabers in Mesopotamien. Dort war ja der Ursprung jeder ernsten Gefähr-

---

[1] Der Mantel der Johanniter war schwarz; im 13. Jahrhundert erhielten sie für die Tage des Kampfes einen rothen Leibrock.

bung der Christenherrschaft gewesen; von dort waren Kerbogha und Manbud, Ilghazi, Belek und Aksonkor gekommen; bisher aber war die Macht aller dieser Fürsten nur von kurzer Dauer gewesen: die Zwietracht der Seldschukenwelt hatte den Kreuzfahrern als kräftigster Bundesgenosse gedient. Von nun an jedoch wurde dies anders. Denn im Jahre 1127 erhielt die Herrschaft in Mosul Imadeddin Zenki, ein Mann, der, aufgewachsen in den wüsten Kämpfen, welche die Seldschuken Vorderasiens theils untereinander, theils mit den Christen führten, keinen andern Gedanken kannte, als zunächst alle jene kleinen Emirate ringsum von Mosul, in Mesopotamien wie in Syrien, sich zu unterwerfen und alsdann mit ganzer Kraft den Kreuzfahrern entgegen zu treten.[1]) Er war klug und tapfer, rastlos thätig und ohne irgend ein Bedenken über die Wahl seiner Mittel, wenn es einen Vortheil zu erreichen galt. Noch im Jahre 1127 eroberte er die Hauptorte des östlichen Mesopotamiens und empfing die Erklärung der Einwohner von Harran, sich freiwillig seinem Schutze anzuvertrauen. Im nächsten Jahre zog er nach Syrien, um vor allem Haleb, ehe es etwa doch noch in die Hände der Christen falle, seinen Besitzungen einzuverleiben. Unterwegs nahm er Menbidsch und Buzaa und kam alsdann in Haleb ohne besondere Schwierigkeit an das Ziel seiner Wünsche. 1129 ging er zum zweiten Male nach Syrien und bemächtigte sich durch Verrath der damascenischen Stadt Hamah, machte jedoch vergebliche Versuche auf Himß und das reiche Damascus selber. Aber diese letzten Mißerfolge fielen nicht mehr besonders ins

Aeltere Tracht des Johanniterordens.

Gewicht, da die Herrschaft von Mosul nun doch schon den größten Theil der seldschukischen Grenzgebiete in sich aufgenommen hatte. Die Gefahr, die den Kreuzfahrern von denselben drohte, war um so bedeutender, als Zenki sofort bewies, daß er nicht blos gewaltig zu erobern, sondern ebenso gewandt zu herrschen verstehe. Die Unterthanen fügten sich gern in seine Regierung, denn sie lebten in ungewohnter Sicherheit und fanden kräftigen Schutz gegen feindliche Angriffe, wie gegen den Druck vornehmer Beamten.

---

1) Imadeddin Zenki führte als Herr von Mosul den Titel Atabek, d. h. Statthalter oder Reichsverweser. Man bezeichnet darnach ihn und seine Nachkommen manchmal als die Dynastie der Atabeks.

Die Soldaten waren an ihren Beruf und an die Person ihres Feldherrn fest gekettet. Sie durften keine Grundstücke erwerben, sahen sich aber im übrigen von Zenki mit besonderer Aufmerksamkeit behandelt: ihre Frauen konnten zu jeder Zeit auf Hülfe gegen Mißhandlungen rechnen. „Da meine Soldaten," so sagte der große Emir, „mich beständig begleiten und ihre Häuser verlassen, um mir zu folgen, sollte ich nicht über ihre Familien wachen müssen?"

Dies war ein Gegner, wie ihn die Kreuzfahrer noch nicht gesehen hatten. Aber sie waren ja in der Zwischenzeit ebenfalls ungemein erstarkt und ihre Kräfte vermehrten sich noch täglich. Nicht ihre physischen Mittel waren also unzulänglich, um Zenki zurückzuwerfen und ihn vielleicht entscheidender zu besiegen als irgend einen seiner mesopotamischen Vorgänger. Es fragte sich nur, ob diese Mittel mit ähnlicher Weisheit benutzt werden würden, wie dies von Seiten des Herren von Mosul geschah.

Hierin wurde nun aber von den Christen auf das allerschwerste gefehlt. Balduin II. stand während seiner ganzen Regierung beinahe allein mit dem Urtheile, daß die Kreuzfahrer sämmtlich ihre besonderen Interessen dem gemeinen Besten, vor allem hinsichtlich der Angelegenheiten Nordsyriens, unterordnen müßten. In Jerusalem stritt man darüber, ob das heilige Kreuz, unter dessen Schutze der König ins Feld zu ziehen pflegte, nach Antiochien gebracht, oder ob die Todesstätte des Erlösers eines so großen Schatzes nicht beraubt werden dürfe. „Was sollen wir Elenden beginnen," so riefen die einen, „wenn Gott es zuläßt, daß das Kreuz im Kampfe verloren gehe, wie einst die Israeliten die Lade des Bundes verloren haben?" Oder man klagte auch geradezu: Balduin vernachlässige das Reich (regnum Jerusalem), dem er doch weit mehr verpflichtet sei; er habe schon beinahe zehn Jahre für das Fürstenthum (principatus Antiochiae) gesorgt, und ziehe nun wieder dorthin trotz seiner fast zweijährigen Gefangenschaft. In Antiochien aber zeigte man eben so wenig Verständniß für die Thaten Balduins. Denn Boemund II. handelte, wie wir gesehen haben, im Kampfe gegen Haleb keineswegs gemeinsam mit dem Könige. Außerdem überwarf er sich mit Joscelin und schließlich sogar mit den cilicischen Armeniern. Auf einem Zuge gegen die letzteren stieß er mitten in Cilicien im Jahre 1131 unvermuthet mit einer Schaar kleinasiatischer Turkomanen zusammen und verlor beim Angriff auf dieselben sein Leben.

In Antiochien bildeten sich hierauf zwei Parteien, von denen die eine wünschte, daß Konstanze, die junge Tochter Boemunds II., als die rechte Erbin des Fürstenthums anerkannt werde, während die andre Partei der herrschsüchtigen Elise, der Wittwe des erschlagenen Fürsten, die Regierung übertragen wollte und sich nicht scheute, selbschutische Hülfe herbeizurufen, um sich gegen die Freunde Konstanzes nöthigenfalls durch blutigen Kampf zu behaupten. Auf die Nachricht von diesem unglückseligen Zwiespalte erhob sich der greise Balduin noch einmal mit voller Energie, umlagerte Antiochien mit großer Macht, erstickte die Verbindung der Elise'schen Partei mit den Seldschuken noch vor ihrer Verwirklichung und zwang seine ungehorsame Tochter, sich mit ihrem Wittum, den Städten Laodicea und Großgibellum, zu begnügen.

Dies war die letzte bedeutende That König Balduins II. Nicht lange nachdem er von Antiochien in seine Hauptstadt zurückgekehrt war, ist er erkrankt. In ein Mönchskleid gehüllt, wie ein rechter Fürst der Pilger, ist er am 31. August 1131 verschieden.

König Fulko und Kaiser Johannes.

Balduin II. hatte keine Söhne, wohl aber mehrere Töchter, für die er möglichst gut zu sorgen und durch die er zugleich, wenn auch vergeblich, die einzelnen Kreuzfahrerstaaten in immer vertrautere Beziehungen zu einander zu bringen suchte. Seine zweitälteste Tochter Elise vermählte er, wie wir gesehen haben, mit dem Fürsten Boemund II., die dritte, Hodierna, verlobte er mit dem jungen Raimund, Sohn des Grafen Pontius von Tripolis, der ältesten aber, Melisende, wählte er im Einverständniß mit den Großen des Reichs zum Gatten den Grafen Fulko V. von Anjou und hinterließ diesen beiden die Krone von Jerusalem.

Fulko war etwa 40 Jahre alt, als er seinem Schwiegervater in der Regierung nachfolgte. In seiner französischen Heimat hatte er sich unter mancherlei Kämpfen zu einem tapferen und besonnenen Manne entwickelt, aber auch den Jerusalemiten war er seit geraumer Zeit in vortheilhafter Weise bekannt, da er schon um das Jahr 1120 eine Kreuzfahrt zu ihnen gemacht und seitdem sein Interesse für das heilige Land durch mancherlei Schenkungen, namentlich an die Templer, bethätigt hatte. Im Jahre 1128 war er zu dauerndem Aufenthalte nach Syrien gegangen und hatte sich somit noch drei Jahre lang an der Seite Balduins auf sein schweres Königsamt vorbereiten können. Der Sage nach hat er hieraus freilich keinen Vortheil gezogen, indem er sich als Herrscher sehr schwach und besonders kläglich abhängig von seiner Gattin gezeigt haben soll; mit den beglaubigten Thatsachen der Geschichte stimmt dies aber ebensowenig überein wie die Meinung, daß dieser rüstige und in den besten Jahren stehende Herrscher ein hinfälliger und hochbetagter Greis gewesen sei.

Indessen die Aufgaben, die des neuen Königs warteten, waren nur bei großer Gunst des Schicksals erfolgreich zu lösen. Der furchtbare Imadeddin Zenki bedrohte zwar die Kreuzfahrer nicht sogleich so ernstlich, wie schon zu besorgen gewesen war, da ihn die innere Zwietracht der Seldschukenwelt für einige Jahre wieder vollauf beschäftigte; dafür erhob sich unter den christlichen Großen selber der wüsteste Hader. Im Reiche Jerusalem bildete sich eine Verschwörung gegen Fulko, an deren Spitze der stolze Graf Hugo von Joppe stand: vergeblich versuchte der König, diesen Gegner auf friedlichem Wege, vermittelst eines Prozesses, zu beseitigen; er mußte schließlich Joppe belagern und durch seine Uebermacht den Widerstand des Grafen Hugo brechen. In Antiochien wagte die Fürstin-Wittwe Elise zum zweiten Male, sich in die Regierung zu drängen. Auf ihre Seite traten Graf Pontius von Tripolis und Joscelin der Jüngere von Edessa, ein unbändiger Kriegsmann, der soeben seinem fast gleichzeitig mit König Balduin gestorbenen Vater in dieser Grafschaft gefolgt war. Fulko begab sich jedoch ohne Zaudern nach Antiochien, vereitelte dadurch die Hoffnungen der ehrgeizigen Fürstin und zwang vornehmlich den Grafen Pontius, der schon die Waffen gegen ihn gezückt hatte, durch eine blutige Niederlage, die er ihm beibrachte, zum Gehorsam. Nicht lange darauf wurde Nordsyrien an mehreren Stellen von seldschukischen und turkomanischen Heerschaaren bedrängt. Der König eilte sogleich wieder ins Feld, befreite großmüthig den Grafen Pontius, der im Schlosse Barin von den Feinden eng umlagert war, schlug einen anderen Haufen, der ins Antiochenische eingebrochen war, siegreich zurück und eroberte eine Burg im Gebiete von Haleb. In Antiochien war große Freude über die Tapferkeit und die Erfolge des Königs. Man bat ihn jetzt, der jungen Konstanze einen Gemahl und dadurch den antiochenischen Zuständen endlich wieder einige Festigkeit zu geben. Die Wahl fiel auf Raimund, Grafen von Poitou, jüngeren Sohn Wilhelms von Aquitanien, des Kreuzfahrers von 1101, einen ritterlichen und begabten, freilich auch gleich seinem Vater üppig leichtfertigen jungen Fürsten. Der Johanniter Gerhard Ibarrus begab sich nach England, wo sich Raimund damals aufhielt, um ihm die Beschlüsse des Königs und der Antiochener mitzutheilen.

Damit waren aber die antiochenischen Angelegenheiten noch keineswegs endgültig geordnet. Die Fürstin Elise kehrte noch einmal nach Antiochien zurück und begann von neuem verderbliche Intriguen zu spinnen. Außerdem verstrichen ein paar Jahre, bis sich Graf Raimund auf den Weg nach Syrien machte, und nachdem er endlich die Heimat verlassen hatte, erschien es zweifelhaft, ob er sein Ziel auch nur erreichen werde, da Herzog Roger von Apulien als naher Verwandter Boemunds II.[1]) selber Ansprüche auf die Herrschaft in Antiochien erhob und deshalb dem Grafen, der von Apulien aus nach Syrien übersetzen wollte, in allen Hafenstädten seines Landes auflauern ließ. Raimund vermied aber diese Nachstellungen, indem er, von seinen Vasallen getrennt, unter geringem Volk und in ärmlicher Kleidung Apulien durchzog. Bei seiner Ankunft in Antiochien fand er, daß sowohl die Fürstin-Mutter Elise als deren Tochter auf die Heirat mit ihm hofften. Er that hierauf nichts, um die Mutter zu enttäuschen, bis er mit der Tochter vor dem Altare stand. Dadurch zog er sich freilich den bittersten Haß der

---

1) Herzog Roger war ein Neffe Robert Guiskards, dessen Enkel Boemund II. gewesen war.

ersteren zu, aber er gewann zu gleicher Zeit die unbeschränkte Herrschaft von Antiochien. Dies geschah wahrscheinlich im Anfang des Jahres 1136. Eben damals wendete sich jedoch auch Imabeddin Zenki wieder mit ganzer Kraft gen Westen. Zuerst machte sein Statthalter von Haleb, Sawar, einen verwegenen Streifzug quer durch das antiochenische Gebiet, plünderte das reiche Laodicea und schleppte 7000 Gefangene mit sich fort; dann im Anfange des Jahres 1137 erschien der große Emir selber auf dem Schauplatze und zwar vor dem tripolitanischen Schlosse Barin. Graf Raimund II. von Tripolis, der kurz vorher seinem Vater Pontius in der Regierung gefolgt war, schickte hierauf eilige Boten um Hülfe nach Jerusalem. König Fulko versammelte sofort die Truppen des Reiches, zog gen Norden und vereinigte sich mit den Streitkräften des Grafen Raimund. Als er aber weiter vorrückte, um Barin zu entsetzen, wurde er in einem unglücklichen Augenblick, als sich sein Heer auf bergiger Straße mühsam fortbewegte, von Zenki überfallen und vollständig geschlagen. Viele Christen fielen im Kampfe, andere wurden gefangen, nur sehr wenige entkamen. Dem Könige gelang es, mit einer kleinen Ritterschaar Barin zu erreichen und sich hinter den Mauern dieses Schlosses einstweilen vor den Verfolgern zu bergen. Nach kurzer Frist erschien aber auch Zenki wieder vor Barin und begann die Belagerung von neuem und mit verdoppelter Energie.

Auf die Nachricht von dem Unglücke Fulkos wurde in Jerusalem und Edessa eifrig gerüstet; auch Fürst Raimund von Antiochien war mit dankenswerther Entschlossenheit sogleich bereit, dem Könige Hülfe zu bringen, obwohl er damals selber, wie wir unten sehen werden, von einem mächtigen Feinde ernstlich bedroht wurde. Diese nachdrückliche Anstrengung der Christen bewirkte wenigstens so viel, daß Zenki den in Barin Belagerten eine sehr ehrenvolle Capitulation anbot, indem er dem Könige und der Besatzung freien Abzug bewilligte, eine Menge christlicher Gefangener herausgab und sogar gestattete, daß die Mauern des Schlosses vor der Uebergabe desselben geschleift würden. Fulko, der von der allgemeinen, seinen Entsatz beabsichtigenden Erhebung der Glaubensgenossen keine Kunde hatte und beinahe keine Lebensmittel mehr besaß, ging begreiflicher Weise gern auf diese Bedingungen ein.

Die Niederlage der Jerusalemiten vor Barin und der darauf folgende Verlust dieses festen Schlosses waren zwei sehr empfindliche Unglücksfälle, aber ein Gutes hatten sie dennoch, daß nämlich bei denselben die ursprüngliche opferfreudige Einmüthigkeit der Kreuzfahrer endlich wieder einmal kräftig und wirkungsreich zu Tage getreten war. Alle die kleinen syrischen Staaten, christliche wie mohammedanische, waren ja vereinzelt der Uebermacht Zenkis nicht gewachsen. Nur wenn sie sich fest zusammenschlossen, durften sie hoffen, dauernden Widerstand leisten zu können. Jerusalem und Antiochien standen jetzt gleichsam Arm an Arm dem Emir von Mosul gegenüber; gleich darauf trat aber auch Damaskus diesem Bunde bei. Denn Zenki hatte schon seit

120 Viertes Kapitel. Geschichte des Reiches Jerusalem von 1100—1143.

Jahren dieses größte syrische Emirat, das von ihm noch unabhängig geblieben war, mit List und Gewalt sich zu unterwerfen gesucht. In Damaskus war dagegen ein entschlossener und kluger Mann empor gekommen, Muin Ebdin Anar, der unter verschiedenen auf einander folgenden Emiren die Regierung als allmächtiger Vezier führte und bei der Vertheidigung gegen Zenki bringend nach Unterstützung von Seiten der Christen verlangte. Als der Emir von Mosul im Jahre 1139 mit einem neuen Angriffe drohte, schickte der Vezier sofort zu König Fulko und bot diesem an, den Kreuzfahrern, sobald sie den Damascenern geholfen hätten, dafür bei der Belagerung jenes Banias bei= zustehen, welches von König Balduin II. im Jahre 1129 gewonnen, damals aber in den Händen Zenkis war.[1]) Fulko theilte die Botschaft Anars seinen

Ueberreste der Abtei St. Marie la grande in Jerusalem, erbaut um 1130 oder 1140.

Baronen mit und erregte bei diesen dadurch große Freude. Das Bündniß zwischen den Christen und den Damascenern wurde ohne Zaudern abgeschlossen und trug reiche Früchte. Der Emir von Mosul wagte keinen ernstlichen Kampf, sondern wich nach kurzer Frist gen Norden zurück. Vor Banias vereinigten sich darauf Anar und Fulko, Raimund von Antiochien und Raimund von Tripolis. Die Vertheidiger der Festung verzagten bald, öffneten den Kreuzfahrern die Thore, und Damascener und Christen schieden schließlich in freundschaftlichster Gesinnung von einander.

Ein merkwürdiger Wechsel der Dinge, daß im heiligen Lande jetzt Kreuzfahrer und Seldschuken treu vereint auf ein und derselben Seite kämpften! Bei der augenblicklichen Lage war aber schwerlich etwas besseres zu erlangen:

---

1) Banias war wieder verloren worden während der schlimmen Händel, die Elise von Antiochien, Hugo von Joppe u. s. w. hervorgerufen hatten.

die Vereinigung all dieser kleinen Mächte sicherte einstweilen allein ihr Dasein. Und in der That, so lange die drei Männer, die damals über Jerusalem, Antiochien und Damaskus herrschten, Fulko, Raimund und Anar, sämmtlich am Leben waren, hat Zenki keine weiteren Eroberungen in Syrien gemacht. Es gelang ihm erst dann, seine Besitzungen noch mehr zu vergrößern, als durch den frühzeitigen Tod des Königs Fulko eine Lücke in dieses Triumvirat gerissen war.

Das vierte Jahrzehnt des 12. Jahrhunderts war daher im wesentlichen noch eine sehr glückliche Zeit für die Kreuzfahrerstaaten. Die innere Entwickelung derselben machte auf allen Wegen, die schon früher berührt worden

Längenburchschnitt der Kirche der heiligen Anna zu Jerusalem; erste Hälfte des 12. Jahrhunderts.

sind, lebhafte Fortschritte. An den Grenzen des christlichen Gebietes wurden zahlreiche Befestigungen errichtet, um dasselbe vor dem Einfall der feindlichen Reiter zu sichern: Askalon zumal wurde durch einen Gürtel von Burgen, am bedeutendsten darunter die „weiße Warte" (blanche garde), eingeschlossen; und zur Beherrschung der Straßen, die jenseits des todten Meeres von Damaskus nach Arabien und Aegypten führten, wurde das starke Schloß Krak gebaut. Stattliche Ortschaften entstanden, wo bisher öde Haide gewesen war, und füllten sich schnell mit Bauern, Handwerkern und Kaufleuten. Die Aderflächen des innern Landes, die Zuckerplantagen von Tyrus und die Gärten Antiochiens vergalten die Sorgfalt, mit der sie bearbeitet wurden, in tropischer Fülle; der Handel, der die Erzeugnisse Persiens und Indiens mit den Produkten des eigenen Gebietes dem Abendlande übermittelte, erwarb bedeutende Geldsummen; im Leben der Großen wurde, in scharfem Gegensatze

122 Viertes Kapitel. Geschichte des Reiches Jerusalem von 1100—1143.

zur früheren Dürftigkeit, Reichthum und Pracht zur Schau getragen. Fürst Raimund hielt in dem paradiesischen Antiochien an der Spitze seiner Marschälle und Connetables, seiner Kanzler und Kämmerer einen der glänzendsten Höfe jener Zeit; die Königin Melisende gründete, um ihre jüngste Schwester Jutta als Aebtissin geziemend versorgen zu können, das große Nonnenkloster zu Bethanien am östlichen Fuße des Oelberges und schmückte dasselbe mit dem erdenklichsten Prunke aus; die Ritterorden entfalteten, nachdem sie zu fürstlichem Vermögen gekommen waren, allmählich ihre Hierarchieen stolzer Würdenträger. Dabei erzeugte sich in eigenthümlicher Weise eine neue Einheit der Kreuzfahrerstaaten, indem sie national mit einander verschmolzen. Denn seit der Ankunft des Fürsten Raimund in Syrien regierten in sämmtlichen christlichen Herrschaften nur die Nachkommen hochadliger Geschlechter aus Frankreich, und weitaus die meisten Männer, die im Zeitalter des Königs Fulko im Kriege oder in friedlichen Geschäften sich auszeichneten, waren ebenfalls französische Grafen und Edelleute. Die antiochenischen Normannen, die lange Jahre hindurch den Südfranzosen schroff gegenüber gestanden hatten, verloren sich jetzt in der Masse der französischen Ritterschaft; die Pilger, die aus Teutschland oder England in Syrien anlangten, waren zu gering an Zahl, um bedeutenderen Einfluß gewinnen zu können. Das christliche Syrien wurde nach und nach zu einer französischen Kolonie, in der sich nur noch die Quartiere der italienischen Kaufleute in den Seestädten in gesonderter Stellung bemerklich machten.

Grundriß der Kirche der heiligen Anna.

Im Zeitalter Fulkos ist denn auch, wie man wohl vermuthen darf, das große Rechtsbuch des Reiches Jerusalem (les assises de Jérusalem) seiner Hauptmasse nach entstanden. Während der Regierung des Herzogs Gottfried konnte, wie wir gesehen haben, von einer umfassenden gesetzgeberischen Thätigkeit noch nicht die Rede sein; und dieselben Ursachen, die uns bei dem „Beschützer des heiligen Grabes" zu solchem Urtheile führten, haben auch bei den ersten Königen Jerusalems noch* lange nachgewirkt. Unter Balduin II. finden wir zwar einmal eine vom Könige berufene Versammlung von Prälaten und Baronen, die eine stattliche Reihe von Strafbestimmungen gegen Ehebruch, Diebstahl und Raub erläßt; aber erst unter seinem Nachfolger scheinen alle Schichten des Volkes zahlreich und wohlhabend genug geworden zu sein, um den Wunsch nach vollerer Ausbildung und Feststellung des Landesrechtes ins Leben treten lassen zu können. Wir dürfen daher die Jahre Fulkos und etwa noch seines Nachfolgers Balduins III. als die Zeit bezeichnen, in welcher wahrscheinlich die Grundlagen für „die

Grabkirche der Jungfrau Maria im Thal Josaphat: 12. Jahrhundert.

städtische Verfassung und das Rechtssystem des Lehnswesens" im Reiche Jerusalem geschaffen worden sind.

Eine eigenthümliche Stellung endlich nahm in diesen Jahren der geistliche Stand in den Kreuzfahrerstaaten ein. Denn obgleich in den letzteren sehr viel weltliches Wesen zur Entwickelung gekommen war, so machten sich in ihnen diejenigen Elemente, deren sie großentheils ihre Entstehung verdankten, Askese und Hierarchie, dennoch immer wieder geltend. An Mönchen und an Nonnen gab es eine beträchtliche und bunte Menge, außerdem aber noch zahlreiche Eremiten und „Reklusen", die von den Stätten menschlichen Verkehres in die tiefste Stille und Einsamkeit zurückwichen. Die höchsten Prälaten des Landes dagegen, die Patriarchen von Jerusalem und Antiochien, erregten schlimmes Aergerniß, indem sie abermals um die Ausdehnung ihrer Diöcesen haderten und überdies vom römischen Papste sich unabhängig zu machen suchten. Der eine von ihnen, Rudulf von Antiochien, forderte sogar von Fürst Raimund einen Lehnseid. Höhere Bedeutung gewann jedoch von alledem nur das unruhige Treiben des kühnen und ehrgeizigen Rudulf von Antiochien, der erst nach langen Kämpfen und nicht ohne hartes Eingreifen des Fürsten Raimund endgültig von seiner Stelle entfernt und in Italien, wo er den Papst für sich zu gewinnen suchte, der Ueberlieferung nach vergiftet wurde.

Kaiser Johannes.
Nach „de passagile in Terram Sanctam"
(Venedig).

Der ganze Bestand dieser Kreuzfahrerstaaten wurde nun aber noch bei Lebzeiten Fulkos auf das Schwerste bedroht, indem neben dem unermüdlichen Imadeddin Zenki ein nicht minder gefährlicher, ja für den Augenblick sogar noch beängstigenderer Gegner derselben in Syrien auftrat.

Dies war kein geringerer als der byzantinische Kaiser Johannes, der Sohn des Alexius.

Wir haben die griechische Geschichte bis zum Tode des Kaisers Alexius (August 1118) geführt. Von den für beide Theile so unheilvollen Kriegen mit den Kreuzfahrern hatte der Kaiser endlich abgelassen und sich, wenn auch nur nothgedrungen, seiner wichtigsten Herrscheraufgabe, der Bekämpfung der kleinasiatischen Seldschuken wieder zugewendet. Hierin folgte ihm sein Sohn Johannes und erweiterte in den glücklichen Feldzügen der Jahre 1120 und 1121 die östlichen Provinzen seines Reiches nicht unbedeutend. Denn indem er Laodicea und Sozopolis eroberte, setzte er sich in den südlichen Gegenden Phrygiens fest; und von dort aus bemächtigte er sich, noch weiter südwärts vordringend, einer Anzahl von pisidischen und pamphylischen Burgen. Im Jahr 1122 mußte er für einige Zeit nach Konstantinopel zurückkehren, da zweierlei Feinde den europäischen Theil des Reiches bedrohten. Die einen waren die Venetianer, die alten Freunde der Byzantiner, denen aber Johannes, wie es heißt wegen ihres hochmüthigen Benehmens, den ihnen von Alexius verliehenen Handelsvertrag gekündigt hatte. Der Doge Domenico Michiel, der, wie wir wissen, im Jahre 1122 mit einer mächtigen Flotte Venedig verließ, um nach dem heiligen Lande zu segeln, machte deshalb schon während der Hinfahrt nach Syrien einen Angriff auf Korfu und warf sich heimkehrend, nachdem Tyrus erobert worden war, mit unwiderstehlicher Kraft auf die Inseln des Archipelagus und die Küsten des Peloponneses. Der Krieg dauerte mehrere Jahre, bis der Kaiser endlich seine aus patriotischer Erregung stammende, aber dennoch voreilige Maßregel zurücknahm und den Venetianern jenen für sie so überaus vortheilhaften Handelsvertrag von neuem gewährte. Die anderen Feinde, mit denen Johannes gleichzeitig schlagen mußte, waren die Petschenegen, die seit ihren unglücklichen Kämpfen mit Alexius (um 1090) allmählich wieder zu Kräften gekommen und im Jahre 1122 nach Macedonien eingefallen waren. In heißer Schlacht wurden dieselben besiegt; die Gefangenen wurden zum Theil unter die griechischen Truppen gesteckt oder verkauft, zum Theil auch in dünn bevölkerten Gegenden des Reiches angesiedelt. Hieran schloß sich ein mehrjähriger Krieg mit den Ungarn und Serben, in welchem die griechische Herrschaft jenseits des Hämus, das Morawathal hinab, bis an die Donau behauptet wurde. Kaum aber war der Friede in den europäischen Provinzen wieder hergestellt, so wandte sich der Kaiser von neuem nach Kleinasien. Dieses Mal zog er von Bithynien nach Paphlagonien, hielt mit zäher Ausdauer auch im Unglücke Stand und sicherte seinem Reiche durch die Eroberung von Kastamon und Gangra den Besitz Nordkleinasiens bis an den Halys.

So waren die byzantinischen Angelegenheiten in erfreulichstem Fortgange. Der Kaiser war gütig und gerecht, tapfer und voll Feldherrngaben; das Heer war kriegsgeübt, die Kräfte des Staates wuchsen von Jahr zu Jahr. Die inneren Provinzen des Reiches kamen zu namhaftem Wohlstande, da sie lange Zeit hindurch von feindlicher Bedrängung verschont blieben; und vor allem der unselige Streit, ob den Byzantinern oder den Kreuzfahrern die Herrschaft in Syrien gebühre, schien vollständig vergessen zu sein.

Hier aber begingen die Antiochener die arge Thorheit, die Aufmerksamkeit des byzantinischen Hofes von neuem auf sich zu lenken. Es war vermuthlich die Partei der Fürstin-Wittwe Elise, die dem jüngsten Sohne des Kaisers, Manuel, noch ehe Raimund von Poitou nach Syrien gekommen war, die Hand der Prinzessin Konstanze anbot. Da diese Unterhandlung nicht zum Ziele führte, so war ihre einzige Folge eine bitter gereizte Stimmung der kaiserlichen Familie gegen die Kreuzfahrer. Und als nicht lange hierauf nachbarliche Händel zwischen den Griechen an der pamphylischen Küste und den cilicischen Armeniern, den Bundesgenossen der Antiochener, ausbrachen, beschloß Johannes, selber nach Syrien zu gehen, Rache zu nehmen und den Trotz der Franken endlich zu beugen.

Im Sommer 1137 eroberte er an der Spitze eines sehr bedeutenden Heeres ganz Cilicien und rückte gegen Antiochien selber heran. Die Lage war für Fürst Raimund um so bedrohlicher, als in demselben Augenblicke König Fulko von Imabeddin Zenki besiegt und in Barin eingeschlossen wurde. Nun glückte es dem Fürsten zwar, wie wir gesehen haben, den König durch schnelle Hülfsleistung vor dem äußersten Verderben zu bewahren; auch hielt er darauf in Antiochien noch eine scharfe Belagerung durch die Griechen aus; schließlich aber mußte er die Thore öffnen und dem Kaiser sich als Lehnsmann unterwerfen, da die übrigen Kreuzesfürsten bei weitem nicht Kraft genug besaßen, um diese Feinde von Antiochien weg zu drängen.

Johannes begnügte sich aber nicht mit dem Lehnseide, sondern fügte die Forderung hinzu, daß Raimund auf sein Fürstenthum verzichten solle, sobald er dafür Haleb und die kleinen Städte am oberen Orontes, die man den Selbschuken entreißen wollte, empfangen haben werde. Der Kaiser stellte hiermit eine unendlich thörichte Forderung. Denn es war vorauszusehen, daß die Lateiner alles aufbieten würden, um die Eroberung jener Städte zu hintertreiben und somit im Besitze von Antiochien zu bleiben. Raimund willigte zwar scheinbar in die Bedingungen des Kaisers, als es aber im folgenden Jahre, 1138, zum Kriege mit Zenki kam, wußte er im Bunde mit Graf Joscelin von Edessa, der sich ebenfalls vor der Festsetzung der Griechen in Syrien fürchtete, jeden wahrhaften Erfolg der christlichen Waffen zu vereiteln. Johannes kehrte darauf ärgerlich nach Antiochien zurück und geberdete sich dort wie ein unbeschränkter Herrscher, wurde aber durch einen von Graf Joscelin geschickt erregten Volksaufstand genöthigt, die Stadt und schließlich Syrien überhaupt zu verlassen.

Schon diese Händel hatten nach allen Seiten die übelsten Folgen. Zenki machte nach dem Rückzuge der Griechen, wenn es ihm auch, wie wir gesehen haben, nicht gelang, im Jahre 1139 Damaskus zu nehmen, dennoch mit leichter Mühe mehrere kleine Eroberungen in Syrien, und die kleinasiatischen Selbschuken wagten sich, die lange Abwesenheit des Kaisers benutzend, zu neuen Angriffen gegen die benachbarten Provinzen des byzantinischen Reiches hervor. Johannes mußte drei Sommer lang ins Feld ziehen, bis er diese Feinde wieder gebändigt und einige Vortheile über sie errungen hatte. Kaum aber war dies geschehen, so rückte er, im Frühling 1142, zum zweiten Male in Cilicien ein.

Seine Annäherung war für die syrischen Christen diesmal noch bedrohlicher als im Sommer 1137. Denn Johannes hegte die bestimmte Absicht, aus der Insel Cypern und aus den pamphylisch-cilicischen Küstenlandschaften bis nach Antiochien hin eine byzantinische Secundogenitur für seinen Sohn Manuel zu bilden, und außerdem wollte er, von einem Anfluge abendländisch-geistlichen Dranges bewegt, mit seiner ganzen Heeresmacht eine Wallfahrt zum heiligen Grabe in Jerusalem unternehmen und an der Seite König Fulkos gegen die Feinde des Kreuzes streiten. Die Lateiner fühlten sich von den Griechen immer mehr in die Enge getrieben und sahen der

Zukunft um so besorgter entgegen, als Johannes jetzt mit höchster Entschlossenheit auftrat. Er erschien plötzlich vor Tell-Baschir, der Residenz des Grafen Joscelin, umlagerte dieselbe und zwang den Grafen, seine Tochter Isabelle als Unterpfand seiner Treue ins griechische Lager zu schicken. Dann forderte er, daß ihm Antiochien als Waffenplatz zum Kriege gegen die Seldschuken sofort übergeben werde. Raimund war in peinlicher Verlegenheit: er wagte nicht, das Verlangen des mächtigen Kaisers ohne weiteres abzuschlagen, aber er fand einen guten Ausweg, indem er seine Barone versammelte und diese zu der Erklärung bewog, daß sie ihrerseits auf keinen Fall, selbst wenn ihr Fürst dazu geneigt wäre, die Uebergabe Antiochiens dulden würden. Nun begann zwar Johannes den Krieg und verwüstete die Umgebung Antiochiens ohne jede Schonung, da aber die Jahreszeit schon weit vorgerückt war, so begnügte er sich einstweilen hiermit und kehrte nach kurzer Frist nach Cilicien zurück, um dort das nächste Frühjahr abzuwarten.

König Fulko spielte in diesen antiochenisch-byzantinischen Händeln naturgemäß keine hervorragende Rolle. Er war der ohne Zweifel richtigen Meinung, daß man offenen Kampf mit der überlegenen Kraft des Kaisers möglichst vermeiden und durch kleine Zugeständnisse das äußerste abwenden solle, bis etwa die Gefahr, die von den Griechen drohte, sich wieder zertheilt haben werde. In dieser Richtung gab er dem Fürsten Raimund gelegentlich guten Rath und bemerkte auch (Winter 1142 auf 1143) hinsichtlich jenes Planes einer byzantinischen Wallfahrt nach Jerusalem, er wolle den Kaiser aufs beste in der heiligen Stadt empfangen, jedoch möge derselbe von seinem Heere nur 10,000 Mann mitbringen, weil das Reich Jerusalem zu klein sei, um eine größere Anzahl zu beherbergen oder zu ernähren. Hiernach beunruhigte nun zwar Johannes die Lateiner nicht mehr lange, da er im April 1143, als er so eben den Aufbruch seines Heeres nach Syrien befehlen wollte, auf der Jagd sich selber verwundete und nach einer Krankheit von wenigen Tagen starb. Aber die Lage änderte sich dadurch nur in geringem Grade. Denn Johannes hatte noch kurz vor seinem Ende die bedeutendsten Offiziere seines Heeres um sich versammelt und denselben vorgeschlagen, seinen jüngsten Sohn, den oben genannten Prinzen Manuel, weil derselbe ein besonders tapferer und geistig reger junger Mann war, als Kaiser anzuerkennen.[1]) Die Offiziere erklärten sich hiermit einverstanden, und ihr Wort reichte hin, um dem Prinzen Manuel die Krone zu sichern, weil das Heer im damaligen byzantinischen Reiche die Ausschlag gebende Macht besaß. Den Kreuzfahrern aber konnte nun der begabte Nachfolger auf dem Throne der Komnenen ebenso gefährlich werden, wie dies sein Vorgänger gewesen war.

---

1) Johannes hatte vier Söhne: Alexius, Andronikus, Isaak und Manuel. Von diesen waren die beiden ersten vor kurzem gestorben, Isaak aber wurde jetzt zu Gunsten Manuels übergangen.

König Julko und Kaiser Johannes.

Unter solchen Umständen, unter schweren Sorgen vor der Uebermacht der Seldschuken und Griechen kam König Fulkos Leben zum Abschluß. Sein unmittelbares Herrschaftsgebiet verließ er zwar in möglichst guter Lage, weil das Reich Jerusalem nach außen in Frieden mit Damaskus und hierdurch einigermaßen gegen Zenki gedeckt war und zugleich im Innern sich regen Fortschritts erfreute, indem z. B. erst während der letzten Zeiten Fulkos die Schlösser garde blanche und Krak und das Kloster Bethanien gebaut wurden; aber auf wie unsicherem Boden stand dieses alles angesichts der furchtbaren Gefahren, die Nordsyrien und damit auch das heilige Land umdrängten! Man darf deshalb wohl sagen, daß die damalige Lage der Kreuzfahrer wahrhaft mitleidswerth war. Denn wie viele Schuld sie auch selber daran trugen, daß sich ihre Aussichten in die Zukunft so stark getrübt hatten, so war es doch ein überaus hartes Loos, in der weiten Welt des Morgenlandes, von Bagdad und Kairo bis Konstantinopel, schlechterdings nur von Feinden umgeben zu sein. Dazu erlebten sie nun das große Mißgeschick, daß ihnen der verständige König Fulko durch einen Unglücksfall plötzlich entrissen wurde. Im November 1143 nämlich stürzte der König bei einem schnellen Ritte vor den Thoren von Akkon so unglücklich mit dem Pferde, daß er bald darauf seinen Geist aufgab. Sein Tod war für die Kreuzfahrer um so schlimmer, als seine Söhne Balduin und Amalrich erst dreizehn und sieben Jahre alt waren. Für den älteren Sohn Balduin trat nun die Königin-Wittwe Melisende an die Spitze der Regierung. In verhängnißvollster Zeit kam somit das Reich Jerusalem unter die Herrschaft einer Frau, die noch dazu in ihrem stolzen und herrschsüchtigen Wesen eine unheilvolle Aehnlichkeit hatte mit ihrer Schwester, der übel berüchtigten Elise von Antiochien.

Fünftes Kapitel.

Zweiter Kreuzzug.[1)]

Das Morgenland vor dem zweiten Kreuzzuge.

Fürst Raimund von Antiochien wird uns als einer der glänzendsten Helden seiner Zeit geschildert. Hinreißend schön sei er gewesen, riesenstark und unüberwindlich im Kampfe, dabei fein beredt und von leutseligem Wesen. Aber die Gaben des Herrschers besaß er nicht. Tolldreist spielte er mit der Gefahr, jagte unerreichbarem Gewinne nach und stürzte endlich sich und die Seinen ins Verderben.

Bisher hatte er sich im heißesten Drange der Ereignisse immerhin noch recht glücklich behauptet, und dieses verhältnißmäßig gute Ergebniß hat wohl dazu beigetragen, um ihn nunmehr zum thörichtsten Wagniß zu ermuthigen. Denn kaum hörte er, daß Kaiser Johannes gestorben war, so schickte er eine Gesandtschaft an den jungen Manuel nach Cilicien und ließ die Herausgabe aller von den Griechen besetzten antiochenischen Gebiete fordern. Manuel antwortete hierauf nicht blos stolz abweisend, sondern wiederholte sogar den alten komnenischen Anspruch, daß alles Land, welches einst beim römischen Reiche gewesen sei, von rechtswegen ihm zugehöre. Nachdem er die antiochenischen Gesandten auf solche Weise abgefertigt hatte, verließ er jedoch die syrischen Grenzen, um zunächst nach Konstantinopel zurückzukehren und die Krone des Kaiserreiches aus der Hand des Patriarchen zu empfangen. Raimund benutzte ohne Zaudern seine Entfernung, fiel in Cilicien ein und entriß den Griechen einige feste Plätze.

Dies sollte sich bitter rächen. Denn der junge Kaiser schickte, kurze Zeit nachdem er in seiner Hauptstadt eingetroffen war und sich dort in sicheren Besitz der Regierung gesetzt hatte, ein Landheer und eine Flotte unter den

---

[1)] Wilken, Geschichte der Kreuzzüge, Bd. III, Abtheilung 1, und die andern oben genannten Werke. Außerdem Sybels Abhandlung über den zweiten Kreuzzug in der Zeitschrift für Geschichtswissenschaft, Berlin 1846, Bd. IV, wieder abgedruckt in Sybel, „Kleine historische Schriften", München 1863. Giesebrecht, Geschichte der deutschen Kaiserzeit, Bd. IV. Cosack, die Eroberung Lissabons im Jahre 1147. Halle 1875. Kugler, Studien zur Geschichte des zweiten Kreuzzuges, Stuttgart 1866. Kugler, Analecten zur Geschichte des zweiten Kreuzzuges, Tübingen 1878.

erprobtesten Feldherren seines Vaters gegen Antiochien. Es kam in Cilicien und an der antiochenischen Küste zu blutigen Kämpfen, durch die Fürst Raimund trotz einzelner Erfolge zuletzt so sehr geschwächt wurde, daß er, um nur das äußerste zu verhüten, selber nach Konstantinopel ging und sich tief vor dem Kaiser demüthigte. Er wurde erst dann zu Gnaden aufgenommen, als er beim Grabmal des Kaisers Johannes um Verzeihung gebeten und den Lehnseid als Vasall des byzantinischen Reiches erneuert hatte (1144).

Natürlich war dies alles nur die Einleitung zu weit schlimmerem Unheil. Imadeddin Zenki beobachtete die Christen scharf und sah mit Freude, wie sich die Lage ohne sein Zuthun durchweg zu seinen Gunsten verändert hatte. Fulko war todt, Raimund war fern und die Kraft Antiochiens gebrochen. Jetzt mußte es gelingen, einen Hauptschlag gegen die Kreuzfahrer durchzuführen; jetzt war nicht mehr zu befürchten, daß ihm dieselben dabei schnell und einmüthig in den Weg treten würden.

Aber auch jetzt noch erwog der Emir, daß diese lateinischen Christen ein Heldengeschlecht waren, mit dem sich seine Glaubensgenossen bisher nur sehr selten hatten erfolgreich messen können. Besonders bedrohlich erschien ihm Graf Joscelin, der für gewöhnlich auf Tell-Baschir saß, von dort aus durch kecke Streifzüge halb Mesopotamien in Schach hielt und sich bei seinen Gegnern den Ehrennamen des Teufels unter den Franken erworben hatte. Endlich beschloß Zenki die volkreiche Stadt Edessa zu belagern. Um aber die Christen sicher zu machen, unternahm er zunächst im Herbste 1144 einen Feldzug in das nördliche Mesopotamien und brach denselben erst dann ab, als ihm von einem seiner Unterbefehlshaber gemeldet wurde, daß die Gelegenheit zum Beginne des Hauptkampfes günstig sei. Plötzlich erschien er, im November, mit einem mächtigen Heere vor Edessa. Die Stadt besaß gute Festungswerke und wurde aufs tapferste vertheidigt; sie mußte jedoch unfehlbar fallen, wenn nicht in kurzer Frist ein starkes Entsatzheer herankam. Graf Joscelin rüstete nun zwar sofort aufs angestrengteste und sandte, da er für sich allein nicht wagen durfte, den überlegenen Streitkräften Zenkis im freien Felde die Spitze zu bieten, eilige Boten um Hülfe nach Jerusalem und Antiochien. Die Königin Melisende ließ sich in der That durch die dringenden Bitten der Edessener bewegen, einige Barone nach Norden abzusenden; ehe diese aber ihr Ziel erreichten, verstrich die Zeit, in der sie zur Rettung der belagerten Stadt hätten beitragen können. Wie es in Antiochien damals stand, erfahren wir nicht mit Sicherheit: entweder war Fürst Raimund von den Verlusten, die ihm die Griechen beigebracht hatten, zu tief erschöpft, um sogleich aufs neue ins Feld rücken zu können; oder er war von jener Reise nach Konstantinopel noch nicht einmal zurückgekehrt. So kam es, daß Graf Joscelin vergeblich auf Hülfe wartete, während Zenki schon die Mauern von Edessa untergrub. Die Belagerten wehrten sich vortrefflich: die Geistlichen der Armenier, Griechen und Lateiner kämpften an der Seite der Ritter und Soldknechte; der lateinische Erzbischof Hugo, den Zenki aufgefordert hatte, die Uebergabe der Stadt zu veranlassen, wies diesen Antrag stolz zurück. Nun aber ließ der Emir das Holzwerk, mit dem er die untergrabenen Mauern eine Zeit lang gestützt hatte, anzünden und seine wilden Schaaren durch die hierauf entstandene Bresche in die Stadt hineinstürmen. Unter furchtbarem Gemetzel wurde der letzte Widerstand der Belagerten zu Boden geworfen und die ganze Stadt mit Ausnahme der Citadelle erobert. Doch ergab sich diese letztere schon zwei Tage darauf (Dezember 1144).

Der Verlust Edessas war ein überaus großes Unglück für die Kreuz= fahrer. Das Schicksal dieser Stadt konnte demnächst auch Antiochien bereitet sein, und dann waren weder Jerusalem noch irgend ein anderer Theil der christlichen Besitzungen auf die Dauer zu behaupten. Fast schien es, als ob die letzte Stunde der Kreuzfahrerstaaten schon begonnen habe. Denn die Seldschuken benutzten ihren Sieg mit unwiderstehlicher Energie. Zenki nahm Serudsch; das reiche Elbira fiel an einen andern mesopotamischen Emir; die ganze jenseits des Euphrat gelegene Hälfte der Grafschaft Edessa wurde von den Feinden besetzt. Darauf mußte zwar Zenki den Schauplatz verlassen, weil ein Aufstand in Mosul ausgebrochen war, der seine Herrschaft ernstlich zu gefährden schien; war aber den Christen damit mehr als eine Galgen= frist gegönnt?

In dieser Lage stand nur noch ein Rettungsweg offen. Man mußte die Glaubensgenossen im Abendlande um eine Unterstützung bitten, groß genug, um Zenki besiegen und Edessa wieder erobern zu können. Dieser Weg ist auch betreten worden, wenn nicht von allen, die ein Interesse daran hatten, so doch wenigstens von denen, die in erster Linie von den Seldschuken bedroht waren. Die Königin Melisende scheint sich nämlich nicht weiter um die allgemeine Gefahr bekümmert, geschweige denn ein Hülfsgesuch nach Europa gerichtet zu haben; die Nordsyrier dagegen haben sich ernstlich bemüht, die geneigte Gesinnung der abendländischen Mächte für sich zu gewinnen. Hier ist zunächst bemerkenswerth, daß die armenischen Christen, die den Lateinern so oft als treue Waffengenossen zur Seite gestanden haben, jetzt auch in kirchlicher Beziehung sich an dieselben anzuschließen suchten. Schon im Jahre 1140 hatte ihr Patriarch auf einer Kirchenversammlung in Jerusalem versprochen, das armenische Glaubensbekenntniß in vielen Punkten nach Maß= gabe des römisch=katholischen umzugestalten; und im Jahr 1145 erschien nunmehr eine feierliche Gesandtschaft der Armenier vor Papst Eugenius III., verlangte die schiedsrichterliche Entscheidung desselben in Betreff der Bei= behaltung oder Abschaffung bestimmter kirchlicher Gebräuche und bat um Unterweisung im Messe=Ritus der Lateiner. Sodann aber hat Fürst Raimund, soweit sich irgend erkennen läßt, diesmal in verständiger Weise seine Pflicht erfüllt. Denn ein französischer Chronist erzählt, es hätten in seiner Heimat antiochenische Boten die Bitte vorgetragen, daß „die siegesgewisse Tapferkeit der Franken" das Morgenland vor ferneren Unglücksfällen behüten möge. Außerdem verweilte im November 1145 der Bischof Hugo von Groß=Gibellum am päpstlichen Hofe, klagte dort bitterlich über den Verlust Edessas und äußerte schließlich die Absicht, über die Alpen gehen und die Könige Konrad III. von Deutschland und Ludwig VII. von Frankreich um Unterstützung für Syrien bitten zu wollen. Bischof Hugo war einer der bedeutendsten Männer des Fürstenthums Antiochien: an der Seite Raimunds hatte er sowohl den Kaiser Johannes wie jenen ehrgeizigen Patriarchen Radulf bekämpft, und es ist daher wahrscheinlich, daß er nur mit Wissen und Willen seines Landesherrn den Plan gefaßt hat, die mächtigsten Häupter der Christenheit um Hülfe anzugehen. Ob er ihn ausgeführt hat, wissen wir freilich nicht, da wir nichts weiter von ihm hören und von seinem Verbleiben keine Rechenschaft ablegen können. Aber jene andern antiochenischen Boten scheinen doch ihr Ziel erreicht zu haben, und überdies trugen einzelne vom heiligen Lande heimkehrende Pilger und Angehörige der Kreuzfahrerstaaten, die in Geschäften Europa bereisten, nicht blos die traurige Kunde vom Falle Edessas von Ort zu Ort, sondern sprachen dabei wohl auch sogleich von der Nothwendigkeit eines neuen Heereszuges der Franken gen Syrien.

Kreuzzugsrüstungen im Abendlande.

Die Lage des Abendlandes war aber in diesem Augenblicke außerordentlich verschieden von der im Jahre 1095. Denn zur Zeit Urbans II. stand die römische Kirche als Siegerin über niedergeworfenen Staatsgewalten; seitdem jedoch hatten schismatische Wahlen und mehrere sehr kurze Pontifikate dem Ansehen der Päpste empfindlich geschadet, und jetzt saß in der Person Eugenius III. ein zwar wackerer und frommer, aber ebenso unbedeutender Mann auf dem Stuhle Petri. Im Gegensatze hierzu hatten nunmehr die Staaten begonnen, sich kräftiger zu entwickeln: Roger von Apulien hatte die unteritalienischen Besitzungen der Normannen zu einem starken Königreiche vereint; die lombardischen Städte waren unter freien Verfassungen reich und mächtig geworden, und in Frankreich war nach langer Erschlaffung die königliche Gewalt durch den tüchtigen Ludwig VI. und den Abt Sugerius von St. Denys, seinen und seines Sohnes Ludwigs VII. klugen Rathgeber wieder zu hohen Ehren gekommen. Ueberhaupt aber hatte sich seit dem ersten Kreuzzuge und großentheils infolge desselben ein weltlicherer Zug im Leben der christlichen Völker geltend gemacht. Der mystisch-ascetische Drang, von dem dieselben im elften Jahrhundert durchaus beherrscht worden waren, wich seit der Eroberung Jerusalems mehr und mehr vor anderen Regungen zurück. Man hatte ja diesem Drange vollauf Genüge gethan und hatte dabei die alte Kultur der Griechen, die Macht der Mohammedaner und die reiche Schönheit des Orients kennen gelernt. Da füllten sich die Herzen mit heißem Verlangen, nicht mehr allein für das bunkle Jenseits zu leben, sondern alle Erscheinungen des irdischen Daseins zu durchforschen und freudigen Sinnes die Schätze dieser Welt zu genießen. Fürsten und Ritter schwelgten bald bei festlichen Gelagen und im Dienste der Minne; gelehrte Kleriker wagten sich an kühne philosophische Spekulationen oder verliefen sich in das Studium der Rechtsbücher Instinians, aus denen kein Beweis für die Zweckmäßigkeit weltlicher Herrschaft des geistlichen Standes entnommen werden konnte. Der liederfrohe Wilhelm von Aquitanien entfesselte die Sangeslust halb Europas, der tiefsinnige Peter Abälard sammelte dichte Schaaren gleichgesinnter Schüler um seinen Lehrstuhl, und der feurige Arnold von Brescia erklärte den Römern, die sich ohnedies schon gegen den Papst erhoben hatten, daß der heilige Vater wohl ein Herr über die Seelen, aber nicht über die Leiber sei, daß er wohl die Regierung der Kirche, aber nicht eine fürstliche Gewalt in der ewigen Stadt beanspruchen solle.

Aber die geistliche Strömung, welche die Gemüther einst so allgewaltig an sich gerissen hatte, war damit noch keineswegs zum Stillstand gebracht, vielmehr nur ein wenig von den früheren Wege abgelenkt. War das Papstthum augenblicklich nicht im Stande, die Führerrolle früherer Tage zu behaupten, so trat dafür die Mönchsgeistlichkeit an die Spitze der Bewegung. Und hier ist nun das Feld, auf welchem Bernhard von Clairvaux die lange Reihe seiner Triumphe errungen hat. Aus edlem burgundischen Geschlechte stammend, war er, von asketischem Drange getrieben, in jungen Jahren in das Kloster von Citeaux, das Mutterhaus des Cisterzienserordens getreten, von dort aus aber nach kurzer Zeit als Abt in das neu gegründete Kloster Clairvaux entsendet worden. Der Zeitrichtung entsprechend hegte er nicht die Meinung, daß der Klerus in äußerlicher Weise zur Herrschaft in dieser Welt berufen sei und unmittelbar über Unterthanen oder Kriegerschaaren gebieten solle; sein Sinn war nur darauf gerichtet, die Laien stets zu unterwürfigem Gehorsam gegen Gebote aus geistlichem Munde zu bringen. In dieser Beziehung aber arbeitete er an der Errichtung der Theokratie ebenso unermüdlich und fanatisch wie vor Zeiten Papst Gregor VII. Seine Erfolge verdankte er seiner schwungvollen Beredsamkeit und den umfassenden Kenntnissen, die er sich in eifrigem Studium erworben hatte. Er war im Stande, nicht blos die Massen mit sich fortzureißen, sondern auch die geistesmächtigsten Gegner mit den Waffen der Dialektik zu bekämpfen. Sein Wort wirkte mit Siegesgewalt für Papst Innocenz II. gegen den Schismatiker Anaklet; er demüthigte Abälard und bedrohte Arnold von Brescia; die kirchlichen Tendenzen wurden von niemandem kräftiger gefördert als von ihm, und die Kreuzpredigt, die er etwa übernahm, war des durchschlagendsten Erfolges gewiß.

Als nun jener Hülferuf der syrischen Christen in Europa erscholl, wurden die Landsleute Bernhards, die Franzosen, am stärksten von demselben erregt. Die Kreuzfahrerstaaten waren ja während der letzten Zeit fast ganz und gar zu französischen Kolonien geworden; die Verwandten der französischen Edelleute waren es, die im Morgenlande bluteten und fielen, und von Frankreich scheint deshalb auch Fürst Raimund vornehmlich Unterstützung ersehnt und erbeten zu haben. Dazu kam noch, daß sich kein Geringerer als der junge König Ludwig VII. selber seit längerer Zeit mit Kreuzzugsgedanken trug. Er wünschte eine Wallfahrt zu unternehmen, theils weil sein in jungen Jahren gestorbener Bruder Philipp ein unerfülltes Kreuzzugsgelübde mit sich ins Grab genommen hatte, theils auch wegen arger Kriegsgräuel, die sein Gewissen bedrückten. Denn in einer Fehde mit Graf Theobald von der Champagne hatte er im Jahre 1143 Vitry, einen der festesten Plätze des Grafen erstürmt. Dabei war die Kirche des Ortes eingeäschert worden und mehr als tausend Menschen hatten bei dem Brande den Untergang gefunden.

Weihnachten 1145 verweilte Ludwig zu Bourges inmitten einer großen Versammlung französischer Barone und Prälaten. Er sprach vor denselben seine Absicht, selber nach Syrien zu ziehen, offen aus und versuchte sie sogleich für das Unternehmen zu gewinnen. Der lebhafte Bischof Gottfried von Langres unterstützte ihn dabei mit einer feurigen Rede über die Gefahren des heiligen Landes und die Nothwendigkeit eines Kreuzzuges, der vorsichtige Abt Sugerius warnte dagegen so nachdrücklich vor übereilten Entschlüssen, daß die Versammlung keine entschiedene Meinung zu äußern wagte. Doch einigte man sich wenigstens so weit, den gefeiertsten Mann des Königreichs, den Abt von Clairvaux, nach Bourges zu berufen und ihm die Frage zur Entscheidung vorzulegen, ob der Kreuzzug rathsam sei oder nicht. Der heilige Bernhard hatte schon manchmal derartige Fragen beantworten müssen, und wenn ihm die Umstände des Fragenden eine Pilgerfahrt zu widerrathen schienen, hatte er, besonnen und vorsichtig, wie er zumeist verfuhr, seine Erwiderung darnach eingerichtet. Diesmal aber war für ihn die Entscheidung nach jeder Richtung überaus schwer zu treffen. Syrien bedurfte Hülfe; daran war nicht zu zweifeln. Sollte deshalb aber der König von Frankreich sein Land verlassen? Dasselbe erfreute sich zwar in jenen Tagen im Innern wie nach außen vollen Friedens; wenn aber der Herrscher mit starker Macht in die weite Ferne zog, wer mochte die Folgen ermessen? Bernhard erklärte deshalb, als er nach Bourges kam, daß er die Verantwortung, in einer so großen Sache den Ausschlag zu geben, nicht auf sich nehmen könne; man solle sich deswegen vielmehr an Eugenius III. nach Rom wenden. Ludwig schickte hierauf eine Gesandtschaft an den Papst und erreichte dadurch das Ziel seiner Sehnsucht. Denn Eugenius hatte ja schon vor einiger Zeit, besonders durch die Mittheilungen des Bischofs Hugo von Groß-Gibellum, die Noth der syrischen Christen kennen gelernt und vielleicht damals schon dem Wunsche Ausdruck verliehen, daß die Franzosen sich zur Wiedereroberung Edessas rüsten möchten. Mit Freuden billigte er daher jetzt den Plan des Königs, übertrug dem heiligen Bernhard die Kreuzzugspredigt und erließ ein schwungvolles Schreiben an die französische Nation, in welchem er sie beschwor, mit altbewährter Tapferkeit den Heiland an seinen Feinden zu rächen; wer das Kreuz nehme, solle sammt den Seinigen in apostolischem Schutze stehen, Sündenablaß erhalten, Zinsfreiheit genießen und seine Habe, um sich das Geld für den Auszug zu verschaffen, ohne Rücksicht auf sonstige Pflichten verpfänden dürfen.[1])

Die Versammlung zu Bourges hatte zuletzt noch beschlossen, daß eine neue Zusammenkunft bei Vezelay in Burgund um Ostern 1146 stattfinden solle, um abermals über den Kreuzzug zu berathen. Als die Osterfeiertage herannahten, strömte eine große Masse von vornehmen Männern und geringen Leuten bei Vezelay zusammen. Im freien Felde war eine Bühne erbaut worden, welche der heilige Bernhard und der König bestiegen. Der letztere war schon mit dem Kreuze geschmückt und wirkte durch sein Beispiel mächtig auf die Versammlung. Der Abt theilte das päpstliche Schreiben mit und fügte einige ermunternde Worte hinzu. Als er geendet hatte, erhob sich, wie einst in Clermont nach der Rede des Papstes Urban, unermeßlicher Jubel: die Menge drängte gegen die Bühne heran und forderte mit lautem Rufe, das Kreuzeszeichen aus der Hand des Heiligen zu erhalten. Bernhard konnte dem allseitigen Verlangen kaum genügen. Die mitgebrachten Kreuze waren schnell vertheilt, so daß er schließlich noch aus seinen eigenen Kleidern Kreuze schneiden mußte.

Nach der Auflösung dieser Versammlung reiste Bernhard in Frankreich umher, predigte mit unermüdlichem Eifer und bewog immer neue Massen von Rittern und Volk, die Theilnahme am Kreuzzuge zu versprechen. Im Laufe des Sommers schrieb er frohlockend an Eugenius: „Eurem Befehle habe ich gehorcht und das Ansehen des Befehlenden hat den Gehorsam befruchtet. Wenn ich verkündete und redete, mehrten sie sich ohne Zahl. Burgen und Städte stehen leer, kaum können sieben Weiber einen Mann finden; so bleiben überall Wittwen zurück, während die Männer leben." Aber auch die Frauen verlangten nach dem Kreuzeszeichen. Schon hatte sich die junge Königin, die lebenslustige, schöne Eleonore von Poitou zur Wallfahrt entschlossen, und bald folgten ihr andere Damen des königlichen Hauses und des höheren Adels. Das glänzendste Gelingen schien dem Unternehmen nach solchem Beginne gesichert: eine ermuthigende Weissagung wurde erzählt und gern gehört, daß Ludwig Konstantinopel und Babylon erobern, ja gleich Cyrus und Herkules über den ganzen Orient triumphiren werde.

Die Kreuzesbegeisterung der Franzosen theilte sich jedoch allmählich weiteren Kreisen mit. So drang sie in die rheinischen Gegenden ein, veranlaßte aber dort, schlecht geleitet, heftige Ausbrüche wüster Leidenschaft. Blutige Judenverfolgungen begannen im Sommer 1146 in allen größeren Rheinstädten und erhielten bald einen so bedrohlichen Charakter, daß der Erzbischof von Mainz, unfähig der Raserei zu steuern, an den heiligen

---

1) Das päpstliche Schreiben rührt her vom 1. Dezember 1145 oder vom 1. März 1146. Möglicherweise ist es schon am 1. Dezember, etwa auf Antrieb des Bischofs Hugo, verfaßt worden, aber erst im März 1146 scheint es in Frankreich bekannt geworden zu sein.

Bernhard mit der Bitte um Rath und Hülfe schrieb. Dieser antwortete zuerst brieflich, indem er namentlich die ausschweifenden Lehren eines Mönches Rudolf lebhaft tadelte, reiste aber schließlich selber, etwa im November, nach Mainz hinüber, um durch den mächtigen Eindruck seiner Persönlichkeit und die unwiderstehliche Kraft seiner Rede den immer wilder tobenden Aufruhr zu unterdrücken. Wohin er kam, wurde er wie ein Heiliger aufgenommen: Rudolf fügte sich seinem Gebot; das Mainzer Volk murrte wohl, beugte sich aber gleichfalls; König Konrad kam ihm sogar bis Frankfurt entgegen und behandelte ihn mit der höchsten Aufmerksamkeit und Verehrung.

Dieser neue Erfolg brachte Bernhard auf den kühnen Gedanken, nun auch die deutsche Nation in möglichst weitem Umfange zum Kreuzzuge aufzufordern. Schon in Frankfurt ermahnte er den König, an der Wallfahrt sich gleich Ludwig VII. zu betheiligen. Als Konrad dies ablehnte, schwieg der Abt einstweilen und folgte der Bitte des Bischofs von Konstanz, in dessen Diözese das Kreuz zu predigen. Er bereiste das westliche Alemannien auf beiden Seiten des Rheins, überzeugte sich dabei, daß seine Rede in Deutschland die gleiche Gewalt hatte wie in Frankreich und wagte hierauf einen neuen Versuch, um König Konrad und die Deutschen überhaupt den Kreuzzugsplänen dienstbar zu machen. Auf Weihnachten 1146 war nämlich ein Reichstag nach Speier ausgeschrieben und Bernhard schickte deshalb zunächst „an den Bischof, den Klerus und das Volk von Speier" ein Sendschreiben,

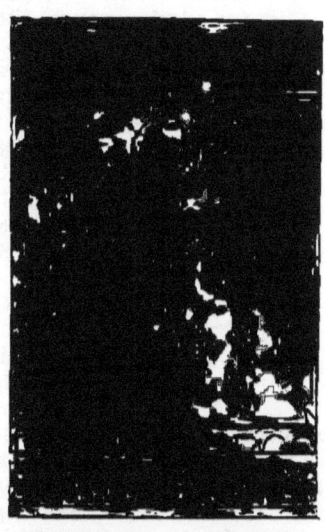

Mönchstracht aus dem 12. Jahrhundert.
Aus dem Martyrologium von 1155 der königlichen Bibliothek zu Stuttgart.

in welchem er mit flammenden Worten zur Betheiligung an der Pilgerfahrt aufrief, offenbar in der Absicht, hierdurch einen moralischen Druck auf Konrad auszuüben. Als er darnach persönlich auf dem Reichstage erschien, erklärte der König nur noch, daß er nicht eher das Kreuzzugsgelübde ablegen könne, als bis er mit seinen Fürsten darüber Rath gehalten habe. Bernhard aber wollte nun sofort zum Ziele kommen. Er erhob sich deshalb noch an demselben Tage, an dem er den eben erwähnten Bescheid erhalten hatte, während des Gottesdienstes im Dome zu Speier und sagte, er dürfe den Tag nicht ohne Predigt vorübergehen lassen. Darauf sprach er mit immer steigender Gluth der Beredsamkeit von den Gefahren der heiligen Kirche und von der

Verdienſtlichkeit des Kreuzzuges. Zuletzt wandte er ſich unmittelbar an den König, ſchilderte die Wohlthaten, die ihm der Himmel erwieſen und erinnerte ihn an das jüngſte Gericht, wo ihn Jeſus Chriſtus unter gerechten Vorwürfen fragen würde: „O Menſch, welche Gnade lag in meiner Hand, die ich Dir nicht geboten?" — Konrad war nicht im Stande, dieſem unerwarteten Angriff Widerſtand zu leiſten. Unter Thränen bat er um das Kreuz, welches ihm der heilige Bernhard ſogleich und unter lautem Jubel der anweſenden Menge reichte. Viele deutſche Fürſten folgten ſchon in Speier dem Beiſpiel des Königs, vor allem der Neffe desſelben, der junge Herzog Friedrich von Schwaben, der ſpätere Kaiſer Friedrich I.

So war geſchehen, was der Abt von Clairvaux gewünſcht, aber kaum zu hoffen gewagt hatte. Er ſelber nannte ſeinen Sieg über Konrad III. das Wunder der Wunder. Doch begnügte er ſich auch hiermit nicht, ſondern ſuchte immer weitere Kreiſe zum Kreuzzuge zu bewegen. Da er nur im Weſten Deutſchlands perſönlich thätig war, ſo verſah er ſein Speirer Schreiben mit einer neuen Adreſſe „an die Oſtfranken und Bayern" und erfuhr die Genugthuung, daß dasſelbe auf dem Reichstage zu Regensburg, Februar 1147 dem Unternehmen abermals eine Fülle begeiſterter Theilnehmer gewann. Andere Abſchriften und Nachbildungen desſelben Schreibens ſandte er an die Böhmen und Mähren, an Italiener, Bretagner und Engländer. Und als er im März 1147 bei einer zweiten Anweſenheit in Frankfurt hörte, daß die Sachſen lieber gegen die heidniſchen Wenden in ihrer Nachbarſchaft als gegen die Seldſchuken zu Felde ziehen würden, predigte er auch einen förmlichen Kreuzzug gegen die Feinde des Chriſtenthums jenſeits der Elbe.

König Konrad III.
Facſimile aus „de passagiis in Terram Sanctam" (Venedig).

Die Wendenfahrer erhielten als beſonderes Abzeichen ein Kreuz auf einem Ringe, wodurch der Sieg des Kreuzes über die ganze Welt angedeutet werden ſollte. Bernhard beſtimmte ihnen auf Wunſch König Konrads Zeit und Ort für den Beginn ihres Zuges, gebot ihnen dabei aufs ſtrengſte, nicht zu ruhen, bis mit Gottes Hülfe das ganze Wendenvolk vernichtet oder dem Chriſtenthum unterworfen ſei und ſcheute, mit einem Worte, keine Mühe und kein Mittel, um dem heiligen Kriege den großartigſten Erfolg zu ſichern.

Durch alles dieſes hatte ſich, ohne daß dergleichen im voraus beabſichtigt worden wäre, etwas Ungeheures vollendet. Faſt die ganze römiſche Chriſtenheit war zum Kampfe gegen die verſchiedenſten Theile der nichtchriſtlichen Welt entflammt worden. Was Urban einſt verlangt und erreicht hatte, verſchwand beinahe vor den Triumphen des Abtes von Clairvaux. Wo der Heilige erſchien, da demüthigten ſich die Herzen nach ſeinem Willen. Kranke und Lahme wurden vor ihn gebracht, daß er durch ſein Gebet ſie heile; und zahlloſe Wunder begaben ſich nach der erregten Meinung ſeiner Umgebung. Deutſchland, bisher von Fehden zerriſſen, wurde durch die Kreuzpredigt so heilig, friedlich gestimmt, „daß es für ein Verbrechen galt, öffentlich Waffen zu tragen". Die Massen der Wallfahrer schwollen zu unberechenbarer Höhe an. Denn außer den starken Haufen der Wendenfahrer, außer großen Schaaren von Niederdeutschen, Engländern und Provenzalen, die je von ihren heimischen Küsten aus zur See nach Syrien gingen, sammelten sich um König Konrad allein 70,000 Ritter und eine ähnliche Macht um König Ludwig; d. h. die Heere der beiden Herrscher umfaßten mit leichten Reitern, Fußtruppen und Troß hunderttausende von Menschen und es ist bezeichnend, daß die Griechen, als sie späterhin das deutsche Heer beim Uebergang über den Bosporus zu zählen versuchten, mehr als 900,000 Mann gefunden haben wollen. Da wurde endlich auch Papst Eugenius vom Taumel der ganzen Christenheit ergriffen. Bisher hatte er nämlich nichts weiter für den Kreuzzug gethan, als die französische Nation zu demselben angeeifert. Die Theilnahme Konrads an der Wallfahrt war ihm sogar sehr unangenehm gewesen, weil er deutsche Waffen zur Unterstützung gegen die aufrührerischen Römer zu erhalten wünschte. Nun aber entsendete er, um die gemeine Sache auch seinerseits möglichst zu befördern, als Kreuzzugslegaten zu König Konrad den Kardinalbischof Dietwin, zu König Ludwig den Kardinalpriester Guido und zu den Wendenfahrern den Bischof Anselm von Havelberg und vertiefte sich sogar in die kühne Hoffnung, daß die allgewaltige Erhebung der römischen Christenheit zur kirchlichen Wiedervereinigung derselben mit den Griechen führen werde.

Indessen die Aussichten des vielgestaltigen Unternehmens waren in Wirklichkeit keineswegs erfreulich. Wären die Franzosen allein ins Feld gezogen, so hätten sie wohl bedeutende Erfolge erringen mögen: ihre Zahl reichte vollständig hin, um Zenki zu schlagen und Edessa wieder zu erobern. Aber durch die Theilnahme der Deutschen am Kreuzzuge, die der heilige Bernhard ohne jede Erwägung weltlicher Rücksichten in blindem kirchlichem Eifer erzwungen hatte, war das Gelingen desselben aufs ernstlichste in Frage gestellt. Denn Konrad III. war ein schwacher Herrscher. Unter seiner Regierung hatten in Deutschland Jahr aus Jahr ein wilde Kämpfe getobt, durch die ein großer Theil des Volkes nicht blos an Leib und Gut, sondern auch an seiner Seele schwer geschädigt war. Die deutschen Heerschaaren, die sich jetzt in plötzlicher Zerknirschung dem Dienste Jesu Christi gelobt hatten, bestanden daher neben tüchtiger Ritterschaft auch aus bedenklich viel zuchtlosem Kriegsvolke und verbrecherischem Gesindel. Indessen noch weit verhängnißvoller machten sich in jenen Tagen die internationalen Beziehungen geltend. Die Franzosen nämlich waren, obwohl augenblicklich mit aller Welt in Frieden, dennoch besonders befreundet mit den Normannen Italiens und stark verstimmt gegen deren Feinde, die Griechen, die Bedränger Raimunds von Antiochien. Die Deutschen dagegen sahen mit Haß auf die Normannen und standen im Bunde mit Kaiser Manuel, der eine Schwägerin Konrads, Gräfin Bertha von Sulzbach, zur Gattin hatte. Unter diesen Um=

ständen war das gemeinsame Unternehmen der beiden Völker von vornherein von den schwersten Konflikten bedroht, und schon während der Vorbereitungen zum Kreuzzuge kam dies zu Unheil verkündendem Ausdrucke. Denn Konrad beschloß, wie für ihn am natürlichsten war, zu Lande, durch Ungarn und das byzantinische Reich gen Osten zu ziehen. Ludwig aber schwankte lange, ob er denselben Weg wählen oder nach Italien und von dort zu Schiff nach Syrien gehen solle. Griechische wie normannische Gesandte strengten sich leidenschaftlich an, die einen ihn hierhin, die andern ihn dorthin zu ziehen. König Roger erklärte sich sogar bereit, dem französischen Heere, sobald dasselbe nach Apulien komme, Schiffe und Lebensmittel zu liefern, die Flotte auch selber zu begleiten oder derselben seinen Sohn mitzugeben. Dennoch siegten endlich die Griechen, weil Ludwig sich von seinem Waffengenossen Konrad nicht völlig trennen wollte und weil „die Straße Karls des Großen und Gottfrieds von Bouillon" schon der traditionelle Weg der großen Kreuzheere geworden war. Die normannischen Gesandten kehrten, als sie diese Entscheidung erfuhren, unter den feindseligsten Drohungen gegen die Griechen in ihre Heimat zurück.

Die Kreuzfahrer in Griechenland und Kleinasien.

Die deutschen Wallfahrer sammelten sich endlich, Anfang Juni 1147, in der Ostmark an der ungarischen Grenze. König Konrad beabsichtigte hier noch nicht die Franzosen zu erwarten, sondern bis Konstantinopel allein

König Konrad III. auf dem Marsch.
Facsimile aus „de passagiis in Terram Sanctam" (Venedig).

mit den Seinen voraus zu marschiren, damit die Beschaffung der Lebensmittel, die für jede der beiden Heeresmassen schon schwierig genug war, durch diese Trennung erleichtert werde. Nach Pfingsten (8. Juni) rückte er in Ungarn ein, wo damals Geisa II. herrschte, mit dem die Deutschen erst vor kurzem einen sehr unglücklichen Krieg geführt hatten. Es lag deshalb nahe, mit Hülfe des großen Pilgerheeres hierfür Rache zu nehmen, und ein ungarischer Kronprätendent, Prinz Boris, forderte die Deutschen selber zum Kampfe gegen Geisa auf. Konrad wagte aber schließlich nicht, den heiligen Krieg mit dem Kampfe gegen einen christlichen König zu beginnen, und begnügte sich, das Land unter Verwüstungen und Gelderpressungen zu durchziehen. Glücklich kam man durch Ungarn und über die Nebenflüsse der Donau bis zur byzantinischen Grenze im Morawathale. Hier erschienen Gesandte Kaiser Manuels

Die Kreuzfahrer in Griechenland und Kleinasien.

und versprachen, den Marsch des Heeres durch Lieferung von Lebensmitteln möglichst zu erleichtern, wenn die Deutschen dagegen Land und Leute der Griechen in keiner Weise schädigen würden. Sehr leicht einigte man sich auf dieser Grundlage, und so ging das Unternehmen König Konrads einstweilen noch in bester Weise vorwärts.

Ein paar Wochen später als die Deutschen hatten sich die Franzosen bei Metz vereinigt, waren dann durch Franken und Bayern marschirt und durch Ungarn den Spuren der Deutschen gefolgt. Unterwegs hatte sich ihnen Prinz Boris angeschlossen, ohne jedoch irgend welche Unterstützung zu erhalten, da Ludwig mit Geisa in gutem Einvernehmen stand und zu bleiben wünschte: man gestattete dem Prätendenten nur, im Schutze der französischen Waffen das ungarische Gebiet zu verlassen. Außerdem waren während des Marsches byzantinische Gesandte eingetroffen, hatten aber nicht blos ebenso gesprochen wie im deutschen Lager, sondern hinzugefügt, daß die französischen Großen sich eidlich verpflichten müßten, alle ehemals griechischen Gebiete, die sie den Seldschuken entreißen würden, der kaiserlichen Regierung zu überliefern. Die Barone Ludwigs waren jedoch durchaus nicht geneigt, sich in betreff künftiger Eroberungen die Hände zu binden: es kam zu heftigen Erörterungen, deren einziges Ergebniß war, daß die Griechen mit tiefem Mißtrauen auf die Franzosen blickten, in

König Ludwig VII. auf dem Marsch.
Facsimile aus „de passagiis in Terram Sanctam"
(Venedig).

diesen aber Haß und Zorn gegen Kaiser Manuel von neuem aufflammte.

Hieran knüpfte sich bald Schlimmeres. Denn inzwischen waren auf anderen Schauplätzen Ereignisse eingetreten, welche die Verstimmung, die zwischen Franzosen und Griechen herrschte, zu offenem Bruche aller Kreuzfahrer mit den letzteren zu erweitern drohten.

Kaiser Manuel war nämlich, seitdem er im Jahre 1144 den Fürsten Raimund gedemüthigt hatte, mit starker Heeresmacht gegen die kleinasiatischen Seldschuken ins Feld gerückt und hatte dieselben mehrfach empfindlich geschlagen, sogar bis vor die Thore ihrer Hauptstadt Ikonium verfolgt. Den Kreuzfahrern war hier also aufs beste vorgearbeitet worden: sie hätten sich nur noch mit den Griechen zu vereinigen brauchen, um diesen Seldschuken ohne viele Mühe vollends den Garaus zu machen; Kaiser Manuel wäre seiner Persönlichkeit nach für sie ein recht geeigneter Bundesgenosse gewesen, da er nicht blos als Feldherr an der Spitze der Seinen zu wirken pflegte, sondern daneben Gefahr und Abenteuer in tollkühnen Kämpfen mit Vorliebe aufsuchte und somit eine Sinnesweise zeigte, die der Stimmung der abendländischen Ritterschaft sehr nahe verwandt war. Außerdem hatte der Krieg der Christen mit den Mohammedanern während der letzten Jahre auch in Afrika zu glänzenden Erfolgen geführt, indem von den sicilischen Normannen eine große Zahl der bedeutendsten Orte an den Küsten von Tunis und Tripolis erobert worden war. Aber alle guten Aussichten, die sich an diese Siege des Kreuzes im Süden und im Osten Europas geknüpft hatten, waren durch die Feindschaft zwischen König Roger und Kaiser Manuel schließlich wieder in ihr Gegentheil verkehrt worden. Denn der König, in steter Sorge vor einem Kriege mit den Griechen, hatte nicht blos den Bekennern des Islams in Afrika endlich Frieden gewährt, sondern auch eine große Flotte gerüstet, um die gute Gelegenheit zu einem Angriffe auf den Kaiser, während dieser durch den Heranzug der Kreuzfahrer im Innern seines Reiches vollauf beschäftigt war, nach Kräften auszunutzen. Eben jetzt, im Sommer 1147, eroberten die Normannen Korfu, plünderten Korinth, Theben und Euböa und trugen aus den reichen Städten unermeßliche Schätze in ihre Schiffe davon. Manuel gerieth hierüber in leidenschaftlichste Erregung, beschloß auf der Stelle, alle Kräfte seines Reiches gen Westen zu wenden, und gewährte deshalb den Seldschuken, deren Friedensgesuche er früher mit Hohn zurückgewiesen hatte, einen Waffenstillstand von zwölf Jahren.

In welch' unseligem Wirrsal befanden sich seitdem die Angelegenheiten der christlichen Hauptmächte! Während die stolzeste Kraft von Deutschland und Frankreich nach Kampf mit den Seldschuken strebte, machten die Vorkämpfer der Christenheit, Normannen und Byzantiner, Frieden mit dem Islam; und während das Schwert der Normannen an den griechischen Küsten wüthete, zogen die Hunderttausende der Kreuzfahrer gegen Konstantinopel heran und erweckten in Manuel den naheliegenden Verdacht, daß auch bei ihnen böse Absichten auf sein Reich vorhanden sein möchten. Aus alledem konnte nur großes Unheil hervorgehen.

Der Zug der Deutschen durch Griechenland hat dies sofort bestätigt. Die Beamten des Kaisers kamen denselben anfangs bereitwillig entgegen und die Kreuzfahrer hielten leidlich Ordnung, so lange sie in mühseligem Marsche durch die serbisch-bulgarischen Berglande hindurchzogen. Kaum aber waren sie in die reichen Thäler Thraciens hinabgestiegen, als sich die Zuchtlosigkeit dieses Heeres durch Rauben und Brennen in ärgster Weise offenbarte. Manuel sah sich dadurch genöthigt, zur Verhinderung fernerer Ausschreitungen der Deutschen seine Truppen aufzubieten, und wenigstens einmal — bei Adrianopel — hat sich zwischen beiden ein blutiger Kampf entwickelt. Außerdem machte der Kaiser auch einen Versuch, König Konrad dazu zu bringen, daß er seinen Marsch nicht auf den Bosporus, sondern auf den Hellespont richte, offenbar damit der Kern des Reiches, Konstantinopel und dessen Umgebung, von diesen Kreuzfahrern unberührt bleiben möge: der König aber verweigerte es, von der Straße Gottfrieds von Bouillon irgendwie abzuweichen. Am 7. September lagerten die Deutschen bei Chörobacchi, im Thale des Melasflusses, nicht fern vom Meere. In der Nacht brach plötzlich ein tropisches Unwetter los und verursachte eine große Ueberschwemmung, in der viele Zelte, Pferde, Waffen und Menschen von den Wellen fortgerissen und in die Propontis hinabgespült wurden. Trotzdem erschienen die Schaaren, welche die Schreckensnacht überlebt hatten, bald darauf so trotzig und beute= lustig wie nur je vor den Thoren von Konstantinopel, plünderten im Westen der Stadt das Philopatium, eine reiche kaiserliche Park= und Palastanlage, und zogen dann über die Brücke des Bathyssus nach der Vorstadt Pera, wo sie in den alten Quartieren Herzog Gottfrieds sich einlagerten.

Kaiser Manuel hatte mit Schmerz und steigender Unruhe das Treiben der Deutschen, die doch seine Bundesgenossen waren, beobachtet. Was stand ihm erst bevor, wenn sich mit denselben die Franzosen, die Freunde der Normannen, vor den Thoren der Hauptstadt vereinigten? Er mußte offen= bar versuchen, die Deutschen so schnell als möglich über den Bosporus hin= über zu schaffen, um wenigstens dadurch die Gefahren, die ihn bedrohten, etwas zu verringern. Aber wie sollte er dies erreichen? Die Vorgänge der letzten Wochen hatten auch zwischen ihm und Konrad so viele Erbitterung aufgehäuft, daß die beiden mit einander verwandten Herrscher jetzt gar nicht einmal zu persönlicher Berührung kamen.[1]) Da hat Manuel sich in echt byzantinischer Weise, halb mit List und halb mit Gewalt, zu helfen gewußt. Durch Gesandte hat er den König wegen der Unthaten des deutschen Heeres bitter getadelt und hart bedroht, zugleich durch seine wohlgeschulten Truppen die rauflustigen Massen der Kreuzfahrer gründlich in die Enge getrieben und schließlich durchgesetzt, daß Konrad, erschreckt und eingeschüchtert, sein Heer um die Mitte September nach Asien hinüberführte.

Diesem heillosen Anfange des deutschen Kreuzzuges folgte sehr schnell das traurigste Ende. Manuel trat zwar bald wieder, nachdem nunmehr die schlimmste Gefahr für Konstantinopel beseitigt war, in freundlichere Be= ziehungen zu Konrad und überwies demselben einen vornehmen Offizier, den Warägerhauptmann Stephan, als Führer durch Kleinasien; aber die Deutschen richteten sich in kurzer Frist durch ihre eigene Thorheit selber zu Grunde. Das unbändige Heer verlangte den Marsch nach Asien hinein, obwohl man am Bosporus die Franzosen hatte erwarten wollen, dennoch sogleich anzu= treten und nirgendwo zu zaudern, bis Edessa erobert worden sei. Konrad war hiermit völlig einverstanden, weil er die Kreuzfahrt, gedrückt von der unglückseligen Stellung, in die ihn der blinde Eifer des heiligen Bernhard gebracht hatte, so schnell als möglich zu beendigen wünschte. Als er nun aber, um wenigstens den eigentlichen Kriegszug beschleunigen zu können, den Plan entwarf, allein mit den Rittern quer durch Kleinasien auf die Seld=

---

[1]) Die aus den politisch=militärischen Verhältnissen jener Tage hervorgegangene Erbitterung zwischen Deutschen und Griechen bildete ohne Zweifel die Hauptursache dafür, daß Konrad und Manuel damals sich nicht einmal gesehen haben. Thörichte Etiquettestreitigkeiten, in denen diese beiden Fürsten allerdings mit einander haderten, können daneben doch nur in zweiter Linie gewirkt haben.

schulen loszugehen, das niedere Volk dagegen auf einem gefahrloseren Wege nach Syrien zu senden, da erhob sich unter den Haufen des letzteren wilder Aufruhr, der eine sehr unverständige Theilung des Heeres zur Folge hatte. Denn höchstens 15,000 Mann, meist Fußknechte, trennten sich in Nicäa, wo man in der ersten Hälfte Oktobers verweilte, von den Genossen. Halb schieden sie im Trotze von dem Könige, halb gingen sie nach seinem Willen. Sie waren aber viel zu gering an Zahl, um auf irgend welchem Wege mit Sicherheit vordringen zu können, und das Hauptheer blieb auch nach ihrem Abzuge von einem ungeheuren Trosse belastet. Konrad versah sich sodann in Nicäa mit so viel Lebensmitteln als möglich und rückte am 15. Oktober von dort aus auf dem Wege Gottfrieds von Bouillon nach Phrygien vor. Das schlecht geordnete Heer kam jedoch nur außerordentlich langsam von der Stelle. Nach acht Tagen war noch nicht einmal das nahe Dorylaum erreicht, bis zu dem die Kreuzfahrer im Jahre 1097 nur vier Tage gebraucht hatten, und der König stellte nun gar den Hauptmann Stephan in harter Weise zur Rede, als ob dieser am ungenügenden Fortschritte des Heeres Schuld trüge. In gleicher Lage vergingen noch zwei Tage: die Kreuzfahrer wurden schließlich so ungeduldig und zornig, daß Stephan in Furcht vor ihnen entfloh. Endlich am 11. Tage, dem 26. Oktober, befand man sich freilich in der Nähe von Dorylaum, zugleich aber erschienen seldschukische Reiterschaaren in geringer Entfernung von den Deutschen. Die Ritter stürzten sofort in tollem Rennen auf den Feind los, ermüdeten jedoch vergeblich ihre Pferde, da sich die Seldschuken dem ersten Anprall der gewappneten Geschwader durch schnelle Flucht entzogen. Als die Ritter hierauf erschöpft anhielten, wandten sich die Seldschuken zum Angriffe, schlugen zunächst die Ritter mit blutigem Verluste zurück und warfen sich dann von allen Seiten auf die schwerfälligen Massen der übrigen Pilger. Die Ritter versuchten zwar noch mehrere Male, die Feinde zu vertreiben, aber fortdauernd mit demselben schlechten Erfolge wie das erste Mal. Da schlug die Stimmung der Deutschen vollständig um: aus ihrem früheren Uebermuth wurde nun klägliche Zaghaftigkeit.[1]) König Konrad rief die Herzöge, Grafen und Barone zu einer Berathung zusammen, in der dann beschlossen wurde, an das Meer und zu den Kampfgenossen, den Franzosen, zurückzukehren.

Der Rückzug vollendete die Niederlage der Kreuzfahrer. Die Seldschuken umschwärmten das ganze Heer und beschossen es von den Seiten, von hinten und selbst von vorn. Die Deutschen warfen sich nach kurzer Frist in wilde Flucht, ohne auch nur einen Versuch zu geordneter Vertheidigung zu machen. König Konrad und die Fürsten schlugen zwar tapfer drauf los, sobald sie mit den Feinden haudgemein wurden; Konrab wurde selber ver-

---

1) Am Tage dieser Schlacht bei Dorylaum, dem 26. Oktober, trat auch eine Sonnenfinsterniß ein. Vielleicht hat dieselbe die Bestürzung der Kreuzfahrer erhöht.

wundet; aber nur der einzige Graf Bernhard von Plötzke erwarb den Ruhm, bei der Deckung der Nachhut umsichtig und ausdauernd eine höhere Pflicht erfüllt zu haben, bis er den feindlichen Pfeilen erlag. Dann begannen Hunger und Krankheiten zu wüthen, weil die mitgenommenen Lebensmittel aufgezehrt waren, und so war schon ein sehr großer Theil des Heeres vernichtet, als man endlich Nicäa wieder erreichte. Dort aber starben noch mehr als 30,000 Mann theils aus Hunger, theils auch in Folge der überstandenen Anstrengungen. Von den Ueberlebenden kehrten die meisten nach Konstantinopel und in die Heimat zurück, da sie ihre Lust am heiligen Kriege gründlich gebüßt hatten. Nur eine kleine Schaar war noch entschlossen genug, mit König Konrad einen neuen Versuch zur Fortsetzung des Kreuzzuges zu machen.

Während das deutsche Heer in dieser grauenvollen Weise zu Grunde ging, hatten die Franzosen ihren Marsch durch Griechenland vollendet. Sie waren in tiefem Frieden das Morawathal hinauf und durch Thracien hinab gezogen, obwohl bei ihnen die Gefahr eines feindlichen Zusammenstoßes mit den Griechen viel näher lag als bei den Deutschen. Denn auch bei ihnen gab es trotz der strengen Zucht, die Ludwig und seine Barone zu erhalten versuchten, viel marodirendes Gesindel, und die Bevölkerung der byzantinischen Provinzen, noch in heftiger Erregung wegen jener Zügellosigkeiten der Deutschen, zeigte ihnen überall das gehässigste Mißtrauen. Die Beamten Kaiser Manuels strengten sich aber aufs äußerste an, jeden Anlaß eines ernsteren Zerwürfnisses sogleich aus dem Wege zu räumen und die Kreuzfahrer soweit nur irgend möglich zufrieden zu stellen. Manuel selber bat die Franzosen, ebenso wie früher die Deutschen, nicht über den Bosporus sondern über den Hellespont nach Asien zu gehen, und als auch Ludwig dies verweigerte, so sprach ihm trotzdem der Kaiser durch Boten und Briefe die freundschaftlichsten Gesinnungen aus und veranlaßte sogar seine Gemahlin, der Königin Eleonore höchst entgegenkommend zu schreiben. Hierdurch wurden wenigstens offiziell gute Beziehungen aufrecht gehalten, und Ludwig, vor den Thoren von Konstantinopel am 4. Oktober feierlich und glänzend bewillkommnet, verlebte schließlich in der prachtvollen Residenz an der Seite Manuels festlich frohe Tage.

Indessen die Griechen hatten von diesen Pilgern dennoch das äußerste zu fürchten. Denn es gab unter denselben genug ebenso warme Freunde der Normannen wie hitzige Gegner des byzantinischen Reiches, und als gerade jetzt die Erfolge, die König Roger an den griechischen Küsten erfochten hatte, allgemein bekannt wurden, bildete sich eine mächtige Partei im französischen Lager, welche die Forderung erhob, Konstantinopel zu erstürmen und hierdurch das ganze Reich zusammenzuwerfen; denn so nur werde man die syrischen Christen, die von diesen herrschsüchtigen Kaisern schon so viel zu leiden gehabt hätten, für immer sichern. Manuel war diesem Treiben gegenüber in bitterer Noth und wußte schließlich keinen andern Ausweg, als Ge-

walt mit List zu vertreiben. Er ließ falsche Nachrichten von angeblichen
Siegen der Teutschen aussprengen; schon hätten sie 14,000 Feinde erschlagen,
schon Ikonium genommen, an Ruhm und Beute Unermeßliches gewonnen.
Diese Worte erwirkten vollkommen, was sie gesollt hatten. Die Franzosen
verlangten einmüthig, aufs schnellste zu ebensolchem Glücke geführt zu werden,
und Ludwig ging, dieser Stimmung nachgebend, gleich nach der Mitte
Oktobers mit dem ganzen Heere über den Bosporus.

Jenseits desselben verhandelten der Kaiser, der König und die Barone
des letzteren noch einige Tage mit einander, während die Massen der Pilger
sich allmählich gen Nicäa in Marsch setzten. Manuel wünschte vor allem
ein Bündniß mit Ludwig gegen Roger abzuschließen, sodann eine Verwandte des
Königs zur Gattin für einen griechischen Prinzen zu erhalten und endlich von
den Baronen für die Gebiete, die sie etwa erobern würden, den Lehnseid zu
empfangen. Von alledem setzte er aber trotz vieler Versprechungen und Geschenke nichts weiter durch, als daß ihm endlich am 26. Oktober, demselben
Tage, an welchem die Teutschen bei Dorylänum erlagen, die Mehrzahl der
Barone den Lehnseid leistete. Darauf schied er von den Kreuzfahrern,
äußerlich in freundschaftlicher Haltung, in Wahrheit jedoch tief verstimmt und
erbittert. Den französischen Großen kamen aber, als sie sich Nicäa näherten,
einige deutsche Herren, an ihrer Spitze Herzog Friedrich von Schwaben,
entgegen, um sie von dem jammervollen Geschicke, von dem sie so eben betroffen worden, in Kenntniß zu setzen. Ludwig hörte ihre traurige Erzählung
mit herzlicher Theilnahme an und eilte, die Trümmer des deutschen Heeres
aufzusuchen. Als er auf Konrad traf, sanken sie einander weinend in die
Arme. Dann beschlossen sie, die Wallfahrt nur in treuer Gemeinschaft
fortzusetzen.

Ehe wir sie auf derselben begleiten, müssen wir jener 15,000 Mann
gedenken, die sich von König Konrad in Nicäa getrennt hatten. An ihrer
Spitze standen vornehmlich ein Graf Bernhard aus Kärnthen und Bischof
Otto von Freising, der berühmte Geschichtschreiber, ein Halbbruder Konrads.
Sie wendeten sich zuerst westwärts, zogen dann am ägäischen Meere
gen Süden, endlich wieder ins innere Land hinein, erlitten Ende des Jahres
1147 in der Gegend von Laodicea am Lykus eine Niederlage, in der Graf
Bernhard fiel, arbeiteten sich darnach noch bis zur pamphylischen Küste hindurch,
wurden dort aber im Februar 1148 beinahe alle erschlagen oder gefangen
genommen. Nur mit einem geringen Reste rettete sich Bischof Otto hinaus
auf die See und nach Syrien.

Fast ebenso schlimm war das Schicksal, dem das französische Heer verfiel. Diese noch vollkommen frische, zahlreiche und kriegsmuthige Schaar
hätte jetzt den Feinden gerade auf den Leib rücken, d. h. auf dem nächsten
Wege nach Dorylänum und Ikonium sich durchschlagen sollen Dadurch hätte
man die übeln Wirkungen der deutschen Niederlage am schnellsten verwischt
und keineswegs sich größeren Gefahren ausgesetzt, als auf jeder anderen

Straße schließlich auch zu überwinden waren. Aber die Schilderungen, die Konrad von seinen kaum überstandenen Leiden machte, riefen nunmehr den verkehrten Beschluß hervor, das blutbedeckte Gebiet zwischen Nicäa und Doryläum zu vermeiden und in weitem Umwege durch West- und Süd-Kleinasien nach Syrien vorzudringen. Die Franzosen und die wenigen Deutschen, die noch bei einander geblieben waren, zogen denn auch über Ulubad und Esseron nach Abramyttium und von dort über Pergamum und Smyrna nach Ephesus. Bis dahin hatte man keine Seldschuken zu bekämpfen. Indessen das muthlose Ausweichen vor der Gefahr, die bitter feindselige Stimmung der Griechen in jenen Ortschaften, die unaufhörliche Mühsal des Marsches über hohe Berge und reißende Ströme, alles dieses zusammen wirkte fast ebenso arg wie eine verlorene Schlacht und erschöpfte besonders die letzte Widerstandskraft der Deutschen. Nachdem man gegen Weihnachten in Ephesus angelangt war, erkrankte außerdem König Konrad ernstlich und fühlte sich daher wie von schwerem Drucke befreit, als Kaiser Manuel ihm in diesem Augenblicke eine sehr herzliche Einladung schickte und ihm hierdurch ermöglichte, die Fortsetzung des Kreuzzuges einstweilen aufzugeben und zu seiner Erholung nach Konstantinopel zurückzukehren. Ludwig empfing ebenfalls eine Botschaft Manuels, die ernste Warnung vor nahe bevorstehenden Gefahren enthielt, aber auf den König und dessen Ritter um so geringeren Eindruck machte, als dieselben, frei von der beklemmenden Vereinigung mit den kampfesmüden Deutschen (denn mit Konrad gingen auch dessen Truppen nach Konstantinopel zurück), wieder auf frischeren Fortgang ihres Unternehmens hoffen durften. In der That brachten die nächsten Wochen gute Erfolge. Man rückte nach Weihnachten zum Mäander hinab und an dessen rechtem Ufer aufwärts ins innere Land hinein, allmählich von den Seldschuken umschwärmt, aber in fester Haltung dieselben ohne Mühe zurückwerfend. Um Neujahr 1148 setzte man bei der kleinen Stadt Antiochia über den Mäander und schmetterte die Feinde, die das Ueberschreiten des Flusses zu verhindern suchten, in glänzendem Treffen zu Boden. Einige Tage später erreichte man Laodicea am Lykus, bog dann aber, anstatt auf den nicht sehr beschwerlichen Straßen gen Osten weiter zu ziehen, wiederum südwärts zur Küste ab. Offenbar war dieser unglückselige Schritt eine Nachwirkung der Aengstlichkeit, die das große Heer schon von Nicäa nach Ephesus statt nach Ikonium geführt hatte; man meinte, in den Küstenlandschaften weniger Feinde und mehr Zufuhr als im Binnenlande anzutreffen, und sollte sich in beidem arg getäuscht finden. Denn kaum zog man', südlich von Laodicea, auf steilen Pfaden und noch dazu in nachlässiger Marschordnung über das Kadmusgebirge, als die Seldschuken das in dieser Lage fast wehrlose Heer plötzlich überfielen und in demselben ein furchtbares Blutbad anrichteten, dem nicht blos ganze Schaaren der geringeren Pilger, sondern viele der stolzesten Edelleute Frankreichs zum Opfer fielen, und aus dem sich Ludwig selber nur nach verzweifeltem Kampfe zu erretten vermochte.

Hierauf nahm man sich freilich wieder aufs ernsteste zusammen, indem man, voll Bewunderung der Zucht und Tapferkeit einer Schaar von Tempelrittern, die beim Heere waren, die ganze Kriegermasse wie einen großen Ritterorden auf unverbrüchlichen Gehorsam verpflichtete und eine genau erwogene Marsch- und Gefechtsordnung vorschrieb und aufrecht erhielt. Man erreichte denn auch trotz wiederholter feindlicher Angriffe ohne bedeutendere Verluste die pamphylische Küste bei der byzantinischen Stadt Attalia. Dort aber vollendete sich das Jammergeschick auch dieses Heeres. Denn die Bürger Attalias lieferten den Pilgern zwar, wenn auch um sehr hohe Preise, genug Lebensmittel für die Menschen, aber kein Futter für die Pferde, welches sie, auf steiniger Küste angesiedelt, nicht besaßen. In Folge davon befanden sich die Franzosen hier bald in schlimmerer Lage als im Binnenlande und wagten schließlich nicht mehr, was doch allein noch Rettung bieten konnte,

Tempelherren auf dem Marsch.
Facsimile aus „de passagiis in Terram Sanctam" (Venedig).

nämlich mit den letzten Kräften sich nach dem nahen Cilicien durchzuschlagen. Sie zögerten und beriethen, wendeten sich endlich an die Griechen, um Schiffe zur Ueberfahrt nach Syrien zu erhalten, und bekamen nach wochenlangem Warten eine Flotte, die gerade nur groß genug war, um den vornehmen Herren im Heere die Seereise zu ermöglichen. Da erklären die Haufen des gemeinen Volkes in aufwallendem Muthe, die Herren möchten in Gottes Namen nach Syrien segeln; sie würden sich allein zu Lande durchzukämpfen versuchen. Ludwig besitzt nach so manchen Leiden nicht mehr Spannkraft genug, um die Vereitlichung dieses Planes und damit die Auflösung des ganzen Heeres zu verhindern. Er willigt ein, schließt noch einen kindischen Vertrag mit den Griechen, wonach diese gegen Empfang einer großen Geldsumme den Troß mit bewaffneter Hand nach Tarsus führen sollen, und verläßt Ende Februar 1148 mit seinen Baronen und Prälaten den Hafen von Attalia. Die zurückbleibenden Schaaren fallen natürlich sämmtlich in kurzer Frist dem Schwerte der Seldschuken oder griechischer Habgier und Arglist zum Opfer.[1)]

---

1) Die bunten Gerüchte, wonach die Griechen, vom Kaiser herab bis zum geringsten Unterthanen, die Kreuzfahrer von 1147 bis 1148 unaufhörlich bedrängt, beraubt, durch Massenvergiftung sogar hingemordet haben sollen, finden also in der beglaubigten Geschichte nur zum kleinsten Theile eine Begründung. Den Kaiser zumal trifft moralisch kein eigentlicher Vorwurf: politisch hat er den Fehler seines Vaters und Großvaters wiederholt, den Aergerniß gebenden allgemeinen Lehnseid gefordert zu haben. Die Unterthanen dagegen haben mancherlei Vortheile in Handel und Wandel in oft gehässiger Weise über die Kreuzfahrer zu erlangen versucht; namentlich

Die Kreuzfahrer in Syrien.

Während sich all diese unerhörten Katastrophen vollzogen, die über die Niederlagen des Jahres 1101 noch weit hinaus gegangen zu sein scheinen, hatte sich auch die Lage der syrischen Christen sehr erheblich verschlechtert. Der furchtbare Imadeddin Zenki war zwar schon im September 1146 von seinen eigenen Leuten erschlagen worden, jedoch gerade aus diesem Todesfalle war neues Unheil hervorgegangen. Denn der tollkühne Graf Joscelin hatte gleich darauf Verbindungen mit den armenischen Bewohnern von Edessa angeknüpft, seine Ritterschaft zusammengerufen und sich in der That der Stadt bemächtigt. In derselben Zeit aber war es den Söhnen Zenkis gelungen, ihr väterliches Erbe in Besitz zu nehmen: der ältere Sohn, Seifeddin Ghazi hatte die Herrschaft über Mosul und das östliche Mesopotamien mit fester Hand ergriffen; der jüngere Nureddin hatte sich in Haleb und den syrischen Gebieten behauptet. Der letztere war dann auf die Nachricht von dem Angriffe Joscelins sofort gegen Edessa aufgebrochen und hatte die Stadt eng umschlossen. Der Graf hatte zwar versucht, bei einem Ausfalle die feindlichen Schaaren zu durchbrechen, aber mit sehr schlechtem Erfolge, da er nach einer vollkommenen Niederlage seiner Truppen beinahe allein hatte entfliehen müssen. Die schöne und reiche Stadt Edessa war darauf von dem rachedürstenden Nureddin dem Boden gleich gemacht und der größte Theil der Einwohnerschaft erschlagen oder in die Sklaverei verkauft worden.

Kurze Zeit hiernach hatten sich die Jerusalemiten auf ein grenzenlos thörichtes Unternehmen eingelassen. Im Frühjahre 1147 hatte ihnen nämlich der Emir von Boßra und Sarchob, der bei seinem Oberherrn, dem Fürsten von Damaskus, in Ungnade gefallen war, die Uebergabe von Boßra und Sarchob angeboten, wenn sie ihn gegen Damaskus unterstützen wollten. Dieses Anerbieten hätte aber abgelehnt werden müssen, weil bei der Annahme desselben jene freundschaftliche Verbindung zwischen Jerusalem und Damaskus, die von König Fullo und dem klugen Vezier Muineddin Anar gegründet worden war, nicht mehr erhalten bleiben konnte. Die Jerusalemiten hatten sich jedoch durch die Hoffnung auf eine Vergrößerung ihres Staates verblenden lassen und waren mit starker Macht ausgezogen, um Boßra und Sarchob zu besetzen. Auf der einen Seite hatten sie dadurch den Vezier Anar genöthigt, den gefährlichsten gemeinsamen Gegner, Nureddin, den Erben der Macht und Pläne Zenkis, zu Hülfe zu rufen, auf der andern Seite hatten sie ihr Ziel nicht einmal erreicht, da sie wenige Tage nach ihrem Ausmarsche durch die überlegene Macht der Damascener

haben sie die Lage derselben seit der Niederlage bei Doryläum mit List und Gewalt gierig für sich auszunutzen gewußt. Mehr aber läßt sich nicht sagen; und nicht daran, sondern an ihren eigenen Fehlern sind die Kreuzfahrer zu Grunde gegangen.

und Halebiner zu einem eiligen und verlustreichen Rückzuge gezwungen worden waren. Vielleicht wäre es damals sogar ganz um sie geschehen gewesen, wenn sie nicht durch einen plötzlichen Aufschwung voll mystischer Schwärmerei Kraft genug gewonnen hätten, um die Massen der Feinde zu durchbrechen.

Fürst Raimund von Antiochien hatte sich inzwischen darauf beschränkt, die Einwohner von Haleb und Hamah bei guter Gelegenheit durch einen kurzen Streifzug zu ängstigen. Im übrigen wartete er auf die Hülfe, die ihm das Abendland bringen sollte. Endlich landete nun auch König Ludwig, am 19. März 1148, mit jenen ritterlichen Schaaren, die ihn von Attalia über die See begleitet hatten, in St. Simeonshafen an der Mündung des Orontes. Raimund empfing ihn mit großer Pracht und fand ihn trotz aller Leiden, die er erduldet hatte, zum Streite gegen die Seldschulen durchaus bereitwillig. Außer diesen Franzosen kamen aber keine Kreuzfahrer nach Antiochien. Denn Bischof Otto von Freising stieg sammt seinen Begleitern in einem jerusalemitischen Hafen ans Land und König Konrad traf, nachdem er die ersten Monate des Jahres 1148 unter rauschenden Festlichkeiten am griechischen Hofe zugebracht hatte und von Konstantinopel am 7. März abgesegelt war, um die Mitte Aprils ebenfalls im heiligen Lande und zwar in Akkon ein. Der König hegte in diesem Augenblicke zwar noch die Absicht, auf jerusalemitischem Boden nur ein neues Heer zu sammeln und dann zur Befreiung Edessas gen Norden zu ziehen, sehr bald darauf änderte er jedoch seinen Plan. Denn nachdem er nach Jerusalem gegangen und dort in schmeichelhaftester Weise aufgenommen worden war, ließ er sich von dem jungen Könige Balduin III. und den Großen des Reiches überreden, mit ihnen im kommenden Juli einen Feldzug gegen Damaskus zu unternehmen. Auch begann er sofort, durch Werbungen unter den Pilgern, von denen noch immerfort kleine Schaaren in jerusalemitischen Häfen landeten, ein neues Heer zu bilden.

Fürst Raimund mochte mit schmerzlichem Staunen die Kunde vernehmen, daß man in Jerusalem beabsichtigte, abermals den Vezier von Damaskus anstatt Nureddin anzugreifen. Gleich hierauf beraubte er sich jedoch selber des letzten Restes seiner Hoffnungen auf einen großen Krieg gegen den Eroberer von Edessa. Denn er begann, in seiner Lage unentschuldbar frevelhafter Weise, mit seiner Nichte, der schönen und üppigen Königin Eleonore von Poitou, einen dreisten Liebeshandel und veranlaßte dadurch den König Ludwig, mit seiner Gemahlin, so sehr diese sich auch sträubte, und mit seiner ganzen Ritterschaft bei nächtlicher Weile Antiochien zu verlassen.

Während dieses schmählichen Vorganges war aber der christlichen Sache noch auf einem anderen Punkte schwerer Schaden zugefügt worden. Denn der Graf Alfons von St. Gilles, ein Sohn des alten Jerusalemfahrers Raimund und mithin ein älterer Verwandter des regierenden Grafen Raimund von Tripolis war mit stattlichem Gefolge so eben in Akkon gelandet, wenige Tage darnach aber plötzlich und, wie das Gerücht ging, an Gift gestorben. Es hat viele Wahrscheinlichkeit, daß entweder der Graf Raimund ober beſſen Schwägerin, die Königin Meliſende den Grafen Alfons haben ermorden laſſen, weil ſie mit Recht oder Unrecht fürchteten, derſelbe möchte Anſprüche auf die Herrſchaft in Tripolis erheben.¹)

Unter ſo ſchlimmen Vorzeichen verabredeten ſchließlich Konrad und Balduin mit Ludwig und deſſen Baronen, gemeinſam gegen Damaskus ins Feld zu ziehen. Sie brachten immerhin noch mehr als 50,000 Mann zuſammen und rückten in der zweiten Hälfte des Juli von Banias aus über das Gebirge gegen die volkreiche Stadt heran. Muineddin Anar hatte ſich auf die Vertheidigung derſelben ſo gut als möglich vorbereitet und nahm den Kampf mit den Chriſten in der fruchtbaren und waſſerreichen Niederung an, die ſich weſtlich von Damaskus ausdehnt und heute wie damals von Plantagen bedeckt iſt, auf deren Grenzmauern, Wachtthürmchen und Luſt= häuſern die Mohammedaner eine außerordentlich ſtarke Stellung inne hatten. Am 24. Juli nahten ſich ihnen die Feinde, voran die Jeruſalemiten, dann die Franzoſen, endlich die Deutſchen. Die Jernſalemiten eroberten nach hartem und verluſtreichem Streite nur einen Theil der Plantagen und konnten zuletzt nicht weiter vorbringen. Da wurden die Deutſchen ungedulbig, brachen durch die Reihen der Franzoſen zum Angriffe hindurch, ſprangen vor der feindlichen Front von den Pferden und drängten mit den ſchmetternden Hieben ihrer zweihändigen Schwerter die Damascener bis in die Stadt zurück; Konrad insbeſondere ſpaltete durch einen furchtbaren Hieb einen gepanzerten Gegner mitten auseinander. Damaskus hätte hiernach ſogleich genommen werden können, wenn ſich die Sieger nicht voll Beutegier in den reichen Plantagen zerſtreut und nach Herzensluſt geplündert hätten. Muin= eddin Anar benutzte die Pauſe im Kampfe aufs beſte, verbarrikadirte die an der Seite der Plantagen offene Stadt, belebte den Muth der Seinen durch religiöſe Reizmittel und ſchickte dringende Bitten um Hülfe an die Söhne Zenkis. Die damascenischen Truppen wagten am nächſten Tage wieder in die Plantagen einzubringen, und fochten dort ſo erfolgreich mit den Chriſten, daß nun dieſe ſich genöthigt ſahen, ihr Lager mit Verſchanzungen zu umgeben. Nicht lange darauf wurde ſowohl dem Vezier in der Stadt wie den Königen draußen gemeldet, daß Seifeddin Ghazi und Nureddin mit ſtarker Macht zum Entſatze von Damaskus heranzögen.

Dieſe Nachricht aber, anſtatt dem Kriege eine größere Ausdehnung zu geben, beendete ihn mit einem Schlage. Denn Muineddin Anar fürchtete ſich vor der Herrſchſucht der Söhne Zenkis nicht weniger als vor den Kreuz= fahrern, und bei dieſen war die Luſt zum Kampfe gegen Damaskus ſchon vollkommen verraucht. Die Jeruſalemiten erinnerten ſich, ſobald die Ein= nahme der Stadt auf Schwierigkeiten ſtieß, natürlich daran, daß es für ſie

---

1) Alfons hinterließ einen Sohn, der ſich nach dem Tode ſeines Vaters in einem tripolitaniſchen Schloſſe feſtſetzte, hier aber, wie es heißt auf Anſtiften des Grafen Raimund, von Nureddin angegriffen und gefangen genommen wurde.

genüge, mit Damaskus in Frieden zu leben, um auf dieser Seite in erwünschtester Weise geschützt zu sein. Die Abendländer aber hatten kein Interesse, ihr Blut an einen Krieg zu setzen, nach dem die Männer des heiligen Landes selber kein Verlangen trugen, und die Deutschen insbesondere gedachten mit Sehnsucht der Heimat, da sie sich zwischen all ihren französisch redenden Genossen, denen Frankreichs wie denen Palästinas, in sehr unbehaglicher Vereinsamung befanden und schon seit ihrer großen Niederlage bei Doryläum unter vielen Spöttereien zu leiden gehabt hatten. Als nun zu alledem Muineddin Anar den Christen meldete, bei längerer Belagerung der Stadt werde er dieselbe den Söhnen Zenkis übergeben müssen, da bildete sich im jerusalemitischen Hauptquartier eine Verschwörung, die das ganze Kreuzheer in eine Lage zu bringen beabsichtigte, in welcher auch die wenigen noch Kriegslustigen den Kampf nicht mehr würden fortsetzen können. Den Königen von Deutschland und Frankreich wurde zu diesem Zwecke in der Nacht vom 27. zum 28. Juli vorgestellt, daß die Eroberung der Stadt von der Seite der Plantagen aus unmöglich geworden sei, während man auf einen guten Erfolg hoffen dürfe, wenn man Damaskus von Südosten her angreife, weil dort keine Plantagen im Wege ständen und die Mauern der Stadt schwach und niedrig seien. Die Könige ließen sich überreden. Das ganze Heer begab sich in der Morgenfrühe des 28. Juli auf die Südostseite der Stadt, sah sich aber dort vor starken Befestigungen und in einer wasserlosen, kahlen, heißen Ebene, in der ein längeres Verweilen schlechterdings unmöglich war. Hier blieb nichts anderes übrig als ein schleuniger Rückzug, und so tiefe Erbitterung auch in den Reihen der Abendländer gegen die nichtswürdige Hinterlist der Jerusalemiten laut wurde, man mußte sich dennoch in das Unvermeidliche fügen.[1]) Konrad war am ehesten dazu bereit, zumal einer der ansehnlichsten Fürsten im Heere, der ihm nahe befreundete Graf Dietrich von Flandern, dringend zur Heimkehr mahnte; Ludwig schwankte noch eine kurze Weile, denn der eifrige Bischof Gottfried von Langres beschwor ihn, nicht eher zu weichen, als bis er irgend eine That zur Ehre Gottes vollendet habe; endlich aber mußte auch er in den Rückzug willigen, und noch am 28. Juli wurde derselbe angetreten und nicht ohne verlustreiche Kämpfe mit den schnell nacheilenden Feinden durchgeführt.

---

1) Der berühmte Verrath vor den Thoren von Damaskus hat zahllose Gerüchte veranlaßt. Da sollen König Balduin, der Patriarch von Jerusalem, die Tempelritter, Graf Dietrich von Flandern oder Raimund von Antiochien, der gar nicht anwesend war, alle Schuld an dem Unheil tragen. Anar soll den Jerusalemiten Geld gegeben haben, ungeheuer viel, 250,000 Goldstücke, aber Lügengeld, vergoldetes Kupfer u. s. w. Mit Sicherheit wissen wir nur, daß das jerusalemitische Hauptquartier (einzelne Personen können nicht namhaft gemacht werden) aus den im Texte angegebenen Gründen und in der angegebenen Weise die Aufhebung der Belagerung erzwungen hat. Vermuthen läßt sich allenfalls noch, daß auch andere Große, besonders Dietrich von Flandern, von vornherein mit den Jerusalemiten hinsichtlich der Aufhebung der Belagerung im Einverständniß waren.

Sollte nun aber der große Kreuzzug mit solcher Schmach zu Ende gehen? Es gab noch genug tapfere Männer unter den Wallfahrern, denen dieser Gedanke unerträglich war, und es wurde deshalb schließlich noch ein gemeinsamer Angriff auf Askalon verabredet, der jedoch, ehe er nur eigentlich begonnen, an der Theilnahmlosigkeit der Jerusalemiten scheiterte. Was die letzteren, dem ihnen so wichtigen Askalon gegenüber, zu dieser Zurückhaltung bewog, ist nicht mit Sicherheit zu sagen: die meiste Wahrscheinlichkeit hat für sich, daß sie in steigender Gereiztheit gegen die Deutschen nicht noch einmal mit diesen zusammen kämpfen wollten. Konrad verließ nicht lange darauf, am 8. September 1148, voll Schmerz und Empörung über alle diese Erlebnisse das heilige Land, kehrte zunächst nach Konstantinopel zurück, um sich inniger noch als früher mit Kaiser Manuel zu verbinden, und reiste von dort erst im Frühling 1149 nach Deutschland. Ludwig blieb noch bis nach Ostern 1149 in Jerusalem, voll der freilich vergeblichen Hoffnung, noch irgend einen Sieg über die Feinde des Kreuzes erringen zu können. Dann segelte er unter mancherlei Fährlichkeiten über das Mittelmeer nach Italien, begrüßte dort die ihm befreundeten Herrscher, König Roger und Papst Eugenius, und traf im Herbste 1149 endlich wieder in Frankreich ein.

Nachwirkungen des Kreuzzuges.

Der zweite Kreuzzug hat also den syrischen Christen die Hülfe nicht gebracht, die viele von ihnen ersehnt und alle in Wahrheit sehr nöthig gehabt haben. Edessa ist nun für immer verloren. Antiochien ist von der stolzen Höhe, auf der es sich, wenn auch mit sinkenden Kräften, ein halbes Jahrhundert lang behauptet hatte, endgültig herabgestürzt und ist täglich von dem Schicksal Edessas selber bedroht. Das Reich Jerusalem schließlich, obwohl augenblicklich in blühendster Erscheinung, fristet ebenfalls nur ein unsicheres Dasein ohne irgend eine Gewähr der Dauer.

Fragen wir uns aber, wodurch die Fruchtlosigkeit dieses Kreuzzuges für Syrien und der nutzlose Untergang so vieler Hunderttausende von tapferen Männern eigentlich veranlaßt wurden, so müssen wir in erster Linie die unpolitische Blindheit des heißesten geistlichen Eifers, der wohl je im Zeitalter der Kreuzzüge sich gezeigt hat, dafür verantwortlich machen. Der heilige Bernhard hat die Rüstungen, die er selber hervorgerufen, der Vernichtung geweiht durch sein Mißachten der irdischen Bedingungen, an die sie geknüpft waren. Seine Schuld war die schiefe Lage, in der sich Griechen und Deutsche, Franzosen und Normannen während dieses Kreuzzuges befanden, und seine Schuld daher auch vornehmlich das trostlose Ende der Wallfahrt in Kleinasien wie in Syrien. Daneben macht sich jedoch noch ein zweiter Gesichtspunkt in schlimmster Deutlichkeit geltend, daß nämlich bei den Bewohnern der Kreuzfahrerstaaten arge Sittenlosigkeit um sich gefressen und das Schicksal des Gemeinwesens zu beeinflußen begonnen hat: Mord, Ehebruch und Verrath lösen in ihren Wirkungen gleichsam nur einander ab. Zu verwundern ist dies gerade nicht. Die abendländische Ritterschaft, die seit den Tagen Gottfrieds von Bouillon in Syrien focht, befand sich von vornherein in einer alle Sittlichkeit gefährdenden Lage. Sie war ursprünglich erfüllt von den erhabensten Stimmungen des Kampfes für den Heiland: endete aber die Zeit der Exaltation, so machte sich nachher die derbe und rohe Menschlichkeit naturgemäß nur um so jäher Luft. Außerdem rang diese Ritterschaft Jahre lang in grimmen Nöthen um ihr Dasein, nagte heute am Hungertuche, um morgen fürstliche Schätze vor sich ausgebreitet zu sehen; und vor allem sie stand in steter Berührung mit den Ungläubigen, den Feinden Jesu Christi, denen gegenüber alles erlaubt schien, jede Schlechtigkeit und jede Gewaltthat; Betrug, Verrath und Mord. Wie sollten diese Menschen schließlich nicht dazu kommen, sich jedem Genuße rücksichtslos hinzugeben, jede Schurkerei kaltblütig auszuüben? Aber so entschieden die Verderbniß anerkannt werden muß, die unter den syrischen Christen beinahe schon allgemein geworden war, der tiefste Grund derselben war dennoch eigentlich kein sittlicher sondern ein politischer. Auch Balduin I. und Balduin II. waren habgierige und intriguante, zum Theil treulose Menschen, wie nicht minder Boemund, Tankred und in einzelnen Augenblicken sogar Gottfried gewesen waren. Sie haben dennoch Großes gewirkt, weil sie große Ziele vor Augen hatten, in deren Verfolgung sie über dem Elend des Verkommens in Thatenlosigkeit und Unsittlichkeit erhaben blieben. Unter ihren Nachfolgern im Zeitalter des zweiten Kreuzzuges ist dagegen dieser Geist des Strebens nach hohen Zielen zum größten Theile schon erloschen. Nur bei Raimund von Antiochien flackert er gelegentlich noch ein wenig auf. Melisende aber und ihr Sohn Balduin treiben dahin in ideenlos genußsüchtiger Enge. Ihnen ahmen die übrigen Großen mehr und mehr nach, und dies bildet dann den Sumpfboden, in welchem die Giftpflanze der Ruchlosigkeit zu üppigster, schließlich Volk und Staat verzehrender Entfaltung kommt.

Im Abendlande hatte man eine dunkle Ahnung von diesem Stande der Dinge und beurtheilte darnach die Ereignisse der letztvergangenen Zeit. Weil die syrischen Christen den Kreuzzug veranlaßt und schließlich so schnöde mißbraucht hatten, so kam man zu der Meinung, sie hätten ihn überhaupt nur in böser Absicht, um sich am Gute der Wallfahrer zu bereichern, hervorgerufen. Papst Eugenius aber und der heilige Bernhard wurden nicht blos bitter getadelt, weil sie das mißglückte Unternehmen empfohlen und gefördert hatten, sondern sehr bald hieß es, es seien falsche Propheten gewesen, Söhne Belials und Zeugen vom Antichrist, welche die Christen mit leeren Worten verführt und mit lügenhafter Predigt gen Jerusalem getrieben hätten. Bei den Zeichen und Wundern, die in den Jahren 1146 und 1147 vorgekommen sein sollten, könne nur als zweifelhaft betrachtet werden, wer damals täuschte, ob der Wunderthäter oder der Gegenstand des Wunders; gewiß sei jeden-

Nachwirkungen des Kreuzzuges.

falls die Täuschung, da Blinde und Lahme zwar in der Stunde gläubiger Erregung den Schein der Besserung gezeigt hätten, darnach aber wieder in ihr Leiden zurückgefallen seien. Und die Pilger selber hätten aus sehr verschiedenartigen Absichten das Kreuz genommen: „denn die einen gingen aus Wißbegier ins Morgenland; die andern, die daheim in drückender Dürftigkeit gelebt hatten, wollten, sei es gegen Feinde oder Freunde des Christennamens, nur kämpfen, um ihre Armut zu heben; noch andere flohen vor ihren Schulden, vor Diensten, zu denen sie verpflichtet waren, vor Strafen, die für Verbrechen ihrer warteten. Nur wenige fand man, die ihr Knie nicht vor Baal beugten, sondern die eine fromme Absicht lenkte". So sei die ganze große Rüstung des Abendlandes von einem zwar schrecklichen aber gerechten Schicksal ereilt worden.

Indessen neben diesem Urtheil über die Ursachen der ungeheuren Niederlage, welches vornehmlich in Deutschland ausgesprochen und anerkannt wurde, machte sich in Frankreich auch die Meinung geltend, daß die Abtrünnigkeit der Griechen von der gemeinen Sache und ihre tückische Feindseligkeit gegen die Kreuzfahrer die Hauptschuld an dem eingetretenen Unheil trage. In dieser Ansicht wurde man dadurch bestärkt, daß im Juni 1149, wie wir sehen werden, Fürst Raimund von Antiochien im Kampfe gegen Nureddin fiel, während in derselben Zeit Kaiser Manuel bedeutende Erfolge über König Roger erfocht. Denn schon im Jahre 1148 hatten die Griechen den normannischen Angriff, der ihnen im Vorjahre so verderblich geworden war, durch einen scharfen Schlag vergelten wollen, waren aber damals noch durch Kriegshändel in den Donaulandschaften verhindert worden, ihre Absicht auszuführen. Im Frühjahre 1149 stellte sich aber Manuel selber an die Spitze seiner Truppen, eroberte in heißem und heldenmüthigem Streite Korfu wieder und bedrohte darauf das italienische Gebiet der Normannen mit seiner Flotte und Landmacht.

Unter diesen Umständen erhoben sich die Franzosen zu dem Wunsche, einen neuen Kreuzzug zu veranstalten, der diesmal die Normannen unterstützen, die Griechen züchtigen und schließlich das heilige Land vor weiteren Unfällen bewahren sollte. Der heilige Bernhard hoffte nun endlich den Erfolg zu erringen, der ihm bisher versagt geblieben war. König Ludwig zeigte warme Theilnahme für das Unternehmen, und sein vornehmster Rathgeber, Abt Sugerius von St. Denys, ohne Zweifel in der Meinung, daß das Ansehen der französischen Krone durch den Mißerfolg des zweiten Kreuzzuges schwer geschädigt worden sei und durch Siege im Morgenlande wieder gehoben werden müsse, rüstete selber mit Kraft und Eifer. Den politischen Bedingungen, von denen vollends das Gelingen dieser Wallfahrt abhing, suchte man insofern gerecht zu werden, als man König Konrad, der damals im Bunde mit Manuel einen Feldzug gegen die Normannen vorbereitete, mit denselben zu versöhnen sich bemühte: der Abt von Clairvaux schrieb deshalb an den deutschen Herrscher. Zugleich aber zeigte man, wie unheilvoll mächtig auch jetzt noch gerade diejenige Seite der geistlichen Strömung war, die sich zuvor schon als so überaus schädlich erwiesen hatte. Denn als viele französische Barone und Prälaten zur Berathung über den Kreuzzug nach Ostern 1150 in Chartres zusammen kamen, da wählten sie einmüthig zum Führer desselben keinen anderen als den heiligen Bernhard. Hiernach ist sehr begreiflich, daß das Unternehmen schon in Frankreich nur mäßigen Anklang fand; Papst Eugenius aber erschrak über die neuen Wirren, die der Christenheit drohten, und über die Thorheit, den Abt von Clairvaux zum Feldherrn zu machen;[1]) und König Konrad dachte, anstatt auf Bernhards Friedensworte zu hören, sogar daran, diesen Rüstungen, die seine Freunde, die Griechen bedrohten, mit aller Macht seines Reiches entgegenzutreten. Die Sache kam denn auch bald ins Stocken, und nachdem der Abt Sugerius am 13. Januar 1151 gestorben war, sprach in Frankreich niemand mehr von dem unausführbaren Kriege gegen Manuel und Nureddin.

Kreuzzug gegen die Wenden.

Wir müssen aber noch einmal in die ersten Zeiten des zweiten Kreuzzuges zurückkehren. Eine beträchtliche Anzahl deutscher Herren hatte ja damals gelobt, die Wendenstämme zwischen Elbe und Oder, im heutigen Mecklenburg und Pommern zum Christenthum zu bekehren oder zu vernichten. Es waren vornehmlich der junge Heinrich der Löwe, Herzog Konrad von Zähringen, die Markgrafen Albrecht der Bär und Konrad von Meißen, die Erzbischöfe von Bremen und Magdeburg und eine lange Reihe von Grafen und Bischöfen. Sie bildeten zwei Heere, die zusammen 100,000 Mann stark gewesen sein sollen. Indessen ihr Feldzug ruhte ebenfalls auf keiner guten Grundlage, da der Einfluß des Christenthums und der deutschen Herrschaft während der letzten Zeiten auf friedlichem Wege unter den Wenden Fortschritte gemacht hatte und ein Krieg deshalb zunächst nur störend wirken konnte. Kaum hatte der Abodritenfürst Niklot von den Kreuzzugsrüstungen gehört, so überfiel er auch, den Gegnern zuvorkommend, das jugendlich aufblühende Lübeck und verwüstete dasselbe ebenso wie die deutschen Kolonien im östlichen Holstein. Nicht lange darauf, im Juli 1147, rückte freilich das eine Heer der Wallfahrer vor Niklots starke Feste Dobin, am nordöstlichen Ende des Schweriner Sees, und erhielt dort sogar von den Dänen, die ebenfalls die Kreuzzugsbegeisterung ergriffen hatte, eine unerwartete und starke Unterstützung. Aber die Wenden wehrten sich sehr gut. Die Dänen erlitten so bedeutende Verluste, daß sie in die Heimat zurückkehrten, und die Deutschen kamen bald zu der Einsicht, daß sie in diesem Kampfe nur ihre eigenen Interessen schädigten. Sie begannen deshalb um Frie-

---

1) Papst Eugenius klagte im Hinblick auf die Eigenschaften, die ein Heerführer bedarf, über die imbecillitas personae abbatis Bernardi.

Eroberung Lissabons.

den zu verhandeln und erklärten den Zweck des Feldzuges für erreicht, sobald ihnen die Abodriten, natürlich mehr zum Schein als in ernster Absicht, versprachen, dem Götzendienste entsagen zu wollen.

Aehnlich ging es dem zweiten Heere, welches, noch durch Böhmen, Mährer und Polen verstärkt, im August verheerend in das Land der Liutizen einbrach, die Burg Demmin im westlichen Pommern berannte und Stettin bedrohte. Aber Stettin war schon im wesentlichen christlich, die Liutizen versprachen vielleicht ebenfalls, sich in Zukunft der Abgötterei zu enthalten, und nach wenigen Wochen sind auch diese Kreuzfahrer wieder in ihrer Heimat angelangt. Die einzige Frucht all dieser Kämpfe bestand darin, daß die Wendenstämme immerhin einen großen Schrecken vor der Macht ihrer Gegner bekommen hatten und daher allmählich theils die Oberhoheit derselben anerkannten, theils auch den christlichen Glauben willig annahmen.

Eroberung Lissabons.

Inzwischen war aber noch ein anderer Krieg des Kreuzes gegen Ungläubige in Gang gekommen, und dieser allein hat in jenen Tagen einen reinen und ganzen Erfolg erzielt. Denn im Frühling 1147 hatten viele niederrheinische, friesische und englische Pilger beschlossen, zu Schiff nach Syrien zu gehen. Der Sammelplatz der einzelnen Geschwader war der englische Hafen Dartmouth. Von dort aus stachen am 23. Mai 164 Schiffe mit ungefähr 13,000 Mann in See. Unter schweren Stürmen erreichten die Pilger die spanische Küste, besuchten zum Theile die Heiligthümer von SanJago de Compostella und landeten Mitte Juni bei Oporto. Vom Bischofe dieser Stadt wurden sie im Auftrage des Königs Alfons von Portugal aufgefordert, bei der Belagerung des noch mohammedanischen Lissabons ihm behülflich zu sein. Die meisten von ihnen waren hierzu bereit; da aber einzelne widersprachen, und ein fester Beschluß in dieser aus den Angehörigen mehrerer Völker bunt zusammengesetzten Schaar überhaupt nur mit Mühe herbeigeführt werden konnte, so dauerte es ein paar Wochen, bis dieselbe sich in der Aussicht auf reiche Beute endgültig zum Kampfe verpflichtete. Diese Zeit war jedoch keine verlorene, weil inzwischen König Alfons seine Truppen vor Lissabon versammelt hatte und auch die Pilger ihm zur See dorthin gefolgt waren. Die Stadt zu bezwingen war keine leichte Aufgabe; sie hatte eine außer-

Grabmal von Geoffrey de Magnaville, Earl of Essex, † 1148; in der Templerkirche zu London.

ordentlich feste Lage und soll nicht weniger als 200,000 Einwohner gezählt haben. Trotzdem gelang es den Kreuzfahrern schon am 1. Juli, obgleich sie erst drei Tage vorher gelandet waren, in die unteren Theile der Stadt einzudringen und dieselben zu behaupten. Bei der Belagerung der Citadelle mußten freilich Minengänge gegraben, hohe Wandelthürme errichtet, Widder und Schleuder= maschinen in Thätigkeit gesetzt werden; und viele Wochen lang tobte mit abwechselndem Glücke um die feindlichen Mauern der heftigste Kampf. End= lich aber schmolzen die Lebensmittel der Belagerten zusammen; Hunger und Krankheiten begannen in ihren Reihen zu wüthen und der Augenblick war nahe herangekommen, wo ein Sturmangriff die Festung unfehlbar zu Falle bringen mußte. Dies warteten die Muselmänner nicht ab, sondern capitulirten am 21. October 1147 gegen freien Abzug. Der kluge König Alfons gewann dadurch diejenige Stadt, die allmählich zum Eckstein und Mittelpunkt seines Reiches wurde. Die Pilger aber erwarben in dem eroberten Platze, der ihnen zur Plünderung überlassen wurde, unschätzbare Reichthümer. Sie blieben noch bis zum 1. Februar des folgenden Jahres in Portugal und segelten dann nach Syrien, wo viele von ihnen ohne Zweifel an dem unglücklichen Zuge der Könige von Deutschland und Frank= reich gegen Damaskus Theil genommen haben.

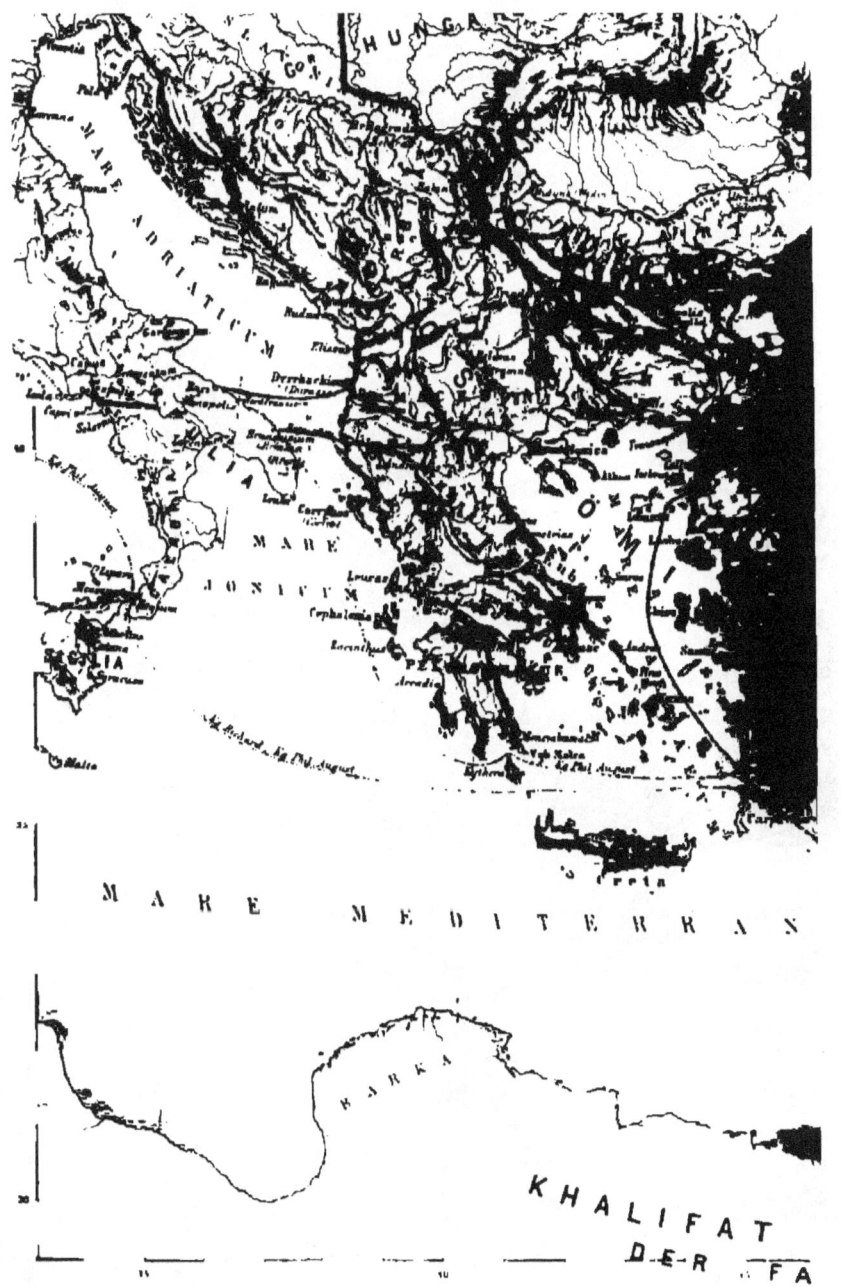

Sechstes Kapitel.

Geschichte des Reiches Jerusalem von 1149 bis 1188.[1]

König Balduin III.

Kaum hatten die Könige Konrad und Ludwig Syrien verlassen, so brachen die Muselmänner von allen Seiten in die Gebiete der Kreuzesfürsten ein. Muineddin Anar verwüstete von der Landschaft Hauran aus das christliche Gebiet und nöthigte die Jerusalemiten hierdurch, Friedensverhandlungen zu beginnen. Nureddin wandte sich zuerst gegen das Fürstenthum Antiochien, erstürmte mehrere Burgen und bedrohte Apamea, wurde aber noch einmal von Raimund zurückgeschlagen und zog deshalb nicht lange darauf gen Süden, um einstweilen die Jerusalemiten anzugreifen. Er brachte ihnen in der Gegend von Boßra eine blutige Niederlage bei, vermochte jedoch auf diesem Schauplatze auch nicht sogleich durchgreifende Erfolge zu erringen, wahrscheinlich weil sich die Jerusalemiten wieder mit den Damascenern vereinigt hatten, um wie in früheren Jahren der Uebermacht der Halebiner gemeinsam Widerstand zu leisten. Der unermüdliche Nureddin zog hieraus aber keinen andern Schluß, als daß er den nordsyrischen Krieg von neuem aufnehmen müsse, eilte ohne Aufenthalt an den Orontes zurück und umlagerte die antiochenische Burg Anab. Raimund raffte darauf schleunigst einige Mannschaft zusammen und warf sich mit derselben, ohne das vollzählige Aufgebot der Seinen abzuwarten, dem überlegenen Feinde entgegen, vielleicht mit beabsichtigter Tollkühnheit, da er nach den Ereignissen der letzten Jahre kaum noch auf etwas anderes als auf einen ehrenvollen Tod hoffen durfte. Seine kleine Schaar wurde am 29. Juni 1149 von den Seldschuken umringt und geschlagen; er selber wurde getödtet. Nureddin benutzte diesen Sieg mit Nachdruck, durchstreifte das ganze antiochenische Gebiet und badete vor den Augen seiner Truppen im mittelländischen Meere,

---

[1] Wilken, Geschichte der Kreuzzüge, Bd. III. Abtheilung 2. u. s. w. Röhricht, Beiträge zur Geschichte der Kreuzzüge, Bd. I. „Die Kämpfe Saladins mit den Christen in den Jahren 1187 und 1188". Arabische Quellenbeiträge zur Geschichte der Kreuzzüge übersetzt und herausgegeben von Goergens, unter Mitwirkung von Röhricht, Berlin 1879. Röhricht hat zu dieser Textedition historisch-kritische Anmerkungen hinzugefügt.

158 Sechstes Kapitel. Geschichte des Reiches Jerusalem von 1149—1188.

als ob er jedem deutlich machen wollte, bis wohin er seine Eroberungen zu erstrecken wünschte. Antiochien selber wurde damals durch die Vertheidigungsanstalten des Patriarchen Aimerich gerettet, aber die Gefahr für Nordsyrien stieg noch höher, als auch der Sultan Masud von Ikonium, ein Sohn Kilidsch Arslans, zum Angriffe vorging und zunächst den Grafen Joscelin in Tell=Baschir belagerte. Nun raffte sich freilich der junge König Balduin endlich einmal zu einem verständigen Entschlusse auf, eilte mit starker Mannschaft dem Norden zu Hülfe, rückte gegen Nureddin persönlich ins Feld, schickte ein Streifkorps gegen Masud und erreichte in der That auf allen Seiten einen erträglichen Frieden. Jedoch schon im nächsten Jahre, 1150, wurde Graf Joscelin durch turkomanische Horden auf Anstiften Nureddins gefangen genommen, und als die Seldschuken darnach von neuem in die christlichen Gebiete einbrachen, gewann Balduin es nicht über sich, zum zweiten Male ernstlich für die bedrohten Landschaften einzuschreiten. Er zog zwar

König Balduin III. auf dem Marsch.
Facsimile aus „de passagiis in Terram Sanctam" (Venedig).

wiederum nach Antiochien; als ihm dort aber Kaiser Manuel durch eine Gesandtschaft anbot, die Beschützung des Restes der Grafschaft Edessa gegen die Feinde zu übernehmen, ging er sofort hierauf ein, versammelte die christlichen Bewohner jener Gegenden und führte sie unter vielen Mühen und Gefahren südwestwärts bis an den Orontes. Vergeblich baten ihn unterwegs mehrere seiner Barone, ihnen die edessenischen Städte und Burgen zu übergeben, da sie allein Manns genug seien, dieselben gegen die Seldschuken zu vertheidigen. In die leeren Plätze rückten griechische Besatzungen ein, wurden aber unverzüglich von Nureddin angegriffen und erlagen sämmtlich binnen weniger Monate, so daß von nun an kein Fußbreit Landes mehr nordöstlich vom Fürstenthum Antiochien unter christlicher Herrschaft stand.

Die Jahre 1149 und 1150 verliefen demnach in einer für die Kreuzfahrerstaaten überaus unheilvollen Weise. Indessen zum schlimmsten in dieser Zeit gehörte vielleicht nicht einmal, daß Fürst Raimund geschlagen und gefallen, oder daß Graf Joscelin gefangen und sein Land freiwillig den Griechen überlassen worden war, sondern vielmehr, daß König Balduin sich unfähig gezeigt hatte, die Lösung der schweren Aufgabe, die das Schicksal jetzt in seine Hand gelegt hatte, mit Kraft und Einsicht zu übernehmen. Der König war freilich ein hochgewachsener schöner Jüngling, tapfer und waffenkundig, beredt und feingebildet, so daß er z. B. schwierige Rechtsfälle zu allgemeiner Zufriedenheit zu entscheiden vermochte; auch hat ihm nicht viel geschadet, daß er leidenschaftlich spielte und den Frauen, wenigstens in seinen ersten Mannesjahren, mit heißem Blute nachstellte; aber verderblich ist seiner Regierung geworden, daß ihm der rechte Sinn und Blick durchaus fehlte, um, wie ihm jetzt oblag, der Vorkämpfer der gesammten Christenheit im Morgenlande zu sein.

Aufs übelste ist dies schon im Jahre 1150 auch bei den inneren Angelegenheiten der Kreuzfahrerstaaten zu Tage getreten. Denn Balduin lag damals in bitterem Hader mit seiner Mutter Melisende, die noch immer an der Spitze der jerusalemitischen Regierung stand und die Macht, die sie seit Fulkos Tode besessen hatte, nicht so schnell, wie der Sohn wünschte, auf diesen übertragen wollte. Das Zerwürfniß zwischen beiden wurde dadurch gesteigert, daß die Königin einem Günstling, ihrem Verwandten Manasse, den sie zum Connetable des Reiches gemacht hatte, ihr ganzes Vertrauen schenkte, während Balduin dessen Feinden ebenso vollständig sich hingab. Nach häßlichem Streite verfiel man auf den unseligsten Ausweg, indem man das jerusalemitische Gebiet in vier große Stücke zerlegte, wovon der junge König zwei (die Provinzen Tyrus und Akkon) für sich behielt und die andern zwei (Neapolis und Jerusalem) der Mutter überließ. Die Zwietracht wurde durch diese Theilung natürlich nur vermehrt, da die beiden Reichshälften die willkürlich zwischen ihnen errichtete Grenze als eine große Belästigung empfanden. Nach kurzer Frist rief Balduin seine Ritterschaft zum Kampfe auf, zwang den Connetable, außer Landes zu gehen, und belagerte die eigene Mutter in der Burg Davids zu Jerusalem, bis dieselbe versprach, wenigstens die heilige Stadt aufzugeben und sich mit Neapolis zu begnügen. Der abscheuliche Krieg war hiermit freilich beendet und Balduins Herrschaft über das Reich im wesentlichen gesichert, traurige Nachwirkungen dieser Händel machten sich aber begreiflicher Weise noch lange geltend.

Fast ebenso schlimm stand es damals um Glück und Frieden in Antiochien und Tripolis. Denn in Antiochien schalteten zwar in Einverständniß mit einander die junge Fürstin-Wittwe Konstanze und der Patriarch Aimerich; die erstere lehnte aber alle Vorschläge, die ihr zur Wiedervermählung gemacht wurden, hartnäckig ab. Sie versagte ihre Hand dabei den stattlichsten französischen Edelleuten, die gerade in Syrien anwesend und sehr bereit waren, die schwache Kraft Antiochiens durch ihr gutes Schwert zu stärken; und sie that dies keineswegs aus unüberwindlicher Abneigung vor einer zweiten Ehe, sondern nur, um ihre und des ihr verbündeten Patriarchen Unabhängigkeit von fremdem Willen möglichst lange zu bewahren. In Tripolis aber geriethen Graf Raimund und Gräfin Hodierna, Melisendens Schwester, obwohl sie schon seit Jahren vermählt waren und zwei Kinder, einen Sohn und eine Tochter, mit einander erzeugt hatten, in den heftigsten Zwist und ließen befürchten, daß ihre Ehe unheilbar zerrüttet sei. Um hier versöhnend zu wirken und zugleich die trotzige Laune der Fürstin von Antiochien zu brechen, ging nun zwar König Balduin nach Tripolis und beschied sowohl seine Mutter wie Konstanze eben dorthin. Der Erfolg dieses

Schrittes blieb aber hinter den bescheidensten Erwartungen, die man etwa hegen durfte, weit zurück. Denn Konstanze beharrte dabei, alle ihr vorgeschlagenen Gatten zurückzuweisen, und Hodierna verlangte, Tripolis verlassen und sich zu ihrer Schwester nach Neapolis zurückziehen zu dürfen. Kaum jedoch waren hierauf sämmtliche Fürstinnen, sowohl gen Antiochien wie gen Neapolis, abgereist, als Graf Raimund beim Ritte durch ein Thor seiner eigenen Hauptstadt ermordet wurde. Man sagte, Assassinen hätten die ruchlose That vollbracht; wer aber deren Dolche, die bisher nur gegen orthodoxe Mohammedaner gerichtet waren, auf diesen christlichen Herrscher gelenkt hatte, das blieb völlig im Dunkel. In Tripolis ergriff nun Hodierna für ihre unmündigen Kinder (Raimund III. und Melisende) die Regierung, und in Antiochien entschloß sich Konstanze nicht lange darnach (1153) plötzlich und heimlich zur zweiten Ehe. Sie wählte ihren Gatten aber nicht unter den Großen des Abendlandes, die ihrem wankenden Staate hätten eine Stütze werden können, sondern sie ließ sich bethören durch die schöne Gestalt und das verwegene Herz eines verhältnißmäßig geringen Rittersmannes, Rainalds von Chatillon. Sie erhob damit einen Menschen auf den Thron, der späterhin für Antiochien und noch mehr für Jerusalem die verhängnißvollste Bedeutung gewinnen sollte, und dessen schlimme Sinnesart, nachdem er nur eben die Hand der Fürstin erhalten hatte, sogleich in der empörendsten Weise hervorbrach. Denn sei es, daß ihn die Reichthümer des Patriarchen Aimerich reizten, sei es, daß ihn die Machtstellung, die derselbe bisher besessen hatte, beleidigte, genug, er begann mit ihm einen häßlichen Streit, nahm ihn gefangen und ließ den hochbetagten Mann mit unbedecktem und mit Honig bestrichenem Haupte an einem heißen Sommertage den glühenden Strahlen der syrischen Sonne und den Stichen der Fliegen und Wespen aussetzen. Auf eine nachdrücklich abmahnende Botschaft Balduins gab er zwar dem unglücklichen Prälaten die Freiheit zurück, dieser aber verließ darauf tief gekränkt Antiochien und verlebte seine letzten Jahre im Reiche Jerusalem.

Wenn solche Thaten von den christlichen Fürsten im Morgenlande verübt wurden, so ist kein Wunder, daß sich auch die sittliche Haltung der Unterthanen reißend verschlechterte. Die Johanniterritter und der Patriarch sammt den Bischöfen Jerusalems zankten sich in pöbelhafter Weise vor Augen und Ohren des ganzen Volkes um die Ausdehnung der beiderseitigen Privilegien. Der Patriarch reiste endlich zu Papst Hadrian IV. nach Italien, fand jedoch bei diesem die ersehnte Unterstützung nicht, weil man in Rom, wie es scheint, die Unabhängigkeitsgelüste der syrischen Prälatur fürchtete; und der Uebermuth der Johanniter, welche ohnehin schon die gehässigste Rolle in diesem Streit gespielt zu haben scheinen, stieg seitdem noch höher. Die Templer aber schändeten ihren Namen sogar durch den schmachvollsten Verrath. Sie hatten nämlich einen vornehmen Aegypter, Nasirebbin, der vor seinen Feinden aus der Heimat entwichen war, gefangen genommen, indessen eine Zeit lang mit Güte und Freundschaft behandelt, weil der Gefangene sich dem Christenthum zuneigte. Als ihnen aber 60,000 Goldstücke für die Auslieferung Nasireddins geboten wurden, entblödeten sie sich nicht, das Geld zu nehmen und den Unglücklichen dafür seinen Henkern zu überantworten.

Trotz dieser Verderbniß zeigten übrigens die Christen, sobald sie nur ernstlich mit den Feinden des Kreuzes handgemein wurden, fast immer noch die alte reckenhafte Kraft. Als im Herbste 1152 ein Sohn des ihnen einst so furchtbaren Ilghazi, der Emir Timurtasch von Mardin, den kecken Versuch wagte, die Kreuzfahrer, die ihm bei ihren inneren Zwistigkeiten und nach der Räumung Edessas nicht mehr gefährlich erscheinen mochten, recht im Mittelpunkte ihrer Macht anzugreifen, da mußte er für solche Voreiligkeit bitter büßen. Er brach zwar mit einer großen Turkomanenschaar von Norden her bis nach Jerusalem hindurch und lagerte schon auf dem Oelberge. Hier aber packte ihn ein Theil der Ritterschaft Balduins und nöthigte ihn unter ungeheurem Verluste zu jäher Flucht, auf der sein Heer durch andre königliche Truppen, die ihm von Neapolis aus in den Rücken fielen, vollends aufgerieben wurde. Dieser Sieg ermunterte den König und die Seinen, einmal wieder zum Angriff gegen die Ungläubigen vorzugehen. Vor kurzer Zeit hatten die Jerusalemiten in den Trümmern des alten Gaza, südlich von Askalon, eine Feste gebaut, von der aus eine Schaar von Tempelrittern die Aegypter noch mehr als bisher in Schach hielt, und dies richtete die Gedanken der Christen jetzt darauf, die große Seeburg, die allein an der syrischen Küste ihnen noch trotzte, das starke und reiche Askalon, zu bekriegen. Gegen Ende des Jahres 1152 rückten sie vor die Stadt, zunächst nur in der Absicht, die Gegend auszuplündern; als ihnen die Feinde aber nirgendwo Widerstand leisteten, begannen sie die Festung selber zu bestürmen, erreichten jedoch trotz alles Eifers während mehrerer Monate keinen nennenswerthen Erfolg. Erst nachdem um Ostern 1153 eine größere Zahl von Pilgerschiffen, wie es scheint vornehmlich aus Norwegen, in den syrischen Häfen gelandet war, gelang es mit deren Hülfe, die Belagerten zur See wie zu Lande härter zu bedrängen. Anfangs August war ein großer Thurm der Christen nahe an die feindlichen Werke herangebracht; die Askaloniten suchten ihn zu verbrennen; ihr Feuer wendete sich aber, als der Wind umschlug, gegen sie selber und beschädigte ihre Mauern so arg, daß eine lange Strecke derselben einstürzte. Sofort stürmten die Christen gegen die Bresche. Allen voran waren die Templer, die, sobald eine Anzahl der Ihrigen in die Stadt eingedrungen war, den übrigen Truppen den Zugang verwehrten, um allein die herrliche Beute zu gewinnen. Als die Belagerten aber erkannten, daß nur wenige Feinde unter ihnen verweilten, erschlugen sie dieselben und versperrten die Bresche mit schnell herbeigeschafften Balken. Die Christen, so eben noch voller Jubels, versanken nach diesem Mißgeschick in tiefe Niedergeschlagenheit und wurden nicht ohne Mühe durch die Vorstellungen

162 Sechstes Kapitel. Geschichte des Reiches Jerusalem von 1149—1188.

der im Heere anwesenden Geistlichen zur Fortsetzung der Belagerung angefeuert. Endlich aber sollten sie für ihre Ausdauer belohnt werden. Denn die Belagerten wagten sich zwar am dritten Tage nach dem Kampfe um die Bresche mit großer Macht ins freie Feld hinaus, erlitten hier jedoch eine so schwere Niederlage, daß den Truppen wie den Bürgern in der Festung der Muth zu fernerem Widerstande verging. Es kam alsbald zu Verhandlungen: die Besatzung übergab die Stadt gegen freien Abmarsch und am 12. August rückten die Sieger in feierlichem Zuge in den eroberten Platz ein.

Es war ein großer Erfolg. Die stolze Stadt, die den Ehrennamen der „Braut von Syrien" trug, war endlich überwunden: die Freudenkunde

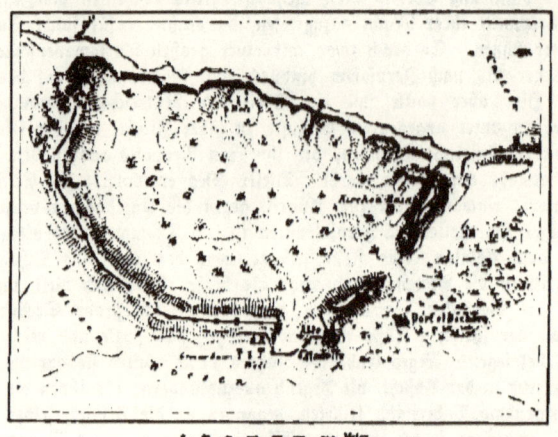
Askalon.

wurde mit Triumph unter den Völkern des Abendlandes verbreitet. Und dennoch umschloß dieser große Erfolg im innersten Kerne ein weit größeres Unglück. Denn Askalon war den Christen längst ungefährlich geworden: man hatte vor den Mauern dieser Festung unersetzbar vieles an Zeit, Kraft und Geld vergeudet und sollte sofort dafür in der bittersten Weise bestraft werden.

Bisher nämlich war das Reich Jerusalem gegen Nureddin immer noch leidlich durch das Emirat Damaskus geschützt worden, da zwischen beiden während der letzten Zeit wieder freundliche Beziehungen bestanden hatten. In Damaskus regierte aber jetzt nicht mehr der kluge Vezier Anar, sondern ein kurzsichtiger und schwacher Fürst, der Emir Mudschireddin. Die Unterthanen waren überdies mit der Politik ihrer Herrscher unzufrieden geworden, seitdem sich (in den Jahren 1147 und 1148) gezeigt hatte, daß die Verbindung mit den wankelmüthigen Christen nur eine sehr unzuverlässige Stütze zur Behauptung ihrer Selbständigkeit bot. Als nun gar Askalon in Bedrängniß kam und Nureddin durch den Emir von Damaskus verhindert wurde, der „Braut von Syrien" Entsatz zu bringen, da neigte sich die Stimmung der Damascener zur Unterwerfung unter den großen Emir von Haleb. Nureddin benutzte dies mit ebensoviel List wie Gewandtheit, bemächtigte sich im Jahre 1154 fast ohne Schwertstreich des ganzen Emirates und verlegte seine Residenz sofort nach Damaskus selber.

Es war ein furchtbarer Gegner, der nun unmittelbar sowohl Jerusalem wie Antiochien bedrohte. Denn Nureddin war ein glaubenseifriger Muselmann, gerecht und gütig gegen den Geringsten der Seinen, voll sorglichster Theilnahme vor allem, gleich seinem Vater, für die Soldaten, die er ins Feld führte. Lebensaufgabe war ihm der Kampf gegen die Christen. Um ihr genügen zu können, hielt er seine Mittel in sparsamer Strenge zusammen und griff nur dann zu den Waffen, wenn er des Sieges gewiß zu sein glaubte. So vorsichtig verfuhr er aber, weil er die Art seiner Feinde treffend beurtheilte. Wohl kannte er ihre Schwächen und Fehler, ihre Zwietracht, Genußsucht und vornehmlich die dumpfe Planlosigkeit ihrer Politik; indessen die fränkischen Panzerreiter waren im Handgemenge seinen leichten Truppen noch immer so unendlich überlegen, daß der Krieg mit ihnen die ernstesten Gefahren in sich schloß und nur allmählich zu glücklichem Erfolge geführt werden konnte.

Kaum hatte Nureddin Damaskus besetzt, so nahten sich ihm christliche Gesandte und baten ihn, in tiefem Schrecken vor seiner Macht, um einen Waffenstillstand. Der Emir ging darauf ein und es folgten ein paar seltsame Jahre, die nicht Krieg und nicht Frieden enthielten. Denn beide Theile brachen, wenn es ihnen paßte, den Waffenstillstand, schlossen ihn jedoch nach kurzem Kampfe von neuem. Nureddin benutzte aber diese Zeit zu emsigen Rüstungen, während die Christen gedankenlos in den Tag hineinlebten. Endlich führte eine arge Treulosigkeit König Balduins zu schmerzlichen Katastrophen. In der Gegend von Banias lagerten nämlich unter christlichem Schutze arabische und turkomanische Horden. Der König überfiel anfangs 1157 dieselben, durch Beutegier verlockt, und nahm ihnen ihren ganzen Reichthum an Pferden und Lastthieren fort. Nureddin antwortete hierauf durch einen allgemeinen Angriff. Vom Eufrat her schlug einer seiner Unterbefehlshaber auf die nordsyrischen Christen los; in die südlichen Theile Jerusalems machten die mit ihm verbündeten Aegypter einen verwüstenden Plünderungszug; er selber aber zog gegen Banias ins Feld. Der Herr dieses Ortes, Humfried von Toron, rief zuerst die Johanniterritter zu Hülfe, die sich auch in Marsch setzten, aber noch ehe sie ihr Ziel erreicht hatten, durch Nureddins Truppen in großem Blutbade zurückgeschlagen wurden. Der Emir belagerte alsdann Banias und hatte schon die Unterstadt genommen, als ihm gemeldet wurde, daß nun Balduin selber zum Entsatze Humfrieds heranrücke. Sofort gab er die Belagerung auf und wich dem Kampfe vorsichtig aus. Nachdem aber der König die zerstörten Werke von Banias wieder hergestellt, einen Theil seines Heeres entlassen und mit dem Reste desselben in voller Sorglosigkeit den Rückmarsch gen Süden begonnen hatte, überfiel ihn Nureddin plötzlich und brachte seiner Schaar eine vernichtende Niederlage bei, welche diesmal besonders hart die Tempelritter traf. Die zahlreichen Gefangenen, welche die Muselmänner gemacht hatten, wurden unter Hohn und Spott durch die Straßen von Damaskus geführt, während der Emir auf der Stelle wieder Banias zu bestürmen begann.

In dieser Noth rief Balduin die Antiochener und Tripolitaner zu Hülfe und schreckte dadurch den Emir zum zweiten Male von Banias fort. Nicht lange darauf landete Graf Dietrich von Flandern mit einer stattlichen Ritterschaar in Beirut. Er war schon im Jahre 1138 zum ersten Male in Jerusalem gewesen, hatte dann am zweiten Kreuzzuge Theil genommen und kam jetzt, trotz der jammervollen Erlebnisse auf jener Pilgerfahrt, zum dritten Male von Kampflust geschwellt ins heilige Land. Mit seiner Hülfe hoffte man den Feinden erheblichen Abbruch zu thun, richtete aber nichts aus, bis gegen Ende 1157 Nureddin schwer erkrankte und auf die freilich falsche Nachricht von seinem Tode Unruhen in seinem Reiche ausbrachen. Die Christen benutzten die schlimme Lage des Gegners, rückten mit gesammelter Kraft vor Schaizar am Orontes, damals eine nicht unbedeutende Stadt, nahmen dieselbe bis auf die Burg, geriethen darnach aber untereinander in Streit, weil Graf Dietrich Herr des Ortes werden, jedoch dafür nicht dem Fürsten Rainald, sondern höchstens dem Könige Balduin einen Lehenseid leisten wollte, und gaben deshalb die Belagerung schließlich wieder auf. Um dieses schmähliche Verhalten gut zu machen, vereinigten sie sich in kurzem zwar noch einmal zu gemeinsamem Kampfe und bestürmten anfangs 1158 die große und feste Burg Harim, die, seit dem Unglücksjahre 1149 unter Nureddins Herrschaft, für die Sicherheit Antiochiens fast unentbehrlich war. Nachdem sich ihnen aber Harim ergeben hatte, trennten sie sich, zufrieden mit so geringem Erfolge.

Nureddin war inzwischen wieder genesen, brach nun im Frühling 1158 in das jerusalemitische Gebiet jenseits des Jordan ein und rückte sogar dem Könige und dem Grafen Dietrich, die schleunigst ihre Truppen sammelten, zu offener Feldschlacht kühn entgegen. Er verfuhr also diesmal ganz gegen seine Gewohnheit, vielleicht aber wünschte er den Stier gleichsam bei den Hörnern zu fassen, um den Schaden, den er während seiner Krankheit erlitten, durch den allerrühmlichsten Sieg vollkommen gut zu machen. Indessen die Zeit war für solche Wagestücke noch nicht gekommen. Am 15. Juli trafen die Heere am Ufer des Sees von Tiberias zusammen. Die Kreuzritter stürzten sich mit unwiderstehlicher Wucht auf die Geschwader Nureddins, sprengten dieselben gänzlich auseinander, metzelten furchtbar unter den Fliehenden und hätten ihren großen Gegner beinahe selber gefangen. Aber trotz dieses strahlenden Erfolges blieb die Lage im wesentlichen wie sie gewesen war. Balduin vermochte nicht, eine umfassende christliche Erhebung gegen Damaskus oder Haleb zu Stande zu bringen; Graf Dietrich kehrte bald in die Heimat zurück und Nureddin füllte die Lücken seines Heerbannes durch emsige Rüstungen in Bälde aus.

Im Jahre 1159 wurden alle syrischen Machthaber durch eine große Kriegsfahrt der Griechen überrascht und ernstlich in Anspruch genommen. Kaiser Manuel hatte nämlich seit der Zeit des zweiten Kreuzzuges Antiochien und die umliegenden Lande nicht aus den Augen verloren, bisher aber bei allen Versuchen, dort größere Macht zu gewinnen, nur schlechten Erfolg gehabt. Denn im Jahre 1150 hatte er, wie schon berührt, den Rest der Grafschaft Edessa erhalten aber sogleich wieder eingebüßt. Dann hatte er, als Konstanze von Antiochien allerseits zu einer zweiten Ehe gedrängt wurde, vergeblich sich bemüht, derselben einen griechischen Prinzen annehmlich zu machen. Hiernach war er mit dem armenischen Fürsten Thoros in Krieg gerathen und hatte die Städte des unteren Ciliciens, die seit den Tagen des Kaisers Johannes in byzantinischen Händen gewesen waren, an denselben verloren. Endlich hatte er den Fürsten Rainald von Antiochien aufgefordert, die Armenier zu bekämpfen, und dieser war auch seiner wilden Art nach ohne Zaudern über die alten Freunde der Kreuzfahrer hergefallen; als aber der Lohn, den der Kaiser dafür versprochen hatte, ausgeblieben war, hatte Rainald im Jahre 1157 eine freche Raubfahrt nach dem byzantinischen Cypern gemacht und die schöne Insel entsetzlich verheert. Alledem gegenüber waren jedoch in derselben Zeit die Beziehungen des griechischen Hofes zum Reiche Jerusalem besser geworden, als sie jemals früher gewesen waren, indem König Balduin, ebenfalls im Jahre 1157, eine feierliche Gesandtschaft nach Konstantinopel geschickt, eine komnenische Prinzessin als Gattin für sich erbeten und in der That eine Nichte des Kaisers, die schöne Theodora, mit reichster Ausstattung zur Ehe erhalten hatte. Daher hielt Manuel die Zeit jetzt für gekommen, um in eigner Person in Syrien aufzutreten und die dortigen Verhältnisse nach seinem Herrscherwillen zu ordnen. Sowie er mit einem starken Heere nach Cilicien einrückte, entfloh zuerst Thoros in das nahe Gebirge, bat sodann Rainald bemüthig um Verzeihung und meldete sich schließlich Balduin zu einem höflichen Besuche bei seinem hohen Verwandten an. Der König wurde im kaiserlichen Lager ehrenvoll aufgenommen; der Armenier aber mußte einen Theil seines Landes abtreten und den Rest desselben zu byzantinischem Lehen machen, und der trotzige Fürst von Antiochien wurde nicht eher begnadigt, als bis er barhaupt und barfuß, knieend und mit Ueberreichung eines bloßen Schwertes die Oberhoheit des Herrschers von Konstantinopel anerkannt hatte. Von Cilicien ging Manuel nach Antiochien und feierte hier unter den Frankenfürsten glänzende Feste, namentlich ritterliche Turniere, in denen er die Kraft seines Armes bewundern ließ; dann rückte er von dort, um Nureddin zu bekämpfen, mit großem Gepränge weiter gen Osten vor. Indessen war es nicht seine Absicht, mit dem gewaltigen Emir von Haleb in ernstem Kriege sich zu messen; er strebte nur, den Kreuzfahrern irgend einen Beweis seiner Uebermacht zu geben; und da auch Nureddin durchaus nicht wünschte, sein Heer durch eine Schlacht mit den Griechen zu schwächen, so kam es bald zu einem Frieden, in welchem der Emir mehreren tausend christlichen Gefangenen, besonders jenen Rittern, die bei den Kämpfen um Banias in seine Hand gefallen waren, die Freiheit zurückgab. Der Kaiser war froh, diesen Erfolg erreicht zu haben, und verließ gleich darauf, weil heimische Sorgen ihn drängten, das syrische Land.

Während der nächsten Jahre hätten die Kreuzesfürsten gute Gelegenheit zu planvollem Kriege gegen Haleb oder Damaskus gehabt, da das griechische Heer abgezogen und zugleich Nureddin durch einen Kampf mit den kleinasiatischen Seldschuken beschäftigt war. Sie begnügten sich aber, dreiste Streifzüge ins feindliche Gebiet zu machen, die dem König Balduin allerdings viel Beute eintrugen, den Fürsten Rainald aber, der unterwegs auf überlegene Macht gestoßen war, ins Gefängniß nach Haleb brachten (November 1160). Und kaum hatte Balduin hierauf nothdürftig für die Vertheidigung Antiochiens gesorgt, so wurde Syrien abermals, wenn auch nicht mit Waffengewalt, durch die Griechen beunruhigt. Denn Manuel, dessen erste Gattin, jene deutsche Gräfin von Sulzbach, inzwischen gestorben war, wünschte jetzt eine Prinzessin aus den Fürstenhäusern des Morgenlandes in die Ehe zu nehmen. Man konnte schwanken zwischen der jungen Gräfin Melisende von Tripolis und der Prinzessin Maria, Tochter Konstanzes von Antiochien. Die griechischen Gesandten wählten anfangs die erstere und entschieden sich dann für die andere, sei es weil die Gräfin kränklich war, sei es weil antiochenische Intriguen ihren Willen beeinflußten. Graf Raimund III. von Tripolis rächte sich für die Verschmähung seiner Schwester durch wüsten Seeraub an den griechischen Küsten; die antiochenische Maria aber wurde Gattin Manuels, obgleich Balduin befürchtete, daß der Kaiser mit diesem Ehebündniß dereinst neue Ansprüche auf Antiochien begründen werde.

Unter so elenden Händeln gingen Regierung und Leben Balduins III. zu Ende. Er erkrankte, erst zwei und dreißig Jahre alt und in voller Manneskraft, an einer dem Gerüchte nach vergifteten Arznei, die ihm der Leibarzt des Grafen von Tripolis gab, und starb, wegen seiner Tapferkeit, Feinheit und Leutseligkeit von den Seinen schmerzlich betrauert, am 10. Februar 1162.

König Amalrich.

Balduin III. hinterließ keinen Leibeserben, und so folgte ihm auf dem Throne Jerusalems sein Bruder Amalrich. Der neue König war dem Verstorbenen sehr unähnlich. Er besaß freilich große Körperkraft, war ein eifriger Jäger und ausdauernder Kriegsmann, hatte frühzeitig in allen Wissenschaften jener Tage sich zu unterrichten gesucht und blieb lernbegierig bis an sein Lebensende. Aber neben der einnehmenden Schönheit, die Balduin an Leib und Seele ausgezeichnet hatte, waren Amalrichs unförmlich dicke Gestalt, seine unbeholfene Rede und steif zurückhaltendes Wesen von jeher unangenehm aufgefallen. Auch trachtete er stets nach sinnlichem Genusse, verlangte mit rücksichtsloser Habgier nach Geld und Geldeswerth, und kannte in seiner Politik nur einen leitenden Gedanken, den die Mehrzahl seiner üppigen Ritterschaft mit ihm theilte, daß es nämlich gelingen möchte, große Reichthümer zu erwerben und in Glanz und Fülle zu leben.

Unter diesem Herrscher hatte das Reich Jerusalem, da überdies die Feinde von Nureddins überlegener Kraft geleitet wurden, kaum eine andere Aussicht, als dem endlichen Sturze in den Abgrund immer näher zu rücken. Die Gefahr, in der sich somit die syrischen Christen befanden, wurde aber fast vom Anfange der neuen Regierung an durch eine auswärtige Verwickelung ungemein gesteigert. Denn der einst so gewaltige Staat der Fatimiden war zwar schon seit geraumer Zeit in tiefen Verfall gerathen: die Chalifen von Kairo waren in Haremslüften und Palastrevolutionen verkommen, und ehrgeizige Heerführer hatten als Veziere alle Macht an sich gerissen, ohne jedoch dem Reiche dadurch neue Kraft zu verleihen, weil jedesmal nach kurzer Frist ein glücklicher

Bleisiegel des Königs Amalrich.

Emporkömmling durch einen andern gestürzt wurde. In diesem Augenblicke aber wich nicht blos der Vezier Schawer vor den Waffen seines Nebenbuhlers Thargham, sondern, während der letztere alle ihm nicht gewogenen Officiere niedermetzeln ließ und hierdurch das ägyptische Heer seiner tüchtigsten Führer beraubte, floh der erstere nach Damaskus zu Nureddin und bat denselben um Hülfe.

Die Aufgabe, welche die Christen bei dieser Lage der Dinge zu erfüllen hatten, lag so offen und klar wie nur möglich vor aller Augen. Sie hatten freilich in früheren Jahren schwere Kriege mit Aegypten geführt und waren noch während der letzten Zeit durch Landheere wie Flotten vom Nil aus manchmal beunruhigt worden, aber ernstliche Besorgniß vor den Angriffen von dieser Seite brauchte man in Jerusalem schon längst nicht mehr zu hegen. Und sobald Nureddins Politik sich auf Aegypten richtete, trat sogar der Gesichtspunkt mit vollster Bestimmtheit hervor, daß Kreuzfahrer wie Fatimiden, alle beide, keinen gefährlicheren Gegner hatten als die Selbschuken. Beide hätten deshalb darauf denken sollen, sich in der Behauptung ihrer Selbständigkeit gegenseitig zu unterstützen; besonders nahe aber lag diese

Schlußfolgerung den Jerusalemiten, die schon einmal, beim Emirat Damaskus, den unverzeihlichen Fehler begangen hatten, einen schwachen mohammedanischen Nachbar dem mächtigsten feindlichen Kriegsfürsten gleichsam selber ans Messer zu liefern. Wiederholten sie jetzt, nicht bei einem kleinen Emirate, sondern bei dem großen und reichen Gebiete der Fatimiden diesen Fehler, so waren sie ohne Zweifel und für immer verloren.¹)

Solche Erwägungen fanden jedoch im Kopfe Amalrichs keinen Raum. Als er davon hörte, unter welchen Kämpfen sich Dhargham des Vezierates bemächtigt hatte, war sein einziger Gedanke, daß die Gelegenheit günstig sei, um von Aegypten eine Brandschatzung zu erpressen und mit Heeresmacht brach er deshalb in dieses Land ein. Gleichzeitig aber hatte Nureddin die Bitten Schawers erfüllt und einen seiner besten Feldherren, den tapfern Kurden Schirkuh nach dem Nil entsendet. Es entbrannte ein heißer Krieg: Dhargham wurde von seinen eigenen Leuten ermordet, Schawer wurde wieder Vezier, Amalrich kehrte ohne irgend einen Erfolg nach Jerusalem zurück und Schirkuh blieb in Aegypten, um dort die Interessen seines Herrn zu wahren. So war mit einem Schlage geschehen, was die Christen mit aller Kraft zu verhindern hätten suchen müssen, und es war ein unverdientes Glück, daß trotzdem noch einmal die Möglichkeit der Rettung aus tödtlicher Gefahr an sie herantrat. Denn Schawer empfand die Anwesenheit Schirkuhs in Aegypten bald als eine Drohung gegen sich selber und rief deshalb die Jerusalemiten zu Hülfe. Amalrich folgte der Ladung im Jahre 1164, umlagerte gemeinsam mit Schawer den tapfern Kurden in Bilbeis und zwang ihn nach drei Monaten zum Abzuge. Mit ungebrochenem Stolze aber verließ Schirkuh Aegypten, er selber als der letzte seines Heeres, die Streitaxt kampfbereit in Händen. Ein christlicher Ritter nahte ihm mit der Frage: „Wozu solche Anstalten? Fürchtet Ihr, daß der Vertrag (wonach Nureddins Heer frei abziehen durfte) uns nicht heilig sei?" „Den würdet ihr nicht zu brechen wagen," antwortete Schirkuh mit Ruhe und setzte seinen Weg fort.

Inzwischen war Nureddin natürlich nicht müßig gewesen. Zuerst hatte er einen Zug gegen Tripolis begonnen, war aber unterwegs von den Christen überfallen und unter großen Verlusten in die Flucht geschlagen worden. Trotzdem war er bald darauf vor der antiochenischen Burg Harim

---

1) Das Verhältniß der Jerusalemiten zu den Aegyptern ist in früherer Zeit gemeiniglich so aufgefaßt worden, als ob es seit den Tagen Gottfrieds immerfort ein Lebensinteresse für die Herrschaft der Christen im Morgenlande gewesen sei, die Fatimiden zu schlagen und deren Land, wenn irgend möglich ganz und gar zu erobern. Dem entgegen hat Sybel in mehreren seiner Arbeiten zur Geschichte der Kreuzzüge aufs klarste dargelegt, wie geringe Gefahren den Christen, abgesehen von den allerersten Zeiten des Reiches Jerusalem, aus Aegypten drohten. Die verkehrte ältere Ansicht ist aber noch immer nicht ganz aus der Literatur verschwunden. Die Ausführungen des vorliegenden Buches hinsichtlich der ägyptischen Politik der jerusalemitischen Könige schon seit Balduin I. (vergl. oben viertes Kapitel) ruhen durchaus auf der Sybel'schen Grundlage.

erschienen und hatte dieselbe eng umlagert. Um den wichtigen Platz zu retten, hatten sich die Antiochener unter ihrem allmählich herangewachsenen jungen Fürsten Boemund III., dem Sohne Raimunds und Konstanzes, mit den Tripolitanern, Armeniern und einigen vornehmen französischen Pilgern vereinigt. Nurebbin war vor ihnen zurückgewichen, bis sie in unbesonnener Verfolgung ihre Geschwader gelockert hatten. Dann war er über sie hergefallen, hatte ihr Heer zersprengt und außer vielen stattlichen Rittern auch Boemund und Raimund von Tripolis gefangen. Bei eifriger Ausnutzung dieses Sieges war es ihm schließlich sogar noch geglückt, die lang umkriegten Grenzwachten von Antiochien und Jerusalem, Harim und Banias, beide zu nehmen.

Auf die Nachricht von diesen Unglücksfällen kehrte Amalrich eilig aus Aegypten zurück und sein erstes Geschäft in der Heimat war, daß er die gefangenen Fürsten loszukaufen versuchte. Dies gelang ihm auch überraschend schnell bei Boemund, den Nurebbin wahrscheinlich wegen seiner Verschwägerung mit Kaiser Manuel besonders berücksichtigte, während Raimund erst nach achtjähriger Haft die Freiheit wieder erhielt. Im Kriege aber erreichte der König nicht einmal solchen theilweisen Erfolg, sondern verlor noch mehrere feste Burgen an Nurebbin und erlebte dabei, was noch schlimmer war als die materielle Einbuße, daß die christlichen Besatzungen aus Feigheit oder um Geld die ihnen anvertrauten Mauern räumten.[1])

Indessen nach kurzer Frist wendete sich die Aufmerksamkeit der Christen wieder vornehmlich nach Aegypten. Denn Schirkuh hatte bei seiner ersten Anwesenheit in diesem Lande klar erkannt, daß das Chalifat der Fatimiden nur noch auf sehr morschen Stützen ruhte und drängte deshalb seinen Oberherren unaufhörlich, ihm einen Kriegszug zur Unterwerfung des ganzen Nilthales zu gestatten. Der vorsichtige Nurebbin weigerte sich eine zeitlang, für ein so großes Wagestück Opfer zu bringen; endlich aber, da seine eigene religiöse Stimmung den Krieg gegen die schiitischen Fatimiden begünstigte, gab er den Widerspruch auf und schickte Schirkuh anfangs 1167 mit einem kleinen aber tüchtigen Heere auf das Abenteuer aus. Sowie Amalrich hiervon hörte, marschirte auch er nach Aegypten und wurde hier von Schawer mit offenen Armen empfangen. Nachdem sich Aegypter und Jerusalemiten vereinigt hatten, war Schirkuh zu schwach, um das Feld zu halten. Einige Wochen hindurch standen die Heere sich beobachtend am Nile gegenüber. Dann wich der Kurde nach Oberägypten aus, brachte dort dem zu schnell nacheilenden Amalrich eine empfindliche Schlappe bei, eilte nordwärts zurück und besetzte mit einem Theile seines Heeres das vollreiche Alexandrien. Als aber alle seine Gegner diese Stadt umlagerten und Hungersnoth in derselben ausbrach, mußte Schirkuh froh sein, daß ihm gestattet wurde, zum zweiten Male ungestraft Aegypten zu verlassen. Die Jerusalemiten kehrten darnach, im

---

1) In dieser Zeit war Graf Dietrich von Flandern zum vierten Male in Jerusalem, ohne jedoch für die christliche Sache zum Schwerte zu greifen.

August 1167, froh und reich an Ehre und klingendem Lohne in die Heimat zurück.

Die Verbindung der Schwachen gegen den einen Starken hatte sich, wie ein Vierteljahrhundert früher in der Zeit König Fulkos und des Veziers Anar, so auch jetzt wieder bewährt, und die Christen hätten hiervon vielleicht für lange Dauer Nutzen ziehen können, wenn sie zu planmäßig besonnenem Verhalten irgend fähig gewesen wären. Blieb doch sogar, wie es heißt, seit dem Sommer 1167 eine ständige fränkische Besatzung in Kairo; und das Schutzgeld, welches Schawer seinen Bundesgenossen für künftige Leistungen versprochen hatte, betrug nicht weniger als jährlich 100,000 Goldstücke. Aber der große Erfolg, den die Jerusalemiten errungen hatten, verlockte sie zu frevelndem Uebermuthe. Amalrich verlangte nach immer größeren Haufen ägyptischen Goldes; der Johanniterorden, der durch schlechte Wirthschaft heruntergekommen war, meinte durch eine Plünderung des reichen Landes sich erholen zu können; vergebens widersprachen einzelne Große des Reiches und namentlich die Tempelritter; die Geldgier der Mehrzahl war zu heftig und so wurde der vernunftwidrigste wie nichtswürdigste Raubzug gegen Schawer beschlossen. Nur so viel Ueberlegung blieb dabei in Jerusalem noch lebendig, daß man in dunklem Vorgefühle des schweren Unheils, welches man muthwillig über sich heraufbeschwor, den Kaiser Manuel ersuchte, sich am Kampfe gegen Aegypten zu betheiligen. Nachdem aber vom byzantinischen Hofe eine zusagende Antwort eingelaufen war, hatte man doch wieder keine Geduld, auf die Ankunft der griechischen Flotte zu warten, sondern brach auf eigene Faust unter gräulichen Verheerungen im November 1168 ins Land der Fatimiden ein.

Die Strafe für diesen Frevel konnte nicht lange ausbleiben. Schawer verhandelte zwar mit den Jerusalemiten um den Preis, um den sie sich wieder zurückziehen wollten, und leistete sogar von der ungeheuren Summe von zwei Millionen Goldstücken, die sie verlangten, eine beträchtliche Abschlagszahlung; daneben aber bat er, in Verzweiflung über die Anmaßung der Christen, Nureddin um Hülfe und veranlaßte, um sein Gesuch bringlicher zu machen, den Chalifen von Kairo, Aladhib, dem Herrn von Haleb als Zeichen tiefster Noth Haare seiner Frauen mit den Worten zu übersenden: „die Frauen, deren Locken ich Dir schicke, beschwören Dich, sie vor der Schmach zu bewahren, die sie von Seiten der Franken erwartet". Nureddin, den Schirkuh schon längst wieder zur Erneuerung der ägyptischen Feldzüge gedrängt hatte, konnte sich hierauf der Hülfsleistung nicht entziehen, und es rückten nun 8000 Mann auserlesener Truppen wieder unter Schirkuhs Oberbefehl in eiligem Marsche an den Nil. Amalrich kehrte, sobald dieses Heer sich mit der Mannschaft Schawers vereinigt hatte, erschreckt und beschämt nach Jerusalem zurück. Schirkuh verfolgte ihn nicht, sondern benutzte den günstigen Augenblick, um sich in Kairo festzusetzen. Bald kam es zu Zerwürfnissen zwischen ihm und Schawer, die aber nur dazu führten, daß der Vezier verhaftet und hinge=

richtet wurde. In seine Stelle wurde von dem Chalifen Schirkuh eingesetzt, und als dieser nach wenigen Monaten starb, folgte ihm im Vezierat sein hochbegabter Neffe Salahebbin, gewöhnlich Saladin genannt. Dieser hatte noch einen Empörungsversuch der Aegypter zu bekämpfen, den er mit blutiger Strenge unterdrückte. Dann erkrankte der Chalif Alabhib und starb — nach christlichen Berichten von Saladin ermordet — im Jahre 1171. Auch seine Nachkommen wurden beseitigt, und so herrschte Saladin, nach Vernichtung des fatimidischen Chalifates, unter der Oberhoheit Nurebbins sonst aber unbeschränkt über Aegypten.

Tiefes Entsetzen bemächtigte sich der Jerusalemiten, als sie der Wirkung ihrer verbrecherischen Thorheit inne wurden. Die Vereinigung der Kräfte Aegyptens und Syriens unter einem Oberhaupte war für sie fast gleichbedeutend mit ihrem Todesurtheile. Sie empfanden dies auch, und König Amalrich beschloß, nachdem er anfangs 1169 zum letzten Male aus Aegypten zurückgekehrt war, das Abendland durch eine außerordentliche Gesandtschaft um Hülfe anzuflehen. Der Patriarch von Jerusalem, der Erzbischof von Cäsarea und der Bischof von Akkon sollten sich deshalb zu Kaiser Friedrich I., zu den Königen von Sicilien, Frankreich und England, zu den Grafen von Flandern, Troyes und Chartres und noch anderen Fürsten und Herren begeben. Kaum aber hatten die Gesandten die syrische Küste verlassen, so wurden sie durch einen furchtbaren Sturm an dieselbe zurückgetrieben, und erst einige Wochen später gelang es zwei neuen Botschaftern, dem Erzbischof von Tyrus und dem Bischof von Banias, die Seefahrt bis zum Abendlande glücklich zurückzulegen. Die Lage war hier insofern der Erfüllung ihrer Wünsche günstig, als Papst Alexander III. schon seit mehreren Jahren ringsum zu Geldspenden und Kriegsrüstungen für das heilige Land gemahnt hatte; in Wahrheit aber war hiermit wenig gewonnen, weil die politisch-kirchlichen Zerwürfnisse, welche das ganze römisch-christliche Europa durchspannten, vornehmlich Kaiser Friedrichs Streit mit dem Papste und die Zwietracht zwischen den Königen von England und Frankreich, größere Opfer zum Schutze Jerusalems bisher verhindert hatten und auch ferner noch verhinderten. König Ludwig VII. vergoß zwar Thränen bei der Schilderung, welche die Gesandten von der Noth Palästinas machten; auch Heinrich II. von England zeigte sich bei dem gleichen Berichte tief ergriffen; indessen eine bedeutendere Hülfsleistung wurde nirgends zugesagt, und nachdem der Bischof von Banias in Paris gestorben war, mußte der Erzbischof von Tyrus allein, und ohne einen wesentlichen Erfolg erreicht zu haben, nach Jerusalem zurückkehren.

Inzwischen hatte König Amalrich von ganz anderer Seite eine große Unterstützung erhalten, dieselbe aber sehr schlecht benutzt. Denn im Sommer 1169 war eine byzantinische Flotte von mehr als 200 Schiffen, mit Mannschaften und Vorräthen wohl versehen, nach Syrien gekommen, um, wie die Jerusalemiten einige Zeit zuvor gebeten hatten, mit diesen zusammen gegen die Aegypter zu streiten. Amalrich aber und seine Ritter waren nach dem erbärmlichen Raubzuge, den sie Ende 1168 gegen den Vezier Schawer gerichtet hatten, durchaus nicht in der Verfassung, sofort wieder einen Nilfeldzug zu unternehmen. Andererseits wagten sie auch nicht, die Hülfe der Griechen als nicht mehr zeitgemäß zurückzuweisen, und thaten so von neuem das Thörichtste, indem sie das Unternehmen, welches nur mit Schnelligkeit und Energie erfolgreich durchgeführt werden konnte, langsam, schlaff und unlustig ins Werk setzten. Erst nach vielen Zögerungen rückten sie im Spätherbste 1169 zusammen mit ihren Bundesgenossen vor die starke Festung Damiette. Saladin hatte Zeit genug gehabt, dieselbe aufs beste zu versorgen. Den Belagerungskünsten der Feinde begegnete er mit Gewandtheit und Tapferkeit. Strömender Winterregen durchnäßte bald die Zelte der Christen; Hunger quälte sie, und die Jerusalemiten, die etwas besser versehen waren als die Griechen, behielten ihre Vorräthe hartherzig für sich allein; dazu kam noch die Nachricht, daß Nureddin das südliche Palästina mit einem mächtigen Angriffe bedrohe — kurz die Belagerung mußte aufgehoben werden: die fränkische Ritterschaft kehrte nach Jerusalem zurück, die griechische Flotte aber wurde während der Heimfahrt durch einen heftigen Sturm größtentheils zerstört.

Im Jahre 1170 ruhten die Waffen in Nordsyrien, weil dieses Gebiet durch ein furchtbares Erdbeben heimgesucht wurde. Tripolis und Laodicea litten entsetzlich, und Antiochien wurde fast ganz zerstört. Haleb, Schaizar und Himß brachen ebenso in Trümmern zusammen. Palästina blieb zwar von diesem Unheile verschont, dafür aber wirkten hier die Waffen der Feinde um so schlimmer. Saladin stürmte und vernichtete Gaza und bezwang die Stadt Ailah am rothen Meere, welche die Kreuzfahrer bisher besessen hatten. Die Jerusalemiten hätten daher dem Andrange der Feinde schwerlich noch lange widerstehen können, wenn nicht gerade in diesem Augenblicke eigenthümliche Verhältnisse sich zu ihren Gunsten geltend gemacht hätten. Saladin nämlich wünschte, daß seine sehr unabhängige Stellung in Aegypten nicht durch ein Eingreifen Nureddins in die dortigen Angelegenheiten geschmälert werde, und er sah es deshalb sehr gern, wenn die Macht der Christen wie ein schützender Damm zwischen ihm und Nureddin einigermaßen erhalten blieb. Er begnügte sich deshalb damit, die seinem Lande benachbarten jerusalemitischen Grenzgebiete zu verheeren und vertheidigungsunfähig zu machen, weiter aber ging er nicht; der Kampf um die großen Burgen namentlich, die auf den Hauptverbindungslinien des inneren Syriens mit Aegypten lagen, Krak und Montroyal, wurde aus diesem Grunde nicht ernstlich betrieben; und da auch Nureddin mehrfach auf anderen Grenzen seines weiten Reiches beschäftigt war, so konnten sich in Folge von alledem die Kreuzfahrerstaaten noch über einige Jahre glücklich hinweg fristen.

Aber die Jerusalemiten fühlten, daß hierdurch wenig gewonnen war. Mit der eignen Kraft allein konnten sie der drohenden Gefahr nicht mehr begegnen; das römische Abendland gab ihnen, wie aus dem oben Erwähnten hervorgeht, zunächst keine Hoffnung auf ausreichende Hülfe; da entschloß sich

Amalrich im Jahre 1171, selber nach Konstantinopel zu gehen und die griechischen Waffen, mit denen man vor kurzem so unwürdigen Mißbrauch getrieben, von neuem zu erbitten. Er wurde glänzend aufgenommen; Feste folgten auf Feste; die Merkwürdigkeiten der kaiserlichen Residenz befriedigten seinen Lerneifer; Unterstützung mit Heereskraft wurde vertragsmäßig versprochen, aber zunächst wenigstens nicht geleistet; und so blieb die Lage Jerusalems auch hiernach so angstvoll beklommen wie zuvor.

Charakteristisch hierfür ist die Kreuzfahrt Heinrichs des Löwen. Dieser mächtige Fürst war im Anfange des Jahres 1172 nicht gerade mit einem Heere, immerhin jedoch mit einem stattlichen Geleite von Grafen, Bischöfen, Rittern und Knechten aus der Heimat aufgebrochen, unter mancherlei Fährlichkeiten auf der alten Kreuzfahrerstraße nach Konstantinopel gezogen und von dort nach Syrien gesegelt. Nun hätte er wohl gern zu Ehren des Heilandes irgend eine Heldenthat im Kampfe gegen die Ungläubigen verrichtet, aber der König wie die Templer sollen gegenüber der furchtbaren Macht der Feinde solchem Wagniß sich widersetzt haben. Der Herzog konnte daher seine Frömmigkeit nur durch Stiftungen und Vermächtnisse beweisen, und ist noch im selben Jahre heimgekehrt. Sein Rückweg

Heinrich der Löwe und seine Gemahlin.
Nach ihrem Grabmal zu Braunschweig.

führte ihn über Antiochien nach Kleinasien. Durch die Halbinsel geleitete ihn der den römischen Christen freundlich gesinnte Sultan Kilidsch Arslan II. von Ikonium. Von Konstantinopel aus zog er auf derselben Straße wie auf dem Hinwege.

Die letzte Lebenszeit Amalrichs, der wir hiermit genaht sind, ist noch durch ein paar unheilvolle und häßliche Ereignisse erfüllt. Im armenischen Cilicien hatte seit kurzem Fürst Malich, ein Bruder jenes Thoros, gewaltsam die Herrschaft an sich gerissen. Er stand im Bunde mit Nureddin und verwandelte die alten freundschaftlichen Beziehungen seiner Volksgenossen zu den Kreuzfahrern in Feindseligkeit. Amalrich und Boemund von Antiochien sind im Jahre 1172 gegen ihn zu Felde gezogen, haben ihm aber wenig anhaben können. Sobann hat das Oberhaupt der Assassinen, der „Alte vom Berge", dem Könige durch einen Gesandten gemeldet, er sei bereit, Christ zu werden, wenn die Templer die Schatzung von zweitausend Goldstücken, welche sie von seinen in der Nachbarschaft ihrer Burgen lebenden Unterthanen erhöben, nachlassen wollten.[1]) Die Meldung klang nicht allzu überraschend, da dem Gerüchte nach sowohl bei dem Alten vom Berge wie bei seinem Volke längst eine Hinneigung zum Christenthum vorhanden war, und Amalrich nahm das Anerbieten mit solcher Freude an, daß er sich sogar bereit erklärte, den Templern den Verlust, welchen ihr Orden dadurch erleiden werde, aus seinem Schatze zu ersetzen. Als darauf aber der Gesandte des Alten vom Berge heimkehrte und schon an der Grenze des Gebietes war, in welchem die Assassinen damals vornehmlich ihren Sitz hatten, nämlich den Berglandschaften nordöstlich von Tripolis, da erschlug ihn meuchelmörderisch ein Tempelritter und vereitelte hierdurch natürlich den ganzen Handel.

Nicht lange darauf erkrankte Amalrich an einem Ruhranfall und starb am 11. Juli 1173. Als er die Augen schloß, war die mohammedanische Welt in gewaltiger Bewegung. Nureddin rüstete in Syrien und Mesopotamien, um seinen ihm zu unabhängig gewordenen Vasallen Saladin mit dem Schwerte zu bescheidenem Gehorsam zurückzuführen. Ein durchgreifender Sieg Nureddins in Aegypten wäre für die Christen kein Glück gewesen; was aber jetzt in der That geschah, war ihnen noch viel nachtheiliger. Denn am 15. Mai 1174 starb Nureddin, ehe er nur die Verwirklichung seines letzten Planes hatte beginnen können; und ein so großer Gegner der Christen er auch gewesen war, durch seinen Tod machte er trotzdem nur einem noch größeren Platz.

Kaiser Manuel.

Kaiser Manuel verlangt, ehe wir in der Geschichte des Reiches Jerusalem weiter fortfahren, eine besondere Betrachtung, weil seine Thaten und Leiden seit der Mitte des zwölften Jahrhunderts für das Geschick der gesammten Christenheit die höchste Bedeutung gewinnen.

Im Jahre 1147 hatte ihn der Angriff König Rogers auf die griechischen Küsten schwer gereizt, und da es ihm zwei Jahre später gelungen war, die Normannen in hartem Kampfe, vornehmlich bei der Wiedereroberung von Korfu, zu besiegen, so beabsichtigte er nun, seine Macht nach dem Abendlande hin auszudehnen, d. h. zunächst in Italien festen Fuß zu fassen und dann

---

[1] Die furchtbare Waffe der Assassinen, der Meuchelmord, vor dem jeder Monarch zitterte, war den Ritterorden nicht ebenso gefährlich, weil für jeden ermordeten Ritter, und war es selbst der Meister des Ordens, sofort Ersatz aus dem Kreise der Genossen beschafft werden konnte. Hierauf gestützt hatten besonders die Templer eine bedeutende Machtstellung den Assassinen gegenüber gewonnen.

den Papst zu dem Ausspruch zu bringen, daß die Kaiserkrone allein den Herren von Konstantinopel gebühre. Sein Streben richtete sich also auf das stolze Ziel, das große römische Kaiserreich, welches sein Großvater und sein Vater im Osten bis zu den ehemaligen Grenzen wiederherzustellen versucht hatten, nunmehr durch die Unterwerfung der Völker des Westens so weit nur möglich zu vollenden.

Dieses Ziel war freilich unerreichbar, und Manuel verlor auch, sobald seine Absichten ruchbar wurden, seine besten Bundesgenossen in Europa, die Staufer, weil diese nicht einen Fuß breit italienischen Bodens, geschweige die römische Kaiserkrone an die Griechen abtreten wollten; immerhin aber machte er einige Fortschritte. Denn die Normannen bedrängte er in ihrem eigenen Lande so lange, bis sie um Frieden baten und versprachen, ihn, wenn er im Abendlande Krieg führe, mit einem Heere zu unterstützen; in vielen Städten Oberitaliens gewann er Bundesgenossen und Parteigänger, die sich ihm eben aus Feindschaft gegen die Staufer zuneigten; und schließlich ließ sich Papst Alexander III. in betreff der Uebertragung des römischen Kaiserthums auf die Griechen wenigstens auf einige Unterhandlungen ein.

Aber nicht blos gen Westen richtete sich der Eroberungsdrang des Kaisers Manuel. Im Norden besiegte er die serbischen Fürsten in blutigen Kämpfen und nöthigte sie zur Heerfolgepflicht in allen seinen Kriegen; die Ungarn überwand er zu mehreren Malen und gewann zeitenweise bedeutenden Einfluß auf die Regierung ihres Reiches; mit den Fürsten von Halicz und Kiew knüpfte er vortheilhafte Verbindungen an. Im Osten schreckte er die

Kaiser Manuel. Facsimile aus „de passagiis in Terram Sanctam" (Venedig).

Völker weit und breit durch die Kraft seines Armes und den Kriegsruhm seines Heeres: wie er Rainald von Antiochien und Thoros von Cilicien demüthigte, haben wir oben gesehen; auch Rainald hat jene Pflicht der Heerfolge auf sich genommen und nach byzantinischen Quellen haben dies ebenfalls Baldwin III., Nureddin und der Sultan von Ikonium gethan. Gen Süden segelten glänzend ausgerüstete Flotten, deren erste uns zur Zeit König Amalrichs begegnet ist, um mit den Jerusalemiten vereinigt Aegypten von der Herrschaft der Muselmänner zu befreien.

Während einiger Jahre war die Macht der Griechen in stetigem Wachsthum begriffen. Das Gebiet, in welchem ihr Einfluß vorherrschte, erweiterte sich fortbauernd: die mächtigsten Fürsten des Morgen- und Abendlandes bemühtigten sich vor der überlegenen Kraft der kaiserlichen Waffen. Dabei war der Zustand im Innern des Reiches nicht minder erfreulich. Konstantinopel bildete den glänzenden Mittelpunkt für den Handel der halben Welt: hier begegnete man Kaufleuten aus Babylon und Mesopotamien, aus Medien und Persien, aus Aegypten und Palästina, aus Rußland und Ungarn, aus Italien und Spanien. Die Griechen selber zeichneten sich durch ihre hoch entwickelte Industrie noch immer vor den anderen Völkern aus, und mit der gesammten materiellen Blüthe stand die Regsamkeit des geistigen Lebens in schönem Einklange. Namhafte Rhetoren und Philosophen, Theologen und Historiker lehrten und schrieben in den alten Sitzen wissenschaftlicher Arbeit. Aus weiter Ferne kamen befähigte Jünglinge, um z. B. in Athen „römisch=griechische Weisheit" zu lernen. Der Klerus aber war der Hauptträger aller höheren Bildung: auf dem heiligen Berge, dem Athos, mehrte sich in schneller Steigerung die Zahl frommer und gelehrter Mönche, und viele Bischöfe dieses Zeitalters besaßen Kenntnisse von erstaunlichem Umfange.

Höchst eigenthümlich gestaltete sich bei alledem die Einmischung des abendländischen Wesens in den byzantinischen Staat. Der Kaiser selber war, wie schon berührt, nicht blos ein tapferer, sondern auch ein romantisch an= gehauchter Kriegsmann: er geberdete sich wie ein fränkischer Ritter, wenn er allein seinem Heere weit voraus die Linien des Feindes durchbrach, oder wenn er von den schon gelagerten Truppen zurücksprengte, um seiner Ge= mahlin zu Ehren einen wilden Strauß mit den Ungläubigen zu bestehen. Seine Streitmacht bestand, wie zur Zeit seines Großvaters, aus den Sölb= nern aller Nationen. Besiegte christliche Fürsten machte auch er durch den fränkischen Lehnseid zu seinen Vasallen und kam wohl hierdurch zu der Uebung, beinahe jedem gedemüthigten Gegner eine Heerfolgepflicht für seine Kriege aufzuerlegen. Den italienischen Schiffern und Kaufleuten gab er noch weiteren Spielraum, als sie bisher schon in seinem Reiche besessen hatten. Die Venetianer, die ihm, wenn auch zum Theil widerwillig, im Kriege um Korfu geholfen hatten, erhielten z. B. eine Vergrößerung ihres Quartieres in Konstantinopel; und die Genueser wurden wenige Jahre später durch einen Handelsvertrag überhaupt erst in freundliche Beziehungen zum byzan= tinischen Hofe gebracht. Sie bekamen ebenfalls ein Quartier in der Haupt= stadt und durften gleich den Pisanern einen Zoll von nur vier Prozent vom Werthe der durch sie eingeführten Waaren entrichten. Die Zahl der Italiener, die bald kürzer, bald länger in den Häfen des Reiches verweilten, auch wohl ganz sich dort heimisch machten, stieg darnach in reißendem Zuge: am Ende der Regierung Manuels sollen allein in Konstantinopel mehr als 60,000 La= teiner, ohne Frage zumeist Italiener gelebt haben; und es ist daher sehr be= greiflich, daß der Kaiser diese Massen in die Rechtsgemeinschaft seines Staates soweit nur möglich einzufügen suchte. Er verbürgerte sie gleichsam, indem er sie nach abendländischer Bezeichnung zu burgenses ($βουργέσιοι$) machte, Abgaben von ihnen erhob und Kriegsdienste zur Vertheidigung des Reiches von ihnen forderte.

Aber so buntfarbig, reich und mächtig Kaiser Manuels Staat einige Jahre hindurch erschien, auf einer gesunden Grundlage ruhte derselbe keines= wegs. Die stolzen Siege über die Nachbarvölker wurden nur durch die härteste fiskalische Ausbeutung der eigenen Unterthanen ermöglicht und mit deren schließlicher Erschöpfung erkauft; außerdem versprach jene seltsame

Form der Unterthänigkeit, die Heerfolgepflichtigkeit der Besiegten, durchaus keine Dauer; am schlimmsten aber wirkte die verkehrte Gesammtrichtung der kaiserlichen Politik, die von Westen wie von Osten tödtliche Gefahren fast muthwillig herauf beschwor.

Zu allererst trat dies in den Beziehungen zu den italienischen Handels=republiken an den Tag. Denn die Komnenen hatten freilich den Venetianern seit dem Jahre 1082 wiederholt die größten Zugeständnisse machen müssen, um nur von ihnen im Kampfe gegen die Normannen unterstützt zu werden; und hiernach hätte sich auch unbedingt empfohlen, den Pisanern wie den Genuesern ähnliche Gerechtsame zu ertheilen, wenn dabei vornehmlich beab=sichtigt worden wäre, daß sich die drei rivalisirenden Bürgerschaften gegen=seitig in Schach halten sollten: man hätte alsdann ihre gesammte Thätigkeit im griechischen Reiche nach den eigenen Lebensbedingungen streng überwachen und in festen Schranken halten können. Aber der Gesichtspunkt, nach welchem das Verhalten gegen diese Städte schließlich geregelt wurde, war im wesent=lichen nur der, ob sie das Streben des byzantinischen Hofes nach Machtgewinn in Italien förderten oder beeinträchtigten. Manuel begünstigte sie, wenn er das erstere von ihnen erwartete; andernfalls trat er ihnen mit List oder Ge=walt entgegen, benutzte besonders die Eifersucht der einen gegen die andern und rief hierdurch selber Zank und Kriegsgetümmel in den Quartieren der Ita=liener zu Konstantinopel hervor. Verhängnißvoll wurde bei diesem Treiben, daß die Venetianer sich von dem Uebergreifen der Griechen nach Italien in ihrer eigenen Machtstellung empfindlich bedroht fühlten und der Politik des Kaisers mehr und mehr zu widerstreben begannen. Manuel war darüber erbittert und erließ deshalb plötzlich den heimtückischen Befehl, alle in seinem Reiche anwesenden Bürger der Lagunenstadt mit einem Male gefangen zu nehmen. Am 12. März 1171 wurde dieser Befehl ringsum in Griechenland ausge=führt. In Konstantinopel allein wurden 10,000 Mann verhaftet; nur wenigen gelang es zu entkommen. Die Venetianer griffen darnach, von Rachsucht getrieben, mit großer Hitze zu den Waffen, richteten jedoch lange Zeit hindurch wenig aus, bis sie sich endlich mit den Normannen verbanden und dadurch den Kaiser mit Gefahren bedrohten, die er nicht zu bestehen gewillt war. Er gab deshalb den gefangenen Bürgern die Freiheit zurück und gestattete die Fortsetzung des ehemaligen Handelsverkehres. Aber die feindselige Stimmung, mit welcher das ganze Abendland schon längst den byzantinischen Hof wegen seines Verhaltens gegen die Kreuzfahrer betrachtete, hatte durch diese Vorgänge natürlich überreichliche neue Nahrung bekommen, und wenn auch nicht Manuel selber so doch seine Nachfolger sollten in der härtesten Weise für alle diese Verkehrtheiten bestraft werden.

Noch schlimmere Wirkungen aber als im Abendlande erzielte die kaiser=liche Politik in Kleinasien. Hier wäre die dringendste Aufgabe gewesen, die ikonischen Seldschuken, diese gleichsam im Herzen des Griechenreiches befindlichen Feinde, endlich in das Innere Asiens zurückzuwerfen. Im Anfange seiner

Regierung hatte Manuel dieselben mehrmals geschlagen, und seitdem hing es offenbar von seinem Willen ab, ob diesseits des Taurusgebirges ein mohammedanischer Staat fernerhin noch bestehen solle. Denn wenn er die großen Geld- und Menschenkräfte seines Reiches, anstatt sie in den Kämpfen um Italien und Ungarn, Antiochien und Aegypten zu zersplittern und zu vergeuden, zu nachdrücklicher Bekriegung Ikoniums verwendet hätte, so wäre es wohl möglich gewesen, hier das schönste Ergebniß zu erreichen, d. h. ganz Kleinasien wieder unter christliche Herrschaft zu bringen. Der Kaiser aber, nach anderen Eroberungen lüstern, bekümmerte sich nur wenig um die Seldschuken, während diese hingegen ihren Vortheil aufs beste wahrnahmen. Sie setzten sich nämlich nicht blos in ihren eigenen Besitzungen immer sicherer fest, sondern machten bei jeder nur irgendwie günstigen Gelegenheit einen Einfall ins griechische Gebiet und zerstörten das eine Mal eine Befestigung, die ihren Feinden hätte Schutz bieten können, während sie das andere Mal sengten und plünderten, soweit nur ihr Arm reichte. Sobald sie aber von Manuel mit Krieg bedroht wurden, baten sie inständigst um Verzeihung und versprachen, in Zukunft den Frieden aufrichtig zu halten. Der Kaiser ließ sich in der That regelmäßig durch derartige Bitten beschwichtigen, da er an diese ihm geringfügig erscheinenden, kleinasiatischen Händel keine Kraft verlieren wollte. Einmal kam bei einer solchen Gelegenheit der Sultan Kilidsch Arslan II. von Ikonium selber nach Konstantinopel und versprach, daß die Feinde der Griechen seine Feinde sein sollten, die Freunde der Griechen seine Freunde; niemals werde er ein Bündniß ohne Manuels Billigung schließen, seine besten Eroberungen werde er dem Kaiser übergeben und ihm beistehen mit aller Kraft im Osten und Westen, so oft es nur Noth thue. Der Sultan dachte aber nicht daran, seine Versprechungen zu halten, vielmehr ließ er seine wilden Schaaren immer von neuem in das griechische Gebiet einbrechen, nur darauf achtend, daß er nicht in einen ernsten Kampf mit den gefürchteten kaiserlichen Heeren verwickelt wurde.

Endlich jedoch, im Jahre 1176, verlor Manuel die Geduld, rüstete mit aller Macht, wies die Bitten des Sultans um einen neuen Friedensschluß streng zurück und zog quer durch Kleinasien mitten ins feindliche Gebiet, um die Seldschuken nun mit einem Schlage zu vernichten. Es war zu spät. In einem Engpasse bei der Burg Myriokephalon, im südlichen Phrygien, wurde sein Heer, welches in langgestreckter Colonne marschirte, von den Feinden überfallen und erlitt eine vollständige Niederlage; nur mit Mühe entkam Manuel selber dem gräßlichen Gemetzel. Dies war ein Kampf, der in der schmerzlichsten Weise an jene Schlacht bei Manzikert vom Jahre 1071 erinnerte. Zwischen den beiden Unglückstagen lag eine Welt stolzer Hoffnungen und bitterer, selbstverschuldeter Enttäuschungen. Nach jener ersten Niederlage in den Bergen Armeniens hatte man das Abendland zu Hülfe gerufen, um dem byzantinischen Reiche wenigstens eine gesicherte Daseinsmöglichkeit wieder zu erwerben. Die Kreuzfahrer waren auf diesen Ruf herbeigekommen und mit ihrer Unterstützung war es gelungen, von neuem soweit in Kleinasien festen Fuß zu fassen, daß die dauernde Unterwerfung dieses Landes mit den eigenen Kräften erreicht werden konnte. Aber der Kaiserdünkel der Komnenen verschmähte, sich mit diesem bescheidenen Ziele zu begnügen. Der Lorbeer der Weltherrschaft lockte sie mit verführerischem Reize, während der verachtete Feind auf den Hochebenen Phrygiens alle Kräfte zum entscheidenden Stoße sammelte. Bei Myriokephalon wurde nun endlich die Hoffnung auf die Verdrängung der Seldschuken aus Kleinasien vollkommen zerstört und somit auch die gesunde Wiederherstellung des byzantinischen Reiches für immer unmöglich gemacht. Die Triumphe, die man in Italien, Ungarn und Syrien erfochten hatte, sanken vor diesem einen unseligen Schlachttage in nichts zusammen. Es half auch nicht mehr viel, daß sowohl Manuel wie seine Offiziere und Truppen, nachdem nur die erste Erschütterung über die furchtbare Niederlage überwunden war, sich noch ein paarmal mit der alten Kühnheit den Seldschuken entgegenwarfen. Sie hemmten dadurch nur einstweilen den Andrang der Feinde. In der Hauptsache aber waren die Würfel gefallen, und Konstantinopel war seitdem, wie durch den grimmigen Haß der Abendländer so auch durch die machtvolle Feindschaft der Muselmänner, von tödtlichen Gefahren bedroht.

Kaiser Manuel überlebte die traurige Wendung, die seine stolze Laufbahn genommen hatte, nicht mehr lange. Seine Kraft verzehrte sich in den verzweifelten Anstrengungen, die ihm die Ereignisse der letzten Jahre an Leib und Seele abgenöthigt hatten. Erst 58 Jahre alt ist er am 24. September 1180 verschieden.

König Balduin IV.

König Amalrich hinterließ einen Sohn und zwei Töchter, Balduin, Sibylle und Isabelle. Balduin, der wenige Tage nach dem Tode des Vaters die Krone des Reiches empfing, war gut unterrichtet und begabt, aber erst dreizehn Jahre alt; und als er zum Jüngling erwuchs, entwickelte sich in ihm ein schreckliches Siechthum, der Aussatz, der ihn fast regierungsunfähig machte und schließlich in ein frühes Grab stürzte. Im Jahre 1173 mußte zunächst ein Vormund für ihn die Leitung des Staates übernehmen, und hierfür erschien Graf Raimund von Tripolis als naher Verwandter des königlichen Hauses und mächtigster Lehensmann der Krone Jerusalem am besten geeignet. Die meisten Großen des Reiches waren dem Grafen geneigt; nur Milo von Plancy, ein Günstling des verstorbenen Königs trat ihm feindlich entgegen. Es kam zu häßlichem Streite: Milo wurde beschuldigt, nicht blos für sich nach der Vormundschaft, sondern sogar nach der Krone zu streben: endlich wurde er durch Meuchelmord beseitigt und Raimund in die Vormundschaft eingesetzt.

So traurig standen die Dinge in Jerusalem, als der größte Feind der syrischen Christen, Saladin, der Herr Aegyptens, sich gegen dieselben zu rüsten begann. Saladin stammte aus einem hochbegabten und kriegerischen Geschlechte. Sein Vater Ejjub und sein Oheim Schirkuh hatten sich im Dienste Zenkis und Nureddins als schlaue Parteigänger und kühne Offiziere ungewöhnlich ausgezeichnet; für Saladin aber war ihr Beispiel anfangs fast verloren gewesen. Denn er hatte seine jungen Jahre in Damaskus verbracht, froh der wissenschaftlichen Anregungen wie der geselligen Freuden, welche die große und reiche Stadt ihm bot, und ganz unlustig, Kriegsgefahren oder Strapazen zur Erringung hoher Stellungen auf sich zu nehmen. Als er gegen seinen Wunsch seinen Oheim hatte nach Aegypten begleiten müssen, war ihm nach seinem eignen Worte elend zu Muthe gewesen, wie wenn man ihn zum Tode geführt hätte. Bald jedoch hatte er diese weiche Stimmung überwunden, war Schirkuhs fähigster Gehülfe und endlich der Beherrscher des ganzen Nillandes geworden.

Den großen Fürsten von Mosul und Haleb, die bisher den Christen furchtbar geworden waren, glich er an Kriegsmuth, Feldherrngaben und rücksichtsloser Energie bei Behauptung und Erweiterung der einmal gewonnenen Macht. Aber sowohl Zenki wie Nureddin übertraf er noch durch den Zug von Genialität, der sein ganzes Wesen erfüllte. Seinen Unterthanen erschien er als ein überaus freigebiger, gütiger und herablassender Fürst, der nichts auf den Schein der Hoheit gab, weil er sich sicher fühlte, in jedem Augenblick wieder als imponirender Herrscher auftreten zu können: wehe dagegen den Nebenbuhlern und Feinden, die seine Wege durchkreuzten oder seine Rachsucht gereizt hatten: mit List und Gewalt, mit der eigenen Hand sogar hat er sie vom Erdboden vertilgt. Die Herrschaft der Christen in Syrien zu vernichten, betrachtete auch er als seine vornehmste Lebensaufgabe, aber gehässige Verfolgung der Unterworfenen lag ihm ferne; und von Aegypten aus umspannten seine Herrscherpläne nicht blos die Hauptländer Vorderasiens, sondern erstreckten sich auch gen Westen bis zu den Staaten des Abendlandes.

Nachdem Nureddin die Augen geschlossen hatte, mußte Saladin zunächst noch einmal um die Herrschaft in Aegypten kämpfen. Denn die Anhänger der Fatimiden verschworen sich gegen ihn und riefen (nach muselmännischen Berichten) die Jerusalemiten und außerdem noch die sicilischen Normannen zur Hülfe herbei. Thatsache ist, daß im Herbst 1174 eine Empörung in Oberägypten ausbrach, während gleichzeitig eine starke sicilische Flotte bei Alexandrien landete und die Stadt zu belagern begann. Aber auf beiden Schauplätzen gewann Saladin mit leichter Mühe den Sieg: die Normannen insbesondere zogen sich bei der Nachricht von seinem Herannahen so eilfertig und schlecht geordnet auf ihre Schiffe zurück, daß es den schnell folgenden Feinden gelang, ihnen noch großen Verlust zuzufügen.

Währenddessen war der Staat Nureddins in Syrien und Mesopotamien schon in einzelne Stücke auseinander gebrochen. Der einzige, jedoch noch minderjährige Sohn des Sultans, Almelik Assalih Ismail, war zuerst in Damaskus und darnach auch in Haleb als Herrscher anerkannt worden; von den Neffen Nureddins hatte einer, Seifeddin, in Mosul und den umliegenden mesopotamischen Gebieten große Gewalt gewonnen; aber ein Bruder des letzteren, Imadebbin Zenki, strebte ebenfalls nach dem Besitze von Mosul, und die Offiziere von Damaskus und Haleb lagen unter einander in so bitterer Fehde, daß schließlich ein Theil derselben Saladin einlud, nach Syrien zu kommen, sowohl um die Gegner zu stürzen wie auch um den Krieg gegen die Christen mit Nachdruck weiter zu führen. Saladin war schon gerüstet, eilte mit seinem Heere noch im Spätherbste 1174 nach Syrien und bezwang im Laufe der nächsten Monate durch Kampf wie durch Verhandlungen Damaskus, Hims und Hamah. Hierbei wahrte er fortdauernd den Schein, als ob er nicht eigentlich für sich, sondern für seinen rechtmäßigen Oberherrn, den Sohn Nureddins streite, der sich damals in Haleb aufhielt. Auch versuchte er noch, mit den Machthabern von Haleb sich in Frieden auseinander zu setzen. Als aber der junge Prinz und dessen Parteigänger feindlich gegen ihn auftraten und gleichzeitig die Mosulaner ihn mit starker Macht bedrohten, nahm er den offenen Krieg mit allen diesen Gegnern muthig an, belagerte Haleb wiederholt, schlug Seifeddins Truppen in den Jahren 1175 und 1176 zweimal aus dem Felde und erzwang einen Frieden, der ihm den Besitz des ganzen mohammedanischen Syriens mit Ausnahme des Gebietes von Haleb eintrug. Seitdem betrachtete er sich als unabhängig von Nureddins Sohn, ließ Münzen in seinem eigenen Namen schlagen und nahm den Titel eines Sultans an. Gleich darauf züchtigte er auch die Assassinen, die, von den Halebinern gereizt, mehrmals ihn zu ermorden versucht hatten, durch einen verheerenden Streifzug in ihr Gebiet und bedrängte sie so ernstlich, daß sie sich zu einem förmlichen Friedensschluß mit ihm bequemten.

Die Christen hatten das plötzliche Anschwellen der ägyptischen Macht mit großer Unruhe beobachtet. Der Reichsverweser Graf Raimund war deshalb schon im Winter 1174 auf 1175 mit dem Heerbann von Jerusalem und Tripolis ins Feld gezogen, in der Hoffnung, den Kampf Saladins mit Nureddins Erben irgendwie für sich benutzen zu können. Doch hatte er die anfangs sich hierzu darbietenden Gelegenheiten nicht schnell genug zu ergreifen verstanden und war schließlich froh gewesen, von Saladin einen Vertrag zu erlangen, der einigen christlichen Gefangenen die Freiheit gab, dafür aber die Franken verpflichtete, den Aegyptern im Kriege gegen Haleb und Mosul auf keine Weise hinderlich zu sein. Infolge davon blieben die Kreuzfahrer unthätig, bis Saladin die oben erwähnten Siege erfochten hatte und, noch im Sommer 1176, nach Aegypten zurückgekehrt war. Hierauf machten sie zwar einen Raubzug ins Land von Damaskus, der ihnen reiche Beute, aber außerdem nicht den geringsten Vortheil eintrug. Dann kam ein stattlicher Herr, Markgraf Wilhelm von Montferrat, nach Jerusalem und erhielt Sibylle, die ältere Schwester Balduins IV., zur Gattin, damit er an Stelle des kranken Königs seine Kräfte dauernd dem Morgenlande widme. Indessen auch dies nützte den Jerusalemiten nichts, da der Markgraf schon wenige Monate nach seiner Ankunft in Syrien schwer erkrankte: er starb im Juni 1177 und hinterließ seine Gemahlin schwanger.[1]) Kaum hatte er die Augen geschlossen, so landete in Akkon Graf Philipp von Flandern mit einer ansehnlichen Schaar flandrischer, französischer und englischer Ritter, und nicht lange darauf traf sogar eine griechische Flotte von siebzig Segeln ebenfalls im Hafen von Akkon ein. Kaiser Manuel hatte die Flotte geschickt, um dadurch dem heiligen Lande die Unterstützung, die er einst dem Könige Amalrich versprochen hatte, endlich zu gewähren: er wünschte, daß ein gemeinsamer Angriff gegen Aegypten unternommen werde, der jetzt besseren Sinn als jemals früher hatte, da Saladins Machtstellung vornehmlich in der sicheren Herrschaft über das Nilland begründet war. Die Jerusalemiten hatten diesmal ein richtiges Gefühl ihrer Lage und versuchten, die Kräfte, die ihnen so plötzlich von verschiedenen Seiten zuströmten, zu einem nachdrucksvollen Schlage zu vereinigen, indem sie dem Grafen von Flandern die Stelle eines Reichsverwesers anboten und ihn aufforderten, an der Spitze der fränkischen Truppen zusammen mit den Griechen gegen Aegypten zu ziehen. Hier kamen sie jedoch übel an. Denn Graf Philipp, ein Sohn des alten Jerusalemsfahrers Dietrich von Flandern, zeigte zwar gleich diesem lebhafte Neigung, für das heilige Land zu streiten; aber noch weit mehr lag ihm bei seinem harten und selbstsüchtig berechnenden Wesen am Herzen, aus der Wallfahrt, die er um Gottes Willen auf sich genommen hatte, irdischen Vortheil zu ziehen. Unter dem Scheine der Bescheidenheit erhob er Bedenken, ob es sich für ihn zieme, die Regierung des Reiches Jerusalem zu übernehmen, und ob die Jahreszeit zu einem Feldzuge gegen Aegypten geeignet sei; darnach endlich gab er zu verstehen, daß er vor allem anderen über die Vermählung der beiden Schwestern Balduins IV. zu verhandeln wünsche. Unter seinen Begleitern befand sich nämlich ein Herr von Bethune, der ihm die Abtretung seines heimatlichen Besitzes für den Fall versprochen hatte, daß es gelinge, seine beiden Söhne mit den zwei Prinzessinnen von Jerusalem zu verheiraten.

---

1) Dieser Wilhelm von Montferrat, der dritte seines Namens, ist der Aelteste jener vier Brüder, die in der Geschichte der Kreuzzüge eine so bedeutende Rolle spielen sollten. Der Vater derselben war Wilhelm II., die Mutter Jutta von Oesterreich, Tochter Leopolds III. und der salischen Agnes, mithin Stiefschwester König Konrads III. Der älteste Sohn dieses Paares war, wie gesagt, unser Wilhelm III. Dann folgte Konrad, den wir nach den Siegen Saladins als Herren von Tyrus und König von Jerusalem kennen lernen werden. Der dritte Bruder war Bonifaz, einer der Helden des vierten Kreuzzuges, und der vierte war Rainer, der schon im Jahre 1179 in Konstantinopel die Hand der Maria Komnena, Tochter Kaiser Manuels, und den Titel Cäsar erhalten hat, 1183 aber von Kaiser Andronikus ermordet worden ist.

Der Antrag, den der Graf hiermit stellte, war jedoch höchst unziemlich, da die Prinzessin Sibylle erst seit kurzem Wittwe war und noch dazu in Bälde ihre Niederkunft erwartete. Die Jerusalemiten zögerten deshalb, auf die Sache einzugehen; Philipp aber wurde durch dieses Fehlschlagen seiner Hoffnungen so aufgebracht, daß er nun seinerseits den ägyptischen Feldzug für eine unverantwortliche Tollkühnheit erklärte und es in der That dahin brachte, daß die Griechen unverrichteter Dinge nach Konstantinopel zurückkehrten. Hierauf äußerte er zwar noch, daß er durch irgend einen Kampf mit den Muselmännern sich nützlich machen wolle, verwüstete auch mit den Tripolitauern zusammen die Gegenden von Hims und Hamah und umlagerte während des Winters 1177—1178 Monate lang im Bunde mit Boemund III. von Antiochien die feste Burg Harim. Aber rechter Ernst war bei keinem dieser Kämpfe: die Heerführer feierten in Antiochien üppige Gelage, während ihre Truppen in Sturm und Regen vor den Mauern Harims lagen. Endlich boten die Belagerten Geld, wenn die Christen vom Kriege abstehen wollten; und sowohl Boemund wie Philipp kehrten ein jeder in seine Heimat zurück, der letztere natürlich nicht, ohne im Morgenlande einen sehr übeln Nachruf zu hinterlassen.

Saladin hatte sich vorsichtig abwartend zurückgehalten, als nach einander der Herr von Montferrat, die Flandrer und die Griechen nach Jerusalem gekommen waren. Sowie er aber hörte, daß die Flotte nach Konstantinopel und Graf Philipp nach Nordsyrien abgezogen war, brach er mit starker Macht von Süden aus ins heilige Land ein. Die Ritterschaft des Reiches wollte ihm zuerst von Askalon aus entgegen rücken, verbarg sich aber bald aus Schrecken vor der ungeheuren Ueberzahl der Feinde in den starken Mauern dieser Festung. Die Mohammedaner ließen sich hierdurch verleiten, die feste Ordnung ihres Heeres aufzulösen, und streiften schaarenweise sengend und plündernd durch das Land bis vor die Thore Jerusalems. Da faßten sich die Ritter endlich ein Herz, brachen dicht geschlossen aus den Thoren Askalons hervor und bewährten noch einmal wieder die zerschmetternde Kraft ihres Armes. Es war der 25. November 1177, als sie auf die Hauptmasse der Feinde einstürmten, der Saladin selber noch in Eile eine möglichst gesicherte Stellung zu geben versuchte. Ihr Anprall wirkte unwiderstehlich: eine Schaar nach der andern wurde durchbrochen: selbst die Flucht half den Aegyptern wenig, da die Christen in vollem Rosseslauf nachsetzten und während der Verfolgung in den Reihen der angstvoll Weichenden doppelt furchtbar hausten. Saladin sogar entrann nur mit äußerster Mühe dem Gemetzel, denn „mehr als einmal", wie er nachher offen eingestand, „war er dem Untergange nahe, und nur Gott habe ihn gerettet, um fernerhin durch ihn seinen Willen zu vollbringen".

Ein glorreicher Sieg — den die Jerusalemiten auch in einer Beziehung gut benutzten. Sie mochten nämlich die Südgrenze ihres Reiches durch die Schlacht bei Askalon einstweilen für genügend geschützt ansehen und wendeten deshalb ihre Aufmerksamkeit auf die Nordgrenze, die allerdings, seitdem Nureddin im Jahre 1164 das starke Banias genommen hatte, jedem Angriffe offen stand. Deshalb erbauten sie nun auf einem Hügel am oberen Laufe des Jordan bei der sogenannten Jakobsfurt eine feste und geräumige Burg. Aber Saladin blieb ihnen mit seiner Schlauheit und Unermüdlichkeit dennoch unendlich überlegen. Während er aus Grimm über seine Niederlage schwor, die einem Sultan gebührenden Ehrenbezeugungen nicht mehr annehmen zu wollen, bis er sich gerächt habe, ließ er doch in Kairo, da er den Aegyptern noch immer nicht völlig traute, stolze Siegesnachrichten verbreiten. Dann rüstete er mit aller Macht und schickte zunächst ein kleines Heer in das Waldgebiet von Banias. Die Christen, schon wieder übermüthig geworden, machten dort soeben mit voller Sorglosigkeit einen Plünderungszug, wurden überfallen und erlitten großen Verlust. Nicht lange darauf rückte Saladin selber zur Belagerung der neu erbauten Burg heran. Als die Jerusalemiten und Tripolitaner zum Entsatze herbeikamen, wich er vorsichtig nach Banias zurück. Die Christen folgten tollbreist in vereinzelten Schaaren. Der Sultan kehrte sofort um, griff sie mit gesammelter Kraft an und zersprengte und vernichtete fast ihr ganzes Heer (1179). Ein Hoffnungsschimmer, dieses große Unglück wieder gut zu machen, blieb noch insofern übrig, als gerade in diesem Augenblick Graf Heinrich von Troyes und mehrere andere vornehme Herren Frankreichs im heiligen Lande eintrafen. Aber in ungeschicktem oder muthlosem Zögern kam man nicht dazu, mit dieser unerwarteten Verstärkung dem mächtigen Feinde schnell genug entgegen zu treten, so daß dieser vielmehr volle Muße fand, die wichtige Burg an der Jakobsfurt zu belagern und zu erstürmen. Schmerzerfüllt über die Thorheit und Schlaffheit der Christen wendete der Geschichtsschreiber des Reiches Jerusalem, der Erzbischof Wilhelm von Tyrus, die treffenden Worte des Psalmes auf sie an: der Herr, ihr Gott, war von ihnen gewichen.

Zum Glück für die Kreuzfahrer aber war Saladin nicht in der Lage, sich andauernd mit ihnen allein zu beschäftigen. Seine Politik umfaßte damals nicht blos das christliche wie mohammedanische Syrien und Mesopotamien, sondern auch das armenische Cilicien und Kleinasien. Schon seit einiger Zeit lag er mit Kilidsch Arslan von Ikonium im Kampf, zog nun selber gegen ihn ins Feld, bemüthigte ihn und bedrängte dann gemeinsam mit ihm den Fürsten Ruben von Armenien. Inzwischen gönnte er den Kreuzfahrern einen Waffenstillstand, den sie jedoch so schlecht wie nur möglich ausnutzten. Denn vor allem wünschten sie, die ältere Schwester ihres kranken Königs zum Heile des Reiches von neuem und mit einem möglichst mächtigen Fürsten zu vermählen; und schon waren deshalb Verhandlungen mit dem Herzoge Heinrich von Burgund begonnen, als der unglückliche Balduin IV., in der Furcht, ganz beseitigt werden zu sollen, plötzlich dazwischen fuhr und in blinder Uebereilung seiner Schwester den Grafen Guido von Lusignan zum Manne gab, freilich einen tapferen Ritter, der aber weder das Ansehen, noch den Reichthum, noch die Geistesgaben besaß, die zur Lösung der schweren Aufgabe, die das Schicksal hiermit in seine Hände legte, unentbehrlich waren. Und kaum waren die Großen des Reiches Jerusalem dieser Sache wegen voll giftigen Haders feindselig an einander gerathen, so verstieß Fürst Bocmund von Antiochien seine Gemahlin, eine griechische Prinzessin, um sein Herz an eine andere, übel berufene Frau zu hängen, entzweite sich darnach in der gehässigsten Weise mit seinem Patriarchen und ließ sich weder durch die Bitten seiner Edelleute noch durch die Vorstellungen König Balduins zu einer Aenderung seines Lebenswandels bewegen.

Das schlimmste Aufsehen aber erregte in jenen Tagen Rainald von Chatillon, der ehemalige Fürst von Antiochien, der vom Jahre 1160 bis über den Tod Nureddins hinaus in mohammedanischer Haft gewesen, darnach endlich losgekauft worden war und seitdem hohe Stellen im Reiche Jerusalem innehatte. Er war jetzt noch ebenso unbändig kriegslustig wie in seinen früheren Jahren, mahnte immerfort zu rücksichtslosem Dreinschlagen und verletzte dadurch besonders den Grafen Raimund von Tripolis, der in schärfstem Gegensatze zu ihm voll ängstlicher Vorsicht offenem Kampfe mit Saladin soviel nur möglich auszuweichen wünschte. Außerdem hielt sich Rainald damals, als Statthalter des Landes jenseits des Jordan, auf der großen Burg Krak auf, d. h. zunächst am Feinde, und hatte es somit gleichsam in seiner Hand, ob und wann der Krieg von neuem beginnen solle. Im Jahre 1181 konnte er seine Streitlust nicht mehr bezähmen und machte, ohne nur den von Saladin gewährten Waffenstillstand zu kündigen, einen wüsten Raubzug südwärts gen Arabien. Saladin antwortete hierauf durch einen umfassenden Angriff, den er und seine Emire von allen Seiten her gegen das Reich Jerusalem richteten. Die Christen rafften sich nun zwar ebenfalls zu allgemeiner Gegenwehr auf, aber ihr Land litt doch entsetzlich, und nur mit Mühe gelang es, den Sultan zuerst in einer blutigen, lange hin und her wogenden Schlacht bei Beisan (Skythopolis) zum Rückzuge zu nöthigen und dann, als er wieder vorbrach und Beirut zu Lande wie zur See zu belagern begann, auch von dieser Stadt wegzudrängen (Sommer 1182).

Indessen trotz dieser Erfolge wären die Jerusalemiten der Uebermacht wohl allmählich erlegen, wenn nicht die Aufmerksamkeit Saladins schon wieder vorwiegend nach einer andern Seite abgelenkt worden wäre. Denn im October 1181 war der Sohn Nureddins in Haleb gestorben, und wenn auch dessen Vettern ihn zu beerben versuchten, so war doch die Gelegenheit für Saladin, seine Herrschaft nunmehr über Nordsyrien und Mesopotamien auszudehnen, so verlockend, daß er seine beste Kraft an die Erreichung dieses Zieles setzte. Schon im Herbste 1182 ließ er von den Kreuzfahrern ab, zog gen Haleb und an dieser Stadt vorbei über den Eufrat und bis an die Ufer des Tigris. Ueberall wo er erschien, wirkte er unwiderstehlich durch Waffengewalt wie durch Verhandlungen. Die Städte Mesopotamiens öffneten fast alle ihre Thore; nur Mosul widerstand einer scharfen Belagerung und behauptete für jetzt noch seine Unabhängigkeit; dafür aber gelang es dem Sultan, das lang umworbene Haleb endlich zu gewinnen: im Juni 1183 zog er als triumphirender Sieger, als Herr von Aegypten, Syrien und beinahe ganz Mesopotamien in diese Stadt ein.

Die Christen hatten sich inzwischen die Zeit nach ihrer Art vertrieben, indem sie mehrere Raubzüge, vornehmlich ins damascenische Gebiet, gemacht hatten. Der tolle Rainald war sogar gen Süden gerückt, hatte die Stadt Ailah am rothen Meere überrascht und auf einer schnell improvisirten Flotte einen Theil seiner Leute zur Plünderung der Küsten Arabiens ausgesendet. Aber die Besehlshaber Saladins waren überall auf ihrer Hut. Die christliche Flotte wurde vernichtet, Ailah wiedergenommen, und die meisten dieser Raubschaaren kehrten ohne Beute in die Heimat zurück. Als dann die Nachricht von jenen Erfolgen des Sultans eintraf, breiteten sich Sorge und Angst weithin aus: eine außerordentliche Steuer wurde dem ganzen Reiche auferlegt, um einen Schatz für die Stunde der Noth zu sammeln, und der fast schon töbtlich krank darniederliegende König Guido übertrug seinem Schwager Guido von Lusignan in aller Form die Regierung. Im Herbst 1183 brach Saladin mit großer Macht und unter furchtbaren Verheerungen ins christliche Gebiet ein. Die Kreuzfahrer, durch einige vor kurzem angekommene Pilgerschaaren verstärkt, traten ihm in nicht geringer Zahl entgegen, wagten aber keinen Angriff. Doch hielten sie sich, dicht geschlossen, in so festen Stellungen, daß auch der Sultan den entscheidenden Kampf noch nicht erzwingen wollte und sein Heer aus dem Reich Jerusalem wieder zurückführte. Kaum aber hatten sich seine Feinde getrennt, so warf er sich mit aller Macht auf die Burg Krak, in der Fürst Rainald voll sorglosen Uebermuths fröhliche Feste feierte. Die Besatzung widerstand zwar tapfer und Saladin gab auch, als starker Entsatz von Jerusalem herannahte, die Belagerung auf; inzwischen aber war die Zwietracht der Parteien im christlichen Reiche schlimmer als je zuvor geworden.

Denn viele Große desselben waren unzufrieden, daß der unbedeutende Guido von Lusignan zuerst Schwager Balduins IV., dann dessen Stellvertreter und hierdurch augenscheinlich auch präsumtiver Nachfolger in der königlichen Würde geworden war. Sie reizten deshalb Balduin IV. zum Zorne gegen den Grafen und hatten hierbei um so leichteres Spiel, als sogar die eigene Gemahlin des letzteren, die Prinzessin Sibylle ihnen Beistand leistete, weil sie jetzt wünschte, vor allem ihrem Söhnchen Balduin, das sie Ende 1177 nach dem Tode ihres ersten Gatten, des Markgrafen von Montferrat, geboren hatte, die Krone zu sichern. Der König erklärte sich denn auch bald mit den Anträgen, die ihm gemacht wurden, einverstanden, enthob seinen Schwager der Regierung Jerusalems und ließ seinen fünfjährigen Neffen Balduin als fünften König dieses Namens am 20. November 1183 krönen. Da nun aber Jerusalem zwei Könige hatte, von denen der eine ein Sterbender, der andere ein Kind war, so mußte wieder ein Reichsverweser

Längendurchschnitt der Kirche des heiligen Grabes zu Jerusalem.
Nach dem Zustande derselben im zwölften Jahrhundert.

ernannt werden, und Graf Raimund von Tripolis, der schon in der Jugend Balduins IV. dieses Amt bekleidet hatte, wurde abermals hierzu erwählt. Er sollte zehn Jahre lang, bis Balduin V. volljährig geworden wäre, an der Spitze der Regierung bleiben; und als Unterpfand für die Kosten, die ihm dadurch entstehen könnten, wurde ihm die Stadt Beirut eingeräumt. Guido unterwarf sich diesen Bestimmungen anfangs gutwillig; als aber der König im Zorne gegen ihn so weit ging, nun auch die Auflösung seiner Ehe mit der Prinzessin Sibylle zu verlangen, widersetzte sich der Graf mit Wort und That und gewann außerdem einige Parteigänger unter den Vornehmen des Reiches, so daß ihm wenigstens seine Gattin nicht abgesprochen werden konnte.

Kurze Zeit nach diesen häßlichen Händeln, vermuthlich im Frühjahr 1184, endete das Leben des unglücklichen Balduin IV. Der Reichsverweser Graf Raimund mußte gleich darauf gegen Saladin ins Feld ziehen, der zum zweiten Male Krak umlagerte. Der Heerbann Jerusalems kam wiederum rechtzeitig zum Entsatze. Nachdem aber die Burg gesichert war, suchte Raimund, seiner friedlichen Richtung gemäß, um einen Waffenstillstand nach. Der Sultan hatte mancherlei Ursachen, dieses Begehren zu bewilligen. In Mesopotamien waren seine Aufgaben noch nicht völlig erledigt, da ihm Mosul noch unbezwungen und feindlich gegenüber stand; die Christen voreilig zum Verzweiflungskampfe zu reizen, wäre daher ein grober Fehler gewesen, und zwar ein um so gröberer, als die augenblicklich in Jerusalem herrschende, ängstlich zurückhaltende Politik den Mohammedanern ganz ungefährlich war. Doch erhielt selbst Graf Raimund den ersehnten Waffenstillstand nur um die Zahlung von 60,000 Goldstücken und erkaufte mit diesem schweren Opfer für das heilige Land natürlich nichts mehr als eine kläglich Galgenfrist.

Untergang des Reiches Jerusalem.

Vergegenwärtigen wir uns den Zustand der christlichen Staaten im Morgenlande, ehe der bedeutendste derselben dem Schwerte Saladins erlag.

Im Norden des christlichen Gebietes führten Antiochien und Armenien ein ziemlich abgesondertes Dasein, einmal in Freundschaft mit einander und ein anderes Mal in Haber, gelegentlich auch von den Feinden des Kreuzes schwer bedrängt, im ganzen aber in leidlich gesicherter Lage, weil sie in diesen Jahren vom Strome der großen Ereignisse wenig berührt wurden. Antiochien nahm dabei langsam an Kräften ab, während Armenien, wie wir noch sehen werden, einer größeren Zukunft entgegen reifte.

Die Landschaften von Tripolis und Jerusalem hatten in der letzten Zeit schwer gelitten. Große kriegerische Anstrengungen waren ihnen überaus oft zugemuthet worden. Nureddins und Saladins Schaaren hatten wiederholt beträchtliche Theile des christlichen Gebietes besetzt: das platte Land

188 Sechstes Kapitel. Geschichte des Reiches Jerusalem von 1149—1188.

war dabei gründlich verwüstet und eine ganze Reihe kleinerer Ortschaften in Trümmer gelegt worden. Dennoch aber darf man sich den materiellen Zustand der Kreuzfahrerstaaten in jenen Jahren nicht allzu verkommen vorstellen: er war vielmehr in mancher Beziehung noch außerordentlich blühend. Denn die vielen Menschenopfer, welche die häufigen Kriege forderten, wurden durch das noch immer fortdauernde Zuwandern von Rittern, Kaufleuten, Pilgern jeder Art wieder ausgeglichen; und der fromme Sinn Europas gewährte den Streitern Christi im Morgenlande durch Schenkungen, Vermächtnisse und Ueberweisung von Kirchenbußen fort und fort reichliche baare

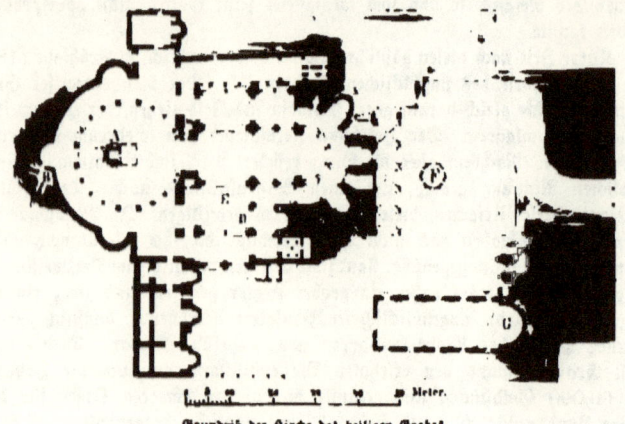

Grundriß der Kirche des heiligen Grabes.

■■■ Aelteste Bauten.
■■■ Kreuzfahrerbauten.
▭▭▭ Zellen.

A. Heiliges Grab.
B. Alte jüdische Gräber.
C. Felsen von Golgatha (nach der Tradition).
D. Grabmäler Gottfrieds und Balduins I.
E. Grabmäler der vier letzten Könige von Jerusalem.
F. Kapelle der h. Helena.
G. Kirche Ste. Marie latine.

Mittel. Dazu kam die damals noch fast durchweg hohe Fruchtbarkeit des syrischen Bodens, der, wenn nicht gerade ein Mißjahr eintrat, weit mehr namentlich edle Erzeugnisse hervorbrachte, als seine Bewohner für sich selber bedurften: Citronen, Orangen, Feigen und Mandeln, seine Oele, schwere Weine und Zucker wurden in großen Mengen nach Europa verschifft. Ebenso blühte die Industrie: die Seidengewebe von Tripolis, das Glas und der Purpur von Tyrus brachten viel Geld ins Land. Den größten Vortheil aber zogen die syrischen Christen daraus, daß ihr Land allmählich man möchte fast sagen zum Mittelpunkt des Welthandels geworden war. Die Handelskarawanen von Aegypten, Syrien und Arabien kreuzten, sobald nur der Kriegslärm schwieg, ihr Gebiet und entrichteten dafür einen Zoll, der

sehr bedeutende Summen abgeworfen haben mag. In den großen Hafen=
städten begegneten sich mancherlei Waaren des Abendlandes, die den Rittern,
Geistlichen und Bürgern Jerusalems unentbehrlich waren, mit Erzeugnissen
griechischer Technik und den Schätzen Persiens, Indiens und Chinas. In
Akkon z. B. und in Beirut wurden zu Markte gebracht der in Ostasien
heimische Rhabarber, der in Tibet gewonnene Moschus, dann Pfeffer, Zimmt,
Muskatnüsse, Gewürznelken, Aloeholz, Kampher und andere Produkte Indiens
oder seiner Inseln, Elfenbein eben daher oder aus dem östlichen Afrika, Perlen
aus dem persischen Meerbusen nebst Weihrauch und Datteln aus Arabien.

Der schmerzliche Eindruck, daß all dieses blühende Leben so schnell und
gräßlich vernichtet worden und bis auf den heutigen Tag vernichtet geblieben
ist, wird nicht durch die Erwägung gemildert, daß dasselbe in sich gar keinen
festen Halt besessen habe und deshalb nicht habe dauern können. Denn es
ist zwar richtig, daß der in den syrischen Städten
schwunghaft betriebene Handel mehr nur die
einzelnen, vornehmlich die italienischen Bürger=
kolonien, und nicht in gleichem Grade die Staats=
gewalten bereichert oder gekräftigt hat; auch ist
nicht zu leugnen, daß sich eine geschlossene Kreuz=
fahrernationalität nicht gebildet hatte, vielmehr
im heiligen Lande ein buntes Gemisch von Fran=
zosen und Italienern, Engländern und Deutschen,
Griechen und Armeniern, Juden und Moham=
medanern auf und ab wogte; aber alles dieses
hat den Untergang Jerusalems und das endliche
Scheitern der Kreuzzüge doch nur zum kleinsten
Theile verschuldet. An der Spitze der jerusa=
lemitischen Truppenmacht standen ja zumeist Edel=

Siegel der Kanoniker des heiligen
Grabes.

leute französischen Blutes und gaben derselben ein genügend einheitliches Ge=
präge; zusammen mit den Bürgern italienischer Abstammung erschienen sie als
eine vorwiegend romanische, für mittelalterliche Zeiten ziemlich fest geschlossene
Interessengemeinschaft; die staatsbildende Kraft, die dem Ganzen innewohnte,
ist aus dem hoch entwickelten Rechte des Reiches, den Assisen Jerusalems, denen
überdies Assisen Antiochiens und späterhin sogar Assisen Armeniens zur Seite
standen, noch heute zu entnehmen. Hiernach ruhte also die Herrschaft der Christen
im Morgenlande auf verhältnißmäßig guten und festen Grundlagen, und es
fehlte nur, daß ihre Geld= und Menschenkraft zu Gunsten einer verständigen
und entschlossenen Kriegspolitik eingesetzt wurde. Daß dieses fehlte, war aber
ein Mangel, der durch keinen anderen Erfolg ausgeglichen werden konnte
und allmählich zu vollem Verderben führen mußte. Seitdem Edessa gestürzt
und Antiochien gedemüthigt war, hielten sich die Kreuzfahrer, wie wir gesehen
haben, im wesentlichen auf der Defensive, d. h. in einer Stellung, die bei
ihrem allzu kleinen Staatsgebiete auf die Dauer nicht zu behaupten war.

190 Sechstes Kapitel. Geschichte des Reiches Jerusalem von 1149—1188.

Sie hätten die Gelegenheiten, die sich ihnen selbst in den Zeiten Nureddins und Saladins zur Ausdehnung ihres Reiches boten, mit der Umsicht des großen Boemund und der furchtlosen Tapferkeit Gottfrieds benutzen müssen: da sie es nicht thaten, so waren sie verloren. Die Schätze aber, die ihnen Ackerbau, Industrie und Handel in denselben Jahren in den Schooß warfen, beschleunigten unter solchen Umständen nur ihr Verderben. Denn sie bewirkten, daß in bunter Mischung Sittenlosigkeit, Weichlichkeit und Feigheit, Raubsucht und Frechheit reißend um sich griffen. Es war offenkundig, daß der Patriarch Heraklius eine schöne Geliebte unterhielt: er hatte Kinder von ihr, wie eine Fürstin geschmückt trat sie in den Straßen Jerusalems auf und zog mit großem Geleite zur Kirche. Graf Raimund von Tripolis fand für seine mattherzige Politik nicht blos viele Gesinnungsgenossen, sondern es kam auch immer häufiger vor, daß Kreuzfahrer den ihnen anvertrauten Posten muthlos verließen und sogar zum Feinde übergingen: eben jetzt verbreitete die Nachricht Entsetzen, daß ein vornehmer Tempelherr, Robert von Sankt Alban aus England, Mohammedaner geworden war und eine hohe Stellung in Saladins Heer angenommen hatte. In geradem Gegensatze hierzu, aber ebenso verderblich wirkten diejenigen Großen und Ritter, die voll gedankenloser Wildheit auf jede Gefahr hin den Feinden Abbruch zu thun suchten. Ihr Vorbild und Vorkämpfer war Rainald von Chatillon, seiner Art wie seiner politisch-militärischen Stellung nach. Von seiner Burg Krak aus beherrschte er die hauptsächlichsten Handelsstraßen, die Syrien, Arabien und Aegypten mit einander verbanden. Stets gelüstete ihn nach dem reichen Kaufmannsgute der Karawanen, und unbelehrt durch die Angriffe, die Saladin deshalb schon mehrfach gegen ihn gerichtet hatte, schaute er von seiner hohen Warte nur immer nach neuem Raube aus.

Eisernes Gitter im Tempel zu Jerusalem aus der Zeit der Kreuzzüge.

Zu alledem kam noch ein arges Zerwürfniß, welches in Bälde das ganze Reich aus einander spaltete. Im Sommer 1186 starb nämlich der kleine Balduin V., und sofort eilten Guido von Lusignan und Sibylle, jetzt wieder mit einander versöhnt, nach Jerusalem, um nun für sich die Krone zu gewinnen. Auf ihrer Seite standen der Patriarch Heraklius, Fürst Rainald und die Tempelritter. Mit deren Hülfe gelang es ihnen, ihr Ziel zu erreichen: am 19. September wurden erst Sibylle, dann Guido als

Königin und König von Jerusalem gekrönt. Graf Raimund war hierüber um so mehr aufgebracht, als er vielleicht selber Herr des Reiches zu werden gehofft hatte. Er versammelte die meisten Barone um sich und erging sich in heftigen Drohungen gegen den Kronenräuber Guido. Als aber die meisten seiner Genossen von ihm abfielen, die vollendete Thatsache anerkannten und zum Könige Guido nach Jerusalem übergingen, steigerte er sich in seinem Trotze so weit, daß er ein Bündniß mit Saladin schloß und eine mohammedanische Heerschaar in die Stadt Tiberias, die er damals inne hatte, aufnahm. Dann versuchten zwar wohlmeinende Vermittler, den König und den Grafen mit einander zu versöhnen; ihre Bemühungen hatten fürs erste jedoch keinen Erfolg.

Saladin war inzwischen nach Mesopotamien gegangen, das Werk zu vollenden, welches er vor Jahren dort begonnen hatte. Seine Waffen wirkten Schrecken erregend bis in die weiteste Ferne: Kilidsch Arslan von Ikonium drohte ihm deshalb mit einem Bündnisse aller Fürsten des Ostens, wenn er seine Macht noch mehr auszudehnen trachte. Er aber schritt unbekümmert von Erfolg zu Erfolg; und wenn er auch Mosul nicht in offnem Kampfe zu bezwingen vermochte, weil er während der Belagerung der großen Stadt schwer erkrankte, so brachte er dieselbe doch in solche Noth, daß sie freiwillig sich seiner Oberhoheit unterwarf. Seitdem beherrschte er alle Gebiete, welche jemals dem Befehle Zenkis oder Nureddius gehorcht hatten; aber in den Augen seiner Glaubensgenossen war er hierdurch auch zur Bekämpfung der Kreuzfahrer ernstlicher als je bisher verpflichtet.

Er war gern bereit, diese Pflicht zu erfüllen, und die Christen waren ihm durch ihre Thorheiten und Frevel hierbei selber behülflich. Denn obwohl König Guido in jenen Waffenstillstand eingetreten war, den Graf Raimund vor ein paar Jahren für das Reich Jerusalem mit dem Sultan abgeschlossen hatte, so überfiel dennoch der freche Rainald im Frühjahre 1187 von Krak aus eine reiche Karawane, bei der sich auch eine Schwester Saladins befand, und plünderte sie vollständig aus. Der Sultan forderte sogleich Schadenersatz und Bestrafung Rainalds; der König wagte aber nicht, dem mächtigen Vasallen wehe zu thun; und nun schwor Saladin, er werde sich selber Genugthuung verschaffen und den Fürsten Rainald, wenn er ihn je lebendig in seine Gewalt bekomme, eigenhändig niederhauen. Der Aufruf zum „heiligen Kriege" wurde in ganz Mesopotamien, Syrien und Aegypten ausgebreitet: von allen Seiten zogen die Heerschaaren voll Begeisterung zum Kampfe gegen die Christen heran, und Saladin nahm schon mit den ersten Mannschaften, die zum Kriege bereit waren, südöstlich vom todten Meere Stellung, um Rainald von weiteren Räubereien fern zu halten. „Der Wolf (Rainald) verbarg sich auch, sobald er den Geruch des Löwen (Saladins) spürte, in seiner festen Burg."

Nun war die Entscheidungsstunde für die Christen herangekommen. Ihre Sache stand noch nicht hoffnungslos, falls der rechte Geist sie leitete.

Denn der gewaltigen Uebermacht des Sultans konnten sie ein stattliches Heer entgegen stellen, welches, beseelt von der zugleich demüthigen und unbeugsam mannhaften Stimmung früherer Tage, beinahe jeden Widerstand zu vernichten im Stande gewesen wäre. Nicht sowohl der Mangel an Streitern wurde ihr Verderben, als vielmehr die Zaghaftigkeit und Frechheit, welche in trauriger Mischung ihre Reihen erfüllten.

Als die Nachricht der mohammedanischen Rüstungen nach Jerusalem kam, wurde König Guido gedrängt, vor allem sich mit Graf Raimund auszusöhnen. Der König erklärte sich hierzu bereit und schickte Ende Aprils eine glänzende Gesandtschaft, an deren Spitze sich die beiden Großmeister des Tempels und des Hospitals befanden, nach Tiberias. Aber die Gegner hatten auch schon ins Auge gefaßt, daß ihnen Graf Raimund, mit dem sie noch im Bündniß standen, sehr nützlich werden könne. Siebentausend Mann auserwählter Truppen unter Almelik Alafdhal, einem Sohne Saladins, waren so eben am obern Jordan erschienen und hatten von Raimund die Erlaubniß erbeten, ins Land der Christen einrücken zu dürfen. Der Graf war da in ein schlimmes Gedränge gekommen, weil er zwar die Gefahr erkannt hatte, von der seine Glaubensgenossen bedroht waren, trotzdem aber nicht gewagt hatte, mit Saladin zu brechen. Endlich war er auf den kläglichen Ausweg gerathen, den Mohammedanern eine Art Rekognoscirungsmarsch im christlichen Gebiete zu gestatten, wenn sie an demselben Tage, an welchem sie über den Jordan herüber kämen, auch über denselben zurückgehen würden. Almelik Alafdhal war hiermit zufrieden gewesen und zog gerade mit seiner Schaar in der Gegend zwischen Akkon und Tiberias umher, als die jerusalemitischen Gesandten eben dorthin kamen und von der Anwesenheit der Mohammedaner hörten. Sofort riefen die Gesandten, indem namentlich der Großmeister des Tempels zum Kampfe drängte, die Ritter und Knechte der nächsten Burgen und Städte zusammen und warfen sich am 1. Mai mit nur 150 Panzerreitern und 500 Mann zu Fuß auf den zehnfach überlegenen Feind. Der tolldreiste Haubstreich mißglückte aber in schrecklicher Weise. Wohl fochten die meisten Ritter noch mit alter Reckenkraft, doch wurden sie beinahe alle nach und nach erschlagen oder gefangen; nur der Großmeister des Tempels entkam mit drei Rittern seines Ordens tief erschöpft dem gräßlichen Gemetzel. Almelik Alafdhal kehrte darnach triumphirend und beutebeladen über den Jordan zurück.

Der schmerzliche Verlust, den die Christen erlitten, hatte wenigstens die eine gute Folge, daß die Versöhnung zwischen Guido und Raimund nunmehr sogleich zu Stande kam. Der Graf von Tripolis, tief erschüttert von dem eingetretenen Unglücke, an dem er doch nicht frei von aller Mitschuld war, trat nun wieder mit Wort und That auf die Seite seiner Glaubensgenossen. Auf seinen Rath wurde im ganzen Reiche mit allen irgend verfügbaren Mitteln eifrig gerüstet, auch Boemund von Antiochien zur Hülfe aufgefordert. Der letztere schickte in der That seinen Sohn Raimund mit

fünfzig Rittern, und aus allen Ortschaften von Tripolis bis nach Krak
sammelten sich so bedeutende Massen, wie kaum je unter dem Banner Jeru=
salems vereinigt gewesen waren. Bei der Quelle Saffuria, wo man das
Lager aufschlug, westlich von Tiberias, halben Weges zwischen dieser Stadt
und der Küste, zählte man, wie es heißt, außer Tausenden leichtbewaffneter
Bogenschützen, nicht weniger als 2000 Ritter und 18,000 Mann zu Fuß,
großentheils in reichstem Waffengeschmeide. Aber die Stimmung, welche
dieses mächtige Heer erfüllte, versprach wenig Gutes. Die einen verlangten
nach grimmem Dreinschlagen, während die andern, voll trüber Ahnungen,
den Kampf zu vermeiden wünschten. Da wurde erzählt, daß ein Adler mit
dem Geschrei „wehe, wehe Jerusalem" über die christlichen Streiter hinweg=
geflogen sei, oder daß eine Hexe, von Saladin gesandt, in dunkler Nacht das
Heer verflucht und dem Untergange geweiht habe. Und welch ein Beispiel
gab den Kreuzfahrern ihr geistlicher Oberherr, der Patriarch Heraklius, der
das heilige Kreuz nicht selber ins Lager brachte, sondern zwei seiner Bischöfe
mit demselben abschickte, „weil es ihm",
wie man sagte, „lästig war, zum Heere
zu reiten und seine Geliebte zu ver=
lassen!" Hiernach durfte wohl die
Prophezeiung von Mund zu Munde
gehen, daß das heilige Kreuz unter
einem Heraklius gewonnen sei, aber
auch unter einem Heraklius verloren
gehen werde.

Salabin vollendete inzwischen seine
Rüstungen und rückte anfangs Juli von
Osten her gegen Tiberias heran. In

Ritter und Armbrustschützen.
Facsimile aus „de passagiis in Terram Sanctam"
(Venedig).

seinem Kriegsrath erhoben sich ebenfalls ängstliche Stimmen, voll Sehnsucht,
die Entscheidung zu verzögern; der Sultan aber war entschlossen, alles an alles
zu setzen. Seine ganze Kraft war versammelt und allein auf das Ziel gerichtet,
welches er dicht vor Augen hatte: er mußte die Christen vernichten, um die
Erwartungen zu erfüllen, welche seine Glaubensgenossen von ihm hegten, und
um auf die Dauer Verzeihung zu finden für die Gewaltthaten, durch die er
Nureddins Geschlecht von der Herrschaft verdrängt hatte. Am 3. Juli umlagerte
er plötzlich Tiberias und erstürmte die reiche Stadt mit Ausnahme der Cita=
delle. Guido, noch am selben Tage hiervon benachrichtigt, wünschte sofort
zur Schlacht vorzurücken. Der Großmeister des Tempels und Fürst Rainald
stimmten ihm hierin bei; Graf Raimund wollte dagegen Tiberias seinem
Schicksale überlassen, weil die Sommerhitze augenblicklich zu drückend sei und
die felsige und wasserlose Gegend zwischen Saffuria und Tiberias sich zum
Kampfe nicht eigne. In seinen Worten lag einige Wahrheit. War aber
nicht die Ungunst der Jahreszeit und des Terrains für beide Theile fast
die gleiche? Und was blieb denn noch übrig, wenn man jetzt, wo die

Ritterschaft von Nord und Süd vollzählig versammelt war, gar nicht zu schlagen wagte? Unter den Vätern oder den Großvätern dieser Kreuzfahrer wären schwerlich solche Bedenken laut geworden, wie Graf Raimund äußerte; und auch im Jahre 1187 hätte ein kühner Angriff wohl zu vollem Siege führen können, wenn er mit der alten einmüthigen Begeisterung unternommen worden wäre. Hier aber wirkte noch überaus schädlich, daß Guido in einem Kriegsrathe, den er in der Nacht vom 3. zum 4. Juli hielt, sich zuerst von Graf Raimund für friedliches Abwarten gewinnen ließ, danach aber dem Kriegsrufe des Templergroßmeisters dennoch Gehör gab und in der Morgenfrühe des nächsten Tages plötzlich den Aufbruch des Heeres befahl. Nach alledem konnten die Christen einem Gegner wie Saladin kaum mehr gewachsen sein.

Der Sultan erwartete sie in freudiger Ungeduld und suchte seine Truppen durch seine eigne Haltung wie durch Reden seiner Geistlichen mit festem Muthe zu erfüllen. Beim Dorfe Lubia, einige Stunden westlich von Tiberias, stießen die Heere im Laufe des Vormittags auf einander. Die stattlichen Geschwader der christlichen Ritterschaft glichen, wie sie auf die Muselmänner losstürmten, „sich bewegenden Bergen oder Wogen der gepeitschten See". Ihr Anprall wirkte, wie fast immer bisher, im ersten Augenblicke erschütternd. Bald aber stockte ihr Siegeslauf, sei es weil ihnen diesmal die ausdauernde Energie fehlte, sei es weil Saladins Truppen, nachdem sie anfangs gewichen, den Kampf muthig erneuerten und mit ungewöhnlicher Zähigkeit aufrecht erhielten. Vergebens rangen die Christen bis zum Nachmittage: sie wurden nicht geschlagen, machten aber auch keine Fortschritte mehr und ließen endlich tief erschöpft vom Kampfe ab. Hierin lag im wesentlichen schon die Entscheidung. Denn nun machten sich alle die ungünstigen Umstände geltend, unter denen dieses Kreuzheer in die Schlacht gezogen war. Vielleicht wäre noch möglich gewesen, nach einer Ruhepause zum zweiten Male auf die Feinde loszugehen, deren ebenfalls stark erschütterte Linien zu sprengen und glücklich nach Tiberias zu gelangen. Graf Raimund aber hielt die Wiederholung des Kampfes, die von vielen Rittern gewünscht wurde, für zu verwegen und schlug vor, gen Norden auszuweichen und auf dem nicht weit entfernten Höhenzuge beim Dorfe Hattin, nach dem die Schlacht gewöhnlich genannt wird, die Nacht zuzubringen. Der unglückselige Rath wurde befolgt. Saladin ließ die Christen zwar unbehelligt abziehen, aber deren leibliche wie sittliche Kraft ging in dem demüthigenden Gefühl des Mißerfolges und in den Leiden, welche Hitze, Staub und Wassermangel verursachten, mehr und mehr zu Grunde. Das Fußvolk kam schon der Auflösung nahe und von der stolzen Ritterschaft flohen einige Feiglinge bei dunkler Nacht ins feindliche Lager. Als Saladin von diesen die traurige Lage seiner Gegner kennen lernte, ließ er das Busch- und Strauchwerk um jenen Höhenzug herum anzünden und quälte und beunruhigte sie damit die ganze Nacht hindurch.

Am nächsten Tage, dem 5. Juli, traf der Sultan die Vorbereitungen zum letzten Kampfe mit höchster Sorgfalt, weil er einen vernichtenden Stoß von Seiten der fränkischen Panzergeschwader noch immer für möglich hielt. In der That gelang es dem Grafen Raimund und dem Prinzen von Antiochien die feindlichen Reihen zu durchbrechen und sammt einer kleinen Ritterschaar der drohenden Niederlage zu entgehen.¹) Der König aber, Fürst Rainald und alle übrigen Herren und Ritter waren nicht so glücklich. Wohl sprengten auch sie mit voller Wucht in die Massen der Muselmänner hinein; ihnen gegenüber hielt jedoch Saladin selber die Haltung der Seinen aufrecht. Die stolzen Kreuzesfürsten mußten zurückweichen, und als die Ritter und Knechte dessen inne wurden, war es um das ganze Heer geschehen. Erst drängten sich die Fußtruppen und dann auch die Reiter auf jenem Höhenzuge zusammen, in tiefster Muthlosigkeit das Ende erwartend. Saladin ließ denselben von allen Seiten umzingeln, angreifen und ersteigen: Tausende wurden erschlagen, Tausende gefangen genommen, in kürzester Frist das Kreuzheer vollständig vernichtet.

Durchschnitt eines Festungsthurmes.

Die vornehmsten Gefangenen, den König Guido, dessen Bruder Amalrich, den Fürsten Rainald, den Templergroßmeister und andere ließ Saladin noch an demselben Tage vor sich führen. Dem Könige sprach er tröstend zu und ließ ihm einen erfrischenden Trunk reichen; den Fürsten Rainald aber überhäufte er mit heftigen Schmähungen

---

¹) Die Haltung des Grafen Raimund während der letzten Jahre des Reiches Jerusalem hat der christlichen Sache mehrfach schweren Schaden zugefügt; und indem Raimund eine zeitlang Verbündeter Saladins war, ist er sogar zum Verräther an den Christen geworden. Trotzdem kann ihm, nachdem er sich im Frühjahr 1187 mit Guido versöhnt hatte, schwerlich „Verrath", vielmehr nur ein ängstliches, wenig heldenhaftes Auftreten vorgeworfen werden. Das Durchbrechen des Saladin'schen Heeres bei Hattin ist ihm wohl auch nur deshalb geglückt, weil die Feinde ihn, ihren ehemaligen Bundesgenossen ganz gern entwischen ließen. Vgl. Röhricht, Beiträge zur Geschichte der Kreuzzüge, I. 173, und Goergens-Röhricht, arabische Quellenbeiträge zur Geschichte der Kreuzzüge, I. 58, 61 ff.

13*

wegen der von ihm verübten Gewaltthaten und schlug ihn schließlich, seines Eidschwurs eingedenk, mit dem eignen Schwerte zu Boden. Auch alle Mitglieder des Templer- wie des Hospitaliterordens, deren er habhaft werden konnte, ließ er hinrichten, weil sie ihm wie christliche Assassinen erschienen; und selbst die niedern Gefangenen wurden auf seinen Befehl massenweise umgebracht. So vollendete sich in entsetzlichster Weise die Zerstörung der christlichen Heereskraft.

Der große Sieger wußte aber, daß er mit alledem erst die Hälfte seiner Aufgabe erfüllt habe. Auf freiem Felde konnten ihm die Kreuzfahrer zwar schwerlich mehr widerstehen, dagegen war es ihnen vielleicht möglich, hinter den festen Mauern ihrer zahlreichen Städte und Burgen sich noch lange zu behaupten. Saladin beschloß deshalb, den Schrecken, der seit dem Tage von Hattin vor seinen Waffen einherging, zur Eroberung dieser christlichen Schutzwehren schnell und gründlich auszunutzen. Dabei kam ihm zu Statten, daß im Reiche Jerusalem kein Mann vorhanden war, der die letzten Kräfte desselben klug zu sammeln und zu leiten gewußt hätte, da sogar Graf Raimund, der überdies zu solchem Werke kaum noch Ansehen genug besaß, angstvoll bis nach Tripolis zurückwich und nach kurzer Frist dort starb. Die wenigen andern großen Herren und Ritter, die noch zur Ehre des

Durchschnitt eines Wachtthurmes.

Kreuzes hätten das Schwert ziehen können, und ebenso die Bürger und Bauern waren fast alle in dumpfer Verzweiflung zu willenloser Unterwerfung bereit, in derselben Stimmung etwa, von der das preußische Heer und Volk nach der Niederlage von Jena ergriffen wurden. Wohl rafften sich einzelne auch jetzt noch mit allem Heldenmuthe empor und machten bald hier bald da mit Glück oder Unglück dem Sultan die Vollendung des Sieges streitig; die ungeheure Mehrzahl aber bedachte nicht, wie viele Kraft zum Widerstande noch vorhanden war, wie bald Unterstützung aus dem Abendlande eintreffen konnte und wie glorreich in der Zeit der Väter das felsenfeste Vertrauen auf Gott so oft sich bewährt hatte. Unter solchen Umständen wurde es dem Sultan möglich, strahlende Erfolge zu erringen. Schon am 6. Juli, am Tage nach der Schlacht bei Hattin, nahm er die Citadelle von Tiberias; am 9. Juli erschien er vor Akkon und in elender Feigheit kapitulirte diese größte und reichste Handelsstadt der Christen, in der unermeßliche Werthe in kostbaren Kaufmannswaaren aufgehäuft lagen. Darnach breitete sich das muselmännische Heer in einzelnen Schaaren, „zahlreich wie die Ameisen", über das ganze Land aus, von

Untergang des Reiches Jerusalem.

der ägyptischen Küste bis ins tripolitanische Gebiet: in wenigen Wochen fielen Beirut und Sidon, Chaifa, Arsuf und Cäsarea, Joppe und Askalon, die Städte im Binnenlande und die stolzen Burgen des hohen Adels. Raub, Mord und jede Art von Bestialität wütheten natürlich entsetzlich unter den Besiegten, wenn auch Saladin selber sich gern jetzt milde zeigte und in der Regel den Einwohnern der bezwungenen Orte freistellte, entweder auszuwandern oder nach muselmännischer Sitte dem neuen Oberherren eine Kopfsteuer zu zahlen. Als Askalon am 4. September kapitulirte, trat eine Sonnenfinsterniß ein, wie wenn der Himmel selber Trauer über das Unglück der Christen beweisen wollte.

Hierauf waren nur noch unbezwungen ein paar der festesten Adelsburgen nebst Tyrus und Jerusalem. Tyrus war zwar auch schon der Ergebung nahe gewesen, aber in der zwölften Stunde war dort ein kühner abendländischer Fürst, Markgraf Konrad von Montferrat, eingetroffen und so entschlossen aufgetreten, daß Saladin diesen Platz einstweilen sich selber überlassen hatte. Nach dem Falle von Askalon faßte dann der Sultan zunächst nicht Tyrus, sondern das höchste Ziel seines Feldzuges, Jerusalem, ins Auge. Gern hätte er die auch den Mohammedanern heilige Stadt ohne Kampf gewonnen, und bot deshalb sehr milde Kapitulationsbedingungen an, doch mußte er, da dieselben verworfen wurden, zu förmlicher Belagerung schreiten. Am 19. September vereinigte er sein Heer vor den Mauern der Festung und begann am folgenden Tage die Bestürmung, indem er zuerst seine Waffen gegen die West- und die Nordseite, bald aber nur noch gegen die letztere und zwar nahe der Stelle richtete, an welcher schon im Jahre 1099 der Hauptangriff gemacht worden war. In der Stadt befand sich nur wenig geübte Kriegsmannschaft, dagegen eine übergroße Menge von Volk, welches von allen Seiten fliehend hier zusammengeströmt war. Die Stimmung der Vertheidiger schwankte in jähem Wechsel zwischen kühnem Trotze und muthlosem Verzagen, machte aber eben deßhalb eine standhafte Gegenwehr fast unmöglich. Nachdem es den Angreifern gelungen war, an der Nordostecke der Mauern eine bedeutende Bresche zu legen, erboten sich daher die Beschlshaber der Jerusalemiten zu friedlichen Verhandlungen. Saladin stellte hierauf aber sehr harte Bedingungen, bis ihn die Furcht, die Eingeschlossenen zum Verzweiflungskampfe zu reizen und dadurch sich selber Erfolg und Beute zu schmälern, zu milderer Gesinnung zurückbrachte. Endlich wurde man in der Weise handelseinig, daß die Einwohner gegen ein Lösegeld die Stadt frei sollten verlassen dürfen, und zwar mußte jeder Mann zahlen 10 Goldstücke, jede Frau 5, jedes Kind über sieben Jahren 2 und unter sieben Jahren 1 Goldstück: siebentausend Mann armer Leute, oder die jener Werthabstufung nach entsprechende Zahl von Frauen oder Kindern sollten für die Gesammtsumme von 30,000 Goldstücken frei von dannen ziehen dürfen. Am 2. Oktober 1187 wurden die Thore geöffnet: Saladins Truppen besetzten die Stadt, während die Christen ihren Auszug begannen oder vorbereiteten. Mancherlei ruchlose

Gewaltthaten wurden von der Soldateska verübt; der Sultan jedoch und die Fürsten seines Heeres suchten das Loos der unglücklichen Auswanderer in edler Großmuth zu lindern. Die meisten derselben sind aber trotzdem bald verdorben und gestorben, und wohl nur wenige von ihnen haben wiederum glücklichere Tage gesehen.

Auf die Nachricht von der Eroberung Jerusalems eilten mohammedanische Gelehrte und Pilger aus weitem Umkreise herbei, um die Stätten der Verehrung mit eigenen Augen zu sehen und sich an dem triumphirenden Schauspiele zu weiden, wie überall die christlichen Kreuze herabgestürzt, die Glocken zerschlagen, die alten Moscheen von neuem geweiht, mit Wohlgerüchen geräuchert und mit Rosenöl gewaschen wurden. Die ganze Welt des Islams fühlte sich erfrischt und gestärkt durch diesen großen Erfolg, und zeigte seitdem fast noch mehr Kraft, denselben zu behaupten, als sie ihn zu erringen angewendet hatte. Saladin empfing, wie sein Kanzler erzählt, in seinem Zelte die Glückwünsche seiner Großen „mit bescheidener Miene und in würdevoller Haltung, strahlende Freude auf seinem Angesichte. Die Thüren seines Zeltes blieben jedermann offen, und er machte reiche Geschenke. Man las die Briefe des Fürsten, welche das glückliche Ereigniß verkündeten; die Trompeten zeigten es an, alle Augen vergossen Freudenthränen, alle Herzen schrieben demüthig diese Erfolge Allah zu; aller Mund feierte das Lob des Herrn".

Die Eroberung von Jerusalem bezeichnet den Höhenpunkt der Erfolge Saladins. Wohl ist ihm auch nach derselben noch mancher Sieg gelungen, aber eine so ununterbrochene Reihe von Erfolgen wie vom Kampfe bei Hattin bis zum Einzuge in die heilige Stadt ist ihm doch nicht wieder zu Theil geworden. Noch im Spätherbste 1187 hat er sich mit aller Macht auf Tyrus geworfen. Hier aber zeigte sich, welche Widerstandskraft die Christen unter guter Führung noch zu entwickeln vermochten und wie wenig geeignet die mohammedanischen Schaaren für die Mühen eines andauernden Belagerungskrieges waren. Kein Stürmen und kein Breschelegen erschütterte den Muth des Markgrafen Konrad; Saladins Truppen begannen dagegen zu meutern, und nach so vielen Triumphen mußte der große Sultan sieglos von der einzigen Stadt zurückweichen. Im nächsten Jahre rückte er vor die Ortschaften der Grafschaft Tripolis und des Fürstenthums Antiochien. Zum Theil wiederholte sich hier das Schauspiel, welches soeben das Reich Jerusalem geboten hatte. Einzelne Heldenthaten der Christen erschwerten den Mohammedanern ihren Weg: öfters dagegen siegten sie Dank ihrer Uebermacht oder durch die Verzagtheit der Kreuzfahrer: eine lange Reihe von Städten und Burgen, deren Aufzählung recht erkennen läßt, wie stark doch schon die Stellung der Christen im Morgenlande gewesen war, fiel unter ihre Herrschaft zurück. Auch die letzten Burgen, welche die Ritter Jerusalems noch behauptet hatten, wurden allmählich genommen. Aber die Hauptplätze Nordsyriens, Tripolis und Antiochien, konnten ebenso wenig wie Tyrus bezwungen werden, und schon nahte reichere Hülfe aus dem Abend=

lande, namentlich durch eine sicilische Flotte, deren Admiral Margarit dem Sultan unumwunden sagte, er solle von der Verfolgung der Franken ablassen, sonst würden Streitkräfte über ihn kommen, denen er niemals werde gewachsen sein. Schon wagten die Christen sogar, von ihren letzten Besitzungen aus hier und da wieder zum Angriffe überzugehen, und besondere Bedeutung gewann in dieser Lage noch einmal König Guido. Saladin nämlich hatte ihm, falls Askalon sich unterwerfe, die Freiheit versprochen und hatte ihn, nachdem dies geschehen, wenn auch erst nach langem Zögern, aus der Haft entlassen. Der König hatte sich darauf nach Tyrus begeben wollen, war dort jedoch von Markgraf Konrad, der die mit eigner Kraft errungene Stellung eifersüchtig behütete, hart zurückgewiesen worden. Nun aber sammelte Guido ein kleines Heer und machte sich im Sommer 1189 auf den Weg, um Akkon wieder zu gewinnen, die Stadt, mit deren feiger Ergebung der Zusammenbruch des ganzen Reiches Jerusalem begonnen hatte.

So bereitete sich ein neuer Ringkampf vor, von dessen Ausgang noch die Entscheidung abhing, ob die Völker des Morgenlandes oder des Abendlandes die Herrschaft auf der syrischen Küste behaupten würden.

Siebentes Kapitel.

Dritter Kreuzzug.[1]

Das Abendland nach dem Falle Jerusalems.

Die steigende Gefahr, in der sich das Reich Jerusalem während der letzten Jahrzehnte seines Bestehens befand, hatte schon den König Amalrich, wie wir oben gesehen haben, dazu gebracht, bei den mächtigsten Fürsten des Abendlandes durch eine stattliche Gesandtschaft Hülfe zu erbitten. Zu gleichem Zwecke waren sodann von Balduin IV. die höchsten Geistlichen des Landes nach Europa geschickt worden und hatten aller Orten die Noth ihrer Heimat mit den beweglichsten Worten geschildert. Die Aufnahme, die ihnen in Rom und in den Residenzen der Könige zu Theil geworden war, hatte zahlreiche Beweise dafür geliefert, daß die opferfreudige Gesinnung für die Unterstützung des heiligen Landes noch überall vorhanden war: die Pariser hatten die Gesandten „wie Engel vom Himmel" bewillkommnet; Kreuzpredigten waren gehalten, Schenkungen waren gemacht und große Rüstungen zum Kampf gegen Saladin in Aussicht gestellt worden. Aber bedeutendere Kriegsschaaren hatten sich trotzdem nicht zum Marsche gen Osten zusammengefunden, weil die Kräfte der abendländischen Nationen durch die sowohl zwischen dem Kaiser und dem Papst wie zwischen den Königen von Frankreich und England noch immer fortdauernden Feindseligkeiten zu stark in Anspruch genommen waren. So hatte Europa gezögert, mit einem neuen Kreuzzuge, wie es doch selber gewünscht hatte, den bedrängten Glaubensbrüdern in Asien zu Hülfe zu kommen, bis endlich die Unglücksbotschaften von der Schlacht bei Hattin und vom Zusammenbruche der christlichen Herrschaft in Palästina bekannt wurden, ringsum den tiefsten Schmerz verursachten und zu grimmigem Zorne gegen den siegreichen Islam aufstachelten.

---

1) Wilken, Geschichte der Kreuzzüge, Bd. IV u. f. w. Prutz, Kaiser Friedrich I. 3 Bde., Danzig 1871—1874. Rieglers gediegene Abhandlung über den Kreuzzug Kaiser Friedrichs I. in den „Forschungen zur deutschen Geschichte" 1870. Fischer, Geschichte des Kreuzzuges Kaiser Friedrichs I. Leipzig 1870. Röhricht, „Die Rüstungen des Abendlandes zum dritten großen Kreuzzuge" in Sybels historischer Zeitschrift, Bd. 34, 1875. Röhricht, „Die Belagerung von Akka" in den Forschungen zur deutschen Geschichte, 1876. De Mas Latrie, Histoire de l'île de Chypre sous le regne des princes de la maison de Lusignan, 3 tom. Paris 1861.

Die erste Hiobspost erhielt Papst Urban III. am 18. Oktober 1187, als er eben im Begriffe stand, den Bannstrahl gegen Kaiser Friedrich I. zu schleudern. Kummer und Schmerz brachen den ohnehin kranken Mann; schon am 20. Oktober war er nicht mehr unter den Lebenden. Sein Nachfolger war Gregor VIII., ein edler Greis, der sofort alle politischen Rücksichten, welche Kaiserthum und Papstthum bisher entzweit hatten, bei Seite setzte, um sich ausschließlich der Sache Jerusalems zu widmen. „Durch Nachgiebigkeit der Kirche beabsichtige ich," so sagte er, „die Schirmherren derselben, den Kaiser und seinen Sohn zu dem guten Werke (dem Kreuzzuge) zu bestimmen." Schon Ende Oktober ergingen begeisternde Rundschreiben von Rom an die Fürsten Deutschlands und an alle Christen, worin sie zur einmüthigen Hülfe aufgefordert, Fasten und öffentliche Gebete angeordnet, und den Kreuzfahrern Regelung ihrer Schuldverhältnisse und voller Sündenablaß versprochen wurden. Ebenso empfingen die Geistlichen den Befehl, durch Ablegung alles äußeren Pompes und durch strenge Zucht den Christen voran zu leuchten, so daß die Kardinäle in der ersten Hitze gelobten, nur noch von Almosen zu leben und bis zur Wiedereroberung der heiligen Stadt als Kreuzprediger zu Fuß die Länder zu durchziehen; auf ihr Betreiben wurde für sieben Jahre ein allgemeiner Weltfriede befohlen. Am 17. Dezember 1187 starb zwar der treffliche Gregor unerwartet schnell; sein Nachfolger Clemens III. wirkte aber mit gleichem Eifer für den Kampf gegen Saladin, und so kam es zu einer einmüthigen Erhebung fast der ganzen römischen Christenheit, an Umfang und Bedeutung den großen Unternehmungen von 1097 und 1147 völlig ebenbürtig, zum Theil sogar dieselben übertreffend.

Die Fürsten und Städte Italiens, die theils unter einander, theils mit ihren Nachbarn in vielerlei Fehden lagen, bequemten sich überall zum Frieden und rüsteten emsig zur Heeresfahrt nach Syrien. Die erste Flotte, die von hier aus im Morgenlande erschien, war jene normannische unter dem Admiral Margarit; nicht lange darauf verließen mehrere Schiffsgeschwader, die mit Lombarden, Toskanern und Genuesern bemannt waren, die Häfen Oberitaliens: unter den Führern derselben befand sich als Kreuzzugslegat der römischen Kurie der Erzbischof Ubaldus von Pisa. In den skandinavischen Ländern rief die Nachricht vom Falle Jerusalems leidenschaftliche Klage hervor, und wenn die Kreuzpredigt auch in Norwegen, wo ein blutiger Bürgerkrieg wüthete, nicht vielen Anklang fand, so entschlossen sich doch in Dänemark und in Schweden Tausende begeisterungsvoll zur heiligen Kriegsfahrt. Indessen die Hauptrüstungen wurden von den drei mächtigsten Fürsten der Christenheit, vom Kaiser von Deutschland und den Königen von Frankreich und England und deren Völkern gemacht, und von diesen griff die deutsche Rüstung zuerst in den Gang der Ereignisse ein.

Rüstungen Kaiser Friedrichs I.

Kaiser Friedrich I., der Begründer des staufischen Weltruhmes, stand damals schon hoch in Jahren, aber umstrahlt von dem Glanze seiner Thaten und seiner Erfolge. Kaum durfte er zweifelhaft sein, als die Nachricht von den Siegen Saladins zu ihm drang, vor welche große und schwere Aufgabe er nun, am Abend seines Lebens, noch gestellt war. Doch war ihm nicht einmal erlaubt, sich sofort zur Kreuznahme zu entschließen, da ihm im Innern seines Reiches ernste Gefahren drohten. Denn wie einst Heinrich der Löwe, so stand jetzt Erzbischof Philipp von Köln gegen ihn in Waffen. Philipp besaß für sich allein schon eine bedeutende Macht und stützte sich überdies noch auf treu ergebene Freunde vornehmlich unter den Fürsten Norddeutschlands, so daß der Kaiser nicht daran denken durfte, das Reich zu verlassen, ehe diese Aufrührer zu festem Gehorsam zurückgeführt waren. Am 1. Dezember 1187 wurde ein Reichstag in Straßburg gehalten, auf dem der Erzbischof, obwohl er besonders vorgeladen war, nicht erschien. Inzwischen hatte die römische Kurie den Kardinal Heinrich von Albano mit dem Auftrage, in Deutschland das Kreuz zu predigen, abgeschickt, und wenn der Kardinal in Straßburg auch noch nicht persönlich auftrat, so waren doch schon zwei seiner Begleiter dort anwesend, welche die zahlreich versammelte Menge aufforderten, das Wallfahrtsgelübde abzulegen. Sie sprachen freilich umsonst, bis sich ihnen der Bischof Heinrich von Straßburg anschloß und mit hinreißender Beredsamkeit zum heiligen Kriege aufrief. Da verlangte zuerst ein elsäßischer Ritter, Namens Siegfried, mit den Zeichen des Kreuzes geschmückt zu werden. Dann folgten diesem Beispiele in schnell ausbrechender Begeisterung fünfzehnhundert Ritter und eine Menge des Volkes. Der Kaiser aber vermied es, obwohl Thränen der Rührung im Auge, sich selber schon jetzt für die Heeresfahrt zu verpflichten.

Kaiser Friedrich I.
Gleichzeitiges Basrelief in Lebensgröße im Kreuzgang des Klosters St. Zeno bei Reichenhall.

Die nächsten Wintermonate wurden von Friedrich und dem Kardinal Heinrich gut benutzt, um auf den Erzbischof Philipp einen starken politischen und kirchlichen Druck auszuüben, so daß man im Frühjahre seiner endlichen Unterwerfung entgegen sehen konnte. Zum 27. März, einem Sonntage, der den bedeutungsvollen Namen „Laetare Jerusalem" trug, wurde eine neue Reichsversammlung nach Mainz ausgeschrieben und in einem schwungvollen Rundschreiben zu allgemeinster Theilnahme an diesem „Hoftage Christi" aufgefordert. Hier erschienen nun sowohl Philipp wie auch noch andere allzu fehdelustige Fürsten und beugten sich endlich dem Friedensgebote des Kaisers und des Kardinals von Albano. Darnach wurde das päpstliche Schreiben verlesen, worin die Gläubigen zur Befreiung Jerusalems aufgerufen wurden; und deutsche Prälaten, besonders Bischof Gottfried von Würzburg, erhoben ihre Stimmen, um die ungeheure Menschenmasse, die in Mainz zusammengeströmt war, zum heiligen Kriege zu entflammen. Kaiser Friedrich hatte, da Christus selber als gegenwärtig gedacht wurde, darauf verzichtet, der Versammlung zu präsidiren: „er saß mitten unter den Seinen und lauschte den begeisternden Kriegsrufen jener Herolde. Thränen rollten über seine Wangen, aber noch immer zauderte er im Hinblick auf die großen Schwierigkeiten der Fahrt, das Kreuz zu nehmen, bis seine Getreuen sich um ihn drängten und ihn stürmisch baten, nicht mehr zu zögern. Da konnte auch er nicht mehr dem Wehen des Geistes widerstehen und empfing das Zeichen der Gottesstreiter aus den Händen des Bischofs Gottfried: seinem Beispiele folgten Fürsten, Geistliche, Tausende von Rittern und unermeßlich viel Volk".

Die deutsche Nation war hiermit im wesentlichen für die große Sache gewonnen. Nur der alte Heinrich der Löwe, zwar tief gebeugt, aber voll feindseliger Stimmung gegen die Staufer, konnte noch Hindernisse bereiten. Friedrich versuchte ihn deshalb zur Theilnahme am Kreuzzuge zu bewegen, und versprach sogar, die Kosten der Fahrt zu tragen. Der Herzog verschmähte aber jede Gemeinschaft mit seinen Besiegern, so daß dem Kaiser schließlich nichts anderes übrig blieb, als den Welfen für die Zeit, die der Kreuzzug etwa in Anspruch nehmen mochte, nämlich für drei Jahre, außer Landes zu verweisen. Heinrich gehorchte dem Gebote, und begab sich sofort zu seinen Verwandten nach England.

Kaiser Friedrich I. Facsimile aus „de passagiis in Terram Sanctam" (Venedig).

Inzwischen war schon bestimmt worden, daß der Aufbruch des Kreuzheeres erst im Frühjahr 1189, und zwar am 23. April, dem Tage des heiligen Georg, des Schutzpatrones der Wallfahrer erfolgen solle, damit in der langen Zwischenzeit alle irgend nothwendigen Vorbereitungen vollständig erledigt werden könnten. Das deutsche Heer sollte diesmal nur aus wohlhabenden und daher kriegstüchtigeren Leuten bestehen: wer nicht mindestens drei Mark Silber (ungefähr 120 Mark unseres Geldes) besaß, sollte bei Strafe der Acht dem Zuge fern bleiben, weil man schon oftmals früher und namentlich im Jahre 1147 in der schmerzlichsten Weise darüber belehrt worden war, daß selbst große Massen armer Pilger zur Bekämpfung der Mohamedaner durchaus ungeeignet waren. Ueber den Weg, den das Heer nehmen sollte, war man anfangs in Zweifel. Man konnte nach Südpalien gehen und von dort auf der Flotte des Königs Wilhelm von Sicilien, mit dem Friedrich befreundet war, nach Syrien fahren. Aber bedenklich durfte hierbei erscheinen, ob Saladin nicht vor der Ankunft des deutschen Heeres auch die letzten christlichen Hafenstädte, Tyrus, Tripolis und Antiochien erobert haben werde, so daß die Kreuzfahrer schon bei der Landung an der syrischen Küste mit ernsten Schwierigkeiten würden kämpfen müssen. Der Landweg durch Ungarn, Griechenland und Kleinasien empfahl sich dagegen insofern, als die gefährlichsten Gegner, welche die Pilger früher dort gefunden hatten, die Seldschulen von Ikonium, allem Anschein nach diesmal nicht zu fürchten waren. Denn in Ikonium regierte noch immer jener Kilidsch Arslan II., der, ohne Zweifel vornehmlich aus Feindschaft gegen seine grossen Nachbarn im Osten, Nureddin und Saladin, den Franken schon seit geraumer Zeit geneigt war und mit Kaiser Friedrich zumal in freundschaftlichem Verkehre stand. So entschied man sich denn wieder für die alte Strasse Gottfrieds von Bouillon, auf der freilich die Hoffnungen, mit denen man sie betrat, in der bittersten Weise getäuscht werden sollten.

Hierauf wurde ein Gesandter nach Ungarn vorausgeschickt, um wegen des Durchzuges mit König Bela III. zu unterhandeln: er vereinbarte als Preis des Futters für hundert Pferde sowie für je vier kräftige Rinder eine Mark. Ebenso gingen Gesandtschaften nach Serbien, an den griechischen Kaiser, an den Sultan Kilidsch Arslan und selbst an Saladin. Der letztere wurde aufgefordert, sogleich das Gebiet des Königreiches Jerusalem zu räumen, das heilige Kreuz, welches bei Hattin in seine Hände gefallen war, herauszugeben und für die im letzten Kriege umgekommenen Christen Genugthuung zu leisten; gehe er auf diese Bedingungen nicht ein, so werde das römische Reich, ja der ganze Erdkreis gegen ihn zu Felde ziehen.

Im Dezember 1188 hielt Friedrich einen Reichstag zu Nürnberg und empfing dort die Boten, welche die Antworten der Fürsten von Serbien, Griechenland und Kleinasien überbrachten. Das größte Aufsehen erregte hierbei die Gesandtschaft Kilidsch Arslans, weil sie außerordentlich zahlreich war, mit üppiger Pracht auftrat und kostbare Geschenke überreichte. An der Spitze der griechischen Boten stand der Kanzler Johannes Dukas, der den Kaiser zwar mit pomphaften Worten begrüßte, trotzdem aber Bürgschaften dafür forderte, daß derselbe keine feindliche Absicht gegen das byzantinische Reich im Schilde führe. Friedrich ließ nun durch drei deutsche Fürsten eidlich erhärten, daß eine solche ihm vollständig fremd sei, wonach der Kanzler im Namen seines Kaisers auf das Evangelium den Eid leistete, dem Pilgerheere Freundschaft und sicheres Geleit, billigen Markt und Schiffe zur Ueberfahrt gewähren zu wollen, und jene drei Fürsten im Namen Friedrichs schwuren, sich, im griechischen Reiche, wenn jene Versprechungen erfüllt würden, keinerlei Feindseligkeiten zu erlauben. Um aber die Ausführung dieser von dem byzantinischen Kanzler gemachten Versprechungen zu überwachen, schickte Kaiser Friedrich noch eine zweite Gesandtschaft, aus einem Bischofe, mehreren Grafen und hundert Rittern bestehend, nach Konstantinopel voraus.

Nicht lange darauf, wie es scheint, traf auch ein Antwortschreiben Saladins ein. Der Sultan bewilligte die Forderungen Friedrichs natürlich nicht, sondern verlangte, daß die Christen ihm alle syrischen Städte, die noch in ihrem Besitze waren, auslieferten; nur hiernach werde er das heilige Kreuz herausgeben, die christlichen Gefangenen entlassen, diejenigen Klöster, die schon aus der Zeit vor den Kreuzzügen herrührten, den Christen überantworten, einen christlichen Priester am heiligen Grabe dulden und Wallfahrten nach Jerusalem gestatten. Diese Erklärung Saladins machte den Kreuzzug vollends unvermeidlich, und so erließ Friedrich am Weihnachtsfeste 1188 den Befehl, daß alle Pilger sich pünktlich am nächsten 23. April in Regensburg einfinden sollten.

Während der ersten Monate des Jahres 1189 „erfüllten unermeßliche Schaaren von Kreuzfahrern zu Fuß und zu Roß, wie der Sand am Meere, wie die Sterne am Himmel, alle Straßen und Orte am Rheine aufwärts". Der Abmarsch der Hauptmasse des Heeres von Regensburg verzögerte sich noch bis Anfang Mai. Dann fuhr der Kaiser die Donau hinab, während die Truppen daneben auf der Landstraße marschirten: gegen Ende Mai betrat man den ungarischen Boden. Hier übergab Friedrich seinem ältesten Sohne Heinrich, der in der Heimat als Herrscher zurückblieb, die Regalien; sein zweiter Sohn Friedrich, Herzog von Schwaben, begleitete

Kaiser Friedrich I. auf dem Marsch. Facsimile aus „de passagiis in Terram Sanctam" (Venedig).

ihn auf dem Kriegszuge. Die Zahl des Heeres scheint trotz der prunkenden Worte, in denen die Quellen dasselbe schildern, nur mäßig groß gewesen zu sein, theils weil viele, besonders westdeutsche Pilger, wie schon im Jahre 1147, den Seeweg rings um die Küsten Europas vorzogen, vornehmlich aber weil der Kaiser die Massen des armen Volks von seiner Rüstung streng ferngehalten hatte. Wir dürfen vermuthen, daß Friedrich etwa 100,000 Mann oder nicht viel darüber unter seinem Befehle vereinigt hat. Aber was dem Heere an Zahl abging, ersetzte es reichlich durch Tüchtigkeit: es bestand durchweg aus Fürsten, Rittern und gut gerüsteten, in den Waffen geübten Knechten; und die Zucht der Pilger wurde durch die Strafen, mit denen der greise Kaiser jede Ausschreitung unerbittlich verfolgte, straff aufrecht erhalten. Der Marsch durch Ungarn bot keine Schwierigkeiten. König Bela sorgte für ausreichende Zufuhr und verkehrte mit Friedrich selber bei mehrfachen Zusammenkünften aufs freundschaftlichste. Das Heer rückte auf den altgewohnten Pilgerstraßen südwärts der Donau vor, überschritt die Drau und die Sau, und erreichte über Belgrad Anfang Juli das Thal der Morawa. Von hier aus mußte der Zug durch die Provinzen des byzantinischen Reiches gehen. Dessen damalige Lage verlangt aber einen Rückblick auf die vielgestaltigen und zumeist traurigen Schicksale, die es während des letztvoraufgegangenen Jahrzehents erlebt hatte.

Griechische Geschichte seit 1180.

Kaiser Manuel war, wie wir oben gesehen haben, am 24. September 1180 nach langer Regierung, aber dennoch zu früh für das Wohl seines Staates gestorben. Sein Sohn und Nachfolger Alexius II. war erst dreizehn Jahre alt. An Stelle desselben regierte dem Namen nach Manuels Wittwe, die schöne Maria von Antiochien, in Wahrheit deren Vertrauter, der Protosebastus Alexius Komnenus, ein Vetter des jungen Kaisers. Gegen diesen erhoben sich voll Neid und Eifersucht andere Große des Reiches, an ihrer Spitze der schon siebenundsechszigjährige Andronikus Komnenus, ein Vetter des todten Manuel. Die Parteiung in der kaiserlichen Familie theilte sich bald dem ganzen Volke mit, weil die „Lateinerin" Maria naturgemäß auf die fränkischen Kolonisten in Konstantinopel sich zu stützen versuchte, während Andronikus sofort als Führer einer politisch=kirchlichen Reaktion gegen das Eindringen der Abendländer in das Gebiet des byzantinischen Staats= und Kirchenwesens auftrat. Im Frühjahr 1182 rückte Andronikus, „um den jungen Kaiser von seinen schlechten Rathgebern zu befreien", mit Heeresmacht gegen Konstantinopel heran. Maria und der Protosebastus sammelten zwar ebenfalls Truppen und nahmen hierbei viele Lateiner in Dienst. In deren Rücken aber erhoben sich die Griechen der Hauptstadt. Die Lateiner, von zwei Feinden in die Mitte genommen, mußten der Uebermacht weichen. Der Protosebastus wurde gestürzt und geblendet; dann warfen sich die siegenden Griechen auf die Wohnungen der Lateiner, d. h. auf jene reichen Quartiere der italienischen Handelsstädte in Konstantinopel, plünderten, sengten und mordeten dort in unmenschlichster Wildheit. Die Frauen der Franken, ihre Kinder, die Geistlichen, Greise und Kranken wurden wohl alle hingeschlachtet oder in die Sklaverei verkauft; von den wehrhaften Männern dagegen rettete sich ein großer Theil zu Schiff auf die offene See und vergalt den Griechen das schnöde Blutbad sowohl durch grimmige Verheerungen der byzantinischen Küsten wie durch laute Klagen, die zur Rache gegen das treulose Konstantinopel aufforderten.

Andronikus trat nach der Eroberung der Hauptstadt erst als Vormund, seit dem Oktober 1183 aber als Mitregent des jungen Kaisers auf. Doch genügte ihm dies noch nicht, und nachdem er schon vorher die unglückliche Maria hatte erdrosseln lassen, gab er im September 1184 den Befehl, auch Alexius zu ermorden, und bestieg nun als Alleinherrscher den Thron des Reiches. Es war ein sehr schlimmer aber ebenso hervorragender Mann, der

damit ans Ruder gelangte: der Alcibiades des Komnenengeschlechtes. In seiner
Jugend war er bezaubernd schön gewesen und von herkulischer Körperkraft,
immer nach Liebeshändeln begierig und unwiderstehlich für Frauenherzen:
neben vielen niedriger Geborenen gehörte auch eine ganze Reihe griechischer
und syrisch-fränkischer Prinzessinnen zu den Opfern seiner Verführungskunst.
Dabei hatte er sich mehrmals mit seinem Vetter Manuel überworfen und
war bald im Kerker, bald auf der Flucht bei Russen und Türken gewesen.
Jetzt am Abende seines Lebens gelang es ihm, die andere Leidenschaft, die
ihn neben der Sinnlichkeit noch erfüllte, seinen Ehrgeiz nämlich, ebenso vollständig zu befriedigen; und in einer Beziehung zeigte er sich auch würdig,
die Krone, die er errungen, auf seinem Haupte zu tragen. Denn er hatte
ein offenes Auge für die tiefen Schäden in der Verwaltung des Reiches,
für die finanzielle Aussaugung der Unterthanen und die arge Korruption
des Beamtenstandes, die sich auf Grundlage derselben entwickelt hatte: er hat
manchen Schritt gethan, um das Volk zu erleichtern, die Rechtspflege zu
bessern und besonders den Frevelmuth hoher Würdenträger
im Zaum zu halten: trotzdem aber hat seine Regierung in
der Hauptsache unheilvoll gewirkt, weil er das Gute, das er
sich zum Ziele gesetzt, mit schlechten Mitteln zu erreichen
strebte. Wie er die Niedermetzelung der italienischen Kolonisten in der Hauptstadt gestattet und Maria nebst ihrem
Sohne ermordet hat, so ist er auch gegen die Prinzen des
kaiserlichen Hauses und gegen jeden, der durch Geburt oder
Stellung seine Eifersucht erregte, blutdürstig wüthend ein-
geschritten. Da brachen in verschiedenen Gegenden des

Kaiser Andronikus.
Facsimile aus „de
passaglis in Terram
Sanctam" (Venedig).

Reiches Aufstände aus, von denen wenigstens einer glückte, indem Isaak Komnenus, ein entfernter Vetter des Kaisers, im Jahre 1184 mit List und Gewalt
Cypern gewann und als „Kaiser" der schönen Insel sich in Unabhängigkeit behauptete. Dann erhoben die sicilischen Normannen, angetrieben durch die Klagen
sowohl der Kaufleute Italiens wie vornehmer Griechen, die vor dem Mordstahl des Tyrannen aus Konstantinopel entflohen waren, ihre siegesgewohnten
Waffen gegen das byzantinische Reich. Die Zeiten Robert Guiskards schienen
sich zu wiederholen, als diese furchtbaren Feinde im Frühjahr 1185 mit
leichter Mühe Dyrrhachium eroberten und von dort theils zu Land, theils
zur See gen Thessalonich vordrangen. Die große und reiche Stadt wurde
eng umlagert. Besatzung und Bürgerschaft wehrten sich zumeist sehr gut,
aber der Kommandant war feig und kopflos, und die lateinische Kolonie, die
sich in dieser Stadt noch behauptet hatte, den Angreifern zugeneigt. Schon
wenige Wochen nach dem Anfange der Belagerung, im August 1185, glückte
es den Normannen, eine Bresche in die Mauern zu legen. Sie erstürmten
Thessalonich und sättigten ihre Rachsucht und Beutegier in entsetzlichem
Morden und Plündern. Dann brachen sie mit Flotte und Landheer ostwärts
auf, um endlich Konstantinopel selber anzugreifen.

Andronikus hatte die ungeheure Gefahr, die seinem Throne von diesen Feinden drohte, anfangs nicht ernstlich genug beachtet. Als er jetzt nachdrücklichere Anstalten zur Gegenwehr zu treffen begann, war es für ihn zu spät. Der grimmige Haß gegen ihn, der die Vornehmen des Reiches seit langem erfüllte, ergriff unter dem Drucke der Angst vor den herannahenden Normannen endlich auch die Massen des Volkes. Am 11. September 1185 sollte Isaak Angelus, väterlicherseits ein Sproß des kleinasiatischen Adelsgeschlechtes der Angeli, mütterlicherseits ein Urenkel Kaiser Alexius' I., durch die Schergen des Tyrannen verhaftet werden. Isaak war sonst ein Feigling, in der Verzweiflung aber setzte er sich zur Wehr. Adel, Volk und Truppen fielen ihm bei und erhoben ihn zum Kaiser. Der greise Andronikus suchte zu fliehen, wurde aber ergriffen und am 12. September in gräulicher Weise hingeschlachtet. Mit ihm endete die Dynastie der Komnenen, die, welche Fehler sie auch immer begangen, doch noch einmal ein Jahrhundert lang dem sinkenden Byzantinerreiche eine glanzvolle Stellung errungen hatte.

Kaiser Isaak.
Facsimile aus „de passagiis in Terram Sanctam" (Venedig).

Der elende Isaak empfing die schwere Aufgabe, die Normannen zurückzuwerfen. Dies glückte ihm Dank der letzten Vorbereitungen, die sein Vorgänger getroffen, und mit Hülfe des tüchtigen Generals Alexius Branas. In einer großen Schlacht bei Demetritza unweit von Amphipolis schlug dieser am 7. November 1185 die Normannen vollständig aufs Haupt. Sie mußten weichen, Thessalonich aufgeben, nach Dyrrhachium zurückgehen, endlich das griechische Festland völlig verlassen. Nur ein Theil der jonischen Inseln blieb von allem, was sie gewonnen, noch fernerhin in ihrem Besitze. Der Sieg über diese Feinde war aber der einzige Erfolg, dessen sich Isaak rühmen durfte: im übrigen verschlimmerte sich die Lage des Reiches in jeder Beziehung. Steuerdruck und Beamtenwillkür verdarben die Provinzen, in der Residenz schwelgten Hof und Volk in Festen und Kunstgenüssen, Heer und Flotte sanken in den kläglichsten Verfall. Den Franken wendete sich Isaak zwar wieder freundlich zu, um an ihrer frischen Kraft eine Stütze gegen feindliche Angriffe zu gewinnen, rief aber sowohl dadurch, wie durch seine ganze jämmerliche Regierung einen gefährlichen Aufstand hervor, in welchem der tapfere Alexius Branas auf den Thron zu gelangen hoffte. Isaak wäre verloren gewesen, wenn er nicht vom Markgraf Konrad von Montferrat, dem späteren heldenmüthigen Vertheidiger von Tyrus, Hülfe erhalten hätte. Dieser war kurz zuvor nach Konstantinopel gekommen, hatte mit der Hand Theodoras, der Schwester Isaaks, den Titel eines Cäsars erhalten, und trat nun an der Spitze seines kleinen Rittergefolges und einer Schaar von abenteuernden, zumeist fränkischen Söldlingen, die er in der Eile zusammengerafft hatte, den Aufrührern kühn entgegen. In offener Feldschlacht wurden dieselben überwunden, wobei Alexius Branas von der Hand des Markgrafen

Griechische Geschichte seit 1180.

selber fiel (1187). Nicht lange darauf brachen jedoch neue Feindseligkeiten zwischen Lateinern und Griechen aus, in Folge deren sogar der Retter des Reiches mit dem Kaiser sich verunreinigte und schließlich — in der Zeit der Schlacht bei Hattin — Konstantinopel verließ, um an der syrischen Küste sein Glück zu versuchen.

Isaak blieb, obgleich sein gefährlichster Gegner, Branas, vernichtet war, in der peinlichsten Lage zurück. Auf allen Seiten umdrängten ihn Verschwörung, Aufruhr und Abfall, und wenn er sich auch auf dem Throne behauptete, so wurde doch sein Herrschaftsgebiet in immer engere Grenzen eingeschlossen. Die größte Einbuße erlitt in dieser Zeit das Reich im Norden, in den Balkanlandschaften. Hier entzogen sich die Serben, die sich gelegentlich schon gegen Manuel und Andronikus empört hatten, vollends der byzantinischen Oberhoheit; und die Bulgaren und Walachen, voll Verzweiflung über die unerhörten Steuerforderungen der kaiserlichen Beamten, griffen (zuerst im Jahre 1186) ebenfalls zum Schwerte, machten sich in langen, wechselvollen Kämpfen allmählich unabhängig und begründeten damit ein neues bulgarisches Reich. An ihrer Spitze standen zwei Brüder, Peter und Johannes Asen, die ihre Abkunft von den alten Königen der Bulgaren herleiteten. Gegen Ende der achtziger Jahre war fast das ganze Gebiet zwischen Donau und Balkan für die Griechen verloren.

Als nun endlich die Völker des Westens zum dritten großen Kreuzzuge rüsteten, kam das byzantinische Reich in eine noch üblere Lage. Denn Kaiser Isaak und das Volk von Konstantinopel beobachteten das Treiben der Franken in Folge der Ereignisse der letzten Jahre mit Haß und Argwohn und hegten gegen den Hauptfeind der Christen, gegen Saladin selber, viel mehr freundschaftliche als feindliche Gesinnungen. Das letztere darf man ihnen, obwohl es nicht zu ihrem Heile gereichte, doch nicht schlechtweg verdenken. Seit geraumer Zeit waren ja nicht blos die syrischen Christen, sondern fast ebenso sämmtliche mohammedanische Fürsten Vorderasiens durch Saladins Macht bedroht: Kilidsch Arslan, der schlimmste Gegner der Griechen, war eben deshalb Feind Saladins und Freund der Franken geworden: daher lag auch die Vereinigung Isaaks mit Saladin zum Kampf gegen Seldschuken und Kreuzfahrer nunmehr gleichsam in der Luft. Schon im Jahre 1188 begannen die Verhandlungen zwischen den beiden Herrschern. Gesandte gingen hinüber und herüber, und ein förmliches Bündniß wurde, wie es scheint, im Frühsommer 1189, als eben die Deutschen unter Kaiser Friedrich sich der griechischen Grenze näherten, zum Abschlusse gebracht. Isaak räumte den Muselmännern eine Moschee in Konstantinopel ein, versprach den Marsch des Kreuzheeres nach Möglichkeit zu hindern, und soll sogar dem Sultan eine Hülfsflotte von 100 Schiffen in Aussicht gestellt haben. Saladin gewährte dagegen dem griechischen Glauben Duldung in den Kirchen Palästinas und verpflichtete sich ohne Zweifel, obwohl uns davon nichts überliefert ist, auch zu reellen Leistungen, wie etwa zur Unterstützung Isaaks bei einem Kriege gegen Kilidsch Arslan.

Die politischen Verhältnisse griffen nach alledem diesmal in der fremdartigsten Weise in den Kampf der Religionen ein. Die beiden Kaiser der Christen standen jeder mit einem der beiden Sultane Vorderasiens im Bunde. Gute Folgen waren von diesen, einem Kreuzzuge gegenüber so unnatürlichen Verbindungen nicht zu erwarten; die Griechen insbesondere tauschten nur ferne und ungewisse Vortheile für nahe und furchtbar drohende Gefahren ein. Dahin also war es durch die verkehrte Politik der Komnenen gekommen, daß ein Jahrhundert, nachdem Kaiser Alexius I. die römische Christenheit zum Kampfe gegen den Islam aufgerufen hatte, dem Nachfolger desselben nichts anderes mehr übrig zu bleiben schien als ein höchst bedenkliches Bündniß mit dem mächtigsten Feinde seines Glaubens.

Kreuzzug Kaiser Friedrichs I.

Seit Mitte Juli 1189 zog Kaiser Friedrich, zu dem wir nun zurückkehren, das Morawathal hinauf nach Nissa und Sofia. In den Landschaften zwischen Donau und Balkan herrschte augenblicklich die ärgste Verwirrung. Hier und da befanden sich noch byzantinische Beamte; auch kamen Gesandte Isaaks den Deutschen entgegen und hielten einstweilen den Schein freundlicher Beziehungen aufrecht. Zwischendurch meldeten sich Boten der Fürsten von Serbien und Bulgarien beim Kreuzheere und baten bringend, der Kaiser möge sich mit ihren Herren zu gemeinsamem Kampfe gegen die Griechen vereinigen. Der Großschupan von Serbien, Stephan Nemanja, traf sogar selber im Lager ein und suchte die gleiche Bitte durch reiche Geschenke von Lebensmitteln zu unterstützen. Friedrich antwortete natürlich, sein Ziel sei das heilige Grab, und nur wenn die Griechen ihn zu Feindseligkeiten nöthigten, werde er das Schwert gegen sie ergreifen. Am wichtigsten aber und am unangenehmsten für die Deutschen war auf diesem Zuge durch die waldreichen und gebirgigen Gegenden zwischen Ungarn und Thracien, daß in weiten Strecken derselben weder griechische Beamte noch slavische Fürsten die von langem Bürgerkriege verwilderte Bevölkerung in Zaum halten konnten. Zahlreiche Banditen füllten Weg und Steg, lauerten hinter jedem Busch und Felsen, um vereinzelte Pilger abzufangen oder Troßpferde und Rüstwagen zu erbeuten; und nur durch manchen harten Kampf und durch grausamste Bestrafung der Gefangenen konnte das Heer sich nothdürftige Ruhe erkaufen.

Als die Kreuzfahrer nach Thracien hinabstiegen, erkannten sie aus mancherlei Anzeichen, daß die byzantinische Regierung es nicht redlich mit ihnen meine. Außerdem ließ Isaak auf der letzten Wegstrecke vor Philippopel dem Kaiser Friedrich ein Schreiben überreichen, in dem er glaubhaft zu wissen erklärte, daß die Deutschen feindselige Absichten gegen ihn im Schilde führten; er verbot ihnen deshalb den weiteren Vormarsch, falls sie ihm nicht hinreichende Geißeln stellen und im Voraus die Hälfte aller künftigen

Eroberungen in Syrien abtreten wollten. Endlich hörte man sogar, daß der Griechenkaiser, offenbar um sich hierdurch schon einige Geißeln zu sichern, jene große Gesandtschaft, die ihm von Nürnberg aus zugeschickt worden war, gefangen genommen und schnöde mißhandelt habe. Man befand sich also in Feindesland, aber eine ernste Gefahr ging für das Kreuzheer daraus nicht hervor, weil Isaak, zwischen Uebermuth und Verzagtheit schwankend, nur ungenügende Maßregeln der Gegenwehr getroffen hatte, und weil unter den Bewohnern Thraciens auch Freunde der Deutschen lebten, vornehmlich Armenier, deren Volksgenossen ja seit Alters den Kreuzfahrern günstig gesinnt waren. Der nächste Ort, der den Marsch des Heeres hätte hemmen können, war das große und reiche Philippopel. Aber die Stadt war von den griechischen Truppen aufgegeben, die Bürger waren geflohen, und ohne Kampf bemächtigten sich — am 26. August — die Kreuzfahrer der Häuser und Güter der Entwichenen. Bald darauf kam zwar ein feindliches Heer nahe heran und ein auserlesener Theil desselben rüstete sich, die Deutschen unversehens zu überfallen. Diese aber, von armenischen Kundschaftern unterrichtet, kamen den Griechen zuvor, brachten ihnen eine blutige Niederlage bei und scheuchten hierdurch deren ganzes Heer in weite Ferne zurück. Dann warfen sie sich auf die Burgen und Städte der Nachbarschaft, bezwangen sie zumeist ohne Mühe, eroberten in denselben reichlichen Lebensunterhalt und dehnten allmählich ihre Herrschaft über den ganzen Nordwesten Thraciens aus.

Diese unerwartete Wendung des Kreuzzuges bewog Kaiser Friedrich, zunächst dafür zu sorgen, daß er sein Heer in sicherem Gehorsam fest in der Hand behalte. Der in viele Streifzüge sich auflösende kleine Krieg, den man jetzt führen mußte, lockerte natürlich die Zucht der Truppe. Der greise Herrscher griff deshalb mit unnachsichtiger Strenge durch, wo irgend Gewaltthat und Liederlichkeit ihm entgegentrat. Auch theilte er die ganze Mannschaft in Schaaren von je 500 Mann. An die Spitze jeder derselben stellte er einen Obersten, dem die Führung im Kampfe und die höchste richterliche Gewalt zufiel. Außerdem bildete er einen Kriegsrath von 60 angesehenen und klugen Männern, von denen jedoch nur 16 zu den wichtigsten geheimen Berathungen zugezogen wurden. Aber nicht minder lag ihm am Herzen, den Streit mit den Byzantinern zu enden, um nicht allzu lange an der Fortsetzung der Wallfahrt gehindert zu werden. Hier war zunächst das wichtigste für ihn, seine in Konstantinopel eingekerkerten Gesandten zu befreien; und durch den Schrecken, den seine Waffen erregt hatten, wie durch die Vorstellungen einer neuen Gesandtschaft, die er an Isaak abschickte, erreichte er auch, daß die mißhandelten und beraubten „halbnackten" Gefangenen endlich aus der Haft entlassen wurden. Als dieselben sich dem kaiserlichen Lager in Philippopel näherten, ritten ihnen 3000 Reisige entgegen und begrüßten sie mit jubelnd geschwungenen Waffen. Das Volk schrie: „Hiute ist Herre Din tach!" Und der Kaiser fiel den Befreiten mit Freudenthränen um den Hals und küßte sie.

14*

Aber mit alledem war sehr viel Zeit vergangen. Erst am 28. Oktober war das eben erwähnte frohe Fest gefeiert worden. Der Winter stand vor der Thür, und die Fortsetzung des Marsches nach Kleinasien hinüber mußte schon deshalb fürs erste unthunlich erscheinen. Dazu kam noch, daß man auch jetzt vom Frieden mit den Griechen sehr weit entfernt war. Isaak erbot sich zwar, den Kreuzfahrern um billigen Preis Lebensmittel und Schiffe zur Ueberfahrt nach Asien zu liefern, zugleich aber beleidigte er Friedrich, indem er, wie auch früher schon geschehen, sich allein als römischen Kaiser, Friedrich dagegen nur als König von Deutschland bezeichnete. Außerdem verbreiteten sich Gerüchte, daß die Griechen das deutsche Heer, wenn es während der Ueberfahrt nach Asien kampfunfähig sei, mit aller Macht überfallen wollten; und die befreiten Gesandten erhoben bittere Klage über die giftige Feindschaft sowohl des Volkes von Konstantinopel wie des Kaisers Isaak gegen alle Pilger und über das nunmehr offenkundige Bündniß des letzteren mit dem Sultan Saladin.

Unter diesen Umständen mußte der Kampf mit den Griechen noch eine Weile fortgesetzt werden. Friedrich bedrohte seinen Gegner mit stolzen Worten, in denen er seine eigene Würde vertheidigte und zugleich forderte, daß ihm volle Genugthuung für alle begangenen Frevel und durch Stellung zahlreicher Geißeln Sicherheit für die Zukunft gewährt werde. Dann rückte er nach Adrianopel vor, schlug dort sein Lager auf und schickte die Großen seines Heeres mit starken Kriegerschaaren nach allen Seiten aus, um Lebensmittel herbeizuschaffen und die Feinde immer ernstlicher in die Enge zu treiben. Der Erfolg dieser Maßregel war durchschlagend. Eine lange Reihe thracischer Ortschaften, im Norden bis zum Balkan, südwärts bis zum ägäischen Meere und im Westen bis über das Rhodopegebirge hinaus, fiel in die Hände der Deutschen. Die Griechen erlitten dabei sehr schwere Verluste, während die Kreuzfahrer fast durchweg vom Glück begünstigt blieben. Die Ritter hatten, was ihr Herz begehrte, rühmliche Abenteuer und reiche Beute; und das Lager in Adrianopel war fortdauernd mit Speise und Trank aufs beste versehen, besonders Dank der unermüdlichen Fürsorge des Herzogs Friedrich von Schwaben, den die Pilger deshalb scherzweise ihren Proviantmeister nannten. Aber je länger diese Händel dauerten, um so näher rückte auch die Gefahr, daß aus ihnen ein furchtbarer Krieg um das Dasein des byzantinischen Reiches selber entstehe. Schon hatte Kaiser Friedrich seinem in Deutschland zurückgelassenen Sohne gemeldet, er möge Sorge tragen, daß Pisa, Genua, Venedig und Ankona im nächsten Frühjahre eine Flotte zur Unterstützung der Kreuzfahrer aussendeten, und er solle den Papst zur Kreuzpredigt gegen die tückischen Griechen anspornen, in deren Hauptkirche der Patriarch öffentlich verkündigt habe, daß jeder Grieche, der hundert Pilger tödte, auch wenn er zehn Griechen erschlagen habe, vollen Ablaß erhalten solle. Außerdem wurde mit den Fürsten der Serben und Wlacho-Bulgaren verhandelt und von diesen große Unterstützung zum Kampfe gegen Konstantinopel mit Freuden in Aussicht gestellt.

Indessen auf dem Grunde seines Herzens blieb der deutsche Kaiser friedlich gegen Isaak gesinnt und ließ sich deshalb wiederholt auf Verhandlungen ein. Endlich war denn auch der Trotz des Byzantiners gebrochen, und am 14. Februar 1190 empfing Friedrich die erwünschte Nachricht, daß es seinen Gesandten gelungen war, einen Friedensvertrag auf günstige Bedingungen hin zum Abschluß zu bringen. Darnach sollten alle gefangenen Teutschen frei gegeben, jene im vorigen Jahr mißhandelten Gesandten vollauf entschädigt und 235 große Kriegs- und Transportschiffe zur Ueberfahrt des Heeres nach Asien bereit gestellt werden. Die Pilger würden, so lange ihr Marsch durch das byzantinische Gebiet dauerte, Lebensmittel um billigen Preis erhalten, dürften sich dieselben aber auch mit Gewalt aneignen, falls die griechischen Provinzialen den Verkauf ihrer Vorräthe verweigerten. Kaiser Isaak werde als Sicherheit für die pünktliche Erfüllung des Vertrages achtzehn Geißeln aus seiner nächsten Verwandtschaft und aus den besten Ständen den Teutschen übergeben, und die Ueberfahrt des Kreuzheeres endlich solle nicht, wie bisher bei allen großen Kreuzzügen geschehen, bei Konstantinopel über den Bosporus, sondern von Gallipolis aus über den Hellespont stattfinden — eine Bestimmung, die ihre genügende Erklärung in dem kaum geendeten Kriege zwischen den Pilgern und den Byzantinern haben dürfte.

Kaiser Friedrich war mit alledem einverstanden und brach anfangs März 1190, nachdem er die Geißeln der Griechen erhalten hatte, von Adrianopel gen Süden auf. Die Ueberfahrt des Heeres über den Hellespont dauerte, durch Sturmwetter verzögert, vom 22. bis zum 28. März. Zuletzt segelte der Kaiser nach Asien hinüber, umgeben von fünf Kriegsschiffen und anderen Fahrzeugen und umrauscht von der kriegerischen Musik der am Ufer und auf dem Meere staunenden Griechen. Die deutsche Streitkraft, die nun erst ernsteren Gefahren entgegen ging, war noch ungefähr die gleiche wie beim Auszuge aus der Heimat. Der elende Isaak hatte mit seinen thörichten Feindseligkeiten wenig mehr erreicht, als seine eigene Macht beträchtlich zu schwächen und die Ueberzeugung von der Unvermeidlichkeit eines großen Krieges zwischen Franken und Griechen in immer weiteren Kreisen zu verbreiten. Die Teutschen dagegen hatten durch Strapazen und Kämpfe bisher nur geringe Verluste gehabt; die bedeutendste Einbuße war dem Heere dadurch zugefügt worden, daß einige ungarische Schaaren, die sich demselben anfangs angeschlossen hatten, auf Wunsch des Königs Bela größtentheils wieder umgekehrt waren; dafür aber und wohl in ähnlichem Umfange wurde die Zahl der Pilger durch das Eintreffen von Nachzüglern auch wieder vergrößert.

Der Marsch des Heeres ging vom Hellespont aus im ganzen süd-süd-ostwärts durch die inneren Gebiete des westlichsten Kleinasiens. Waldgebirge und Flüsse bereiteten dem Zuge manches Hemmniß; die griechischen

Provinzialen suchten sich der befohlenen Lieferung von Lebensmitteln durch die Flucht zu entziehen, stellten auch wohl als Wegelagerer, in Banden zusammengerottet, den Pilgern nach; trotzdem jedoch kam man ziemlich schnell von der Stelle und erreichte nach reichlich drei Wochen, am 21. April Philadelphia, die bedeutendste griechische Stadt in den Binnenlandschaften Westkleinasiens. Hier verursachte die feindselige Gesinnung der Bürger böse Händel, die durch das Eingreifen zuerst des Stadtobersten und dann Kaiser Friedrichs selber nur mit Mühe gestillt wurden. Um jede Gelegenheit zu neuen Reibungen abzuschneiden, erfolgte der Weitermarsch sofort und ging einige Tage lang südostwärts durch öde Gegenden, die in den Kriegen der Byzantiner und Seldschuken entsetzlich verwüstet worden waren. In dem lieblich gelegenen Laodicea berührte man den letzten griechischen Ort, von dem aus man sich nun gerade nach Osten in das Innere Kleinasiens hineinwendete. Schon zwischen Philadelphia und Laodicea hatten turkomanische oder seldschukische Schwärme das Heer belästigt. Die Angriffe derselben wiederholten sich jetzt von Tag zu Tag und wurden besonders bedrohlich, als die Pilger sich dem Engpaß von Myriokephalon näherten, wo Kaiser Manuel vor vierzehn Jahren so entscheidend aufs Haupt geschlagen war. Es schien unmöglich, den Weg durch den Paß zu erzwingen: das Heer bog deshalb nach Norden aus und umging die Enge glücklich durch einen sehr schwierigen Marsch über ein hohes Bergjoch. In den Kämpfen, die bei alledem stattfanden, bewährten sich die Zucht und die Tapferkeit dieser Kreuzfahrer vortrefflich: die Feinde erlitten, so weit wir wissen, weit größere Verluste als die Teutschen: aber die Lage der letzteren wurde trotzdem allmählich sehr bedenklich. Denn die Zugthiere und die Ritterpferde, auf denen großentheils die Wehrkraft des Heeres beruhte, waren schon bei dem langen Kriegstreiben in Tracien und mehr noch auf den entbehrungsreichen Märschen seit dem Verlassen des Hellespontes übermäßig angestrengt worden. Oestlich von Laodicea aber war es wegen der rings umher schwärmenden Feinde kaum mehr möglich, Futter zu bekommen, und die Kraft der Thiere brach nun reißend schnell zusammen. Doch tröstete man sich mit der Hoffnung, daß diese Noth bald ein Ende nehmen müsse, da man sich schon im Gebiete des mit dem Kaiser befreundeten Sultans von Ikonium befand. Dort war aber inzwischen ein Regierungswechsel eingetreten, indem der alte Kilidsch Arslan II. dem Throne entsagt und sein Reich unter seine Söhne getheilt hatte: die Herrschaft in Ikonium war dem Prinzen Kutbeddin zugefallen. Kilidsch Arslan hatte zwar noch kurz vorher einen Gesandten an Friedrich geschickt und Kutbeddin hatte gleich darauf dasselbe gethan, und die beiden Boten betheuerten dem Kaiser fortwährend, daß die Seldschukenfürsten, voll Freundschaft gegen die Teutschen, an jenen Angriffen, die bisher auf das Pilgerheer gemacht waren, durchaus unschuldig seien, weil dieselben nur von zucht- und herrenlosen nomadischen Stämmen ausgegangen wären. In Wahrheit aber standen die Dinge ganz anders. Denn Kutbeddin hatte sich nicht blos im allgemeinen der Sache des Islams wieder zugewendet, sondern indem er eine Tochter Saladins zur Ehe genommen, mit diesem gegen die Kreuz= fahrer sich eng vereint. Die muselmännischen Gesandten, hiervon natürlich unterrichtet, erklärten schließlich am 5. Mai, dem zweiten Tage nach jenem Bergübergange nördlich von Myriokephalon, sie wünschten einen der feind= lichen Emire zu sprechen. Unter diesem Vorwande gelang es ihnen, aus dem Heere zu entkommen und sogar den Ritter Gottfried von Wiesenbach, der im Jahre 1189 als deutscher Botschafter bei Kilidsch Arslan gewesen war, als Gefangenen mit sich zu nehmen. Nun wußten die Pilger, woran sie waren, daß nämlich die ungeheuerste Noth und Gefahr jetzt unmittelbar ihrer warte.

Sie erreichten zwar am 7. Mai Philomelium, verbrannten diese Stadt und drangen von dort geraden Weges gen Ikonium weiter vor. Unaufhör= lich aber waren sie nicht mehr von einzelnen Schwärmen, sondern von den gewaltigsten Massen der besten seldschukischen Truppen umringt. Ein Angriff löste den andern ab. Die Christen mußten fechten, während sie vor Hitze, Durst und Hunger fast vergingen. Nach wenigen Tagen besaß man nur noch einige Hunderte tauglicher Ritterpferde. Die übrigen Pferde und Zug= thiere verendeten und dienten den Pilgern mit ihrem Fleische zur Nahrung, mit ihrem Blute zur Stillung des quälenden Durstes. Daneben wurden die ekelhaftesten Dinge gekaut oder ausgesaugt, um irgend sonst woher Stär= kung und Erquickung zu gewinnen. Aber die alte Kreuzesbegeisterung, in diesem Heere gepaart mit dem Geiste soldatischer Ordnung, hielt die Un= glücklichen aufrecht. Der eine sah in schwärmerischer Verzückung Sankt Georg auf weißem Rosse den Seinen voran in die Feinde brechen, ein andrer erblickte wundersame Vögel, die das Heer Glück verkündend umkreisten. Der greise Kaiser, sein Sohn Herzog Friedrich, die Fürsten und Herren alle gingen im Kampfe den Kriegermassen mit heldenhaftem Beispiele voran. Furchtbar hausten Schwert und Lanze der Deutschen unter den Seldschuken, und nach schweren Verlusten mußten diese dem Heere Tag um Tag den Weitermarsch gestatten.[1]) Endlich am 17. Mai, kam man in die Nähe von Ikonium, sah sich damit aber vor eine noch schwerere Aufgabe gestellt, als man bisher zu lösen gehabt hatte. Denn man durfte nicht an dieser Stadt vorüberziehen, weil das Heer, wenn es nicht bald eine Gelegenheit zu voller Erholung fand, trotz alles Opfermuthes der sicheren Auflösung entgegen ging. Sollte es aber möglich sein, Angesichts der seldschukischen Heeresmassen mit den eigenen, tief geschwächten Kräften die große, reiche und wohlbefestigte Stadt zu nehmen?

Hier empfingen die Pilger den Lohn für ihre Ausdauer und Tapfer=

---

1) In diese Tage der grimmigsten Noth gehört die bekannte, durch Uhlands Verse verschönte Erzählung von dem gewaltigen Schwerthiebe des furchtlosen schwäbischen Rittersmannes. Doch ist diese Erzählung vermuthlich nur ein Produkt der Sage.

leit. Die Feinde waren durch die Erfolglosigkeit ihrer bisherigen Anstrengungen und durch die Schläge, die sie erhalten hatten, ebenfalls tief erschüttert, boten jetzt, wenn auch unter unannehmbaren Bedingungen, Frieden an und setzten sogar den Ritter Gottfried von Wiesenbach in Freiheit. In der Morgenfrühe des 18. Mai kam dieser seinen Landsleuten mit den Worten entgegen: „Zieht ruhig vorwärts, ihr Gesegneten des Herrn; Gott hat diese Stadt und dieses Land in eure Hände gegeben!" Schon hatte der Kaiser das Heer in zwei Treffen gegliedert. Mit dem einen sollte Herzog Friedrich die Stadt zu erstürmen versuchen; mit dem andern wollte er selber das Feldheer der Seldschuken zurückschlagen. Der Herzog rückte sofort vor das ihm zunächst liegende Thor, erbrach es und eroberte unter furchtbarem Gemetzel in einem Zuge die ganze Stadt mit Ausnahme der Citadelle. Einen schwereren Stand hatte draußen der alte Kaiser. Die Uebermacht, die er bekämpfen sollte, entsetzte ihn selber so, daß er demuthsvoll gelobte, sich eine Schädigung seiner kaiserlichen Person und Würde gefallen lassen zu wollen, wenn das Heer diese Gefahr glücklich überstehe und Antiochien erreiche. Dann aber riß er mit dem Heerrufe: „Christus regiert, Christus siegt, Christus herrscht!" die Seinen zu unwiderstehlichem Angriffe fort, so daß die Feinde wie Spren auseinander stoben und 3000 derselben die Wahlstätte bedeckten. Hierauf rückten die Sieger in die Stadt, und die ganze Pilgermasse erquickte sich dort nach Herzenslust an Speise und Trank und freute sich der sehr reichen Beute, die in ihre Hände gefallen war, obgleich die Einwohner ihre beste Habe in die Citadelle geflüchtet hatten.

Natürlich versuchten die Seldschuken nun wieder zu verhandeln, und da der Kaiser nichts weiter forderte als billigen Markt und Geißelstellung zur Sicherheit für die Zukunft, so kam der Friede schnell zu Stande. Die Deutschen empfingen zwanzig vornehme Männer als Geißeln, lagerten sich dann außerhalb der Stadt, versahen sich, wenn auch zu hohen Preisen, reichlich mit Lebensmitteln, Pferden, Maulthieren und Eseln, und begannen schon am 26. Mai, einigermaßen gestärkt und gehoben, den weiteren Marsch gen Südosten. Auf dem Wege bis nach Laranda fand man nach Bedürfniß Trinkwasser und Kaufgelegenheit zur Ergänzung der Vorräthe. Einzelne seldschukische Schaaren versuchten zwar wieder Angriffe zu machen, wurden aber durch die Drohung, die Geißeln hierfür mit dem Tode büßen zu lassen, zum Frieden genöthigt. Hinter Laranda betrat man das Gebiet der cilicischen Armenier, sah mit Rührung die ersten christlichen Kreuze auf den Feldern stehen und wähnte sich schon am Ende aller Mühsal. Aber der Marsch über das Taurusgebirge verursachte dem Heere noch einmal kaum erträgliche Anstrengungen. Auf steilen Pfaden, unter Hunger und Durst klommen die Pilger über die Höhen, bis sie endlich am 9. Juni den letzten Berg überstiegen und Abends auf einer reichen Flur am Ufer des Salef nicht fern von Seleucia lagerten. Der Kaiser war dem Heere vorausgeeilt und auf einem abschüssigen Pfade schon früher in das Thal des Salef hinab=

gestiegen. Am Ufer des Flusses nahm er sein Mahl ein und wollte denselben überschreiten. Gegen den Willen der Seinen setzte der greise Fürst hinein in den Bergstrom, allein die Wogen rissen ihn fort; entseelt wurde er herausgezogen.

„An dieser Stelle und in diesem traurigen Berichte," so klagt ein Chronist, „versagt uns die Feder und die Rede verstummt, unzulänglich, die Angst und die Trübsal des Pilgerheeres zu schildern in dieser größten Noth. Das überlassen wir zu fühlen, nicht zu lesen, dem Urtheile eines jeden, daß er erwäge die Klage, die Trauer und die Verzweiflung der Menge, die im fremden Lande gelassen war, rathlos, ohne Trost, ohne Haupt."

Diese erschütternde Klage, diese Verzweiflung an allem ferneren Glück waren vollauf berechtigt. Das Heer hatte zwar die schlimmsten Gefahren überstanden und befand sich nun in Freundesland: es durfte sich rühmen, vollendet zu haben, was seit den Kreuzfahrern des Jahres 1097 keiner anderen fränkischen Truppe gelungen war, nämlich mit den Waffen in der Hand sich durch ganz Kleinasien durchzuschlagen. Aber ob dieser Erfolg nicht mehr ein moralischer als ein materieller war, durfte noch zweifelhaft erscheinen. Zu fürchterlich waren die Entbehrungen und Anstrengungen gewesen, als daß die Leistungsfähigkeit der Mannschaft nicht in demselben Augenblicke, in dem die äußerste Anspannung entbehrlich wurde, kläglich zusammenbrechen mußte. Nur ein gewaltiger Wille konnte die erschöpfte Schaar fest aneinander geschlossen weiter führen und zu neuen Thaten begeistern. Der kaiserliche Held hatte diesen Willen besessen. Unter den reichen Gaben, durch die er seine Weltstellung errungen, hatte obenan gestanden die Kunst, den hohen Flug seiner Seele in die Herzen der Seinen zu senken: ihn liebten sie, ihm gehorchten sie, ihm folgten sie vertrauenden Geistes, wohin er sie führte. Nun war er dahin und mit ihm entfloh nicht blos die Seele dem Heere, sondern dasselbe zerfiel auch sofort wie ein verwesender Leichnam.

Die höchste Anerkennung hatte inzwischen Saladin dem Kaiser und seinen unüberwindlichen Kriegern gezollt, indem er voll ängstlichster Spannung auf Nachrichten von dem Heranzuge der Deutschen gelauscht und auf die Kunde, daß dieselben ohne Zweifel bis nach Syrien durchbringen würden, sofort befohlen hatte, die Mauern vieler syrischen Städte niederzureißen, damit diese furchtbaren Feinde in denselben nicht Stützpunkte für ihre Unternehmungen gewinnen möchten. Und ein arabischer Chronist schrieb späterhin: „Wenn Gott durch eine gnädige Fügung für uns den deutschen Kaiser nicht hätte in dem Augenblick sterben lassen, als er in Syrien einfallen wollte, so hätte man in späteren Tagen von Syrien und Aegypten sagen können: Hier regierten einst die Muselmänner!"

Unser deutsches Volk ist eben auf den Kreuzzügen von ganz unerhörtem Mißgeschick verfolgt worden. Im Jahre 1096 erhoben sich viele deutsche Bauern aber verhältnißmäßig wenige Ritter zum Kampfe ums heilige Grab. Die Bauern gingen elend zu Grunde; die Ritter verschwanden fast unter der Masse der Romanen, die den Kriegszug bis nach Jerusalem durchführten. Im Jahre 1101 verbluteten stattliche deutsche Heerschaaren nutzlos im Innern Kleinasiens. Die Folge davon war, daß die Kreuzfahrerstaaten sehr schnell zu romanischen Kolonien wurden und aus den romanischen Gebieten Europas fort und fort Unterstützung erhielten, während Deutschland der gemeinen Sache der Christenheit ferner rückte. Plötzlich im Jahre 1147 rafft sich unser Vaterland zu einer großen Leistung auf, die aber, zum Theile freilich durch eigene Schuld, in Kleinasien zu trostlosester Niederlage und in Syrien zur Verhöhnung durch die christlichen Glaubensgenossen führt. Endlich im Jahre 1189 will Deutschland Versäumniß wie Fehler früherer Tage durch eine energische Rüstung und durch einen so sorgfältig vorbereiteten wie umsichtig geführten Feldzug gut machen. Schon ist das Schwerste stolz überstanden, schon winkt der höchste Siegespreis dem unvergleichlichen Heere, da bricht es, von jähem Verhängniß niedergeworfen, in tödtlicher Erschöpfung auseinander.

Denn die Kunde von Friedrichs Tod löste die Bande, welche die Schaaren bis jetzt zusammen gehalten hatten. Der eine sehnte sich wegen Krankheit oder Armut nach der Heimat; der andere sah nach solchem Verluste mit Mißtrauen auf den Fortgang des Unternehmens; viele schifften sich schon in den nächsten Tagen an der cilicischen Küste nach Europa ein. Eine immerhin noch beträchtliche Masse folgte der Führung des Herzogs Friedrich von Schwaben. Fürst Leo II. von Armenien nahm sie freundlich auf. Als sie aber, in mehrere Haufen zertheilt, das antiochenische Gebiet betrat, stießen ein paar der letzteren, unbekannt damit, wie weit hier schon die Truppen Saladins vorgedrungen waren, unversehens auf die Feinde und erlitten die schwersten Verluste: auf dem Markte in Haleb wurden gefangene Deutsche schaarenweise als Sklaven verkauft. Mit dem Reste erreichte Herzog Friedrich am 21. Juni Antiochien und bestattete in der dortigen Peterskirche, nachdem er zuvor schon in Tarsus die Eingeweide seines Vaters beigesetzt hatte, das „Fleisch" Kaiser Friedrichs I.[1]) Aber das Mißgeschick des Heeres endete auch hier noch nicht, da jetzt unter den Genüssen der großen Stadt als gräßliche Folge des kaum überstandenen Elends der Würgengel der Pest auf die schwergeprüften Streiter einstürmte. Tausende erlagen demselben, unter ihnen eine lange Reihe von Bischöfen, Fürsten und Grafen. Mit dem armseligen Häuflein der Ueberlebenden begab sich Herzog Friedrich im Herbste 1190 in das Lager der Christen vor Akkon, aber auch nur, um dort schließlich selber in ein frühes Grab zu sinken.

---

1) Die „Gebeine" des Kaisers soll Herzog Friedrich, nachdem das „Fleisch" von ihnen abgelöst und in Antiochien beigesetzt war, in einem Beutel weiter mit sich geführt haben, um ihnen bereits in Jerusalem die würdigste Ruhestätte zu geben. In Tyrus aber scheinen diese Gebeine einstweilen niedergelegt und nach dem Tode des Herzogs Friedrich im Lager vor Akkon allmählich in Vergessenheit gerathen und schließlich der Vernichtung anheim gefallen zu sein.

Die Hauptmasse der deutschen Kreuzfahrer war mit Kaiser Friedrich durch Ungarn und Griechenland gen Osten gezogen, aber nicht klein ist auch die Zahl derjenigen Deutschen gewesen, die damals andere Wege einschlugen. Schon in der Fastenzeit 1189 fuhr ein starker Pilgertrupp aus Köln den Rhein hinab, um seewärts Syrien zu erreichen. An der Meeresküste vereinigten sich mit den Schiffen der Kölner dänische, friesische und flandrische Geschwader zu einer Flotte von mehr als fünfzig Segeln. Die gemeinsame Fahrt ging um Frankreich und Nordspanien herum zunächst bis nach Lissabon. Hier regierte König Sancho I., der die Kraft dieser Kreuzfahrer in ähnlicher Weise für sich zu benutzen wünschte, wie das schon seinem Vorfahren König Alfons mit den Pilgern des Jahres 1147 geglückt war. Er bat sie deshalb bringend, ihm bei der Eroberung der Festung Alvor bei Silves (an der Südküste des heutigen Portugal) hülfreiche Dienste zu leisten. Die Pilger ließen sich dazu bereit finden, halfen die Burg erobern und erschlugen dabei mehrere tausend Muselmänner. Anfang Juni segelten sie weiter und trafen in Syrien eben recht zur Belagerung von Akkon ein. Nicht lange nach ihrer Abfahrt von der Heimat waren aber neue Schiffsgeschwader aus Köln, aus den flandrischen und den englischen Hafenstädten aufgebrochen und hatten sich bei Lissabon im Juli zu einer großen Flotte vereinigt. König Sancho ging auch diese um Unterstützung an und schlug die Belagerung der bedeutenden Stadt Silves vor. Sein Wunsch wurde erhört und noch im Juli die feindliche Festung von den Pilgern wie von den Portugiesen eingeschlossen. Aber die Eroberung des sehr festen Platzes bot außerordentliche Schwierigkeiten. Vergebens fochten die Christen Woche um Woche bald von hohen Thürmen herab und bald aus unterirdischen Gängen hervor. Schon erlahmte ihre Kraft und ohne die Zähigkeit vornehmlich der deutschen Pilger, die von dem angefangenen Werk nicht lassen wollten, wäre Silves schwerlich bezwungen worden. Endlich jedoch fehlte den Belagerten sowohl Speise wie Trank, und so kam es am 3. September zu einer Capitulation, die den Mohammedanern freien Abzug unter Zurücklassung ihrer Habe gewährte. Darauf schändeten die Sieger freilich ihren Triumph durch Neid und Zwietracht wie durch abscheuliche Gewaltthaten gegen die Ueberwundenen, deren sich namentlich die wild erregten Deutschen schuldig machten, trotzdem aber blieb die Sache der Christen hier in gutem Fortgange. Denn König Sancho bezwang in der nächsten Zeit noch eine ganze Reihe großer und kleiner Ortschaften im Südwesten der pyrenäischen Halbinsel, und die Pilger umsegelten, ohne einen bedeutenderen Unfall zu erleben, das mohammedanische Spanien und landeten noch im Herbste 1189 glücklich an der syrischen Küste.

Auch ein deutscher Fürst, Landgraf Ludwig von Thüringen, ging abgesondert von dem großen Heere seines Kaisers nach Syrien. Mit einem stattlichen Geleite von Herren und Knechten verließ er im Juni 1189 die Heimat, zog zu Lande bis Brindisi, schiffte sich dort ein und erreichte ebenfalls im Herbste dieses Jahres das Gebiet der Glaubensgenossen im Morgenlande.

Kreuzzug König Richards I. und König Philipps II.

In derselben Zeit, in welcher Deutschland zum heiligen Kriege waffnete, waren auch England und Frankreich in stürmischer Bewegung. Aber die Kreuzzugsrüstungen entwickelten sich in diesen Ländern auf durchaus andere Weise als im deutschen Reiche. Denn sowohl von den Franzosen wie von den Engländern war schon seit ein paar Jahrzehnten, seitdem das Reich Jerusalem in immer drängendere Noth gerathen war, eine neue große Heerfahrt gegen den Islam geplant worden, aber niemals zu Stande gekommen, weil die Kraft dieser Völker fast unaufhörlich durch großentheils recht wüste heimische Fehden in Anspruch genommen war. Ebenso ging es jetzt. Das Unglück des heiligen Landes rief sofort leidenschaftliche Kreuzesbegeisterung hervor, aber dem Beginne des Pilgerzuges trat gehässiger Haber noch eine geraume Zeit lang hindernd entgegen.

Statue der Gemahlin Königs Philipp August von Frankreich, ehemals am Portal von Saint-Germain l'Auxerrois zu Paris.

Kaum war — im Dezember 1187 — die Niederlage der Christen bei Hattin bekannt geworden, so legte sofort der älteste Sohn des englischen Königs Heinrichs II., Richard Herzog von Aquitanien und Graf von Poitou, das Kreuzzugsgelübde ab, und wenige Wochen darauf, nachdem auch die Nachricht vom Falle Jerusalems eingetroffen war, regte sich sowohl bei König Heinrich wie bei dessen französischem Gegner, König Philipp II. August, der Wunsch, ebenfalls das Kreuz auf sich zu nehmen. Bis zu diesem Augenblicke hatten die Könige in Streit miteinander gelegen, nun aber kamen sie — am 21. Januar 1188 — zwischen Gisors und Trie, unter jenem mächtigen Ulmenbaume auf der Grenze von Frankreich und der Normandie, wo seit unvordenklicher Zeit die Fürsten dieser Länder sich zu unterreden pflegten, zu friedlichem Gespräche zusammen. Sie reichten einander die Hand, umarmten, küßten sich und nahmen das Kreuz. Ihr Beispiel wirkte hinreißend unter den Baronen, Rittern und allem Volk von Frankreich, England und Wales. Man fragte bald nicht mehr, wer das Kreuz nehmen werde, sondern wer es noch nicht genommen habe. Frauen drängten ihre Männer, Mütter ihre Söhne, die letzte Stütze ihres Alters, das heilige Zeichen sich auf die Schultern zu heften; Greise, welche die weite Fahrt nicht mitzumachen im Stande waren, schütteten ihren letzten Sparpfennig in die Hände der Kreuzprediger. Im Auftrage des Papstes wurde verkündigt, daß jeder Wallfahrer, der aufrichtig bereue, von seinen Sünden absolvirt werden, und wenn er Schulden habe, bei Bezahlung derselben Erleichterungen erhalten solle. Wer aber die

Kreuzzugsrüstungen dadurch störe, daß er in den nächsten sieben Monaten Krieg anfange, werde in den großen Bann gethan werden; auch dürfe niemand „übermäßig schwören und mit Würfeln spielen, oder Luxus in Kleidern treiben, oder ein Weib mit auf die Kreuzfahrt nehmen außer eine Wäscherin". Um die großen Kosten des Kriegszuges zu bestreiten, würden endlich alle, die denselben nicht mitmachten, den „Saladinszehnten" zahlen, d. h. ein Zehntel ihrer Einkünfte und beweglichen Güter geben, wovon nur Pferde, Kleider und Waffen, Bücher und Juwelen ausgenommen sein sollten. So wurden mit glühendem Eifer die umfassendsten Vorbereitungen getroffen, und schon träumte man davon, daß von nun an, nachdem die so lange mit einander streitenden Könige versöhnt waren, ein blutiger Krieg zwischen Christen überhaupt nicht mehr möglich sei; schon erbaute man sich sogar an der stolzen Prophezeihung, daß binnen zwei Jahren die Herrschaft der Muselmänner durchaus vernichtet sein werde.

Der erste Mißton wurde in die freudige Stimmung jener Tage durch die Eintreibung des Saladinszehnten gebracht, die an vielen Orten mit großer Härte vorgenommen wurde und der außerdem noch arge Quälereien der Juden, von denen man unermeßliche Summen erpreßte, zur Seite gingen. Weit schlimmer aber war, daß der alte Haber zwischen den Fürsten dieser Länder abermals ausbrach. Zuerst überwarf sich — im Frühjahr 1188 — Herzog Richard mit südfranzösischen Großen; dann mischten sich die beiden Könige in den Streit, und in kurzem bedeckte sich halb Frankreich wieder mit Mord und Brand. Vergebens verlangten viele Barone Frankreichs nach Frieden, damit der Feldzug gegen Saladin endlich angetreten werden könne; vergebens bedrohten päpstliche Legaten die Streitenden mit hohen Kirchenstrafen; es kam wohl zu Verhandlungen, aber dieselben zerschlugen sich einmal ums andre und das Zerwürfniß der Fürsten nahm allmählich die widerwärtigsten Formen an. König Philipp ließ die alte Ulme auf der Grenze bei Gisors, die so oft ihre Zweige schützend über freundliches Gespräch gebreitet hatte, voll grimmer Wuth umhauen, und beschuldigte den Kardinal Johannes von Anagni, der ihn durch den Bannstrahl der Kirche schrecken wollte, von den Gegnern durch Gold gewonnen zu sein. König Heinrich wurde verdächtigt, daß er mit der Braut Richards, der Prinzessin Alice, Schwester Philipps, in verbotenem Umgange stehe, und daß er den Sohn hinsichtlich der Nachfolge in England beeinträchtigen wolle. Richard ließ sich hierdurch zu einem Bündniß mit Philipp gegen den eignen Vater hinreißen, und Heinrich wurde schließlich so sehr in die Enge getrieben, daß er am 4. Juli 1189 auf schimpfliche Bedingungen sich zum Frieden bequemen mußte. Darüber brach dem schon alternden Könige das Herz: am 6. Juli verschied er mit einem Fluche gegen den ungerathenen Sohn.

Für den Kreuzzug war dieser Todesfall insofern ein Glück, als Richard, der nunmehr den englischen Thron bestieg, in Folge der letzten Ereignisse in guten Beziehungen zu Philipp stand. Beide Könige rüsteten jetzt eifrig zum heiligen Kriege, wobei besonders Richard seiner leidenschaftlichen Art nach, um möglichst schnell beträchtliche Geldsummen zusammen zu bringen, Burgen und Dörfer, Bischofssitze und Prälatenstellen zu Spottpreisen verkaufte; den Christen im Morgenlande sollte aber hiervon fürs erste wenig zu Gute kommen. Denn nur einzelne französische und englische Schaaren setzten sich allmählich in Marsch und segelten nach Syrien, um an der Belagerung von Akkon Theil zu nehmen; die Könige dagegen und mit ihnen die Hauptmasse der Kreuzfahrer beider Nationen zögerten theils in der Heimat theils unterwegs noch lange, bis sie endlich das Ziel ihrer Unternehmung ernstlich ins Auge faßten.

König Richard Löwenherz. Nach seinem Siegel.

Im Frühling 1190 sammelten sich die Heerhaufen englischer Pilger, die mit Richard gen Osten ziehen wollten. Ihren Aufbruch aus der Heimat schändeten sie durch eine gräuliche Verfolgung der Juden, „der Feinde Christi, deren Schätze zur Befreiung des heiligen Landes dienen müßten"; und nur mit Mühe stellte die Regierung, nachdem schon viel Blut geflossen war, die Ordnung im Lande wieder her. Ein Theil der Pilger ging nach Frankreich hinüber, um sich dort den französischen Truppen ihres Königs anzuschließen, ein Theil schiffte sich sogleich auf der gewaltigen Flotte ein, die, außer anderen Fahrzeugen 108 große Transportschiffe zählend, späterhin das ganze Kreuzheer nach Syrien bringen sollte. Richard gab der Flotte eine sehr strenge Schiffsordnung, in der selbst für leichtere Vergehen furchtbar harte Strafen angedroht wurden; ob es aber gelingen werde, die wild erregten Pilgermassen dadurch in Zucht zu halten, blieb noch sehr zweifelhaft. Die Flotte erhielt alsdann den Auftrag, Frankreich und Spanien zu umschiffen, während das Landheer des englischen Königs quer durch Frankreich nach Vezelay in Burgund marschirte, wo es sich mit den Schaaren Philipp Augusts vereinigen sollte. Hier trafen in den ersten Tagen des Juli beide Heere zusammen. Herzlich begrüßten sich die Könige und die Truppen und setzten unter fröhlichen Gesängen gemeinsam den Marsch gen Süden fort. Da aber die Zahl dieser Kreuzfahrer über 100,000 betrug und die Verpflegung einer so großen Masse auf ein und derselben Straße Schwierig=

leiten hervorrief, so beschloß man, nachdem man Lyon erreicht hatte, sich wieder zu trennen, in einiger Entfernung von einander nach Messina zu gehen und von dort aus in treuer Gemeinschaft gen Syrien zu segeln. Die traditionelle Straße der großen Kreuzheere über Griechenland und Kleinasien wurde von diesen Pilgern also nicht mehr eingeschlagen; man hatte sich für den Seeweg entschieden, vermuthlich weil das Bündniß, welches die Byzantiner mit Saladin abgeschlossen hatten, den Franzosen wie den Engländern schon bekannt geworden war.

König Philipp verließ zuerst Lyon, zog nach Genua, schiffte sich dort auf gemietheten Fahrzeugen ein und erreichte am 16. September Messina. Richard marschirte nach Marseille und ging von dort in fast abenteuernder Weise, bald zu Schiffe und bald vergnüglich die schönen Landschaften durchreitend, die ganze italienische Westküste entlang; am 23. September zog er mit großem Pompe in Messina ein. Seine Flotte war schon kurz zuvor dort eingetroffen, nachdem sie auf der See mancherlei Fährlichkeiten ziemlich glücklich bestanden, auch bei Landungen an der portugiesischen Küste die dortigen Christen theils mit rohen Mißhandlungen heimgesucht, theils im Kampfe gegen die Muselmänner opferfreudig unterstützt hatte.

König Philipp August auf dem Marsch.
Facsimile aus „de passagiis in Terram Sanctam" (Venedig).

Von Sicilien aus hätten die neu vereinigten Pilger, obgleich die Jahreszeit schon weit vorgerückt war, ihr letztes Ziel wohl noch im Herbst 1190 erreichen können. Bald aber zeigte sich, daß daran nicht zu denken war. Denn die Könige Philipp und Richard waren zwar beide jung, rüstig und redlichen Eifers für die Sache des heiligen Landes, im übrigen aber paßten sie bei ihrem Unternehmen so schlecht wie nur möglich zu einander. Philipp, klug und ehrgeizig, verlor niemals die Interessen seines Reiches aus dem Auge; Richard, stark wie ein Deutscher, kampflustig wie ein Normanne und phantastisch wie ein Provenzale, der Abgott fahrender Ritterschaft, sehnte sich vor allem nach wunderbaren Thaten, nach höchster Auszeichnung der eignen Person. Dazu kam, daß der Streit, der die Herrscher von Frankreich und England seit einem Menschenalter verunreinigt hatte, auch unter diesen Fürsten bald wieder aufleben mußte. Befanden sich doch die Engländer damals als Herren Westfrankreichs von der Normandie bis nach Aquitanien hinab in einer Stellung, die einen dauernden Frieden zwischen beiden Völkern unmöglich machte, bis entweder die Krone der

Kapetinger vernichtet oder das gesammte französische Gebiet wieder zu einem Reiche vereint worden war. Alles dieses aber mußte schon in Sicilien zu bösen Händeln führen, weil der letzte rechtmäßige König dieses Landes aus normannischem Blute, Wilhelm II., am 17. November 1189 gestorben, der sicilische Thron darnach vom Grafen Tankred von Lecce usurpirt und von diesem auch die Wittwe Wilhelms, Johanna, eine Schwester Richards, gefangen genommen war.[1])

Richard forderte hier vor allen Dingen, daß seine Schwester freigelassen werde, und erreichte dies auch in wenigen Tagen. Trotzdem aber kam es sehr bald zu feindseligen Reibungen, an denen, wie es scheint, beide Theile gleiche Schuld trugen. Denn Richard trat wie ein Eroberer auf, indem er sich, abgesehen von seinem Lager bei Messina, auf der gegenüberliegenden italienischen Küste und auf einer kleinen Insel in der Meerenge gewaltsam festsetzte: die Sicilianer rächten sich dafür an den Engländern nicht blos durch Spott und Schmähreden, sondern ermordeten außerdem, so oft sie es vermochten, einzelne unbewaffnete Pilger. Am 3. Oktober entstand sogar aus geringfügiger Ursache ein gewaltiger Tumult. Ein Engländer gerieth nämlich mit einer Händlerin über den Preis eines Brodes in Streit und wurde deshalb von einigen Bürgern Messinas arg mißhandelt. Auf die Nachricht hiervon erhob sich zuerst die ganze Einwohnerschaft der Stadt, schloß die Thore derselben und eilte bewaffnet auf die Thürme und Mauern. Gleich darnach aber wurde auch das englische Heer von wilder Kampflust ergriffen und begann aufs Gerathewohl Messina zu stürmen. Richard versuchte sofort, die Kämpfenden von einander zu trennen, doch gelang dies erst, nachdem sich die angesehensten Bürger der Stadt ins Mittel gelegt hatten; und am anderen Tage, als gerade sicilische, französische und englische Große über die Herstellung dauernden Friedens mit einander beriethen, brach der Tumult in noch schlimmerer Weise von neuem aus. Diesmal hatten die Bürger einen dreisten Ausfall aus der Stadt gemacht und empfingen den auf den Kampfplatz eilenden Richard mit Hohnreden. Nun stellte sich der König an die Spitze seiner Truppen, schlug die Feinde in die Stadt zurück, erzwang den Eingang in dieselbe und ließ ein fürchterliches Strafgericht über die Besiegten ergehen. Mord, Raub und Schändung wütheten stundenlang, bis Richard endlich den Seinen Schonung befahl. Seitdem wagten die Sicilianer nicht mehr, den Engländern zu widerstreben, zumal die letzteren noch, um ihre Stellung vollends zu sichern, auf einer Messina beherrschenden Anhöhe

---

[1])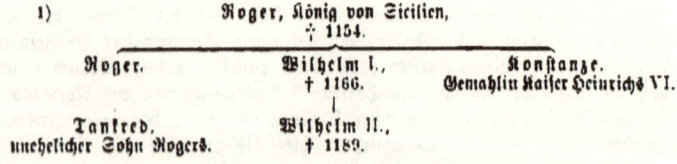

eine starke Verschanzung anlegten. Tankred verhandelte deshalb in nach=
giebigster Gesinnung mit Richard um endgültigen Frieden und bewilligte
hierbei vornehmlich der Königin=Wittwe Johanna für die Ansprüche, die sie
nach den testamentarischen Bestimmungen ihres verstorbenen Gatten erheben
durste, sehr bedeutende Summen. Die Bürger Messinas aber, erschreckt durch
die unüberwindliche Tapferkeit ihrer bisherigen Gegner, ließen sich zu freund=
lichem Verkehre mit denselben herbei und gaben damals, wie es heißt, dem
kühnen Richard den Zunamen „der Löwe" oder „Löwenherz".

Diese Händel mit den Sicilianern wirkten, wie kaum anders sein konnte,
sehr übel auf das Verhältniß zwischen Engländern und Franzosen. König
Philipp hielt sich während derselben anfangs neutral, trat jedoch allmählich,
wenigstens nach englischen Berichten, feindlich gegen seine Wallfahrtsgenossen
auf und begehrte nach dem Falle Messinas einen Theil der Stadt und der
in ihr gemachten Beute für sich und die Seinen. Mit Mühe wurde der
schon drohende Zwiespalt zwischen beiden Herrschern durch einen neuen Ver=
trag beseitigt, in welchem sie sowohl gelobten, einander treu und gewissenhaft
auf der ganzen Kreuzfahrt zu unterstützen, als auch Handel und Wandel aller
Pilger abermals und mit Androhung strenger Strafen gegen jede Ausschrei=
tung zu regeln versuchten. Aber bald genug fand sich Anlaß zu neuem
Hader. Richard gerieth eines Tages bei einem improvisirten Kampfspiel
mit einem französischen Ritter hart zusammen und kündigte demselben voll
Wuth, weil er ihn nicht zu überwinden vermochte, ewige Feindschaft an.
Nicht lange darauf fand eine freundliche Zusammenkunft zwischen Richard
und Tankred statt, in welcher der letztere einen Brief vorlegte, der allem
Anschein nach von Philipp herrührte und den Sicilianern französische Hülfe
gegen die Engländer in Aussicht stellte. Philipp bestritt zwar, sobald ihm
dies bekannt geworden, die Echtheit des Briefes, mußte aber, in die Enge
getrieben, immerhin gestatten, daß Richard von dem Eheversprechen, welches
er der Prinzessin Alice, der Schwester Philipps, gegeben hatte, nunmehr sich
lossagte. Und kaum war dies geschehen, so trafen die Mutter Richards, die
alte Königin Eleonore, und die Prinzessin Berengaria von Navarra, Tochter
König Sanchos V., mit der sich zu vermählen der englische König schon seit
einiger Zeit beabsichtigte, in Messina ein.

Ueber alledem verging der Winter 1190 auf 1191 ganz und gar. Die
Kreuzfahrer beider Nationen verzehrten ihr Geld und begannen über die end=
lose Zögerung zu murren. Die Könige suchten die Stimmung ihrer Leute
zu verbessern, indem sie beträchtliche Summen verschenkten, wobei besonders
Richard so verschwenderisch verfuhr, daß man ihm nachsagte, er habe in einem
Monate mehr Geld ausgegeben, als jeder seiner Vorgänger auf dem englischen
Throne in einem Jahre; endlich aber war wenigstens Philipp entschieden, die
Fahrt nach Syrien nicht länger hinauszuschieben, und da Richard ihn noch immer
nicht begleiten wollte, so verließ er am 30. März 1191 allein und voll tiefer
Erbitterung gegen den Genossen Messina und segelte geraden Weges gen Akkon.

Einige Tage nach seiner Abfahrt fingen jedoch auch die Engländer an, für die Fortsetzung des Kreuzzuges zu sorgen. Am 10. April war ihre Flotte segelfertig und stach in einer gewaltigen keilförmigen Schlachtordnung in See. Auf einem der Schiffe, welche die Spitze des Keiles bildeten, befanden sich die Königin Johanna und die Prinzessin Berengaria (die Königin Eleonore hatte sich von Messina aus wieder nach England zurückgewandt); im letzten Treffen fuhr König Richard. Eine Zeit lang segelte die Flotte mit günstigem Winde; am 12. April aber erhob sich ein heftiger Sturm, der die Schiffe weit von einander verschlug und mehreren von ihnen verderblich wurde. Ein paar Fahrzeuge scheiterten an der cyprischen Küste, vor dem Hafen von Limissol; auch jenes Schiff, welches die königlichen Damen an Bord hatte, wurde vom Sturme eben dorthin getrieben, konnte aber schließlich wohl= behalten vor Limissol Anker werfen. Auf Cypern herrschte damals, wie wir wissen, als Kaiser dieser Insel der komnenische Prinz Isaak, der sich aber während der letzten Jahre durch Härte gegen seine Unterthanen, durch ein Bündniß mit Saladin und durch Mißhandlungen fränkischer Pilger in den weitesten Kreisen sehr verhaßt gemacht hatte. Die Kreuzfahrer, die sich aus jenen verunglückten Schiffen an den cyprischen Strand retteten, ließ er aus= plündern, und die Braut und die Schwester König Richards suchte er durch heuchlerische Einladungen in seine Gewalt zu bekommen. Schon waren diese nahe daran, den sicheren Bord ihres Schiffes mit dem Aufenthalte am Lande zu vertauschen, als glücklicherweise — am 6. Mai — die Flotte Richards auf der Rhede von Limissol Anker warf. Der König hatte unterwegs schon vieles von der Grausamkeit und Tücke Isaaks gehört und schritt deshalb, zumal der Komnene jede Genugthuung verweigerte, sofort zum Angriff auf die griechischen Truppen, die in starker Zahl den Strand besetzt hielten. Die Landung glückte. Richard selber stürmte an der Spitze seiner Ritter gegen die Cyprier vor, die „wie Hunde brüllten". Nur kurze Zeit dauerte der Kampf; dann wichen die Feinde und überließen Stadt und Landschaft Limissol den siegreichen Engländern. Am nächsten Tage wurden die Geschlagenen verfolgt und vollständig auseinandergesprengt. Der König war dabei, toll= kühn wie immer, allen anderen voran im dichtesten Kampfgewühl: er eroberte das Banner Isaaks und stach sogar den Kaiser mit der Lanze vom Pferde; nur mit genauer Noth gelang es diesem, auf einem anderen Pferde ins Innere Cyperns, nach Nikosia zu entkommen.

Nach diesem glänzenden Erfolge ruhten die Engländer einige Tage in dem eroberten Gebiete und zugleich bereitete Richard seine Vermählung mit der Prinzessin Berengaria vor. Am 11. Mai landeten drei Schiffe im Hafen von Limissol, auf denen sich König Guido von Jerusalem und mehrere vornehme Freunde desselben befanden, die den König Richard schon hier für ihre besonderen Absichten günstig zu stimmen wünschten. Richard nahm sie mit großer Auszeichnung auf und feierte sodann am 12. Mai in prunk= vollster Weise seine Hochzeit mit Berengaria.

Kreuzzug König Richards I. und König Philipps II.   227

Inzwischen war Isaak soweit zur Einsicht in die von ihm begangenen Fehler gekommen, daß er Verlangen nach friedlichen Verhandlungen äußerte. Es kam auch zu einer Zusammenkunft zwischen dem Kaiser und Richard und zu einem Friedensschluß, nach welchem von dem ersteren beträchtliche Sühngelder gezahlt, alle Festungen der Insel geöffnet und cyprische Hülfstruppen zum Kampfe gegen Saladin gestellt werden sollten. Kaum aber schien diese Angelegenheit geordnet zu sein, als Isaak von dem Orte der Zusammenkunft nach Famagusta entfloh, weil einer seiner Begleiter, wie es heißt, ihm den Argwohn erweckt hatte, Richard trachte ihm nach dem Leben.

Sofort erklärte Richard in hellem Grimme den Kaiser für einen meineidigen Friedensbrecher, beauftragte seine Flotte, die Küsten zu bewachen, damit jener nicht etwa zur See entwische, und ging selber nach Famagusta und von dort ins Innere des Landes nach Nikosia. Mittewegs zwischen diesen beiden Städten, bei Tremithoussia, kam es noch einmal zum Kampfe. Isaak suchte seinem königlichen Gegner nahe zu kommen, um ihn mit vergifteten Pfeilen zu erlegen: als dieser aber mit eingelegter Lanze auf ihn lossprengte, gab er das Spiel verloren und jagte in eiliger Flucht bis zur Burg vom Kap St. Andreas im äußersten Nordosten der Insel. Richard zog darauf als Sieger in Nikosia ein, und seine Truppen bezwangen, während er selber eine kurze Weile krank lag, zumeist unter König Guidos Führung die festesten Burgen im Norden Cyperns, Cerines, St. Hilarion (Dieu d'amour) und Buffavent.

Isaak, durch diese Erfolge erschreckt und in Verzweiflung, noch irgend einen Ausweg zu finden, ergab sich endlich, am 31. Mai, den Siegern. Richard ließ ihm, wie erzählt wird, silberne Fesseln anlegen, weil er nur um das eine gebeten habe, nicht mit eisernen Ketten beschwert zu werden, und überantwortete ihn dem König Guido, der ihn bis zu seinem Tode in einem syrischen Schlosse in Haft hielt. Die Insel Cypern, damals noch außerordentlich reich und blühend, war somit durch eine ganz zufällige Verknüpfung von Umständen und vermöge eines Feldzuges von nur fünfundzwanzig Tagen in die Hände der Franken gefallen — eine Eroberung, die für die christlichen Kolonien im Morgenlande sehr hohe Bedeutung gewinnen sollte. Richard ordnete noch die Verhältnisse der Insel dergestalt, daß er den bisherigen Einwohnern die Hälfte ihres Besitzes ließ und die andere Hälfte zur Bildung von Lehen für die Ritterschaft benutzte, welche die Vertheidigung des Landes übernehmen sollte. In allen Städten und Schlössern ließ er Besatzungen und an der Spitze der Verwaltung tüchtige Männer zurück, die den Auftrag erhielten, ihm, sobald er in Akkon eingetroffen sein werde, möglichst reichlich Lebensmittel nachzusenden.

Am 5. Juni schiffte sich der König endlich gen Syrien ein. Am 7. Juni vernichtete er auf der Höhe zwischen Beirut und Sidon ein ungewöhnlich großes, mit Kriegsmaterial und Truppen schwer belastetes mohammedanisches Schiff, welches zur Unterstützung der Besatzung von Akkon be=

stimmt war, und am 8. Juni landete er beim Zeltlager der Christen vor Akkon. „Er wurde dort mit so großer Freude aufgenommen, als wenn er der Heiland wäre, der auf die Welt gekommen, um das Reich wiederherzustellen."

Belagerung von Akkon.

Der Rückblick auf denjenigen Theil des dritten Kreuzzuges, den wir bis jetzt betrachtet haben, macht trotz der letzten Erfolge Richards einen tief schmerzlichen Eindruck. Europa hatte sich seit dem Jahre 1187 noch allseitiger und noch williger als jemals früher zum heiligen Kriege erhoben; der Geist jedoch, der die entfesselten Riesenkräfte einheitlich und planmäßig zu zerschmetterndem Stoße gegen den Eroberer Jerusalems zu lenken vermocht hätte, war nicht zugleich mit erstanden. Nur ein einziger der großen Monarchen Europas, Kaiser Friedrich, hatte wenigstens für seinen Theil reine Hingabe an die Sache und nie getrübten Eifer für die Erreichung des hohen Zieles gezeigt; gerade er aber war sammt den Seinen ohne eigenes Verschulden dem traurigsten Schicksale erlegen. Gleichzeitig mit ihm oder bald ihm folgend waren ans aller Herren Ländern zahllose Heerhaufen unter der Führung von Fürsten, Grafen oder Bischöfen gen Osten aufgebrochen; aber sie gingen einzeln ihren Weg und kamen tropfenweise, einer nach dem andern, in Syrien an, mehr geeignet, sich dort zu verbluten, als dem Gegner empfindlichen Abbruch zu thun. Die Könige von Frankreich und England endlich zögerten und haderten, verloren unersetzliche Zeit und brachten schließlich mit ihrer Waffenkraft auch ihre Zwietracht ins Lager der Glaubensgenossen vor Akkon.

Für den Rest des Kreuzzuges waren schon hiernach gute Aussichten kaum mehr vorhanden. Aber zu all dem Unheile kam noch hinzu, daß auch die syrischen Christen in bitterem Streite mit einander lagen, und so ist es kein Wunder, daß die Erfolge dieses Kreuzzuges, obwohl fortdauernd Tausende und aber Tausende ebenso heldenmüthig wie einst im Zeitalter Gottfrieds von Bouillon ihr Leben zum Opfer brachten, dennoch selbst hinter den bescheidensten Erwartungen zurückblieben.

König Guido von Jerusalem hatte sich, wie wir wissen, im Sommer 1189 mit einem kleinen Heere gen Akkon aufgemacht, während Markgraf Konrad von Montferrat, dem Könige feindlich, in Tyrus zurückgeblieben war. Am 27. August traf Guido vor Akkon ein, lagerte sich auf einem Hügel östlich der Stadt und versuchte schon am 29. August, durch einen plötzlichen Sturmangriff die große Festung zu überrumpeln. Die Kühnheit der Christen hätte vielleicht Erfolg haben können, wenn sie nicht mitten im heißen Kampfe durch die Nachricht eingeschüchtert worden wären, daß Saladin sie im Rücken bedrohe. In der That war der Sultan, sobald er von der Gefahr Akkons gehört hatte, zum Entsatze herbeigeeilt; doch kam an jenem Tage nur die

Belagerung von Akkon.

Spitze seiner Vorhut in die Nähe der Christen; er selber befand sich noch weiter zurück, in dem Hügellande, welches sich gegen den See von Tiberias hin erhebt. In den nächsten Tagen aber rückte er mit seinem ganzen Heere dicht an das christliche Lager heran, und der kleine Haufen der Kreuzfahrer wäre ohne Zweifel verloren gewesen, wenn nicht schon in derselben Zeit, Zug um Zug, ansehnliche fränkische Flotten am Gestade neben Akkon gelandet wären und dem Könige Guido Tausende von tapferen Dänen und Friesen, Flandrern und Engländern, Franzosen und Italienern zugeführt hätten. Unter den Führern derselben zeichneten sich besonders aus der heldenhafte Jakob von Avesnes, der Bischof Philipp von Beauvais und die Grafen von Dreux, Brienne und Bar.

Durch alles dieses aber kam es dahin, daß der Kampf um Akkon sich zum militärischen Hauptereigniß des Kreuzzuges gestaltete, eine Entwickelung der Dinge, die für die Christen so ungünstig wie nur möglich war. Denn da sie in Syrien noch Antiochien, Tripolis und Tyrus besaßen, so bedurften sie im Kampfe gegen Saladin zunächst wenigstens keines weiteren Stützpunktes an der Küste: für sie kam es vor allem darauf an, die Kriegsmacht des Sultans im freien Felde zu vernichten; darnach mußten ihnen die Festungen allmählich von selber wieder zufallen. Wenn sie aber damit begannen, eine große Stadt zu umlagern, so unternahmen sie das Schwierigste, was die Kriegskunst kennt, nämlich feindliche Mauern zu

Plan der Umgebung von Akkon.

brechen, während ein mächtiges und siegesgewohntes Entsatzheer bereit steht, den Belagerern jeden Augenblick in den Rücken zu fallen. Die Christen sind jedoch zu der schlimmen Thorheit des Kampfes um Akkon nicht durch absichtsvolle Berechnung geführt worden: die Veranlassung desselben lag vielmehr nur darin, daß Tyrus, der einzige bedeutendere Ueberrest des Reiches Jerusalem, in den Händen Konrads von Montferrat war und daß König Guido deshalb wie ein lederer Abenteurer, um einen ähnlichen Platz für sich zu gewinnen, auf Ueberwindung der nächsten großen Seeburg auszog. Hieran hat sich dann eben so unwillkürlich wie unvermeidlich alles weitere angeschlossen.

Akkon, seit langem volkreich und stark befestigt, war von Saladin durch Anlage neuer Gräben und Wälle, Thürme und Bastionen zu einem Hauptbollwerke des Islams erhoben worden. An der nordöstlichen Ecke der Mauern ragte besonders hervor „der verfluchte Thurm" und unter den Werken, die den Hafen einschlossen, der mächtige „Fliegenthurm". Die Be=

230   Siebentes Kapitel.   Dritter Kreuzzug.

satzung war stark und muthig; an ihrer Spitze stand der tapfre Emir Boha=
eddin Karakusch.

Die Stadt bildete damals ein großes Dreieck, dessen westliche und südliche Seiten vom Meere bespült wurden, während allein die Nordostseite sich dem Binnenlande zuwendete. Das Terrain hinter dieser letzteren ist im ganzen eben, nur unbedeutendere Hügel erheben sich in der Nähe der Stadt und erst in größerer Entfernung beginnt das eigentliche Hügelland von Galiläa. In der Ebene, nicht weit von Akkon, ergießt sich der kleine Fluß Belus ins Meer. An diesem Flusse und in den Niederungen rings um die Stadt tobt der gewaltige Kampf: auf die schützenden Höhen im Osten zieht sich Saladin zurück, wenn er seinen er= müdeten Truppen eine Zeit der Erholung gönnen will.

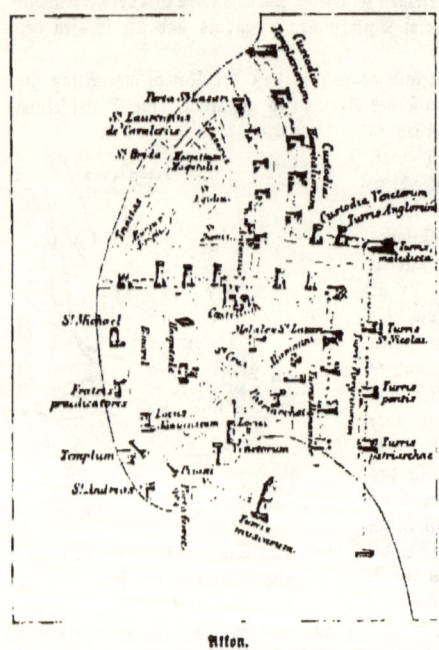
Akkon.

Als die wachsende Zahl der Christen in der ersten Hälfte Septembers die Festung zu Lande völlig einzuschließen drohte, ver= suchte der Sultan, den Ring der Belagerer zu sprengen, ehe derselbe zu stark werde. Am 12. griffen er und die Besatzung zu gleicher Zeit an. „Aber die Franken standen wie die Mauern; wenn der Vordermann gefallen war, trat sogleich ein Hinter= mann an seine Stelle;" und erst nach viertägigem Ringen, am 15. September, gelang es Saladin, sich einen Zugang zur Stadt zu erkämpfen. Die Frucht des schwer errungenen Sieges war jedoch gering. Akkon wurde stärker verproviantirt, den Christen aber, deren furchtbare Gegenwehr den Feinden großen Respekt eingeflößt hatte, kein weiterer Nachtheil zugefügt.

Am 24. September landeten neue Pilgerschaaren unter italienischen und deutschen Herren. Der Ansehnlichste der letzteren war Landgraf Ludwig von Thüringen, der auf der Fahrt von Brindisi nach Akkon Tyrus berührt und dort den Markgrafen Konrad gebeten hatte, seinen Groll gegen König Guido aufzugeben und an dem Streite gemeiner Christenheit gegen die Feinde des Kreuzes theilzunehmen. Konrad hatte sich hierauf entschlossen, wenigstens das letztere zu thun, und traf deshalb zusammen mit dem Landgrafen im Lager vor Akkon ein.

Nicht lange darauf bereiteten die Christen einen gewaltigen Angriffsstoß gegen Saladin vor. Vier Schlachthaufen unter der Führung Guidos, Konrads, Ludwigs und der Templer rückten am 4. Oktober aus dem Lager heraus: nur Guidos Bruder, Gottfried von Lusignan, blieb zur Vertheidigung der Zelte und des Trosses gegen die Besatzung von Akkon zurück. Der Sultan suchte die Seinen beim Herannahen der feindlichen Massen durch den Zuruf zu begeistern: „Auf, für den Islam, ihr Heere des einzigen Gottes!" Aber der erste Anprall der fränkischen Panzergeschwader war nicht zu ertragen. Schon wichen der rechte Flügel der Muselmänner und ihr Centrum, schon eilten einzelne Flüchtlinge in wildem Jagen bis nach Tiberias; da wendete sich plötzlich das Blatt. Die Reihen der Sieger waren in überhastiger Verfolgung in Verwirrung gerathen. Der linke Flügel der Feinde behauptete sich und drang bald tapfer vor. Das Lager der Christen sollte, wie ein beängstigendes Gerücht sagte, durch die Besatzung von Akkon schon erstürmt sein. Schrecken riß unter den Pilgern ein: ohne Ordnung zogen sie sich zurück und erreichten nur nach sehr schweren Verlusten das kurz zuvor voll stolzer Zuversicht verlassene Lager. Die Muselmänner triumphirten und prahlten unermeßlich über diesen Erfolg, und Saladin ließ auf dem Schlachtfelde die Leichen sammeln und in den Belus werfen, damit sie dort verwesen und den Christen Wasser und Luft verderben möchten.

Indessen die Lage blieb trotzdem im ganzen, wie sie gewesen war. Kraft und Muth der Kreuzfahrer wurden durch neuen Zuzug bald wieder erfrischt. Sie umschlossen Akkon abermals von einem Meere bis zum andern, verschanzten ihr Lager mit Wall und Graben, daß es wie eine Festung gegen die Stadt und gegen Saladin sich kehrte, und legten für ihre Schiffe durch mühevolle Sprengarbeiten einen Hafen an, der noch lange Zeit nachher nach seinem eigentlichen Erbauer „der Hafen des Markgrafen" genannt wurde. Aber auch die Muselmänner empfingen zahlreiche Verstärkungen, die besonders der Besatzung von Akkon zu gute kamen, der durch ägyptische Schiffsgeschwader frische Truppen, Kriegsgeräth und Proviant zugeführt wurden. So mußte der Kampf sich noch sehr lange hinziehen, zumal nun der Winter begann und durch Sturm und Regen größere kriegerische Unternehmungen für geraume Zeit unmöglich machte. Saladin entließ deshalb einen Theil seines Heeres in die Winterquartiere und zog sich auch mit dem Reste desselben eine Strecke weit von den Christen zurück. Diese litten lange Wochen hindurch sehr schwer unter der Nässe, die ihr Lager fast in einen Sumpf verwandelte, unter drückendem Mangel und unter einer schrecklichen Seuche, die viele tausende wackerer Streiter dahinraffte. Sie blieben aber dennoch in freudiger Kriegslust beisammen, weil sie fest darauf rechneten, daß das nächste Frühjahr ihnen neue Kämpfer, Geld und Lebensmittel in

großen Massen zuführen werde. War doch vor allem Kaiser Friedrich mit
dem kriegsgewaltigen deutschen Hauptheere längst auf dem Marsche gen Osten
begriffen!

In scharfem Gegensatze zu den frohen Hoffnungen der Christen blickte
Saladin mit banger Sorge in die Zukunft; und insofern hatte er hierzu
auch ernsten Anlaß, als seine Lage sich wenigstens in einer Beziehung aufs
peinlichste von der seiner Gegner unterschied. Denn wohl fehlte den Kreuzfahrern, zumal Kaiser Friedrich Syrien nicht erreichte, vom Anfange bis zum
Ende dieses Krieges ein Feldherr, der die bunt gemischten Schaaren mit
Kraft und Weisheit zu leiten vermocht hätte, dafür aber strömten in un-
versieglicher Fülle die besten Kräfte aller Völker des Westens nach dem
syrischen Gestade hinüber, und der Geringste der Pilger war ebenso bereit,
zu hungern und zu dursten, wie zu kämpfen und zu sterben. Auf der
mohammedanischen Seite ruhte dagegen die Möglichkeit glücklicher Vertheidigung fast allein auf den Schultern des Führers, des Sultans Saladin.
Schon seine eigenen Truppen waren zwar kampfgeübt und tapfer, aber aufgebracht über die endlosen Kriegsstrapazen und murrten und meuterten gelegentlich, wie schon früher bei der Belagerung von Tyrus, so auch jetzt vor
dem Pilgerlager bei Akkon. Die übrigen Machthaber im Gebiete des Islams,
der Chalif zu Bagdad, die Herren von Iran, Arabien und selbst von Marokko
wurden von Saladin wiederholt und dringend um Hülfe angegangen, indessen
außer schmeichelhafter Anerkennung seiner Heldenthaten empfing der Sultan
nur von denjenigen Fürsten und Stämmen, die in der Nachbarschaft seiner
syrisch-mesopotamischen Herrschaft lebten, nachhaltige Unterstützung. Bitter
beklagte er sich über diese Vernachlässigung der gemeinen Sache: „Giebt es
einen einzigen Muselmann," so schrieb er an den Chalifen, „welcher dem
Aufrufe folgt; der kommt, wenn man ihn ruft? Sieh' indeß die Christen
an; sieh', wie sie in Masse kommen, wie sie sich drängen um die Wette, wie
sie sich gegenseitig unterstützen, wie sie ihre Reichthümer opfern, wie sie sich
zusammenschließen, wie sie sich in die größten Entbehrungen fügen! Bei
ihnen giebt es keinen König, keinen Herrn, keine Insel oder Stadt, keinen
Menschen, so unbedeutend er sein mag, der nicht zu diesem Kriege seine
Bauern, seine Unterthanen sendet, der sich nicht auf dem Schauplatze der
Tapferkeit erscheinen läßt, keinen mächtigen Mann, der nicht theilnimmt an
diesem Zuge: alle wollen sich nützlich machen dem unlautern Ziele ihres
Eifers.... Die Muselmänner hingegen sind schlaff, entmuthigt, gleichgültig,
ermüdet, unempfindlich, ohne Eifer für den Glauben.... Du, der Du aus
dem Blute unseres Propheten Mohammed stammst, hast daher die Pflicht,
seine Stelle einzunehmen, in dieser Zeit zu thun, was er selber thun würde,
wenn er in der Mitte seines Volkes wäre, in Frieden sein Gedächtniß aufrecht zu erhalten, die Wahrheit triumphiren zu lassen; denn er hat uns und
alle Muselmänner Deinem Schutze überwiesen!" — Vergebens! Sein Hülferuf verhallte ungehört. Die weite Welt des Islams, den Kreuzfahrern

gegenüber im Ganzen und Großen im Zustande der Vertheidigung und daher nicht von dem gleichen Enthusiasmus wie diese erfüllt, erhob sich nicht zu außergewöhnlichen Leistungen, und zwar diesmal wohl um so weniger, als an manchem Orte Eifersucht gegen die große Macht Saladins hindernd dazwischen getreten sein mag. So blieb der Sultan zumeist auf sein Genie angewiesen. Er glich im Hinblick auf die unzählbaren Massen aller Pilger trotz seiner immerhin beträchtlichen Streitkräfte, man möchte fast sagen, einem Feldherren ohne Heer, der gegen ein Heer ohne Feldherren stritt.

Während der Krieg sich in die Länge zog, brachte er auch in vielen Einzelheiten das Wesen der kämpfenden Parteien zu charakteristischem Ausdrucke. Christen wie Muselmänner wetteiferten in entsetzlicher Grausamkeit gegen die Gefangenen; trotzdem aber behauptete der Humor des Soldatenlebens hüben und drüben so nachdrücklich sein Recht, daß die Vorposten beider Heere es nicht verschmähten, in den Pausen des Streites zu frohem Scherze und Spiele freundschaftlich zusammen zu kommen. Im Christenlager mischte sich mit strenger Askese die üppigste Lebenslust: es fehlte nicht an Krämern, die alle Schätze des Morgenlandes feil hielten, und an Marketendern, deren Zelte die Stätten toller Schlemmerei und Unzucht waren. Indessen neben liederlichen Dirnen gab es auch andere Frauen im Lager, die, ihr Geschlecht verheimlichend, hoher Begeisterung voll, im Panzer den Feinden entgegenstürmten, an Heldensinn mit ihren männlichen Genossen wetteifernd. Die Muselmänner zeichneten sich durch List und Gewandtheit aus. Kecke Beduinen beschlichen des Nachts einzelne Pilger, zwangen sie mit gezücktem Dolche, ihnen schweigend in die Gefangenschaft zu folgen, oder stießen sie beim ersten Laute nieder. Der Seekrieg gab Anlaß zu einer Fülle von verwegenen Thaten. Bald war Akkon von den Christen blokirt, bald die Blokade durch ägyptische Geschwader gesprengt. Einzelne muselmännische Schiffe suchten die Christen zu betrügen, indem sie Kreuze aufpflanzten und Schweine, die dem Islam unreinen Thiere, an Bord nahmen. Wenn die Blokade der Festung lange Zeit nicht durchbrochen war, und wenn Brieftauben fehlten, durch die Saladin häufig mit den Belagerten korrespondirte, so stürzten sich kühne Männer ins Meer und suchten schwimmend und tauchend an den christlichen Fahrzeugen vorüber in die Stadt zu gelangen.

Im Frühling 1190 erbauten die Pilger nach langen und mühseligen Vorbereitungen — das Holz hatte aus Italien herbeigeholt werden müssen — drei gewaltige Belagerungsmaschinen, je 60 arabische Ellen hoch, höher als die feindlichen Mauern. In fünf Etagen enthielten diese Thürme hinreichenden Raum sowohl für kleine Wurfmaschinen und Mauerbrecher wie für stattliche Kriegerschaaren: auf geebneten Bahnen wurden sie dicht an die Festung herangerollt. In den letzten Tagen des April erhob sich ein furchtbarer Kampf. Saladin, der seit dem Ende des Winters seine ganze Macht wieder zur Stelle hatte, warf sich, damit jene Thürme nicht energisch bedient werden könnten, in unablässig wiederholten Stürmen auf das christliche Lager. Indessen die Kreuzfahrer widerstanden nicht blos mit zäher Festigkeit dem Sultan, sondern bedrängten auch die Stadt Tag um Tag so nachdrücklich, daß deren Fall schon ins Auge gefaßt werden konnte. Endlich aber, am 5. Mai, gelang es den Belagerten, alle drei Thürme in Brand zu schießen: nur mit großer Mühe rettete sich die Besatzung derselben. Die Hoffnungen der Pilger waren hierdurch wiederum für geraume Zeit vernichtet; als jedoch gleich darauf Saladin den Versuch machte, nun seinerseits mit Durchbrechung der christlichen Verschanzungen einen entscheidenden Erfolg zu erringen, mußte auch er, obgleich er vom 8. bis zum 19. Mai im Kampfe ausharrte, schließlich sieglos zurückweichen.

Mittelalterlicher Belagerungsthurm mit Fallbrücken.

Beide Theile fühlten sich hiernach erschöpft und hielten sich eine Weile von größeren Unternehmungen fern. In dem bunt gemischten Christenlager waren aber manche Schaaren mit solcher Waffenruhe durchaus nicht einverstanden: es kam zu Meutereien, und am 25. Juli brach ein Haufe von etwa 10,000 Mann, streitlustig und beutegierig, gegen Saladins Stellungen hervor. Die unglückliche Schaar ging natürlich, obgleich sie im ersten Anlaufe einige Erfolge errang, dennoch größtentheils unter dem Schwerte der Feinde zu Grunde.

Belagerung von Akkon.

Nicht lange darauf trafen neue Heerhaufen aus Frankreich und England vor Akkon ein. Eine lange Reihe großer Barone stand an ihrer Spitze; der Bedeutendste unter ihnen war Graf Heinrich von der Champagne. Die Schaaren des Belagerungsheeres wurden dadurch in erwünschtester Weise verstärkt, zugleich aber nahm auch die Zwietracht, die in den Herzen der Pilger gährte, immer bösere Formen an. Zum Theil knüpfte dieselbe an den alten Hader zwischen König Guido und Markgraf Konrad an, obgleich diese beiden im Lager vor Akkon bisher scheinbar freundlich und friedlich neben einander gestanden hatten; zum Theil hing sie mit der eigenthümlichen Stellung der Deutschen im Pilgerheere zusammen. Denn die bittere Ungunst, der unsere Landsleute schon seit mehr als einem Menschenalter im romanischen Syrien begegnet waren, machte sich auch diesmal wieder geltend vielleicht nicht, ohne daß die deutschen Pilger die Abneigung, auf die sie trafen, durch Stolz und Hochmuth selber mitverschuldet hatten. Eine zeitlang war das ganze Kreuzheer abwechselnd von Jakob von Avesnes und Ludwig von Thüringen befehligt worden; dann hatte die Zwietracht der Deutschen und Franzosen zur Einsetzung mehrerer Befehlshaber geführt; jetzt aber, da vornehmlich die Zahl der Franzosen gewachsen war, wurde Graf Heinrich von der Champagne zum Feldherrn des ganzen Heeres erhoben. Nicht lange darauf erkrankte Landgraf Ludwig, trat die Heimreise an und starb während derselben (am 16. Oktober 1190). Im Lager vor Akkon redete man ihm schmählicher Weise nach, er habe die gemeine Sache nur deshalb verlassen, weil man ihm den Oberbefehl genommen oder gar weil Saladin ihn mit einer großen Summe Geldes bestochen habe. Inzwischen war der Tod Kaiser Friedrichs und der schreckliche Untergang des deutschen Hauptheeres vor Akkon bekannt geworden. Dem schwachen Ueberreste des letzteren eilte Markgraf Konrad entgegen, trat in freundschaftliche Beziehungen zu Herzog Friedrich von Schwaben und führte denselben unter mancherlei Gefahren ins Lager der Pilger (am 7. Oktober). Seitdem hatten die Teutschen jedoch einen noch schlimmeren Stand. Sie erschienen den Genossen nach dem Unglücke, das sie erlebt hatten, nur als Besiegte und mußten sich von den überlegenen Massen der Romanen und der Anhänger König Guidos eine verächtliche und geringschätzende Behandlung gefallen lassen.

Während alledem hatte das Kreuzheer übrigens doch Spannkraft genug besessen, die belagerte Festung von neuem schwer zu bedrängen. Im September wurde von der Flotte ein gewaltiger Angriff gegen das Hauptbollwerk des Hafens, „den Fliegenthurm", gerichtet. Eins der christlichen Fahrzeuge trug mächtige Sturmleitern und an der Spitze des Mastes ein förmliches Kastell, welches über die Plattform des Fliegenthurmes hinausragte. Aber das feindliche Feuer entzündete eben dieses Fahrzeug, und die eigenen Brander fügten den Christen Schaden zu, so daß der Angriff nach heldenmüthigem Beginne kläglich fehlschlug. Aehnlich ging es im Laufe des Oktobers, nachdem Heinrich von der Champagne, Friedrich von Schwaben und andere große Herren zu Lande neue Belagerungsmaschinen gerüstet hatten. Der Besatzung glückte es, bei energischen Ausfällen an diese Maschinen heranzukommen und dieselben zu verbrennen. In Folge davon sand der Winter 1190 auf 1191 die Christen wie die Muselmänner fast auf demselben Flecke wie ein Jahr zuvor.

Für die ersteren brachte dieser Winter noch größere Noth als der vorausgegangene. Der Mangel stieg in ihrem Lager auf eine so furchtbare Höhe, daß die Lebensmittel fast buchstäblich mit Gold aufgewogen wurden. Kadaver gefallener Thiere bildeten eine köstliche Speise, und Knochen, welche die Hunde liegen gelassen, wurden noch einmal abgenagt. Wieder breitete sich eine verheerende Seuche aus, „die Arualdia", von der „die Glieder

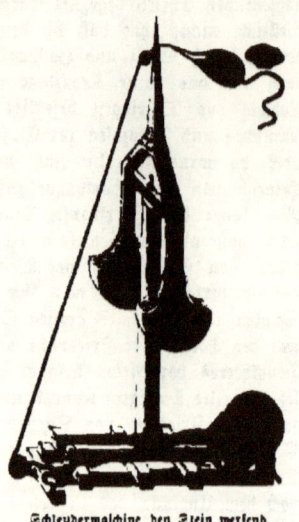

Schleudermaschine, aufgezogen zum Wurf.   Schleudermaschine, den Stein werfend.

schwollen und die Zähne ausfielen". Mit unbeugsamem Heldenmuthe ertrugen viele Pilger jegliches Ungemach; natürlich aber versanken auch nicht wenige in dumpfe Verzweiflung oder suchten in toller Schwelgerei ihre bitteren Leiden zu vergessen. Die Zucht des Heeres lockerte sich dabei so weit, daß der Uebergang der Hungernden zum Glaubensfeinde und die Verläugnung des Christenthumes um ein Stück Brod eine ganz alltägliche Erscheinung wurde.

In dieser schrecklichen Zeit zeichneten sich einige fromme Pilger aus Lübeck und Bremen durch ihren werkthätigen Eifer für das Gemeinwohl besonders aus. Sie hatten unter der Leitung eines gewissen Siegebrand in einem aus Land gezogenen Schiff ein Hospital errichtet und waren in dem=

Belagerung von Akkon.

selben unablässig bemüht, als Krankenpfleger die Qual ihrer siechen Genossen zu lindern. Herzog Friedrich von Schwaben freute sich ihres Unternehmens, nahm dasselbe unter seine Obhut und suchte ihm durch eine bestätigende und beschützende päpstliche Bulle den Charakter einer dauernden Stiftung zu verleihen. So entstand hier, im Lager vor Akkon, ein Institut, welches, ähnlich wie einst das Johanniterspital zu Jerusalem, den Keim enthielt für eine größere Gründung, für den Ritterorden der deutschen Nation. Herzog Friedrich sollte aber die Entstehung dieses Ordens nicht mehr erleben. Denn auch er wurde endlich von der immer heftiger wüthenden Lagerseuche ergriffen und starb schon am 20. Januar 1191. Nach seinem Tode löste sich die kleine deutsche Heerschaar, wie eine „Heerde ohne Hirten", mehr und mehr auf und verlor sich vollends unter den Massen der übrigen Pilger.

Zu all dem Unglück kam noch steigender Hader unter den Kreuzfahrern. Im Herbst 1190 war nämlich die Gattin Guidos, die Königin Sibylle, gestorben und darnach hatte Markgraf Konrad geradezu Anspruch auf die Krone Jerusalems erhoben, die Guido durch Unfähigkeit und Schlaffheit längst verwirkt habe. Um seinen Anspruch auf irgend einen Rechtsgrund stützen zu können, hatte er verlangt und durchgesetzt, daß Elisabeth, Sibyllas jüngere Schwester und einzige Erbin, die 1180 erst 8 Jahre alt, also jedenfalls ohne Liebe und Ueberlegung, mit Honfred von Turon, einem Großen des Reiches Jerusalem, verheiratet worden war, von diesem getrennt und ihm vermählt werde. Nachdem er dieses Ziel erreicht hatte, standen aber er und Guido und ihr beiderseitiger Anhang einander so feindlich gegenüber, daß nur die gemeinsame Bedrängniß durch Saladin den Ausbruch offenen Streites verhindern konnte.

Die Muselmänner erlebten inzwischen bessere Tage. Sie litten keinen Mangel und bestanden bei kleineren Kämpfen die ermattete Kraft der Pilger mit leichter Mühe. Aber trotzdem war Saladins Lage keine günstige, da seine Truppen, immer unwilliger über die unabsehliche Dauer des Krieges, wiederholt menterten und namentlich die Vertheidiger Akkons nach Ablösung verlangten. Mit großer Mühe hielt der Sultan sein Heer zusammen. Der bisherigen Besatzung Akkons erlaubte er endlich, den Platz zu räumen, fügte sich aber dadurch sehr schweren Schaden zu. Denn die Mannschaften, die hierauf die Festungswerke besetzten, waren vollends verdrossen und zuchtlos; und schwerlich konnte der tapfere Emir Bohaeddin Karakusch, der Einzige, der von Anfang bis zu Ende in Akkon ausdauerte, mit diesen Leuten die Stadt noch lange behaupten.

Namentlich weil der Frühling 1191 den Pilgern die bedeutendste Verstärkung brachte. Jetzt endlich landeten bald nach einander, wie wir schon wissen, König Philipp und König Richard. Sogar ein kleines deutsches Heer fand sich noch ein, da Herzog Leopold von Oesterreich, einst durch heimische Angelegenheiten zurückgehalten, Kaiser Friedrich zu begleiten, in dieser Zeit mit den Seinen das Lager vor Akkon erreichte. Aber je kräftiger die Kreuzfahrer nun wieder sich fühlten, um so gehässiger haderten sie auch unter einander. Philipp und vermuthlich auch Leopold standen auf der Seite des Markgrafen. Richard verband sich schon in Cypern, wie wir gesehen haben, und um so mehr jetzt vor Akkon mit König Guido. Der Bruder des letzteren, Gottfried von Lusignan, forderte den Markgrafen als einen Verräther zum Gotteskampf heraus. Richard ärgerte den König Philipp, indem er allen bedürftigen Rittern, die in seine Dienste treten wollten, vier Goldstücke anbieten ließ, während Philipp zum gleichen Zwecke nur drei Goldstücke bestimmt hatte. Dieser rächte sich, indem er die Hälfte Cyperns für sich forderte, weil die Könige sich versprochen hätten, ihre Eroberungen unter einander zu theilen. Richard meinte, das gelte nur vom Gebiete der Muselmänner, doch sei er, wie er mit schlauer Wendung hinzusetzte, bereit, halb Cypern abzutreten, wenn Philipp ihm dagegen die Hälfte der Güter des damals so eben gestorbenen Grafen Philipp von Flandern überlassen wolle. So zankten sich die Großen: ihr Zwist griff bis in die Tiefen des Kreuzheeres hinab, und schließlich erregte Richard noch den Unwillen aller Pilger, indem er, seiner phantastischen Art nach und aus Achtung vor der ritterlichen Natur Saladins, mitten im Kriege einen freundschaftlichen Verkehr mit diesem anzuknüpfen suchte.

Belagerungsthurm.

Dem Fortgange der Belagerung waren alle diese Händel natürlich sehr schädlich. Die großen Parteien, in die das Kreuzheer zerfiel, unterstützten einander recht schlecht, so daß Zeit und Kraft nutzlos vergeudet, edles Blut umsonst vergossen wurde. Die Pilger besaßen jedoch ein so hohes Maß von Begeisterung und Leistungsfähigkeit, daß sie trotz allem — es ist wahrlich der Bewunderung werth — bedeutende Fortschritte machten und allmählich den Sieg an ihre Fahnen zwangen. Ungeheure Belagerungs=

maschinen wurden gebaut, Thürme, Mauerbrecher und Wurfmaschinen: unter Schutzdächern und in Minengängen rückte man unmittelbar an die feindlichen Werke heran: bald tobte auf allen Seiten der Kampf um klaffende Breschen. Saladin that sein Möglichstes, den Fall der Stadt zu verhüten, indem er das christliche Lager einmal ums andere im Rücken angriff und die Vertheidiger Akkons mit dringenden Worten zur Ausdauer ermahnte. Dem Chalifen schilderte er auch jetzt wieder seine schwierige Lage, da er mit einem Feinde zu thun habe, desgleichen man nie gesehen, der zugleich belagere und belagert sei, einschließe und eingeschlossen sei. Durch Niederlage und Gefangenschaft seien die Christen geschwächt, vom Kriege verschlungen, vom Siege im Stich gelassen, aber das Meer sei für sie, das Meer habe sich für die Kinder des Feuers (der Sünde) erklärt. Nur die Zahl der Völker angeben zu wollen, welche das christliche Heer bildeten, sei unmöglich; selbst die Einbildungskraft würde dabei erlahmen.

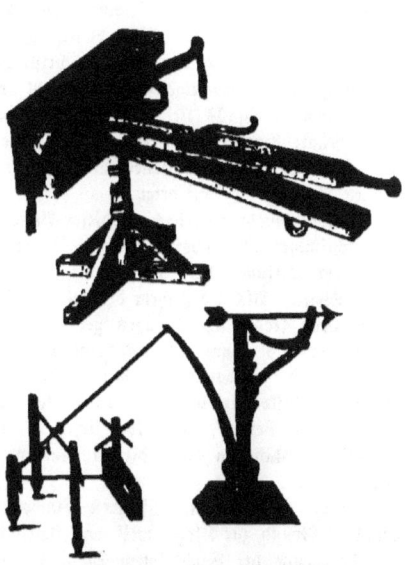

Maschinen zum Abschießen von Pfeilen.

Seit Ende Juni 1191 wurde wiederholt um die Capitulation der Festung verhandelt. Saladin soll dabei einmal die Herausgabe fast des ganzen Königreiches Jerusalem versprochen haben, wenn die Christen ihm mit einem starken Heere gegen mächtige mohammedanische Feinde helfen wollten. Doch zerschlugen sich die Verhandlungen fort und fort, bis die Verzweiflung der Besatzung zum Abschlusse drängte. Am 11. Juli wurden der Befehlshaber der Festung und die christlichen Könige handelseins. Darnach sollte die Stadt mit allen in ihr befindlichen Vorräthen überliefert, das heilige Kreuz herausgegeben und eine beträchtliche Zahl christlicher Gefangener, Ritter und Volk, freigelassen werden. Die Besatzung sollte zu Saladin zurückkehren dürfen, doch müßte mindestens ein Theil derselben, besonders hundert vornehme Männer, als Geißeln zurückbleiben, bis der Sultan den Christen 200,000 Goldstücke gezahlt haben werde.

Saladin vernahm mit tiefer Bestürzung die Kunde von diesen Abmachungen und suchte denselben seine Einwilligung vorzuenthalten. Jedoch vergebens. Denn schon am 12. Juli öffneten die Vertheidiger Akkons die Thore. Die Christen drängten jubelnd hinein und pflanzten ihre Banner auf die Mauern und Thürme. Nun unterzeichnete Saladin den Vertrag, brach sein Lager ab und zog sich ins Innere des Landes zurück, um sich dort zu neuen Kämpfen, vornehmlich zum Schutze Jerusalems zu rüsten.

Somit war nach zweijährigem, entsetzlich opfervollem Kriege wenigstens Akkon wiedergewonnen. Alles unverschuldete Unglück wie alle Thorheiten und Schlechtigkeiten, welche die Christen begangen hatten, waren leichter in die Wagschale gefallen als der Heldenmuth und die zähe Ausdauer der Pilgermassen. Das Genie Saladins war schließlich der Kreuzesbegeisterung des Abendlandes erlegen. Nach diesem großen Triumphe waren der vollständige Wiedergewinn der ehemals christlichen Gebiete und die endgültige Demüthigung des mächtigen Gegners wohl noch zu hoffen. Die Kreuzfahrer waren zwar ebenfalls tief erschöpft, aber immerhin noch stark genug, um das ersehnte herrliche Ziel zu erreichen, wenn sie nur endlich von ihrem häßlichen Parteigezänk abließen und mit reinem Sinn der Erfüllung ihrer großen Aufgabe sich widmeten.

Leider wurde es jedoch in dieser Beziehung nach dem Falle von Akkon noch schlimmer als zuvor. Die Engländer und Franzosen benachtheiligten unter der Leitung ihrer Könige die Pilger anderer Nationen in mannigfacher Weise. Als die Führer der letzteren sich hiergegen auflehnten, wurden ihnen zwar freundliche Zusagen gemacht, aber trotzdem erlaubte sich kein Geringerer als König Richard eine unverschämte Beleidigung des österreichischen Herzogsbanners, indem er dasselbe bei seinem Einzuge in die Burg von Akkon in den Schmutz werfen ließ, so daß viele Kreuzfahrer, denen dieser Beweis, was „königliches Wort und Benehmen sei", alle Lust zu weiteren Kämpfen gegen die Muselmänner genommen hatte, ihren Heimweg antraten.

Auch die früheren christlichen Einwohner von Akkon hatten anfangs gerechten Grund zur Klage, weil man ihnen das Eigenthum, welches sie vor der Eroberung der Stadt durch Saladin besessen hatten, nicht wieder überantwortete. Indessen hier handelte es sich namentlich um die Bürger der italienischen Communen, die beim Kampfe um Akkon fortdauernd wichtige Dienste geleistet hatten und auch für die Zukunft in freundlicher Stimmung erhalten werden mußten. Die Venetianer und besonders die Pisaner und Genueser empfingen daher allmählich nicht blos ihre alten Stadtbezirke, Kaufhäuser und Lagerplätze zurück, sondern sahen sich bald in den Stand gesetzt, diese Quartiere noch zu erweitern und den Glanz Akkons als des vornehmsten syrischen Handelsplatzes vollständig wiederherzustellen und sogar zu erhöhen.

Aber auch der Hader zwischen Konrad und Guido brach von neuem aus. Die Parteigänger des Markgrafen wiesen auf die unläugbaren Verdienste hin, die sich dieser um die christliche Sache erworben habe; die Freunde Guidos erklärten, daß nicht Fahrlässigkeit des Königs, sondern unabwendbares Unglück die Niederlage desselben bei Hattin verschuldet habe. Endlich einigten sich die Fürsten des Kreuzheeres dahin, daß Guido sein Leben lang König von Jerusalem bleiben, Konrad ihm dann folgen, und daß einstweilen der Markgraf Tyrus, Beirut und Sidon, Guidos Bruder aber, Gottfried von Lusignan, die Grafschaft Joppe empfangen solle. Dieses unglückliche Abkommen, welches die Macht der Christen in Syrien unter die Prätendenten vertheilte, anstatt dieselbe in einer Hand fest zu vereinigen, war natürlich nur ein fruchtbarer Keim für neue Zerwürfnisse.

Und kaum war dieses Abkommen geschlossen, so fielen bittere Worte zwischen Richard und Philipp, weil der letztere nun plötzlich heimkehren zu wollen erklärte. Es heißt, der König von Frankreich sei durch Krankheit hierzu genöthigt gewesen; finstere Gerüchte sprechen daneben von seiner Besorgniß vor einer von Richard und Saladin gemeinsam gegen ihn geplanten Verschwörung; in Wahrheit aber wurde der König wohl vornehmlich durch den Wunsch bestimmt, seine Rechte auf die bedeutende Hinterlassenschaft jenes vor kurzem gestorbenen Grafen Philipp von Flandern möglichst bald und nachdrücklich geltend zu machen. Richard war empört über das Vorhaben seines Genossen, theils weil der Hauptkampf mit Saladin nun erst beginnen sollte, theils weil er fürchtete, daß König Philipp nach seiner Heimkehr die gute Gelegenheit zur Bekriegung der englischen Besitzungen rücksichtslos benutzen werde. Doch war er zu stolz, dem Könige Hindernisse in den Weg zu legen, und begnügte sich mit dem eidlichen Versprechen, daß Philipp während Richards Abwesenheit und noch vierzig Tage lang nach dessen Rückkehr das Gebiet der englischen Krone nicht angreifen wolle. Hierauf theilte sich das französische Heer. Eine beträchtliche Schaar blieb unter dem Oberbefehle des Herzogs Hugo von Burgund, unter Heinrich von Champagne und anderen großen Herren zur Fortführung des Kreuzzuges in Syrien zurück; der Rest aber schiffte sich mit dem König am 31. Juli ein. Die Rückreise des letzteren ging an den Küsten von Syrien, Kleinasien und Griechenland bis nach Italien und von dort nach Frankreich glücklich von statten.

Ende des Kreuzzuges.

Dem Wiederbeginne des Krieges zwischen Richard und Saladin ging eine sehr traurige und häßliche Scene voraus. Der Sultan vermochte die Capitulationsbedingungen von Akon — Freilassung einer großen Zahl gefangener Christen und Zahlung von 200,000 Goldstücken — nicht so schnell zu erfüllen, als ihm auferlegt worden war. Richard gerieth hierüber in maßlosen Zorn und ließ sofort, nachdem Saladin den mit ihm verabredeten Termin nicht eingehalten hatte, — am 20. August — mehr als 2000 der musulmännischen Geißeln vor den Thoren von Akon niederstoßen. Natürlich wurde hiernach das Geld gar nicht mehr gezahlt, kein christlicher Gefangener freigelassen, auch das heilige Kreuz nicht herausgegeben. Außerdem ließ sich zwar Saladin trotz seines tiefen Schmerzes über die schmähliche Ermordung so vieler Glaubensgenossen nicht gleich zu entsprechender Wiedervergeltung hinreißen, dafür fiel aber in den folgenden Kämpfen mancher verwundete oder gefangene Christ, der sonst verschont worden wäre, der erhitzten Rachsucht der Gegner zum Opfer.

Drei Tage nach jenem Gemetzel rückte Richard mit der Hauptmasse der Pilger von Akkon aus. Das Heer war großentheils noch von der alten Kampfesbegeisterung erfüllt, doch machten sich daneben auch viel Neid und Hader, zuchtloser Abenteuersinn und wüste Genußsucht geltend. Am schlimmsten aber war, daß niemand sich weniger dazu eignete, die edleren Triebe der Kreuzfahrer zu stärken und das große Unternehmen zu glücklichem Ende zu leiten, als eben König Richard. Er war und blieb freilich ein unüberwindlich tapferer und streitlustiger Rittersmann, der die Tugenden, die ihn erfüllten, auch am Feinde hoch verehrte; aber ein mächtiges Heer zu lenken und einen verständigen Feldzugsplan zu ersinnen und folgerecht durchzuführen, war er vollkommen unfähig. Die Aufgabe, die er jetzt zu erfüllen hatte, lag deutlich vor Augen: es galt, endlich Saladins Kriegsmacht zu zertrümmern und Jerusalem zu erobern. Aber weder das eine noch das andere wurde unmittelbar in Angriff genommen, sondern derselbe Fehler, der schon zu der leidensreichen Belagerung von Akkon geführt hatte, zum zweiten Male gemacht, indem wiederum die Eroberung einer Küstenstadt, und zwar Askalons, „der Braut von Syrien", der reichsten und festesten Stadt im Süden Palästinas, als nächstes Ziel des Feldzuges ins Auge gefaßt wurde. Vielleicht ist Richard von den Lusignans zum Marsche gen Askalon angeregt worden, da ja dem Grafen Gottfried schon bei der letzten Auseinandersetzung mit Markgraf Konrad das benachbarte Joppe versprochen worden war; vielleicht haben auch andere Gruppen von Kreuzfahrern, denen an der Eroberung Jerusalems nicht in erster Linie gelegen war, in dieser Sache den Ausschlag gegeben, die Herren und Ritter nämlich, die früher an der Küste des Königreiches begütert gewesen waren, und vor allem die Bürger der italienischen Communen, deren Handelsinteresse weit mehr auf schnellen Wiedergewinn der Seestädte als auf die Bezwingung Jerusalems hinwies. Wie dem auch sei: der Zug gen Askalon war jedenfalls ein Abweichen von dem Wege, den die politisch-militärische Lage zweifellos empfahl, und hat sich als solches bitter gerächt.

Das christliche Heer zog zunächst unter mancherlei Beschwerden an der Küste entlang gen Süden. Das Terrain wie das Klima waren dem Marsche hinderlich; die Städte und Ortschaften, die man berührte, waren von Saladin zerstört worden, um den Pilgern jeden Stützpunkt zu nehmen; die Feinde benutzten jede sich darbietende Gelegenheit zu plötzlichen Angriffen und Ueberfällen. Langsam kam man von der Stelle und erreichte erst nach vierzehn Tagen die Umgegend von Arsuf, wo der Sultan einen Versuch ernsten Widerstandes zu machen beschlossen hatte. Am 7. September entspann sich hier eine blutige Schlacht, die nach schwerem Ringen mit einem glänzenden Siege der Christen endete. Richard befand sich stets im dichtesten Kampfgewühle und trug mit Lanze und Schwert viel zu dem schönen Erfolge bei; um so entschiedener aber vernachlässigte er, soweit sich sehen läßt, seine Feldherrnpflichten, indem er die tief erschütterten feindlichen Schaaren unverfolgt sich wieder sammeln und ordnen ließ. Wenige Tage darauf kamen die Pilger nach Joppe. Auch diese Stadt lag in Trümmern; aber die Umgegend war lieblich und der Hafen bot bequeme Gelegenheit zum Verkehr mit Akkon; so richteten sie sich hier für einige Zeit häuslich ein, anstatt sofort gen Askalon weiter zu marschiren. Saladin stellte inzwischen Erwägungen über das Schicksal „der Braut von Syrien" an. Bisher hatte er diese wichtige Stadt, gleichsam das Verbindungsglied zwischen Aegypten und Syrien, nicht zerstört, und er wünschte auch jetzt noch sehnlichst sie zu erhalten. Waren aber die Kreuzfahrer trotz der ungeheuren Verluste, die sie seit drei Jahren erlitten hatten, nicht immer noch stark genug, hier einen ähnlichen Sieg zu erringen wie bei Akkon? Von ihrer ungebrochenen Kraft hatte so eben erst die Schlacht bei Arsuf den gewichtigsten Beweis geliefert; und unter Saladins Offizieren war die größte Unlust, in Askalon eine Belagerung auszuhalten, allgemein verbreitet. So entschloß sich denn der Sultan, wenn auch mit schwerem Herzen, die Frist, die ihm die schlaffe Kriegsleitung der Christen gönnte, zur Zerstörung dieser Festung zu benutzen. Am 16. September begann das traurige Werk. Die gewaltigen Mauern und Thürme wurden untergraben und niedergeworfen, die inneren Baulichkeiten der Stadt durch Feuer vernichtet.

Als Richard hiervon hörte, forderte er die Großen des Heeres zu schnellem Weiterzuge auf, um, wenn noch möglich, Askalon vor dem gänzlichen Untergange zu erretten. Er erhielt aber von mehreren Seiten die Antwort, daß es nun viel besser wäre, Joppe wieder herzustellen und von diesem vortrefflichen Stützpunkte aus den Kampf gegen Jerusalem zu beginnen. Dies war nicht ganz unrichtig, nur war der König nicht der Mann, um irgend eine größere Unternehmung mit fester Ausdauer zu vollenden. Wie er die Eroberung von Askalon geplant, dann aber durch den langsamen Marsch des Heeres die Vernichtung der schönen Stadt selber verschuldet hatte, so that er auch jetzt für Joppe und Jerusalem wohl einige, jedoch nur unzureichende Schritte. Der Wiederaufbau von Joppe wurde sogleich begonnen, aber ohne Nachdruck und daher nur sehr langsam gefördert. Ein Theil des Heeres rückte nach langem Zögern endlich ostwärts ins innere Land hinein, stellte ein paar zerstörte Burgen wieder her, lagerte sich indessen schließlich in den Trümmern der von Saladin geschleiften Städte Ramle und Lydda, anstatt einen ernstlichen Vorstoß gegen Jerusalem zu versuchen. Richard vertrieb sich während alledem die Zeit, indem er wie ein abenteuernder Ritter im Vorpostenkriege die auserlesensten Gefahren aufsuchte.

Seine unbändige Verwegenheit und die Kraft seines Armes wurden dabei so sehr der Schrecken der Feinde, daß nach Jahren noch mohammedanische Frauen unartige Kinder mit den Worten bedrohten: König Richard kommt, und daß mohammedanische Reiter dem scheuenden Pferde zuriefen: siehst du König Richard? Wie wenig aber war mit derartigen Heldenthaten für die Sache des Kreuzzuges gewonnen!

Kein Wunder, daß bei so lahmer Kriegsführung die schlechteren Elemente im Heere sich wieder sehr breit machten. In Joppe wurde geschwelgt wie einst im Lager vor Akkon. Schaarenweise eilten die Pilger sogar nach Akkon selber, um dort, fern von Mühe und Gefahr, ein üppiges Leben zu führen; und nur mit großer Mühe brachten die Könige Guido und Richard diese Ausreißer zu ihrer Pflicht zurück. Weit bedenklicher aber war, daß Markgraf Konrad von Tyrus, von Ehrgeiz gestachelt und wohl verzweifelnd, daß diese Könige irgend einen dauernden Vortheil über Saladin erringen könnten, eine Verhandlung mit dem Sultan begann, bei der er Sidon und Beirut für sich verlangte und den Mohammedanern dafür Unterstützung gegen seine Glaubensgenossen zusagte. Gleichzeitig begann jedoch auch Richard mit den Feinden zu unterhandeln, weil er böse Kunde aus der Heimat erhalten hatte, wonach seine Herrschaft sowohl von seinem Bruder, dem Grafen Johann, wie von König Philipp bedroht war, so daß er baldmöglichst die Rückreise anzutreten wünschte. Saladin war somit den christlichen Parteien gegenüber in der günstigsten Lage und wünschte nur, dieselben gegen einander zu benutzen und hinzuhalten. Da aber die Kriegsunlust unter seinen Truppen immer höher stieg, so mußte er sich demnach ernstlicher, als er sonst wohl gethan hätte, auf Friedensverhandlungen, namentlich mit dem mächtigsten seiner Gegner, König Richard, einlassen. Es kam dabei zu wiederholten freundschaftlichen und festlichen Zusammenkünften zwischen Richard und dem Bruder Saladins, Almelik Aladil. Der König fand an dem mohammedanischen Prinzen großes Wohlgefallen und soll den phantastischen Vorschlag gemacht haben, daß derselbe mit seiner Schwester Johanna, der Königin-Wittwe von Sicilien, vermählt und daß dann diesen beiden das ganze Königreich Jerusalem übergeben werde. Hieraus wurde begreiflicher Weise nichts; indessen, oft unterbrochen und immer wieder angeknüpft, führten die Verhandlungen schließlich so weit, daß der Friede nahe bevorzustehen schien, falls die Christen sich an einer mäßigen Erweiterung des von ihnen augenblicklich beherrschten Gebietes mit Einschluß Jerusalems (ausgenommen jedoch die große Moschee Omars und die Burg der heiligen Stadt, die den Muselmännern verbleiben müßten) genügen lassen wollten. Aber auch hiernach kam man nicht zum Abschlusse. Denn, wie ein arabischer Chronist sagt, „so oft mit dem Könige von England eine Uebereinkunft zu Stande kam, so oft machte er sie rückgängig: stets änderte er die schon angenommenen Bestimmungen oder erhob neue Schwierigkeiten: hatte er sein Wort gegeben, so nahm er es zurück, und wenn er Geheimhaltung forderte, so bewahrte er selbst nicht das Geheimniß".

Richard zeigte sich also bei den Verhandlungen ebenso unbeständig wie im Kampfe. Den schlimmsten Beweis dieser Sinnesart gab er aber um Neujahr 1192, als er den lange versäumten Marsch gen Jerusalem plötzlich anzutreten befahl. Die Jahreszeit war hierzu so schlecht als möglich gewählt: der Winter überschüttete die Pilger unaufhörlich mit kalten Regengüssen. Trotzdem rief der Befehl des Königs jubelnde Freude hervor: in heller Begeisterung zog das ganze Heer von Ramle aus ostwärts der heiligen Stadt entgegen. Aber schon in der Mitte des Weges, bei dem kleinen Orte Beitnubah, machte Richard Halt und berief einen Kriegsrath, um mit diesem zu erwägen, ob es denn überhaupt thunlich sei, die Belagerung von Jerusalem zu versuchen. Hier sollen namentlich die Pisaner und die geistlichen Ritterorden darauf hingewiesen haben, daß die heilige Stadt furchtbar befestigt und von einem starken Feldheere Saladins gedeckt, kaum zu bezwingen sein werde; auch empfehle es sich, vor dem Angriffe auf Jerusalem erst noch andere Orte zu erobern, weil nach dem Falle der heiligen Stadt die meisten Pilger, wie nach vollständiger Erfüllung ihres Gelübdes, in die Heimat zurückkehren würden. Das letztere war zwar ganz gewiß zu besürchten, da ja schon die Genossen Gottfrieds von Bouillon nach der Eroberung Jerusalems nur noch sehr kurze Zeit in Palästina sich hatten festhalten lassen; auch war es richtig, daß die Befestigungen der heiligen Stadt durch Saladin in der langen Zeit, die ihm die

König Richard Löwenherz auf dem Marsche.
Facsimile aus „de passagiis in Terram Sanctam"
(Venedig).

endlos zögernden Kreuzfahrer gegönnt hatten, außerordentlich verstärkt worden waren: lag aber in alledem ein zureichender Grund, vor dem letzten und höchsten Ziele, dem die gewaltige Erhebung des gesammten Abendlandes galt, scheu zurückzuweichen? Jerusalem mußte nach dem heißesten Verlangen der ganzen Christenheit doch einmal bestürmt werden: und konnte nicht eben beim Kampfe um diese Stadt Saladins Kriegsmacht so tief erschüttert werden, daß es den syrischen Franken darnach ein Leichtes war, ihre Herrschaft in Palästina wieder weithin auszudehnen, auch wenn die meisten Pilger ihnen hierbei nicht mehr Hülfe leisteten? Die Abneigung der Pisaner und deren Genossen gegen die Belagerung Jerusalems ruhte demnach wohl in erster Linie auf dem Wunsche, daß in ihrem Sonderinteresse vor allem Erwerbungen an der Küste gemacht würden: ihre Worte reichten aber völlig hin, um den wankelmüthigen Richard für ihre Absichten zu gewinnen. Er gab sofort den Weitermarsch nach Jerusalem auf und befahl, jenem früheren Plane gemäß, nunmehr gen Askalon zu ziehen.

In Sturm und Regen, unter Flüchen und Thränen ging das Pilgerheer an die Küste zurück. Askalon zeigte sich vor ihren Blicken als ein wüster Steinhaufen; nur mit Mühe konnte man über die Trümmermassen in das Innere der Stadt gelangen. Der Wiederaufbau wurde trotzdem ernstlich begonnen; der König ermunterte, freigebig wie immer, die Arbeiter durch Geldgeschenke und trug sogar, um mit gutem Beispiele allen voranzugehen, selber Steine herbei; in überraschend kurzer Zeit erhoben sich denn auch Wälle, Thürme und Häuser aus dem tiefen Schutte. Aber bald durchkreuzte eine neue Noth das nützliche Werk. In Akkon waren Pisaner und Genueser in blutigen Streit gerathen. Die ersteren hielten es mit den Engländern und König Guido, die anderen standen zu den Franzosen und Markgraf Konrad: die ganze syrische Christenheit wurde in die Parteiung hineingerissen. Konrad erschien mit Heer und Flotte vor Akkon, um die Stadt für sich und seine Genossen in Besitz zu nehmen, wich dann zwar von der Festung zurück, als Richard zum Entsatze herbeikam, aber ein Gespräch, welches er hierauf mit dem Könige hatte, verschärfte vielmehr die Entzweiung, anstatt sie zu mildern. In diesem Augenblick, gleich nach Ostern 1192, kam jedoch auch neue Nachricht aus England, welche die Krone Richards durch seine Feinde immer ernstlicher bedroht erscheinen ließ, und nun erklärte der König den Großen des Heeres, er könne nicht länger in Syrien bleiben, er müsse ohne weiteren Aufenthalt heimkehren. Wenn dies der Fall sei — so antworteten die Prälaten und Barone —, so möge er nur dafür sorgen, daß der noch immer fortwuchernde Streit um die Krone Jerusalems endgültig beseitigt werde. Richard fragte sie hierauf, ob er Guido oder Konrad in den Besitz des Reiches setzen solle. Er meinte wohl, daß seine Großen sich nicht leicht für den Markgrafen entscheiden würden, sah sich aber gründlich enttäuscht, weil alle Konrad als den Einzigen bezeichneten, der tapfer, klug und fähig genug sei, um, soweit dies überhaupt noch möglich, die Würde der Krone Jerusalems wiederherzustellen. Indessen, so überrascht Richard hierdurch auch war, so fügte er sich dennoch, da seine Gedanken heimwärts drängten, ohne Widerstreben dem einmüthig ausgesprochenen Wunsche der Großen und ließ Konrad melden, daß er ihn als König anerkenne. In Tyrus erhob sich darüber stürmischer Jubel, der um so berechtigter erschien, als der Markgraf, der kurz vorher wieder Verhandlungen mit Saladin angeknüpft hatte, eben damals günstige Nachrichten über den Fortgang derselben erhielt. Der Sultan verlangte zwar, daß Konrad sich mit ihm zum Angriff auf die Kreuzfahrer vereinige — woran natürlich jetzt nicht mehr zu denken war —; zugleich aber machte er dem Markgrafen größere Zugeständnisse als je bisher, indem er sich bereit erklärte, demselben mit Ausnahme von Askalon alles zu überlassen, was zur Zeit in den Händen der Christen war, und überdies noch von Palästina und der heiligen Stadt soviel hinzuzufügen, als er schon früher dem König Richard in Aussicht gestellt hatte.

Kaum aber war diese Botschaft am Hoflager des neuen Königs eingetroffen, als derselbe — am 28. April 1192 — in Tyrus von zwei Assassinen ermordet wurde. Diese allerwärts das höchste Aufsehen erregende Mordthat wurde bald Saladin, bald Richard zugeschrieben, ohne Zweifel mit Unrecht, da Konrad durch Beraubung eines Assassinenschiffes die Rache der fanatischen Secte gegen sich herausgefordert hatte[1]). Sein Tod war ein überaus schwerer Schlag für die christliche Sache. Wohl hatte er in rücksichtslosem Ehrgeiz manche böse That auf sein Gewissen geladen aber zugleich alle Welt überzeugt, daß niemand gleich ihm dem Fortschritte des Islams Halt gebieten könne; und wenn ihm ein längeres Leben vergönnt gewesen wäre, so hätten die syrischen Franken in der That wohl bald wieder bessere Tage gesehen.

Nun standen die Dinge anders; der innere wie der äußere Friede Jerusalems waren von neuem schwer bedroht. Hier war es wenigstens ein Glück, daß König Guido kaum mehr ins Spiel kam. Denn einer der französischen Großen, Graf Heinrich von Champagne, gewann sehr schnell die Zuneigung der Tyrier und bald auch der Kreuzfahrer überhaupt, sogar mit Einschluß König Richards, dessen Neffe er war[2]). Die wilde Zeit nahm keinen Anstoß daran, daß der Graf schon wenige Tage nach Konrads Tode dessen noch dazu schwangere Wittwe Elisabeth heiratete und natürlich dem Gestorbenen wie in der Ehe so auch auf dem Throne Jerusalems nachfolgte. Guido wurde nicht lange darauf von seinem alten Beschützer, König Richard, durch Einsetzung in die Regierung der Insel Cypern für die auf dem Festlande verlorne Krone entschädigt.

Aber der Krieg mit Saladin ging nun doch weiter. Richard vergaß, daß er so eben noch die Heimkehr für unaufschiebbar erklärt hatte, zog gen Darum, eine starke Burg an der Küste südlich von Askalon, erstürmte dieselbe im Mai 1192 und rüstete zu ferneren Kämpfen, als plötzlich neue Hiobsposten aus England eintrafen. Der wankelmüthige Fürst erklärte zwar

---

1) Ueber die Urheber der Ermordung Konrads haben die Meinungen bis in die neueste Zeit auf und ab geschwankt. Die schon oben im Text ausgesprochene Ansicht wird ausführlich begründet in dem soeben erschienenen Buche „Markgraf Konrad von Montferrat von Theodor Ilgen, Marburg 1880". Das Oberhaupt der Assassinen, welches hiernach die Ermordung des neuen Königs von Jerusalem veranlaßt hat, war der mehrerwähnte „Alte vom Berge", Raschideddin Sinan, der von 1169 bis zum September 1192 an der Spitze der syrischen Assassinen gestanden und die schrecklichen Schaaren seiner Untergebenen sowohl durch straffe Disciplin vortrefflich organisirt wie auch seinem Willen vollkommen unterworfen hat. Ueber ihn hat vor kurzem in einer lehrreichen Schrift gehandelt Guyard: Un grand maître des assassins au temps de Saladin, Journal asiatique 1877, septième série, tome IX, p. 324—489.

2) Eleonore von Poitou, vermählt mit:

1. Ludwig VII. von Frankreich,   2. Heinrich II. von England,

    Marie,   Richard Löwenherz.
vermählt mit Heinrich I. von Champagne.

Heinrich II. von Champagne,
König von Jerusalem.

sofort, daß ihn jetzt nichts mehr in Syrien zurückhalten könne, erregte jedoch dadurch den heftigsten Unwillen des ganzen Heeres: er möge gehen oder bleiben, war bald die allgemeine Stimme; man werde auch ohne ihn den Kampf um Jerusalem wagen. Der stolze König erschrak gewaltig, als er solche Worte hörte, und rang Tage lang in quälenden Zweifeln, ob er die Pilger schmählich verlassen oder durch längeres Zögern seine heimische Krone vollends gefährden solle. Endlich raffte er sich zu dem Entschlusse auf, welche Meldungen ihm auch fernerhin aus Europa zukommen möchten, doch noch wenigstens einen Sommer und einen Winter in Syrien auszuharren. Naturgemäß wurde gleich darauf der Zug gen Jerusalem beschlossen und von Vornehm und Gering mit heller Freude und frohen Hoffnungen angetreten. Die Aussichten des Unternehmens waren diesmal nicht gering. Die Jahreszeit, Juni 1192, war günstig, die Wehrkraft der Feinde verhältnißmäßig gering, da Saladin beträchtliche Heerschaaren, die er im vergangenen Winter entlassen, noch nicht wieder an sich gezogen hatte und sogar weniger als je bisher auf tapfere Ausdauer seiner Truppen rechnen durfte. Nur einige seiner Offiziere waren entschlossen, Jerusalem um jeden Preis zu behaupten, während andere meinten, man solle höchstens noch in freier Feldschlacht die Christen zurückzuwerfen suchen; gelinge dies, so sei die heilige Stadt außer Gefahr, mißlinge es, so sei sie freilich verloren, aber der Islam könne auch ohne dieselbe bestehen. Der Sultan erkannte aus solchen Worten mit tiefem Schmerz, welche Scheu in seinem Heere davor verbreitet war, zum zweiten Male eine Belagerung, wie die von Akkon, auszuhalten. Thränen rannen in stiller Stunde über seine Wangen: das Hauptwerk seines Lebens schien unrettbar der Vernichtung anheim zu fallen.

Indessen von König Richard hatte er in Wahrheit nicht viel zu fürchten. Der Marsch des christlichen Heeres ging überaus langsam wieder nur bis Beitnuba. Dort wurde für mehrere Wochen Halt gemacht. Richard ergötzte sich während derselben an verwegenen Einzelgefechten mit feindlichen Streifschaaren und an Beutezügen gegen reiche Karavanen, die aus Aegypten herankamen, verlor aber dabei, wie immer, den Hauptzweck des Unternehmens vollständig aus dem Auge. Allmählich begann er sogar zu klagen, daß Jerusalem uneinnehmbar sei wegen der Stärke seiner Mauern, der Uebermacht Saladins und wegen des Mangels, den die Pilger bei dieser Belagerung unfehlbar leiden würden. Rathsamer scheine etwa noch ein Zug gegen Damaskus oder Aegypten. Ein Theil der Ritterschaft pflichtete seinen Worten bei, der Rest aber, besonders die Franzosen, lehnte sich mit Zorn und Hohn gegen solchen Wankelmuth auf. In kurzer Frist war das ganze Lager von giftigem Hader erfüllt: der Vormarsch gegen Jerusalem wurde unmöglich, aber auch von keinem anderen Unternehmen war mehr die Rede, und am 4. Juli wurde Saladin von der Freudenbotschaft überrascht, daß die Christen im Begriffe wären, schlechthin nur an die Küste zurückzukehren.

Wenige Tage hiernach versuchte Richard wieder durch Friedensverhandlungen zu einem Abschluß des Kreuzzuges zu kommen. Aber der Sultan befand sich jetzt in zu günstiger Lage, um sich leichthin dem Wunsche des Gegners zu fügen. Er zeigte sich äußerst zurückhaltend, verweigerte jede Abtretung muselmännischen Gebietes und forderte vor allem die Schleifung von Askalon. Plötzlich ging er, der sich bisher meist in der Defensive gehalten, sogar zum Angriffe über. Ende Juli erschien er mit starker Macht vor Joppe, bestürmte die kaum wieder in Stand gesetzte Festung, erzwang sich einen Eingang in die Stadt und war schon nahe daran, auch den letzten Hort derselben, die Citadelle, zu nehmen. Die Lage der Christen war dem gegenüber äußerst bedenklich. Das Pilgerheer hatte sich in tiefem Mißmuthe über die erbärmliche Führung Richards großentheils aufgelöst. Zwischen Engländern und Franzosen herrschte leidenschaftliche Erbitterung: eben in diesem Augenblicke verweigerte der Führer der letzteren, Herzog Hugo von Burgund, jede fernere Gemeinschaft mit dem Könige von England und ging nach Tyrus, wo er bald darauf gestorben ist. Hier half aber noch einmal die wilde Tapferkeit des löwenherzigen Königs. Er war in Akkon, als ihn die Unglücksbotschaft von Joppe erreichte. Blitzschnell raffte er zusammen, was ihm an Streitkräften noch zur Hand war, segelte nach Joppe und sprang im Hafen, den Seinen voran, vom Schiffsbord hinab ins Wasser, um nur ohne Aufenthalt das Ufer zu erreichen (1. August 1192). Die Citadelle war damit gerettet, aber auch die Stadt wurde wieder gewonnen, als Richard mit hallendem Schlachtrufe die Straßen durchstürmte. Am 5. August versuchte Saladin noch einmal, die kleine Schaar des Königs mit überlegener Macht zu fassen und zu erdrücken. Im Felde vor Joppe wie in der Stadt selber kam es zu einem lange auf- und abwogenden Kampfe. Richard zeigte sich aber so reckenhaft stark, so verwegen und ausdauernd, diesmal auch so besonnen als Feldherr, daß er nicht blos seine Stellungen behauptete, sondern den Feinden sehr schweren Verlust zufügte und die Herzen derselben mit steigendem Entsetzen vor seinen dröhnenden Schwertschlägen erfüllte.

Diese Gefechte führten nun endlich den Frieden herbei. Saladin erkrankte in Folge der übermäßigen Anstrengungen, denen er seit Jahren sich hatte aussetzen müssen, und durfte um so weniger hoffen, seine murrenden Truppen zu einem Vernichtungskampfe mit der letzten Heldenkraft der Christen zu begeistern. Richard drängte voll unruhiger Hast nach Hause, gab deshalb bei den wiederbeginnenden Verhandlungen Schritt um Schritt nach und erklärte sich zuletzt mit einem recht schimpflichen Ende derselben einverstanden. Denn die Stadt Jerusalem blieb hiernach ganz und gar unter der Herrschaft der Muselmänner; das heilige Kreuz wurde nicht herausgegeben; die christlichen Gefangenen in den Händen Saladins wurden rücksichtslos ihrem traurigen Schicksale überlassen; Askalon sollte durch Arbeiter beider Parteien geschleift werden. Den Christen verblieb mithin nur die Küste von Joppe bis Tyrus nebst den Ueberresten ihrer nordsyrischen Besitzungen; außerdem wurde ihnen gestattet, als friedliche Pilger frei und sicher Jerusalem zu besuchen und an den heiligen Stätten zu beten; aber auch dieses Wenige wurde ihnen gewährt nicht unter dem Schutze eines dauernden Friedens, sondern nur eines Waffenstillstandes von drei Jahren. Dies ist der Inhalt des kläglichen Vertrages, den König Richard am 1. September 1192 mit Saladin abschloß.

Schmerz und Wuth erfüllte die Herzen der Christen, als dieses traurige Ergebniß all ihrer Opfer und Mühen bekannt und gleich darauf auch „die Braut von Syrien" für alle Zeit zerstört wurde. Schmerz und Wuth erfüllte die Herzen der Pilger — besonders einiger skandinavischer Schaaren, die eben jetzt erst aus ihrer fernen Heimat an der syrischen Küste landeten — als sie, waffenlos nach Jerusalem wandernd, dort die Feinde in stolzer Herrschaft und ihre gefangenen Glaubensgenossen, mit Ketten belastet, mühselig arbeitend sahen. Aber auch Saladin wurde seines ruhmreichen Widerstandes nicht völlig froh. Das Werk seines Lebens war nur zur Hälfte gelungen. Noch wehte die Kreuzesfahne auf zahlreichen Burgen und Städten Syriens und noch lebte der Geist Gottfrieds von Bouillon in allen Völkern des Abendlandes. Denn was auch wohl gesagt worden ist über die Abnahme des Kreuzfahrersinnes unter den Christen, für das Zeitalter des dritten Kreuzzuges ist davon noch wenig zu bemerken. Politische Verhältnisse haben freilich vielfach störend und umbildend auf die Wallfahrt eingewirkt, wie dies bei den mehr und mehr sich entwickelnden Beziehungen aller Staaten zu einander gar nicht anders sein konnte. Auch haben die Pilger ihr heiliges Unternehmen überaus oft durch ruchlose Unthat geschändet; und der vom Glaubenshasse verfolgte Feind ist daneben so eifrig bewundert worden, daß man voll ritterlicher Huldigung seine Freundschaft gesucht hat. Aber der Grundzug der Stimmung, die jene gewaltigen Pilgerheere zusammenführte und in den unsäglichsten Nöthen und Gefahren treu ausdauern ließ, war dennoch ganz die alte Sehnsucht nach der Befreiung des heiligen Grabes und nach der Ausdehnung der Christenherrschaft über die Welt des Morgenlandes. Der Widerstand eines genialen Fürsten auf mohammedanischer und der Mangel tüchtiger Führer auf christlicher Seite, dies waren die wesentlichsten Ursachen für den traurigen Ausgang, den der ungeheure Kampf gefunden hat. Und hier hat es kein anderer mehr an sich fehlen lassen als König Richard, der, man möchte fast sagen, soviel er vermochte, dazu beigetragen hat, daß Jerusalem nicht wieder erobert wurde.

Aber der ritterliche König ist für die Thorheiten, die er begangen hat, schwer bestraft worden. Nach dem Vertrage mit Saladin hielt ihn eine Krankheit noch einige Wochen in Akkon zurück. Ende September schickte er seine Gattin Berengaria und seine Schwester Johanna voraus in die Heimat. Am 9. Oktober verließ er selber Syrien und segelte eine zeitlang, fast abenteuernd, im mittelländischen Meere hin und her, unschlüssig darüber, auf welchem Wege er England zu erreichen suchen sollte. Denn außer dem Seewege, rings um Europa herum, den er offenbar zu vermeiden wünschte, waren ihm beinahe alle anderen Straßen versperrt. In England hatte er bereinst, als er zum Kreuzzuge aufgebrochen war, als seinen Stellvertreter zurückgelassen den Kanzler des Reiches, Bischof Wilhelm von Ely, einen niebriggeborenen aber um so hochfahrenderen Mann, der sich inzwischen viele Feinde gemacht hatte. An die Spitze derselben war des Königs eigener Bruder, Graf Johann getreten, der spätere König Johann ohne Land. Der Kanzler war gestürzt worden, und Johann strebte seitdem dahin, mit Verdrängung Richards sich selber der Regierung zu bemächtigen. Während dessen war aber auch König Philipp nach Frankreich zurückgekehrt und hatte, anstatt seinen Schwur der Freundschaft gegen Richards Regiment zu halten, halb Europa mit Klagen über dessen Tücke erfüllt: nach kurzer Frist war er mit Graf Johann in Verbindung getreten, um mit vereinigten Kräften der Rückkehr Richards auf den Thron von England sich zu widersetzen. Außerdem waren die Fürsten und Völker Deutschlands großentheils feindselig gegen Richard erregt, weil dieser viele Schuld trug an den Mißhandlungen, die den deutschen Pilgern in Syrien widerfahren waren: Herzog Leopold insbesondere, der nicht lange nach jener in Akkon ihm durch den englischen König zugefügten Beleidigung das heilige Land verlassen hatte, sehnte sich nach einer günstigen Gelegenheit zur Rache für·diese Schmach. Ja sogar der deutsche Kaiser Heinrich VI., der Sohn und Nachfolger Friedrichs I., gehörte zu den Gegnern Richards, da dieser in nahen Beziehungen zu den Welfen und Normannen, den Hauptfeinden des staufischen Hauses stand: der König von England war verschwägert mit Heinrich dem Löwen und — seit dem Frühjahr 1191 — befreundet mit Tankred von Sicilien.

Hiernach war fast die ganze Breite des Continents von Ungarn bis zum atlantischen Ocean für Richard feindliches Gebiet. Trotzdem wagte er schließlich, das adriatische Meer hinauf zu segeln, in der Absicht, durch Südbeutschland etwa nach Sachsen und von dort mit welfischem Geleite nach England zu gehen. An der Küste zwischen Aquileja und Venedig strandete sein Schiff. Er entkam dem Meere mit wenigen Begleitern und durchzog verkleibet Friaul und Kärnthen. Aber seine Anwesenheit wurde doch ruchtbar: seine Genossen wurden gefangen genommen: nur mit einem Diener gelangte er bis zum Dorfe Erdberg bei Wien. Als er hier einige Tage ruhte, erregten die feine Haltung des Dieners und das fremde Geld, mit dem derselbe Einkäufe zu machen suchte, in Wien Aufsehen. Man verhaftete den letzteren und zwang ihn auf der Folter, den Aufenthalt, Namen und Stand seines Herrn anzugeben. Darauf wurde — am 21. Dezember 1192 — Richard ergriffen und von Herzog Leopold auf die Burg Dürenstein an der Donau gesendet, wo er in ehrenvollem aber strengem Gewahrsam gehalten wurde.

Für Kaiser Heinrich war die Nachricht von dem Geschehenen „köstlicher als Gold und Edelsteine". Die glückliche Rückkehr Richards nach England hätte für ihn die schlimmste Steigerung der Gefahren bedeutet, mit denen ihn Welfen und Normannen bedrohten. Durch die Gefangennahme des

Königs wurden dagegen diese Feinde schon halb entwaffnet. Nach diesen Gesichtspunkten ist daher auch das Verhalten Heinrichs zu beurtheilen und nicht nach der romantischen Richtung der Sage, die den ritterlichen König und seinen treuen Sänger Blondel schwärmerisch preist, den „Tyrannen" Heinrich aber ungerecht verunglimpft.

Der Kaiser verlangte von Leopold die Auslieferung Richards, weil „ein König nicht in eines Herzogs Haft" sein dürfe. Leopold übergab den Gefangenen, nachdem ihm hierfür außer anderen Vortheilen die Zahlung von 50,000 Mark Silber zugesichert worden war, und Heinrich richtete nun sein Augenmerk auf nichts Geringeres, als daß Richard für seine Freilassung eine gewaltige Summe Geldes zahlen, Kriegshülfe gegen die Feinde der Staufer leisten und Vasall der kaiserlichen Majestät werden solle. Er forderte hiermit jedoch sehr viel und mehr, als er seiner Machtstellung nach in der That erreichen konnte. König Philipp und Graf Johann suchten ihn zwar noch weiter zu drängen, da sie wünschten, daß „der Teufel" überhaupt nicht wieder losgelassen werde, dafür aber erhob sich das englische Volk, als es von seines Königs unerwarteter Noth hörte, in fester Treue für denselben,

Grabmal eines englischen Ritters aus dem Geschlechte der Harcourt in der Kathedrale von Worcester; um 1200.[1]

und Papst Cölestin III. sah sich trotz seiner Abneigung gegen den hochfahrenden Richard dennoch genöthigt, für ihn einzutreten, weil jede Benachtheiligung eines Kreuzfahrers von vornherein mit kirchlicher Strafe bedroht war. Ebenso waren Heinrich der Löwe und dessen Freunde unter den deutschen Großen durch die Gefangennahme des Königs anfangs wohl tief erschüttert und gedemüthigt — hierin lag der bedeutendste Vortheil, den der Kaiser durch dieselbe überhaupt erreicht hat —, allmählich nahmen sie jedoch wieder eine drohendere Stellung ein, und Heinrich VI. mußte sich daher zuletzt mit dem Lehnseide Richards und mit dem Versprechen der für jene Zeiten außer-

---

1) Die Kreuzlage der Beine bezeichnet nach alter englischer Weise den Kreuzfahrer.

ordentlich großen Summe von 150,000 Mark Silber begnügen. Hierauf wurde der König am 4. Februar 1194 in Freiheit gesetzt.

In England wurde Richard dank dem Ruhme, den seine abenteuerlichen Heldenthaten ihm erworben hatten, mit freudiger Begeisterung empfangen. Aber wie er als Kreuzfahrer sich gezeigt hatte, so waltete er auch als König. Sein Sinnen und Trachten ging nur auf Lanzenrennen und Burgenbrechen. Er demüthigte seinen treulosen Bruder, den Grafen Johann, und raufte sich fast unaufhörlich mit der Ritterschaft König Philipps umher; sein Reich hatte jedoch wenig Vortheil von alledem. Solches Lebens würdig ist auch sein Ende gewesen: in einer unbedeutenden Fehde mit dem Vicomte von Limoges ist er vor dessen Burg Chaluz verwundet worden und am 6. April 1199 im zweiundvierzigsten Lebensjahre gestorben.

Achtes Kapitel.

Vierter Kreuzzug.[1]

Kaiser Heinrich VI.

Sultan Saladin wandte sich, nachdem der Waffenstillstand mit König Richard abgeschlossen war, den Werken des Friedens zu. Er bereiste die Landschaften Syriens, in denen der Krieg gewüthet hatte, und sorgte dabei für Herstellung von Befestigungen, Schlichtung von Streitigkeiten und Errichtung gemeinnütziger Anstalten. Schon plante er, auch Aegypten nach langer Abwesenheit wieder aufzusuchen und sogar durch eine Pilgerfahrt nach Mekka sein religiöses Bedürfniß zu befriedigen, als die Aufregungen und Anstrengungen, die er seit Jahren unausgesetzt erduldet hatte, an ihm sich rächten. Er fiel anfangs 1193 zu Damaskus in ein Siechthum, welches die Kunst der Aerzte nicht mehr zu heben vermochte, und starb dort am 3. März des Jahres. Sein Tod befreite die Christen von dem größten Gegner, den sie im Zeitalter der Kreuzzüge jemals gehabt haben. Er war so kriegstüchtig gewesen wie Imadeddin Zenki, so eifrig im Kampfe gegen die Franken wie Nureddin, aber er hatte sie beide übertroffen durch die Weite und Kühnheit seines Denkens und Strebens, durch die hochsinnig geniale Erfassung seiner Lebensaufgabe. Nicht alles, was er einst gewollt, war ihm gelungen. Im ersten Herrscherglücke hatte er wohl einmal gehofft, die Christen nicht blos aus dem Morgenlande gänzlich hinaus zu schlagen, sondern sie auch in ihrer eigenen Heimat mit einem vergeltenden Angriffe

---

[1] Wilken, Geschichte der Kreuzzüge, Band V ꝛc. Rohde, König Leo II. von Kleinarmenien, Göttingen 1869. Toeche, Kaiser Heinrich VI., Leipzig 1867. Winkelmann, Philipp von Schwaben und Otto IV., zwei Bände, Leipzig 1873 und 1878. Streit, Beiträge zur Geschichte des vierten Kreuzzuges, Anklam 1877. Riant, zwei Abhandlungen in der Revue des questions historiques: Innocent III., Philippe de Souabe et Boniface de Montferrat, 1875, und: Le changement de direction de la quatrième croisade, 1878. — Der bedeutendste Quellenschriftsteller für die Geschichte des vierten Kreuzzuges ist Geoffroy de Villehardouin „Histoire de l'empire de Constantinople sous les empereurs françois" ou „Mémoires de Villehardouin". Die besten Ausgaben dieses Werkes sind die von P. Paris, société de l'histoire de France, Paris 1838, und von N. de Wailly, Paris 1874, Didot frères.

aufzufuchen. Nun hatte er nur Jerufalem gewonnen und behauptet. Indeſſen dieſer Erfolg war doch der bedeutendſte von allen, die er irgend hätte erringen können, und deſſentwegen die Chriſten mit Furcht und Schrecken, ſeine Glaubensgenoſſen mit Bewunderung zu ihm emporſahen. Die liebenswürdigen Züge ſeines Charakters, ſeine Güte und Gerechtigkeit, ſeine Milde und Freigebigkeit, erwirkten daneben, daß ſein Bild nicht blos in unvergänglichen, ſondern auch in hellen Farben der Nachwelt überliefert worden iſt.

Als Saladin die Augen ſchloß, ſchien es jedoch noch fraglich, ob auch nur der theilweiſe Sieg, den er über die Franken errungen hatte, den Muſelmännern zu dauerndem Vortheile gereichen werde. Denn der Sultan hinterließ nicht weniger als ſiebzehn Söhne, und dieſe theilten nach den Beſtimmungen des Vaters das ihnen hinterlaſſene Reich. Alaſbhal erhielt Damaskus und das ſüdliche Syrien mit dem Sultanstitel, Alaziz Aegypten und Azzahir Haleb, während die übrigen Söhne Saladins und neben denſelben die ſonſtigen Prinzen des Herrſcherhauſes, beſonders der kluge und gewandte Bruder des geſtorbenen Sultans, Almelik Alabil, mit einzelnen feſten Plätzen abgefunden wurden. Schon dieſe Theilung bedrohte die Macht des Hauſes Ejjub an der Wurzel. Dazu kam aber noch, daß der neue Sultan Alaſbhal ein unbeſonnener und leichtfertiger Menſch war, deſſen ſchlechte Regierung den Streit zwiſchen den vielen Theilfürſten, der von vornherein gleichſam in der Luft lag, außerordentlich beförderte. Im Jahre 1194 kam es zum Kriege zwiſchen den Brüdern, der, oftmals beigelegt, nach kurzer Friſt immer von neuem auflohberte. Alaſbhal von Damaskus verlor zuerſt ſeine Herrſchaft. Dann ſtarb Alaziz von Aegypten mit Hinterlaſſung eines minderjährigen Sohnes. Aber keines der Kinder Saladins trug zuletzt einen Gewinn aus dem häßlichen Streite für ſich davon, ſondern nur der Bruder desſelben, Almelik Alabil, der ſich von Stufe zu Stufe emporarbeitete, Herr von Aegypten, Syrien und Meſopotamien wurde, ſeine Macht ſogar ſchließlich über die Berglande im Norden Meſopotamiens und über Arabien ausdehnte. Er wurde Sultan und empfing vom Chaliſen den Ehrentitel „König der Könige, Freund des Fürſten der Gläubigen". In dieſer Stellung war er den Chriſten freilich ein furchtbarer Gegner, aber lange Jahre vergingen, bis er zu ſolcher Macht gelangte, und inzwiſchen hatten die Kreuzfahrer mithin gute Ausſichten, beim Kampfe um Jeruſalem wiederum vollſtändig obzuſiegen.

Unmittelbar nach der Abreiſe König Richards von Paläſtina war die Kraft der Chriſten im Morgenlande natürlich nur gering. An der Küſte von Joppe bis Tyrus herrſchte der zum König von Jeruſalem erwählte Graf Heinrich von Champagne. Seine Städte füllten ſich allerdings ſchnell wieder mit italieniſchen Kaufleuten, welche die Zeit des Waffenſtillſtandes zur Anknüpfung reger Handelsbeziehungen mit den Muſelmännern benutzten. Die Streitmacht des Reiches beſtand aus den Reſten der jeruſalemitiſchen Ritterſchaft und aus einigen Pilgerſchaaren, die nach dem Ende der großen

Kreuzfahrt noch im heiligen Lande geblieben waren. Doch genügte dies nicht, um neue Angriffe auf die Ejjubiten auch nur vorbereiten zu können. Aehnlich stand es in Nordsyrien, wo man froh sein mußte, wenigstens die Hauptstädte und Kerngebiete der Fürstenthümer Antiochien und Tripolis vor dem Andrange der Feinde gerettet zu haben. In diesen beiden Landschaften gebot damals im wesentlichen ein Wille. Denn in Antiochien herrschte noch immer Boemund III. Für Tripolis aber hatte der letzte Graf aus dem Hause Toulouse, Raimund III., kurz vor seinem Tode im Juli 1187 zum Nachfolger bestimmt sein Pathenkind, den Prinzen Raimund von Antiochien, älteren Sohn Boemunds III. Dieser Raimund hat zwar bald hiernach auf Wunsch seines Vaters seine Anrechte auf Tripolis wieder aufgegeben, aber nur, damit dieselben auf seinen jüngeren Bruder Boemund übergingen, während er selber in Antiochien folgen sollte. Unter dem jüngeren Boemund sind späterhin Antiochien und Tripolis in einer Hand vereinigt worden und unter dessen Nachkommen bis zum Ende der dortigen Christenherrschaft vereinigt geblieben. Indessen wenn Boemund III. und die Seinen sich auch glücklich schätzen durften, durch Saladin ihrer Macht nicht gänzlich beraubt worden zu sein, so drohte ihnen damals noch ein anderer, für sie kaum minder gefährlicher Feind. Im armenischen Cilicien hatte sich nämlich während der achtziger Jahre ein Fürst erhoben, der seine Volksgenossen mitten durch das wilde Getümmel jener Zeit von Sieg zu Sieg zu führen verstand, Leo II., ein ebenso rücksichtslos gewaltthätiger wie schlauer und ehrgeiziger Mann. Er focht je nach den Umständen mit den Griechen oder den Antiochenern, mit den Seldschuken Kilidsch Arslans oder mit den Heeren Saladins. Seine Herrschaft dehnte sich allmählich nicht blos über ganz Cilicien aus, sondern umfaßte westwärts noch die isaurische Küste bis zum pamphylischen Meerbusen und ostwärts die Landschaften und Burgen im Eufratese, in denen einst die Joscelins von Edessa ihre letzte Zuflucht gefunden hatten. Aber hiermit nicht zufrieden strebte er sofort nach höherem Gewinn und versuchte nun die Armenier in innige Beziehung zu den Franken zu setzen, durch deren Unterstützung allein er die zur Erreichung seines Zieles nothwendige Kraft zu erlangen hoffen durfte. Die armenische Geistlichkeit wurde mit großer Härte unter sein Fürstengebot gebeugt, damit sie ihn nicht hindern könne, die Oberhoheit des römischen Papstes über die Kirche seines Landes anzuerkennen. Doch wurde daneben jedes christliche Bekenntniß friedlich geduldet, alles Schul- und Kirchenwesen eifrig gepflegt. Verfassung, Recht und Sitte der Kreuzfahrerstaaten wurden nach Armenien übertragen. Der Fürst gab Lehen an mächtige Vasallen, baute zahlreiche Burgen und ertheilte seinen Würdenträgern die Titel Connetable, Kanzler, Marschall und Seneschall. Fränkische Barone, Tempelherren und Johanniterritter zog er in seinen Dienst und den Kaufleuten Italiens gewährte er sowohl Grund und Boden in seinen Städten als auch ausgedehnte Handelsprivilegien im ganzen Reiche. Daneben kam es von Zeit zu Zeit wiederum zu bösen Händeln mit den Antiochenern.

Leo hatte freilich selber eine Tochter Boemunds III. geheiratet, aber beide Fürsten waren der Natur ihrer Stellung nach einander feindliche Nachbarn. Der Armenier lauerte seinem Schwiegervater auf, überrumpelte ihn und nahm ihn in harte Haft (1194). Boemund erlangte zwar durch Vermittelung des Grafen Heinrich von Champagne bald wieder die Freiheit, mußte hierbei jedoch dem Schwiegersohne einen Lehnseid schwören und seinen älteren Sohn Raimund mit einer Nichte Leos vermählen. Das junge Paar blieb darauf in Armenien. Raimund starb nach wenigen Monaten, hinterließ aber seine Gattin schwanger, die denn auch einem Knaben, Ruben, das Leben gab. Leo ließ diesen, den muthmaßlichen Erben Antiochiens, sorgfältig und ohne Zweifel in der Hoffnung erziehen, durch ihn bereinst entscheidenden Einfluß in der großen Stadt am Orontes zu gewinnen.

Das Verhalten Leos II. erinnert mithin an das Auftreten des großen Boemund während der Jahre 1097 bis 1104. Wie der Normannenfürst damals darnach gestrebt hatte, die fränkische Eroberung Nordsyriens durch die freundschaftlichste Verbindung mit den Armeniern zu sichern und zu vollenden, so versuchte jetzt ein Herrscher dieses asiatischen Volkes, durch gute wie durch böse Mittel die Kraft seiner Landsleute und der Franken mit einander zu verschmelzen, um dem aufs neue begonnenen Siegeszuge des Islams in genügender Machtfülle Halt gebieten zu können. Aber seit den Tagen Boemunds I. hatten die morgenländischen Christen zu schwer gefehlt und zu viel erlitten, um noch aus eigner Kraft, mochte auch ein so begabter Mann wie Leo an ihrer Spitze stehen, ein wahrhaft starkes und dauerfähiges Reich gründen zu können. Hier hing alles davon ab, ob das Abendland noch Willens und im Stande war, fernerhin nachhaltige Unterstützungen zum Kampf gegen Ejjubiten und Seldschuken zu entsenden.

Das römisch-christliche Europa war durch die ungeheueren Opfer, welche die meisten Völker desselben für den dritten Kreuzzug gebracht hatten, tief erschöpft, aber die Lust, den heißen Kampf um Jerusalem von neuem zu wagen, war noch keineswegs erkaltet. Der greise Papst Cölestin III., der seit dem Jahre 1192 wiederholte Aufrufe zu allgemeinen Waffnungen ergehen ließ, hätte deshalb wohl bald Gehör gefunden, wenn nicht die politischen Verhältnisse hindernd dazwischen getreten wären. Die Hauptschuld hierfür fällt auf Richard Löwenherz, der sowohl bei seiner Abreise von Akkon wie bei der Freilassung aus der Haft in Deutschland versprochen hatte, zum zweiten Male mit Heeresmacht gen Syrien zu ziehen, der aber, einmal wieder im Kriege mit Philipp August von Frankreich, nicht mehr daran dachte, sein Wort zu erfüllen, und mittelbar dadurch auch die Franzosen wie die Engländer an größeren Unternehmungen zu Gunsten Jerusalems hinderte. An die Stelle Richards trat jedoch in kurzer Frist ein anderer kraftvoller und hochsinniger Monarch, kein Geringerer nämlich als der deutsche Kaiser Heinrich VI. Schon im Jahre 1194 gewann derselbe hinreichende Macht, um ein starkes Pilgerheer zu rüsten, indem er sich mit den in

Deutschland ihm bisher abgeneigten Fürsten vollends friedlich auseinander setzte und gleich darauf auch Süditalien seinem Scepter unterwarf. Hier waren im Anfange des Jahres König Tankreds älterer Sohn Roger und dann der König selber kurz hinter einander gestorben; der einzige über= lebende Sohn Tankreds war ein noch unmündiger Knabe, und Heinrich VI. konnte daher die Erbrechte auf das sicilianische Königreich, die er mit seiner Gattin Konstanze erheiratet hatte, leicht zur Geltung bringen. Kaum aber hatte er in der herrlichen Kathedrale zu Palermo die vielumworbene Krone der Normannen empfangen, so umspannte der kühne Flug seines Herrscher= geistes das ganze Abendland und das Morgenland, Europa, Afrika und Asien. In Italien gehorchte ihm außer dem Reiche Robert Guiskards ein großer Theil der übrigen Gebiete der Halbinsel, da er aller Orten ergebene Freunde und eifrige Parteigänger hatte. England war seit König Richards Gefangenschaft seiner Lehnshoheit unterworfen; Frankreich und Spanien sollten in gleicher Weise die kaiserliche Obmacht anerkennen; und die musel= männischen Fürsten auf der Sicilien gegenüber liegenden Küste von Nord= afrika sendeten ihm als Tribut ganze Lasten von Gold und Kostbarkeiten. Im fernen Osten war sein Plan, vor allem durch Eroberung Jerusalems das Werk zu vollenden, an dem sein großer Vater, Kaiser Friedrich, ge= scheitert war. Aber noch ehe er zum Kreuzzuge rüstete, wünschte er den Kaiser von Konstantinopel tief zu demüthigen. War Heinrich doch der Erbe sowohl Kaiser Friedrichs wie der Normannenkönige, die beide von der Politik der Griechen schwer zu leiden gehabt hatten! Am Bosporus regierte noch immer der elende Isaak Angelus, unter dem das byzantinische Reich durch maßlose Verschwendung bei Hofe, durch Vernachlässigung des Heeres und durch unglückliche Kämpfe mit den Nachbarvölkern, besonders den Bul= garen, von Jahr zu Jahr tiefer sank. Heinrich durfte deshalb wohl auf Erfolg hoffen, als er von dem Griechenkaiser die Abtretung aller westlichen Provinzen von Dyrrhachium bis Thessalonich und bedeutende Unterstützung für den Kreuzzug forderte. Isaak aber vermochte dies weder zu gewähren noch zu verweigern. Denn eben in diesem Augenblicke rief die allgemeine Unzufriedenheit mit seiner schlechten Regierung eine Empörung gegen ihn hervor. Er wurde ergriffen, geblendet und mit seinem unmündigen Söhnchen Alexius im Palast der zwei Säulen zu Konstantinopel eingesperrt (8. April 1195). Der Anführer der Empörer, Isaaks eigener Bruder, bestieg als Alexius III. den kaiserlichen Thron. Für Heinrich VI. war dieser Umschwung der Dinge nicht unvortheilhaft. In Palermo war die schöne Irene, Tochter Isaaks und Wittwe des Normannenprinzen Roger, in seine Hand gefallen und schon hatte er dieselbe seinem Bruder Philipp zur Gattin bestimmt. Auf die Nachricht von dem Regierungswechsel in Konstantinopel konnte er nunmehr als Vertheidiger eventueller Anrechte der jungen Prinzessin auf den byzan= tinischen Thron gegen den Usurpator Alexius auftreten und diesen hierdurch in der gefährlichsten Weise bedrohen. Alexius war darüber tief erschrocken und beugte sich erneuten Anforderungen Heinrichs wenigstens soweit, daß er durch die sogenannte „Deutschensteuer", eine Art „freiwilliger Zwangs= anleihe", Geldmassen zu reichlicher Tributzahlung zusammen zu raffen suchte. Als der Ertrag derselben nicht genügte, wurden sogar die Kaisergräber ihres kostbaren Schmuckes entkleidet und die Deutschen durch die Aussicht auf Erlangung all dieser Schätze bewogen, Frieden zu halten.

Der überraschende Aufschwung der staufischen Macht seit der Besiegung der Normannen, der die ganze Welt mit Staunen erfüllte, wirkte auch auf die kleinen christlichen Herrschaften im Morgenlande. Dort hatte schon im Jahre 1190 Boemund III. von Antiochien dem Herzoge Friedrich von Schwaben, als dem Stellvertreter der kaiserlichen Majestät, den Lehnseid geschworen, und ähnliches beabsichtigten jetzt die Fürsten von Armenien und von Cypern. Im Jahre 1194 schickte Leo II. eine Gesandtschaft nach Rom und zum deutschen Kaiser, um durch die höchsten Autoritäten der römischen Christen= heit mit dem Königstitel geschmückt zu werden. Papst Cölestin III. nahm die Boten in der Hoffnung, die armenische Kirche seiner Oberhoheit von nun an unterordnen zu können, freundlich auf und gab ihnen eine geweihte goldene Krone für Leo mit: Heinrich ertheilte seine Einwilligung in die Standes= erhöhung des armenischen Herrschers und versprach, sobald er auf dem von ihm beabsichtigten Kreuzzuge ins Morgenland gekommen sei, selber den Fürsten zu krönen. In Cypern herrschte damals noch Guido, der einstige König von Jerusalem. Er hatte sich inzwischen bemüht, durch lockend frei= gebige Anerbietungen fränkische Ritter und Bürger zur Ansiedelung auf der Insel zu bewegen, und hatte hiermit, da in jenen Tagen genug besitzlose Leute auf der syrischen Küste lebten, schnellen Erfolg gehabt. Aber obgleich er nun wieder eine ziemlich stattliche Stellung einnahm, so nannte er sich doch nicht mehr König, sondern nur Herr von Cypern. Im April 1195 folgte ihm in der Regierung sein jüngster Bruder Amalrich von Lusignan und dieser schickte sofort zwei vornehme Gesandte zu Cölestin und zu Heinrich, sowohl um auf der Insel ein römisch=katholisches Erzbisthum (zu Nikosia) mit drei Suffraganbisthümern einrichten zu lassen, als auch um Lehnsmann des Kaiserreichs und hierfür zum König erhoben zu werden. Der Papst ordnete die kirchlichen Verhältnisse Cyperns nach Amalrichs Wunsch und Heinrich VI. empfing huldvoll den Lehnseid seines neuen Vasallen, schickte ihm als Zeichen der Belehnung ein goldenes Scepter und versprach, bereinst ihn ebenfalls persönlich zum König zu krönen.

Inzwischen hatten die Vorbereitungen für den neuen Kreuzzug, „den deutschen Kreuzzug" schon begonnen. Am 31. Mai 1195 nahm der junge Kaiser in Bari das Kreuz, nachdem er bereits vorher Kreuzpredigten ange= ordnet und verkündigt hatte, er wolle ein Jahr lang im heiligen Lande 1500 Ritter und ebenso viele Knappen unterhalten; jeder Ritter solle bei der Einschiffung 30 Unzen Gold als Löhnung sowie die nöthigen Lebens= mittel bekommen. Im Juni reiste Heinrich nach Deutschland und suchte hier den Eifer für den heiligen Krieg durch sein persönliches Einschreiten zu beleben, gelangte aber nicht so schnell, als er wohl erwartet haben mochte, an das Ziel seiner Wünsche. Denn theils hemmten ihn Krankheiten, denen er bei schwacher Gesundheit oftmals unterworfen war, theils schädigte ein Zwiespalt, der zwischen ihm und dem Papste ausbrach, den Fortgang des Unternehmens. Cölestin III. hatte nämlich anfangs den Entschluß des Kaisers mit warmer Freude begrüßt und mehrere Kardinäle beauftragt, die deutschen Lande kreuzpredigend zu durchziehen; mit der Zeit aber kam er zu der allerdings nicht unrichtigen Ansicht, daß die Pilgerfahrt, falls sie Erfolg habe, die staufische Macht unermeßlich steigern und der römischen Kirche, die sich von jener schon peinlich in die Enge getrieben fühlte, insofern Schaden bringen werde. Indessen trotz der Gegenwirkungen, die sich hieraus ergaben, errang der entschlossene Wille Heinrichs dennoch allmählich einen großen Erfolg. Vom Herbste 1195 bis zum Frühjahre 1196 wurden mehrere Reichstage gehalten, auf denen dieselbe flammende Begeisterung für die Befreiung Jerusalems wie in den Tagen Gottfrieds von Bouillon und Kaiser Friedrichs bei Hoch und Nieder sich zeigte. Am Entscheidendsten war der Wormser Reichstag im Dezember 1195, wo Heinrich selber Tag um Tag in der Domkirche saß, um die Anwesenden zur Ablegung des Kreuzgelübdes zu ermuntern, und wo ihn, wie einst seinen Vater auf dem Mainzer „Hoftage Christi", Adel und Volk stürmisch jubelnd umdrängten. Die ersten Pilgerschaaren zogen im Winter 1196 auf 1197 südwärts nach Apulien, wo Lebensmittel und Schiffe für sie bereit standen: schon im März segelten 30 Schiffe von dort nach Syrien ab. Bald darauf sammelten sich an der apulischen Küste neue Haufen in einer Gesammtstärke von 60,000 Mann; und eine Flotte von 44 Schiffen, mit vielen Tausenden niederdeutscher Pilger besetzt, die Westeuropa umsegelt und schon an der portugiesischen Küste mit den Muselmännern geschlagen hatten, traf im Hafen von Messina ein. Anfang September stach die ganze Armada unter dem Befehl des kaiserlichen Kanzlers Konrad in See: Heinrich VI. blieb jedoch, von heimischen Angelegenheiten gefesselt, in Normannenreiche zurück. Der Haupttheil der Flotte fuhr geraden Wegs nach Syrien und erreichte Akkon am 22. September. Der Kanzler wendete sich sammt einigen deutschen Fürsten zuerst nach Cypern, krönte dort in Heinrichs Auftrage und mit großer Pracht Amalrich von Lusignan zum König und eilte dann ebenfalls nach Akkon.

Der Anfang der Kämpfe im heiligen Lande war aber nicht glücklich. Die ersten Deutschen, welche, noch im Frühling 1197, voller Streitlust dort eintrafen, fanden bei den syrischen Franken kein freundliches Entgegenkommen. Graf Heinrich von Champagne und dessen Untergebene, zumeist Franzosen, gönnten ihnen keinen Erfolg: sie aber traten um so trotziger auf und begannen thörichter Weise den Krieg, ehe nur die Hauptmasse ihrer Genossen die italienische Küste verlassen hatte. Hieraus entnahm der bedeutendste

Gegner der Christen, der kluge Almelik Alabil, die Gelegenheit zu einem leichten Siege. Er erschien Ende August mit großer Macht vor Joppe, erstürmte die Festung, hieb die Besatzung, darunter auch einige deutsche Pilgerschaaren, nieder und zerstörte die Stadt vollständig. Und kaum hatten sich die Gemüther der Christen von diesem schweren Schlage erholt, so verlor Graf Heinrich plötzlich, durch einen Sturz aus dem Fenster, das Leben (10. September 1197). Sein Tod war für die Kreuzfahrer ein nicht geringes Unglück. Denn obschon er weder bedeutendere Macht besessen noch nennenswerthe Erfolge errungen hatte, weshalb er sich auch nur Graf und nicht König genannt hat, so veranlaßte sein Ende doch Verwirrung und Zwiespalt im christlichen Lager. Man stritt eine Zeit lang über den Nachfolger, den man ihm geben könne; und nachdem König Amalrich von Cypern, für den die Deutschen stimmten, zum Herren des Reiches Jerusalem gewählt war, schifften sich alle Franzosen, die noch aus der Zeit des dritten Kreuzzuges in Syrien waren, sofort heimwärts ein. Amalrich nahm die ihm angebotene Würde an und heiratete außerdem die Wittwe Heinrichs, Elisabeth, die demnach zum vierten Male eine Ehe und hiervon zum dritten Male mit einem Titularkönige von Jerusalem einging.

Hierauf endlich kamen die Deutschen zu größeren Unternehmungen, aber sie wagten nicht sogleich — nach allem Vorangegangenen begreiflich genug —, gegen Jerusalem selber vorzurücken, sondern beschlossen, Beirut zu belagern, den Hauptort, der Akkon und Tyrus von der Verbindung mit Tripolis und Antiochien abschnitt. Während sie durch das schon früher von Saladin geschleifte Sidon nordwärts rückten, zerstörte Alabil in der Furcht, Beirut nicht behaupten zu können, auch dessen Festungswerke bis auf die Citadelle und warf sich darnach — in der Nacht zum 24. Oktober — plötzlich auf die Pilger, die an der Meeresküste nahe bei Sidon lagerten. Nach heißem Kampfe errangen aber die Christen einen vollständigen Sieg, und als sie am 25. Oktober in die Nähe von Beirut kamen, fiel ihnen nicht blos die mauerlose Stadt sondern auch die Citadelle, in der sich beim Anrücken der Pilger gefangene Franken empörten, sofort in die Hände. Aus Freude über den großen Erfolg und um die feierliche Krönung König Amalrichs zum Herrscher des Reiches Jerusalem, der auch Fürst Boemund von Antiochien beiwohnte, zu verherrlichen, wurden in dem eroberten Orte rauschende Festlichkeiten veranstaltet. Dann wurde die energischste Fortsetzung des Feldzuges ins Auge gefaßt. Boemund kehrte nach Antiochien zurück, um von dort aus den Kampf zu beginnen, und besetzte unterwegs die von den Muselmännern aus Furcht verlassenen Hafenorte Djebeleh und Laodicea. Amalrich und die Deutschen planten schon den Marsch gen Jerusalem, da trat ein schwerer Unglücksfall ein, ähnlich wie vor sieben Jahren der Tod Kaiser Friedrichs, indem den Kreuzfahrern die schmerzliche Kunde gebracht wurde, daß Heinrich VI., erst 32 Jahre alt, am 28. September von einer Krankheit dahin gerafft worden war. Mitten im Siege, an der Schwelle des höchsten Triumphes brach nun zum zweiten Male ein großes deutsches Kreuzheer kläglich auseinander. Die Fürsten und Ritter sehnten sich heimzukehren, um bei den Umwandlungen, die nach dem Tode des jungen Kaisers in Deutschland und Italien eintreten mußten, gegenwärtig zu sein. Sie vereinigten sich freilich noch einmal zu einer kleineren Unternehmung, indem sie die einige Meilen landeinwärts von Tyrus auf hohem Felsen gelegene Burg Turon umlagerten und dieselbe durch Untergrabung der Mauern auch schon dem Falle nahe brachten. Aber der rechte Geist war nicht mehr in ihnen. Als die Belagerten gegen freien Abzug zu kapituliren wünschten, erhob sich Zwietracht im Christenlager, weil die einen auf jene Bedingungen eingehen, die andern die Festung mit Sturm einnehmen wollten, und als der Kampf darauf unter Mühen und Beschwerden weiter ging, entstand plötzlich eine Panik und veranlaßte einen fluchtgleichen Rückzug des ganzen Heeres an die Küste (Februar 1198). Wenige Wochen hierauf traten die Pilger die Heimfahrt nach Italien und Deutschland an, und König Amalrich mußte froh sein, daß Alabil ihm einen Waffenstillstand für einige Jahre gewährte.

Umfang des Reiches Jerusalem am Ende des 12. Jahrhunderts.

Die stolzesten Hoffnungen waren also gründlich gescheitert. Die christlichen Besitzungen an der syrischen Küste waren in besseren Zusammenhang gebracht, sonst aber war nichts erreicht worden, weil das Unglück, welches die Deutschen von jeher während der Kreuzzüge verfolgte, auch diesmal unbarmherzig ihre Pläne durchkreuzte. Trotzdem knüpft an diesen „deutschen Kreuzzug" eins der folgenreichsten Ereignisse der deutschen Geschichte an. Hiermit ist nicht sowohl gemeint, daß noch im Anfange des Jahres 1198 einer der deutschen Pilgerfürsten, Erzbischof Konrad von Mainz, nach Armenien ging und als kaiserlicher Bevollmächtigter Leo II. zum König krönte, denn die Lehnshoheit des deutschen Kaiserthumes über Armenien, die sich hieraus ergab, hat niemals ernstere Bedeutung gewonnen. Dagegen wurde ein Keim von unendlicher Triebkraft in den syrischen Boden gelegt, als die angesehensten Großen des Pilgerheeres und des Reiches Jerusalem am 5. März 1198 in Akkon zu gemeinsamer Berathung zusammentraten und den Beschluß faßten, die während des dritten Kreuzzuges gegründete deutsche Spitalbrüderschaft der heiligen Maria zu einem Ritterorden zu erheben, welcher denen der Templer und der Johanniter ähnlich und gleichberechtigt sein sollte. Heinrich VI. hatte die deutsche Brüderschaft während seiner letzten Lebenszeit mit Geschenken reich bedacht und vermuthlich selber schon beabsichtigt, aus ihr zur Stärkung des deutschen Elementes in Syrien und zur Stütze seiner Weltherrschaftspläne einen kriegerischen Orden zu machen. Was aber er nicht mehr vollenden konnte, das führten jetzt die Seinen aus und gewährten dadurch zunächst den syrischen Franken einen kleinen Ersatz für den Schaden, den sie ihnen durch den hastigen Abbruch des deutschen Kreuzzuges zufügten.

Papst Innocenz III. und Heinrich Dandolo, Doge von Venedig.

Der plötzliche Tod Heinrichs VI. veränderte mit einem Schlage das Antlitz der europäischen Welt. Nie hatte die Macht der Staufer höher gestanden als in den letzten Regierungsjahren dieses jungen Kaisers: die römische Kirche und die christliche Staatengesellschaft, Abendland und Morgenland waren alle von dem Streben Heinrichs nach Erringung einer vollkommenen Weltherrschaft bedroht gewesen. Wohl hatte der ehrgeizige Fürst hierbei Unmögliches zu erreichen getrachtet und würde bei längerem Leben ohne Zweifel selber durch Niederlagen gedemüthigt worden sein; um so jäher aber brach die Katastrophe über die Seinen herein, nachdem er, noch mitten im Siegeszuge, so überraschend schnell verschieden war. In Deutschland erhoben sich sofort die alten Gegner der Staufer mit großer Gewalt. Heinrichs unmündiger Sohn, der spätere Kaiser Friedrich II., hatte hier fürs erste keine Aussicht, dem Vater nachfolgen zu können. An seiner Stelle gewann des todten Herrschers jüngerer Bruder, Herzog Philipp von Schwaben, die deutsche Krone, sah sich aber genöthigt, dieselbe in langen und erschöpfenden Kämpfen gegen die Feinde seines Hauses zu vertheidigen. Das sicilische Reich verblieb dem jungen Friedrich, jedoch auch in diesem trat durch die Empörung der Normannen gegen die deutschen Kriegsmänner, mit deren Hülfe Heinrich dort geherrscht hatte, eine blutige Reaktion ein. Und da außerdem die wüsten Fehden zwischen Franzosen und Engländern noch immer fortdauerten, so war in jenen Tagen der größte Theil Europas in schlimmerer Weise als fast je bisher von Zwietracht und Streit erfüllt. Ein neuer Kreuzzug, um endlich Jerusalem den Ejjubiten wieder zu entreißen, konnte bei solcher Lage der Dinge nur mit Mühe ins Leben gerufen werden.

Indessen die Macht, welche die Staufer damals verloren, ging beinahe zur selben Stunde auf einen anderen herrschgewaltigen Mann über. Denn wie es schon öfter geschehen, so erhob sich auch diesmal auf den Schultern des zusammenbrechenden Kaiserthumes die römische Kurie. Die letzten Maßregeln des greisen Cölestin wurden zumeist von dem Kardinal Lothar, Grafen von Segni, bestimmt. Dieser war freilich der jüngste der Kardinäle — erst 37 Jahre alt —, aber zugleich kenntnißreich und klug, ein Mann der Wissenschaft und der Politik, geneigt zu herrschen und voll heißen Verlangens, die mittelalterliche Theokratie im Sinne Gregors VII. über alle Mächte der Welt zu erhöhen. Nachdem Cölestin am 8. Januar 1198 gestorben war, wurde Lothar noch am gleichen Tage zu dessen Nachfolger gewählt. Unter dem Namen Innocenz III. mischte er sich nun in alle Händel jener Tage, sowohl um die Könige, Fürsten und Völker des Abendlandes seiner Oberhoheit zu unterwerfen, als auch um das Reich der römischen Kirche durch Krieg wie Verhandlungen nach außen zu erweitern.

In der letzteren Beziehung trat er unmittelbar und vollständig in die Fußstapfen Heinrichs VI. König Leo von Armenien, der nach dem traurigen Ausgange des deutschen Kreuzzuges auf die Verbindung mit den Staufern keinen Werth mehr legte, wendete sich mit flehentlicher Bitte um Hülfe nach Rom und erklärte dem Papste, daß er ihn als den obersten Bischof der ganzen Christenheit anerkenne. Innocenz antwortete sogleich, er werde für die Unterstützung der morgenländischen Christen eifrig Sorge tragen, schrieb auch an die armenischen Barone, sie sollten im Kampfe gegen die Ungläubigen getreulich ausharren, und schickte dem Könige ein geweihtes Banner, welches er in demselben Kampfe führen sollte. Den Kaiser Alexius von Konstantinopel forderte er auf, zur Befreiung des heiligen Landes Kriegsrüstungen zu beginnen und ein Konzil zu beschicken, auf welchem über die Vereinigung der griechischen und der römischen Kirche verhandelt werden sollte. Alexius wich diesem Begehren aus, der Papst gewann jedoch durch seine Gesandten in Konstantinopel immerhin eine einflußreiche Stellung und bedrohte überdies die Griechen durch freundlichen Verkehr mit der jugendlich aufstrebenden Macht der Bulgaren, deren Fürsten er eine Königskrone übersenden wollte, wenn die bulgarische Kirche sich der römischen gebührend unterordne. Vor allem aber war der Papst vom ersten Augenblick seiner Herrschaft an darauf bedacht, die Völker des Abendlandes zu einer neuen großen Kreuzfahrt zu entflammen. Mächtiger fast und eindringlicher als irgend einer seiner Vorgänger ließ er die Posaune des heiligen Krieges ertönen: jeder König und Herrscher, so sagte er, sei vor allem Christo, dem obersten Lehnsherrn, dem die Feinde sein Land entrissen hätten, zur Hülfeleistung verpflichtet. Rundschreiben der Kurie ergingen an Klerus, Adel und Volk von Teutschland und Frankreich, England und Schottland, Italien und Ungarn. Päpstliche Legaten verkündeten aller Orten denen, welche das Kreuz nehmen würden, den Schutz des heiligen Petrus und Vergebung ihrer Sünden, verlangten aber auch ein bußfertiges Leben in prunkloser Kleidung und bescheidenen Mahlzeiten. Die Geistlichen sollten den vierzigsten Theil ihrer Güter und Einkünfte zur Ausrüstung des Pilgerheeres opfern, die Laien aber ihren Beitrag für den gleichen Zweck in Opferstöcke legen, die in allen Kirchen aufgestellt wurden. Innocenz versprach, so schwer ihm dies falle, den zehnten Theil seiner Einkünfte an den heiligen Krieg zu wenden und rüstete auch ein großes und reich befrachtetes Schiff zur Unterstützung der syrischen Christen aus.

Sein Kreuzesruf erweckte, ähnlich wie einst die Rede Urbans II. zu Clermont, begeisterte Prediger aus den Reihen des niederen Klerus. Am berühmtesten unter diesen wurde Fulko, Pfarrer in Neuilly an der Aisne, der nach einer, wie es scheint, wild verbrachten Jugend von asketischen

Stimmungen ergriffen und Bußprediger geworden war. Er war ein ziemlich ungebildeter aber außerordentlich redegewandter und fanatischer Mensch, dessen Wort unter den Volksmassen mit zündender Kraft wirkte. Tausende und aber Tausende nahmen das Kreuz, sowie er zum heiligen Kriege aufrief. Bald hieß es, er könne durch sein Gebet Kranke heilen und somit Wunder thun, wie der heilige Bernhard und Peter der Einsiedler: nach seinen Kleidern trachtete man, um aus dem Gewande des Hochbegnadigten gleichsam von Gott selber gesegnete Kreuzeszeichen zu schneiden. Ein eigenthümlicher Zug von Schlauheit und Derbheit erleichterte es ihm, die hohe Stellung, die er gewonnen, unter der wilderregten Menge zu behaupten. Denn „Gott hatte ihm die Gabe verliehen, die Geister zu unterscheiden, so daß er wohl wußte, wem und zu welcher Zeit er die Gesundheit wieder verleihen könnte und müßte". Mit seinem Stocke brach er sich manchmal eine breite Bahn, wenn das Volk ihn allzu ungestüm umdrängte, und als eines Tages ein Mann mit Gewalt sich ein Stück seines Gewandes zu verschaffen suchte, so rief er den Umstehenden zu: „Zerreißet nicht ferner meine Kleider, die nicht gesegnet sind; ich aber will das Kleid dieses Mannes segnen." Nachdem er darauf über das Gewand desselben das Kreuzeszeichen gemacht hatte, fiel das Volk über diesen Mann her, riß dessen Gewand in Stücke und nahm sie als kost= bare Reliquien mit sich fort. Fulko behauptete schließlich, in mehrjähriger Thätigkeit an 200,000 Pilger das Kreuz vertheilt zu haben, doch erlebte er keinen weiteren Erfolg seiner Bemühungen, da er noch vor dem Beginne des vierten Kreuzzuges starb.

Außer Fulko tritt unter den Predigern jener Zeit besonders hervor Martin, Abt des Cisterzienserklosters Päris bei Kolmar. In den Städten seiner Nachbarschaft, vornehmlich in Basel (im September 1201), forderte er die Gläubigen zur Wiedereroberung des heiligen Grabes auf, indem er auf die unvergänglichen Belohnungen im Jenseits, zugleich aber auch auf irdische Vortheile hinwies; „denn es sei nicht zu bezweifeln," so sagte er, „daß viele von euch in weltlichen Dingen dort größeres Glück finden, als sie hier jemals besessen zu haben sich erinnern". Viele Tausende wurden durch ihn bewogen, das Kreuz zu nehmen.

Die Thätigkeit des Papstes, der Legaten und dieser Kreuzprediger fiel aber trotz alledem auf einen wenigstens zum Theil unfruchtbaren Boden. Dies darf nicht Wunder nehmen und nicht als eine schon stark hervortretende Er= nüchterung des Abendlandes in Sachen der Kreuzzüge gedeutet werden. Die ungeheuren Opfer an Gut und Blut, die fast die ganze römische Christenheit während des letzten Jahrzehnts für das heilige Grab gebracht hatte, wirkten noch sehr empfindlich nach. Dazu kamen die wilden Fehden, von denen alle Hauptgebiete des Abendlandes erfüllt waren, die Zerrüttung von Recht und Sitte, die aus jenen folgten, und die Abneigung der staufischen Partei in Teutschland und Italien gegen die ihr feindliche Kirche und damit auch gutentheils gegen den Kreuzzug. Unter diesen Umständen zögerten aller

Orten die Fürsten und die Ritter, ein Gelübde abzulegen, welches ihnen eine lange Entfernung aus der Heimat zur Pflicht machte. Die Geistlichen murrten über die ihnen zugemuthete Abtretung eines beträchtlichen Theiles ihrer Einkünfte, und in Deutschland zeigte sich Mißtrauen gegen die Absichten der Kurie: Walther von der Vogelweide meinte, wenn „das deutsche Silber in den wälschen Schrein fahre", so werde wenig davon dem heiligen Lande zu Gute kommen, denn „großen Hort vertheile nicht gern der Pfaffen Hand". Fulko von Neuilly hatte freilich sehr schnell einen gewaltigen Erfolg errungen, aber die von ihm bekreuzten Pilger sind wohl zumeist geringe Leute gewesen, die nur in einem Anfall von Zerknirschung gehandelt hatten und den abgelegten Eid ebenso schnell wieder vergaßen, wie sie ihn geleistet hatten.

Innocenz III. überwand jedoch allmählich die Schwierigkeiten, die seinem Unternehmen im Wege standen, und sah nach einiger Zeit stolze Kriegerschaaren zum Kampfe für den Heiland sich erheben. Den Hauptanstoß hierfür gab die Waffenruhe, welche Kardinal Peter von Capua zwischen den Königen Philipp August und Richard Löwenherz im Dezember 1198 erwirkte. Denn wenn auch hiernach und trotz des bald darauf folgenden Todes des Königs Richard die Verhältnisse zwischen England und Frankreich noch unsicher genug blieben, und obgleich Frankreich außerdem durch die Ehehändel Philipp Augusts, der seine rechtmäßige Gattin, Ingeborg von Dänemark, verstoßen und an deren Stelle Agnes von Meran geheiratet hatte, schwer beunruhigt wurde, so entschloß sich nun doch ein großer Theil des französischen Adels, den Zug gen Osten zu wagen. Im Spätherbste 1199 vereinigten sich die jungen Grafen Thibaut von Champagne und Ludwig von Blois und Chartres in Ecry an der Aisne zu einem glänzenden Turniere. Der Landesadel war zahlreich zugegen und kaum hatte das Fest begonnen, so erschien Fulko von Neuilly, rief mit begeisternden Worten zur Wallfahrt auf und errang hier den nachhaltigsten Triumph, den er überhaupt je davongetragen. Denn die Grafen Ludwig und Thibaut nahmen nunmehr das Kreuz und mit ihnen viele Hunderte von Rittern und edlen Herren, darunter vornehmlich Simon von Montfort, bekannt ebenso sehr als kirchlicher Eiferer wie als gewaltiger Kriegskapitän. Ihr Beispiel wirkte weithin in den Burgen und Städten Nordfrankreichs. Tausende tüchtiger Streiter legten das Wallfahrtsgelübde ab, und am 23. Februar 1200 nahm auch der Schwager Thibauts, Graf Balduin von Flandern, mit seinen Brüdern Eustach und Heinrich das Kreuz. Nicht mit Unrecht hat man die flandrischen Herren mit Gottfried von Bouillon und dessen Brüdern verglichen: Graf Balduin glich dem Herzog Gottfried in seiner schlichten, wackeren und frommen Art, und Heinrich war kühn und rücksichtslos durchgreifend wie der erste König von Jerusalem. Die Grafen von Champagne, Blois und Flandern bildeten mit dem Gefolge von edlen Herren, Bischöfen und Rittern, welches sich ihnen nach und nach anschloß, ein stattliches Kreuzheer. Im Laufe des Jahres 1200 hielten sie mehrere Zusammenkünfte, erkoren den Grafen Thibaut zum Oberfeldherrn und beschlossen, behufs ihrer Ueberfahrt ins Morgenland eine Gesandtschaft nach Venedig zu schicken. Sie beabsichtigten nämlich, gen Aegypten zu ziehen, weil die Macht der ejjubitischen Sultane vornehmlich auf diesem Lande beruhe, und sie wünschten, durch die venetianische Flotte nach dem Nilthale befördert zu werden, weil die anderen seemächtigen Städte Italiens, Pisa und Genua, ihre Kraft damals in nachbarlichem Hader verzehrten. Im Februar 1201 erschienen sechs Gesandte der drei Grafen, darunter Gottfried von Ville=harbouin, Marschall der Champagne, der berühmte Geschichtsschreiber des vierten Kreuzzuges, in Venedig vor dem Dogen Heinrich Dandolo und trugen ihre Bitte vor. Die Verhandlungen nahmen einige Zeit in Anspruch, da die Venetianer wohl eine große Leistung in Aussicht stellten, dafür aber auch einen bedeutenden Lohn beanspruchten. Endlich kam man überein, daß die Seestadt hinreichende Schiffe zur Ueberfahrt von 4500 Rittern, 9000 Knappen und 20,000 Mann zu Fuß liefern, die Verpflegung des Heeres auf ein Jahr übernehmen und außerdem den Zug mit 50 Galeeren verstärken solle. Hierfür würden die Ritter 85,000 Mark Silber (ungefähr 3,400,000 Mark unseres Geldes) in vier Raten bis Ende April 1202 bezahlen und in der eben ge=nannten Zeit zur Abfahrt in Venedig zusammenkommen. Jede Eroberung und alle Beute solle zu gleichen Hälften zwischen Venetianern und Franzosen getheilt werden, und dem Papste sei Mittheilung von diesem Vertrage zu machen.

Die gewaltige Armada, deren Ausrüstung nun allerseits mit regem Eifer in Angriff genommen wurde, wäre wohl im Stande gewesen, den Ejjubiten schweren Abbruch zu thun, wenn nur die Venetianer sich mit ganzer Seele hätten der Sache des heiligen Krieges widmen mögen. Nie jedoch waren die Herren der Lagunenstadt weniger geneigt und geeignet, schlechthin und bedingungslos einer Pilgerfahrt sich anzuschließen, als im Anfange des drei=zehnten Jahrhunderts. Sie wünschten freilich im Morgenlande so machtvoll wie nur möglich aufzutreten, aber sie hatten dabei in erster Linie ihre Handels=interessen im Auge. Mit Aegypten standen sie damals in freundlicher Ver=bindung, weil der kaufmännische Verkehr mit Alexandrien und Kairo ihnen großen Vortheil brachte, und sie behaupteten sich auch in diesem Verkehre, obgleich Papst Innocenz alle Handelsbeziehungen zwischen Christen und Muselmännern zu vernichten wünschte: nur Waffen, Eisen und Schiffsbau=holz, d. h. mit einem Worte Kriegsmaterial sollten sie den Feinden des Kreuzes nicht mehr liefern dürfen. Andererseits lebten sie in Unfrieden mit dem byzantinischen Reiche. Denn wenn auch seit dem Sturze der Komnenen die Kaiser Isaak und Alexius III. sich ihnen zumeist günstig gezeigt hatten, so waren Reibungen doch nicht ausgeblieben, namentlich während der letzt=vergangenen Jahre, in denen Kaiser Alexius zum Schaden Venedigs die Pisaner entschieden bevorzugt hatte. Die klugen Kaufleute der Lagunenstadt hegten deshalb ohne Zweifel die Absicht, für die Kreuzesrüstungen zwar mit ganzer Kraft einzutreten, dieselben jedoch unter allen Umständen so zu lenken und zu benutzen, daß ihre Handelsbeziehungen zur byzantinisch-mohammedanischen Welt dadurch nicht verschlechtert, sondern gebessert und mehr als bisher gesichert würden. Der Mann, der in jenen Tagen an der Spitze Venedigs stand, der Doge Heinrich Dandolo, war ein Greis von mehr als neunzig Jahren, aber hellen Geistes, kühn und unternehmungslustig wie ein Jüngling. Seines Vaterlandes „Ehre und Vortheil" zu wahren, war das vornehmste Ziel, welches der „weise und hochherzige" Mann im Auge hatte. Die Byzantiner mochten sich vor ihm hüten. Er hatte persönlichen Anlaß, sich an ihnen zu rächen, da er im Jahre 1172, nachdem Kaiser Manuel jenen argen Gewaltstreich gegen die im griechischen Reiche befindlichen Venetianer verübt hatte, als Gesandter der Republik zu Konstantinopel in Folge schmählicher Mißhandlung halb erblindet war. Jetzt nahte offenbar die Stunde, in der er Genugthuung nehmen konnte sowohl für das ihm geraubte Augenlicht wie für die Verletzungen, die seinen Landsleuten am Bosporus so überaus oft zugefügt worden waren. Welche Pläne er aber schon im Anfange der Kreuzesrüstungen dem griechischen Reiche gegenüber hegen mochte, das hat der „verschwiegene" Mann nicht soweit offenbart, daß der Nachwelt eine sichere Kunde davon überliefert worden wäre.

Papst Innocenz hatte ein Gefühl davon, daß durch die Vereinigung der Venetianer mit den französischen Wallfahrern ein fremdartiges Element in den werdenden Kreuzzug gekommen war. Er erklärte deshalb, den zwischen denselben abgeschlossenen Vertrag nur unter der Bedingung genehmigen zu können, daß Franzosen wie Venetianer keine Christen beschädigten, falls diese nicht etwa die Pilgerfahrt zu hindern suchten oder irgend ein anderer gerechter und nothwendiger Grund einträte, dessentwegen sie nicht anders handeln könnten, jedoch auch dann nur unter Zustimmung des päpstlichen Legaten. Die Venetianer aber, die sich die Hände in solcher Weise nicht binden lassen wollten, wagten hierauf zu erwidern, daß sie die Genehmigung des Vertrages in dieser Beschränkung nicht annähmen.

Inzwischen war — am 24. Mai 1201 — der zum Anführer des Kreuzheeres erwählte Graf Thibaut von Champagne plötzlich gestorben. Der fromme Herr hatte zwar einen großen Theil seines Vermögens den Pilgern hinterlassen und seine Ritter verpflichtet, auch ohne ihn dem Wallfahrtsgelübde treu zu bleiben, dennoch aber machte sein Tod einen so niederschlagenden Eindruck, daß viele fürchteten, das Unternehmen werde nunmehr im Sande verlaufen. Die übrigen Kreuzesfürsten suchten deshalb schleunigst einen Ersatz für Thibaut zu finden, und baten zuerst Herzog Odo von Burgund, dann Graf Thibaut von Bar, an die Stelle des Todten zu treten. Beide lehnten dies ab. Da lenkte Gottfried von Villehardouin die Blicke des französischen Adels auf den Markgrafen Bonifaz von Montferrat, den Bruder jenes Konrad, der einst im griechischen Reiche wie in Syrien eine große Rolle gespielt und sein Leben erst in dem Augenblicke verloren hatte, als er sich schon König von Jerusalem nennen durfte. Diesen Mann empfahl mithin schon sein Name. Außerdem aber war er ein tapferer, hochstrebender und kunstsinniger Fürst, berühmt unter den Rittern und Sängern des Zeitalters. Man hätte keinen besseren finden können, und Bonifaz erklärte sich auch auf einer Zusammenkunft, die er mit den französischen Herren zu Soissons im Herbste 1201 hatte, gern bereit, ihrem Unternehmen beizutreten. Sein Beispiel bewirkte, daß in Frankreich, Deutschland und Italien die Zahl der Kreuzträger sich mehrte. Für den Dogen von Venedig war Markgraf Bonifaz ein sehr erwünschter Bundesgenosse. Glich er seinem Bruder Konrad, so war es voraussichtlich nicht schwer, ihn für jeden Vortheil verheißenden Kampf zu gewinnen, auch wenn derselbe dem eigentlichen Ziele der Wallfahrt völlig fern lag.

Fast in demselben Augenblicke, in welchem Bonifaz mit den Franzosen sich vereinigte, trat nun aber dasjenige Ereigniß ein, welches dem vierten Kreuzzuge endlich eine bestimmte Richtung geben sollte. Denn im Sommer 1201 entfloh der junge Alexius Angelus, Sohn des geblendeten Isaak und Neffe des Kaisers Alexius III., aus Griechenland nach Italien. Vornehme Pisaner waren ihm dabei behülflich gewesen, wie es scheint, weil der Kaiser so eben in freundliche Beziehungen zu ihrer Todfeindin Genua getreten war. Der Prinz suchte natürlich sofort das Abendland gegen seinen Oheim unter die Waffen zu bringen und wendete sich zuerst mit flehentlichen Bitten um Hülfe an Innocenz. Der Papst zauderte aber, dem Gesuche zu entsprechen, sei es, weil er die Vereinigung der griechischen und römischen Kirche noch am ehesten durch Alexius III. zu erreichen hoffte, sei es weil ihm die Verwandtschaft des Prinzen mit König Philipp von Deutschland, der ja Irene, die Tochter Isaaks, geheiratet hatte, zu schwere Bedenken erregte. Da eilte der Prinz über die Alpen nach Deutschland, suchte und fand am staufischen Hofe die freundlichste Aufnahme. Und hier ist nun (im Winter 1201 auf 1202) der Wunsch zuerst laut geworden, daß doch das Heer der Kreuzfahrer wenigstens fürs erste keinen Krieg gegen den Islam beginnen, sondern einen Angriff auf Konstantinopel unternehmen möge, um den Thronräuber Alexius III. zu beseitigen und den blinden Isaak nebst dem jungen Alexius in Macht und Ehre wiederherzustellen. König Philipp hat die Sache seines Schwagers dem Markgrafen Bonifaz besonders ans Herz gelegt und durch deutsche Gesandte die Kreuzfahrer und Venetianer für seinen Plan zu gewinnen gesucht.

Die staufische Politik hat insofern also die Abkehr des vierten Kreuzzuges von Aegypten und die Hinwendung desselben auf Konstantinopel veranlaßt. Heinrich Dandolo hatte zwar bisher vielleicht auch schon dergleichen beabsichtigt, doch wissen wir nichts Sicheres darüber, und es ist sehr wohl möglich, daß der kluge Doge bis zu diesem Zeitpunkte nur in der einzigen Beziehung fest entschlossen war, die Kraft der Pilger unter allen Umständen zur Förderung venetianischer Interessen zu benutzen, mochte sich hierzu die Gelegenheit an den griechischen oder syrischen Küsten oder selbst am Ufer des Nils ergeben. Völlig sicher gestellt erscheint dagegen, daß Dandolo die staufische Idee als eine ihm hochwillkommene mit Freuden ergriff und die Ausführung derselben in einer Weise betrieb, als ob auch er sie längst in stiller Brust gehegt und reiflichst erwogen habe Ebenso sicher ist außerdem, daß die deutsche Politik nur durch das Aussprechen dieser Idee und durch die diplomatische Unterstützung des Prinzen Alexius auf den Fortgang des vierten Kreuzzuges eingewirkt hat, während alles übrige von der Kraft und dem Willen Venedigs abhängig blieb. Der Entschluß des greisen Dandolo, das Pilgerheer zum Angriff auf Kaiser Alexius III. zu führen, bildet daher doch das eigentlich entscheidende Moment für die Ablenkung des Kreuzzuges von seinem ursprünglichen Ziele. Von diesem Augenblicke an erscheint der Doge als das wahre Oberhaupt der Pilger, und wenn wohl der kecke Markgraf Bonifaz gelegentlich der Boemund des vierten Kreuzzuges genannt worden ist, so verdient in viel höherem Grade noch der herrschgewaltige Dandolo diesen Ehrennamen.[1])

Seine Venetianer konnte er sehr leicht zum Zuge gen Konstantinopel gewinnen. Sie hatten ja schon in früheren Jahren zugleich zum Kriege gegen Muselmänner wie Byzantiner gerüstet. Außerdem war während des letzten Menschenalters klar hervorgetreten, daß eine so ausgedehnte Handelsherrschaft, wie Venedig im Griechenreiche auszuüben wünschte, mit einer starken Kaisermacht am Bosporus unvereinbar war: entweder mußte die Seestadt allmählich in eine bescheidenere Stellung zurücktreten oder in Konstantinopel einen ihrem Verlangen sich unterordnenden Herren einsetzen. Fast ebenso günstig für Dandolos Absichten waren die Stimmungen, von denen die übrigen Kreuzfahrer erfüllt waren. Es gab unter denselben viele Fürsten und Ritter, die, angelockt von dem Glücke, welches manche ihrer Genossen vornehmlich in den letzten Jahren an der syrischen Küste, in Cypern und Armenien gemacht hatten, mit Freuden ihr Schwert für jedes Gewinn versprechende Abenteuer zogen. Daneben wirkte in den Herzen der Pilger der alte Haß gegen die Griechen, der schon auf den Kreuzzügen von 1147 und 1189 bis nahe an einen Angriff auf Konstantinopel geführt hatte. Auch durfte man hoffen, daß ein von den Wallfahrern auf den Thron gesetzter Kaiser die römische Christenheit im Kampfe gegen den Islam eifrig unterstützen werde, so daß schließlich nur diejenigen Pilger, die, ganz voll religiösen

---

[1] In den letzten Jahren ist — vornehmlich von Graf Paul Riant und Ludwig Streit — die Kontroverse lebhaft erörtert worden, ob die Vernichtung des byzantinischen Kaiserreiches eigentlich durch die deutsche oder durch die venetianische Politik herbeigeführt worden ist. Riant überschätzt dabei ohne Frage den Einfluß, den König Philipp auf den Sturz der Angeli ausgeübt hat. Streit sieht in dem greisen Dogen von vornherein den „auctor et actor rerum". Die im Text vorgetragene Ansicht, die immerhin der Auffassung Streits näher steht als derjenigen Riants, ist im wesentlichen in Uebereinstimmung mit Heyd, Geschichte des Levantehandels im Mittelalter, I, 292 ff. und 440 ff.

Eifers und jeder politischen Berechnung unzugänglich, allein nach Krieg mit den Ejjubiten verlangten, innerhalb des Kreuzheeres selber Widerstand gegen Dandolos Plan erheben konnten.

Erste Eroberung von Konstantinopel.

Während der Frühlings- und Sommermonate 1202 sammelten sich beträchtliche Schaaren deutscher, französischer und italienischer Kreuzfahrer in Venedig. Die Zahl derselben, besonders an vornehmen und reichen Männern, blieb jedoch schließlich hinter den gehegten Erwartungen zurück, weil manche Pilger, aus Mißtrauen gegen die Politik der Lagunenstadt, auf anderen Wegen ihr Ziel zu erreichen suchten. Einzelne gingen nach Süditalien und wurden von der römischen Kirche zum Kampfe gegen die staufischen Ritter, die seit den Tagen Heinrichs VI. sich dort noch behaupteten, angeregt und benutzt. Andere segelten von den Häfen Flanderns, von Marseille und Genua nach Syrien, fanden im heiligen Lande aber keine Gelegenheit, sich durch Heldenthaten auszuzeichnen. Für die übrigen, auf der kleinen Insel San Nicolò di Lido bei Venedig vereinigten Kreuzfahrer war die nächste Folge dieser Zersplitterung, daß sie jene 85,000 Mark, deren ratenweise Abtragung sich bisher schon sehr verzögert hatte, schlechterdings nicht vollständig zu zahlen vermochten: nachdem sie gegeben hatten, was irgend in ihren Kräften stand, blieben sie den Venetianern noch 34,000 Mark schuldig. Dandolo hatte keine Ursache, dies übel zu empfinden. Er besaß hieran eine vortreffliche Handhabe, die Pilger seinen Plänen dienstbar zu machen, und unterbreitete nunmehr ihnen und dem Volke Venedigs den Vorschlag, daß das schuldige Geld „abverdient" werden solle, indem die Kreuzfahrer ihre Gläubiger aus der Beute bezahlen möchten, die sie auf Kriegszügen gegen die Feinde der Lagunenstadt machen würden. Als solche Feinde bezeichnete er in erster Linie die Bürger der Stadt Zara, die, von Seeraub lebend, dem venetianischen Handel im „Venetermeere" und somit fast in der Heimat selber schweren Schaden zufügten. Ein großer Theil der Pilger ließ sich aus Verlangen nach Kampf und Beute leicht für die Absicht des Dogen gewinnen: eine fromme Partei, unter der Führung Simons von Montfort, protestirte freilich heftig gegen die Bekriegung einer christlichen Stadt, blieb aber schließlich in der Minderheit. Dandolo rief nun die Hälfte aller waffenfähigen Mannschaft Venedigs zum Zuge auf und trat selber an die Spitze des Unternehmens. Anfangs Oktober 1202 verließ die prachtvolle Flotte von 72 Galeeren und 140 Lastschiffen den Lido, nöthigte im Vorbeigehen die Städte Triest und Muglia, der Markusrepublik zu huldigen, und erzwang am 10. November die Einfahrt in den Hafen von Zara. Hierauf versuchte Simon von Montfort mit den Seinen noch einmal, den Kampf zu hintertreiben, die Mehrzahl der Pilger blieb aber dem Dogen gehorsam, bestürmte die Stadt ausdauernd und eroberte sie am 24. November. Für Venedig lag hierin ein großer Erfolg, da ihm von nun an die Herrschaft im adriatischen Meere sicherer als je bisher gehörte. Weit Größeres aber mußte noch zu erringen sein, wenn es gelang, die Kreuzfahrer auf dem einmal betretenen Wege festzuhalten.

Dem stand fürs erste noch der Wille des Papstes Innocenz entgegen. Derselbe hatte schon im Sommer 1202 den Kardinal Peter von Capua als Kreuzzugslegaten nach Venedig entsendet. Dandolo aber hatte, um die päpstliche Einmischung in seine Unternehmungen fern zu halten, dem Legaten rundweg erklärt, er müsse wieder umkehren, falls er sich nicht bescheiden wolle, als einfacher Geistlicher am Zuge theilzunehmen. Hierauf waren die Kreuzfahrer durch ein Schreiben des Papstes gemahnt worden, an der christlichen Stadt Zara bei Strafe des Bannes sich nicht zu vergreifen und deshalb war nunmehr, nach der Eroberung von Zara, jeden Augenblick zu erwarten, daß der Bannfluch der Kirche das Pilgerheer treffen, beunruhigen und vielleicht ganz und gar auseinander sprengen werde. Indessen diese Gefahr ging außerordentlich schnell vorüber. Innocenz nahm die demüthige Erklärung der Kreuzesfürsten, daß sie wegen ihrer Verpflichtungen gegen die Venetianer nicht anders hätten handeln können, gütig an, verzieh ihnen und belegte nur den Dogen und dessen Volk mit dem Banne. Diese kümmerten sich um die Kirchenstrafe nicht im geringsten,

Venetianische Seefahrer.
Facsimile aus „de passagiis in Terram Sanctam"
(Venedig).

und da der Papst zugleich den übrigen Kreuzfahrern erlaubt hatte, mit den Gebannten in Verkehr zu bleiben, damit sie deren Flotte für die Ueberfahrt nach Syrien behalten könnten, so fiel der Bannfluch völlig wirkungslos zu Boden. Ebenso wirkungslos blieben schließlich auch die erneuten Abmahnungen des Papstes von weiteren Angriffen auf christliche Mächte, besonders auf das byzantinische Reich. Denn Innocenz betonte hierbei nachdrücklich, daß die Griechen sich schwerer Verbrechen gegen Gott und die Kirche schuldig gemacht hätten und daß Kaiser Alexius insbesondere die entsetzlichsten Gewaltthaten gegen seinen Bruder und rechtmäßigen Herren verübt habe; „es sei nur nicht Sache der Pilger, solche Sünden zu strafen". Diese Worte legten die Vermuthung nahe, daß der Papst zwar verbot, was er prinzipiell nicht gestatten durfte, daß aber, sobald nur die Kirche ihren Vortheil dabei fände, die Billigung des Geschehenen nachträglich wohl erfolgen würde. Fast nur die Zeloten im Heere, Montfort und seine Anhänger, hielten sich an den Wortlaut der päpstlichen Aeußerungen und verließen die Genossen, als nun in der That

Erste Eroberung von Konstantinopel.

der Zug gen Konstantinopel ernstlich in Vorschlag kam. Um so leichter aber vereinigten sich die übrigen Kreuzfahrer mit den Venetianern zu dem kecken Unternehmen.

Nachdem nämlich vorher schon Verhandlungen zwischen dem Dogen und den Kreuzesfürsten einerseits, König Philipp und Prinz Alexius andrerseits stattgefunden hatten, erschienen im Lager zu Zara, wo die ganze Armada überwinterte, um Neujahr 1203 staufische Gesandte und baten inständig um Hülfe gegen den Thronräuber Alexius III. Sie versprachen dagegen im Namen des Prinzen dem verbündeten Heere freie Verpflegung und 200,000 Mark Silber. Außerdem werde Alexius den Kreuzfahrern 10,000 Mann zum Kampf gegen die Ejjubiten ein Jahr lang zur Verfügung stellen und, so lange er lebe 500 Krieger im heiligen Lande besolden, endlich auch dahin wirken, daß die griechische Kirche dem römischen Stuhle sich unterwerfe. Der Antrag, der dem Heere hiermit gemacht wurde, war überaus verlockend. Ruhmvoller Kampf stand in Aussicht und reicher Lohn, Bestrafung der Griechen für hundertjährige Unbill und Eintritt derselben in die römische Kirchengemeinschaft: sollten die Pilger eine so glänzende Gelegenheit nicht ergreifen, für sich selber wie für alle römischen Christen und damit vornehmlich auch für Papst Innocenz die einleuchtendsten Vortheile zu erringen? Wohl geriethen die Kreuzfahrer noch einmal in heftigen Streit: die Massen verlangten, nach Akkon, nach Alexandrien geführt zu werden; aber die meisten Führer der Truppen, darunter auch Bischöfe und Aebte, einigten sich mit den deutschen Gesandten für den Zug gen Konstantinopel und beschwichtigten allmählich jegliches Widerstreben. Heinrich Dandolo sah sich endlich am Ziele seiner Wünsche. Im Mai 1203 führte er die Flotte, auf der sich nun auch Prinz Alexius befand, an Dyrrhachium und Korfu vorüber und um den Peloponnes herum ins ägäische Meer. Als Hauptziel des Kampfes faßte er, wenn auch der Prinz sogleich in einigen Küstenorten und Inseln als Kaiser Alexius IV. ausgerufen wurde, nicht die Unterwerfung der Provinzen, sondern die Bewältigung „der königlichen Stadt" am Bosporus ins Auge.

War es aber denkbar, daß der Doge mit den 40,000 Mann, die er im Ganzen etwa beschiffte, die gewaltige Festung einnehmen würde? Noch zur Zeit des Komnenen Manuel wäre es thöricht gewesen, so hochfliegende Hoffnungen zu nähren. Jetzt dagegen standen die Dinge anders. Alexius III. war ein Elender, der in seinem herrlichen Palaste faulenzte und schwelgte und seiner Gattin Euphrosyne sammt deren Buhlen die Sorge um die Regierung des Reiches überließ. Die Folgen hiervon traten in entsetzlicher Weise an den Tag. Die Unterthanen wurden durch sinnlosen Steuerdruck und durch Gewaltthaten aller Art zur Verzweiflung getrieben. Die Schätze, die der kaiserliche Hof ihnen abpreßte, dienten nur zu wüster Verschwendung: das Landheer verlotterte und die Flotte wurde „in Silber verwandelt", d. h. abgetakelt und das Material verkauft. In einzelnen

Provinzen erhoben sich die Statthalter oder Generale oder reiche Grundherren und versuchten, selbständige Fürstenthümer zu gründen. Das ferne Trapezunt war schon seit geraumer Zeit aus dem übrigen Reichsverbande fast ausgeschieden: jetzt eroberte ein wilder Kriegsmann, Leon Sguros von Nauplion, den Nordosten des Peloponneses und Mittelgriechenland, augenscheinlich in der Absicht, den ganzen Süden der Balkanhalbinsel bis hinauf nach Thessalien vom Kaiserreiche abzutrennen: in Kreta und auf anderen Inseln herrschten stolze Latifundienbesitzer so unabhängig wie die großen Barone in den Feudalreichen des Abendlandes. Unter solchen Umständen hätte das byzantinische Reich schon seit Jahren jedem energischen auswärtigen Angriff erliegen müssen. Am gefährlichsten wären demselben die Seldschuken gewesen, wenn nicht Sultan Kilibsch Arslan II. von Ikonium bereinst sein Reich unter seine Söhne getheilt hätte und diese nach dem Tode des Vaters (1193) in Streit mit einander gerathen wären. Die günstige Gelegenheit, die zersplitterte Seldschukenmacht nachdrücklich zu bekämpfen, war natürlich nicht benutzt worden, aber man hatte sich den geschwächten Feinden gegenüber doch mit vergleichsweise mäßiger Einbuße an Land und Leuten behauptet. Dafür waren die Bulgaren in wiederholten Plünderungs- und Eroberungszügen siegreich nach Thracien wie nach Macedonien vorgedrungen: ihr Fürst Johannes stand, wie oben berührt, in freundlichem Verkehre mit Papst Innocenz, und eben jetzt befand sich der Kardinal Leo von Santa Croce auf dem Wege nach Bulgarien, um Johannes zum Könige zu krönen, was denn auch im November 1203 geschehen ist.

Das große Kaiserreich machte nach alledem den Eindruck tief greisenhaften Verfalles, und der erfahrene Dandolo hatte vollkommen Recht, wenn er die Gemüther seiner Heeresgenossen, die während der Fahrt nach Konstantinopel manchmal in Zagen geriethen, durch den Hinweis auf ihre frische, den Feinden weit überlegene Jugendkraft zu trösten versuchte. Ende Juni segelte die Flotte in den Bosporus und legte sich zunächst an der asiatischen Küste bei Skutari vor Anker. Kaiser Alexius war dem herandrohenden Sturme gegenüber lange Zeit unthätig geblieben. Zuletzt hatte er in höchster Eile so viele Truppen als noch möglich aus den Provinzen her in Konstantinopel und Pera vereinigt und die herrliche Meeresbucht des goldenen Hornes durch den Rest seiner Flotte und eine mächtige eiserne Kette gesperrt. Aber die Schiffe waren halbe Wracks und die Soldaten zumeist zuchtlos und feig. Die Zahl der letzteren war freilich viel größer als die der Franken, kriegstüchtig zeigten sich jedoch nur einige tapfere byzantinische Offiziere, die nordischen Söldner (die Warangen) und allenfalls noch die pisanischen Kolonisten in Konstantinopel, die aus altem Haß gegen die Venetianer in die Reihen des griechischen Heeres traten. Ehe der Kampf begann, machte der Kaiser einen Versuch, den Abzug der Feinde durch Geld zu erkaufen, fand aber bei den stolzen Führern des Frankenheeres kein Gehör. Am 5. Juli begann der Angriff mit einem Sturm auf die Vorstadt

Erste Eroberung von Konstantinopel.

Pera: die Kreuzfahrer landeten glücklich an der europäischen Küste und schlugen die Kaiserlichen mit leichter Mühe nach der Hauptstadt zurück. Am 6. Juli sprengte Dandolo die Hafenkette, vernichtete die byzantinischen Schiffe und segelte mit seiner ganzen Flotte ins goldene Horn. Nach einigen Tagen voller Vorbereitungen für den Hauptangriff marschierte das Landheer am Ufer des goldenen Hornes hinauf, ging dann über die Bathyssusbrücke und lagerte sich vor der Nordecke der Festungsmauern, die dort den Blachernenpalast umgaben. Die Flotte folgte der Bewegung des Heeres und richtete ihre mit Wurfgeschützen und Fallbrücken wohlversehenen Galeeren gegen den Theil der feindlichen Werke, die von den Blachernen abwärts am goldenen Horne sich hinzogen. Seit dem 12. Juli tobte hier fast unaufhörlicher Streit. Tüchtige Griechenführer, besonders der Schwiegersohn des Kaisers, Theodor Laskaris, versuchten, die Gegner durch Ausfälle zu ermüden und von dem Beginne der eigentlichen Belagerung fern zu halten, richteten jedoch schließlich gegen die stahlfesten fränkischen Reihen wenig aus. Am 17. Juli erhoben sich diese zu einem allgemeinen Sturme. Ihr Landheer hatte keinen Erfolg, da die Warangen und Pisaner ausdauernd Widerstand leisteten, dafür aber nahmen die Venetianer einen Thurm, bald eine ganze Mauerstrecke und nisteten sich südöstlich von den Blachernen fest in der Stadt ein. Die Verzweiflung der Griechen zwingt nun den feigen Kaiser, mit großer Truppenmacht gegen das kleine fränkische Landheer hinauszurücken, um durch dessen Vernichtung zugleich dem Erfolge der Venetianer die Spitze abzubrechen. Aber die Ritter halten den Anprall der überlegenen Massen, angeblich 100,000 Mann stark, unerschüttert aus. Die Griechen stutzen, wanken und fliehen endlich in wilder Verwirrung in die Stadt zurück. Der heimkehrende Kaiser wird mit Hohnreden und Drohungen empfangen und entschließt sich zur Flucht. In der nächsten Nacht verläßt er mit den Kronjuwelen und zehn Centnern Goldes die Hauptstadt und entweicht nach Debelton, im nordöstlichen Thracien an der Küste des schwarzen Meeres, von den Verwünschungen aller Patrioten verfolgt. Auf die Nachricht von seiner Flucht wird der blinde Isaak aus der Haft hervorgeholt und in der Morgenfrühe des 18. Juli unter Festesjubel von neuem als Kaiser ausgerufen. Die Franken erklären sich hiermit einverstanden, da Isaak die Vertragsbedingungen, auf welche sie sich in Zara mit dem Prinzen Alexius geeinigt hatten, auch für sich als bindend anerkennt. Der Prinz hält, begleitet von den Kreuzesfürsten, einen feierlichen Einzug in die „königliche Stadt" und wird am 1. August als Alexius IV. zum Mitregenten gekrönt.

So ist überaus schnell und glücklich erreicht, was so lange Zeit hindurch geplant worden war. Der Thronräuber ist verjagt und das Kaiserreich vom Willen der Franken abhängig gemacht. Venetianer und Kreuzfahrer sollen reich werden durch goldenen Lohn; das byzantinische Heer soll an der Seite der Lateiner gegen die Ejjubiten streiten und die griechische Kirche sich unter das Gebot des römischen Papstes fügen.

Zweite Eroberung von Konstantinopel.

Konnte aber die Entwickelung in der That auf diesem Wege weiter gehen? War es zu erwarten, daß auch das byzantinische Volk gleich seinen Kaisern die Vertragsbedingungen von Zara gutwillig anerkennen werde? Die Franken schlugen ihr Lager wieder in Pera auf und verlangten dort zunächst die Zahlung des ihnen versprochenen Lohnes. Aber trotz aller Erpressungen, mit denen die Kaiser ihre Hauptstadt heimsuchten, konnten doch nur 100,000 Mark Silber, die Hälfte der in Zara verheißenen Summe, zusammengebracht werden. Die Griechen blickten mit bitterem und immer steigendem Groll auf alle Franken, sowohl auf die Kreuzfahrer wie auf die seit Alters bei ihnen ansässigen Kolonisten. In kurzem kam es zu blutigen Reibungen, und am 22. August versuchte eine Bande von raub- und ranflustigen Franken eine furchtbare Feuersbrunst, die fast die Hälfte der Stadt in Asche legte. Seitdem fühlten sich die italienischen Kolonisten nicht mehr sicher in Konstantinopel und begaben sich fast alle — ihrer 15000 mit Weib und Rind — hinüber ins Pilgerlager nach Pera. Es waren großentheils Pisaner: der feindliche Gegensatz gegen die Griechen ließ sie jedoch ihren Haß gegen die Venetianer völlig vergessen.

Die Erneuerung des offenen Kampfes zwischen Byzantinern und Franken verzögerte sich aber noch eine Weile. Denn die Kaiser Isaak und Alexius IV. wünschten die Kraft der Kreuzfahrer auch ferner noch für sich zu benutzen. Ihr Reich erstreckte sich bisher kaum über die Thore von Konstantinopel hinaus: in den Provinzen waren sie noch nicht anerkannt, und der geflohene Alexius III., der sich von Debelton wieder bis nach Adrianopel vorgewagt hatte, herrschte dort als Kaiser über Thracien. Alexius IV. bat deshalb die Franken um Hülfe, erhielt sie und machte mit einem beträchtlichen Theile des Kreuzheeres unter der Führung des Markgrafen Bonifaz einen mehrmonatlichen Streifzug durch die südöstliche Hälfte Thraciens. Nachdem er eine Reihe von Städten und Burgen unterworfen hatte, kehrte er am 11. November zwar als triumphirender Sieger in die Hauptstadt zurück, sah aber gleich darauf sowohl sich selber wie seinen Vater und die ganze byzantinische Welt mit den schwersten Gefahren von Seiten seiner bisherigen Bundesgenossen bedroht.

Zum Theile hatten die beiden Kaiser selber Schuld an dieser schlimmen Wendung der Dinge. Der armselige blinde Isaak trug sich mit ebenso hochfahrenden wie thörichten Träumen von der Wiederherstellung der kaiserlichen Macht in alter Herrlichkeit, und Alexius IV. zeigte sich den schweren Aufgaben, die auf ihm ruhten, schließlich so wenig gewachsen, daß er weder unter den Kreuzfahrern noch unter seinen eigenen Unterthanen irgend eine Partei für sich gewann. Das Uebelste war freilich immer, daß der junge Kaiser in Zara Versprechungen gemacht hatte, die er niemals erfüllen konnte: er vermochte die große Summe, die er den Franken schuldete, nicht vollständig zu zahlen, und er durfte nicht hoffen, die Griechen je zur Unterwerfung unter den römischen Papst zu bewegen. Nachdem ihm allmählich klar geworden war, daß er sein Wort nicht werde halten können, verzichtete er auf den freundschaftlichen Verkehr mit den Kreuzesfürsten, den er bisher unterhalten hatte, und verweigerte unter verschiedenen Vorwänden, weitere Zahlungen zu leisten. Die Fürsten schickten darauf eine Gesandtschaft nach Konstantinopel, die dem Kaiser im eigenen Palaste Krieg ankündigte, wenn er nicht zu seiner Pflicht zurückkehre; und nachdem dies nichts gefruchtet hatte, erhob Dandolo bei einer persönlichen Zusammenkunft, die er mit Alexius am Hafen, gleichsam in der Mitte zwischen beiden Heerlagern, hatte, zum letzten Male die Forderung, daß die Vertragsbedingungen von Zara endlich erfüllt würden. Als der Kaiser mit trotzigen Worten sich dessen weigerte, fuhr ihn der greise Doge mit furchtbarem Grimme an. „Schändlicher Bube," so rief er, „wir haben Dich aus dem Koth gezogen, und in den Koth hinein werden wir dich wieder verstoßen." Natürlich war hiermit (Ende November 1203) der Krieg erklärt und die Katastrophe, sei es für das Pilgerheer, sei es für Konstantinopel, in unmittelbare Nähe gerückt.

Die stolzen Franken befanden sich in diesem Augenblicke in ziemlich ungünstiger Lage. Der Beginn der Winterszeit verhinderte sie, sofort zur zweiten Belagerung der feindlichen Hauptstadt zu schreiten: sie mußten sich damit begnügen, im Lande rings umher sich festzusetzen und aus den reichen Ortschaften auf den benachbarten Meereskünften mancherlei Beute, besonders Lebensmittel zusammenzutragen. Eine zeitlang befanden sie sich hierbei ganz leidlich; allmählich aber gingen die Vorräthe zu Ende und die bitterste Hungersnoth fing an, ihre Reihen zu lichten. Außerdem strengten die Griechen, wenn sich auch Alexius IV. selber kaum jemals zum Kampfe hervorwagte, ihre letzten Kräfte eifrig an, um das furchtbar drohende Verhängniß von sich abzuwenden. Ganze Geschwader von Brandern wurden gegen die venetianische Flotte entsendet, und das Ritterheer wurde einmal ums andere durch kecke Ausfälle beunruhigt. Die Wachsamkeit Dandolos und die Tapferkeit des Markgrafen Bonifaz behüteten die Franken freilich vor ernsterem Schaden, dafür aber trat nun in Konstantinopel ein Umschwung ein, der ihre Aussichten auf endlichen Sieg bedeutend schmälerte. Denn fast alle Bewohner der großen Stadt, Vornehme und Geringe, Geistliche und Laien waren gegen das elende Regiment der beiden untauglichen Kaiser tief aufgebracht. Am 25. Januar 1204 brach die lange erwartete Revolution aus. Die Massen des niedern Volkes und die Mönche verlangten mit stürmischem Geschrei die Absetzung der Angeli und die Erhebung eines neuen Herrschers. Drei Tage lang war Konstantinopel von wilder Anarchie erfüllt, da niemand von den Großen des Reiches die schwer gefährdete Kaiserkrone annehmen mochte: endlich gewann man hierzu den Nikolaus Kanabus, einen tapferen, sonst aber unbedeutenden Jüngling. Als Alexius IV.

davon hörte, schickte er zu den Franken und bat sie um Hülfe, beschleunigte jedoch dadurch nur sein endliches Verderben. Denn seine Hauptstütze während der letzten Zeit und zugleich die Seele aller kriegerischen Unternehmungen gegen die Lateiner war ein entfernter Verwandter des Herrscherhauses gewesen, Alexius Dukas Murzuflus, ein rühriger, kluger und muthiger, freilich auch ein rücksichtslos gewaltthätiger Mann. Weder sich dem Kanabus zu unterwerfen noch mit dem jungen Alexius das Reich an die Franken auszuliefern, lag in seinen Absichten. Mit leichter Mühe gewann er jetzt Heer und Volk für sich. Kaiser Isaak, schon seit langem erkrankt, starb aus Furcht vor diesem Nebenbuhler. Kanabus und Alexius IV. wurden von den Schergen des Usurpators ergriffen und erwürgt. Als Alexius V. bestieg der letztere den Thron Konstantins.

Die Franken bekamen es sehr bald zu fühlen, daß nunmehr ein kräftiger Wille unumschränkt in der königlichen Stadt gebot. Sie wurden aufgefordert, binnen acht Tagen das Land der Griechen zu räumen; an weitere Zahlung sei nicht zu denken; der Kaiser bedürfe weder ihres Rathes noch ihres Gebotes: er sei selber dafür Mannes genug. Die Pilger konnten diesem Begehren, selbst wenn sie dazu geneigt gewesen wären, kaum Folge leisten: sie mußten fürchten, von den erbitterten Griechen, sobald sie zum Abzuge rüsteten, erst recht in drängende Noth gebracht zu werden. So blieb ihnen keine andere Wahl mehr frei, als entweder Konstantinopel zu erstürmen und ihrer Herrschaft zu unterwerfen oder in ehrenvollem Streite zu Grunde zu gehen. Alexius V. that sein Bestes, um ihnen das letztere Schicksal zu bereiten. Er sorgte in rastloser Arbeit für die Erneuerung und den Ausbau der städtischen Besestigungen, schickte Brander gegen die venetianische Flotte und versuchte, vereinzelte Abtheilungen des Ritterheeres in Ausfallsgefechten aufzureiben. Hierbei aber traf ihn entschiedenes Unglück. Denn nachdem eines Tages ein fränkischer Reitertrupp, 1000 Köpfe stark, nordwestwärts bis nach Philea am schwarzen Meere gezogen war und diesen reichen Ort vollständig ausgeplündert hatte, beschloß der Kaiser, diese Schaar während ihres Rückmarsches zum Bosporus mit großer Uebermacht anzugreifen und zu vernichten. Es gelang ihm auch, die Feinde so gründlich zu überlisten, daß dieselben die Griechen nicht eher gewahr wurden, als bis diese von hinten her in ihre Reihen einbrachen. Die Franken hielten jedoch den Angriff unerschüttert aus und wehrten sich mit so furchtbaren Schlägen und Stößen, daß nach kurzer Frist das vielfach überlegene Griechenheer voll Entsetzen in wilder Flucht aus einander stob. Alexius blieb, obwohl selber verwundet, so lange auf dem Schlachtfelde, bis er von den fliehenden Genossen wider seinen Willen mit fortgerissen wurde. Seine besten Streiter waren in dem heißen Kampfe gefallen; die Kroninsignien, das kaiserliche Banner und ein wunderthätiges Bild der Jungfrau Maria, welches — angeblich vom Evangelisten Lukas gemalt — als Palladium des Reiches betrachtet wurde, waren von den Siegern erbeutet worden und wurden von ihnen höhnend zur Schau

Zweite Eroberung von Konstantinopel.

gestellt. Mit diesem Tage entschied sich der Gang der Ereignisse wieder zu Gunsten der Franken. Alexius durfte fortan nicht mehr wagen, die unüberwindlichen Feinde in freiem Felde zu bestehen, und es fragte sich daher nur noch, ob es diesen gelingen werde, Konstantinopel zum zweiten Male zu erobern.

Die Pilger rechneten aber jetzt schon so sicher auf einen glücklichen Ausgang ihres Unternehmens, daß sie die Beute vertheilten, noch ehe dieselbe in ihren Händen war. Anfangs März 1204 schlossen der Doge von Venedig und die „erlauchtesten Fürsten" der Kreuzesritterschaft, an ihrer Spitze Bonifaz von Montferrat und Balduin von Flandern, einen Vertrag mit einander, durch den sie das künftige Schicksal des byzantinischen Reiches im voraus zu entscheiden versuchten. Darnach sollten die beiden Hauptgruppen, aus denen das fränkische Heer bestand, die der Venetianer und der „Kreuzfahrer", je sechs Wahlmänner ernennen, die bereinst, nach dem Siege über die Griechen, den Besten und Tüchtigsten ihrer Kampfgenossen zum Kaiser des Reiches erwählen würden. Diesem lateinischen Kaiser solle zwar das ganze byzantinische Gebiet unterthan sein, doch werde er nur ein Viertel desselben zu seiner unmittelbaren Verfügung erhalten: die übrigen drei Viertel sollten zu gleichen Hälften unter die Venetianer und Kreuzfahrer gegen bestimmte, dem Kaiser zu leistende Lehnsdienste vertheilt werden. Den Venetianern würden alle Rechte, Gewohnheiten und Besitzthümer, welche sie bisher im byzantinischen Reiche genossen hatten, auch im neuen lateinischen Kaiserthume ungeschmälert verbleiben; und diejenige jener beiden Hauptgruppen der Franken, aus deren Reihen der Kaiser nicht hervorgegangen sei, solle die Sophienkirche erhalten und den künftigen römisch-katholischen Patriarchen von Konstantinopel erwählen.

Zunächst jedoch galt es, die Griechen zu besiegen, d. h. vornehmlich die hohen Thürme und Mauern zu ersteigen, von denen die königliche Stadt ringsum gedeckt war. Um dies mit guter Aussicht auf Erfolg versuchen zu können, rüsteten sich die Franken mit Sturmleitern und Belagerungsmaschinen aller Art, sowohl für den Kampf von den Schiffen wie vom Lande aus. Am 8. April waren die Vorbereitungen vollendet. Das ganze Heer setzte auf der Flotte über das goldene Horn und nahm in und bei dem sogenannten Kreuzfahrerhafen, einer Bucht südöstlich von den Blachernen, Stellung. Der Angriff richtete sich mithin auf dieselbe Mauerstrecke, an der schon im Vorjahre die Eroberung der Stadt geglückt war. Diesmal aber mußte man auf bedeutenderen Widerstand stoßen, da Alexius V. nicht blos so gut wie noch irgend möglich für die Vertheidigung der Stadt gesorgt hatte, sondern auch selber sofort in die Nähe der gefährdeten Gegend eilte, um den Muth seiner Truppen durch seine Gegenwart zu beleben. Der erste Kampfestag, der 9. April, brachte hiernach den Franken nur eine schwere Niederlage. Ihr wilder Ungestüm brach sich an der Stärke der Festungswerke und dem Hagel von Geschossen, der von Thürmen und Mauern auf sie niedersauste.

Nach beträchtlichem Verluste an Menschen und Geräthen mußten sie endlich vom Sturme ablassen. Die Griechen jubelten und höhnten, da sie sich schon von aller Gefahr befreit wähnten; die Franken aber zogen aus ihrem Mißgeschick nur die Lehre, daß sie sich zum entscheidenden Stoße noch ernstlicher und sorgsamer als bisher rüsten müßten. Emsig arbeiteten die Mannschaften an der Wiederherstellung und Verstärkung der Maschinen; die fürstlichen Führer versprachen den Tapfersten hohe Belohnungen, und die Geistlichen steigerten die todesmuthige Begeisterung des ganzen Heeres durch kirchliche Feiern. In der Frühe des 12. April begann der zweite Sturm. Noch mußte man stundenlang vergeblich ringen. Endlich am Nachmittage glückte es zwei Schiffen, die mit Ketten unter einander verbunden waren, hart an einen Festungsthurm heranzufahren und die Sturmleitern an dessen Zinnen zu befestigen. Bald ist der Thurm genommen und stark besetzt. Fast gleichzeitig gelingt es einem riesigen Rittersmanne, Pierre d'Amiens, ein Stadtthor zu sprengen, und nun drängt das ganze Heer, mordlustig und siegestrunken, in die offenen Straßen hinein. Die Griechen weichen in feigem Entsetzen. Vergeblich sucht der Kaiser die Fliehenden zu sammeln und zu neuem Kampfe vorzuführen. Weder Bitten noch Drohungen helfen, und endlich entschließt sich Alexius zur Flucht, „um nicht ein Fraß für der racheschnaubenden Lateiner Kinnbacken zu werden". Er entweicht westwärts durch das goldene Thor und von dort hinaus auf das Meer. Schauerlich beleuchtet seinen Abzug die flammende Stadt, die von den grimmen Siegern abermals in Brand gesetzt ist.

Aber der Widerstand der Griechen war noch nicht ganz gebrochen. In der Sophienkirche versammelte sich eine Anzahl vornehmer Männer, berieth über die Wahl eines neuen Kaisers und entschied sich für Theodor Laskaris, Alexius' III. tapfern Schwiegersohn. Gern hätte dieser die Krone angenommen, wenn die Behauptung derselben noch möglich gewesen wäre. Als er aber die Truppen musterte, die ihm hierfür noch zu Gebote standen, fand er die Reste der Warangen unbotmäßig, die Griechen zuchtlos und feig. Da gab er Konstantinopel verloren und entfloh über den Bosporus nach Kleinasien, wo er — in Nicäa — der Gründer eines neuen Griechenreiches werden sollte. In den Morgenstunden des 13. April besetzen die Franken die südliche Hälfte der Stadt, die sie am Abend vorher noch nicht zu betreten gewagt haben. Aus der Sophienkirche ziehen ihnen Schaaren der Besiegten entgegen, um Gnade bettelnd. Die Kreuzesfürsten suchen sich der Unglücklichen anzunehmen, gemäß dem strengen Befehl, den sie schon vor der Erstürmung der Stadt ertheilt haben, daß nämlich jede Gewaltthätigkeit nach der Einnahme Konstantinopels vermieden werde. Aber ungehört verhallt ihr Wort. Zu heiß ist die Gier der Krieger nach den Genüssen, die sie im Lager zu Pera Monate lang entbehrt haben, zu ingrimmig ihre Wuth gegen die hinterlistigen, ketzerischen, seit Kindesbeinen ihnen verhaßten Griechen. Am wildesten geberden sich die Männer, die als Kolonisten früher in Kon-

Zweite Eroberung von Konstantinopel.

stantinopel gelebt und griechische Schätze wie griechische Tücke am genauesten kennen gelernt haben. Mord, Brand und Raub tobt durch die Straßen. Frauen und Mädchen werden den Armen ihrer Gatten und Väter entrissen. Was das Feuer nicht frißt, wird in der Raserei der Zerstörungslust zerschlagen. Gold und Silber, Waffen und Gewänder raffen die Sieger zusammen, aber die Kunstschätze, die anderthalb Jahrtausende in der unvergleichlichen Stadt aufgehäuft haben, fallen großentheils dem gräßlichen Tage

Balkanhalbinsel und Westkleinasien im 13. Jahrhundert. Herrschaft der Lateiner im Griechenreiche.

zum Opfer. Die Geistlichen spüren inzwischen nach den weltberühmten Reliquienmassen Konstantinopels und eignen sich davon, soviel sie vermögen, durch frommen Diebstahl an.

In so entsetzlicher Weise erfüllte sich das Schicksal, welches seit Jahren schon dem Kaiserreiche des Ostens gedroht hatte. Wenig über ein Jahrhundert war vergangen, seitdem Alexius I. die Waffen des Abendlandes zur Verstärkung seiner Macht erbeten hatte. Aber er selber schon hatte verschuldet, daß die freundliche Gesinnung, die der Westen ihm ursprünglich

entgegen gebracht, in Todhaß sich verkehrte. Seine Nachfolger waren auf
dem von ihm betretenen Wege geblieben. Unendlich viel weiter, als ihre
Kraft in Wahrheit reichte, hatten sie gebieten, die Franken zu Werkzeugen
ihrer Weltherrschaftspolitik hinabdrücken wollen. Nun war die unvermeid=
liche Wirkung so verkehrten Strebens eingetreten; das stolze Reich, welches
ein halbes Jahrtausend lang Europa vor der Ueberfluthung durch die Völker=
wogen Asiens behütet hatte, war gefallen, und über seinen Trümmern wehten
die Banner einer fränkischen Ritterschaar. War dies nun aber, wie viele
damals meinten und hofften, ein Vortheil für den Kampf der Christenheit
gegen den Islam, oder war es nicht vielmehr ein großes Unglück sowohl
für die Franken in Syrien wie überhaupt für alle Christen, die in Zukunft
den Krieg gegen Seldschuken oder Ejjubiten fortzuführen hatten?

Syrien um 1204.

Das christliche Syrien befand sich seit dem Anfange des dreizehnten
Jahrhunderts in sehr gedrückter Lage. Ein furchtbares Erdbeben warf einen
großen Theil der blühendsten Städte in Trümmer: Mißwachs und Theuerung
riefen ansteckende Krankheiten hervor, denen die Bevölkerung schaarenweise
erlag. In Antiochien starb außerdem im Jahre 1201 der alte Fürst Boe=
mund III. Sein rechtmäßiger Erbe war sein Enkel Ruben, der Großneffe
und Schützling des Königs Leo von Armenien.[1]) Aber jener jüngere
Boemund, der schon seit Jahren Graf von Tripolis war, bemächtigte sich
jetzt Antiochiens und veranlaßte dadurch eine ebenso gehässige wie lang
dauernde Parteiung unter den Christen des Morgenlandes. König Leo trat
nämlich ohne Zaudern für seinen Großneffen in die Schranken. In Antio=
chien konnte er auf den Patriarchen und auf die Edelleute zählen, während
es die Bürger der Stadt mit Fürst Boemund hielten. Die mächtigen Ritter=
orden des Hospitals und des Tempels waren wie gewöhnlich verschiedener
Meinung: da die Hospitaliter auf die Seite der Armenier traten, so er=
klärten sich die Templer für Boemund IV. Papst Innocenz beauftragte die
beiden Legaten, die er im Jahre 1202 nach Syrien schickte, die Kardinäle
Suffried und Peter von Capua, den bösen Streit nach Recht und Billigkeit
zu schlichten. Der eine dieser Legaten, Suffried, machte, wenn auch erfolg=
lose, so doch redlich gemeinte Vermittelungsversuche; Peter von Capua aber
begünstigte in dreister Weise den Fürsten Boemund und verschärfte dadurch
nur die Zwietracht der Parteien. Leo griff endlich zu den Waffen, vermochte
indessen seinem ebenso ränkevollen wie gewaltthätigen Gegner fürs erste
keinen wesentlichen Abbruch zu thun.

Nach alledem war an den Wiederbeginn des Krieges gegen den Islam

---

1) S. oben S. 257.

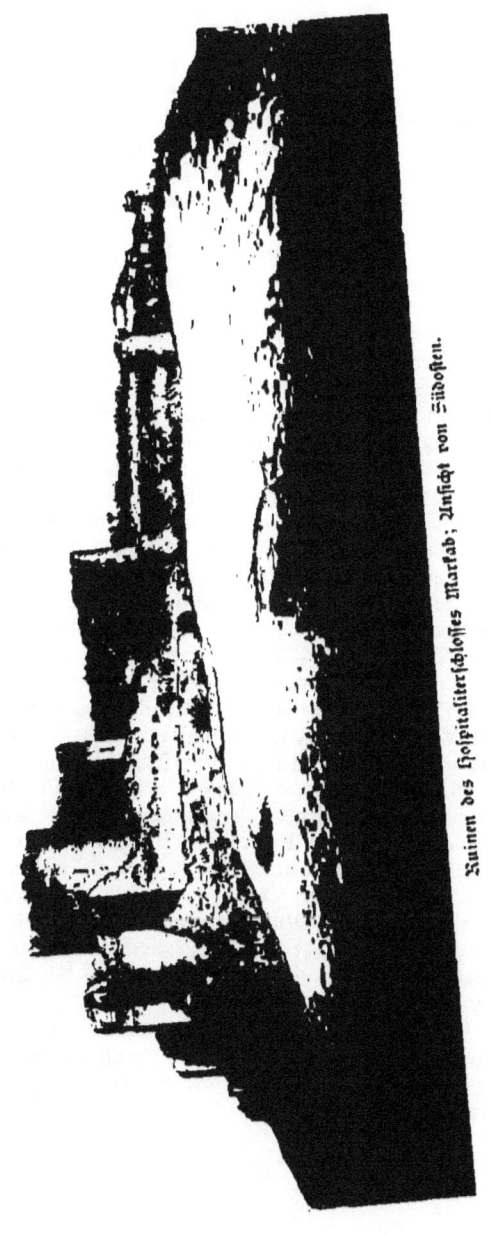

Ruinen des Hospitaliterschlosses Markab; Ansicht von Südosten.

kaum zu denken, als nunmehr — im Laufe des Jahres 1203 — jene Kreuzfahrer in Syrien eintrafen, die sich an den Unternehmungen der Venetianer gegen Zara und Konstantinopel nicht hatten betheiligen wollen. Die Zahl dieser Pilger war zwar durchaus nicht unbedeutend, aber König Amalrich von Jerusalem wagte auch mit ihrer Unterstützung nicht, den Waffenstillstand zu brechen, den er im Jahre 1198 mit Sultan Almelik Alabil abgeschlossen und seitdem treu beobachtet hatte. Die Kreuzfahrer, unwillig darüber, daß sie im heiligen Lande keine Beschäftigung für ihre Kampflust fanden, wendeten sich darauf großentheils nach Nordsyrien, um den antiochenisch-armenischen Zwist zur Entscheidung zu bringen. Da sich aber einzelne Haufen dem Fürsten Boemund, andere dagegen dem Könige Leo anschlossen, so blieb auch hier die Lage, trotz ihres Eingreifens, in der Hauptsache unverändert. Im November 1203 veranlaßten mohammedanische Seeräuber eine Störung des Friedens zwischen Amalrich und Alabil. Die Christen rächten sich zuerst durch Wegnahme einiger feindlicher Schiffe. Darnach rüstete Amalrich zu größeren Unternehmungen, machte von Akkon aus Streifzüge im mohammedanischen Gebiete und ließ durch eine kleine Flotte die ägyptische Stadt Fuah überfallen und ausplündern. Zu einem Kriege in großem Stile kam es aber dennoch nicht, sei es weil Alabil sich erschöpft fühlte, da auch sein Herrschaftsgebiet von Erdbeben, Hungersnoth und Krankheiten heimgesucht worden war, sei es weil er dem bei Konstantinopel lagernden Kreuzheere keinen Anlaß geben wollte, seine Waffen nun etwa doch noch gegen Aegypten zu richten. Im Jahre 1204 wurde zwischen dem Sultan und dem Könige ein neuer Waffenstillstand abgeschlossen, der, wie die Dinge einmal lagen, als ein Glück für das heilige Land betrachtet werden durfte. In Syrien aber wie in Europa verlor in Folge davon der feindliche Gegensatz gegen die Ejjubiten für mehrere Jahre die Kraft, die Christen zu Kampf und Opfern anzufeuern, während gleichzeitig die überraschende Eroberung Konstantinopels ringsum den tiefsten Eindruck hervorbrachte. Tausende von abenteuerlustigen Rittern und Knechten verließen nunmehr die syrischen Städte, um an den griechischen Gestaden ein reicheres Feld für ruhmvolle und gewinnbringende Thaten zu suchen. Außerdem richteten stattliche Schaaren französischer Reisiger, die sonst wohl zum heiligen Lande gezogen wären, ihre Fahrt jetzt nach Konstantinopel, und die Kraft der meerbeherrschenden Venetianer ging in der Ausnützung der Thaten ihres großen Dogen Dandolo beinahe vollständig auf.

  Für das christliche Syrien waren also die unmittelbaren Folgen des vierten Kreuzzuges schlechthin unheilvolle. Ob die mittelbaren Folgen sich besser gestalten würden, hing von dem Grade der Kraft ab, zu welcher die lateinische Herrschaft am Bosporus kam.

Lateinisches Kaiserthum von 1204 bis 1261.

In Konstantinopel herrschte anfänglich lauter Jubel. Die Sieger schwelgten in den reichen Schätzen, die sie in der königlichen Stadt gewonnen hatten und sahen, ihrer Meinung nach, einer noch glänzenderen Zukunft entgegen, die ihnen zu Theil werden sollte, sobald sie vom Bosporus aus das ganze byzantinische Reich ihrer Herrschaft unterworfen haben würden. Ihr erster Schritt, um zu diesem Ziele zu gelangen, bestand darin, daß sie aus ihrer Mitte einen lateinischen Kaiser für das Land der Griechen oder, wie sie es nannten, für „Romanien" zu wählen versuchten. Aber schon hierbei stießen sie auf Schwierigkeiten, da sie sich nicht sogleich auf einen Kandidaten für die Kaiserkrone zu vereinigen mochten. Der greise Dandolo freilich, der eigentliche Ueberwinder Konstantinopels, an den manche dachten, kam nicht ernstlich in Betracht, weil es keineswegs im Staatsinteresse Venedigs lag, den eigenen Dogen auf dem Throne der Komnenen zu sehen. Dafür aber

Kaiser Balduin.
Facsimile aus „de passagiis in Terram Sanctam" (Venedig).

wünschte ein jeder der beiden mächtigsten Kreuzesfürsten, Bonifaz von Montferrat und Balduin von Flandern, zum Kaiser erhoben zu werden. Für den Markgrafen sprach, daß er bisher als Oberfeldherr an der Spitze des ganzen Frankenheeres gestanden hatte, daß er alte Familienbeziehungen unter den Byzantinern besaß und überdies jetzt die noch jugendlich schöne Wittwe Kaiser Isaaks, Margaretha von Ungarn, zur Gattin nahm. Die letztere hatte aus ihrer ersten Ehe einen Sohn, Manuel Angelus: Bonifaz war nun dessen Stiefvater und somit gleichsam der Vormund eines rechtmäßigen byzantinischen Thronfolgers: schon nannten ihn deshalb die Griechen ihren „heiligen Kaiser-Markgrafen". Indessen die Mehrzahl der Franzosen war ihm, dem lombardischen Fürsten, abgeneigt und die Venetianer wünschten, einen minder kräftigen Herrscher, als er zu werden versprach, in Konstantinopel einzusetzen. Die meisten Stimmen vereinigten sich daher auf Balduin von Flandern und Bonifaz war klug genug, da er die erste Stelle im Reiche nicht gewinnen konnte, sich endlich mit der zweiten zu begnügen. Sein Verzicht auf die kaiserliche Würde trug ihm das Zugeständniß ein, daß er außer Kreta vornehmlich Thessalonich und die meisten Provinzen des eigentlichen Griechenlands sich selber sollte unterwerfen dürfen. Hierauf wurde Graf Balduin am 9. Mai 1204 einmüthig zum Kaiser erwählt und mit großem Pompe am 16. Mai in der Sophienkirche gekrönt. Diese Kirche fiel nach der Wahl und gemäß jenem Theilungsvertrage vom März 1204 den Venetianern zu, die auch sofort ihren Landsmann Thomas Morosini zum Patriarchen von Konstantinopel erhoben.

Nun mußte aber zum Schwerte gegriffen werden, um alle die Länder zu erobern, über welche Balduin und Bonifaz, die übrigen Kreuzritter und die Venetianer künftig zu herrschen wünschten. Denn sogar in der nächsten Nachbarschaft von Konstantinopel, in festen Städten Thraciens, behaupteten sich damals noch zwei Gegenkaiser, Alexius III. und Alexius V. Murzuflus. Balduin führte ein Heer gegen sie ins Feld, dehnte seine Macht in schnellem Siegeszuge nordwärts bis über Adrianopel und westwärts bis Thessalonich aus und nöthigte hierdurch seine Nebenbuhler zur Flucht. Alexius V. hoffte, als er seine Sache verloren sah, bei Alexius III. Schutz zu finden. Dieser aber ließ ihn ergreifen, blenden und ins Elend hinaustreiben. Doch half dem Tyrannen die neue Unthat nichts, da auch er vor den Waffen der Franken von Ort zu Ort in immer weitere Ferne entweichen mußte. Hierauf geriethen die Sieger unter einander in bitteren Haber, weil Balduin deutlich merken ließ, daß er seine Erfolge nur für sich allein, nicht aber, wie sich gebührt hätte, auch für Bonifaz zu verwerthen gedachte. Diesmal war der Markgraf von Nachgiebigkeit weit entfernt. Er rüstete die ihm anhängenden Lombarden, Deutschen und einige Franzosen, drohte mit Krieg und be-

Siegel Kaiser Balduins I.

gann in der That schon die Feindseligkeiten gegen die flandrisch-französische Ritterschaft des Kaisers. Das arge Zerwürfniß erschien niemandem unheilvoller als dem klugen Dandolo, der deshalb die Vermittelung zwischen den streitenden Genossen auf sich nahm. Bonifaz gewann ihn, indem er seine Ansprüche auf das ihm weniger werthvolle Kreta an die Republik Venedig abtrat; und Angesichts dieser Vereinigung der Lombarden und Venetianer mußte sich nun Balduin — im September 1204 — zu endgültiger Herausgabe von Thessalonich an Bonifaz bequemen. Der Markgraf besetzte darauf diese Stadt und das umliegende macedonische Gebiet mit seinen Heerhaufen und gründete hierdurch „das Königreich Thessalonich", welches sich fortan halb selbständig, mehr neben als unter dem Kaiserreiche Romanien entwickelte. Der blinde Alexius V., den inzwischen eine fränkische Streifschaar gefangen genommen hatte, wurde, ebenfalls im September, zur Strafe für die Ermordung Alexius' IV., des einstigen Schützlings des Kreuzheeres, in Konstantinopel hingerichtet.

Nach diesen immerhin glücklichen Anfängen wendeten sich Bonifaz und Balduin nach verschiedenen Seiten zu neuen Eroberungen. Der „König" zog nach Thessalien und Hellas, der „Kaiser" richtete seine besten Kräfte gegen Kleinasien. In letzterem Gebiete warteten der Kreuzfahrer ziemlich schwere Aufgaben, da fast in allen dortigen Provinzen die Griechen schon zu nachhaltigem Widerstande gerüstet waren. Zwei Prinzen aus komnenischem Blute, Alexius und David, Enkel des schrecklichen Kaisers Andronikus, hatten, die Verwirrung der letzten Zeiten benutzend, im fernen Trapezunt einen selbständigen Staat gegründet und demselben fast die ganze Nordküste Kleinasiens einverleibt. An der Spitze dieses neuen Griechenreiches stand der ältere der beiden Prinzen, Alexius, mit kaiserlichem Titel und mit dem Beinamen der Großkomnene, den auch seine Nachfolger beibehielten. Im Westen Kleinasiens hatte sich eine ganze Anzahl kecker Kriegsmänner zu unabhängigen Häuptlingen aufgeschwungen, wie Leon Gabatas auf Rhodus, Manuel Maurozomes am Mäander und Theodor Mangaphas in Philadelphia. Am wichtigsten aber war, daß jener tapfere Mann, der noch in der letzten Stunde des alten Byzantinerreiches dessen Kaiser hatte werden sollen, Theodor Laskaris, der Schwiegersohn Alexius' III., in Mysien und Bithynien reichen Anhang und in dem festen Prusa eine starke Stellung zum Kampfe mit den Lateinern gewonnen hatte. Die Kreuzritter überschritten jedoch trotzdem im November 1204 mit mehreren Heerhaufen sowohl den Bosporus wie den Hellespont, nahmen viele Ortschaften, besonders das wichtige Pegä in Mysien, und zersprengten, so glücklich wie verwegen fechtend, zu wiederholten Malen weit überlegene Griechenheere.

Kaum waren sie jedoch so weit gelangt, als sie von andrer Seite her in die drängendste Noth gebracht wurden. Denn der gefährlichste Feind, den während des letzten Jahrzehents die Byzantiner zu bekämpfen gehabt hatten, der Bulgarenkönig Johannes, rückte jetzt auch gegen die Franken heran. Diese hatten ihn schwer beleidigt, indem sie Freundschaft und Bündniß, die er ihnen angeboten, mit thörichtem Hochmuthe höhnisch zurückgewiesen hatten. Hierfür konnte er sich um so leichter rächen, als die Griechen Thraciens, von ihren neuen Herren an vielen Orten schnöde mißhandelt, verzweiflungsvoll nach einem Retter ausschauten und daher nicht verschmähten, sich insgeheim mit dem wild barbarischen Bulgarenfürsten zur Vernichtung ihrer Bedränger zu verbinden. Im März 1205 erhoben sich plötzlich die Bürger von Adrianopel und anderen thracischen Städten in blutiger Empörung und erschlugen oder vertrieben die fränkischen Besatzungen. Balduin und Dandolo eilten darauf mit allen verfügbaren Truppen herbei und umlagerten Adrianopel. Nun erschien aber dort auch Johannes mit unzählbaren Schwärmen meist leichter Reiterei. Am 15. April wurden die Heere handgemein. Die Ritter stürmten in unbesonnener Hast auf die verachteten Feinde los, die ihrerseits, gleich den Seldschuken fechtend, dem Anprall der Panzergeschwader fliehend auswichen, bis jene erschöpft anhielten und nun den von allen Seiten auf sie eindringenden Barbaren fast wehrlos zum Opfer fielen. Dreihundert der besten Ritter wurden erschlagen oder gefangen, unter den letzteren auch Kaiser Balduin. Der Ueberrest des fränkischen

Heeres vermochte sich hiernach im Innern Thraciens nicht zu halten und gab die ganze Provinz bis auf die Südküste den schnell nachfolgenden Feinden Preis. Der greise Dandolo, tief erschüttert von so furchtbarem Umschlage des Glückes, starb in Kummer und Sorge am 1. Juni 1205.

Die schwere Niederlage wirkte zunächst auf den asiatischen Kriegsschauplatz unheilvoll hinüber. Die Heerhaufen, die dort bisher siegreich gefochten hatten, mußten jetzt schleunigst nach Europa zurückkehren. Theodor Laskaris benutzte mit Geschick und Glück die ihm hierdurch gebotene Gelegenheit, seine Macht im westlichen Kleinasien nach allen Seiten auszudehnen, und erreichte in kurzem, daß er von den Griechen dieser Gegenden allgemein als Kaiser anerkannt wurde. Der Sitz seiner Herrschaft war fortan in Nicäa.

Unter den Kreuzrittern, die zur Rettung ihres Reiches aus Asien zurückgekehrt waren, befand sich aber ein hochbegabter Mann, Graf Heinrich, Bruder Kaiser Balduins, ein ebenso umsichtiger Feldherr wie kluger Staatsmann. Die Großen des Heeres wählten ihn sogleich zum Reichsverweser und fanden bald genug Ursache, mit dankbarer Anerkennung zu ihrem neuen Oberhaupte emporzublicken. Die Bulgaren wurden von ihm, wenn auch mit wechselndem Glücke, so doch im ganzen erfolgreich bekämpft, und die Hauptgebiete Thraciens dem Kaiserreiche wiedergewonnen. Günstig für die Franken war dabei, daß die Griechen, von den rohen Schaaren des Königs Johannes viel ärger als je bisher gequält, sich gern bereit erklärten, unter die Herrschaft eines lateinischen Kaisers zurückzukehren. Heinrich erkannte, welche Vortheile sich aus dieser versöhnlichen Stimmung ziehen ließen. Er kam deshalb den Griechen freundlich entgegen und nahm sie soweit nur möglich in seinen Dienst. Dem reichen und hochangesehenen Theodor Branas, einem Verwandten der Komnenen, gab er sogar Adrianopel nebst anderen thracischen Städten zu Lehen und gewann dadurch die Herzen des griechischen Volkes mehr und mehr für sich. So hatte er sich zur Lösung seiner schweren Regentenaufgabe schon in hohem Grade befähigt gezeigt, als endlich, im Sommer 1206, bekannt wurde, daß Kaiser Balduin gestorben war, sei es eines natürlichen Todes, sei es von den Bulgaren im Kerker ermordet. Bei der Wahl des Nachfolgers gab es unter den fränkischen Heerführern keine Meinungsverschiedenheit: der treffliche Reichsverweser wurde im August des genannten Jahres zum Kaiser von Romanien erhoben.

Während alledem hatte auch das eigentliche Griechenland sehr wechselnde Schicksale erlebt. Der fränkischen Eroberung standen hier ähnliche Hindernisse im Wege wie in Kleinasien. In den Ländern westlich vom Pindusgebirge, von Dyrrhachium bis nach Naupaktus hinab, hatte so eben ein vornehmer Grieche, Michael Angelus-Komnenus, der, wie sein Name andeutet, halb von den Angeli und halb von den Komnenen abstammte, eine unabhängige Herrschaft gegründet. Als Fürst derselben begnügte er sich mit dem byzantinischen Titel Despot; sein Staat wurde darnach der Despotat von Epirus genannt; seine Hauptstadt war Arta. Im östlichen Peloponnese, in

Attila und Böotien nahm schon seit mehreren Jahren, wie oben berührt ist, Leon Sguros eine ähnliche Stellung ein und rüstete so eben nach Kräften, um noch weitere Trümmerstücke des byzantinischen Reiches an sich zu reißen. Markgraf Bonifaz betrachtete diese Männer als Usurpatoren, die einzelne Theile des ihm gebührenden Königreiches widerrechtlich sich angemaßt hatten. Im Herbste 1204 rückte er deshalb mit einem beträchtlichen Heere von Lombarden, Deutschen, Franzosen und selbst Griechen, die er geschickt an sich zu fesseln wußte, von Thessalonich gen Süden vor. Den Despoten von Epirus, dessen Länder für ihn erst in zweiter Linie in Betracht kamen, ließ er unangefochten. Dagegen unterwarf er die Bewohner Thessaliens, verdrängte Leon Sguros aus Hellas und brach in den Peloponnes ein. Hier stockte sein Siegeslauf, weil er die starken Burgen von Korinth und Nauplion nicht sofort zu überwinden vermochte. Aber im Peloponnese hatte kurz vorher schon ein anderer fränkischer Herr, der jüngere Gottfried von Villeharbouin, ein Neffe des gleichnamigen Geschichtsschreibers des vierten Kreuzzuges, auf eigene Hand den Kampf gegen die Griechen begonnen und kam jetzt, um Hülfe zu erbitten, ins Lager des Königs. Dort traf er den Herrn Wilhelm von Champlitte, der aus dem Hause der Grafen von Champagne stammte, und bot sich diesem zu Diensten an, wenn derselbe ihm zur Bewältigung des Peloponneses Beistand leisten wolle. König Bonifaz war es zufrieden, daß die beiden Herren dieses Unternehmen durchzuführen versuchten, und beide haben denn auch hierbei den glänzendsten Erfolg gehabt, indem sie die Griechen theils mit der Schärfe ihres Schwertes schreckten, theils durch Schonung der alten Landesrechte und Gewohnheiten zu friedlicher Unterwerfung bewogen.

Als die Schaaren des Königs Bonifaz noch vor Korinth und Nauplion lagen, wirkte aber auch auf diesen Kriegsschauplatz der Kampf der Bulgaren mit den Lateinern verderblich ein. Denn König Johannes hatte sich wenige Wochen nach seinem Siege bei Adrianopel westwärts gewendet und Thessalonich umlagert. Schon hatte er die Stadt genommen; mit Mühe behauptete sich die Citadelle, und Bonifaz mußte zur Rettung derselben eilig heimkehren. Nun gelang es ihm freilich, die Citadelle zu entsetzen, Thessalonich wieder zu gewinnen, die Bulgaren allmählich zurückzudrängen und seine Herrschaft im macedonischen Binnenlande auszudehnen. Auch trat er in der nächstfolgenden Zeit mit Kaiser Heinrich in sehr freundschaftliche Beziehungen, huldigte demselben als seinem Oberlehnsherren, vermählte ihm seine schöne Tochter Agnes und verabredete mit ihm im Sommer 1207 einen gemeinsamen großen Rachezug gegen die Bulgaren. Aber schon war er dem Ende seines Lebens nahe gekommen. Denn kaum hatte er die erwähnte Verabredung getroffen, so fiel er auf einem Streifzuge in einen bulgarischen Hinterhalt und ward tödtlich verwundet. Die Seinen ließen ihn in der Verwirrung im Stich: sein abgehauener Kopf wurde dem König Johannes gebracht, der darüber jubelte, daß ihm „der beste, tapferste und freigebigste Ritter erlegen, den die Welt je gesehen".

Sein früher Tod war für die Franken ein überaus schwerer Schlag. Zunächst deshalb, weil König Johannes nunmehr mit großer Macht gegen Thessalonich vorbrach und die Stadt von neuem einschloß. Doch ging diese Gefahr unerwartet schnell vorüber, da der blutdürstige Bulgarenfürst eben im Lager vor Thessalonich am 8. Oktober 1207 von den Seinen erschlagen wurde. Unter den Bulgaren rissen darauf Parteiungen ein. Johannes' Neffe und Nachfolger, König Boril, fand nur bei einem Theile des Volkes Anerkennung und erlitt überdies durch Kaiser Heinrich bei Philippopel am 31. Juli 1208 eine fast vernichtende Niederlage, so daß die Franken auf dieser Seite wenigstens für die nächste Zeit leidlich gesichert waren.

Aber in Thessalonich erstand in derselben Zeit dem lateinischen Kaiserthume ein neuer Feind. Denn König Bonifaz hinterließ von seiner Gattin Margaretha nur einen unmündigen Sohn, Demetrius. An dessen Stelle übernahmen die Regierung der Connetable Buffa und der Graf Oberto von Biandrate, zwei ehrgeizige Männer, die nach selbständiger Macht, d. h. vor allem nach Losreißung Thessalonichs vom Kaiserreiche strebten. Was sie planten, fand bei den lombardischen Grafen und Herren, die Bonifaz in Macedonien, Thessalien und Hellas als seine Vasallen eingesetzt hatte, lebhaften Beifall, während die eben dort angesiedelten Deutschen und Franzosen treu zu Kaiser Heinrich hielten. Es bedurfte der ganzen Gewandtheit und Energie des letzteren, um den Zusammenhang des Reiches aufrecht zu erhalten und erst im Jahre 1209, nachdem die Aufrührer durch schlau geleitete Verhandlungen wie durch schneidig geführte Feldzüge vollständig in die Enge getrieben waren, konnte diese Gefahr einstweilen als beseitigt angesehen werden.

Während dessen hatte Heinrich wiederholt versucht, auch in Kleinasien von neuem Boden zu gewinnen. Um seinen Hauptgegner, den Kaiser von Nicäa, zu besiegen, war er gelegentlich mit den Trapezuntiern und selbst mit den Seldschuken von Ikonium in Verbindung getreten, während Theodor Laskaris dafür die Bulgaren gegen ihn aufgehetzt hatte. Und wie Heinrich nicht blos seine Landsleute sondern auch befreundete Griechen in den Kampf führte, ebenso bediente sich Kaiser Theodor mit großem Geschick der Waffen geldgieriger fränkischer Söldner. Die beiden hochbegabten Fürsten boten mithin alle erdenklichen Mittel gegen einander auf, schließlich jedoch zeigte sich Theodor als der Stärkere, da Heinrichs Kraft Jahr um Jahr auf zu vielen fern von einander liegenden Schauplätzen in Anspruch genommen wurde. Der Kaiser von Nicäa schlug Franken und Trapezuntier einmal ums andre zurück und besiegte sogar in einer mörderischen Schlacht am Mäander im Frühsommer 1211 die Seldschuken, deren Sultan Kaikhosru er dabei mit eigner Hand erlegte.[1] Heinrich machte hierauf, im Anfange

---

[1] In diese Katastrophe wurde auch Kaiser Alexius III. verwickelt. Derselbe war schon im November 1204 vom König Bonifaz gefangen worden, aus dessen Haft aber

des Jahres 1212, noch einen stürmischen Angriffsstoß vom Hellesponte aus weit südwärts hinab, mußte endlich aber diese Anstrengungen als vergebliche anerkennen und schloß deshalb mit Theodor einen Frieden, der seinem Reiche nur kleine Landstriche auf der asiatischen Seite des Bosporus und des Hellespontes übrig ließ.

Diese Zeit bezeichnet trotzdem den Höhenpunkt der Regierung Kaiser Heinrichs. Zahlreichen Feinden gegenüber hatte er mit bescheidener Macht so viel erreicht, als bei billigen Ansprüchen nur irgend von ihm erwartet werden durfte und auf ähnliche, wenn schon ebenso begrenzte Erfolge sah er damals auch hinsichtlich der inneren Entwickelung des Lateinerreiches zurück. Hier stand natürlich die kirchliche Frage weitaus im Vordergrunde, da es sich bei derselben um nichts Geringeres als um die Union zwischen der römischen und der griechischen Kirche handelte. Nun hatte zwar Papst Innocenz den Kreuzrittern und selbst den Venetianern den Angriff auf Konstantinopel, wie nach dem Gelingen desselben nicht anders möglich war, längst verziehen; auch hatte er die Sieger wiederholt ermahnt, die Griechen nicht durch herrische Unduldsamkeit von der Unterwerfung unter Roms Oberhoheit zurückzuschrecken, und schließlich tüchtige abendländische Geistliche aufgefordert, Seelsorge und Unterricht in den Gebieten des lateinischen Kaiserthums zu übernehmen; aber seine Schritte waren anfangs von sehr geringem Erfolge begleitet gewesen. Denn einerseits hielten die Griechen mit hartnäckiger Zähigkeit an ihrem Glauben und ihrer Kirche fest, andererseits fanden sich unter den lateinischen Klerikern viele höchst untaugliche Personen, sowohl blinde Eiferer wie stellenhungrige Abenteurer, die „unter geistlicher Maske fette Pfründen zu erschleichen suchten". Hierzu kamen noch schlimme Parteiungen unter den lateinischen Prälaten wie zwischen diesen und den vornehmen Laien des neuen Kaiserreiches. Die Venetianer, welche sich die Sophienkirche angeeignet und den Patriarchen von Konstantinopel ernannt hatten, suchten hiernach, zur Verstärkung ihrer politischen und merkantilen Stellung alle Kirchen im Gebiete der Frankenherrschaft unter ihren Einfluß zu bringen. Dagegen erhoben sich mit großer Erbitterung die Geistlichen der „Kreuzfahrer", und des Haders unter ihnen war fast kein Ende. Die großen Herren sodann, die Grafen und Edelleute, begnügten sich nicht mit den Schätzen und Ländereien, die ihnen als Kriegsbeute zugefallen oder als Lehen übergeben worden waren, sondern plünderten reiche griechische Klöster und legten Beschlag auf die ihren eigenen Herrschaften benachbarten Landgüter der griechischen Kirche. Die Gewaltthaten, die in dieser Richtung verübt wurden, machten einen um so gehässigeren Eindruck, als die Franken ihre Beute oftmals einander abzujagen versuchten, wobei sich wieder die

wieder entkommen und zu den Seldschulen gegangen, um dieselben gegen seinen Schwiegersohn, den Kaiser Theodor, zu benutzen. Nun fiel er dem letzteren in die Hände und wurde von diesem bis an seinen Tod gefangen gehalten.

Johanniter und die Tempelritter, die überall im Lateinerreiche Boden gewannen, einen besonders schlechten Ruf erwarben. Kaiser Heinrich trat in all dem Wirrsale, soweit er vermochte, beruhigend, vermittelnd und versöhnend auf. Den Griechen wurde er mehrmals ein Hort der Gewissensfreiheit gegen die Wuth der Zeloten, und hierarchische Anmaßung bekämpfte er ebenso entschieden wie die wilde Gier der Ritter nach geistlichem Gute. Einen, wenigstens dem äußeren Anschein nach ansehnlichen Erfolg errang er hierbei auf dem sogenannten Parlamente zu Ravennika bei Zeitun im Mai 1210, wo er nach dem Siege über den Aufruhr der lombardischen Edelleute die weltlichen und geistlichen Großen von Macedonien bis zum Peloponnese vereinigte und den Beschluß durchsetzte, daß der Kirche alle ihr zukommenden Güter, Renten und Rechte auf ewig verbleiben, die Geistlichen aber für das Land, das sie hiermit zum Lehen empfingen, das von der byzantinischen Zeit her übliche „Akrostichon", die Grundsteuer zahlen sollten.

Die Venetianer, die in diesen kirchlichen Angelegenheiten so bedeutend hervortraten, waren inzwischen auch die Landesherren von einem großen Theile Griechenlands geworden. Der kluge Dandolo hatte, wie oben berührt, in jenem Theilungsvertrage vom März 1204 seiner Vaterstadt einen Rechtsanspruch auf drei Achtel des byzantinischen Gebietes gewahrt und nachdem es gelungen war, diesen Anspruch annähernd zu verwirklichen, führten die Dogen in ihrem Titel die Worte: Herr eines Viertels und eines Achtels vom ganzen Reich Romanien (dominator quartae partis et dimidiae totius imperii Romaniae).[1]) Die Länder und Städte, die ihnen mit diesen drei Achteln ursprünglich zugedacht waren, haben sie zwar bei weitem nicht alle in Besitz nehmen oder behaupten können, doch haben sie dafür auch mancherlei Gelegenheit gefunden, über die ihnen anfänglich gesteckten Grenzen hinaus zu greifen und eine Stellung zu erringen, die sie für geraume Zeit zu Beherrschern des Handelsverkehrs in den griechischen Gewässern machte. Die Gebiete zwischen dem Pindus und dem adriatischen Meere entgingen ihnen, da sowohl ihnen wie dem Könige Bonifaz, der ebenfalls gern hier zugegriffen hätte, der Despot Michael zuvorkam: nur Dyrrhachium eigneten sie sich im Sommer 1205 an, verloren dasselbe jedoch schon nach zehn Jahren an den Despoten Theodor, Michaels Bruder und Nachfolger. Im Peloponnese hatten sie besseres Glück. Gottfried von Villehardouin und Wilhelm von Champlitte nahmen freilich fast die ganze Halbinsel für sich in Beschlag, den Venetianern gelang es aber, den für ihre Interessen wichtigsten Theil derselben, die Südwestspitze Messeniens mit den Hafenstädten Modon und Koron dauernd zu besetzen und die letzteren zu gewaltigen Seeburgen umzuschaffen, von denen aus sie den regen Schiffsverkehr, der von Osten und Westen her in dieser Gegend sich concentrirte, vortrefflich beobachten und nach ihren Wünschen leiten konnten. Mit bezeichnendem Ans-

---

1) Sie haben diesen Titel geführt bis auf den Dogen Giov. Delfino 1356—1361.

drucke nannte der venetianische Senat die beiden Städte „Oculi capitales communis". Von den griechischen Inseln wünschten die Bürger der Lagunenstadt namentlich Korfu und Kreta zu Hauptstützpunkten ihrer neuen Machtstellung auszubilden. Korfu nahmen sie in scharfem Kampfe mit einem genuesischen Seeräuber, Leone Vetrano, konnten sich aber auch hier vor der mehr und mehr erstarkenden Kraft der epirotischen Despoten fürs erste nur kurze Zeit behaupten. Kreta wurde dagegen trotz allen Widerstrebens der griechischen Einwohner und der Genueser, die einen blutigen Krieg darum begannen, vollständig unterworfen und durch Ansiedlung zahlreicher venetianischer Edelleute und Bürger, die gegen Ertheilung von Lehen den Kriegsdienst auf der Insel übernahmen, für lange Jahre ausreichend gesichert. Die Inselwelt im ägäischen Meere überließ Venedig den eigenen Mitbürgern zu beliebiger Bekämpfung und Unterjochung. Es fanden sich darauf genug kühne Männer, die hier gleich den Kreuzrittern Fürstenthümer und Grafschaften zu erlangen hofften — vor allem der heldenhafte Marco Sanudo, ein Neffe Dandolos, der „das Herzogthum Naxos" gründete —; und wenn diese halbsouveränen venetianischen Herren auch gelegentlich mit ihrer Vaterstadt in Zwist geriethen, so verstärkten sie im wesentlichen doch ebenfalls deren Macht und Einfluß. An der thracischen Küste bemächtigten sich endlich die Venetianer einer Reihe der wichtigsten Stellungen. Sie besetzten Gallipoli und beherrschten von hier aus das Fahrwasser des Hellespontes. Sie dehnten ihre alten Handelsquartiere in Konstantinopel über einen großen Theil der Stadt aus, schützten denselben durch eine eigene Citadelle und erbauten in ihm ein prächtiges Kaufhaus, welches der Mittelpunkt ihres gesammten morgenländischen Waaren- und Geldverkehrs wurde. An der Spitze ihrer Kolonie in Konstantinopel stand ein Podesta, der zugleich Statthalter all ihrer „romanischen" Besitzungen war, den hohen Titel „Despot" führte, und nach dem Kaiser als der mächtigste Mann am Bosporus galt. Aber sogar über die Grenzen des Lateinerreiches hinaus erstreckte sich die Thätigkeit der Venetianer. Sie wußten, dem wilden Kriegsgetümmel jener Tage zum Trotz, unter Russen und Trapezuntiern, unter den Griechen von Nicäa und sogar unter den ikonischen Seldschuken fruchtbare Handelsbeziehungen anzuknüpfen und somit die Welt des Ostens in immer weiteren Kreisen ihrem Fleiß und Erwerbssinn dienstbar zu machen.

Fragen wir uns jedoch nunmehr, welchen Werth schließlich diese fränkisch-venetianische Ansiedelung auf byzantinischem Boden für den Weltkampf zwischen Christenthum und Islam hatte, so können wir der Hauptsache nach nur ein sehr ungünstiges Urtheil fällen. Bewundernswerth bleibt freilich immer die Reckenkraft, mit welcher die Männer des vierten Kreuzzuges weit überlegene Feindesmassen zersprengten; hohe Anerkennung erfordert die staatsmännische Begabung eines Dandolo, Bonifaz und Kaisers Heinrich; dauerfähige politische Neugründungen finden sich auch gleichsam in den Nebengebieten des großen byzantinischen Reiches, im Umkreise der venetianischen Inselherrschaft und in den kleinen Landschaften von Hellas und dem Peloponnese, wo Venetianer und Frankenritter eine einigermaßen solide Kolonisirung durchzuführen vermögen. Damit ist aber das Gute, welches von der Lateinerherrschaft im Griechenreiche zu sagen ist, fast erschöpft, und man darf sich von dem glänzenden Scheine nicht täuschen lassen, der die Triumphe der Franzosen und Italiener in Konstantinopel und Thessalonich umgiebt. Die Zahl der Lateiner blieb trotz des Nachschubes, der von Zeit zu Zeit aus dem Abendlande herüber kam, viel zu klein, um zu dauernder Beherrschung größerer Gebietsstrecken auszureichen. Die innere Durchbildung des neuen Kaiserreiches, die Verschmelzung der Nationalitäten, die Union der Kirchen — dies alles wurde wohl geplant und besonders von Kaiser Heinrich eifrig zu befördern versucht; der schließliche Erfolg sollte aber hinter den bescheidensten Erwartungen zurückbleiben. So ruhten die Hauptprovinzen des Reiches Romanien gleichsam nur auf der Degenspitze weniger tapferer Männer. Es war undenkbar, daß deren Kraft noch hinreichen werde, die rührigen kleinen Griechenstaaten von Nicäa und Epirus zu besiegen und zu annektiren. Dann aber mußten Konstantinopel und Thessalonich dem Andrange eben dieser Gegner allmählich wieder erliegen und die byzantinischen Großen in ihre verlorenen Herrensitze von neuem einziehen. Für den Kampf des Christenthums mit dem Islam war also die Eroberung Konstantinopels durch die Lateiner sammt ihren Folgen ohne irgend welchen Werth, oder vielmehr ungemein schädlich. Sie entzog dem heiligen Lande Jahre lang eine Fülle von Kräften, die dort schmerzlich vermißt wurden und sie zerstörte in dem, wenn schon altersschwachen byzantinischen Reiche das beste Bollwerk, welches dem weiteren Vordringen der kleinasiatischen Mohammedaner bisher im Wege gestanden hatte. Mochten auch die Griechen von Nicäa gelegentlich unter tapferen Führern über die Seldschuken siegen, es war dies kein geringer Gewinn gegenüber der Zersplitterung und hierdurch gesteigerten Wehrlosigkeit des gesammten byzantinischen Gebietes, welche die bleibende und traurigste Folge des vierten Kreuzzuges war.

Der wackere Kaiser Heinrich sah seine Regierung unter trüben Zeichen zu Ende gehen. Im Jahre 1214 wurde der Despot Michael ermordet. Sein Nachfolger Theodor war ein wild kriegerischer Fürst, der, wie schon erwähnt, den Venetianern Dyrrhachium und Korfu wegnahm und bald auch die fränkische Ritterschaft zu bedrängen anfing. Nicht lange darauf erweckte jener Graf von Biandrate unter den Lombarden Thessalonichs abermals die alten Unabhängigkeitsgelüste, und als Kaiser Heinrich dorthin eilte, um dem Aufruhr energisch zu begegnen, starb er plötzlich, noch nicht vierzig Jahre alt, am 11. Juni 1216, vielleicht durch Biandrate vergiftet. Mit ihm, dem Liebling der Franken, dem hochsinnigen Freunde der Griechen, die ihn „den zweiten Ares" nannten, sank die letzte Hoffnung des Reiches Romanien ins Grab.

Nachdem diese Schreckenskunde Konstantinopel erreicht hatte, vereinigten sich die dortigen Großen dahin, dem Schwager des Todten, dem Herren Peter von Courtenay, Grafen von Auxerre, die Kaiserkrone anzubieten. Peter nahm dieselbe an, rüstete in seiner Heimat ein kleines Heer und zog im Jahre 1217 durch Süditalien und über das adriatische Meer nach Epirus. Hier traf er auf den Despoten Theodor, der ihm zuerst Freundschaft heuchelte, dann aber sein Heer hinterlistig angriff und zum größten Theile vernichtete. Der Kaiser selber wurde gefangen und ist nicht lange darauf den im Kampfe erhaltenen Wunden erlegen. Seine Gattin Jolante ist, auf einem anderen Wege reisend, glücklich nach Konstantinopel gekommen, dort als Kaiserin anerkannt worden, aber ebenfalls schon sehr bald, im Sommer 1219, gestorben.

Ihr Nachfolger wurde nicht ihr ältester Sohn, der kluge Markgraf Philipp von Namur, sondern dessen jüngerer Bruder, Graf Robert von Courtenay=Couches, ein roher und sinnlicher, träger und feiger Mensch, unter dem die Lateinerherrschaft ihrem völligen Untergange schon sehr nahe kam. Denn während der neue Kaiser im Anfange des Jahres 1221 von Frankreich her durch Ungarn nach Konstantinopel reiste, erhob sich der Despot Theodor gegen das Königreich Thessalonich, bezwang mit geringen Mühen eine Provinz desselben nach der andern und zog endlich, im Jahre 1222, als Sieger auch in die schlecht vertheidigte Hauptstadt ein. Der junge Sohn des tapfern Bonifaz, Demetrius, der bisher, jedoch fast nur dem Namen nach, König gewesen

Kaiser Peter und Kaiserin Jolante.
Facsimile aus „do passaglis in Terram Sanctam" (Venedig).

war, floh nach Italien und starb, nachdem alle Versuche, sein Reich wieder zu gewinnen, gescheitert waren, im Jahre 1227.

In demselben Jahre, in welchem Thessalonich den Franken verloren ging, starb aber auch Kaiser Theodor Laskaris, und diesem begabten Fürsten folgte ein mindestens ebenso tüchtiger Herrscher, der Schwiegersohn des Todten, der kluge und kühne Johannes Dukas Vatatzes. Kaiser Robert beging die grenzenlose Thorheit, zugleich mit diesem Manne und mit Theodor von Epirus eine Fehde zu beginnen. Im Sommer 1224 wurden die Franken von beiden Gegnern empfindlich geschlagen, am nachdrücklichsten aber von Johannes Vatatzes, so daß die Griechen Thraciens in diesem ihren Befreier und künftigen Herren zu sehen anfingen und heimlich um Hülfe gegen die Franken nach Nicäa sandten. Kaiser Johannes gewährte ihnen sofort die erbetene Hülfe und drang siegreich über den Hellespont bis nach Adrianopel vor. Hiermit hätte ohne Zweifel die letzte Stunde des Reiches Romanien geschlagen, wenn nicht zwischen den beiden griechischen Gegnern desselben ein bitterer Zwist ausgebrochen wäre. Der Despot von Epirus hatte nämlich sogleich nach der Bewältigung von Thessalonich den Kaisertitel angenommen und sich schon hierdurch dem Herrn von Nicäa feindlich gegenüber gestellt.

Jetzt handelte es sich nun darum, ob er die Eroberung von Konstantinopel und damit den ersten Platz im künftigen Griechenreiche dem glücklicheren Nebenbuhler überlassen oder für sich selber aufzusparen versuchen solle. In dieser Lage entschied er sich sofort dahin, gegen die nicänischen Truppen feindselig aufzutreten. Er verdrängte sie in der That aus Adrianopel und rückte selber bis in den Osten Thraciens vor. Da jedoch hierauf sowohl er wie Johannes Vatatzes, durch heimische Sorgen in Anspruch genommen, den Kampf um Konstantinopel zunächst nicht weiter fortsetzen konnten, so war dem Lateinerreiche noch eine kurze Spanne Zeit vergönnt.

Der elende Kaiser Robert, der von dieser unerwarteten Gunst des Schicksals keine Vortheile zu ziehen wußte, starb im Jahre 1228. Sein Nachfolger war sein jüngster Bruder Balduin II. Da dieser erst elf Jahre alt war, so schien es bei dem kläglichen Zustande des romanischen Reiches vollends nothwendig zu sein, daß von außen her irgend eine rüstigere Kraft zur Leitung und Rettung desselben gewonnen werde. Die Wahl fiel auf den Grafen Johann von Brienne, den wir noch als Titularkönig des Reiches Jerusalem kennen lernen werden, einen kriegskundigen und tapferen Mann, der damals aber schon achtzig Jahre zählte. Er begab sich, nachdem er zum Mitkaiser ernannt und seine Tochter Maria mit dem jungen Balduin verlobt worden war, an der Spitze eines kleinen Heeres im Jahre 1231 nach Konstantinopel. Kurz vorher war Theodor von Thessalonich mit dem thätigen und umsichtigen König Johannes Asen, der in dieser Zeit die Bulgaren beherrschte, in Streit gerathen, gründlich geschlagen und selber gefangen worden. In Thessalonich war ihm darauf zwar sein Bruder Manuel als Kaiser gefolgt, aber die Hoffnungen der epirotischen Dynastie auf eine große Zukunft waren seit dieser Niederlage dennoch vernichtet, während die Bulgaren wieder eine gewaltige Machtstellung in den nördlichen Gebieten von Thracien und Macedonien bis hinüber nach Albanien einnahmen. Für die Franken war hiermit natürlich nichts gewonnen, da sie nur einen gefährlichen Gegner mit einem anderen vertauscht hatten. Der Kaiser Johann von Brienne wagte trotzdem, im Jahre 1233 einen Angriffskrieg gegen Johann Vatatzes zu unternehmen, der aber nicht blos an den guten Vertheidigungsanstalten des letzteren scheiterte, sondern einen neuen Vernichtungssturm gegen die Ueberreste des Lateinerreiches hervorrief. Denn nun vereinigten sich der Kaiser von Nicäa und der Bulgarenkönig zur Zerstörung und Theilung des fränkischen Staatswesens am Bosporus. Im Jahre 1235 besetzten sie ein jeder die ihm zunächst gelegenen Landschaften des lateinischen Thraciens, und begannen im nächsten Jahre, Konstantinopel selber von der See wie vom Lande aus zu bedrängen. In dieser bitteren Noth vertheidigte sich der alte Johann von Brienne mit großer Tapferkeit und schlug die Feinde schließlich, nachdem ihm die Venetianer und die peloponnesischen Franken stattliche Flotten zur Hülfe geschickt hatten, unter großen Verlusten zurück. Bald darnach aber, im März 1237, starb er, und schwerlich hätte der junge Kaiser Balduin II., der nun für sich allein die Regierung fortführen mußte, noch lange Widerstand leisten können, wenn sich nicht das alte Spiel noch einmal wiederholt hätte, daß die beiden Feindeshäupter einander die Beute mißgönnten. Der Bulgarenkönig vornehmlich wünschte durchaus nicht, dem mächtigen Kaiser von Nicäa zu siegreichem Einzuge in die Hauptstadt der Griechenwelt zu verhelfen, trat deshalb in freundliche Beziehungen zu den Franken und rettete sie somit noch einmal vom Verderben.

Aber was war damit gewonnen? Der jammervolle Ueberrest des stolzen Kaiserreiches siechte auch ohne feindliche Bedrängung von Tag zu Tag kläglicher dahin. Unaufhörlich erneuerte sich der neidische Hader zwischen den venetianischen und den übrigen fränkischen Prälaten; die Griechen weigerten sich hartnäckig, irgend eine Form der kirchlichen Union gutzuheißen; und die Kaiser konnten selbst diejenige Heeresmacht nicht mehr zusammen halten, zu der die Zahl der Lateiner am Bosporus hingereicht hätte, weil sie, fast nur noch Herren der Hauptstadt, die Mittel zur Besoldung derselben nicht mehr besaßen. Wohl versprachen die fränkischen Großen in Hellas und im Peloponnese, den Kaisern mit beträchtlichen Summen auszuhelfen; wohl riefen die Päpste die abendländische Ritterschaft zum Kampfe auf und verhießen den Vertheidigern Konstantinopels denselben Ablaß wie den Kreuzfahrern im heiligen Lande; wohl zog Kaiser Balduin selber gen Westen und durchreiste „bettelnd" Frankreich und England, um Geld und Truppen zusammen zu bringen, während gleichzeitig die von ihm zurückgelassene Regentschaft kostbare Reliquien, namentlich die Dornenkrone Christi, verpfändete, die erst nach Venedig und von dort nach Frankreich, in den Schatz König Ludwigs IX., gekommen ist; — aber jegliche Unterstützung, welche durch alles dieses gewonnen wurde, genügte immer nur für die augenblicklich drängendste Noth, so daß im wesentlichen die heillose Lage des Reiches nicht gebessert, Sicherheit vor den übermächtigen Feinden in keiner Weise erlangt wurde.

Der Kaiser Johannes Vatatzes war klug genug, das unter diesen Umständen ganz ungefährliche „Romanien" dem eigenen unvermeidlichen Verfalle einstweilen zu überlassen und seine Herrschaft zuerst nach anderen Seiten auszudehnen. Er bekämpfte zumeist mit Glück kleinere griechische und fränkische Herren auf der Küste Kleinasiens und den Inseln des ägäischen Meeres. Außerdem warf er sich auf die Bulgaren, schlug sie aufs Haupt und nöthigte sie zur Abtretung ihrer neuesten thracisch-macedonischen Eroberungen. Endlich benutzte er sehr geschickt innere Wirren im Herrscherhause von Thessalonich, zwang dasselbe, unter Verzicht auf die kaiserliche Würde wiederum nur den Titel Despot zu führen, und bemächtigte sich Thessalonichs selber im November 1246. Ein Prinz des gestürzten Kaiserhauses, Michael II., Bastard Michaels I., behauptete freilich im Stammlande seiner Dynastie, in Epirus, eine starke Stellung, erkannte jedoch immerhin die Oberhoheit des Kaisers von Nicäa an.

Johannes Batatzes besaß nach alledem eine um so größere Macht, als er auch im Abendlande über treue Freunde und Bundesgenossen verfügte. Denn weil die Lateiner im Griechenreiche vornehmlich Schützlinge der römischen Curie waren, so stellte sich der Hauptfeind der letzteren, der staufische Kaiser Friedrich II. mit den Seinen offen und entschieden auf die Seite des Herrn von Nicäa. Indessen trotzdem starb auch Johannes Batatzes, am 30. Oktober 1254, ehe es ihm möglich geworden war, die alte Hauptstadt seines Reiches am Bosporus wiederzugewinnen. Sein Sohn und Nachfolger, Theodor II. Laskaris, gleich seinen Vorgängern auf dem Throne Nicäas ein hochbegabter Mann, mußte zunächst die Bulgaren und Epiroten bekämpfen, die sich sofort nach dem Tode des Vaters gegen ihn erhoben hatten. Die ersteren zwang er bald zum Frieden, den Trotz der anderen vermochte er jedoch nicht mehr zu dämpfen, da er, von jeher kränklich, schon im August 1258 die Augen schloß. Sein Sohn und Nachfolger war erst acht Jahre alt, unter den Großen des Reiches befand sich aber ein hochvornehmer und ebenso ehrgeiziger wie rücksichtslos gewaltthätiger Mann, der General Michael Paläologus, der die Mission des Hauses Laskaris nun selber zu vollenden gedachte. Die vormundschaftliche Regierung, die Theodor II. für seinen Sohn hinterlassen hatte, wurde gestürzt, und im Januar 1259 bestieg der General als Michael VIII. den kaiserlichen Thron. Die Usurpation suchte er alsdann durch kriegerische Erfolge zu rechtfertigen und zog sofort gegen die Epiroten ins Feld. Diese traten ihm mit ansehnlicher Macht entgegen, da der Despot Michael sich inzwischen mit den bedeutendsten fränkischen Großen im eigentlichen Griechenlande, dem Fürsten Wilhelm von Achaja, und — gegen Abtretung einiger Küstenstädte —

Kaiser Michael VIII. Facsimile aus „de passagiis in Terram Sanctam" (Benedig).

sogar mit König Manfred von Sicilien verbündet hatte. Aber nur um so folgenreicher war der blutige Sieg, den Kaiser Michael im Oktober 1259 bei Pelagonia, im oberen Stromgebiete der Tscherna, erfocht. Die Truppen des Despotates wurden zersprengt, die Ritter Siciliens und Achajas größtentheils erschlagen, Fürst Wilhelm selber gefangen genommen. Mochte sich der Despot hiernach in den Bergen von Epirus immerhin noch behaupten, dem Kaiser von Nicäa war er jedenfalls nicht mehr gefährlich; und die schwere Niederlage, welche zugleich mit ihm die Lateiner erhalten hatten, erschien wie eine Aufforderung, den Angriff auf Konstantinopel nicht länger zu verschieben. Für die „königliche Stadt" gab es nun keine Rettung mehr, weil auch Bulgaren und Seldschuken durch Kämpfe mit den Mongolen und durch innere Zwietracht, namentlich dynastische Fehden, damals tief erschöpft waren. Kaiser Michael erkannte die unvergleichliche Gunst seiner Lage und rüstete sofort zum entscheidenden Sturm auf die Trümmer des Reiches Romanien.

Im Jahre 1260 ging er über den Hellespont und nahm fast alle lateinischen Ortschaften bis auf die Hauptstadt. Für das nächste Jahr suchte

Venedig mit Hülfe der fränkischen Ritterschaft im Peloponnese und auf den Inseln ein Entsatzheer für Kaiser Balduin zusammen zu bringen, während Michael dagegen (durch den Vertrag von Nymphäum, 13. März 1261) mit Genua, der alten Nebenbuhlerin Venedigs, in Verbindung trat und den Gennesern dieselbe bevorrechtete Stellung, welche bisher die Bürger der Lagunenstadt am Bosporus inne gehabt hatten, ebendort zusagte, falls sie ihn dafür mit Kriegsmacht unterstützen wollten. Ehe er aber noch von diesen Bundesgenossen eine Verstärkung empfing, entschied sich schon das Schicksal Konstantinopels. Denn im Sommer 1261 befand sich ein nicänischer Offizier, Alexius Strategopulus, mit einer kleinen Truppenschaar, wie es heißt nur 800 Mann, in der Nähe der großen Festung. Es gelang ihm, mit den griechischen Bewohnern derselben Verständnisse anzuknüpfen und in der Nacht vom 24. zum 25. Juli 1261 in die Stadt einzudringen. In der Frühe des nächsten Morgens rückte er gegen den Palast Balduins vor, der auf die Nachricht von der ihm drohenden Gefahr sofort muth- und kopflos das Weite suchte. Die lateinischen Unterthanen des Kaisers versuchten sich zur Wehr zu setzen und hätten die Feinde wohl noch einmal besiegen können, wenn nicht von diesen durch Anzünden der venetianischen und fränkischen Quartiere Schrecken und Verwirrung sehr geschickt vermehrt worden wären. Nun drängte alles zur Flucht an die Küste hinab und in kurzer Frist war die Mehrzahl der Lateiner aus Konstantinopel verschwunden. Kaiser Michael wollte anfangs kaum glauben, daß ihm dieser ungeheure Erfolg so mühelos in den Schooß gefallen war; wenige Wochen darnach aber, am 15. August 1261, hielt er einen um so glänzenderen und feierlicheren Einzug in die wiedergewonnene wahre Hauptstadt seines Reiches. Kaiser Balduin, dessen nichtige Regierung in dieser kläglichen Katastrophe einen ihrer würdigen Abschluß gefunden hatte, bettelte von nun an im Abendlande um Hülfe zwar nicht mehr zur Erhaltung, wohl aber zur Wiedergewinnung seines Reiches. Vornehmlich wendete er sich an König Manfred von Sicilien und später an dessen Feind und Besieger, den ländergierigen Karl von Anjou, der gar zu gern auch morgenländische Kronen errungen hätte. Vergebens! Das lateinische Kaiserreich, einmal zu den Todten geworfen, war nicht wieder ins Leben zurück zu rufen, und im Oktober 1273 ist Balduin II. als Flüchtling auf italienischem Boden gestorben.

Fürstenthum Achaja.

Erfreulicher als die Geschichte der Frankenkaiser in Konstantinopel ist die der zahlreichen lateinischen Fürsten im Peloponnese, in Hellas und auf den Inseln des agäischen Meeres. Hier ragen besonders hervor die Großherren (seit 1260 Herzöge) von Athen und die Fürsten von Achaja. Die Macht der ersteren ist von dem burgundischen Edelmann Otto de la Roche im Winter 1204 auf 1205 begründet worden; in Achaja (d. h. dem Peloponnese) haben sich, wie oben erwähnt, der jüngere Gottfried von Villehardouin und Wilhelm von Champlitte Bahn gebrochen. Die beiden letzteren gewannen schon im Jahre 1205 durch Siege über jenen Leon Sguros und den mit diesem verbündeten Despoten von Epirus den größten Theil des Peloponneses, und Champlitte nahm darauf den Titel eines Fürsten von Achaja an. Im Jahre 1209 starben aber sowohl Wilhelm von Champlitte wie dessen Neffe Hugo, und Gottfried von Villehardouin benutzte die Gelegenheit, die ihm diese Todesfälle boten, die Regierung Achajas in die eigene Hand zu nehmen. Er hat dort noch bis 1218 gewaltet. Dann ist ihm sein älterer Sohn Gottfried II. (bis 1245) und nach diesem sein jüngerer Sohn Wilhelm (bis 1278) gefolgt. Die drei Villehardouins waren, einer wie der andere, hochbegabte Männer, tapfer, staatsklug und voll Sinn für die Werke des Friedens. Sie unterwarfen die ganze Halbinsel, indem sie allmählich die letzten Burgen der Griechen, Korinth und Argos, Nauplion und Monembasia überwanden. Sie sicherten ihre Herrschaft durch Anlage zahlreicher Schlösser wie geräumiger Festungen, unter denen namentlich das starke Chlemutzi auf der äußersten Westspitze des Peloponneses und Misithra nebst Groß-Maina auf den Abhängen des Taygetus weiten Ruf gewannen. Die fränkische Ritterschaft wurde auf stattlichen Lehen angesiedelt, zu denen die ehemaligen Domänen der byzantinischen Kaiser und die Ländereien der besiegten peloponnesischen Großen das Material hergaben; der kirchliche Hader, der auch hier nicht fehlte, wurde zumeist mit starker Hand niedergehalten; und die niedere griechische Bevölkerung, die ihre Sitten und Gebräuche behalten und nur die seit Alters üblichen Steuern bezahlen durfte, erlebte bessere Tage, als ihr wenigstens in den letztvoraufgegangenen Zeiten zu Theil geworden waren. Das Land erholte sich unter diesen Umständen nicht nur sehr bald von den Wirren, welche der Einmarsch der Franken veranlaßt hatte, sondern entwickelte in wenigen Jahrzehnten eine außerordentliche Blüthe. Ackerbau, Industrie und Handel trugen gleichmäßig zum Wohlstande der Einwohner bei, und der Kredit war so sicher und wohlgeordnet, „daß Kaufleute wie Ritter hin- und hergingen, ohne Geld mitzuführen, in den Wohnungen der Kastellane logierten und auf einfachen Handschein Geld genug erhielten". Der Fürst hatte in den besten Zeiten eine Reineinnahme von mehr als 100,000 Goldstücken jährlich und führte in seinen stolzen Schlössern einen so glänzenden und geschmackvollen Hofhalt, daß seines Preises unter der abendländischen Ritterschaft kein Ende war, und das Land Achaja als „die Lust der Lateiner" bezeichnet wurde.

Aehnliche Zustände wie im Peloponnese fanden sich in Athen und Theben, im unmittelbaren Kolonialgebiete Venedigs und auf den Inseln der venetianischen Fürsten, vornehmlich der Herzöge von Naxos aus dem Geschlechte der Sanudi. Ein neues Frankreich entstand im Vaterlande Lykurgs und Solons; ein neues Italien dehnte sich von Insel zu Insel aus. Die Kraft der Abendländer schuf sich hier eine zweite, von aller Schönheit eines südlicheren Himmels verherrlichte, reizvolle Heimat.[1]

Aber auch diese Errungenschaft des vierten Kreuzzuges wurde in derselben Zeit, in welcher das lateinische Kaiserreich zu Grunde ging, ernstlich in Frage gestellt. Denn wie die fränkischen Großen schon oft neidisch und herrschsüchtig mit einander gehadert hatten, so geschah es auch jetzt. Fürst Wilhelm von Achaja faßte in der Mitte der fünfziger Jahre des dreizehnten Jahrhunderts den unseligen Gedanken, auf den Schatten eines Erbrechts gestützt, sich eines Theiles der reichen Insel Negroponte (Euböa) zu bemächtigen. Hier hatten seit 1205 mehrere edle Veroneser, namentlich Mitglieder der Familie Dalle Carceri, gewaltet; neben denselben war allmählich Venedig emporgekommen und trachtete fortwährend darnach, die große und für die Erweiterung seiner Herrschaft wohlgelegene Insel ganz und gar sich allein zu unterwerfen. Das Streben des Fürsten Wilhelm mußte daher zu einem schlimmen Zerwürfniß führen. Venedig schaarte zur Abwehr des peloponnesischen Angriffes auf Euböa die meisten kleineren Frankenherren um sich, unter ihnen auch Guido de la Roche, den Großherren von Athen. Wilhelm wagte trotzdem den Krieg, der dann allen Theilen schwere Verluste zufügte, ohne an der bisherigen Gebietsvertheilung wesentliches zu ändern. Nicht lange darauf verband sich Wilhelm mit den Epiroten gegen den Kaiser Michael VIII. und wurde nach jener blutigen Niederlage bei Pelagonia von den Byzantinern gefangen genommen. Um seine Freiheit wieder zu erlangen, mußte er im Jahre 1262 dem Kaiser die den Südosten des Peloponneses beherrschenden Burgen und Städte Monembasia, Misithra und Groß-Maina abtreten. Seitdem war ein gefahrdrohender Keil griechischen Gebietes mitten in diese französisch-venetianische Welt hineingetrieben.

Ende der Lateinerherrschaft im Griechenreiche.

In den sechziger und siebenziger Jahren des dreizehnten Jahrhunderts trägt der Kampf zwischen Griechen und Lateinern noch immer einen verhältnißmäßig großartigen Charakter. Bedeutende Fürsten stehen an der Spitze beider Parteien: auf der einen Seite der siegreiche Kaiser Michael, auf der andern der rührige Wilhelm von Achaja, der letzte Villehardouin, und mehr noch Karl von Anjou, der Besieger der Staufer, der seinen Sohn Philipp mit Jsabella, der Tochter Wilhelms vermählt. In der buntesten

---

[1] In dieser Zeit ist für den Peloponnes der Name Morea aufgekommen. Unter den Deutungen, die derselbe erfahren hat, ist ohne Zweifel diejenige richtig, die ihn einfach durch eine in fränkischem Munde entstandene Umsetzung der Konsonanten erklärt: $M\omega\varrho\epsilon\alpha\varsigma$ oder $M\omega\varrho\alpha\iota\alpha\varsigma$ für $'P\omega\mu\alpha\iota\alpha$, Rhomäa, Land der Rhomäer, d. h. der Griechen.

Weise gestaltet sich die Gruppirung der kleineren Mächte, die in den Zwist der großen Häupter hineingezogen werden. Karl und Wilhelm stehen im Bunde mit den epirotischen Griechen, die ihre Selbständigkeit gegen den Kaiser aufrecht zu erhalten suchen. Michael ist zumeist mit den Genuesern befreundet, denen er das Versprechen hält, welches er ihnen vor der Einnahme Konstantinopels gegeben hat, und die fortan trotz gelegentlicher Irrungen die führende Handelsmacht am Bosporus und in den zum Kaiserthume gehörigen griechischen Gebieten bleiben. Die Sache Michaels ist dabei in langsamem Steigen begriffen, theils weil das unter dem Drucke der lateinischen Fremdherrschaft gestärkte Nationalgefühl der Griechen ihm eine mächtige Stütze gewährt, theils weil er selbst mit überlegener diplomatischer Kunst operirt, indem er dem Papste die Union der griechischen mit der römischen Kirche in Aussicht stellt und ihn dadurch eine Zeit lang für sich gewinnt. Im März 1282 bricht die sicilianische Vesper aus: Sicilien geht den Anjous verloren und unterwirft sich den Arragonesen, den Erben der Staufer, den Freunden der Paläologen. Der Kaiser kann aber von diesem für ihn so erfreulichen Umschwunge der Dinge keinen Vortheil mehr ziehen, weil er noch in demselben Jahre stirbt; und da ihm Wilhelm Villehardouin im Tode kurz vorangegangen ist, Karl von Anjou bald darauf (1285) folgt, so treten fast gleichzeitig auf allen Schauplätzen des griechisch-lateinischen Krieges neue Menschen hervor.

Unter deren Walten nimmt der Gang der Ereignisse einen wesentlich anderen Charakter an. Der Sohn und Nachfolger Michaels, Andronikus II. (1282—1328), stützt sich zwar noch entschiedener als der Vater auf die Eigenthümlichkeiten des griechischen Volkes, indem er, ohne der Sache der kirchlichen Union auch nur scheinbare Gunst zu erweisen, der feindseligen Stimmung seiner Landsleute gegen das römische Kirchenwesen mit Fanatismus sich hingiebt, aber eine Verstärkung seiner Stellung gegenüber den Abendländern vermag er hierdurch nicht zu gewinnen. Denn im übrigen ist er grillenhaft eigensinnig, unkriegerisch und, jedesmal am unrechten Orte, sowohl geizig wie verschwenderisch. Die Verkehrtheit seiner finanziellen Haltung war freilich schon durch Michael VIII. angebahnt worden. Denn dieser hatte, um die Usurpation der Krone in Vergessenheit zu bringen, aus dem von seinen haushälterischen Vorgängern gesammelten Schatze sowohl die Großen des Reiches mit Geschenken überhäuft als auch für den Glanz der wiedergewonnenen Hauptstadt in überschwänglicher Weise Sorge getragen. Aus dieser Quelle waren aber die alten Schäden der byzantinischen Staatsverwaltung von neuem verheerend hervorgebrochen, die Aussaugung der Provinzen zu Gunsten der Hauptstadt, die Centralisation des öffentlichen Lebens in derselben und die Korruption der höheren Schichten des Volkes. Unter Andronikus II. wucherte alles dieses in schlimmster Weise fort und führte, da der Kaiser dem Kriegswesen abhold war, sehr schnell zu tiefem Verfalle von Heer und Flotte und somit zu kläglichster Wehrlosigkeit des großen Reiches. Die Franken vermochten jedoch dies nicht für sich zu benutzen, da die Kraft der Anjous durch den Abfall Siciliens dauernd gelähmt war und auch im Peloponnese nach dem Ende der Villehardouins keine starke Regierung mehr Fuß faßte. Wie das Kaiserreich in greisenhafte Schwäche versank, so lockerten sich auch die Staatsordnungen im griechischen Frankreich: Hader und Gewaltthat ließen den Peloponnes in kurzem als ein Musterland feudaler Anarchie erscheinen.

Wie durch einen Blitz in dunkler Nacht wurden diese traurigen Zustände durch eine furchtbare Katastrophe im Anfange des vierzehnten Jahrhunderts grell beleuchtet. Die Anjous schlossen nämlich, im August 1302, mit den Arragonesen Frieden und überließen ihnen Sicilien. Nun war die beste Soldtruppe der Arragonesen, die sogenannte große katalonische Kompagnie, ohne Beschäftigung in Sicilien und folgte gern der Aufforderung des Kaisers Andronikus, in Zukunft seine Schlachten zu schlagen. In kurzem aber veruneinigten sich die Katalonier, wesentlich durch Schuld der Byzantiner, mit diesen und wurden darauf, obgleich nur wenige tausend Köpfe stark, eine entsetzliche unbesiegbare Geißel der ganzen griechisch-fräulichen Welt von Konstantinopel bis Korinth. Sie verheerten Jahre lang in grauenvoller Weise Thracien, Macedonien, Thessalien, vernichteten in furchtbar blutiger Schlacht am Kephissus (15. März 1311) fast den ganzen stolzen Adel des lateinischen Griechenlandes und setzten sich endlich dauernd in Attika fest.

Während alledem bereitete sich aber das gräßliche Verderben schon vor, dem alle Christen auf byzantinischem Boden, Griechen wie Lateiner, Franzosen wie Italiener schließlich erliegen sollten. Denn seit den dreißiger Jahren des dreizehnten Jahrhunderts waren neue turkomanische Horden, vor den Mongolen aus dem Innern Asiens westwärts weichend, von den ihnen stammverwandten Seldschuken im ikonischen Gebiete aufgenommen und zumeist an der byzantinischen Grenze in der Gegend von Dorylāum angesiedelt worden. Als ihre Zahl sich mehrte und ihre jugendfrische Kraft ihnen selber recht zum Bewußtsein kam, traten sie selbständig zwischen Seldschuken und Byzantinern auf. Schon in den Jahren des Kaisers Andronikus wurden sie unter ihrem kriegerischen Führer Osman der gefährlichste Feind der Griechen in Kleinasien. Ihr Verfahren, die Länder, die sie erobern wollten, zuerst durch schonungslose und unaufhörlich wiederholte Verheerungszüge widerstandsunfähig zu machen, erinnerte an die schwersten Leiden, welche die Byzantiner im elften Jahrhundert von den Seldschuken erduldet hatten. Ihre Tapferkeit durfte sich mit der der Christen messen, und in Zucht und Gehorsam gegen ihre Oberen waren sie Griechen wie Lateinern weit überlegen.

Diese neue Macht der osmanischen Türken hatte nun aber in der nächsten Folgezeit um so leichteres Spiel, als die Christenheit fortfuhr, sich selber zu zerfleischen. Das byzantinische Reich litt schwer unter dynastischen Fehden; die Lateiner, vornehmlich Genueser und Venetianer, bekämpften einander voll blinder Wuth; von Norden her drangen, nachdem die Bulgaren in den Hintergrund getreten, die Serben erobernd bis an das ägäische Meer hinab. Da überschritten die Osmanen den Hellespont, setzten sich in der Balkanhalbinsel fest, zerschmetterten die serbische Macht, nahmen Konstantinopel und bemächtigten sich der kleinen Staaten der Lateiner. Nur Venedig behauptete noch lange Jahre hindurch einen Theil seines Inselreiches, aber das Schicksal, welches Kaiser Alexius I., der Gründer der Komnenenmacht, dereinst von seinem Reiche abzuwehren versucht hatte, war nun dennoch und im vollsten, schrecklichsten Umfange erfüllt.

Neuntes Kapitel.

Fünfter Kreuzzug.[1]

Syrien seit 1205.

Die syrischen Christen, zu denen wir nun wieder zurückkehren, lebten in den ersten Jahren nach der Eroberung Konstantinopels durch die Lateiner in sehr gedrückten Verhältnissen. Zwischen Leo von Armenien und Boemund von Antiochien dauerte die alte Zwietracht weiter fort. Einmal bemächtigte sich der König mit Hülfe seiner antiochenischen Parteigänger der Hauptstadt des Fürsten, aber nach wenigen Monaten gewann dieser wieder die Oberhand, rächte sich grausam an seinen ungetreuen Unterthanen und reizte die Muselmänner von Haleb zum Kampfe gegen die Armenier. Inzwischen starb zu Akkon am 1. April 1205 König Amalrich. Der Ueberrest des Reiches Jerusalem kam an seine Stieftochter Maria Jolanta, die aus der Ehe seiner Gattin Elisabeth mit Markgraf Konrad von Montferrat stammte, während sein Sohn Hugo, den er in erster Ehe mit einer jerusalemitischen Edeldame erzeugt hatte, die Insel Cypern erbte. Sowohl Maria wie Hugo waren aber noch minderjährig und so wurde in jedem der beiden kleinen Staaten eine vormundschaftliche Regierung eingerichtet. Für die junge Königin von Jerusalem wurde sodann baldmöglichst ein passender Gemahl gesucht. Die Wahl fiel auf den Grafen Johann von Brienne, einen schon damals wegen seiner Kriegstüchtigkeit bekannten Rittersmann, dessen Ende als Regent von Konstantinopel im vorigen Kapitel erzählt worden ist. Johann kam im September 1210, vom Papste mit Geld unterstützt, an der Spitze eines kleinen Kreuzheeres nach Syrien und wurde sofort mit Maria vermählt. Seine Macht war aber viel zu gering, als daß er für sich allein einen ernstlichen

---

[1] Wilken, Geschichte der Kreuzzüge, Band VI u. f. w. Winkelmann, Geschichte Kaiser Friedrichs II. und seiner Reiche, Berlin 1863. Schirrmacher, Kaiser Friedrich II., 4 Bände, Göttingen 1859—1865. Röhricht, „Der Kinderkreuzzug" in Sybels historischer Zeitschrift, Band 36, 1876. Röhricht, „Die Kreuzzugsbewegung im Jahre 1217" in den Forschungen zur deutschen Geschichte, 1876. Röhricht, „Die Belagerung von Damiette" in Raumers historischem Taschenbuch, herausgegeben von Riehl, 1876. Röhricht, „Die Kreuzfahrt des Kaisers Friedrich II." in dessen Beiträgen zur Geschichte der Kreuzzüge, Band I.

Versuch zur Wiedergewinnung Jerusalems hätte machen dürfen, und so sah er sich genöthigt, mit den Muselmännern in Frieden zu leben, bis etwa ein neuer Kreuzzug ihm ausreichende Unterstützung bringen würde. Dieser Frieden nützte schließlich jedoch weit weniger den Christen als vielmehr deren Gegnern. Denn je länger die Waffenruhe dauerte, um so fester gründete der Sultan Almelik Aladil seine Macht in Vorderasien und Aegypten und um so unwahrscheinlicher wurde es, daß die Kreuzfahrer jemals noch den Muselmännern ein größeres Stück Landes würden entreißen können. Der kluge Sultan hatte dies längst erkannt und deshalb seit vielen Jahren fort und fort auf Erhaltung des Friedens hingewirkt. Dann und wann war zwar der Kampf zwischen beiden Parteien wieder aufgelobert, doch war es jedesmal gelungen, den Waffenstillstand nach kurzer Unterbrechung wieder herzustellen; und mit einer der europäischen Christenmächte, der Republik Venedig, hatte Aladil inzwischen sogar die freundschaftlichsten Beziehungen angeknüpft. Die schlauen Bürger der Lagunenstadt hatten ihm nämlich nach der Eroberung Konstantinopels vorgestellt, welchen Dank er ihnen dafür schulde, daß der vierte Kreuzzug sich nicht, wie ursprünglich beabsichtigt, gegen Aegypten gewendet habe; und der Sultan gewährte ihnen hierauf in der That, etwa ums Jahr 1208, einen Handelsvertrag, der ihrem Verkehr mit Alexandrien und allen Orten des Nilthals den größten Vorschub leistete.[1])

Unter diesen Umständen sahen sich die syrischen Kreuzfahrerstaaten einem langsamen Verderben rettungslos Preis gegeben, wenn nicht eine gewaltige Erhebung des Abendlandes die Machtverhältnisse Vorderasiens zu ihren Gunsten durchgreifend veränderte. Aber woher sollte eine solche Erhebung kommen? Italien war von mancherlei Fehden zerrissen. Deutschland blutete im endlosen Kampfe der Staufer und der Welfen aus tausend Wunden. Südfrankreich, einst das getreueste Gebiet der römischen Kirche, war von dem gräßlichen Kriege gegen die albigensischen Ketzer erfüllt, und die französische Krone stand auch jetzt noch in dem altererbten Haber mit dem Könige von England.

Indessen noch lebte Papst Innocenz III., der nicht blos die Unterwerfung der abendländischen Staaten unter die Oberhoheit der Kirche, sondern auch die Ausdehnung seiner Herrschaft über Griechen und Muselmänner, d. h. vor allem die Wiedereroberung Jerusalems sich zum Ziele gesetzt hatte. Seine vielfach wiederholten Mahnungen, die Christen im heiligen Lande durch Geldsendungen zu unterstützen oder lieber mit Schwert und Lanze ihnen zu Hülfe zu eilen, fielen insofern auf einen fruchtbaren Boden, als bei einem großen Theile der Zeitgenossen die Lust zu Kreuzfahrten durch die Ereignisse der letzten Jahre in eigenthümlicher Weise gesteigert worden war. Denn wenn man auch fortdauernd den Verlust Jerusalems

---

1) Vergl. Heyd, Geschichte des Levantehandels im Mittelalter, I, 440 ff.

zu beklagen hatte, so war doch der römischen Christenheit im Griechenreiche dafür überraschendster Ersatz zu Theil geworden. Neben den heimischen Kronenträgern zählte man jetzt einen lateinischen Kaiser von Konstantinopel, Könige von Thessalonich und Cypern, Fürsten von Athen, Naxos und Achaja. Hunderte von Edelleuten, die daheim auf schmalem Erbe gesessen hatten, erfreuten sich nunmehr vollreicher Herrschaften; und zahllose Abenteurer jeglichen Standes prunkten mit wohl oder übel erworbenem Reichthume. Da bemächtigte sich der Nationen des Abendlandes stärker als je bisher der phantastische Drang ins Weite. Der wundersamste Erfolg schien jedem Muthigen gesichert zu sein; und wieder vermählte sich mit dieser kampf- und wanderlustigen Stimmung, wie schon früher geschehen, tiefe religiöse Erregung. Innocenz III. war zwar gleich Gregor VII. vor allem Theokrat, aber während er an dem Aufbau seiner kirchlichen Weltherrschaft arbeitete, erhoben sich neben ihm der innig schwärmerische Franz von Assisi und der eiserne Domingo von Osma, gründeten, auf das Prinzip der apostolischen Armuth gestützt, die Bettelorden der Franziskaner und Dominikaner und schufen hiermit neue geistliche Heerschaaren, dazu bestimmt und geeignet, durch das Beispiel ihres Wandels wie durch das Feuer ihrer Beredsamkeit auf die Volksmassen zu wirken und die ganze Laienwelt der Kirche und deren Oberhaupt immer vollständiger zu unterwerfen. Infolge von alledem nahm die heiße Sehnsucht nach dem heiligen Kriege, die abermals die Herzen der Christen erfüllte, noch seltsamere Formen an, als selbst das Zeitalter Peters von Amiens gesehen hatte. Die Fälle von religiöser Verzückung häuften sich; Prophezeiungen und Visionen führten zu dem festen Glauben, daß Gott selber in wunderbarer Weise die Pilger leiten und beschützen werde; eine ekstatische Stimmung fing an, einen sehr beträchtlichen Theil des Abendlandes zu beherrschen.

Kinderkreuzzug.

In Frankreich und in Teutschland rief diese Stimmung zunächst eine sehr traurige Verirrung hervor. Im Juni des Jahres 1212 trat in einem Dorfe bei Vendome ein Hirtenknabe Namens Stephan auf, der erklärte, er sei ein Gesandter Gottes und dazu berufen, als Führer voran zu schreiten und den Christen das gelobte Land zu erobern; das Meer würde vor dem Heere des geistigen Israels austrocknen. Er durchzog das ganze Land und erweckte überall stürmische Begeisterung durch seine Reden wie durch die Wunder, die er vor Tausenden von Augenzeugen vollzogen haben soll. Bald tauchten an vielen Orten Knaben als Kreuzprediger auf, sammelten ganze Schaaren Gleichgesinnter um sich und führten dieselben, mit Fahnen und Kreuzen ausgerüstet, unter feierlichen Gesängen dem Wunderknaben Stephan zu. Wer die jungen Schwärmer fragte, wohin sie denn wollten, erhielt wohl zur Antwort, daß sie „zu Gott" übers Meer zögen. Ihre Eltern oder verständige Geistliche, welche die Knaben von ihrem Vorhaben zurückhalten wollten, vermochten um so weniger auszurichten, als die Menge des Volkes große Dinge von diesem Kreuzzuge erwartete und die Andersdenkenden scharf tadelte, weil sie das Wehen des heiligen Geistes in den Kindern nicht verstünden, die durch ihre Sündlosigkeit allein berufen schienen, das durch der Vorfahren Sündenschuld verlorene heilige Grab wieder zu gewinnen. Endlich versuchte der König von Frankreich, den Unfug einzudämmen, indem er den jungen Thoren ernstlich befahl, nach Hause zurückzukehren. Eine Anzahl derselben soll dieser Weisung Folge geleistet haben, aber die meisten achteten nicht daran, und bald wurden auch Erwachsene in das phantastische Unternehmen mit hineingezogen. Priester, Handwerker und Bauern schlossen sich an, jedoch auch Tagediebe und Verbrecher, die gern die Heimat mieden, zuletzt sogar Frauen und Mädchen. Immer gewaltiger wuchs der Zug: an der Spitze sah man den Hirtenknaben Stephan auf einem mit Teppichen behangenen Wagen, von einer Leibwache umgeben, und hinter ihm an 30,000 Pilger und Pilgerinnen. Als die Schaar Marseille erreichte, sollen sich dort zwei Seelenverkäufer bereit erklärt haben, diese „Streiter Christi" „um Gotteslohn" nach Syrien hinüber zu führen.[1]) Auf sieben Schiffen seien sie alle abgesegelt; zwei derselben seien bei der Insel San Pietro in der Nähe von Sardinien gescheitert; die fünf übrigen aber sollen jene Bösewichter nach Aegypten geführt und die Pilger dort als Sklaven verkauft haben. Tausende derselben seien an den Hof des Chalifen gekommen, und hätten sich dort durch die Standhaftigkeit, mit der sie im christlichen Glauben verharrten, rühmlich ausgezeichnet. Die beiden nichtswürdigen Sklavenhändler sollen dagegen später in die Gewalt Kaiser Friedrichs II. gerathen und von diesem zum Tode durch den Strick verurtheilt worden sein. Außerdem soll es diesem Kaiser gelungen sein, durch den Frieden, den er im Jahre 1229 mit dem Sultan Alkamil geschlossen hat, einer Anzahl jener unglücklichen Pilger die Freiheit wieder zu geben.

Die Schwärmerei, welche die französische Kinderwelt ergriffen hatte, wirkte auch nach Deutschland, vornehmlich in die niederrheinischen Gegenden hinüber. Hier trat ein noch nicht zehnjähriger Knabe, Nikolaus, auf, geleitet von seinem Vater, der aber, ebenfalls ein schändlicher Seelenverkäufer, das arme Kind für seine Zwecke verwerthete, wofür er später, gleich noch anderen Verführern und Verbrechern, am Galgen geendet haben soll. Nikolaus erschien mit einem Gestell, auf welchem sich ein Kreuz in Gestalt eines lateinischen T befand, und vor ihm her wurde verkündigt, er werde trockenen

---

1) Winkelmann (Geschichte Kaiser Friedrichs des Zweiten, S. 221 f.) hält den rührenden Bericht über die Schicksale der französischen Kinder für erdichtet. Röhricht (der Kinderkreuzzug, historische Zeitschrift, Bd. 36, S. 5 f.) hält denselben jedoch mit neuen Gründen im wesentlichen aufrecht.

Fußes das Meer durchschreiten und in Jerusalem ein ewiges Friedensreich aufrichten. Wohin er kam, zog er die Kinder unwiderstehlich an sich. Eine Schaar von zwanzigtausend Knaben und Mädchen nebst vielem liederlichen Gesindel ballte sich zusammen und pilgerte südwärts über die Alpen. Unterwegs ging ein großer Theil derselben durch Mangel und Räuber zu Grunde, oder kehrte, abgeschreckt von den Beschwerden des Zuges, nach Hause zurück: doch erreichten noch mehrere Tausende am 25. August Genua. Hier wurden sie unfreundlich abgewiesen und zu schnellem Weiterzuge genöthigt, weil die Genueser irgend eine Bedrohung ihrer Stadt von dem wunderlichen Pilgerheere befürchteten. Sie kamen darauf noch bis Brindisi, wo sie aber, dank der Energie des dortigen Bischofes, verhindert wurden, die Seefahrt gen Osten anzutreten. Nun blieb ihnen nichts übrig, als heimzukehren. Ein Theil der Knaben wandte sich nach Rom, um von Papst Innocenz die Lossprechung vom Kreuzgelübde zu erflehen. Der Papst erfüllte aber ihre Bitte nicht, obgleich er ihnen schon vorher befohlen haben soll, ihr thörichtes Unternehmen aufzugeben, sondern gewährte ihnen nur eine Frist für den Antritt eines neuen Kreuzzuges bis zur Zeit ihres Mannesalters. Der Rückmarsch vernichtete fast den ganzen Ueberrest dieses Kinderheeres. Hunderte brachen im Wandern erschöpft zusammen und verkamen elend am Rande der Landstraßen. Das schlimmste Loos traf natürlich die Mädchen, die neben aller sonstigen Noth auch jeder Art von Verführung und Vergewaltigung ausgesetzt waren. Einzelnen glückte es wohl, in freundlichen Familien Unterkommen zu finden und sich ihr Brot durch ihrer Hände Arbeit zu verdienen; ja in Genua sollen einige Patrizierfamilien von dort zurückgebliebenen deutschen Kindern abstammen; aber die meisten erlagen jammervoll, und nur geringe Ueberbleibsel der ganzen Schaar sahen krank und abgezehrt, verspottet und beschimpft die Heimat wieder. Der Knabe Nikolaus soll am Leben geblieben sein und später, im Jahre 1219, vor Damiette in Aegypten mitgefochten haben.

Papst Innocenz III. und Papst Honorius III.

Der Kinderkreuzzug erinnert uns, wie treffend bemerkt worden ist, an die Sage vom Rattenfänger von Hameln, der im Jahre 1284 Hunderte von Kindern mit Zaubergewalt an sich gelockt und in einen Berg, ins Innere der Erde, entführt haben soll, aus dem sie erst in Siebenbürgen, also „auf den Wegen Karls des Großen", wieder zum Vorschein gekommen seien. Aber die Zeitgenossen dieser Wallfahrt waren, selbst wenn sie die Thorheit derselben erkannten, dennoch tief ergriffen von dem Geiste, der die jungen Schwärmer erfüllte. Papst Innocenz soll ausgerufen haben: „Diese Kinder beschämen uns; während wir schlafen, ziehen sie fröhlich aus, um das heilige Land zu erobern." Und jedenfalls machte der Papst sich eben jetzt ans Werk,

um mit einer ungeheuren Anspannung aller Kräfte, die in ihrer rücksichtslosen Gewaltsamkeit eine innere Verwandtschaft mit dem blind inbrünstigen
Streben der Kinder zeigt, die endliche Befreiung Jerusalems zu erreichen.

Im Frühling 1213 rief er brieflich die ganze Christenheit zum Kampfe
gegen den Islam auf und entsendete in alle Lande vornehme Legaten wie
geringe Mönche, um Streiter für den heiligen Krieg zu werben. Dabei
verordnete er, daß täglich in den Kirchen gebetet und in jedem Monat eine
feierliche Prozession veranstaltet werde, beides um Gott anzuflehen, daß er
den Seinen Sieg über die Ungläubigen verleihe. Auch ermahnte er diejenigen, die sich schon zum Kriege gegen die ketzerischen Albigenser verpflichtet
hatten, lieber gegen die Muselmänner ins Feld zu ziehen, weil das letztere
das unvergleichlich Verdienstvollere sei; und den Kreuzpredigern gebot er,
einen jeden, der sich melde, zur Ablegung des Pilgergelübdes zuzulassen, ohne
irgendwie zu untersuchen, ob derselbe zur Theilnahme am Zuge auch tauglich
sei; ja er gestattete ausdrücklich, daß argen Verbrechern, wenn sie reuevoll
darnach verlangten, das Kreuzeszeichen ertheilt werde.

Der Erfolg dieses Verfahrens war begreiflicher Weise von vornherein
ein recht bedeutender. In allen Kirchen erklang das vorgeschriebene Gebet;
in Städten und Dörfern, auf Brücken und an Kreuzwegen predigten die Sendlinge des Papstes den heiligen Krieg; unaufhörlich und überall wirkte die
Noth Jerusalems auf die Herzen der abendländischen Christen und entflammte
deren schon tief erregte Stimmung zu heißester Glut. Innocenz hatte die
letzten Schranken hinweggerissen, die der ausschweifendsten Begeisterung im
Wege standen, indem er auch Untauglichen und Missethätern die Kreuznahme
gestattete; und wenigstens von einem seiner Legaten, dem fanatischen Kardinale
Robert, den er nach Frankreich entsendete, wird bezeugt, daß er sogar Lahme
und Blinde, Greise und Kinder, Weiber und Verbrecher mit dem Kreuze
geschmückt habe. Aber nicht blos in Frankreich legten große Massen das Pilgergelübde ab, sondern ebenfalls in Italien, in England und vornehmlich in
Teutschland, wo der Kölner Scholastikus Oliverius von Xanten unter der
niederrheinischen Bevölkerung fast unzählbare Schaaren bekreuzte. Wer nicht
versprach, persönlich an der Wallfahrt Theil zu nehmen, der suchte der gemeinen Sache durch Geldspenden zu nützen. Der Arme legte sein Scherflein
in die Opferstöcke, die in allen Kirchen standen; der Reiche bestimmte größere
Summen zur Unterhaltung der Krieger im heiligen Lande, und König Philipp
August von Frankreich gewährte hierfür ein Vierzigstel seiner Einkünfte von
einem Jahre. An Zeichen und Wundern fehlte es natürlich auch diesmal nicht und
zwar um so weniger, als Innocenz selber verkündigt hatte, daß die Herrschaft
des Lügenpropheten Mohammed ihrem Ende nahe, weil von den 666 Jahren,
die nach der Offenbarung Johannes Gott diesem Thiere zugestanden habe,
schon beinahe 600 Jahre abgelaufen seien.

Die mächtige Bewegung, die somit einen großen Theil Europas ergriff,
wurde überdies durch den Ausfall der bedeutendsten Schlachten jener Tage

außerordentlich gefördert. Denn im September 1213 erlitten die Albigenser bei Muret eine furchtbar blutige Niederlage und im Juli 1214 brach das Kaiserthum Ottos IV., des Welfen, bei Bouvines in jähem Sturze zusammen. Beides gereichte der Kirche zu grossem Vortheil: die drohende Macht der Ketzer war nunmehr tief gebemüthigt und der junge Staufer, Friedrich II., den Innocenz als seinen Schützling dem trotzigen Welfen entgegen gestellt hatte, beherrschte seitdem als fast allgemein anerkannter König das deutsche Reich. Da beugten sich die Fürsten und die Völker der Christenheit vor dem gewaltigen Papste und die theokratischen Ideale desselben schienen ringsum der Verwirklichung nahe zu kommen. Schon hatten zwei Könige, Johann von England und Peter von Arragonien, ihre Länder zu kirchlichen Lehen erklärt; schon hatten dieser Johann und König Andreas von Ungarn das Kreuz genommen; nun aber legte auch noch König Friedrich II. mit dem vollen Schwunge jugendlicher Begeisterung zu Aachen am 25. Juli 1215 das Pilgergelübde ab und ermahnte die Grossen seines Reiches, diesem Beispiele zu folgen. Sein Wort wirkte hinreissend, zumal auch die Kreuzprediger die gute Stunde benutzten und mit flammender Rede zum heiligen Kriege aufforderten. Wie auf dem „Hoftage Christi", den einst der Grossvater, Kaiser Friedrich I., zu Mainz gehalten, schwuren Tausende, darunter die Edelsten des Volkes, Bischöfe, Fürsten und Grafen, das Schwert für den Heiland zu ziehen.

Innocenz aber war mit alledem noch nicht zufrieden. Denn schon im Jahre 1213 hatte er ein allgemeines Konzil der christlichen Kirche auf den November 1215 nach Rom ausgeschrieben und durch dieses gedachte er den Kreuzzug nun erst recht zum theuersten Anliegen der gesammten Christenheit zu machen. Es vereinigten sich um ihn in der festgesetzten Zeit einige siebzig Patriarchen und Erzbischöfe, darunter die fränkischen Patriarchen von Konstantinopel und Jerusalem, über 400 Bischöfe, mehr als 800 Aebte und Prioren und die Gesandten der Laienfürsten von England und Frankreich bis hinüber nach Cypern und Jerusalem. Ein solches Konzil hatte die Welt noch nicht gesehen, „der Erdkreis schien in ihm enthalten". Von dieser glänzenden Versammlung wurde die Absetzung Ottos IV. und die Anerkennung Friedrichs II. bestätigt, eine Reihe scharfer Beschlüsse gegen die Ketzer sowie zur Herstellung der inneren Kirchenzucht gefasst und vornehmlich in Sachen des Kreuzzuges bestimmt, dass alle Pilger, mochten sie zur See oder zu Lande nach Syrien gehen wollen, denselben am 1. Juni 1217 antreten sollten, die Seefahrer gemeinsam von den Häfen Messina und Brindisi aus. Wer der Wallfahrt irgendwie Vorschub leiste, solle dafür reichlichen Ablass erhalten, wer sie schädige, dem Bann und Interdikt verfallen. Vier Jahre lang dürften die Christen keinen Krieg unter einander führen und drei Jahre lang müssten sie sich der Turniere enthalten, die als eine höheren Zwecken nachtheilige Befriedigung der Kampflust schon seit geraumer Zeit den Zorn der Kreuzprediger erregt hatten. Der gesammte christliche Klerus solle drei Jahre lang den zwanzigsten Theil seiner Einkünfte dem heiligen Kriege weihen, der Papst nebst den Kardinälen sogar den zehnten Theil. Schließlich versprach Innocenz voll großartiger Liberalität, außer andern werthvollen Gaben den Pilgern auch 30,000 Mark Silbers aus seinen persönlichen Ersparnissen zu gewähren.

Mit den stolzesten Hoffnungen durfte dieser Papst auf den Fortgang des Unternehmens blicken, dem er die beste Kraft seines Lebens gewidmet hatte. In einem Schreiben an den Sultan Almelik Aladil hatte er schon gewagt, die Herausgabe Jerusalems und die Freilassung der christlichen Gefangenen zu fordern; und von den Ritterorden Syriens war ihm auf seine Erkundigung nach den dortigen Zuständen sogar gemeldet worden, daß die Ejjubiten aus heftiger Furcht vor den Rüstungen des Abendlandes gern bereit seien, das Verlangte und mehr noch als dieses einzuräumen, wenn sie sich dadurch für die Zukunft festen Frieden erkaufen könnten. Aber Innocenz sollte dennoch keine Frucht dieser Bemühungen ernten. Mitten in seinen Siegen und Triumphen wurde er, erst 54 Jahre alt, zu Perugia von einem Fieber ergriffen und starb dort am 16. Juli 1216. Sein Nachfolger war Papst Honorius III., bisher Kardinal Cencius Savelli, kein Herrschergeist wie Innocenz, sondern von schlichter Frömmigkeit und weich nachgiebigem Wesen, zudem von der Last der Jahre gebeugt. Indessen an rastlosem Eifer für die Befreiung Jerusalems wollte er es ebenso wenig fehlen lassen wie sein Vorgänger. Wieder ergingen päpstliche Rundschreiben an alle Welt; wieder predigten die Legaten und Mönche in Schlössern und in Dörfern, und wenigstens in Syrien machten die Vorbereitungen für den heiligen Krieg auch jetzt noch gute Fortschritte. Denn im Herbste 1216 begann einer der thätigsten und tüchtigsten Kreuzprediger jener Zeit, der gelehrte Jakob von Vitry, nachdem er zum Bischof von Akkon gewählt worden war, in den Kreuzfahrerstaaten selber zum Kampfe aufzurufen. Er hatte hier anfangs einen schweren Stand, weil die syrischen Christen, in Wohlleben und Sittenlosigkeit versunken, von ernsten Kriegsanstrengungen großentheils nichts wissen wollten; allmählich aber drang er durch, begeisterte Hoch und Nieder und schrieb dann dem Papste, daß ein nachdrücklicher Angriff der Kreuzfahrer auf die Ejjubiten die besten Aussichten auf Erfolg habe. Da nämlich der Sultan Almelik Aladil den Frieden mit den Christen, den er dem Kriege immer vorgezogen, mit fast ängstlicher Vorsicht aufrecht zu halten suchte, so meinte Bischof Jakob, daß die Macht der Feinde auf schwacher Grundlage ruhe. 4000 Ritter seien genügend, um die Ungläubigen zu besiegen, und sobald nur das große Kreuzheer in Syrien gelandet sei, würden auch die vielen Tausende der zerstreut unter den Muselmännern lebenden Christen sofort zum Schwerte greifen.

Aber trotzdem war mit dem Tode des Papstes Innocenz die allgemeine Erhebung der Christenheit zum Kampfe gegen den Islam unmöglich geworden. Die zahllosen Hindernisse, die dem ungeheuren Unternehmen im Wege standen, waren durch die machtvolle Persönlichkeit dieses Papstes wohl für eine kurze Weile in den Hintergrund gedrängt worden, machten sich jedoch, sobald derselbe die Augen geschlossen, mit voller Gewalt wieder geltend. Kaiser Friedrich erkannte, daß seine Anwesenheit in der Heimat fürs erste noch unentbehrlich sei, und verschob deshalb den Kreuzzug auf eine spätere Zeit. König Johann von England starb am 19. Oktober 1216 und hinterließ sein Reich in kläglichster Zerrüttung. Die französischen Großen hatten kein Herz für diese Pilgerfahrt, für die neben ihnen die Hefe des eigenen Volkes aufgeboten war, und die sie in nahe Berührung mit den Deutschen bringen mußte, „in deren Begleitung sie durchaus nicht über das Meer fahren wollten". Kurz, so rührig sich Honorius auch zeigte, und obgleich gerade damals die Weissagung von Mund zu Munde ging, daß unter seinem Papat Jerusalem wieder in die Hände der Christen fallen werde, so war doch bald genug klar zu erkennen, daß höchstens einzelne Fürsten und vergleichsweise schwächere Heere den Zug gen Osten wirklich antreten würden.

Kreuzzug des Königs Andreas von Ungarn.

Immerhin machten sich im Frühling des Jahres 1217 nicht blos viele kleine Pilgerschaaren aus nahezu aller Herren Ländern auf den Weg, sondern an zwei Stellen — in Ungarn und dem angrenzenden Südostdeutschland, sowie am Niederrhein und in Friesland — traten ziemlich beträchtliche Massen zum Beginn des Feldzuges zusammen. König Andreas von Ungarn[1]) hatte sich mit höchster Anstrengung, wobei er Verschlechterung der Landesmünze und Plünderung von reichen Kirchen nicht verschmähte, die Mittel zu einer stattlichen Rüstung verschafft und rückte nun mit einem ansehnlichen Gefolge von Bischöfen und Magnaten und großen Haufen von niederen Kriegsleuten, darunter mehrere tausend siebenbürger Sachsen, durch Kroatien an die Küste des adriatischen Meeres. Ebendorthin zogen die Herzöge Leopold VI. von Oesterreich und Otto von Meran mit vielen, zumeist österreichischen und bairischen Prälaten, Grafen und Edelleuten. Von Spalatro aus segelten diese Kreuzfahrer nach Akkon und vereinigten sich dort mit den Truppen, welche die Könige Johann von Jerusalem und Hugo von Cypern nebst dem Fürsten Boemund IV. zum gemeinsamen Kampfe gerüstet hatten. Die Zahl des Heeres, welches in diesem Augenblicke — im Oktober 1217 — die Gassen Akkons erfüllte, soll größer gewesen sein, als die jener Kreuz=

---

1) König Bela III. von Ungarn († 20. April 1196) hatte ein unerfülltes Kreuzgelübde mit ins Grab genommen und deshalb seinem Sohne Andreas aufgetragen, an seiner Stelle zum heiligen Grabe zu ziehen. Unruhen in Ungarn hatten Andreas lange gehindert, dem väterlichen Wunsche nachzukommen: erst die neue Anregung, die Innocenz III. nach dem Kinderkreuzzuge gab, brachte ihn zur Ausführung des fast seit einem Menschenalter gehegten Vorhabens.

fahrer, die während der Jahre 1189 bis 1191 vor den Mauern derselben Stadt gelegen hatten. Aber die Aussichten zu erfolgreichem Kampfe waren diesmal nur geringe. Denn in Akkon fanden sich, weil Syrien soeben eine Fehlernte gehabt hatte, nicht genug Lebensmittel zur Verpflegung so großer Menschenmassen, so daß man die ärmeren Pilger möglichst rasch wieder über die See zurückzuschicken versuchte. Auch entstanden bald ärgerliche Händel zwischen den Kreuzfahrern und den syrischen Christen, da sich manche der ersteren, namentlich Bayern, rohe Gewaltthaten zu Schulden kommen ließen. Am schlimmsten aber war, daß den stattlichen Streitkräften, die nun einmal bei einander waren, kein entsprechendes Kampfziel sich darbot. Denn die Belagerung von Jerusalem faßte man trotz aller Begeisterung für die heilige Stadt nicht mehr in erster Linie ins Auge, seitdem die Meinung sich gebildet hatte, daß die Macht der Ejjubiten vor allem in Aegypten gebrochen werden müsse. Eben aus dieser Meinung heraus hatten die syrischen Christen kurz vorher den Plan gefaßt, die Hauptkraft der neuen Kreuzfahrer gegen das große und reiche Damiette zu lenken; sei es nun aber, daß man jetzt, im Spätherbste, die Seefahrt nach Aegypten scheute, sei es aus irgend einem anderen Grunde, man kam schließlich nur dazu, einen Zug ins Innere Syriens zu unternehmen, bei dem die Anführer des christlichen Heeres im Falle andauernden Gelingens einen Angriff auf Damaskus, also auf die syrische Hauptstadt der Ejjubiten, beabsichtigt zu haben scheinen. In der ersten Hälfte des Novembers rückten die Pilger von Akkon südostwärts bis an den Jordan und überschritten den Fluß südlich vom See von Tiberias. Der Sultan Almelik Aladil war in großer Sorge vor ihnen und befahl schon den Damascenern, sich zu nachhaltiger Vertheidigung sorgfältig vorzubereiten, trotzdem aber hielt er auch jetzt an dem erprobten Systeme fest, einen ernsteren kriegerischen Zusammenstoß mit den Christen möglichst zu vermeiden. Er hatte Recht, so zu verfahren. Denn die Kreuzfahrer waren der anstrengenden Märsche, auf denen sie den Feind kaum jemals zu Gesicht bekamen, bald überdrüssig, sahen außerdem einen Hauptzweck des Unternehmens in erwünschtester Weise erreicht, da es ihnen gelungen war, große Massen von Lebensmitteln und Kriegsmaterialien zu erbeuten, und kehrten deshalb, nachdem sie einen weiten Bogen um die Ost- und Nordseite des Sees von Tiberias beschrieben hatten, friedlich nach Akkon zurück.

Nach kurzer Rast erhoben sie sich jedoch zu einem zweiten Zuge, wiederum südostwärts ins Innere des Landes hinein. Diesmal galt es einer starken Festung, die der Sultan erst im Jahre 1213 auf dem Berge Tabor hatte erbauen lassen. Aber die Belagerung dieses Platzes stieß sowohl wegen seiner Lage auf bedeutender Höhe wie wegen der Tapferkeit seiner Vertheidiger auf große Schwierigkeiten. Die Christen verloren deshalb schon nach den ersten Kämpfen, die ihnen bei geringem Erfolge starken Verlust zugefügt hatten, die Lust an dem Unternehmen und gingen, nachdem sie kaum eine Woche vor der Festung gelegen, abermals nach Akkon zurück.

314   Neuntes Kapitel. Fünfter Kreuzzug.

Trotzdem ließ Alabil nicht lange hierauf die Befestigungen auf dem Tabor schleifen, da er es für besser hielt, an dieser Stelle die Christen nicht mehr durch ein solches Angriffsobject zu reizen.

Gegen Ende des Jahres 1217 marschirten die Kreuzfahrer schließlich zum dritten Male von Akkon aus und wandten sich nordwärts gegen die Festung Beaufort. Auf diesem Zuge wurden sie aber durch feindliche Ueberfälle wie durch die Unbill des Wetters sehr hart mitgenommen und zu haftigem Rückzuge genöthigt. Nur im Zustande tiefster Erschöpfung erreichten sie Akkon wieder.

Sculpturen im Kapellchen zum heiligen Grabe im Dome zu Konstanz. Rittertracht um 1315—20.

Diese Reihe kleiner Feldzüge, von denen einer immer kläglicher als der andere verlief, erschöpfte die Thatkraft des ganzen Heeres. Am tiefsten verstimmt über die fortgesetzten Mißerfolge war König Andreas und trat deshalb im Januar 1218, gleichgültig gegen den großen Bann, den der Patriarch von Jerusalem über ihn verhängte, die Heimreise an. Herzog Leopold und die Deutschen blieben zwar in Syrien und halfen fleißig beim Aufbau des großen „Pilgerschlosses" an der Küste südlich von Chaifa, sowie bei der Wiederherstellung der Citadelle von Cäsarea, aber einen Angriff auf die Feinde wagten auch sie nicht mehr zu unternehmen.

Inzwischen war jedoch ein neues Pilgerheer bis nahe an das heilige
Land herangekommen. Denn im Frühling 1217 hatten sich die Rheinländer
und die Friesen auf einer gewaltigen Flotte, gegen 300 Segel stark, unter
der Führung der Grafen Georg von Wied und Wilhelm von Holland ein=
geschifft und waren unter mäßigen Beschwerden und Verlusten glücklich bis
nach Lissabon gekommen. Hier wurden sie dringend gebeten, ihre Waffen
zunächst gegen die spanischen Muselmänner zu richten. Die beiden Grafen
und die Mannschaft von 180 Schiffen war damit einverstanden; der Rest
aber verlangte ohne Aufenthalt nach Syrien geführt zu werden. In Folge
davon wurde die Flotte getheilt. Etwa ein Drittel derselben segelte sogleich
an der spanischen Küste weiter, landete mehrmals an derselben, überfiel und
verheerte in fürchterlichster Weise die Städte St. Maria, Robete und Cadiz,
verlor aber theils hierbei, theils durch widrige Winde sehr viele Zeit und
mußte deshalb in italienischen Häfen überwintern. Die Mannschaft der
übrigen Schiffe war inzwischen von den Portugiesen gegen die, ein paar
Märsche südöstlich von Lissabon gelegene, Festung Alcacer do Sal geführt
worden, hatte ein gewaltiges Entsatzheer der südspanischen Emire am 11. Sep=
tember vernichtend geschlagen und nach ebenso heißen wie heldenmüthigen
Kämpfen am 21. Oktober den Platz genommen. Hierauf überwinterten diese
Pilger in Lissabon, und im März 1218 stach jede der beiden Flottenab=
theilungen wieder in See. Am 26. April erreichten die von Italien kom=
menden Schiffe Akkon, die andern sind dort vermuthlich im Laufe des Mai
eingetroffen.

Belagerung von Damiette.

Die bedeutende Verstärkung, welche dem Kreuzheere hierdurch zu Theil
wurde, stellte den tief gesunkenen Muth desselben schnell wieder her; und
nun kam es endlich zu einem imposanten Unternehmen, welches, so un=
glücklich es auch schließlich enden sollte, dennoch durch den dabei entwickelten
Heroismus der Begeisterung entsprach, mit der Innocenz und Honorius zum
heiligen Kriege aufgerufen hatten. Man beschloß in Akkon, den schon so oft
geplanten Angriffsstoß gegen Aegypten ohne Zaudern auszuführen und zwar
alle nur irgend verfügbare Kraft sofort gegen Damiette, den Schlüssel des
Nilthales, zu vereinigen. Die hierzu nothwendigen Rüstungen wurden mit
dem hingebendsten Eifer betrieben: schon am 29. Mai landeten die ersten
christlichen Schiffe bei Damiette; bald folgten die übrigen: König Johann
und der Patriarch von Jerusalem, Herzog Leopold von Oesterreich und der
cyprische Erzbischof von Nikosia, die Grafen von Holland und Wied, die
drei Meister vom Tempel, vom Hospital und vom deutschen Orden, sie alle
schlugen mit vielen Tausenden kühner Kriegsmänner ihr Lager auf dem Sande
Aegyptens auf.

Neuntes Kapitel. Fünfter Kreuzzug.

Damiette war damals eine sehr große und von Natur wie durch Kunst gleich starke Festung. Sie lag auf einer schmalen Halbinsel, östlich von einem breiten Nilarme. Die Werke bestanden aus einem dreifachen, durch zahlreiche Bastionen verstärkten Mauerringe und aus einem mächtigen Thurme, der auf einer kleinen Insel mitten im Nile erbaut und mit der Stadt durch eine Brücke verbunden war. Vor diesem Thurme lagen Wachtschiffe; und Ketten, die von demselben ausgingen, sperrten das Fahrwasser des Nils. Die Kreuzfahrer lagerten auf dem Westufer des Stromes und richteten den Angriff zunächst auf den großen Thurm, den sie mit Recht für das Haupt-

Sturm auf Damiette.
Facsimile aus „de passagiis in Terram Sanctam" (Venedig).

bollwerk der Stadt hielten. Da sehr viele Matrosen und Schiffs-bauer sich unter ihnen befanden, so fiel es ihnen nicht schwer, eine Anzahl von Fahrzeugen zu gewaltigen schwimmenden Belagerungs-maschinen mit riesigen Sturm-leitern und Kastellen in den Spitzen der Masten umzuschaffen und mit denselben den Thurm, die Brücke und die Ketten ernstlich zu bedrohen. Indessen die Belagerten wehrten sich vortrefflich mit Feuer und mit Geschossen aller Art; der erste Anlauf der Christen (Anfangs Juli) prallte vollständig ab. Aber nun bauten die friesischen Seeleute in den Masten zweier mit einander verbundenen Lastschiffe ein noch größeres Kastell mit einer Fallbrücke und beweglichen Sturmleiter, trieben dasselbe am 24. August durch Wind und Wellen hart an den Thurm heran und begannen einen wüthenden Kampf, dem das übrige Heer vom Ufer aus, knieend und inbrünstig betend, zuschaute. Lange raste die Schlacht; am Abend war erst ein Theil des Thurmes genommen, jedoch zugleich die Kraft der tapfern Vertheidiger völlig erschöpft, so daß ihnen als letztes Rettungsmittel nur die Capitulation übrig blieb. Am nächsten Morgen fand dieselbe statt, und brausender Jubel erhob sich nunmehr, da das Schwerste vollendet schien, im christlichen Lager.

Die Nachricht von dem Falle des für unbezwinglich gehaltenen Kettenthurmes brach dem Sultan Aladil das Herz. Er hatte bei der plötzlichen Wendung der christlichen Waffen gegen Aegypten soviel als möglich dafür Sorge getragen, daß seine dortigen Streitkräfte verstärkt und außerdem die

Kreuzfahrer in ihrem Rücken, in Syrien beunruhigt wurden. Eben jetzt erlitten die syrischen Christen zu seiner Freude eine empfindliche Schlappe: aber was wollte dieses sagen gegen die tödtliche Gefahr, in der nach dem Falle des stolzen Thurmes Damiette und ganz Aegypten schwebten? Aladil sah das Werk seines Lebens, die Kampflust der Christen durch schmiegsam friedliches Verhalten allmählich einzuschläfern, in verhängnißvollster Weise gescheitert, und im Jammer darüber rührte ihn, alt und kränklich wie er war, am 31. August 1218 der Schlag. In Syrien folgte ihm sein Sohn Almuazzam, in Aegypten sein Sohn Alkamil, der erstere ein leidenschaftlicher Gegner der Christen, der andre mehr der Sinnesart des Vaters zugeneigt, beide aber zunächst schwer bedroht durch den Krieg um Damiette und durch die aufrührerische Stimmung, die in Folge desselben unter den Insassen ihrer Länder sich ausbreitete.

Die Kreuzfahrer benutzten aber die bedrängte Lage ihrer Gegner nicht, sondern ruhten eine Zeit lang in voller Unthätigkeit aus: manche ihrer besten Kämpfer kehrten sogar, zufrieden mit dem bisher Erreichten, in die Heimat zurück. Die Ursache dieser auffallenden Erscheinung ist offenbar darin zu suchen, daß sehr bedeutende Verstärkungen für das Pilgerheer unterwegs waren, die ein Theil des letzteren gleichsam als Ablösung für sich selber betrachten mochte, während der Rest den Kampf wenigstens nicht vor der Ankunft der neuen Genossen fortsetzen wollte. Es trafen nun auch allmählich zahlreiche Streiter Christi aus England, Frankreich und Italien, darunter viele vornehme Herren im Lager vor Damiette ein, aber die Ejjubiten zogen von der Verschleppung des Krieges mindestens ebenso großen Vortheil, indem sie ihre wankende Herrschaft einigermaßen befestigten und mit Eifer für die Vermehrung ihrer Truppen sorgten. Alkamil wagte es sogar, oberhalb Damiette eine Brücke über den Nil zu schlagen und von dieser aus das christliche Lager mit wiederholten Angriffen zu belästigen. Hiermit erreichte er freilich keinen guten Erfolg, weil der Schaden, den er den Kreuzfahrern zufügte, von seinen eigenen Verlusten weit übertroffen und sein Heer der furchtbar blutigen Kämpfe schnell überdrüssig wurde. Dafür aber wurden die Pilger im Anfange des Winters von einer Nilüberschwemmung und darnach von einer schrecklichen Lagerseuche, der ein Sechstel des Heeres erlegen sein soll, schwer heimgesucht und sahen sich bald in die Nothwendigkeit versetzt, auf jede Gefahr hin eine Veränderung ihrer Lage erstreben zu müssen. Sie beschlossen deshalb, mit ihrer ganzen Macht den Uebergang auf das östliche Stromufer zu erzwingen und auf diesem die Entscheidung des Krieges zu suchen. Als sie aber in den ersten Februartagen 1219 eine kleine Strecke südlich von Damiette die Schiffe zur Ueberfahrt rüsteten, erblickten sie die Truppen Alkamils kampfbereit sich gegenüber. Außerdem tobten Sturm und Regen in unerhörter Heftigkeit, so daß das Gelingen des Unternehmens äußerst zweifelhaft erschien. Indessen diesmal sollten die Christen, und zwar ohne eigene Anstrengung, aus aller Noth be-

318 Neuntes Kapitel. Fünfter Kreuzzug.

frei werden. Denn eben jetzt kam im feindlichen Heere eine Verschwörung zum Ausbruch. Ein vornehmer kurdischer Offizier wollte die Gährung, die unter den Truppen herrschte, benutzen, um Alkamil zu stürzen, dessen jüngeren Bruder Alfaiz zum Sultan zu machen und durch diesen selber zu herrschen. Alkamil erhielt noch rechtzeitig Nachricht von dem beabsichtigten Staatsstreiche und entzog sich seinen Gegnern durch die Flucht ins Innere Aegyptens. In Folge davon löste sich sein Heer, welches von Parteien zerklüftet war und vor allem nach dem Ende des Krieges verlangte, größtentheils auf. Ein christlicher Renegat brachte in der Nacht vom 4. zum 5. Februar diese überraschende Nachricht auf die Pilgerflotte. Am nächsten Morgen landeten die Kreuzfahrer voller Freude auf dem östlichen Ufer, verjagten sogleich die schwachen Feindesschaaren, die ihnen noch in den Weg zu treten wagten, bemächtigten sich reicher Beute und schlossen Damiette von allen Seiten eng ein, indem sie Schiffbrücken über den Nil legten und ihre Lagerstätten mit Verschanzungen umgaben.

Grabmal des Kreuzritters William Marshall, Earl of Pembroke, († 1219) in der Tempelkirche zu London.

Trotzdem aber stand der schwerste Kampf noch bevor. Denn Alkamil bezwang in kurzer Frist mit Hülfe seines Bruders Almuazzam die Aufrührer, feuerte seine Unterthanen durch ein Massenaufgebot zum heiligen Kriege an und erpreßte von den unter seiner Herrschaft lebenden Christen beträchtliche Geldsummen. Schon Anfangs März ging er wieder zum Angriffe auf die Kreuzfahrer vor und seitdem wüthete viele Monate lang der grimmigste Streit rings um Damiette. Die Christen bedrängten die Stadt mit kunstvoll gebautem Sturmgeräth von ihrem Lager wie von den Schiffen aus; Alkamil fiel ihnen mit ganzer Macht in den Rücken, beschädigte ihre Brücken durch Brander, erstieg einmal uns andere ihre Verschanzungen, mußte jedoch schließlich vor der zähen Tapferkeit seiner Gegner immer wieder zurückweichen. Von Zeit zu Zeit sendete er der Besatzung von Damiette Nachrichten durch kühne Schwimmer, aber die Christen bemerkten dies und sperrten die Wasserstraße durch quer hinübergezogene Netze, die oben mit Klingen versehen waren. Endlich ließ Alkamil, als den Belagerten die Lebensmittel zu fehlen begannen, todte, ausgeweidete und mit Speise gefüllte Kameele den Nil hinabtreiben; jedoch auch diese List wurde von den Pilgern entdeckt, und der so seltsam versteckte Vorrath diente den Christen zur Labung. Die letzte Hoffnung, welche die Muselmänner nach alledem hegen durften, beruhte darauf, daß die Kreuzfahrer, des langen Kampfes müde, selbst ohne Damiette erobert zu haben, in die Heimat zurückkehren würden. In der That verließen im Frühling und im Sommer 1219 wiederum beträchtliche Schaaren das Pilgerlager, darunter sogar die Oesterreicher sammt ihrem Herzoge Leopold, der sich im Morgenlande als ein frommer und tüchtiger Rittersmann bewährt hatte, nunmehr jedoch auf den blutgetränkten Schlachtfeldern des heißen Aegyptens zur Ehre Christi genug gelitten und gekämpft zu haben glaubte. Aber die Lücken in den Reihen des Kreuzheeres füllten sich stets wieder durch neuen Zuzug. Im Anfange des Herbstes langten besonders zahlreiche Haufen aus Deutschland und Italien, Frankreich und England an, und gleichzeitig erreichte der Mangel in Damiette eine solche Höhe, daß der Hungertod der Besatzung dicht vor Augen stand. Da beugte sich Alkamil unter das Joch der bitteren Nothwendigkeit und bat die Kreuzfahrer demüthig um Frieden.

Er bot, wenn die Christen von Damiette ablassen und den Frieden bewilligen wollten, hierfür nichts Geringeres als die Auslieferung des heiligen Kreuzes, die Herausgabe des ganzen Königreiches Jerusalem in den Grenzen von 1187, ausgenommen nur die Burgen Krak und Montroyal, und die Zahlung sehr beträchtlicher Summen Geldes. Diese glänzenden Friedensbedingungen waren aber nur einem Theile des Pilgerheeres willkommen: nur König Johann und die meisten Deutschen, Franzosen und Engländer waren für die Annahme derselben; der Patriarch dagegen sammt den Prälaten im Heere, die Ordensritter und die Italiener verlangten leidenschaftlich nach der Fortsetzung des Krieges. Unter

Bischöfliche Tracht aus dem Anfange des 13. Jahrh. Nach einem Temperagemälde im Dome zu Worms.

den letzteren wirkten wohl vornehmlich zweierlei einander sehr entgegengesetzte Erwägungen: einmal, daß man aus Handelsrücksichten Damiette sich aneignen müsse und zweitens, daß die Streiter Christi nicht ruhen dürften, bis die Macht der Ungläubigen zur Ehre Gottes ganz und gar zerschmettert sei. Die Kriegspartei besaß aber damals einen mächtigen Fürsprecher in dem päpstlichen Legaten, Kardinal Pelagius, der im Herbste 1218 nach Aegypten gekommen und auf sein Verlangen zum Oberfeldherren des Heeres erwählt worden war. In dieser Stellung hatte derselbe stets auf die entschiedensten Maßregeln hingedrängt, wies daher auch jetzt jeden Friedensschluß mit den Muselmännern weit von sich und bestimmte mit Hülfe seiner

Gesinnungsgenossen endlich das ganze Heer, die Anerbietungen Alkamils abzulehnen.

Der Sultan machte hierauf noch einige verzweifelte Anstrengungen, um Damiette zu retten. Eilboten flogen nach allen Seiten, um Hülfstruppen herbei zu rufen, und eine auserlesene Schaar versuchte in der Nacht vom 3. zum 4. November mitten durch das christliche Lager einen kleinen Vorrath von Lebensmitteln in die Festung hinein zu schaffen. Aber gerade dieser kecke Streich der Muselmänner führte die Entscheidung herbei. Denn der Legat Pelagius besorgte — nicht mit Unrecht —, daß jedes weitere Zögern den Christen nur schaden könne, und beschloß deshalb, in der nächsten Nacht Damiette zu überrumpeln. Die italienischen Pilger, mit denen er sich in tiefem Dunkel an die Stadt heranschlich, steckten ein Thor in Brand, drangen durch die Oeffnung hinein und besiegten mit leichter Mühe die überraschte und vom Hunger erschöpfte Besatzung. Die übrigen Haufen des Kreuzheeres, die auf den Lärm des Kampfes herbeieilten, fanden kaum noch etwas anderes zu thun, als die Mauern zu übersteigen und die Thore zu öffnen. In der Morgenfrühe des 5. Novembers 1219 war die ganze Festung in den Händen der Christen.

Der eroberte Platz gewährte einen schrecklichen Anblick. Denn wenn auch die Gebäude und sogar die Festungswerke nur wenig beschädigt waren, so wankten doch nur noch wenige abgezehrte Einwohner in den einst volkreichen Gassen umher, und auch diese trugen zumeist den Keim tödtlicher Krankheiten in sich.¹) Dafür aber erbeuteten die Pilger viel Geld und Gut, so daß, obgleich Einzelne von ihnen hohe Werthe unterschlugen, dennoch 400,000 Goldstücke zu öffentlicher Vertheilung kamen. Dann richteten sich die Sieger in der Stadt häuslich ein, vertilgten alle Spuren der Belagerung, weihten die Moscheen, besonders die prachtvolle Hauptmoschee, die mit 141 Marmorsäulen geschmückt war, zu christlichen Kirchen und dehnten ihre Macht durch Streifzüge in der Umgegend aus. Bei Gelegenheit eines solchen Zuges besetzten sie ohne Kampf, da die Muselmänner erschreckt flohen, die starke Burg Tanis, die den fischreichen See Menzaleh beherrschte und für Damiette eine vortreffliche Flankendeckung bildete.

Die Nachricht von all diesen Erfolgen rief im Abendlande erneute Begeisterung für den heiligen Krieg hervor: man erwartete nunmehr zuversichtlich, daß die Herrschaft des Kreuzes am Nile und am Jordan bald für immer gesichert sein werde, und Papst Honorius ehrte den Legaten Pelagius mit dem Namen des zweiten Josua.²) In Kairo und Damaskus war dagegen

---

1) Die Besatzung der Stadt soll während der Belagerung von 45,000 oder gar 56,000 Mann auf etwa 4000 gesunken sein.

2) Jener Kölner Scholastikus, Oliverius von Xanten, der einst am Niederrheine mit so großem Erfolge das Kreuz gepredigt und darnach die Pilger ins Morgenland begleitet hatte, schrieb damals nach Hause: „Freue Dich, kölnisches Stiftsland; frohlocke und preise den Herren, weil Du durch Schiffe, Waffen und Streiter mehr geleistet

alles von Jammer und Angst erfüllt. Alkamil soll aus Schmerz über den
Fall von Damiette laut geweint und sich den Bart zerrauft haben. Sein
Bruder Almuazzam hatte schon im Frühling 1219 den Befehl gegeben,
mehrere Hauptburgen Palästinas und die Mauern Jerusalems zu schleifen,
weil ihm unmöglich erschienen war, das heilige Land noch lange gegen die
Christen zu behaupten. Das damals begonnene traurige Zerstörungswerk
wurde jetzt noch weiter fortgesetzt, und die muselmännischen Bewohner Jerusalems flohen, als ob der Feind ihnen auf der Ferse wäre, schaarenweise
aus ihren bisherigen Sitzen.

Indessen die Freude der Christen wie die Verzweiflung ihrer Gegner
waren beide nur theilweise begründet. Die Eroberung von Damiette hatte
nicht die überaus hohe Bedeutung, die ihr in diesem Augenblicke von allen
Seiten beigelegt wurde. Denn die Kreuzfahrer mußten diese Stadt über
kurz oder lang wieder verlieren, wenn sie nicht außer derselben auch ganz
Aegypten ihrer Herrschaft unterwarfen. Ob ihre Macht aber hierzu hinreichen werde, war Angesichts der noch immer sehr ansehnlichen Widerstandskraft der Ejjubiten äußerst zweifelhaft.

Schon der Fortgang der Ereignisse während des nächsten Jahres zeigte
deutlich, daß noch sehr große Schwierigkeiten zu besiegen waren, wenn die
Sache des Kreuzes am Nile zu vollem Siege gebracht werden sollte. Wieder
kehrten beträchtliche Pilgerschaaren in die Heimat zurück, und wenn dafür
auch von allen Seiten neue Streiter anlangten, so wurde das Heer doch
kaum genügend verstärkt, um mit denselben das reiche und dicht bevölkerte
Aegypten unterjochen zu können. Dazu kamen häßliche Zerwürfnisse unter
den Christen in Damiette. König Johann von Jerusalem wünschte, daß
die Stadt seinen Besitzungen einverleibt werde. Der Legat widersprach ihm
lange, gab ihm endlich ein halbes Zugeständniß, rief aber durch seine an-
fängliche Weigerung wie überhaupt durch sein rücksichtslos herrisches Wesen eine
Erbitterung unter den Pilgern hervor, die mehrfach bis zu Aufruhr und Blut-
vergießen führte. Außerdem wirkten auch die Angelegenheiten Nordsyriens
in dieser Zeit schädlich auf den Kreuzzug ein. Dort war nämlich Fürst
Boemund IV. schon im Jahre 1216 durch seinen Nebenbuhler, Prinz Ruben,
aus Antiochien verdrängt und auf Tripolis beschränkt worden. Nun starb
aber der Beschützer Rubens, der alte König Leo von Armenien, im Mai
1219. Nach seinem Tode bemächtigte sich Boemund wieder Antiochiens, und
Armenien verfiel in innere Wirren, die den Antiochenern oder den Franken
überhaupt eine Aussicht eröffneten, in diesem Lande größeren Einfluß zu
gewinnen. König Johann verlor, als er im Lager von Damiette hiervon
hörte, alle Lust an dem Kampfe im Nillande. Er verließ deshalb die

---

hast als das ganze übrige deutsche Reich; und Du, o Köln, Stadt der Heiligen, die
Du wohnst in Gärten, unter den Lilien der Jungfrauen, den Rosen der Märtyrer und
den Veilchen der Bekenner, beuge die Knie Deines Herzens und danke Gott mit lauter
Stimme für die fromme Tapferkeit Deiner Söhne".

Kreuzfahrer und lehrte, begierig, aus jenen Händeln einen Vortheil für sich zu erhaschen, nach Syrien zurück. Hier blieb er, ohne jedoch eine Gelegenheit zur Erfüllung seines Wunsches zu finden, bis zum Sommer 1221, und es bedurfte wiederholter kirchlicher Ermahnungen und Verheißungen, um ihn zu endlicher Fortsetzung des ägyptischen Feldzuges zu bewegen.

Während seiner Abwesenheit versuchte der Legat Pelagius mehrmals, das Pilgerheer zu einem großen Angriffsstoße nilaufwärts fortzureißen. Die Geistlichen in Damiette stimmten zumeist mit dem Vertreter des Papstes überein, ebenso einmüthig aber erklärten die Ritter, man sei viel zu schwach, um dieses Wagniß unternehmen zu dürfen, man müsse sowohl weitere Verstärkungen aus dem Abendlande wie die Rückkehr König Johanns aus Syrien abwarten. Der Legat bat und befahl, daß man ihm folge, tadelte und bedrohte die Säumigen mit harten Worten, aber trotz alledem beschränkte sich die Thätigkeit des ganzen Heeres während des Jahres 1220 auf geringfügige Streifzüge.

Die Ejjubiten benutzten die ihnen somit gegönnte Muße natürlich aufs beste. Allamil nahm bei der Stadt Mansurah[1]) am Nil, ein paar Märsche südlich von Damiette, eine sehr starke, durch Verschanzungen gedeckte Stellung ein und beunruhigte die Kreuzfahrer durch Schiffsgeschwader, die namentlich den neu anlangenden Pilgern auflauerten. Almuazzam verheerte inzwischen die christlichen Grenzgebiete in Syrien, zerstörte die neu erbaute Burg von Cäsarea und bedrängte mit gewaltiger Macht das Pilgerschloß, vermochte jedoch den tapfern Widerstand der Templer, denen diese Festung gehörte, nicht zu überwinden und kehrte einstweilen in sein Land zurück.

Endlich, im Frühling 1221, bereitete sich die Entscheidung vor. Im Mai trafen starke deutsche Heerhaufen unter Herzog Ludwig von Bayern, Bischof Ulrich von Passau und anderen Großen des deutschen Reiches ein. Sie waren nur Vorläufer der stärkeren Macht, welche Kaiser Friedrich II. wenige Monate darauf ins Morgenland zu führen gedachte und bis zu deren Ankunft, wie Friedrich selber wiederholt und bringend bat, größere Kriegsunternehmungen verschoben werden sollten. Die Ungeduld und Hoffahrt des Legaten kannte aber jetzt keine Schranke mehr.[2]) Er wendete sich an den Herzog Ludwig und dessen Genossen, die wie alle neu angekommenen Pilger von Kampflust glühten, beredete sie, seiner Meinung beizupflichten, und gewann mit ihrer Hülfe allmählich das ganze Heer für den sofortigen Angriff auf die Hauptstellungen der feindlichen Kriegsmacht. Ein glücklicher Erfolg des-

---

1) Die Stadt Mansurah, d. h. die Siegreiche, ist damals erst vom Sultan erbaut worden. Der stolze Name, den sie empfing, sollte durch wiederholte strahlende Triumphe der Muselmänner die überraschendste Rechtfertigung erhalten.

2) Pelagius war ein geborener Spanier und seine leidenschaftliche Begierde, Großes zu unternehmen, soll noch dadurch gestärkt worden sein, daß man in einem erbeuteten arabischen Buche die Weissagung gefunden habe, die Lehre Mohammeds werde nach sechshundertjähriger Dauer durch einen Spanier ausgerottet werden.

selben war vielleicht möglich, wenn man die Vorbereitungen zum Ausmarsche in tiefem Geheimnisse rasch vollendete und darnach mit Blitzesschnelligkeit über die Muselmänner herfiel. Aber in schlimmem Gegensatze hierzu betrieben die Pilger ihre Rüstungen ganz öffentlich und umständlich, verriethen damit aller Welt ihr Vorhaben und versäumten die Stunde, die allein noch ihnen den Sieg hätte bringen können. Als sie endlich, am 17. Juli, den Feldzug begannen, drohte ihnen sogar schon außer den Waffen der Muselmänner der fürchterlichste Feind, dem ein ortsunkundiges Heer in den Niederungen Aegyptens begegnen kann: die jährliche Nilüberschwemmung. Sie waren daher von vornherein verloren; und mochten sie auch mit einem starken Heere und einer großen Flotte, wohlbewaffnet und in strenger Ordnung, gegen Mansurah vorrücken, so gingen sie doch nur „gleich Vögeln ins Garn und gleich Fischen ins Netz".

In Kairo hatte die Nachricht von den Absichten der Kreuzfahrer anfangs bei Hoch und Niedrig Entsetzen erregt. Alkamil hatte sich aber nicht einschüchtern lassen, vielmehr durch ein wiederholtes Massenaufgebot, welches die Säumigen mit Todesstrafe bedrohte, sein eigenes Heer möglichst verstärkt und seine Verwandten und Freunde in Syrien und selbst in Mesopotamien um schleunigste Hülfsleistung gebeten. Als die Christen dann gegen ihn heranrückten, nahm er zwar den Kampf mit ihnen muthig auf, bot ihnen aber zugleich von neuem Frieden an. Sie sollten in demselben Umfange, in dem es ihnen schon früher verheißen war, das ehemalige Königreich Jerusalem zurückerhalten, wenn sie dagegen Damiette räumen wollten. Diesmal erklärten sich, wie es scheint, noch mehr Stimmen für die Annahme des Friedens, als vor der Eroberung von Damiette der Fall gewesen war; auch fehlte es nicht an verständigen Warnungen vor dem schrecklichen Verhängniß, dem man blindlings entgegenging; der Legat Pelagius aber, der Eroberer von Damiette, war weit davon entfernt, den Friedenswünschen seiner Genossen sich zu fügen: er traute seinem Glück und setzte durch, daß Alkamil zum zweiten Male eine ablehnende Antwort erhielt.[1]

Die Ertheilung dieser Antwort war eine um so ärgere Thorheit, als man schon vor derselben (am 24. Juli) das feste Lager der Muselmänner bei Mansurah erreicht hatte und zu der Erkenntniß gekommen war, daß hier kein leichter Sieg zu hoffen sei, vielmehr ein schwerer und langer Kampf bevorstehe. Man schlug nun ebenfalls ein Lager auf, umgab dasselbe mit Wall und Graben und wartete auf eine günstige Gelegenheit zum Angriff auf die Feinde. Diese aber hatten den ganzen Vortheil von solcher Verschleppung der Entscheidung. Stattliche Heerschaaren aus Syrien und aus Mesopotamien verstärkten allmählich ihre Reihen; das Wasser des Nils stieg und füllte alle Kanäle des flachen Landes; endlich gelang es den Aegyptern, durch

---

[1] Als König Philipp August von Frankreich davon hörte, daß es in der Hand der Christen gelegen hatte, „ein Königreich für eine Stadt" zu gewinnen, soll er gesagt haben: sie sind Thoren und Einfältige, daß sie darauf nicht eingingen.

einen Kanal, der soeben erst, in Folge der beginnenden Ueberschwemmung, schiffbar geworden war, mit einer großen und stark bemannten Flotte den Christen in den Rücken zu kommen. Am 18. August wurden die Schiffe der letzteren angegriffen und zum Theile vernichtet; dann wurden zahlreiche Schwärme leichter Truppen rings um das Lager der Pilger vertheilt; die Brücken und Wege, die gen Norden, nach Damiette, zurückführten, wurden zerstört und die Dämme durchstochen, welche das Wasser des Nils von den Gefilden zwischen Mansurah und Damiette zurückhielten. Bald standen die Kreuzfahrer wie auf einer Insel, eng eingeschlossen sowohl von den Fluthen des mächtigen Stromes wie von den überlegenen Massen des feindlichen Heeres. Trotzig harrten sie noch bis zum 26. August aus; an diesem Tage aber beschlossen sie, im Dunkel der folgenden Nacht sich, wenn noch möglich, nach Damiette zurück zu retten. Indessen die Zucht des unglücklichen Heeres war schon tief erschüttert; das Geheimniß des Abmarsches wurde nicht bewahrt, und während die dichtgedrängten Kolonnen auf nassen Pfaden unsicher umhertasteten, stürmten die Feinde von allen Seiten auf die Wankenden ein. Der heillosen Nacht folgte ein heilloserer Tag: immer fürchterlicher entfaltete sich die Uebermacht beider Gegner, der Wasserfluthen und der Muselmänner. Wohl schlugen die Christenritter auch jetzt noch mit Todesverachtung drein; und nicht wenige von ihnen, wie besonders die Templer und König Johann, der gerade zum Beginn dieses Feldzuges nach Aegypten zurückgekehrt war, erregten durch ihre Kraft und Kühnheit die Bewunderung der Feinde; aber keine Menschenkraft vermochte das Schicksal dieses Heeres mehr zu wenden. Noch eine zweite Nacht und einen zweiten Tag schleppten sich die Pilger langsam und mühevoll fort; als aber auch die Lebensmittel aufgezehrt waren, und selbst der Tapferste nur noch die Wahl zwischen verschiedenen Todesarten hatte, da schickten die Christen eine Botschaft an Allamil und baten um Frieden.

Die Muselmänner waren von der verzweifelten Lage ihrer Gegner auf's genaueste unterrichtet, da sie, was sie nicht selber gesehen, von feigen Ueberläufern vollständig erfahren hatten. Viele ihrer Heeresfürsten verlangten deshalb, von Siegesstolz und Rachsucht geschwellt, nach der Vernichtung des christlichen Heeres. Allamil aber dachte anders und beschloß, selbst in diesem Augenblicke des höchsten Triumphes an der vom Vater ererbten, mild nachgiebigen Politik festzuhalten. Und in der That, nie war eine solche Politik besser begründet als eben jetzt. Denn durch ein gütiges Verhalten gegen die tief gedemüthigten Feinde ließ sich der blutige Glaubenskrieg wohl für einige Zeit beenden und vor allem Damiette, der Schlüssel Aegyptens, wiedergewinnen, während schonungslose Härte ohne Zweifel zur Folge hatte, daß Damiette in den Händen der Christen blieb und neue Kreuzheere mit verdoppelter Wuth aus dem unerschöpflich scheinenden Menschenvorrathe des Abendlandes sich über die gesegneten Fluren des Nilthales ergossen. So schloß denn auch Allamil am 30. August 1221 Frieden mit den Pilgern auf die Bedingungen, daß sie frei von dannen ziehen dürften, dafür aber Damiette und ganz Aegypten räumen müßten. Der hiermit begründete allgemeine Friedenszustand zwischen Christen und Mohammedanern sollte während der nächsten acht Jahre fortdauern, und dürfte innerhalb dieser Frist nur von einem abendländischen gekrönten Könige, der nach dem heiligen Lande komme, gekündigt werden.

Der Ausführung dieses Friedens stand jedoch ein ernstes Hinderniß im Wege. Denn so eben war, wiederum von Kaiser Friedrich gesendet, eine starke Heerschaar bei Damiette gelandet, in deren Reihen die Nachricht von dem Geschehenen nicht blos Schmerz, sondern auch heißen Grimm gegen die besiegten Genossen, vornehmlich gegen den Legaten Pelagius, den hochmüthigen Urheber so großen Unglückes, hervorrief. Eine ähnliche, nur noch drohendere Stimmung herrschte bei der Besatzung und der übrigen christlichen Bevölkerung von Damiette, wo sich die Italiener, und unter diesen wieder die Venetianer am ungebärdigsten benahmen. Die letzteren hatten zwar in früherer Zeit freundliche Beziehungen zu den Ejjubiten sorgfältig gepflegt, seit den heißen Kämpfen der letzten Jahre waren sie aber zu der Ansicht gekommen, daß ihren Handelsinteressen ein anderes Verhalten förderlicher sein werde. Sie wollten Damiette — so günstig gelegen für die Ausdehnung ihres kaufmännischen Verkehres in den Ländern des Südens — unter allen Umständen behaupten, griffen zu den Waffen und verweigerten rundweg die Uebergabe der Stadt. Indessen nach kurzer Frist erkannten sie, daß ihre Kräfte zu dauerndem Widerstande doch nicht ausreichten, und so unterwarfen auch sie sich endlich sammt den übrigen Italienern und Teutschen, die sich ihnen angeschlossen hatten, den Bedingungen des Friedens. Am 7. September wurde Damiette geräumt, und bald darauf verließen alle Kreuzfahrer das Land der Pharaonen, das sie mit überschwänglichen Hoffnungen genährt hatte, um ihnen zuletzt die bitterste Enttäuschung zu bereiten.

Kaiser Friedrich II. und die römische Kirche.

Die Kämpfe, welche König Andreas von Ungarn, Herzog Leopold von Oesterreich, der Kardinal Pelagius und deren sämmtliche Genossen während der Jahre 1216 bis 1221 im Morgenlande bestanden, haben, wie aus dem obigen hervorgeht, das Kerngebiet des ehemaligen Königreiches Jerusalem niemals berührt. Theils erstreckten sich diese Kämpfe über das Hinterland der christlichen Hafenstädte Akkon, Tyrus und Sidon, theils richteten sie sich weit südwärts gegen Aegypten, so daß vor allem die Stadt Jerusalem förmlich vermieden wurde. Als Grund dafür wird außer der Lust nach anderweitigen Eroberungen gelegentlich angegeben, daß ein Kriegszug gegen Jerusalem allzu bedenklich sei, weil es in der dortigen Gegend an Wasser fehle. Man darf aber hinter dieser Betonung des Wassermangels, der allerdings in peinlicher Weise vorhanden war, ohne Zweifel noch etwas anderes suchen. Die syrische Küste, von Akkon nordwärts, war mit christlichen Städten bedeckt, die sich in Folge ihres regen Handels und der reichen Bodenkultur der Umgegend noch immer einer hohen Blüthe erfreuten. Das südliche Palästina lag dagegen seit den Kämpfen mit Saladin zu großem Theile in wüster Oede da: die Ejjubiten hatten hier, obgleich auf ihrem eigenen Grund und Boden, einmal ums andre die traurigste Zerstörung veranlaßt, um den Christen die erneute Festsetzung in diesen Gegenden zu erschweren. Die morgenländischen Kreuzesfürsten wie die italienischen Kaufherren hatten seitdem nur ein geringes materielles Interesse an der Wiedereroberung Jerusalems: ihnen lag jetzt in erster Linie daran, ihren Küstenbesitz in dem dahinter gelegenen Binnenlande auszudehnen oder gar in Damiette und Alexandrien ein zweites Akkon und Tyrus zu gründen. So lenkten sie die Kampfesgluth der Pilgermassen von dem Hauptziele aller Kreuzfahrten, der heiligen Stadt, ungescheut ab und wagten sich an Unternehmungen, die nur bei glänzendstem Erfolge die Begeisterung der Christenheit für den Krieg gegen den Islam wach erhalten konnten.

Gleichzeitig aber und in unheilvollem Zusammentreffen mit dieser Verweltlichung des heiligen Krieges hatte die Kreuzfahrerstimmung des Abendlandes in leidenschaftlichem Aufwogen bis zu einer Exaltation geführt, welche das Maß des Möglichen erschöpfte und somit den Umschlag zu kalter Gleichgültigkeit schon nahe legte. Die asketischen Tendenzen des Zeitalters hatten in dem unglückseligen Kinderkreuzzuge viele Tausende schuldloser Wesen in Tod und Sklaverei gejagt, und der hierarchische Ungestüm der römischen Kurie hatte den Boden bereitet, auf dem ein geistlicher Mann, ein hochmüthiger blinder Eiferer, sich die Führung der Kriegsleute anmaßen durfte. Wohl war zu den Zeiten Urbans II. der päpstliche Legat Ahhemar von Monteil auch als Oberhaupt der Pilger aufgetreten, aber die Leitung des eigentlichen Feldzuges hatte er dennoch bescheiden den Männern des Schwertes überlassen. Anders der Kardinal Pelagius, der selber, und oft genug nach seinem Kopfe allein, die Bewegung des Heeres zu lenken versuchte und den Hochdruck religiöser Erregung nicht verschmähte, um jeden Widerspruch gegen seinen Willen zu brechen. Sein Mund floß über von Aufforderungen zur Buße, von grimmer Strafdrohung und der Klage über Verrath an der heiligen Kirche. So zwang er zwar die Fürsten und Ritter, ihm gehorsam zu folgen, offenbarte aber zugleich in heilloser Niederlage die tiefe Ohnmacht geistlicher Kriegsführung. Im Abendlande wurde dieser Schlag aufs bitterste empfunden. Ebenso hohe Freude, wie einst die Eroberung von Damiette erregt hatte, ebenso tiefen Schmerz bereitete nun der Fall der Stadt. Und welche Hoffnungen auf endlichen Sieg blieben jetzt noch übrig, da selbst die fanatischste Anspannung aller Kräfte nur von einem Mißerfolge zum andern geführt hatte?

Indessen die ungeheure Bewegung, die Innocenz III. entfesselt hatte, war noch nicht ganz zur Ruhe gekommen. Der mächtigste von allen, die bereinst im Jahre 1215 das Kreuz genommen, Kaiser Friedrich II., hatte sein Gelübde noch nicht eingelöst. Alle Welt erwartete, daß er demnächst gen Osten ziehen werde, und in den Frieden zwischen Alkamil und den Kreuzfahrern war deshalb die Bestimmung aufgenommen, daß derselbe von einem gekrönten abendländischen Könige, der nach dem Morgenlande komme, sofort gekündigt werden dürfe. Wenn nun bei Friedrichs Kreuzzug die weltlichen und die geistlichen Mächte, Ritterthum wie Askese einträchtig und besonnen zu großen Zwecken zusammenwirkten, so war die Befreiung Jerusalems und die Sicherung der Christenherrschaft im Morgenlande vielleicht immer noch möglich.

Der junge Staufer hatte im Juli 1215 aus eigenem Antriebe das Kreuz genommen. Veranlaßt zu diesem Schritte war er damals muthmaßlich sowohl durch religiöse wie durch politische Erwägungen. Denn erst kurz vorher und wie im Fluge hatte er zu seinem sicilischen Reiche die deutsche Königskrone nebst der Anwartschaft auf das römische Kaiserthum gewonnen und hiermit zugleich alle hochfliegenden Pläne seines Geschlechtes geerbt. Seine Seele war „voll Dank gegen Gottes Gnade" und sein Herrscherstolz verlangte, in Europa wie in Asien auf den Bahnen Friedrichs I. und Heinrichs VI. zu wandeln. Daher legte er, halb aus Frömmigkeit, halb ohne Zweifel von Ehrgeiz getrieben, das Kreuzzugsgelübde ab; und wenn auch in seinem Herzen die religiöse Stimmung nicht lange fortgewirkt hat, so ist

Siegel Kaiser Friedrichs II.

dafür seine Sehnsucht nach Ausdehnung der kaiserlichen Allmacht über die Staaten des Morgenlandes stets gleich rege geblieben. Aber es war ihm geraume Zeit hindurch unmöglich, zur Befriedigung dieser Sehnsucht weitere Schritte zu thun. Denn so lange sein Gegner, Kaiser Otto IV., noch lebte und trotz schwerer Niederlagen mit ungebeugtem Sinne im Kampfe ausharrte, vermochte er für die Heerfahrt gen Syrien nicht einmal ernstliche Vorbereitungen zu treffen. Nachdem Otto am 19. Mai 1218 gestorben war, hoffte er freilich, schnell zum Ziele zu gelangen, und sprach daher nicht blos die Absicht aus, die Kreuzzugsangelegenheit auf dem für den März 1219 nach Magdeburg ausgeschriebenen Reichstage nachdrücklich zu betreiben, sondern bat sogar den Papst, alle Prälaten und Fürsten, die das Kreuz genommen hatten, in den Bann zu erklären, wenn sie nicht bis zum Johannisfeste 1219 ihr Gelübde erfüllen würden. Bald darauf erkannte er jedoch, daß seine und seines Hauses Stellung in Europa noch nicht fest genug begründet war, um den Kriegszug nach Asien ohne Gefahr für die Ruhe der Heimat antreten zu können. Er wünschte vorher noch sein Söhnlein Heinrich zum deutschen König, b. h. zu seinem Nachfolger, erwählt und sich selber zum Kaiser gekrönt zu sehen. Nachdem er dieses beides im Laufe des Jahres 1220 erreicht hatte, hielt er die Stunde für gekommen, den Kampf gegen den Islam zu beginnen, regte nunmehr in Deutschland wie in Italien umfassende Rüstungen an, schickte dem in Aegypten befindlichen Kreuzheere, wie wir gesehen haben, im Frühling und Sommer 1221 sehr ansehnliche Verstärkungen und stellte seine eigene Ueberfahrt in nahe Aussicht.

Papst Honorius hätte hiernach mit dem Verhalten des Kaisers in Sachen des heiligen Krieges wohl zufrieden sein dürfen. Friedrich hatte zwar, wie sich nicht leugnen läßt, Fehler gemacht, indem er den Kreuzzug wiederholt versprochen und bisher, wenigstens in eigener Person, nicht ausgeführt hatte. Aber dabei fiel ihm nicht sowohl die Verzögerung des Unternehmens zur Last, als vielmehr, daß er sich in jugendlicher Voreiligkeit allzu frühzeitig zur Pilgerfahrt verpflichtet und somit Erwartungen erregt hatte, die zu befriedigen er nicht sogleich im Stande war. Honorius hatte dies anfangs selber anerkannt, und den Kaiser deshalb nur mäßig zum Aufbruche gedrängt, war aber schließlich, wenn auch aus Gründen, die mit dem Kreuzzuge ursprünglich nichts zu thun hatten, in eine sehr gereizte Stimmung gegen Friedrich gekommen. Denn dieser junge Staufer, den die römische Kirche nur als ein Werkzeug hatte benutzen wollen, um die Macht Kaiser Ottos IV. zu brechen, war binnen weniger Jahre dank seinen Gaben wie seinem Glück so hoch emporgestiegen, daß die glänzendsten Zeiten alter Kaiserherrlichkeit in ihm von neuem verkörpert erschienen. Der Papst und die Kardinäle, die sich seit den Tagen des gewaltigen Innocenz mehr denn je als die eigentlichen Herren der Welt betrachteten, fühlten sich von solchem Nebenbuhler bedroht und beengt, und ergriffen daher mit Freuden jede Gelegenheit, dem mächtigen Fürsten irgend eine Demüthigung zu bereiten.

Eine bessere Gelegenheit ließ sich aber nicht finden, als die das furchtbare Unglück der Christen in Aegypten in verlockender Weise darbot. Der Verlust von Damiette war in erster Linie durch Kardinal Pelagius, mittelbar also durch die Kirche selber verschuldet: machte man nun den Kaiser, weil er den Kreuzzug rechtzeitig anzutreten versäumt habe, dafür verantwortlich, so entlastete man die Kirche von einem drückenden Vorwurfe und beschädigte Friedrichs Ansehen durch einen Tadel, der, wie unbegründet auch immer, dennoch schwer zu entkräften war. Honorius scheute sich deshalb auch nicht, dem Kaiser in einem Briefe vom 19. November 1221 die ganze Schuld an dem schrecklichen Mißerfolge des ägyptischen Feldzuges beizumessen und ihn mit dem Kirchenbanne zu bedrohen, wenn er die Sache Gottes fernerhin so leichtsinnig wie bisher vernachlässige. Friedrich konnte hiergegen zwar nachweisen, wie wenig er solche harten Worte verdient habe, aber dieselben waren einmal ausgesprochen und blieben fortan eine mächtige Waffe in der Hand der Kirche gegen das Kaiserthum. Am übelsten war dabei, daß die Eintracht zwischen den kirchlichen und weltlichen Mächten, ohne die Friedrich im Morgenlande nicht mehr viel zu erreichen hoffen durfte, schon zerstört war, ehe derselbe nur für seine eigene Pilgerfahrt sich zu rüsten vermochte.

Trotzdem war der Kaiser sehr bereit, das Unglück von Damiette gut zu machen, soweit irgend in seinen Kräften stand. Im April 1222 traf er auf Wunsch des Papstes mit demselben zu Veroli im Gebiete des Kirchenstaates zusammen, verhieß die Abhaltung eines Kongresses zur Beförderung des Kreuzzuges in Verona und schwor sogar, an dem Zeitpunkte, den Honorius bestimmen werde, die Pilgerfahrt anzutreten. Nicht lange darauf segelten einige kaiserliche Schiffe nach Syrien, um den Kardinal Pelagius, den König Johann und den Patriarchen von Jerusalem nebst anderen syrischen Großen zum Veroneser Kongresse abzuholen. Im November landeten dieselben in Brindisi; der Kongreß kam aber nicht zu Stande, theils weil Honorius inzwischen erkrankt war, theils weil Friedrich durch einen furchtbaren Aufstand der damals noch in großer Zahl Sicilien bewohnenden Muselmänner ganz und gar in Anspruch genommen wurde. Dafür vereinigten sich im März 1223 der wieder genesene Papst, der Kaiser, die syrischen Herren und viele Würdenträger, namentlich Bischöfe Deutschlands und Italiens, zu Ferentino in der römischen Campagna. Friedrich leistete hier noch einmal den Eid, den er schon zu Veroli geschworen hatte, und verpflichtete sich damit, an dem Tage, den die Versammlung sogleich festsetzte — am 24. Juni 1225, mithin nach etwas mehr als zwei Jahren — nach Syrien aufzubrechen. Auch ging er auf einen Vorschlag ein, der zum Zwecke hatte, seine Interessen mit denen des heiligen Landes aufs innigste zu verschmelzen. Er war nämlich seit kurzem Wittwer, da seine erste Gattin Konstanze am 23. Juni 1222 gestorben war. König Johann von Jerusalem besaß aber von seiner inzwischen auch schon gestorbenen Gattin Maria Jolanta eine Tochter, Isabella, die Erbin des Reiches Jerusalem. Deren Hand wurde dem Kaiser jetzt angetragen, und dieser billigte gern den Plan der Vermählung, die ihm die Erwerbung Jerusalems für sich und sein Haus in Aussicht stellte.

Die Versammlung von Ferentino schob den Zeitpunkt für den Beginn des Kreuzzuges offenbar aus zwei Gründen bis zum Jahre 1225 hinaus, einmal um dem Kaiser Zeit zu lassen, die sicilischen Muselmänner vollständig zu unterwerfen, und dann um noch möglichst viele Fürsten und Völker des Abendlandes zur Theilnahme an der Pilgerfahrt bewegen zu können. Das erste gelang dank Friedrichs Klugheit und Energie in der festgesetzten Zeit; die Bemühungen dagegen, die alte Begeisterung für den heiligen Krieg von neuem zu erwecken, scheiterten diesmal in kläglicher Weise. Honorius sendete Kreuzprediger aus und schickte Briefe an viele Fürsten und Prälaten des Abendlandes mit der bringenden Mahnung, heimische Fehden zu beenden und durch die Theilnahme an der Pilgerfahrt himmlischen Lohn für irdische Opfer zu erlangen. Seine Worte verhallten jedoch fast ungehört. Dann ging König

Johann werbend nach Frankreich und nach England, fand hier wie dort eine ehrenvolle Aufnahme und erhielt zur Unterstützung des heiligen Landes einige Geldsummen; mehr aber erreichte er nicht, theils weil der Albigenserkrieg noch immer fortdauerte, theils auch weil Franzosen und Engländer wieder in Streit mit einander lagen. In Deutschland predigten anfangs zumeist niedere Kleriker, die fanatisirten Mönche jener Tage, das Kreuz. Da sie wenig Nutzen stifteten, schickte endlich Honorius den Kardinal Konrad, einen vornehmen deutschen Herren, aus dem Geschlechte der Grafen von Urach, über die Alpen, und Friedrich beauftragte den ihm nahe befreundeten, trefflichen Meister des deutschen Ordens, Hermann von Salza, in Deutschland für den Kreuzzug zu wirken. Indessen auch diese Männer vermochten nicht viel auszurichten, und so zeigte es sich überall, daß die Kirche durch ihr blindes Eifern während der letzten Jahre den Bogen überspannt und sich selber empfindlich geschädigt hatte. Wo nicht volle Gleichgültigkeit oder gar Abneigung gegen den heiligen Krieg herrschte, da wurde doch jedes kleine heimische Interesse der großen Sache der Christenheit kaltblütig vorgezogen.

Friedrich that inzwischen seine Schuldigkeit, um dem von ihm geschworenen Eide pünktlich nachzukommen. Er rüstete eine mächtige Flotte und suchte von allen Seiten Kreuzfahrer an sich zu locken, indem er ihnen freie Ueberfahrt, Lebensmittel und jede sonstige Beihülfe freigebig versprach. Als aber der Zeitpunkt herannahte, an dem er aufbrechen sollte, da mußte er erkennen, daß seine Kräfte zu erfolgreicher Bedrängung der Ejjubiten schwerlich hinreichen würden. Gern hätte er zwar, wie wir sicher annehmen dürfen, den Kreuzzug angetreten, den er als künftiger Gemahl Isabellas von Jerusalem vornehmlich für sich selber zu verwerthen vermochte; aber ohne hinreichend gesicherte Aussichten auf Besiegung der Feinde des Kreuzes wollte er das Abendland nicht verlassen und die Lösung der Herrscheraufgaben, die dort seiner warteten, nicht versäumen. Nachdem er sich deshalb entschlossen hatte, mit der Pilgerfahrt auf bessere Zeiten zu warten, erschien ihm nur noch bedenklich, wie die Kirche sich hierzu stellen werde. Um nun einen Druck auf die römische Kurie auszuüben und dieselbe zur Willfährigkeit gegen seine Wünsche zu bewegen, berief er alle Prälaten seines süditalienischen Reiches zu sich und hielt sie so lange in seiner Umgebung fest, bis die Verhandlungen, die er gleichzeitig mit Honorius angeknüpft hatte, einen günstigen Erfolg versprachen. Es kam ihm hierbei zu statten, daß der Papst sich damals in Folge eines Aufruhrs der Römer in argem Gedränge befand und ihm daher nicht allzu schroff entgegentreten durfte. Am 25. Juli wurde denn auch zu San Germano zwischen dem Kaiser und den päpstlichen Bevollmächtigten folgender Vertrag abgeschlossen: der Kaiser schwört und läßt einen seiner Großen, den Herzog Rainald von Spoleto, „in seine Seele" schwören, daß er im August 1227 mit tausend Rittern und 150 großen Schiffen die Kreuzfahrt antreten und diese Macht zwei Jahre lang im heiligen Lande unterhalten wird. Für das, was etwa fehlt, leistet er entsprechende Geldentschädigung. Außerdem verspricht er, Schiffe für zweitausend Ritter und deren Begleitung bereit zu halten und in fünf Terminen vom August 1225 bis zum August 1227 an den König Johann, den Patriarchen von Jerusalem und den Meister des deutschen Ordens 100,000 Goldunzen zum besten des heiligen Landes zu zahlen,[1]) jedoch mit der Bedingung, daß sie ihm wieder zur Verfügung gestellt werden, wenn er den Kreuzzug wirklich antritt. Stirbt Friedrich vor dem August 1227, so ist sein Nachfolger zur Ausführung der Pilgerfahrt verpflichtet, und erfüllt der Kaiser sein Gelübde nicht, so ist er ohne Erbarmen dem Kirchenbanne verfallen.

Friedrich erlangte hiermit also unter Einwilligung der Kirche einen neuen Aufschub für den Beginn seines Kreuzzuges. Aber der Vertrag von San Germano läßt doch erkennen, daß die Beziehungen zwischen Kaiserthum und Papstthum zum Unheile Jerusalems immer gespannter wurden. Die Bedingungen, denen Friedrich sich fügen mußte, waren außerordentlich hart. Mit einer Rücksichtslosigkeit, wie sie kaum je gegen einen andern Fürsten geübt worden ist, wurde ein ungeheures Opfer von ihm gefordert und die Strafe für den Fall der Verfehlung schon im voraus über ihn verhängt.

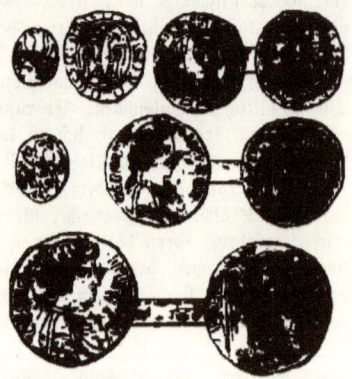

Münzen Friedrichs II.

Der Kaiser versuchte hierauf, die Frist, die ihm vergönnt war, mit ähnlicher Rücksichtslosigkeit zu schnellerer Steigerung seiner Macht zu verwerthen. Noch im Sommer 1225 schickte er eine kleine Flotte nach Syrien, ließ seine Braut Isabella von dort abholen und vermählte sich mit derselben zu Brindisi am 9. November. Aber schon am Hochzeitstage erklärte er seinem Schwiegervater, daß derselbe von nun an auf die Regierung des Reiches Jerusalem zu verzichten habe. Friedrich handelte hierbei nicht widerrechtlich: Isabella war „Erbin Jerusalems" und altem Brauche entsprechend war, sobald sie sich verheiratet hatte, der rechtmäßige Regent des Landes nicht mehr ihr Vater, sondern ihr Gatte. Indessen die plötzliche Erklärung des Kaisers traf den König Johann völlig unvorbereitet, erbitterte ihn furchtbar, verletzte die römische

---

1) Röhricht, Beiträge zur Gesch. der Kreuzzüge I. 62 setzt die Goldunze gleich 61,5 Francs, so daß die Gesamtsumme sich auf 6,150,000 Francs beläuft. Winkelmann, Gesch. Kaiser Friedrichs II., S. 191 u. 382 ff. berechnet die Unze auf 111 Francs, die Gesamtsumme also auf 11,100,000 Francs. Ob die letztere aber elf oder sechs Millionen betrug, in jedem Falle war sie mit Rücksicht auf den Geldwerth jener Tage sehr hoch gegriffen.

Kurie, und wenn Friedrich seinen Willen auch durchsetzte, so vermehrte er doch hierdurch den Samen der Zwietracht in verhängnißvoller Weise.

Wenige Monate darauf schrieb der Kaiser einen Reichstag nach Cremona aus, um „den Kreuzzug zu berathen, die Ketzerei auszurotten und für Herstellung des Friedens zu sorgen". Die Lombarden, in deren Mitte der Reichstag abgehalten werden sollte, durchschauten jedoch Friedrichs Absicht, die in der That dahin ging, unter dem Vorwande friedlicher Berathungen ein Heer in der Poebene zu versammeln und die mächtigen Städte dieses Gebietes, die sich zu fast unabhängigen Republiken ausgebildet hatten, seiner Oberherrschaft zu unterwerfen. Der alte Lombardenbund, den schon Kaiser Friedrich I. nicht hatte bewältigen können, wurde daher sofort erneuert; und nach kurzer Frist mußte auch der Enkel des Rothbarts erkennen, daß er, allzu verwegen, mit einem übermächtigen Gegner angebunden hattte. Um nur aus der argen Klemme, in die er gerathen war, wieder herauszukommen, blieb ihm schließlich nichts anderes übrig, als den schwer gereizten Papst um Vermittelung zwischen sich und den Lombarden zu ersuchen. Honorius ging darauf ein und erwirkte einen Vergleich, der dem Kaiser nichts weiter eintrug, als daß die Lombarden zu seinem Kreuzzuge 400 Ritter auf zwei Jahre stellen sollten. Und ein paar Monate nachdem dieser magere Vergleich nur eben angebahnt, noch nicht einmal fest abgeschlossen war, starb — am 18. März 1227 — Papst Honorius III. Sein Nachfolger wurde Gregor IX., der schon bisher größtentheils die Seele der päpstlichen Politik gewesen war, ein Greis von mehr als achtzig Jahren, aber trotz so hohen Alters von feurigem Thatendrange erfüllt, zudem ein Verwandter des dritten Innocenz und gleich diesem beflissen, den Ausbau der christlichen Theokratie mit vollem Nachdrucke zu fördern. Unter diesem Kirchenfürsten mußte der längst drohende offene Krieg zwischen Papstthum und Kaiserthum

Grabmal des Kreuzfahrers Robert Roß († 1287) in der Templerkirche zu London.

beim ersten Anlasse jäh entbrennen.

Friedrich rüstete nun aber ernstlich zum Kreuzzuge. Seine eigenen Bemühungen sowie die Mahnungen, die von Rom aus ringsum an die Fürsten und Völker ergingen, riefen noch einmal einen bedeutenden Erfolg hervor. Frankreich durch den Albigenserkrieg in Anspruch genommen, stellte zwar nur wenige Kreuzfahrer, Italien dagegen beträchtliche Schaaren und England, wie es heißt, über 40,000 Mann, zumeist freilich Arme, auf denen jedoch „vorzugsweise der Wille des Herrn zu ruhen pflegt". Die zahlreichsten und kriegstüchtigsten Haufen kamen aber aus Deutschland, dessen Fürsten und Prälaten, Ritter und Bürger diesmal dem Rufe ihres Kaisers bereitwillig Folge leisteten. Alle diese Pilgerzüge trafen im Juli 1227 in Apulien ein und schlugen ihr Lager in und um Brindisi auf. Hier aber war man auf eine so gewaltige Masse von Kreuzfahrern nicht genügend vorbereitet. Es fehlte an Lebensmitteln und zugleich an Schiffen, auf denen ein Theil des übergroßen Heeres schnell hätte weiter geschafft werden können. Der Hunger, den vornehmlich die ärmeren Pilger litten, die unregelmäßige Lebensweise und die furchtbare Sonnenhitze erzeugten sehr bald eine Lagerseuche, der viele Tausende erlagen, während ebenfalls Tausende, aus Furcht vor der Ansteckung, Brindisi verließen und nach der Heimat zurückeilten. Endlich, Anfang September, schickte Friedrich eine starke Flotte mit einem Theile des Heeres unter Führung des Herzogs Heinrich von Limburg nach Syrien voraus und versuchte wenige Tage später, mit dem Reste von Mannschaften und Schiffen zu folgen. Aber er selber und Landgraf Ludwig von Thüringen, der sich bei ihm befand, waren auch schon von der Seuche ergriffen und wurden, da die Krankheit während der Fahrt zunahm, am 11. September genöthigt, bei Otranto ans Land zu gehen. Hier starb der Landgraf am dritten Tage darauf; Friedrich genas zwar wieder, aber so langsam, daß er den Kreuzzug einstweilen aufgeben mußte. Doch schickte er noch den Patriarchen von Jerusalem mit zwanzig Kriegsschiffen nach Syrien und meldete dem Papste sogleich, durch welchen Unfall er zur Unterbrechung der Pilgerfahrt gezwungen worden sei.

Als Gregor IX. hiervon hörte, hielt er den Zeitpunkt für gekommen, um die Macht des Kaisers mit vernichtendem Schlage zu treffen. Denn Friedrich war, indem er, wenn auch nothgedrungen, für jetzt vom Kreuzzuge fern blieb, nach dem drakonischen Wortlaute des Vertrages von San Germano dem Banne verfallen. Der Papst sprach daher, ohne auf die wiederholten Rechtfertigungsversuche des Kaisers irgend welche Rücksicht zu nehmen, am 29. September zu Anagni den Bann über denselben aus und gab am 10. Oktober in einem Rundschreiben der ganzen Christenheit hiervon Kenntniß. Dabei entblödete er sich nicht, über das formale Recht, welches er zu solchem Handeln hatte, so weit hinaus zu gehen, daß er in der verlogensten Weise über Friedrichs Verhalten redete. Denn durch dessen Schuld sei dereinst Damiette verloren worden und auf dessen Befehl sei das Heer bei Brindisi in Sommergluth und Hungersnoth so lange festgehalten worden, bis es der Lagerseuche zum Opfer gefallen. Auch habe der Kaiser weder die Gelder gezahlt, noch die Truppen gestellt, die er im Vertrage von San Germano versprochen; und die Krankheit, mit der er seinen Wortbruch zu entschuldigen suche, sei erheuchelt. In alledem hatte der Papst durchweg Unrecht,[1]) und schwerlich würde er wegen der Kreuzzugsangelegenheiten eine so gehässige Sprache geführt haben, wenn ihn nicht der wilde Grimm, der gegen Friedrichs kaiserliche Macht in seinem Herzen lebte, in diesem Augenblicke völlig übermannt hätte.

---

1) Vergl. darüber vornehmlich Röhricht, Beiträge u. s. w. I. 20 ff. u. 65 f.

Neuntes Kapitel. Fünfter Kreuzzug.

Friedrich trat dem schnöden Angriffe anfangs in sehr würdiger Haltung entgegen, indem auch er — am 6. Dezember — ein Rundschreiben veröffentlichte, welches die unwahren Behauptungen des Papstes Punkt für Punkt in ruhiger Rede widerlegte und aller Welt verkündete, daß die jetzt nur durch Krankheit unterbrochene Kreuzfahrt zuverlässig im nächsten Frühjahre fortgesetzt werden werde. Aber die Kriegserklärung, die in dem gegen ihn geschleuderten Banne lag, hatte ihn doch so erbittert, daß auch er sehr bald in leidenschaftlicher Ueberstürzung das Feuer der Zwietracht noch vermehrte. Da das römische Volk dem Papste großentheils feindlich gesinnt war,[1]) so versuchte er durch mancherlei Mittel dasselbe für sich zu gewinnen; und dem Herzog Rainald von Spoleto befahl er, die Landgebiete, welche frühere Päpste den Kaisern mit List oder Gewalt entwendet hätten (er meinte die Mark Ankona und die Mathildischen Güter), zu besetzen, weil diese Gebiete nur Lehen des Kaiserreiches seien und Gregor dieselben mithin durch seine Feindschaft gegen ihn, den Kaiser, verwirkt habe. Der Papst erneuerte inzwischen — zu Rom am 23. März 1228 — den Bannfluch gegen Friedrich und fügte noch das Interdikt über jeden Ort, an welchem derselbe verweile, hinzu, wäre in Folge davon aber beinahe den in wildem Aufruhr auf ihn einstürmenden Römern zum Opfer gefallen. Auch verbot er dem Kaiser sogar, den Kreuzzug anzutreten, ehe er sich nicht bußfertig unter den Willen der Kirche gebeugt habe.

Friedrich beachtete dieses Verbot natürlich nicht, rüstete vielmehr aufs eifrigste zur Pilgerfahrt, da er nur durch die Erfüllung seines Gelübdes alle die schmählichen Vorwürfe, die der Papst ihm in jenem Rundschreiben gemacht hatte, vollgültig zu entkräften hoffen durfte. Er schrieb hohe Kreuzzugssteuern aus, sammelte Mannschaften und Schiffe und verkündete Ende April 1228 zu Barletta angesichts einer glänzenden Versammlung der Großen seines Reiches und einer unzählbaren Volksmenge seinen „letzten Willen" vor der Abfahrt nach Syrien. Rainald von Spoleto sollte darnach während Friedrichs Abwesenheit daheim die Statthalterschaft führen, und wenn er, der Kaiser, auf dem Zuge sterbe, so sollte ihm in Sicilien sein Sohn Heinrich und, wenn dieser kinderlos sterbe, sein zweiter, wenige Tage vorher geborener Sohn Konrad folgen. Bald darauf wollte Friedrich den Kreuzzug antreten. Aber am 8. Mai starb seine Gattin Isabella am Kindbettfieber; durch diesen schweren Trauerfall wie durch Unruhen in Sicilien wurde er noch eine Weile aufgehalten; endlich am 28. Juni segelte er von Brindisi aus nach Syrien hinüber. Gregor IX. rief ihm nach, er sei ein Diener Mohammeds und er ziehe nicht wie ein Kreuzfahrer, sondern wie ein „Pirat" nach Jerusalem.

---

1) Die Römer ließen unter anderm, während Gregor in Anagni weilte, sechs Wochen lang einen Betrüger gewähren, der sich Papst nannte und gegen Entrichtung von vier Mark Pilger von ihrem Kreuzzugsgelübde befreite.

Kaiser Friedrich II. und die römische Kirche

Wundersamer und trauriger Anblick! Der höchste Herrscher der Christenheit erhebt die Waffen zur Wiedereroberung der heiligen Stadt, aber das Oberhaupt der christlichen Kirche verbietet ihm den Feldzug und verflucht ihn. Der Kaiser trug die geringere Schuld an dieser unseligen Verwickelung. Denn der Zusammenstoß zwischen Papstthum und Kaiserthum war nach der Natur der beiden Mächte unvermeidlich und der Kaiser hatte nur darin gefehlt, daß er seine Kraft, wie im Jahre 1225 nach dem Vertrag von San Germano, so auch jetzt wieder überschätzt hatte: er hätte in dem Augenblicke, wo er den Zug ins Morgenland vorbereitete, seine europäische Politik vorsichtiger auf friedliche Ziele lenken, dem Papst minder schroff entgegentreten sollen: er brachte sich durch seinen Ungestüm in die Gefahr, zu gleicher Zeit zwei Kriege, in Syrien und in Italien, führen zu müssen. Unvergleichlich viel schwerer als die Verschuldung des Kaisers war die des Papstes. Mußte Gregor denn seinen Angriff auf Friedrich gerade in dem Augenblicke eröffnen, als der Kaiser vor den Lombarden zurückwich, die Friedensvermittelung der Kirche erbat und an redlicher Erfüllung seines Kreuzzugsgelübdes nur durch schwere Krankheit gehindert wurde? Mußte er überhaupt die Kreuzzugsangelegenheit für seinen Machtstreit mit dem Kaiser verwerthen und hierbei gar zu den Waffen der Verläumdung greifen? Wenn er so handelte, so konnte er allerdings ohne Mühe die heißesten Leidenschaften des Zeitalters gegen Friedrich wenden, der sich durch das

Tracht eines Königs des 13. Jahrhunderts. Glasgemälde in den Chorfenstern des Kölner Doms.

wiederholte, obschon meist nothgedrungene Hinausschieben der Pilgerfahrt bösem Scheine ausgesetzt hatte; schließlich aber mußte ein so gehässiges Verfahren der Kirche nicht weniger schaden als dem Kaiserthume; und vor allem die Interessen des christlichen Morgenlandes, die den Vorgängern Gregors immerdar heilig gewesen waren, wurden jetzt den theokratischen Gelüsten der römischen Kurie rücksichtslos zum Opfer gebracht. Dem Kaiser wurde, eben da er zum Kampfe gen Osten zog, durch den Bannfluch der Arm gelähmt und der ganzen Christenheit, die schon großentheils gleichgültig gegen die Sache Jerusalems geworden war, die Schlußfolgerung nahe gelegt, daß man sich von dieser Sache, mit der die Kurie ein schmähliches Spiel treibe, nun vollends abzuwenden habe.

Kreuzzug Kaiser Friedrichs II.

Das christliche Morgenland hatte seit dem Falle von Damiette im ganzen und großen Ruhe vor den Muselmännern gehabt, trotzdem aber keine besonders glückliche Zeit durchlebt. Armenien war nach dem Tode des Königs Leo Jahre lang von Parteikämpfen zerrissen worden, bis es dem Prinzen Konstantin, einem Verwandten des Gestorbenen, glückte, die Erbin desselben, Isabella, mit seinem Sohne Hethum zu vermählen und die Kraft des Landes unter seiner und des jungen Paares Herrschaft zu vereinigen.

Kaiser Friedrich II.
Miniatur aus der Handschrift über die Falkenierkunst.

In Antiochien und Tripolis behauptete sich zwar fortdauernd Boemund IV., hatte aber unter den Nachwirkungen der früheren Händel, während deren ein Theil seiner Unterthanen zu Gunsten der Armenier feindlich gegen ihn aufgetreten war, noch wiederholt zu leiden. In Cypern waltete eine vormundschaftliche Regierung, da König Hugo von Cypern im Jahre 1218 mit Hinterlassung eines kaum einjährigen Knaben, Heinrichs I., gestorben war: an der Spitze derselben stand einer der vornehmsten Großen des Reiches Jerusalem, Johann von Ibelin, Herr von Beirut.[1]) Die jerusalemitischen Städte und Burgen endlich waren von mancherlei Neid und Haber der dortigen Ritter und Kaufleute erfüllt.

In diesem Wirrsale gedachte Friedrich zu seinem eigenen wie zum Wohle der Gesammtheit seine kaiserliche Macht weiter auszudehnen. Nicht lange nachdem er König von Jerusalem geworden war, hatte er schon den Grafen Thomas von Acerra als seinen Stellvertreter nach Syrien geschickt, und es war demselben, wenn auch zu großem Zorne der stolzen Herren vom Templer= und Hospitaliterorden, ge=

---

1) Dieser Johann von Ibelin ist der sogenannte „alte Herr von Beirut". Sein gleichnamiger Neffe, Johann von Ibelin, Graf von Joppe, hat über das Recht der Kreuzfahrerstaaten jenes Buch verfaßt, welches unter dem Titel „Livre des assises des royaumes de Jérusalem et de Chypre" weiten Ruf gewonnen und in den letzten Zeiten der Christenherrschaft im Morgenlande als öffentlich anerkanntes Gesetzbuch gedient hat.

lungen, in den Resten des Reiches Jerusalem ein strammes Regiment auf=
zurichten. Im Sommer 1228 kam nun Friedrich selber ins Morgenland,
landete zuerst auf Cypern und versuchte sogleich, auf dieser Insel, die nach
seiner Ansicht seit den Zeiten Heinrichs VI. kaiserliches Lehen war, als Ober=
lehnsherr und Vormund des Knaben Heinrich zu schalten. Er trat hierbei
gegen Johann von Ibelin freilich ebenso schroff auf wie bereinst gegen König
Johann von Jerusalem, indessen halb mit List, halb mit Gewalt setzte er auch
diesmal in der Hauptsache seinen Willen durch, entfernte Johann von Ibelin
aus der Vormundschaft und ordnete die Verwaltung des Landes nach
seinem Ermessen. Dann segelte er nach Syrien hinüber, landete am 7. Sep=
tember in Akkon, freute sich des festlichen Empfanges, der ihm trotz des Kirchen=
bannes dort zu Theil wurde, und machte unmittelbar darauf einen Versuch,
Jerusalem der Christenheit wieder zu gewinnen.

Dieser Versuch trug aber einen ganz anderen Charakter als alles, was
in dieser Richtung seit den Zeiten Gottfrieds von Bouillon jemals geschehen
war. Denn nicht mit den Waffen, sondern durch eine geschickt geführte Ver=
handlung bemühte sich der Kaiser, ans Ziel zu gelangen, und die Lage war
in der That der Art, daß er eher in Güte als mit Gewalt einen Erfolg
zu erreichen hoffen durfte.

Nicht lange nämlich nachdem die Christen Damiette wieder verloren hatten,
waren Alkamil von Aegypten und Almuazzam von Damaskus in einen er=
bitterten und Jahr um Jahr sich hinziehenden Streit gerathen. Beide hatten
hierbei mit großer Besorgniß auf die Nachrichten gelauscht, die von Zeit zu
Zeit über Friedrichs Kreuzzugsrüstungen ins Morgenland kamen. Der trotzige
Almuazzam hatte endlich, wie er schon früher gethan, so auch jetzt wieder
eine Reihe von Befestigungen im heiligen Lande zerstören lassen, um den
Kaiser jedes Stützpunktes, den er dort gewinnen könnte, im voraus zu be=
rauben; der geschmeidigere Alkamil hatte dagegen in aller Stille einen
Gesandten nach Sicilien geschickt, wahrscheinlich um die Rückgabe des ehe=
maligen Reiches Jerusalem anzubieten, wenn Friedrich seine Waffen nur
gegen Almuazzam wenden wolle. Daraus war ein freundlicher Verkehr
zwischen dem Kaiser und dem Sultan von Aegypten entstanden: Erzbischof
Berardo von Palermo war als Gesandter Friedrichs nach Kairo gegangen,
hatte dort Pferde und Falken, Kleiderstoffe und Gußwaaren als Geschenke
überreicht und als Gegengabe einen Elephanten nebst indischen, arabischen
und persischen Kostbarkeiten erhalten. Dann war freilich Almuazzam am
12. November 1227 gestorben, aber die Parteiung unter den Ejjubiten
dauerte auch jetzt noch fort, da Alkamil dem Sohne und Nachfolger seines
todten Bruders, Annasir Daud, Jerusalem nebst einem Theile Syriens fort=
nahm und Vorbereitungen traf, um auch die übrigen Gebiete des damas=
cenischen Reiches allmählich sich anzueignen.

Bei solcher Lage der Dinge war der Boden für freundschaftliche Ver=
handlungen schon halb geebnet. Alkamil mußte fürchten, daß Friedrich sich

mit Annasir Daub verbinde, wenn er die heilige Stadt nicht endlich den Christen wieder einräume. Der Kaiser aber hatte ebenso bringenden Anlaß, eine schnelle Verständigung zu wünschen, da ihm nur eine geringe Macht zur Verfügung stand und seine Rückkehr nach Italien nicht lange hinausgeschoben werden durfte. Denn wohl waren während der letzten Jahre recht bedeutende Pilgerschaaren nach Syrien gekommen, jedoch bei der Verzögerung, die Friedrichs Ueberfahrt erlitten hatte, großentheils schon wieder heimwärts gegangen. Der Rest derselben, der im Morgenlande geblieben war, und die Ritterschaft von Cypern und Jerusalem nebst dem kleinen Heere, welches der Kaiser so eben mit sich brachte, alles dieses zusammen bildete immerhin noch einen starken Haufen aber nur eine schwache Waffe zum Kampfe gegen die Muselmänner, weil diese Truppenmasse durch mancherlei Zwietracht zerklüftet war. Viele Cyprier und Jerusalemiten grollten dem

Drei Krieger als Wächter am Grabe Christi.
Pergamentmalerei eines Gebetbuches aus dem Anfange des 13. Jahrhunderts auf der Universitätsbibliothek zu Leipzig.

Kaiser wegen der Härte, die er gegen König Johann und gegen Johann von Ibelin gezeigt hatte. Andere trugen Bedenken, unter einem gebannten Heerführer ins Feld zu rücken, und die Templer sammt den Hospitalitern verweigerten sehr bald in vollem Troße den Gehorsam. Dazu kam noch, daß das Zerwürfniß zwischen Friedrich und der Kurie immer bedrohlichere Formen annahm. Denn Gregor verbot durch zwei Franziskanermönche, die er dem Kaiser nach Syrien nachschickte, allen dortigen Christen, den Befehlen des Gebannten Folge zu leisten, und rüstete außerdem Truppen zum Angriffe auf Friedrichs sicilisches Reich.

Der Kaiser war daher keinen Augenblick in Zweifel, wie er zu handeln habe. Er ließ dem Sultan Alkamil, der sich im südlichen Syrien befand, abermals Geschenke überreichen und die Bitte vortragen, daß Jerusalem nunmehr den Christen überantwortet werde. Alkamil antwortete durch Freundschaftsversicherungen und Zusendung werthvoller Gegengaben, wich aber jeder

Erörterung über die Abtretung der heiligen Stadt vorsichtig aus. Vermuthlich hielt er sich bei dem steigenden Zwiste zwischen Kaiser und Papst durch die Kreuzfahrer nicht mehr für ernstlich gefährdet, während er zugleich in seinem Neffen Anuasir Daud einen weit schwächeren Gegner zu bekämpfen hatte als früher in seinem Bruder Almuazzam. Soviel Kraft besaß Friedrich jedoch, um durch eine nachdrückliche Kriegsdrohung sein Verlangen nach einer friedlichen Vereinbarung hinreichend unterstützen zu können. Er bot alle Truppen auf, die an der jerusalemitischen Küste versammelt waren, bewog sogar die Templer und Hospitaliter, ihm zu folgen, indem er die Befehle im Kreuzheere nicht in seinem Namen, sondern „im Namen Gottes und der Christenheit" verkündigen ließ, und rückte von Akkon an der Küste hinab bis nach Joppe. Während er dann — im Winter 1228—1229 — hier verweilte, die Befestigungen der Stadt wieder aufbaute und somit eine Operationsbasis zum Angriffe auf Jerusalem schuf, verhandelte er zugleich eifrig mit Alkamil, stimmte seine Forderungen, die anfangs, wie es scheint, die Abtretung des ganzen ehemaligen Königreiches Jerusalem umfaßt hatten, bedeutend herab und brachte endlich den Sultan dazu, wenigstens das am heißesten ersehnte Zugeständniß zu machen. Am 11. Februar 1229 wurde zwischen den Geschäftsträgern der beiden Fürsten der Vertrag geschlossen, am 18. Februar wurde derselbe von Friedrich und wenige Tage darauf von Alkamil beschworen.

Der Wortlaut dieser denkwürdigen Urkunde ist uns leider nicht überliefert, doch sind wir über ihren Inhalt durch mehrere zeitgenössische Mittheilungen in der Hauptsache unterrichtet. Darnach tritt Sultan Alkamil an Kaiser Friedrich vor allem die Stadt Jerusalem ab mit dem ausdrücklichen Rechte, über dieselbe in jeder beliebigen Weise zu verfügen, sie also auch zu befestigen. Aber die Omar-Moschee in Jerusalem mit allem Zubehör, d. h. das ganze den Muselmännern heilige Haram, bleibt Eigenthum derselben und jeder unbewaffnete Muselmann hat das Recht, dort seine Andacht zu verrichten, während es den Christen untersagt ist, das Haram zu betreten. Außer Jerusalem empfängt der Kaiser noch eine Reihe von Städten und Dörfern, vornehmlich Bethlehem, Nazareth und die an den Wegen von Jerusalem nach Joppe und von dort nach Akkon gelegenen Ortschaften, so daß die durch dieselben führende alte Pilgerstraße nach Jerusalem wieder ganz in die Hände der Christen gelangt. Auch verpflichtet sich der Sultan, alle christlichen Gefangenen herauszugeben. Der Kaiser verpflichtet sich dagegen, den Sultan wider alle seine Feinde, seien es auch Christen, zu beschützen und insonderheit dasür zu sorgen, daß nicht den Herren von Antiochien, Tripolis, Tortosa und mehreren anderen nordsyrischen Städten und Burgen von irgend welcher Seite Hülfe gebracht werde. Auf diese Bedingungen hin soll zwischen Friedrich und Alkamil Frieden geschlossen werden und derselbe dauern vom 24. Februar 1229 an zehn Jahre, fünf Monate und vierzig Tage lang.

Welch ein Triumph für den Kaiser, als es ihm glückte, diesen Vertrag mit Alkamil endgültig zu vereinbaren! Wonach die Christenheit seit vierzig Jahren mit leidenschaftlichster Spannung gerungen, was sowohl Friedrich I., Richard Löwenherz und Philipp August, wie Innocenz, Honorius und Pelagius vergeblich erstrebt, wofür hunderttausende opfermuthiger Schwärmer Blut und Leben gelassen, jetzt war's erreicht, jetzt war die heilige Stadt endlich wieder vom Joche der „gottlosen Heiden" befreit. Die mohammedanische Welt war tief erschüttert von dem Schlage, der sie getroffen, und Alkamil hatte Mühe, die bitteren Vorwürfe, die ihm gemacht wurden, zu entkräften, um nicht an erfolgreicher Fortsetzung des Krieges gegen Annasir Daub, für den er nun die Hände frei hatte, gehindert zu werden. Unter den Christen dagegen, den Deutschen zumal, erhob sich heller Jubel, als die Nachricht vom Wiedergewinne Jerusalems von Mund zu Munde ging; stolze Hoffnungen auf neues, überschwängliches Glück wurden laut; und der unverdorbene Sinn der Massen flocht dem Kaiser Friedrich II. in dankbarer Anerkennung seines Kreuzzuges einen Ruhmeskranz, der unverwelkt die Jahrhunderte überdauert hat.

Das Reich Jerusalem nach dem Frieden von 1229.

Der Sieger selber wurde jedoch seines Erfolges wenig froh. Der Grimm der hierarchischen Partei fand sowohl in dem Frieden überhaupt wie in den einzelnen Bestimmungen desselben überreichen Anlaß, immer toller gegen ihn zu wüthen. Der Kaiser hatte ja mit den Muselmännern verhandelt, anstatt mit ihnen zu schlagen; die Gesandten Alkamils hatte er nicht blos freundlich aufgenommen, sondern mit ihnen auch, seine reichen Kenntnisse geschickt verwerthend, freisinnig über metaphysische Probleme disputirt und in lecken Scherz- und Spottreden seine religiöse Indifferenz rückhaltlos zur Schau getragen. Außerdem gab der Frieden zwar der Christenheit die heiligsten Stätten zurück, aber der größere Theil des Reiches Jerusalem blieb doch in den Händen der Heiden, und ein Schutzbündniß verpflichtete den Kaiser, den Muselmännern sogar Unterstützung gegen die eigenen Glaubensgenossen zu gewähren. Hier fällt namentlich die Bestimmung ins Auge, nach der Friedrich dafür sorgen sollte, daß dem Fürsten von Antiochien und den Herren anderer nordsyrischer Orte — es waren dies die Templer und Hospitaliter — nicht irgend welche Hülfe geleistet werde. Fürst Boemund IV. und die beiden Ritterorden in ihren Besitzungen außerhalb des Reiches Jerusalem sind darnach von dem Frieden ausgenommen und den Angriffen Alkamils preisgegeben worden. Eine Erklärung hierfür ist hinsichtlich Boemunds schwer zu finden, da wenigstens nicht bekannt ist, daß derselbe mit Kaiser Friedrich geradezu in Feindschaft gerathen war.¹) Anders steht es bei den Ritterorden, vornehmlich bei den Templern, die sich durchaus mit der hierarchischen Partei vereinigt und den Kaiser mehrfach schwer gekränkt hatten, wenn es auch wohl nur Erdichtung ist, daß die Templer sogar dem Sultan Alkamil eine günstige Gelegenheit nachgewiesen haben, sich der Person Friedrichs durch einen Ueberfall zu bemächtigen, was aber der edle Muselmann zu thun verschmäht habe.²)

Wie die Lage der Dinge einmal war, ist es nach alledem sehr begreiflich, daß die Gesinnungsgenossen Gregors IX. den Friedensschluß mit Erbitterung betrachteten. Der Kaiser versuchte zwar, den Stellvertreter des Papstes, den Patriarchen Gerold von Jerusalem, günstig für denselben zu stimmen, indem er durch den treuen Deutschmeister Hermann von Salza in der entgegenkommendsten Weise mit ihm darüber verhandeln ließ, aber statt Dank und Anerkennung fand er nur hochmüthig gehässigen Tadel. Zugleich traf die Nachricht ein, daß das Heer des Papstes unter Führung Johanns,

Sieben Krieger als Wächter beim heiligen Grabe. Pergamentmalerei um 1250.

des einstigen Königs von Jerusalem, Süditalien angegriffen und schon sehr bedeutende Vortheile errungen habe. Da erkannte Friedrich, daß er, was ihm im Morgenlande noch zu thun übrig blieb, so schnell als möglich erledigen müsse. Plötzlich brach er von Joppe gen Osten auf und zog am 17. März 1229 in das befreite Jerusalem ein. Jubelnd begrüßten einander die Christen der heiligen Stadt und die Heergenossen des Kaisers; am freudigsten erregt waren die Deutschen, die ihre Kriegslieder sangen und Abends die Häuser erleuchteten. Am 18. März setzte sich Friedrich in der Kirche des heiligen Grabes „zu Ehren des ewigen Königs" als König von Jerusalem eine goldene Krone aufs Haupt und ließ durch Hermann von Salza eine Ansprache verlesen, in der er nachwies, wie viele Hemmnisse

---

1) Doch hat Boemund den Kaiser, dem er im Sommer 1228 bis nach Cypern entgegen gekommen war, wie es scheint geschreckt durch Friedrichs herrisches Auftreten auf dieser Insel, bald wieder verlassen und an dem Kreuzzuge fernerhin nicht theilgenommen.

2) Ueber diese und ähnliche Erdichtungen, welche die steigende Parteiwuth im Kampfe zwischen Papstthum und Kaiserthum erzeugte, vergl. vornehmlich Röhricht, Beiträge u. s. w. I. S. 74 f.

ihm unmöglich gemacht hätten, sein Kreuzzugsgelübde frühzeitiger zu erfüllen, und in der er zugleich die harten Maßregeln des Papstes gegen ihn durch die versöhnlichen Worte zu entschuldigen suchte, daß „Gregor nicht anders als auf solche Weise üblen Reden der Leute habe aus dem Wege gehen können". Aber schon am nächsten Tage, dem 19. März, erschien im Auftrage Gerolds der Erzbischof von Cäsarea in Jerusalem und belegte die heiligen Stätten mit dem Interdikt. Wuth ergriff die Pilger, daß „die Stadt gebannet war, darinnen der Herr Jesus Christ wurde gemartert und begraben". Indessen Friedrich sah, daß hier seines Bleibens nicht länger war; der Boden brannte ihm unter den Füßen; in Eile gab er noch die nothwendigsten Befehle für die Befestigung Jerusalems; dann sprengte er, „von Niemandem gegrüßt", gen Joppe und Akkon von dannen. Schaarenweise folgten ihm in hastigem Zuge die Pilger.

Der Patriarch, der „den falschen Frieden" verwarf, war doch über die Früchte desselben sehr erfreut und zog daher gleich nach des Kaisers Abreise mit seinen Suffraganen in die heilige Stadt ein. Bald aber ging auch er nach Akkon, um hier, so viel in seinen Kräften lag, Unheil zu stiften. Denn vor allem mußte jetzt die Waffenruhe mit Alkamil pünktlich gehalten werden, wenn nicht Jerusalem sofort wieder unter die Herrschaft der übermächtigen Feinde kommen sollte. Gerold dagegen versuchte in Akkon Rüstungen zu neuem Kampfe hervorzurufen. Friedrich verbot dies und setzte, als seine Worte nichts fruchteten, den Bemühungen des Patriarchen und der ihm anhängenden Templer Waffengewalt entgegen. Da verfluchte Gerold diejenigen, welche die kaiserlichen Befehle ausführten, und belegte Akkon mit dem Interdikte, während fanatische Mönche von den Kanzeln herab gegen Friedrich, den entarteten Sohn der Kirche, die schrecklichsten Verwünschungen ausstießen. Der Kaiser sorgte schließlich so gut als möglich dafür, daß sein Wille auch nach seiner Abfahrt geachtet werde, indem er treue Leute in die wichtigsten Posten des Reiches Jerusalem einsetzte und die Macht des deutschen Ordens durch beträchtliche Schenkungen verstärkte. Dann verließ er — am 1. Mai — Akkon und landete nach glücklicher Reise am 10. Juni an der apulischen Küste.

Hier fand er sich vor eine schwere Aufgabe gestellt. Denn wohl hatte er während des Kreuzzuges von seiner Ankunft in Syrien bis zum Einzuge in Jerusalem wiederholt Boten an den Papst geschickt, um denselben von dem Fortgange des Unternehmens in Kenntniß zu setzen und hierdurch seinem Wunsche nach Versöhnung mit der Kirche Ausdruck zu geben, Gregor aber war jeder Bitte um Frieden völlig unzugänglich geblieben. Seine Truppen, die sogenannten Schlüsselsoldaten, hatten bisher einen großen Theil vom Festlande des sicilischen Reiches besetzt, während im Reste desselben und sogar schon auf der Insel wilder Aufruhr gegen Friedrichs Regiment herrschte. Der Kaiser schickte nun abermals Gesandte zu gütlichen Verhandlungen an den Papst, dieser antwortete jedoch durch einen neuen Bannfluch und durch Versuche, sein Heer durch Parteigänger aus der Lombardei, aus Frankreich und aus Portugal zu verstärken. Da griff Friedrich zu den Waffen, vereinigte heimkehrende deutsche Kreuzfahrer mit den Getreuen, die er noch in Apulien und Sicilien besaß, und schlug die Schlüsselsoldaten in einem ebenso kurzen wie glänzenden Feldzuge zum Lande hinaus. Der Papst wäre hierauf in seinem eigenen Gebiete schwer bedroht gewesen, wenn der Kaiser nicht in weiser Selbstbeherrschung sofort wieder die Hand zum Frieden geboten hätte. Diesmal mußte Gregor, so schwer es ihm ankam, sich zur Nachgiebigkeit bequemen. Schon im November 1229 begannen Verhandlungen zwischen den Bevollmächtigten beider Herrscher, und im Sommer 1230 wurde zu San Germano, an demselben Orte also, an dem Friedrich fünf Jahre zuvor jene drückenden Verpflichtungen für den Kreuzzug hatte auf sich nehmen müssen, der Frieden abgeschlossen. Am 28. August wurde der Kaiser vom Banne gelöst und hiermit zugleich anerkannt, daß er sein Pilgergelübde getreu erfüllt habe. In den ersten Tagen des September vereinigten sich Friedrich und Gregor in traulichen Gesprächen: kein Zeuge war an ihrer Seite außer dem Deutschmeister Hermann von Salza, der als geistlicher Rittersmann und zuverlässiger Freund des Kaisers das natürlichste Bindeglied zwischen ihnen bildete.

Für Friedrich kamen nach dem Frieden von San Germano glückliche Jahre. Denn nachdem er das Papstthum gezwungen hatte, sich seinen Bahnen anzuschließen, erhob sich seine Macht immer strahlender über Italien wie über Deutschland. Außerdem trat er mit den Muselmännern in freundschaftlichen Verkehr, um von dem ergiebigen Handel mit Asien und Afrika möglichst große Vortheile zu gewinnen. Alkamil, den mächtigen Sultan von Syrien und Aegypten, sowie die Fürsten von Tunis und Marokko brachte er zu Freundschafts- und Handelsverträgen.[1]) Seine Flagge deckte fortan die eigenen wie die Schiffe der norditalischen Seestädte, und bis nach Indien sollen Europäer unter dem Namen des großen Frankenkönigs Handel getrieben haben. Am Hofe zu Palermo ging es seitdem hoch her. Der Kaiser war einer der reichsten Fürsten, welche die Welt je gesehen. Seine Gemächer waren geschmückt mit allem, was christliche oder muselmännische Kunst und Industrie zu erzeugen vermochten; seine Umgebung bestand großentheils aus kenntnißreichen Anhängern des Propheten, mit denen er arbeitete und philosophirte; aber auch der üppigste Lebensgenuß und freche Befriedigung der Sinnenlust fanden hier ihre Stätte.

1) Schon der Friedensvertrag zwischen Alkamil und Friedrich vom Februar 1229 hat höchst wahrscheinlich Bestimmungen über den Handelsverkehr der Christen mit Aegypten enthalten. Vergl. Heyd, Gesch. des Levantehandels im Mittelalter I, 447 f.

Nachspiel des Kreuzzuges.

In schlimmem Gegensatze jedoch zu der glänzenden Stellung, die Friedrich nach dem Frieden von San Germano in seinen europäischen Reichen einnahm, erscheint die Lage seiner asiatischen Besitzungen, seitdem er das heilige Land verlassen hatte. Hier rächte sich sowohl, daß er selber während des Kreuz= zuges schwere Fehler gemacht hatte, wie auch, daß er durch die Feindschaft der römischen Kirche gehindert worden war, in den Verhandlungen mit Alkamil ein wahrhaft befriedigendes Ergebniß zu erreichen. Was zunächst das letztere anbetrifft, so zeigte sich sofort, daß Jerusalem, als eine durch feindliches Gebiet fast eingeschlossene Stadt, von den Christen kaum behauptet werden konnte. Alkamil selber hielt freilich aufrichtig den Frieden, den er beschworen hatte; dafür aber setzten kleinere und größere muselmännische Schaaren, von fanatischen Fakiren geführt, den Krieg auf eigene Faust fort, erschlugen eine Menge von Pilgern, die zum heiligen Grabe wallfahrteten, brachen mehrmals in das noch nicht wieder völlig befestigte Jerusalem ein und drängten die dortigen Christen einmal schon bis in die letzten Bollwerke der Stadt, vornehmlich in „den Thurm Davids", zurück. Wäre den Be= lagerten nicht rechtzeitig Hülfe von Akkon geschickt worden, so hätte die Christenherrschaft in Jerusalem vielleicht sogleich wieder ihr Ende erreicht. So aber gelang es, die Feinde unter großen Verlusten zurückzuwerfen und die Stadt dadurch noch für einige Zeit zu sichern.

Währenddessen waren auch die Christen auf der syrischen Küste wie in Cypern unter einander theils in Zwietracht, theils gar in offenen Kampf gerathen. Die Hauptursache hiervon war die unklug herrische Art, mit welcher der Kaiser im Sommer 1228 in die cyprischen Verhältnisse ein= gegriffen hatte. Johann von Jbelin, der Herr von Beirut und einstige Vormund König Heinrichs von Cypern, hatte sich damals zwar vor Friedrichs Macht gebeugt, wartete aber jetzt begreiflicher Weise nur auf eine passende Gelegenheit, um die Beamten und Freunde des Kaisers, die ringsum im christlichen Morgenlande die Regierung in Händen hatten, aus ihren Stel= lungen zu verdrängen. Er war schon für sich allein kein unverächtlicher Gegner, da er vergleichsweise mächtig und klug und kenntnißreich war. Außerdem aber theilte die Mehrzahl der Edelleute von Cypern wie vom Reiche Jerusalem die feindliche Stimmung gegen den Kaiser, durch den sie sich in ihrer Eigenmacht ernstlich bedroht fühlten.

Unter diesen Umständen trat Alice, die Mutter des jungen Königs Heinrich, in Akkon auf und erhob Rechtsansprüche auf die Krone von Jeru= salem, weil sie als eine Enkelin Amalrichs (1162—1173) aus dem Blute der alten Könige des heiligen Landes abstammte. Die Barone erklärten allerdings hierauf, ihr rechtmäßiger Herr sei Konrad, der Sohn Kaiser Friedrichs von seiner jerusalemitischen Gattin Jsabella, indessen sie schickten auch eine Gesandtschaft nach Apulien und baten den Kaiser, seinen Sohn als Erben des Reiches nach Syrien bringen zu lassen. Da Friedrich, wie wohl erwartet worden war, nicht darauf einging, den noch im zartesten Kindesalter stehenden Konrad in die weite Ferne zu entsenden, so wäre die Lage in Palästina hierdurch noch gespannter als zuvor geworden, selbst wenn nicht der Krieg unter den Parteien des christlichen Morgenlandes inzwischen schon an einer anderen Stelle, in Cypern, jäh entbrannt wäre.

Auf dieser Insel hatte nämlich der Kaiser schließlich fünf Barone, die Vornehmsten seiner Anhänger, als seine Stellvertreter eingesetzt und denselben sogar die Vormundschaft über König Heinrich für 10,000 Mark Silbers verkauft. Sobald er aber die Heimfahrt nach Europa angetreten hatte, war es in Cypern zum Kampfe gekommen. Die Gegner der fünf Vormünder riefen nach kurzer Frist Johann von Jbelin zur Hülfe herbei und errangen in einem blutigen Treffen bei Nikosia am 24. Juni 1229 einen so vollständigen Sieg, daß den Geschlagenen nur noch eine Anzahl fester Plätze übrig blieb. Auch diese aber wurden bald eingeschlossen, und die fünf Barone, die sich in ihnen zu behaupten versuchten, wurden trotz hartnäckigster Gegenwehr im Frühling 1230 gezwungen, sich dem Herrn von Jbelin und dessen Freunden zu unterwerfen.

Gleich darauf schloß der Kaiser den Frieden von San Germano und gedachte sofort, die Streitkräfte, die er in Europa nicht mehr brauchte, gegen Asien zu wenden. Anfang 1231 schickte er ein kleines Heer unter dem Marschall Richard Filangieri ins Morgenland. In Cypern vermochte dasselbe nichts auszurichten, da hier Jbelin, gut gerüstet, eine zu mächtige Stellung inne hatte. Dagegen glückte die Landung der Truppen bei Beirut. Die Stadt wurde besetzt und die Citadelle derselben, die den Angreifern die Thore verschloß, eng umlagert. Der Marschall ging nach Akkon, um die Ritterschaft des Reiches Jerusalem für sich und den Kaiser zu gewinnen, schürte aber den Trotz, der dort unter der Decke glimmte, erst recht zu hellen Flammen an. Die jerusalemitischen Barone erklärten ihm, daß er durch sein Verfahren gegen Beirut, die Stadt des Herrn von Jbelin, das Recht des Reiches verletzt habe, weil nach demselben dem Lehensherrn nicht erlaubt sei, irgend einen Vasallen ohne Anregung und Durchführung des genau vorgeschriebenen Prozeßganges seiner Besitzungen zu berauben. Nicht lange darauf traten diese Herren sogar in die sogenannte Hadriansbrüderschaft ein, d. h. in einen Verein, der im zwölften Jahrhundert, wie es scheint, als eine lediglich religiösen Zwecken dienende Körperschaft gegründet worden war, nun aber zu einer politisch=militärischen Genossenschaft umgestaltet wurde, welche die Landesfreiheiten gegen kaiserliche Allgewalt mit allen Mitteln behaupten sollte.

Als Jbelin hiervon hörte, glaubte er, seinen Feinden auch in Syrien gewachsen zu sein. Er verließ daher im Februar 1232 Cypern und begab sich mit einer kleinen Truppenschaar in die Nähe von Beirut. Das kaiser=

liche Heer, bei dem sich jetzt auch wieder Marschall Richard befand, war jedoch stärker, als daß er es zu überwinden hätte hoffen dürfen. Deshalb zog er weiter nach Akkon, trat in die Hadriansbrüderschaft ein, gewann die ganze Stadt für seine Sache und eroberte fast alle Schiffe des Kaisers, die in dem dortigen Hafen lagen. Dann rückte er mit der ganzen Macht, die in Akkon vereinigt war, nordwärts auf dem Wege nach Tyrus bis Casal Imbert vor. Hier wurden seine Truppen, die in hochmüthiger Sorglosigkeit alle Vorsichtsmaßregeln versäumten, am 3. Mai von dem staufischen Heere überfallen und erlitten eine empfindliche Niederlage. Für die Machtstellung des Kaisers hätte sich daraus vielleicht dauernder Vortheil ergeben, wenn Marschall Richard in folgerechter Benutzung des Sieges gegen Akkon vorgegangen wäre, um vor allen Dingen ganz Syrien wieder zum Gehorsam gegen seinen Herrn zurück zu führen. Statt dessen aber, und als ob er dieses Ziel schon erreicht hätte, wendete er sich gleich nach dem Treffen von Casal Imbert gegen Cypern, erfocht dort einige kleine Vortheile, wurde aber nach kurzer Frist von Ibelin, der ihm auf dem Fuße folgte, in großes Gedränge gebracht. Am 15. Juni kam es bei Nikosia zu einer blutigen Schlacht, in welcher der Kern der staufischen Ritterschaft zu Grunde ging. Der Marschall entwich darauf von der Insel und einige Monate später gehorchte dieselbe wieder ganz und gar dem Herrn von Ibelin und dessen Freunden.

Grabmal des Kreuzritters William Marshall († 1231) in der Templerkirche zu London.

Während alledem hatte Papst Gregor den Kaiser Friedrich, mit dem er jetzt in Frieden und Freundschaft lebte, eifrig unterstützt. Die Kirche des heiligen Grabes war auf Befehl Gregors in der feierlichsten Weise von neuem geweiht worden: die Templer und Hospitaliter waren ernstlich ermahnt worden, den Frieden mit Alkamil zu achten und den Anordnungen der kaiserlichen Regierung sich zu fügen; und Patriarch Gerold von Jerusalem hatte, weil er ein leidenschaftlicher Gegner Friedrichs war, die Vertretung des päpstlichen Stuhles in Syrien dem Patriarchen Albert von Antiochien überlassen müssen. Im Jahre 1234 that Gregor einen weiteren Schritt, indem er den dem Kaiser treu ergebenen Erzbischof Theodorich von Ravenna zum päpstlichen Legaten im Morgenlande ernannte, und dieser befahl im nächsten Jahre in Akkon der Hadriansbrüderschaft, ihre gesetzwidrige Verbindung aufzugeben, und belegte, als er auf Widerstand stieß, die Stadt mit dem Interdikte. Als Gregor hiervon hörte, war er mit dem Verfahren seines Vertreters anfangs ganz einverstanden. Plötzlich aber änderte er seine Ansicht, weil abermals Reibungen zwischen ihm und dem Kaiser eingetreten waren und neue Kämpfe in Europa in Aussicht standen. Nun fand er, daß Erzbischof Theodorich zu weit gegangen sei, und mißbilligte vornehmlich das Interdikt, weil das Königreich Jerusalem, in dem viele Religionen sich mischten, großer Schonung bedürfe und Härte hier nur zum Abfalle reize. Der Friedensvertrag, den der Papst darauf dem Kaiser und dessen Gegnern vorschlug, enthielt für den ersteren sehr nachtheilige Bestimmungen. Friedrich wich deshalb dem Abschlusse desselben aus, und auch die syrischen Barone, den Vortheil ihrer Lage erkennend, ließen sich zu keiner endgültigen Abmachung herbei. So behielten zwar die Staufer einige Orte Syriens in ihrer Hand, der junge Konrad wurde als Erbe Jerusalems anerkannt: aber die Macht des Kaiserthums im christlichen Morgenlande war im wesentlichen dennoch vernichtet.

Dies war das traurige Nachspiel gerade desjenigen Kreuzzuges, der Jerusalem den Christen zurückgegeben hatte. Kaiser Friedrich hat zu diesem übeln Ausgange wohl durch manchen Fehlgriff selber mitgewirkt.[1]) Fassen wir aber die ganze große Pilgerbewegung, die Innocenz III. seit dem Jahre 1213 hervorgerufen hatte, noch einmal ins Auge, erinnern wir uns, mit welcher Leidenschaft dieser Papst, dessen Nachfolger und deren kirchliche Werkzeuge nach der Befreiung des heiligen Grabes verlangt hatten, vergegenwärtigen wir uns die gewaltigen Kriegermassen, die voll Muth und Eifer in den Jahren 1217 bis 1221 und wieder 1227 bis 1228 zum Kampfe ausgerückt waren, und fragen wir uns dann, warum dieses mächtige Streben so überaus dürftige Erfolge gehabt hat, so müssen wir zur Antwort geben, daß, wenn auch andere Nebenumstände hindernd mit einwirkten, die Hauptschuld dennoch ganz unzweifelhaft in der theokratischen Richtung der römischen Kirche zu suchen ist. Es war schon unheilvoll genug, daß in erster Linie diese Richtung der Kirche das Scheitern des ägyptischen Feldzuges hervorrief: aber vollends verderblich war es, daß Gregor IX. die kirchlichen Herrschaftsinteressen der Sorge für das heilige Land voranstellte. Nun besaß man freilich wieder Jerusalem, jedoch in unhaltbarstem Zustande. Nur ein neuer großer Kreuzzug konnte die heilige Stadt auf die Dauer sichern. Sollte es aber der Kirche möglich sein, die Völker des Abendlandes noch einmal zu einer begeisterungsvollen Erhebung anzuregen, nachdem Menschenalter lang so ungeheure Opfer fast vergebens gebracht worden waren, und vornehmlich nachdem das Papstthum verrathen hatte, daß das eigene Gedeihen ihm wichtiger sei als das Schicksal des Landes, „wo des Herrn Füße gestanden?" Fürwahr, die Aussichten in die Zukunft der christlichen Herrschaft im Morgenlande waren fast trostlose geworden.

---

1) Kaiser Friedrich ist bekanntlich von den Geschichtsschreibern ebenso hart verurtheilt wie mit Lob und Preis überhäuft worden. In der letzteren Richtung ist neuerdings etwas zu viel geschehen. Denn bei dem gerechtesten Zorne gegen die Politik der Kurie und bei aller Anerkennung der Begabung und der Erfolge Friedrichs darf man doch auch die Fehler, die der Kaiser in herrschsüchtig hastigem Zugreifen sich hat zu Schulden kommen lassen, nicht übersehen.

Zehntes Kapitel.

Sechster Kreuzzug.¹)

Kreuzzüge Thibauts von Navarra und Richards von Cornwallis.

Im Februar 1229 war, wie wir gesehen haben, zwischen Friedrich II. und Altamil auf mehr als zehn Jahre ein Friedenszustand für das heilige Land beschlossen worden, und Gregor IX. hatte nicht blos im Vertrage von San Germano diesen Frieden anerkannt, sondern seitdem auch für die Aufrechterhaltung desselben gewirkt. Trotzdem aber hat der greise Papst, dessen leidenschaftlicher Ungestüm keine Rücksicht gelten ließ, schon im Jahre 1231 und in der darauf folgenden Zeit fast jedes Jahr von neuem zum heiligen Kriege aufgerufen. Durch Briefe und durch die Predigten seiner Sendboten suchte er die Völker des Abendlandes zur Kreuznahme wie zu Geldopfern für die Sache Jerusalems anzuregen, und sein unermüdliches Drängen bewirkte wenigstens so viel, daß sich außer niederem Volke auch beträchtliche Schaaren vornehmlich französischer und englischer Edelleute nach und nach zur Pilgerfahrt bereit erklärten. Dem heiligen Lande wurde jedoch hierdurch keine Unterstützung zu Theil. Denn wenn auch Kaiser Friedrich eine zeitlang dem Treiben des Papstes nicht widersprach, so änderte sich dies, als er nach der Mitte der dreißiger Jahre zum zweiten Male den Versuch wagte, die Lombarden seiner Herrschaft zu unterwerfen, und in Folge davon sofort wieder mit der römischen Kurie zerfiel. Nun hatte er keinen Grund mehr, den Papst zu schonen, und erklärte deshalb den Kreuzfahrern rundweg, sie sollten einstweilen auf ihr Unternehmen verzichten, weil der Friede mit Altamil noch nicht abgelaufen sei.

Es versteht sich von selber, daß angesichts dieser Vorgänge die Lust zum heiligen Kriege immer mehr abnahm. Aber auch die Kreuzprediger schädigten vielfach das Werk, das sie zu fördern unternommen hatten.

---

1) Wilken, Geschichte der Kreuzzüge, Bd. VII. u. f. w. Faure, Histoire de Saint Louis 2tom. Paris 1866, Wallon, Saint Louis et son temps, 2tom. Paris 1875. Die bedeutendste Quellenschrift für den Kreuzzug Ludwigs IX. ist die „Geschichte des heiligen Ludwig" von Johann von Joinville, die in zahlreichen Ausgaben sowohl in der Ursprache wie in Uebersetzungen verbreitet ist. Beste Ausgabe von de Wailly, Paris 1867.

Manche von ihnen traten überaus hochfahrend auf; andere erregten gerechtes Aergerniß durch die Geldgier, mit der sie viel mehr nach klingender Münze als nach Pilgern trachteten, den Zahlenden den gleichen Ablaß gewährten wie denen, die ihre Person für den Kampf einzusetzen versprachen, und solchen, die schon das Kreuz genommen hatten, die Erfüllung ihres Gelübbes gegen eine bestimmte Summe erließen. Kein Wunder, daß im Gefolge dieser Kreuzpredigten aller Orten wüste Zuchtlosigkeit sich breit machte und besonders die Judenhetze in abscheulichster Weise wieder durch die Lande ging.

Im Morgenlande sah es in diesen Jahren ebenfalls sehr traurig aus. Nicht blos daß der Haber zwischen den Anhängern der Staufer und deren Gegnern fortdauerte; auch außerdem war das ganze christliche Gebiet von Zwietracht, Gewaltthat und Sittenlosigkeit erfüllt. Weltliche und geistliche Große lagen mit einander in Streit; jerusalemitische Kleriker erdichteten ein „Gefängniß Jesu Christi", welches sie frommen Pilgern nur gegen eine Geldabgabe zeigten; die Ritter vom Tempel und vom Hospital machten ihre Häuser zu Asylen des Verbrechens und zu Stätten der Ueppigkeit, der Unzucht und, wie man ihnen nachsagte, sogar der Ketzerei. In Nordsyrien endlich kam es zwischen den Christen und den benachbarten Muselmännern wiederholt zum Kampfe. Die ersteren und vornehmlich wieder die Templer und Hospitaliter unternahmen tollbreiste Züge ins feindliche Gebiet, wobei schließlich die Templer im Jahre 1237 nicht weit von der Burg Darbassak eine fast vernichtende Niederlage erlitten.

Allmählich aber nahte die Zeit, in welcher der Frieden, den der Kaiser für Palästina abgeschlossen hatte, zu Ende ging. Schon vor dem Ablaufe jener zehn Jahre, am 8. März 1238, starb Alkamil. Seine Söhne Abu Bekr, gewöhnlich nach dem Großvater Aladil genannt, und Assalih Ejjub begannen einen blutigen und langwierigen Krieg um die Erbschaft und waren daher kaum im Stande, einem nachdrücklichen Angriffe der Christen auf die Gebiete des Sultanates festen Widerstand entgegen zu setzen. Im Frühling 1239 versammelten sich in Lyon ansehnliche Schaaren französischer Kreuzfahrer, an ihrer Spitze König Thibaut von Navarra, der Herzog Hugo von Burgund, die Grafen Peter von Bretagne, Johannes von Bar, Amalrich von Montfort und viele andere vornehme Herren. Kaiser Friedrich hatte gegen ihr Vorhaben jetzt nichts mehr einzuwenden, der Papst dagegen wünschte die Kraft dieser Krieger nicht für Jerusalem, sondern zur Unterstützung des wankenden lateinischen Kaiserthumes zu verwerthen, und soll denselben den Antritt des Kreuzzuges in diesem Augenblicke sogar durchaus verboten haben. Gregor hatte sich nämlich kurz vorher durch seinen grimmigen Haß gegen die Macht der Staufer zur zweiten Exkommunikation Friedrichs hinreißen lassen, und wollte eben deshalb die Erneuerung des heiligen Krieges, die leicht zum Vortheile des Gebannten ausschlagen konnte, nicht gestatten. Die Kreuzfahrer waren aber empört über das Verhalten des Papstes und hörten um so lieber auf Friedrichs Worte, der ihnen unter dem Ausdrucke des Bedauerns, daß er wegen Gregors Feindseligkeit den Zug nicht selber mitmachen könne, alle sonst nur mögliche Unterstützung versprach. Einige von ihnen gehorchten zwar der Weisung, für jetzt in der Heimat zu bleiben, die Mehrzahl jedoch kümmerte sich nicht darum und segelte, theils von Marseille, theils von Brindisi nach Syrien ab.

Im Herbste 1239 vereinigten sich die französischen Schaaren in und bei Akkon mit den Streitkräften des Reiches Jerusalem. Die Gesammtzahl der Truppen soll so bedeutend gewesen sein, daß ein Feldzug in großem Stile zur Erreichung durchschlagender Erfolge hätte unternommen werden können. Aber diesen Kreuzfahrern fehlte es in schlimmster Weise an treuer Hingebung für die gemeine Sache, an Zucht und Ausdauer. Als im Kreise der Anführer der Vorschlag gemacht wurde, Damaskus zu belagern, eilte der Graf von Bretagne sofort und allein mit seinen Leuten in die Umgegend dieser Stadt, raffte viele Beute zusammen und kehrte triumphirend nach Akkon zurück. Dieses Beispiel reizte zur Nachahmung: der Herzog von Burgund, die Grafen von Bar und Montfort nebst anderen Herren erklärten, sie würden südwärts gen Aegypten ziehen, in der Hoffnung, dort noch reichere Schätze gewinnen und unterwegs auch Askalon wiederherstellen zu können. Vergeblich widersprachen die Jerusalemiten, weil von diesem Unternehmen bei drohenden Gefahren nur geringer Erfolg zu erwarten war: jene Herren beharrten auf ihrem Willen und marschirten mit ihren Rittern und Knechten nach Joppe und weiter gen Süden. Die jerusalemitischen Barone, die Templer und Hospitaliter schlossen sich ihnen endlich an, während der König von Navarra, erzürnt über das eigenmächtige Verfahren der Genossen, mit dem übrigen Heere erst in einiger Entfernung nachfolgte. In der Gegend von Gaza hörte die vordere Abtheilung der Christen, daß muselmännische Truppen in der Nähe seien. Sogleich mahnten die Jerusalemiten, man möge zurückgehen, und der Herzog von Burgund pflichtete jetzt dieser Meinung bei, während die Grafen von Bar und Montfort trotzig nach Kampf verlangten. Die ersteren kehrten darauf in der That um, die beiden Grafen aber stellten sich — am 13. November — tollkühn den ihrem kleinen Häuslein weit überlegenen Feinden entgegen. Der Graf von Bar fiel, der Graf von Montfort wurde gefangen, die ganze Schaar erlitt mit Ausnahme weniger, die sich zu retten vermochten, das Schicksal der Anführer. Nachdem das Unglück geschehen war, erschien das übrige Heer auf dem Schlachtfelde. Unter den Leuten des Königs von Navarra wurde der Wunsch nach Rache und Befreiung der Gefangenen laut; da jedoch die Templer und Hospitaliter meinten, die Feinde besäßen in dieser Gegend zu starke Stellungen, so wagte König Thibaut nicht, den Angriff zu befehlen, und so betrübt wie entmuthigt kehrten die Pilger nach Akkon zurück.

Der bedeutende Erfolg, den somit die Muselmänner errungen hatten, ermuthigte gleich darauf einen der ejjubitischen Kleinfürsten Syriens, Annasir Daud, Herrn von Krak und Sohn Almuazzams, des einstigen Sultans von

Damaskus, zu einem lecken Streiche gegen die Christen. Er warf sich plötzlich auf Jerusalem, eroberte die Stadt, zerstörte die Festungswerke derselben nebst dem Davidsthurme und wüthete fürchterlich unter den Einwohnern des unglücklichen Ortes. Sein Sieg hätte das Signal zur gänzlichen Vernichtung der Christenherrschaft im Morgenlande werden können, wenn nicht die Söhne Alkamils und überhaupt alle Prinzen des ejjubitischen Herrscherhauses einander fortdauernd bekämpft hätten. Alabil wurde zwar von seinem Bruder Assalih Ejjub endlich besiegt; sobald dieser aber Aegypten unterworfen hatte, erhob sich sein Oheim Assalih Ismail, Herr von Balbek, gegen ihn, eroberte Damaskus und verband sich mit Ibrahim, dem Fürsten von Hims, um Syrien gegen Ejjub zu behaupten. Die Christen hatten unter diesen Umständen von den Muselmännern nicht mehr viel zu fürchten und durften der Zukunft sogar mit freudigen Erwartungen entgegensehen, da Ismail ihnen unter sehr günstigen Bedingungen ein Bündniß gegen seinen Neffen antrug. Sie sollten die Städte und Burgen Tiberias, Safed und Beaufort, d. h. eine sehr willkommene Erweiterung ihres Gebietes im Hinterlande von Akkon und Tyrus erhalten, wenn sie dagegen mit ganzer Macht und im Vereine mit Ismail den Aegyptern bei Askalon entgegen treten wollten. Die Führer des Kreuzheeres gingen hierauf ein, indessen die Vortheile, welche das Bündniß den Christen gewährte, wurden sehr theuer erkauft. Denn die Muselmänner Syriens, Geistliche, Bürger und Soldaten waren entrüstet über das Verfahren Ismails. Nur mit Gewalt konnte dieser seine Truppen dazu bringen, die den Christen versprochenen Ortschaften zu räumen; und als die Aegypter bei Askalon mit den Kreuzfahrern und Damascenern handgemein wurden, gingen die letzteren zu ihren Glaubensgenossen über. Die Kreuzfahrer erlitten eine schwere Niederlage, und ihr Verbündeter, Ismail, rettete sich ohne Heer und mit genauer Noth nach Damaskus. Am schlimmsten aber war, daß die Christen hierauf unter einander in einen sehr gehässigen Streit geriethen. Die Templer, die in erster Linie den Abschluß des Bündnisses mit Ismail befördert hatten, wünschten an demselben auch jetzt noch festzuhalten; die Johanniter dagegen und die meisten französischen Großen stimmten für ein Abkommen mit Sultan Ejjub von Aegypten, da dieser ihnen versprach, nicht bloß die Landabtretungen, die Ismail gemacht hatte, auch seinerseits anzuerkennen, sondern außerdem die zahlreichen Gefangenen, die in den letzten Kämpfen in die Hände der Aegypter gefallen waren, sämmtlich freizulassen. Bei der Zwietracht, welche wegen dieser wie noch mancher anderen Angelegenheit die Kreuzfahrer in zwei feindliche Lager theilte, verloren endlich der König von Navarra, der Graf von Bretagne und viele ihrer Genossen alle Lust am heiligen Kriege, bestiegen in Akkon die Schiffe und segelten nach Hause zurück.

Bald hierauf empfing jedoch das Reich Jerusalem eine neue Unterstützung. Denn nicht lange nachdem die französische Ritterschaft die Kreuzfahrt angetreten, hatte sich auch eine stattliche Schaar englischer Herren unter der Führung des Grafen Richard von Cornwallis, des Bruders König Heinrichs III. und Schwagers Kaiser Friedrichs II.[1]), auf den Weg gemacht. Im Frühling des Jahres 1240 war dieselbe langsam durch Frankreich gezogen, hatte einen Befehl Gregors, das Unternehmen aufzugeben, gleich den vorausgegangenen Franzosen unbeachtet gelassen, und landete nunmehr — am 8. Oktober 1240 — im Hafen von Akkon. Graf Richard, ein Neffe des Königs Richard Löwenherz, wurde im heiligen Lande mit großem Jubel empfangen. In glücklichem Gegensatze aber gegen seinen Oheim trachtete der Graf, sobald er die Lage der Dinge in Syrien erkannt hatte, keineswegs nach phantastischen Abenteuern und kriegerischem Ruhme, sondern beschränkte sich verständiger Weise auf eine mit Besonnenheit geführte Friedensunterhandlung. Das Begehren der Templer, am damascenischen Bündnisse festzuhalten und somit den schweren Krieg gegen Aegypten fortzuführen, wies er entschieden von sich. In Uebereinstimmung dagegen mit den Johannitern, den Rittern des deutschen Ordens und den noch in Akkon anwesenden französischen Kreuzfahrern trat er in freundliche Beziehungen zu Sultan Ejjub und schickte Ende November eine Gesandtschaft zur Feststellung der Friedensbedingungen nach Kairo. Während dieselbe dort eine zeitlang aufgehalten wurde, erwarb er sich ein zweites Verdienst um das heilige Land, indem er in Askalon eine starke Burg errichten ließ und hierdurch die Herrschaft der Christen in dem Gebiete südlich von Joppe einigermaßen sicherte. Im Februar 1241 wurde der Frieden abgeschlossen, der den Christen den Besitz jener von Ismail ihnen übergebenen Orte bestätigte und außer dem Grafen von Montfort noch vielen hundert in der Gefangenschaft schmachtenden Rittern und Knechten die Freiheit gab. Nicht lange darauf verließ Richard, froh über das Erreichte, das heilige Land und empfing bei seiner Rückkehr in die Heimat durch die herzliche und ehrenvolle Aufnahme, die ihm dort zu Theil wurde, den Dank für die Sorgfalt, mit der er im fernen Osten zum Vortheile der Christenheit gewirkt hatte. Gleich nach ihm segelte auch der Herzog von Burgund mit dem Reste der französischen Kreuzfahrer nach Europa ab und das Reich Jerusalem sah sich von nun an wieder auf die eigenen Kräfte angewiesen.

Eroberung Jerusalems durch die Charismier.

Diese eigenen Kräfte hätten wohl hinreichen können, den Bestand der christlichen Besitzungen aufrecht zu erhalten und bei guter Gelegenheit noch ein wenig zu vermehren, wenn von den Jerusalemiten nicht immer von neuem schwere Fehler gemacht worden wären. Der Frieden mit Aegypten schützte sie ja vor dem mächtigsten Gegner, den sie in jenen Tagen hatten,

[1] Friedrich hatte sich 1235 zum dritten Male verheiratet, mit Isabella von England.

und sie durften um so sicherer auf die Festigkeit dieses Friedens zählen, als Kaiser Friedrich II. mit demselben nicht blos vollkommen einverstanden war, sondern ihn auch sogleich benutzte, um mit dem Sultan Ejjub in dieselben freundschaftlichen Beziehungen, namentlich hinsichtlich des Handelsverkehres, zu treten, die er früher mit Altamil unterhalten hatte. Aber die morgenländischen Christen, in Parteien zerspalten, die einander mit bitterstem Hasse verfolgten, dachten nicht mehr an die ihnen gemeinsamen Interessen. Im Oktober 1241 brach in Akkon ein Aufruhr aus, in dem besonders die trotzigen Tempelherren eine üble Rolle spielten. Sie waren wüthend über den Gang, den die Ereignisse in der letzten Zeit genommen hatten, und warfen sich deshalb mit dem Schwerte in der Hand auf die Häuser ihrer Gegner, der Johanniter und der Ritter vom deutschen Orden. Da sie Erfolge hatten, gesellten sich allmählich die Freunde des Hauses Ibelin und die Venetianer, damals entschlossene Anhänger der römischen Kurie, zu ihnen; und die so Vereinten beschlossen, das Schicksal des christlichen Syriens allein nach ihrem Gefallen zu lenken, d. h. vor allem die schwachen Ueberreste der staufischen Macht im Morgenlande vollends zu zerstören. Doch zögerten sie noch, ihren Plan auszuführen, bis der eigentliche Erbe des Reiches Jerusalem, Konrad, Kaiser Friedrichs Sohn, am 25. April 1243 großjährig geworden war und nunmehr durch eine Gesandtschaft von seinen morgenländischen Unterthanen den Eid der Treue einfordern ließ. Hierauf erklärten sie, sie würden nur Konrad selber, niemals aber einem Stellvertreter desselben solchen Eid schwören. Sie wußten recht gut, daß der junge König nicht leicht nach Syrien kommen werde, um dort in eigner Person die Regierung zu führen, und sagten sich daher schon mit jener Erklärung endgültig von den Staufern los. Ihren Worten folgten sogleich entsprechende Thaten, indem sie die Regierung des Reiches Jerusalem der Königin Alice von Cypern, der alten Gegnerin Kaiser Friedrichs, übertrugen[1]) und dann zu offenem Kampfe gegen die Anhänger des letzteren schritten. Es handelte sich hier namentlich um das starke Tyrus, den einzigen bedeutenderen Platz, den die kaiserliche Partei noch inne hatte. Die Stadt wurde, da die Angreifer zahlreiche Gesinnungsgenossen unter der Bürgerschaft besaßen, ohne Mühe genommen, und auch die Citadelle derselben mußte in Folge einer merkwürdigen Verkettung von Umständen nach kurzer Frist die Thore öffnen. Der kaiserliche Marschall Richard Filangieri nämlich, der bisher in Tyrus befehligt hatte, befand sich damals auf der Fahrt nach Apulien. Während derselben wurde er von Sturmwetter ergriffen, weit hin und her verschlagen, schließlich an die Küste von Syrien zurück getrieben

---

1) Alice hatte sich im Jahre 1239 mit Graf Rabulf von Soissons, der mit dem Könige von Navarra nach Syrien gekommen war, vermählt. Ihr Gemahl wurde 1243 mit ihr zusammen an die Spitze der Regierung gestellt, sah sich aber darnach neben der stolzen Ritterschaft, die ihn erhoben, zu solcher Machtlosigkeit verurtheilt, daß er, unwillig hierüber, in kurzem Reich und Gattin im Stiche ließ und nach Frankreich zurückkehrte.

und dort von seinen Gegnern gefangen. In der Citadelle von Tyrus kommandirte sein Bruder Lothar, und diesem drohten nun die Angreifer, sie würden den Marschall aufhängen, wenn er die Burg nicht gutwillig übergebe. Lothar streckte die Waffen, um den Bruder zu retten. Die staufischen Kriegsmänner kehrten nach Europa zurück, und die Cyprier, die Ibelins, die Tempelherren jubelten, daß sie von nun an, ungehemmt durch einen höheren Willen, nach ihrem Belieben im christlichen Morgenlande schalten konnten.

Sie legten schon in demselben Augenblicke eine Probe davon ab, wie vortrefflich sie dies verstanden. Zwischen den Christen und dem Fürsten Annasir Daub von Krak, dem Eroberer und Zerstörer Jerusalems, hatte nämlich der Krieg bisher fast ununterbrochen fortgedauert: mehrere Versuche, zum Frieden zu kommen, waren gescheitert, und Annasir Daud war überdies durch ruchlose Grausamkeiten, welche die Feinde an seinen Unterthanen verübt hatten, schwer gereizt worden. Trotzdem aber verlangte er jetzt, im Gedränge zwischen den Christen und der steigenden Macht des Sultans Ejjub, nicht blos nach dem Frieden, sondern sogar nach einem Bündnisse mit den ersteren und bot ihnen dafür an, daß sie in Zukunft ganz Jerusalem ohne irgend welche Beschränkung besitzen sollten, also auch das Gebiet des Haram, welches Alkamil im Vertrage mit Kaiser Friedrich den Muselmännern vorbehalten hatte. Der Antrag Annasirs klang allerdings sehr verlockend, und zwar um so mehr, als auch Ismail von Damaskus und Ibrahim von Himz die Verbindung mit den Christen wünschten; dennoch mußte derselbe bei besonnener Prüfung der Lage unbedingt abgelehnt werden, da nach den Erfahrungen der jüngsten Vergangenheit auf ein festes Einvernehmen mit den syrischen Mohammedanern im Kampfe gegen Aegypten keineswegs zu rechnen war. Die Christen, und an ihrer Spitze die Templer, gingen dagegen mit Freuden auf das Bündniß mit den drei Fürsten ein und zogen dadurch ein schweres Verhängniß auf sich und vor allem auf die heilige Stadt herab.

Denn Sultan Ejjub rüstete mit großem Eifer, um dem ihm drohenden Angriffe glücklich widerstehen zu können. Da er aber glaubte, daß die Zahl seiner eigenen Truppen hierzu nicht hinreichen werde, so rief er aus dem Innern Asiens einen fürchterlichen Bundesgenossen zum Kampfe herbei. In der Landschaft Chowaresm oder Charism, in den Gebieten südlich und westlich vom Aralsee, war nämlich schon im Zeitalter des ersten Kreuzzuges ein neues Turkomanenreich entstanden, welches anfangs unter der Oberhoheit der Seldschuken gestanden, dann einen selbständigen Staat gebildet und schließlich ganz Mesopotamien und Persien bis nach Indien hin unterworfen hatte. Um 1220 war dieses gewaltige Reich zwar von den Mongolen in Trümmer geschlagen worden, aber die Streitkräfte desselben zogen seitdem in großen Massen als Söldnerbanden umher und dienten bald den kleinasiatischen Seldschuken, bald den Fürsten aus dem Geschlechte Saladins. Es waren wildtapfere, rohe und raublustige Kriegsmänner, die Sultan Ejjub nunmehr um Hülfe gegen die Christen und deren Bundesgenossen anging. Ihrer zehntausend, lauter Reiter, waren sofort bereit, ins Feld zu rücken. Mit Blitzesschnelligkeit brachen sie von Mesopotamien her nach Syrien ein, wo niemand auf ihren Angriff gefaßt war. Eine entsetzliche Spur von Brand und Mord bezeichnete ihren Weg vom tripolitanischen Gebiete bis nach Jerusalem. In der heiligen Stadt befand sich jetzt wieder eine verhältnißmäßig zahlreiche christliche Bevölkerung, an ihrer Spitze der Patriarch Robert, ein leidenschaftlicher Parteigänger der römischen Kurie und eifriger Beförderer der Politik der Tempelherren. Beim Herannahen der Charismier (Anfang September 1244) wußte er aber keinen anderen Rath zu geben, als die wehrlose Stadt schleunigst zu verlassen. Die Einwohner folgten diesem Worte und wanderten in der nächsten Nacht unter Angst und Klagen gen Joppe. Sie hatten jedoch erst ein Stück des Weges zurückgelegt, da hörten sie, daß christliche Feldzeichen wieder auf den Mauern Jerusalems zu sehen seien. Sie kehren um, betreten die heilige Stadt von neuem, bemerken nun aber, daß sie nur durch eine Kriegslist vorausgeeilter Charismier zurückgelockt sind. Der Patriarch mit einem Theile des Volkes wendet sich sogleich zum zweiten Male gen Joppe; der Rest bleibt, bis die Feinde die Stadt umlagern und versucht erst darnach, an die Meeresküste zu entkommen. Indessen die Charismier eilen den Fliehenden nach, erschlagen mehr als siebentausend, schleppen zahllose Jünglinge und Jungfrauen in die Sklaverei und überfluthen dann Jerusalem selber. Was dort noch lebt, wird erbarmungslos abgeschlachtet; das Blut inbrünstig betender Geistlicher spritzt über das Grabmal Jesu Christi; die Kirchen werden verwüstet und selbst die Gebeine der Könige Jerusalems in ihren Grabstätten nicht verschont. Nachdem die gräßliche Horde ihr Werk vollendet hat, zieht sie über Bethlehem, wo sie ebenfalls entsetzlich haust, nach Gaza zur Vereinigung mit dem Heere des Sultans Ejjub.

Jerusalem war hiermit abermals und diesmal für immer den Christen verloren. Nie wieder sollte das Kreuzesbanner als Wahrzeichen der Christenherrschaft von den Mauern der heiligen Stadt herabwehen. Aber noch größere Einbuße stand bevor, wenn es nicht gelang, die übermächtigen Feinde empfindlich zu züchtigen. Die mohammedanischen Bundesgenossen der Kreuzfahrer rückten nun endlich ins Feld: Ibrahim von Himß ging selber nach Akkon, um mit der dortigen Ritterschaft den Kriegsplan festzustellen, und wurde von derselben, besonders von den Templern, mit ausgesuchten Ehrenbezeugungen empfangen, die im Abendlande freilich schweres Aergerniß erregten. Unter den Jerusalemiten schwieg jedoch in diesem Augenblick der Hader, der sie bisher entzweit hatte: Templer, Johanniter und Deutschherren rüsteten sich einmüthig zum Entscheidungskampfe: selbst aus Nordsyrien und Cypern kamen Hülfstruppen herbei. Im Süden des heiligen Landes vereinigten sich die Schaaren all dieser kleinen Mächte zu einem stattlichen Heere, welches der Zahl und Kriegsübung nach den Gegnern vielleicht gewachsen gewesen wäre. Indessen das Bündniß zwischen den Christen und den Muselmännern ruhte auch diesmal auf einer unsicheren Grundlage. Unter den letzteren war die Unlust, mit den Glaubensgenossen zu schlagen, weit verbreitet; auch scheuten sich viele von ihnen, die gefürchteten Charismier anzugreifen. Ibrahim von Himß erkannte die Gefahr der Lage und machte deshalb den verständigen Vorschlag, eine Feldschlacht zu vermeiden und im Schutze der Burg von Askalon eine feste Stellung einzunehmen: die Charismier, die in dem verwüsteten Lande nichts mehr erbeuten könnten, würden, sobald der Krieg längere Zeit dauere, die Geduld verlieren, das ägyptische Lager verlassen und den Verbündeten somit eine gute Gelegenheit zu glücklicher Beendigung des Feldzuges geben. Dieser Vorschlag gefiel vielen christlichen Großen; andere aber widersprachen, vornehmlich, wie es scheint, der fanatische Patriarch Robert, der hier in ähnlicher Weise verderblich gewirkt hat wie einst im Nilthale der Kardinal Pelagius. Seine Ansicht siegte. Am 18. Oktober 1244 rückten die Kreuzfahrer und die syrischen Muselmänner bis in die Nähe von Gaza vor. Als man der Charismier und Aegypter ansichtig wurde, gingen Furcht und Schrecken durch die Reihen der Syrier. Fast noch ehe es zum Kampfe kam, verließen die Truppen von Krak, Damaskus und Himß das Schlachtfeld; und die Christen, unfähig, allein den furchtbaren Andrang zu ertragen, suchten endlich ihr Heil in wilder Flucht. Aber schon waren sie von allen Seiten umringt: ihre besten Streiter wurden erschlagen oder gefangen genommen: die Blüthe der drei geistlichen Ritterorden wurde vernichtet und nur einem geringen Reste des Kreuzheeres gelang es, in tiefer Erschöpfung aus der Niederlage zu entkommen.

In Kairo erhob sich heller Jubel, als die Nachricht von diesem großen Ereignisse verkündet wurde; Akkon dagegen war von Trauer, Bestürzung und Angst erfüllt. Die Templer und Johanniter schickten eine Gesandtschaft zum Sultan Ejjub und boten eine große Summe Geldes für die Freilassung der Gefangenen an. Der Sultan weigerte sich rundweg, hierauf einzugehen und fügte seiner abschlägigen Antwort mit bitterem Hohne hinzu, die geistlichen Ritter seien elende Christen, denn statt den Frieden unter ihren Glaubensgenossen zu fördern, wozu sie ganz besonders verpflichtet gewesen, hätten sie mit einander in arger Zwietracht gelegen und ihrem Herrn dem Kaiser Friedrich wie auch dessen Schwager, dem hochberühmten Grafen Richard von Cornwallis alle nur erdenklichen Feindseligkeiten bereitet. Die christlichen Gesandten baten darauf einige Emire Ejjubs, die sie mit Geld gewonnen hatten, um Rath, wie sie ihr Ziel etwa noch erreichen könnten. Diese aber wußten nichts anderes zu erwidern, als daß die Ritter die Fürsprache Kaiser Friedrichs, den der Sultan über alles liebe und verehre, zu erlangen suchen möchten. Hierzu, erklärten die trotzigen Gegner des staufischen Hauses, niemals sich erniedrigen zu können.

Das siegreiche Heer der Aegypter und Charismier war inzwischen zur Verfolgung der geschlagenen Feinde aufgebrochen. Die Christen, die schon für die Mauern von Akkon fürchteten, verloren zwar sogleich einige Ortschaften, durften sich im übrigen aber ein wenig von ihrem Schrecken erholen, da Ejjub zunächst nach der Unterwerfung seiner Glaubensgenossen in Syrien trachtete. Im Jahre 1245 belagerte er Damaskus, zwang seinen Oheim Ismail, die Stadt zu übergeben, und stellte somit zum vierten Male die große Herrschaft, die Saladin, Alabil und Alkamil erkämpft und besessen hatten, in der Hauptsache wieder her. Allerdings mußte er um die Behauptung derselben noch einmal einen blutigen Streit bestehen, da die unbeständige Schaar der Charismier plötzlich zu Ismail überging und mit diesem Damaskus zurück zu gewinnen versuchte. Aber der tüchtigste der syrischen Fürsten, Ibrahim von Himß, hatte nicht Lust, fernerhin einer Partei zu dienen, die doch sichtlich im Niedergange begriffen war. Er vereinigte sich deshalb mit den Aegyptern und brachte den Charismiern eine fast vernichtende Niederlage bei, in Folge deren der Ueberrest der Horde sich auflöste, truppweise bei verschiedenen Fürsten Vorderasiens Dienste nahm und im Völkergewoge dieses weiten Gebietes bald gänzlich verschwand. Seitdem war Ejjub in Wahrheit Herr von Aegypten und Syrien und hatte nur noch die Christen zu bekämpfen. Im Jahre 1247 wendete er sich gegen Askalon, die weit gen Süden vorgestreckte starke Vorburg der letzten Gebiete des Reiches Jerusalem. Die Kreuzfahrer thaten das Möglichste, den Ort zu halten. Hülfsflotten kamen von Akkon und von Cypern. Aber die Macht der Feinde war zu groß. Die Mauern sanken in Bresche, und die Besatzung wurde mit Ausnahme weniger, die sich zu retten vermochten, erbarmungslos hingewürgt.

Während aber hier in Palästina das Verderben Schritt für Schritt seinen schrecklichen Gang ging, hatte auch Nordsyrien schwer zu leiden. In Antiochien und Tripolis hatte bis zum Jahre 1233 Fürst Boemund IV. geherrscht. Seitdem regierte dort dessen gleichnamiger Sohn Boemund V. Im Jahre 1244 bedrohten diesen die schlimmsten Feinde aller Kulturvölker, die Mongolen, die bisher das christliche Syrien noch nicht unmittelbar beunruhigt hatten, obgleich der Schrecken vor ihnen schon seit einem Menschenalter Asien und Europa erfüllte. Boemund, so hieß es, solle alle Befestigungen in seinem Lande niederreißen und alle seine Einkünfte an Geld sowie dreitausend Jungfrauen den Barbaren abtreten. Der Fürst antwortete mit einem Hinweis auf sein gutes Schwert, welches ihm aber wohl wenig geholfen haben würde, wenn die Mongolen nicht darnach durch andere Raub- und Eroberungsfahrten in Anspruch genommen worden wären. Doch sollen die Antiochener und mit ihnen die Armenier bald hierauf den Mongolen wenigstens zinspflichtig geworden sein. Und im Jahre 1247 brach eine turkomanische Horde in das Fürstenthum ein, verheerte, soweit ihr Arm reichte, und brachte der Ritterschaft Boemunds, die den Halbwilden in hochmüthiger Sorglosigkeit entgegen zog, schwere Verluste bei.

Diesem gehäuften Unglück gegenüber war es von geringer Bedeutung, daß die Streitkräfte der morgenländischen Christen etwas fester als bisher geeinigt wurden. Im Jahre 1243 hatte sich das Reich Jerusalem, wie wir gesehen haben, von den Staufern losgesagt und Alice von Cypern zur Herrscherin gemacht. Die Königin starb 1246, und als nächstberechtigter Erbe wurde hierauf ihr Sohn, König Heinrich von Cypern auch zum Herren Jerusalems gemacht. Er regierte seitdem die beiden ansehnlichsten Gebiete der Kreuzfahrerstaaten. Aber aus eigener Kraft vermochten sich dieselben nicht mehr zu behaupten. Sie waren baldigem Verderben rettungslos preisgegeben, wenn nicht das kaum zu Erwartende geschah, daß das Abendland noch einmal voll opfervoller Begeisterung sich zum Kampfe gegen den Islam erhob.

Kreuzzug König Ludwigs IX.

Am 21. August 1241 starb hochbetagt Papst Gregor IX. Das Vermächtniß, welches er seinen Nachfolgern hinterließ, war ein doppeltes: einmal die Sorge um das zusammenbrechende Reich Jerusalem, und zweitens die Fortführung des Kampfes gegen Kaiser Friedrich, durch dessen Sturz die römische Theokratie ihrer Vollendung näher gebracht werden sollte. Am 26. Oktober 1241 ging Papst Cölestin IV. aus der Wahl der Kardinäle hervor. Aber der gebrechliche Greis schloß schon wenige Wochen darauf die Augen, und nun folgte ein Interregnum von mehr als anderthalb Jahren, bis endlich — am 24. Juni 1243 — Kardinal Sinibald Fieschi, Graf von Lavagna, als Innocenz IV. den Stuhl Petri bestieg. Dieser Papst richtete sein Augenmerk sofort darauf, die Aufgaben zu lösen, die' jenes Vermächtniß ihm auferlegte. In alle Lande gingen seine Aufforderungen, für Jerusalem zu beten und zu zahlen; seine Kreuzprediger zogen von Ort zu Ort, um Geld und Streiter zum heiligen Kriege zu sammeln; einzelne Mönche wagten sich mit päpstlichen Schreiben zu den Mongolen und den Muselmännern Aegyptens und Syriens, um sie zu bekehren oder wenigstens sie zur Milde gegen die Christen zu stimmen; und auf dem großen Konzil zu Lyon im Jahre 1245 wurde im ganzen Abendlande ein allgemeiner Frieden für vier Jahre geboten, ein neuer Kreuzzug in Aussicht genommen und fast der gesammten christlichen Geistlichkeit der zwanzigste Theil der Einkünfte, die sie in den nächsten drei Jahren haben werde, zu Gunsten des heiligen Landes abverlangt, während Innocenz sich selber und den Kardinälen die Verpflichtung auferlegte, den zehnten Theil ihrer Einnahme ebenfalls drei Jahre lang für die Sache Jerusalems zu opfern. Indessen die Zeitverhältnisse unterstützten diese Bemühungen des Papstes sehr wenig. Die Völker des Abendlandes waren der erfolglosen Kriegszüge nach Syrien überdrüssig, oder haderten mit einander wie die Franzosen mit den Engländern, oder vertheidigten mühsam den heimischen Herd gegen den Ansturm der mongolischen Barbarei. Am schlimmsten aber war, daß Innocenz den

rechten Erfolg seiner Kreuzpredigten mit eigner Hand unmöglich machte.
Denn wie im Geiste Gregors IX. die Errettung Jerusalems zurückgetreten
war hinter dem Gelüste nach Steigerung der päpstlichen Macht, ebenso lag
seinem Nachfolger nicht in erster Linie am Herzen, die Ejjubiten zu schlagen,
sondern Kaiser Friedrichs Herrschaft zu vernichten; und das heilige Land
hat in dem einen wie in dem anderen Falle die Kosten dieses Verhaltens
zu tragen gehabt. Von Innocenz hätte Friedrich insofern besseres erwarten
dürfen, als er in früheren Zeiten mit demselben befreundet gewesen war;
aber die Politik der römischen Kurie drängte mit unwiderstehlicher Gewalt
auf dem einmal betretenen Wege weiter fort, und der neue Papst war, wenn
auch ein feinsinniger Gelehrter, so doch vor allem ein rücksichtslos herrsch=
süchtiger Theokrat. So wendete er seine ganze Geisteskraft auf den Streit
mit dem Kaiser, versluchte denselben eben auf jenem Konzil von Lyon aufs
neue, entsetzte ihn seiner Throne und entband seine Unterthanen von der
Pflicht des Gehorsams. Vergebens waren die Zugeständnisse, die Friedrich
machte, vergebens auch seine Anerbietungen, gegen Mongolen, Charismier
und Ejjubiten nach dem Wunsche der Kirche das Schwert zu ziehen, — der
Papst erstrebte nun einmal den Untergang des Kaisers und aller Staufer,
die Vernichtung der ganzen „Vipernbrut". Die nächste Folge hiervon war,
daß die Kreuzpredigt, die dem Grabe Jesu Christi gegolten hatte, gegen
den Nachfolger der Cäsaren sich richtete. Die Sendlinge des Papstes warben
Streiter zum heiligen Kriege gegen Friedrich und gestatteten selbst Solchen,
die das Gelübde für den Zug nach Jerusalem abgelegt hatten, dasselbe
durch Kampf gegen den Kaiser zu erfüllen. Der Ertrag der Kreuzzugs=
steuern wurde großentheils in diesem Kampfe verwendet; unaufhörlich wurden
die Völker zu neuen Zahlungen gedrängt, und hier und da wurden Betrüger
entlarvt, welche die der Kirche gespendeten Schätze in die eigene Tasche zu
bringen suchten. Kein Wunder, daß unter diesen Umständen die Abneigung
gegen den Krieg im Morgenlande in reißender Weise zunahm! Wem durfte
man es verargen, daß er nicht mehr sein Vermögen oder sein Blut und
Leben opfern mochte, wenn sogar der Papst die edelsten Regungen der
Christenheit eigennützig zu seinem Sondervortheil mißbrauchte? Die Franzosen
verschlossen ihre Ohren gegen die Hülfsrufe der Kirche; König Heinrich von
England erklärte den Boten des Papstes, seine Unterthanen seien oftmals
von den Kreuzpredigern hintergangen worden, und würden sich nicht noch
einmal täuschen lassen: und in Deutschland entwickelte sich so heftiger Wider=
willen gegen das Pilgerwesen, daß z. B. die Bürger von Regensburg, eifrige
Anhänger des staufischen Kaiserhauses, sich zu der Satzung vereinigten, jeden,
der das Kreuz auf den Kleidern trage, mit dem Tode zu bestrafen.

Vielleicht wäre es daher niemals mehr zu einem größeren Kreuzzuge
gekommen, wenn sich nicht gerade in dieser Zeit die alte Sehnsucht nach
der Befreiung Jerusalems, der echte Geist Gottfrieds von Bouillon, in voller
Reinheit noch einmal in einem der mächtigsten Monarchen der Christenheit

verkörpert hätte. Es war dies kein geringerer als König Ludwig IX. von Frankreich, der zwar von seiner staatsklugen Mutter Blanka zu einem tüchtigen Politiker erzogen war und in Folge dessen die Macht der französischen Krone dem Auslande wie unruhigen Vasallen gegenüber mit dem glänzendsten Erfolge steigerte, der dabei aber seinem eigensten Wesen nach als eine der Idealfiguren mittelalterlicher Askese sich darstellte. Er betete bei Tage und bei Nacht, er fastete und ließ sich geißeln, er verging in Thränen der Andacht, und nachdem er gegen Ende 1244 schwer erkrankt und von seiner Umgebung schon fast aufgegeben war, soll sein erstes Wort beim Erwachen aus tiefer Ohnmacht gewesen sein, daß ihm das Zeichen der Kreuzfahrt auf die Schulter geheftet werden müsse. Die Seinen erschraken und suchten ihn auf andere Gedanken zu bringen, er aber beharrte bei seinem Willen, empfing das Kreuz und berief, nachdem das Lyoner Konzil jene oben erwähnten Beschlüsse zur Förderung des heiligen Krieges gefaßt hatte, die Großen seines Reiches zu einem Parlamente nach Paris. Hier bewirkten sein Beispiel und die Predigt eines päpstlichen Legaten, des Kardinals Odo von Tuskulum, daß eine stattliche Reihe vornehmer Herren sich zur Betheiligung an der Wallfahrt entschloß, darunter die drei Brüder des Königs, Robert von Artois, Alfons von Poitiers und Karl von Anjou, ferner Herzog Hugo von Burgund, Graf Wilhelm von Flandern, Graf Peter von Bretagne, und aus der Zahl der Mindermächtigen besonders Johann von Joinville, Seneschall der Champagne, der liebenswürdige Biograph König Ludwigs. Indessen von dem Beginne des Kreuzzuges war man auch hiernach noch weit entfernt. Denn eine allgemeine Erhebung der Christenheit zum Kampfe gegen den Islam, nach der Ludwig sich sehnte, war kaum zu erreichen, und selbst die Zahl der Franzosen, die sich bisher zur Pilgerfahrt bereit erklärt hatten, genügte nicht, um dieselbe mit berechtigten Hoffnungen auf Erfolg antreten zu können. In der letzteren Beziehung hat sich der König, wie wenigstens erzählt wird, dadurch geholfen, daß er beim nächsten Weihnachtsfeste die

Ludwig IX.
Nach einem Miniaturbild aus dem 14. Jahrhundert.
(Muf. b. Bibl. nat. zu Paris).

neuen Kleider, die er der Sitte nach seiner ganzen Umgebung zu schenken hatte, heimlich mit Kreuzeszeichen versehen ließ und es hierdurch seiner Ritterschaft zur Ehrenpflicht machte, mit ihm ins Morgenland zu ziehen. Aber außerhalb Frankreichs fand Ludwigs Unternehmen wenig Unterstützung. Nur in England, mit dem der König nach langem Streite endlich einen Waffenstillstand geschlossen hatte, nahmen einige Barone und Bischöfe das Kreuz und beschlossen, sich an der französischen Wallfahrt zu betheiligen. Dann legte freilich König Hakon von Norwegen das Pilgergelübde ab und Ludwig machte demselben, als einem kundigen Seefahrer, den Vorschlag, er möge den Befehl über die ganze Pilgerflotte übernehmen; Hakon aber scheute die Verpflichtung, die ihm hieraus erwachsen konnte, und erwiderte deshalb, seine Norweger seien ein zu ungestümes Volk, als daß er sie in Gemeinschaft mit den Franzosen nach Syrien führen dürfe; auch gab er den Zug ins Morgenland bald wieder auf, da die römische Kurie ihm erlaubte, seine Waffen wider die Heiden in seiner Nachbarschaft zu kehren.[1]) Wenn nun Ludwig nur aus Deutschland oder Italien, wie er lange Zeit hoffte, Verstärkungen für sein Heer hätte erhalten können! Hier hing jedoch alles von dem Fortgange der Beziehungen zwischen Kaiser und Papst ab. Friedrich suchte den Frieden und erbot sich aus dieser Gesinnung heraus, je nachdem die Umstände es ihm gestatten würden, selber mit nach Syrien zu gehen, oder seinen Sohn Konrad den Franzosen mitzugeben, oder dieselben wenigstens mit Schiffen, Waffen und Lebensmitteln nach Kräften zu unterstützen. Ludwig hörte mit Freuden solche Worte und bemühte sich wiederholt, zwischen dem Kaiser und dem Papste zu vermitteln, da ihm trotz seiner demüthig frommen Gesinnung zweifellos feststand, daß Innocenz mit völlig maßlosem Zorn und Haß gegen seinen Gegner vorgegangen war. Aber der Papst war nicht zu erweichen: in Italien raste der Kampf der Guelfen und Ghibellinen, in Teutschland wurde den Staufern ein Gegenkönig nach dem andern entgegengesetzt, und somit war in beiden Ländern an Wiederbelebung der alten Pilgerlust nicht zu denken. Da erhob sich schließlich in Frankreich selber eine ernste Gefahr für die römische Theokratie und für den Kreuzzug Ludwigs IX. Eine große Anzahl französischer Barone, empört durch die herrischen Forderungen des Papstes und der ihm anhängenden Geistlichkeit, bildete eine Vereinigung, bestimmt, den reichen Besitz der Kirche an Geld und Gütern einzuschränken und der Gerichtsherrlichkeit des Klerus engere

---

[1]) Hakon hatte schon einmal im Jahre 1237 das Kreuz genommen und hat diesen Schritt nach der Zerstörung Jerusalems durch die Charismier feierlich wiederholt. Aber weder Gregor IX. noch Innocenz IV. haben ihn zur Ausführung seines Vorhabens ernstlich gedrängt, ihm dafür vielmehr die Bekämpfung der Heiden im Norden gestattet. Hakon scheint jedesmal, nachdem er das Pilgergelübde abgelegt hatte, besorgt zu haben, daß die Erfüllung desselben ihn in den Streit zwischen Kirche und Kaiserthum verwickeln könne; und die Päpste hatten nach Maßgabe ihrer Politik Ursache genug, ihn durch Nachgiebigkeit bei guter Stimmung zu erhalten. Vergl. Riant, Expeditions et pèlerinages des Scandinaves en terre sainte, p. 343 ff.

Grenzen zu ziehen; und die vornehmsten Würdenträger Frankreichs, an ihrer Spitze die Königin-Mutter Blanka, sollen den König noch einmal inständig gebeten haben, er möge das Gelübde, das er nur in einer Stunde der Krankheit gethan und das bei aller Zwietracht, die im Occident wie im Orient herrsche, keine Aussichten auf Erfolg und Sieg eröffne, wenigstens nicht durch Einsetzung seiner Person erfüllen. Jener Vereinigung der französischen Edeln begegnete jedoch Innocenz mit großem Geschicke dadurch, daß er einen und den andern namhaften Mann durch Gnadenerweise auf seine Seite zog; und die Vorstellungen der Seinen entwaffnete, wie es heißt, der fromme Ludwig, dadurch, daß er das Kreuz, welches er als Kranker in unzurechnungsfähigem Zustande verlangt haben sollte, willfährig ablegte, sofort darauf aber als ein gesunder und willensklarer Mann von neuem bekreuzt zu werden forderte. So war es entschieden, daß ein neuer Kreuzzug, indessen nur von einem mäßig starken französischen Heere nebst einer kleinen Schaar von Engländern unternommen werden würde.

Ueber alledem war das Jahr 1248 herangekommen. Im Frühling desselben füllten sich die königlichen Schlösser und die Burgen des französischen Adels mit eifrigen Rüstungen. Ludwig ließ, ehe er auszog, durch seine Amtleute wie durch Mönche, die er nach allen Seiten entsendete, seinen Unterthanen verkünden, daß er bereit sei, jeder Beschwerde, die einer derselben mit Recht erheben könne, Abhülfe zu schaffen; und dieses edle Beispiel mag wohl von manchem Großen des Landes, wie wir dies von dem Herrn von Joinville ausdrücklich wissen, nachgeahmt worden sein. Dann ging der König nach St. Denys, um an heiliger Stätte das Banner Frankreichs, die Oriflamme, nebst Pilgerstab und Pilgertasche zu empfangen; und in ähnlicher Weise heiligten sich die Ritter vor dem Antritte des Kreuzzuges durch den Besuch manches Wallfahrtsortes. Als das Heer sich in Bewegung setzte, bot es einen überraschenden Anblick dar. Der König trug kein Pelzwerk, kein hellfarbiges Gewand, kein edles Metall: seine Sporen waren von Eisen, einfach und dunkel die Kleidung und die Rüstung des Rosses; und auch hierin ahmte ihm die stolze Ritterschaft des schönen Frankreichs nach. Aber schon der Marsch bis zur Meeresküste störte die erhabene Harmonie, die diese Pilgerschaar erfüllte. Die Landschaften des Rhonethales waren noch von Nachwehen der Albigenserkriege, von mancherlei Zwietracht und Gewaltthat, erfüllt, und unter blutigen Kämpfen mußte das Heer sich seinen Weg bahnen. Während derselben verloren ganze Massen niederer Krieger die Lust an dem heiligen Unternehmen, kehrten um und erkauften sich in Lyon von Papst Innocenz, dem ihr Geld willkommen war, die Befreiung vom Pilgergelübde. Endlich, in den letzten Tagen des August verließ Ludwig auf einer zumeist aus gemietheten gennesischen Schiffen bestehenden Flotte mit dem Haupttheile des Heeres bei Aiguesmortes den heimischen Boden, während der Rest der Seinen von anderen Häfen, namentlich von Marseille aus, unter Segel ging.

Das nächste Ziel der Fahrt war Cypern. Ohne Unfall erreichte der König am 17. September die Insel, und es wäre wohl am besten gewesen, wenn er den Zug ohne Aufenthalt fortzusetzen versucht hätte. Weil aber manche Schaar seines Heeres noch nicht bei ihm eingetroffen war, so zögerte er eine Weile und entschloß sich darnach, den kommenden Winter auf dem Eilande zu bleiben. Während desselben erklärten König Heinrich von Cypern und dessen Ritter, an der Seite der Franzosen gegen den Islam kämpfen zu wollen, aber dieser Zuwachs an Macht wurde durch den Schaden, den die lange Unthätigkeit dem Kreuzheere zufügte, weit mehr als aufgewogen. Die französischen Barone erschöpften ihre Geldmittel, ehe es nur zum Kampfe kam; hier und da brachen unter dem buntgemischten Volke, welches die Häfen Cyperns erfüllte, blutige Händel aus; und wenn es auch an Speise und Trank nicht fehlte, da Ludwig schon seit geraumer Zeit bedeutende Vorräthe hatte auf der Insel anhäufen lassen, so erzeugten doch das ungewohnte Klima und unregelmäßige Lebensweise gefährliche Krankheiten, denen außer mehreren großen Herren und vielem geringen Volke nicht weniger als 260 Ritter erlagen. Außerdem schwächte König Ludwig selber sein Heer, indem er dem Fürsten Boemund V. von Antiochien, der ihn um Hülfe gegen turkomanische Horden bat, ein kleines Truppencorps zuschickte, während gleichzeitig armenische Gesandte, die im französischen Hoflager verweilten, glänzende Schilderungen von siegreichen Kämpfen ihrer Landsleute gegen die ikonischen Seldschuken machten und hierdurch eine Anzahl Pilger verlockten, in die Dienste des Königs Hethum zu treten. Auch Kaiser Balduin II. von Konstantinopel versuchte damals, aus den Reihen des Kreuzheeres eine Unterstützung für sein bedrängtes Reich zu gewinnen, und erhielt wenigstens die Zusage, daß nach glücklicher Beendigung des Pilgerzuges ihm dieselbe zu Theil werden solle. Ja sogar die Mongolen forderten eine Art von Beistand von Ludwig IX., indem sie eine Gesandtschaft nach Cypern schickten, die viele schöne Worte über die Zuneigung der Fürsten ihres Volkes zum christlichen Glauben machte und darauf hinwies, daß der Krieg der Mongolen gegen das Chalifat von Bagdad und der Kampf der Kreuzfahrer gegen die Ejjubiten im wesentlichen Unternehmungen gegen ein und denselben Feind seien. Ludwig antwortete hierauf durch Ermahnungen, sich zum Christenthume zu bekehren, und durch Uebersendung kostbarer Geschenke, namentlich eines prächtig geschmückten Zeltes.

Während des langen Aufenthaltes auf Cypern scheinen die Franzosen auch erst den verhängnißvollen Plan gefaßt zu haben, ihre Feinde nicht in Syrien, sondern in Aegypten anzugreifen. Denn Kaiser Friedrich, der fortwährend mit König Ludwig in bestem Einvernehmen stand und denselben trotz seines Streites mit dem Papste bereitwillig aus seinen Kriegsvorräthen unterstützte, ist, soviel sich sehen läßt, stets der Meinung gewesen, daß die Kreuzfahrer Jerusalem zu erobern versuchen würden. Die römische Kurie dagegen, die befürchten mußte, daß alsdann die Staufer im Morgenlande wieder Fuß fassen möchten, hat vermuthlich die Franzosen zur Fahrt nach Aegypten gedrängt. Auch mag in der gleichen Richtung gewirkt haben, daß in dieser Zeit die morgenländischen Christen durch vielerlei kleinliche Händel unter einander entzweit waren und die Tempelherren sogar den König Ludwig, statt zu kühnem Kampfe, nur zu einer schwächlichen Friedensverhandlung mit Sultan Ejjub zu bewegen suchten. Da konnte es besser scheinen, unbeengt von dem Haber und den Sonderwünschen der syrischen Parteien, den Stier gleichsam bei den Hörnern zu packen und durch einen großen Schlag in Aegypten auch die Zukunft des heiligen Landes ein für allemal zu entscheiden. Das furchtbare Mißgeschick, das Kardinal Pelagius einst am Nile erlebt hatte, schreckte von dem verwegenen Unternehmen nicht zurück, da man die Fehler, die dieser ungeschickte Feldherr gemacht hatte, leicht vermeiden zu können meinte.

Demgemäß wurde im Frühjahre 1249 mit dem größten Eifer zur Ueberfahrt nach Aegypten gerüstet. Mit Mühe brachte man von den verschiedensten Seiten her die genügende Zahl von Schiffen zusammen, sowohl große Kriegsschiffe wie kleine und flachgehende Fahrzeuge zum unmittelbaren Angriffe auf die feindliche Küste. Mancherlei Verstärkungen trafen noch ein, namentlich aus Griechenland, wo ein Theil der Kreuzfahrer überwintert hatte. Als alles bei einander war, zählte man über britthalbtausend französische Ritter, stattliche Haufen cyprischer, syrischer und englischer Herren, mit den zahlreichen Knappen und Knechten immerhin ein ansehnliches Heer. Die Flotte bestand aus 120 großen und mehr als 1600 kleineren Fahrzeugen, aber die Ausrüstung dieser Armada nahm viele Zeit Anspruch. Dann wurde die Abfahrt durch Sturmwetter verzögert. Endlich, am 30. Mai, gelangte man ins offene Meer und erblickte nach wenigen Tagen die Küste von Aegypten und die Thürme von Damiette.

Sultan Ejjub hatte, obwohl seit einiger Zeit schwer erkrankt, auf diesen Angriff sich sorgfältig vorbereitet. Seine Truppen und seine Schiffe waren zur Deckung der Haupthäfen des Nildeltas bereit. Die Kreuzfahrer sahen daher, als sie die Nilmündung von Damiette ansegelten, eine starke feindliche Macht kampflustig sich gegenüber. Aber auch in ihnen erwachte, nach langem thatenlosen Zögern mit verdoppelter Gewalt, die alte grimme Streitbegier. Obwohl — am 5. Juni — erst ein Theil ihrer Flotte sich in der Nähe des Landes befand, drängten sich die Ritter sofort in die kleinsten Fahrzeuge, landeten hier und dort und streckten den ansprengenden Feinden ihre unüberwindlichen Speerreihen entgegen. König Ludwig sprang, voll heißer Ungeduld, vom Bord herab bis an die Achseln ins Wasser und stellte sich an die Seite seiner Tapfern. Bald waren die Christen stark genug, um zum Angriffe überzugehen, und die Muselmänner räumten, tief erschreckt durch ihr unerwartetes Mißgeschick, nach schwachem Widerstande das Feld.

Die Landung war an derselben Stelle wie im Jahre 1218 erfolgt, in den Niederungen westlich von der Nilmündung von Damiette. Die Geschlagenen zogen sich daher über die Schiffbrücke, die hier über den Nil führte, nach Damiette zurück, verbreiteten nun aber die Panik, der sie selber erlegen waren, auch unter der Besatzung und Einwohnerschaft dieser Festung. Dauernder Widerstand gegen den furchtbaren Ungestüm der Christen schien unmöglich, zumal von dem kranken Sultan keine ausreichende Hülfe erwartet wurde. So flohen im Dunkel der nächsten Nacht erst die Truppen, dann die Bürger der Stadt mit Weibern und Kindern voll ängstlicher Hast südwärts ins Innere des Landes. Die Christen waren am darauf folgenden Tage, dem 6. Juni, noch damit beschäftigt, ihr Heergeräthe zu landen, als ihnen die überraschende Kunde von der Räumung Damiettes überbracht wurde. In hohem Jubel, unter geistlichen Gesängen, rückten sie in die verlassene Stadt, bemächtigten sich reicher Beute, weihten die Moscheen zu christlichen Kirchen und setzten einen Bischof über dieselben.

Der Anfang dieses Kreuzzuges war also von strahlendem Glücke begünstigt. Die Aussichten in die Zukunft waren aber dennoch sehr trübe. Denn Sultan Ejjub verhängte strenge Strafen über die Flüchtlinge von Damiette und beugte dadurch einer weiteren Ausdehnung der feigen Stimmung unter seinen Truppen erfolgreich vor. Sein Heer wuchs außerdem von Tag zu Tag durch frischen Zuzug und zeigte sich bald so kampflustig, daß einmal ums andere Schaaren leichter Reiter ausgesandt werden konnten, um die Christen durch plötzliche Angriffe zu beunruhigen: einzelne Muselmänner waren sogar keck genug, bei bunkter Nacht sich unter die Pilger zu mischen und hier und da einen Schlafenden zu ermorden, um die Belohnung, die ihnen für solche Wagestücke verheißen war, an sich zu bringen. Andererseits genügte die Zahl der Christen kaum, um zugleich Damiette besetzt zu halten und eine größere Unternehmung landeinwärts zu machen; und was am schlimmsten war, die Jahreszeit verbot für lange Monate die Fortsetzung des Kreuzzuges. Im Sommer hatte ja einst Kardinal Pelagius seinen Marsch gen Kairo begonnen, auf dem er mehr noch durch die Nilüberschwemmung, als durch die Waffen der Feinde besiegt worden war. Daher durfte man jetzt die gesicherte Stellung an der Küste nicht eher verlassen, als bis der Spätherbst Schutz vor den gefürchteten Wasserfluthen bot.

In der Zwischenzeit ließ König Ludwig die Festungswerke von Damiette verstärken und den größten Theil seines Heeres außerhalb der Stadt ein durch Verschanzungen gedecktes Lager beziehen. Hier konnten die Christen den weiteren Verlauf der Dinge freilich ungefährdet abwarten, aber die erneute Unthätigkeit, zu der sie verurtheilt waren, schädigte den inneren Halt der Truppe im höchsten Grade. Die Ritter wie die Knechte ergaben sich wilden Ausschweifungen; mancherlei Neid und Haber erfüllte das Lager, und nicht selten unternahmen einzelne edle Herren einen frechen Raubzug in die Umgegend oder ritten heimlich zu tollkühnem Kampfe mit den Feinden hinaus, obwohl jede solche eigenmächtige Handlung aufs strengste verboten worden war. König Ludwig, ausschließlich seinen frommen Regungen hin=

366 Zehntes Kapitel. Sechster Kreuzzug.

gegeben, besaß nicht die nöthige Entschlossenheit und Härte, um all diese Ungebühr mit starker Hand zu unterdrücken, und so lockerte sich die Zucht des Heeres in einer Weise, die nur noch geringe Hoffnungen auf fernere Siege übrig ließ.

Im Sommer und Herbste 1249 trafen zwar noch beträchtliche Verstärkungen in Damiette ein, z. B. eine Schaar Engländer unter Wilhelm Langschwert, dem Grafen von Salisbury und vor allem ein ganzes Heer französischer Nachzügler, die einer der Brüder Ludwigs, Alfred von Poitiers, erst jetzt aus der Heimat heranführte. Als aber hierauf endlich über die Fortsetzung des Kreuzzuges Kriegsrath gehalten wurde, zeigte sich eine große Meinungsverschiedenheit unter den französischen Baronen. Die einen verlangten nach der Eroberung Alexandriens, d. h. nach planvoll vorsichtiger Ausdehnung der christlichen Herrschaft an der ägyptischen Küste, die anderen forderten trotzig den Zug auf Kairo, denn wenn man eine Schlange tödten wolle, so müsse man ihr den Kopf zertreten. An der Spitze dieser Stürmer und Dränger stand Graf Robert von Artois. Ludwig mochte demselben, seinem Bruder, nicht widersprechen; die verständigeren Ritter wollten schließ-

Robert v. Artois.   Philipp.   Karl v. Anjou.   Ludwig IX.   Alfons v. Poitiers.
König Ludwig IX. und seine Brüder.
Facsimile aus „de passagiis in Terram Sanctam" (Venedig).

lich nicht ängstlich erscheinen; kurz am 20. November brach das Heer auf und zog gen Süden, am Nile entlang, auf eben der Unglücksstraße, die schon vor drei Jahrzehnten die Christen ins Verderben geführt hatte.

Der Marsch ging überraschend langsam von Statten. Für die kleine Strecke von Damiette bis Mansurah brauchte man einen vollen Monat. Die Feinde traten den Christen während dieser Zeit nur in kleinen Schaaren entgegen; bedeutendere Terrainschwierigkeiten waren ebenfalls nicht zu überwinden, so daß man fast auf den Gedanken kommen möchte, die Verzögerung sei durch Verhandlungen über einen Friedensschluß entstanden. Nun soll auch Sultan Ejjub damals den Kreuzfahrern die Herausgabe des Königreichs Jerusalem und einen günstigen Handelsvertrag angeboten haben, wenn sie ihm Damiette überliefern und überhaupt Aegypten räumen wollten. Die Nachricht ist aber nicht sicher verbürgt, und wir wissen nur, daß die Christen überaus viele Zeit verloren, in der sie um so leichter hätten die entscheidendsten Fortschritte erringen können, als Sultan Ejjub schon am 21. November starb, während der Sohn desselben, Turanschah, in weiter Ferne, in

Mesopotamien, verweilte. Die Wittwe Ejjubs, die Sultanin Schedscher Eddurr, versuchte zwar den Tod ihres Gatten zu verheimlichen, bis der schnell benachrichtigte Thronerbe in Aegypten eingetroffen sei, und einer ihrer vornehmsten Offiziere, Fachreddin, belebte den religiösen Fanatismus der Muselmänner zum Kampfe gegen die Christen; offenbar aber wäre die Macht der Ejjubiten in diesem Augenblick einem kräftigen und schnellen Angriffe der Kreuzfahrer kaum gewachsen gewesen.

Endlich, am 21. Dezember, traf das Pilgerheer, gegen 60,000 Mann stark, Angesichts von Mansurah ein, sah sich hier jedoch in einer sehr peinlichen Lage. An der rechten Seite hatte dasselbe den damiettischen Nilarm, vor sich den breiten und tiefen Kanal von Aschmum Tanah, der dort vom Nil aus nordostwärts zieht, und jenseits des Kanales lagerten, auf das feste Mansurah gestützt, die besten Streitkräfte des Feindes, theils auf dem Lande, theils in den Schiffen der ägyptischen Nilflotte. Die Muselmänner standen somit in einer außerordentlich starken Stellung, der die Franzosen schließlich nicht anders beizukommen wußten, als daß sie einen Damm durch den Kanal von Aschmum Tanah zu bauen begannen, ein so mühevolles wie langwieriges Unternehmen, welches den Feinden hundertfältige Gelegenheit zu fast gefahrloser und erfolgreicher Gegenwehr gab. Die Wurfmaschinen der Aegypter beschossen die Dammarbeiter ohne Unterlaß; ihre Schiffe warfen sich in plötzlichem Ueberfalle auf einzelne Abtheilungen der christlichen Flotte, die dem Pilgerheere bis nach Mansurah gefolgt war; ihre Landtruppen überschritten an abgelegenen Orten bald den Nil, bald den Kanal und griffen die Kreuzfahrer zu deren Schrecken im Rücken an. König Ludwig befahl unter diesen Umständen, das Lager, welches er mit den Seinen auf der Landspitze zwischen den beiden Wassern eingenommen hatte, stark zu verschanzen und zum Schutze der Dammarbeiter sowohl zahlreiche Wurfmaschinen aufzustellen, wie auch zwei gewaltige Thürme zu errichten, unter deren Bedachung Steine in den Kanal gewälzt wurden, während von ihren Zinnen Pfeile und Speere gegen die Muselmänner flogen. Der Damm schritt allmählich vorwärts; als er aber dem jenseitigen Ufer sich näherte, leiteten die Feinde die Fluthen in eine hinter demselben künstlich angelegte Niederung, so daß vor den Arbeitern abermals eine weite Wasserfläche sich ausdehnte. Die Franzosen verzagten hierauf noch nicht. Nachdem aber jene beiden Thürme von den feindlichen Werken aus in Brand geschossen waren, und nachdem ein dritter Thurm, dessen Erbauung nur mit großer Anstrengung noch möglich geworden war, das gleiche Schicksal erlitten hatte, sahen sich der König und die Barone in tiefste Rathlosigkeit versetzt. Die Massen des Heeres verwilderten vollends in dieser traurigen Zeit. An der einen Stelle zeigte sich Zwietracht und Trotz gegen die Vorgesetzten, an der andern dumpfe Verzweiflung oder gar ingrimmiger Hohn gegen das Christenthum, weil „der Gott, der sich der Herr der Heerschaaren nenne, so oft von seinen Feinden überwunden worden und das Gesetz Mohammeds also mächtiger sei als der Glaube Jesu Christi".

In dieser bittern Noth erbot sich ein Beduine, dem König Ludwig gegen hohe Belohnung eine Furt durch den Kanal, eine Strecke abwärts vom christlichen Lager, zu zeigen. Das Anerbieten wurde angenommen, und in der Morgenfrühe des 8. Februar 1250 setzte sich der größte Theil des Heeres, während der Rest zur Bewachung des Lagers zurückblieb, heimlich in Bewegung. Der Uebergang glückte mit mäßigem Verluste, obwohl die Tiefe des Wassers beträchtlich war. An der Spitze des Heeres sollten die Templer vorrücken, dann sollte Graf Robert von Artois folgen. Dieser aber bat den König, ihm den Vorrang zu geben, und versprach, keinen voreiligen Angriff zu wagen. Ludwig traute dem Worte des ungestümen Prinzen und veranlaßte dadurch das schwerste Unheil. Denn kaum erblickte Graf Robert die ersten Feindesschaaren, so warf er sich mit hallendem Schlachtrufe auf dieselben. Die Templer schlossen sich ihm an. In vollem Rossesläufe ging es gen Mansurah, hinein in die Stadt und durch sie hindurch: wer im Wege stand, wurde niedergeritten. Im Rücken dieser Schaaren ermannten sich jedoch die Muselmänner, verbarrikabirten Mansurah und verwickelten die Abgeschnittenen in einen fürchterlichen Kampf, in welchem Graf Robert, dreihundert französische Ritter, fast alle Engländer und gegen achtzig Templer fielen. Die übrigen Geschwader des Kreuzheeres hatten inzwischen, eins nach dem andern, das Beispiel des Prinzen nachgeahmt, Mord und Zerstörung in das muselmännische Lager außerhalb Mansurahs gebracht und den Emir Fachrebbin selber erschlagen. Aber auch hier rafften sich die Feinde allmählich auf und nöthigten die Christen zu einer Reihe von verlustreichen Einzelgefechten. Ihre besten Truppen waren die Mamluken, turkomanische Krieger, „die Löwen der Schlacht", die Sultan Ejjub gleich seinen Vorfahren in großer Zahl in seinen Dienst gezogen hatte.[1]) Der Hauptkampf wogte lange und blutig um die Ritterschaar, die König Ludwig selber führte. Wohl wehrte sich dieselbe mit Heldenmuth, und ein lecker Rittersmann meinte, von diesem heißen Tage noch bereinst den Damen in Frankreich zu erzählen. Allmählich aber wurden die Christen an den Kanal zurückgedrängt; Ludwig war in größter Gefahr, den Feinden in die Hände zu fallen; Muthlosigkeit griff um sich und trieb viele zu dem feigen Versuche, über das Wasser zu entfliehen. Die Strömung riß jedoch die Ermatteten mit sich fort und trug ihre Leichen, ihre Rosse und Waffen in dichter Masse dem Meere zu. Da, in der größten Noth, gelang es der Besatzung des Lagers, eine Nothbrücke über den Kanal zu schlagen und dem König zu Hülfe zu kommen. Die Muselmänner, auch ihrerseits tief erschöpft, gaben nun den Kampf auf und ließen die Christen

---

1) Die Mamluken waren ursprünglich zum Kriegsdienste ausgebildete Sklaven. Die Ejjubiten bedienten sich ihrer mit Vorliebe und bildeten aus ihnen eine bevorzugte Heerschaar, die sich aus verschiedenen Völkerschaften, besonders jedoch aus turkomanischen Stämmen rekrutirte. Unter Sultan Ejjub wurden sie in Aegypten so zahlreich und mächtig, daß sie bald darauf nach der Herrschaft über die Fürsten und Völker, für die sie bisher das Schwert geführt hatten, trachten konnten.

im Besitze des südlichen Kanalufers. Mit Recht aber jubelten die Aegypter über diesen Ausgang des Schlachttages. Denn der Vortheil, den die Kreuzfahrer errungen hatten, war ein Pyrrhussieg. Sie besaßen kein Mittel, die klaffenden Lücken, die der Tod in ihre Reihen gerissen hatte, wieder auszufüllen.

Die nächsten Tage vergingen im ganzen ruhig. Die Christen verschanzten jetzt auch das Lager, welches sie auf der Südseite des Kanals bezogen, und schlugen neben jener Nothbrücke eine zweite stärker gebaute Brücke über denselben. Aber schon am 11. Februar erschienen die Feinde mit großer Macht und griffen die Stellungen der Pilger von allen Seiten an. Mit Feuerbränden wie mit den Waffen warfen sie sich auf ihre Gegner, verbrannten die neuen Verschanzungen, die in der Eile nur aus Holz aufgeführt waren, und drangen bald hier, bald dort in die Gassen des Lagers ein. Es bedurfte der unbeugsamsten Ausdauer aller Kreuzritter und des Königs selber, um die Muselmänner, die den Sieg schon in Händen zu haben meinten, allmählich zu ermüden und dadurch zum Verlassen des Kampfplatzes zu bewegen.

Die Widerstandskraft, welche die Christen an diesem Tage zeigten, verschaffte ihnen für ein paar Wochen eine nur durch unbedeutende Scharmützel gestörte Waffenruhe. Sie konnten dieselbe jedoch nicht benutzen, um den Weitermarsch gen Kairo vorzubereiten, weil sie hierzu schon viel zu schwach waren. Sie hatten nur noch die Wahl, am Kanal von Aschmum zu verweilen oder nach Damiette zurück zu kehren. Das letztere bot Rettung, während das erstere zu sicherem Verderben führte. Zu stolz jedoch, um vor den Feinden rechtzeitig zu weichen, blieben sie Tag um Tag sorglos in ihrem Lager, bis endlich die tödtliche Gefahr, in der sie sich befanden, auch dem blödesten Auge deutlich wurde.

Am 27. Februar traf nämlich der junge Sultan Turanschah in Mansurah ein und auf der Stelle kam neues Leben in die Kriegsunternehmungen der Aegypter. Die tapfere Ritterschaft der Christen wurde zwar fürs erste nicht wieder angegriffen, dafür aber wurde eine Anzahl ägyptischer Schiffe in großer Heimlichkeit mittewegs zwischen Mansurah und Damiette in den Nil gebracht, um von dort aus der Pilgerflotte in den Rücken zu fallen. Plötzlich sah sich diese von vorn wie von hinten bestürmt und erlag bis auf geringe Reste vollständig dem verdoppelten Andrange. Hierauf war es für die Muselmänner nicht schwer, auch die Landverbindung zwischen Damiette und dem Lager des Kreuzheeres zu sperren. Ganze Karawanen, die Lebensmittel an den Kanal von Aschmum bringen sollten, wurden von den ägyptischen Streifschaaren abgefangen. Hungersnoth brach im Christenlager aus und erzeugte, verbunden mit der Hitze des afrikanischen Sommers, eine entsetzlich verheerende Lagerseuche. König Ludwig erkannte endlich, daß er gezwungen war, einen Schritt rückwärts zu thun: er gab das Lager südwärts vom Kanale auf und hielt nur die Brücken über denselben nebst einem Brückenkopfe auf dem jenseitigen Ufer fest. Auch bot er dem Sultan Frieden an und versprach, Damiette zu räumen, wenn den Christen das Reich Jerusalem zurückgegeben werden sollte. Aber Turanschah ging hierauf nicht ein, und bald zwang die bittere Noth, die Stellung am Kanale gänzlich zu räumen. In der Nacht vom 5. zum 6. April sollten die Ueberreste von Heer und Flotte den Weg nach Damiette zu gewinnen suchen. Indessen die Feinde waren wachsam und erkannten die Vorbereitungen, welche die Franzosen zum Abzuge machten. Außerdem ging derselbe in Angst und Haß so tumultuarisch von statten, daß selbst die Brücken über den Kanal von Aschmum nicht abgebrochen und die Feinde somit zu schneller Verfolgung gleichsam eingeladen wurden. Die Pilger hatten zu Lande wie zu Wasser den Rückzug kaum begonnen, als ihnen die Muselmänner überall auf den Fersen waren. Ein ernster Kampf fand nur dort noch statt, wo irgend ein kühner Rittersmann lieber die Krone des Märtyrerthums erringen, als den „Heiden" sich ergeben wollte. Im übrigen hatten die letzteren ein leichtes Spiel. Sie mordeten nach Herzenslust unter den Christen, die, matt und krank, kaum noch marschiren, geschweige denn die Waffen gebrauchen konnten: den Rest nahmen sie einstweilen gefangen. König Ludwig hätte sich vielleicht retten können, wenn er, wie ihm angerathen wurde, den Seinen vorausgeeilt wäre. Das wollte der fromme Kriegsmann so wenig, daß er im Gegentheile seine Stelle in der Nachhut des Heeres nahm. Zu fechten vermochte er freilich nicht mehr, da auch ihn die Lagerseuche hart mitgenommen hatte. Er lag schließlich tief erschöpft am Boden; sein Haupt ruhte im Schooße einer niederen Frau, die sich gerade in der Nähe befand; stündlich erwartete man sein Ende, während die Muselmänner schon nahe heran stürmten. Da wurde er gefangen, gleich seinen Brüdern und gleich allen denjenigen, die in den Schiffen wie auf dem Lande noch nicht von den siegestrunkenen Feinden erschlagen worden waren. Fast niemand entkam.

Im Lager Turanschahs erhob sich brausender Jubel, als die Nachricht dieses ungeheuren Erfolges die Runde machte. „Willst du dir ein Bild von der Zahl der Todten machen," so schrieb der Sultan an seinen Statthalter in Damaskus, „so denke dir den Sand des Meeres, und du wirst nicht irren." Die Gefangenen wurden gebunden nach Mansurah geführt; tausende von ihnen, vornehmlich ärmere Leute mit Einschluß der Ritter, wurden nach und nach hingeschlachtet; der König dagegen, dessen Brüder und die übrigen vornehmeren Herren wurden mit vieler Schonung, zum Theile sogar mit rücksichtsvoller Zartheit behandelt, weil der Sultan einen vortheilhaften Vertrag mit ihnen schließen zu können meinte. Verhandlungen begannen bald und führten, da die Franzosen sich auch durch Drohungen kein anderweitiges Zugeständniß entreißen ließen, in kurzer Frist zu dem Ergebnisse, daß der König für seine Entlassung aus der Gefangenschaft Damiette räumen und für die Freigebung der Genossen eine Million Goldstücke, in runder Summe zehn Millionen Francs zahlen sollte. Weil Ludwig jedoch, voll großartiger Liberalität, an der erschreckenden Höhe des Lösegeldes gar keinen Anstoß nahm, so wollte Turanschah von seinem Gefangenen an Edelmuth sich nicht übertreffen lassen und setzte aus freien Stücken die geforderte Million nachträglich auf 800,000 Goldstücke herab.

Die Leiden, welche die französischen Kreuzfahrer erdulden mußten, endeten aber noch nicht mit diesem Vertrage. Denn Turanschah war ein leichtfertiger und unbesonnener Jüngling, der trotz des glänzenden Sieges, den er errungen, schon bittere Feindschaft in Aegypten gegen sich erregt hatte. Die Sultanin-Wittwe Schedscher Eddurr, die bedeutendsten Emire des Landes, die tapfern Mamluken, kurz alle, denen er den Thron und den Sieg verdankte, waren von ihm durch mancherlei Zurücksetzung beleidigt und an ihre Stelle seine Jugendgenossen, die er erst vor kurzem nach Aegypten mitgebracht hatte, in thörichtster Weise bevorzugt worden. Die ersteren fürchteten für sich noch schlimmeres, sobald der Sultan durch den Wiedergewinn von Damiette sich vollends in der Regierung festgesetzt haben werde. Eine Verschwörung bildete sich gegen das Leben Turanschahs. Am 2. Mai überfiel ihn der Mamluken-Emir Bibars, ein so hochbegabter wie ruchlos wilder Kriegsmann, mit blankem Schwerte, verwundete ihn jedoch nur. Gleich darauf erhoben sich die Mamluken in Masse, stürmten den Palast des Sultans und ermordeten den Unglücklichen in gräulvoller Weise.

Die gefangenen Christen waren Zeugen der Schreckensscene, fürchteten, daß der Aufruhr sich auch gegen sie wenden möge, und befanden sich in der That während des wilden Getümmels, welches dem Tode Turanschahs folgte, eine zeitlang in ernster Lebensgefahr. Allmählich aber legte sich die Unruhe; Schedscher Eddurr wurde als Regentin anerkannt; der Emir Eibek trat ihr als Reichsverweser an die Seite, und der Vertrag, der mit König Ludwig geschlossen worden war, wurde nicht blos bestätigt, sondern noch dahin abgeändert, daß gleich nach der Freilassung der Gefangenen nur die Hälfte des Lösegeldes, der Rest bei der Ankunft derselben in Syrien bezahlt werden sollte.

In Damiette waren während alledem wechselnde Stimmungen zum Vorscheine gekommen. Auf die erste Nachricht von dem Untergange des Kreuzheeres hatte ein Theil der dortigen Christen die Stadt feige verlassen wollen. Aber in den Mauern derselben befand sich auch Ludwigs Gattin Margaretha, welche die Pilgerfahrt bis dorthin mitgemacht hatte und in diesem Augenblick einen Sohn gebar, Johann, der zur Erinnerung an die traurige Zeit in der sein Leben begann, den Beinamen Tristan erhalten hat. Die edle Frau verzagte trotz ihrer so vielfach bedrängten Lage nicht und bewog durch ermuthigende Worte wie durch reiche Geldspenden ihre Glaubensgenossen, Damiette bis zur Befreiung des Königs zu behaupten. Beinahe aber hätte sich, wie es scheint, hieraus eine neue Gefahr entwickelt. Denn schließlich sollen dieselben Männer, die im ersten Schrecken nur an Flucht gedacht hatten — es werden besonders italienische Kaufleute genannt —, der

Uebergabe der Stadt ähnlich wie im Jahre 1221 aufs äußerste widerstrebt haben.

Am 6. Mai schlug die Erlösungsstunde für die vornehmsten Gefangenen. Aber bis zum letzten Augenblicke mußten sie in Furcht und Sorge schweben. Denn kaum hatten die Kreuzfahrer Damiette geräumt, so stürzten sich wilde Horden muselmännischer Krieger in die Stadt und ermordeten eine Menge wegen Krankheit dort zurückgebliebener Pilger, die dem Wortlaute des Vertrages nach geschont werden sollten. Gleichzeitig beriethen die Emire darüber, ob es nicht doch am vortheilhaftesten für sie sei, den König und die Barone in der Gefangenschaft fest zu halten. Angesehene Männer sprachen gegen die Freilassung, und nur die Gier der Mehrzahl nach dem verheißenen Lösegelde bewirkte, daß wenigstens in dieser Beziehung der Vertrag nicht gebrochen wurde. Schon war es später Abend geworden, als endlich Ludwig und die Seinen der Haft entledigt wurden und zu den glücklicheren Genossen, die bei Damiette ihrer warteten, sich begeben durften.

Am nächsten Morgen traten einige Barone unverzüglich die Heimreise an. Sie hatten keinen anderen Gedanken mehr, als das Land zu fliehen, das sie in so unerträgliche Drangsale gestürzt hatte. Ludwig dagegen blieb noch ein paar Tage an der ägyptischen Küste, weil er sofort, wie er versprochen hatte, die Hälfte des Lösegeldes zahlen und vor allem hierdurch seinem Bruder, dem Grafen Alfons von Poitiers, der von den Feinden als Geisel zurück behalten war, die Freiheit verschaffen wollte. Mit großer Mühe wurde die ungeheure Summe von 400,000 Goldstücken zusammengebracht. Ludwig mußte schließlich, da seine eigenen Mittel nicht ausreichten, die anwesenden Templer um ein Darlehen ersuchen; und als diese erklärten, sie dürften nicht eigenmächtig über den Schatz des Ordens verfügen, blieb nichts anderes übrig, als ihnen den Betrag, dessen man bedurfte, einfach fort zu nehmen. Nachdem die Muselmänner vollständig befriedigt worden waren, begab sich der König zur Abfahrt an die Meeresküste hinaus. Noch aber war er nicht in See gestochen, da erreichte ihn der nun endlich ebenfalls frei gelassene Alfons von Poitiers. Die schwer geprüften Dulder bestiegen darauf sämmtlich die Schiffe und fuhren nach Akkon, wo der herzlichste Empfang ihrer wartete.

Sollte nun aber der Kreuzzug von hier aus fortgesetzt werden können? Ludwig befehligte nur noch wenige Grafen und Ritter, die fast ausnahmslos von leidenschaftlichem Verlangen nach der Rückkehr erfüllt waren und deren Wunsch durch die Nachrichten, die aus Frankreich eintrafen, nachdrücklich unterstützt wurde. In der Heimat hatte man nämlich an den Untergang des stolzen Kreuzheeres anfangs so wenig glauben wollen, daß man die ersten Boten, von denen die Trauerkunde gemeldet worden war, als Betrüger verfolgt und zum Theil sogar hingerichtet hatte. Allmählich aber überzeugte man sich von der Wahrheit des schrecklichen Gerüchtes und begann hierauf zu fürchten, daß die Gegner der französischen Krone, besonders

die Engländer, die günstige Gelegenheit zur Erneuerung ihrer alten Feind=
seligkeiten benutzen möchten. Die Königin Blanka ermahnte deshalb ihren
Sohn, daß er sobald als nur irgend möglich nach Frankreich zurückkehren
möge. Ludwig war jedoch anderer Meinung und verharrte fest bei der=
selben, obwohl in einem zu Akkon versammelten Kriegsrathe alle französischen
Barone bis auf einen einzigen ihm rückhaltslos widersprachen. Dieser eine
war der Herr von Joinville, Seneschall der Champagne, der durch seine
Tapferkeit wie durch sein freimüthiges und auch in bitterster Noth stets
wohlgelauntes Wesen schon längst dem Könige theuer geworden war und
ihm von nun an immer inniger verbunden wurde. Auf seinen Beifall
gestützt erklärte Ludwig, noch einige Zeit im heiligen Lande verweilen zu
wollen.

Dieser Entschluß des Königs war übrigens insofern gerechtfertigt, als
die Auseinandersetzung mit den Aegyptern noch nicht gänzlich vollendet war.
Denn bisher war ja von denselben zugleich mit Ludwig nur eine mäßige
Zahl vornehmer Herren aus der Gefangenschaft entlassen worden, während
in Aegypten noch viele andere Christen in Haft gehalten wurden, die theils
während des letzten Feldzuges theils schon in früheren Jahren in die Gewalt
der Muselmänner gekommen waren. Beim Abschluß des Vertrages hatten
sich aber die Emire verpflichtet, alle diese Unglücklichen und ebenso alle
Kranken, die bis zu ihrer Genesung im Nillande bleiben dürften, frei von
bannen ziehen zu lassen. Die Kranken waren freilich von den zuchtlosen
Feinden bei der Wiederbesetzung von Damiette großentheils ermordet worden,
um so entschiedener jedoch fühlte sich der fromme Ludwig in seinem Ge=
wissen gedrängt, für die noch lebenden Unglücklichen zu thun, was nur
irgend in seinen Kräften stand. Er schickte deshalb einen Gesandten an
die Emire und ließ sie an die Ausführung des Vertrags erinnern. Der
Erfolg dieses Schrittes war äußerst dürftig, indem statt vieler Tausende
nur wenige hundert Gefangene entlassen wurden und zum Theil nur solche,
die im Stande waren, ein jeder für sich ein besonderes Lösegeld zu zahlen.
Gleich darauf zeigte sich aber eine gute Gelegenheit, von den Emiren durch
Drohungen zu erreichen, was sie nicht gutwillig gewähren wollten. Die
Ermordung des Sultans Turanschah hatte nämlich die syrischen Musel=
männer tief verletzt; von ägyptischen Offizieren wollten sich diese nicht re=
gieren lassen; Prätendenten um die Sultanswürde tauchten auf, und einer
derselben, Fürst Jusuf von Haleb, ein Urenkel Saladins, gewann Damaskus,
rückte von dort aus gen Süden vor und trug den Christen ein Bündniß
zum Kampfe gegen Kairo an. Im Nillande war zwar inzwischen auch ein
Umschwung eingetreten, indem die Emire, um ihre Stellung zu verstärken,
die Sultanin Schebscher Ebduhr von der Regierung entfernt und den Prinzen
Musa, einen Enkel Alkamils, auf den Thron gehoben hatten, aber den ver=
einten Kräften der Damascener und der Christen fürchteten sie doch nicht
gewachsen zu sein. Als ihnen Ludwig nun drohte, sich mit dem Fürsten

Inſuf zu verbinden, wenn ſie ihm nicht zu Willen wären, gaben ſie abermals einigen Schaaren gefangener Ritter, Knechte und Kinder die Freiheit und verzichteten ſogar auf die zweite Hälfte des Löſegeldes, die ihnen der König noch ſchuldete.

Während alledem war ziemlich viele Zeit vergangen und zugleich in Ludwig der Wunſch nach neuen Thaten für das heilige Land rege geworden. Seine Streitkräfte ſchmolzen freilich immer mehr zuſammen, weil unter denſelben tobbringende Krankheiten, zumeiſt in Folge der kaum überſtandenen Leiden, furchtbar wütheten und weil nach und nach faſt alle vornehmeren Herren, darunter auch die Grafen von Poitiers und von Anjou, nach Frankreich zurückkehrten. Der König hoffte aber trotzdem bald wieder mit einem ſtarken Heere im Felde erſcheinen zu können, da ihn die Heimat nicht gänzlich im Stiche laſſen werde. Im Auguſt 1250 forderte er ſeine Unterthanen in einem ſchwungvollen Rundſchreiben auf, im nächſten Frühjahre die Schiffe zu beſteigen, um an ſeiner Seite die Feinde Jeſu Chriſti aus den heiligen Stätten zu verjagen. In der Zwiſchenzeit, ſo lange noch keine neuen Truppen bei ihm eintreffen konnten, beſchäftigte er ſich theils mit einer Wallfahrt nach Nazareth, die er in bemüthigſter Haltung mit einem härenen Hemde auf bloßem Leibe vollendete, theils mit dem Wiederaufbau der zerſtörten Stadt und Feſtung Cäſarea.

Frankreich war nicht ganz unempfindlich für den Hülfsruf ſeines frommen Königs. Aber die Bewegung, die nun begann, war das Grab der letzten Hoffnungen des heiligen Landes. Denn während die Herzöge, Grafen und Ritter ſich entſchieden weigerten, weitere Opfer für Jeruſalem zu bringen, erhob ſich wie in den Tagen Peters von Amiens das gemeine Volk voll ſchwärmeriſchen Ungeſtüms und brachte in ſeinem blinden Drange über ſich und die Sache des Kreuzes bitteres Unheil. Um Oſtern 1251 trat in der Pikardie und in Flandern, alſo in Gegenden, in denen oder in deren Nähe auch Peter gewirkt hatte, ein greiſer Fanatiker auf, der durch einen Befehl der Jungfrau Maria zur Kreuzpredigt berufen ſein wollte. Man hat ihn, weil er aus Ungarn ſtammen ſollte, den ungariſchen Meiſter genannt, und nach ſeinem unglücklichen Ende hat man ihm vorgeworfen, er ſei ein Apoſtat geweſen, der bei den Muſelmännern Zauberei gelernt und nur beabſichtigt habe, zahlloſe Chriſten dem Sultan von Babylon (Kairo) auszuliefern, damit dieſer Gewalt über Frankreich gewinne. In Wahrheit wollte der Meiſter mit Heeresmacht gegen den Islam ins Feld rücken. Er wendete ſich aber an die Landleute und Hirten, weil Gott Mißfallen habe an der Hoffahrt der Ritter, und den Armen und Verachteten die Ehre geben werde, das heilige Grab zu erretten. Tauſende liefen ihm zu; Zeichen und Wunder wurden geſehen; Knaben, Dirnen und arges Geſindel miſchten ſich unter das Bauernheer, und bald wälzte ſich dasſelbe als eine ſchreckliche Geißel des Landes von Ort zu Ort. Die einen mordeten und raubten, weil ſie es ſtraflos zu thun vermochten, die anderen ſtahlen, um ihren Hunger zu stillen, am schlimmsten aber wirkte der Geist des Aufruhrs, den die Lehre des Meisters gepflanzt hatte. Denn da nicht die Vornehmen, sondern die Niedrigen Jerusalem befreien sollten, so schienen die letzteren auch berufen, an die Stelle der Obrigkeit, zumal der geistlichen zu treten. Sie meinten, weder Papst noch Bischöfe, weder gelehrte Theologen noch Mönche mehr zu bedürfen; sie segneten und trennten Ehen, sie predigten, weihten das Weihwasser, hörten Beichte und absolvirten von den Sünden. Die Geistlichen, die ihnen widerstrebten, wurden ergriffen, mißhandelt und in beträchtlicher Anzahl erschlagen. Endlich kam es, wie noch immer bisher bei derartigen Volksbewegungen, zu einer grimmigen Verfolgung der unglücklichen Juden.

Der Zug dieser wilden Schwärmer, der „Pastorellen", ging von Amiens aus über Paris und Orleans bis nach Bourges. Ihre große Zahl, die bis über 100,000 gestiegen sein soll, schützte sie geraume Zeit. Nachdem aber jenseits Bourges der Meister von einem Manne, der seinen Wunderthaten keinen Glauben beimaß, erschlagen worden war, löste sich die Masse schnell auf. Die Einsichtigeren kehrten in die Heimat zurück, die Aufgeregtesten fielen im Streite und Kampfe mit ihren bisherigen Genossen oder wurden von den Obrigkeiten verhaftet und hingerichtet. Das ganze thörichte Unternehmen hatte vornehmlich nur die Folge, die Abneigung gegen die Kreuzpredigten in immer weiteren Kreisen zu verbreiten.

Aus Frankreich durfte Ludwig daher kaum noch Unterstützung erwarten. Aber auch die Könige von Kastilien und von England, die damals das Kreuz genommen hatten, sendeten ihm keine Hülfe. Denn der eine starb bald darauf und der andere benutzte sein Wallfahrtsgelübde nur, um seine Kasse durch den Ertrag von Kreuzzugssteuern zu füllen. Am nachtheiligsten war jedoch wieder die Haltung des Papstes für die Sache des heiligen Landes. Innocenz IV. rief freilich, insoweit den Bitten Ludwigs entsprechend, die Völker in weitem Umkreise zum Kreuzzuge auf, zugleich aber führte er den Krieg gegen die Staufer unausgesetzt und voll grimmer Leidenschaft fort. Kaiser Friedrich, der das Mißgeschick der Franzosen in Aegypten innig bedauert und für die Freilassung der Gefangenen in Kairo sich bemüht hatte, starb am 13. Dezember 1250. Sein Sohn und Nachfolger, König Konrad IV. wurde vom Papste mit demselben unversöhnlichen Hasse verfolgt: das Kreuz wurde gegen ihn gepredigt: in Europa sollten die Wallfahrer die Herrschaft der Kirche erweitern, nicht im Morgenlande; wem durfte man da noch zumuthen, für den Krieg gegen den Islam Opfer zu bringen?

König Ludwig war jedoch durch das Scheitern seiner Hoffnungen nicht sogleich zum Abzuge von Syrien zu bewegen: „weder dieses noch irgend ein anderes Mißgeschick", so sagte er, „soll mich von der Liebe Christi trennen". Das ganze Jahr 1251 baute er fleißig an den Mauern von Cäsarea fort und richtete von Zeit zu Zeit neue Hülfsbitten an die Christenheit, die freilich gänzlich unbeachtet blieben. Im Frühjahr 1252 schien sich ihm eine gute Gelegenheit zu erfolgreichem Wirken zu bieten, indem die Aegypter, die in schwerem Kriege mit den syrischen Muselmännern lagen, ihm ein Bündniß gegen die letzteren anboten. Ludwig ging nach Joppe, um südwärts von dort mit den Aegyptern sich zu vereinigen. Aber die Feinde besetzten Gaza mit starker Macht und nöthigten die Franzosen dadurch, unthätig in Joppe stehen zu bleiben. Der König verwendete die ihm aufgebrängte Muße dazu, auch diese Stadt durch neue Mauern und Thürme zu verstärken: er selber trug, um die Vergebung seiner Sünden zu verdienen, Steine zum Bau herbei. Während seines Aufenthaltes in Joppe suchten ihn Lucia, die Wittwe des soeben gestorbenen Boemund V. von Antiochien und deren Sohn Boemund VI. auf und baten ihn um Entscheidung in einer Meinungsverschiedenheit, die sich zwischen ihnen gezeigt hatte. Lucia war nämlich, da der Sohn noch nicht volljährig war, Herrin von Tripolis und Antiochien, lebte aber ausschließlich in der ersteren Stadt und brachte dadurch die andere, die, unaufhörlich von Turkomanen bedrängt, stärkeren Schutz bedurfte, in ernste Gefahr. Der Sohn, ein frühreifer begabter Jüngling, wünschte deshalb, wenigstens Antiochien sogleich zu eigener Verwaltung zu erhalten, erreichte nunmehr mit Hülfe Ludwigs sein Ziel und widmete sich fortan tapferer Vertheidigung der alten Hauptstadt seiner Ahnen.

Im Jahre 1253 änderte sich plötzlich die Lage der morgenländischen Christen. Die Aegypter und die Syrier schlossen Frieden und bildeten nun eine übergewaltige Feindesmasse, von der die Kreuzfahrer, sobald jene es ernstlich wollten, mit leichter Mühe vernichtet werden konnten. Die damascenischen Truppen, welche bisher Gaza besetzt hatten, kehrten zunächst in ihre Heimat zurück, erschreckten auf ihrem Vorbeimarsche die Bewohner von Joppe und Akkon aufs Höchste, drangen nach Sidon hinein, welches kurz zuvor von den Muselmännern schon einmal genommen worden war, und morbeten und sengten dort in fürchterlicher Wildheit. Ludwig folgte ihnen mit einem kleinen Heere von Joppe aus nordwärts, machte unterwegs Vorschläge, diesen oder jenen feindlichen Ort anzugreifen, infolge deren ein Theil seiner Ritter einen vergeblichen Versuch machte, Banias zu bezwingen, und ging endlich ebenfalls nach Sidon. Hier beschäftigte er sich, da die Damascener schon abgezogen waren, mit der Beerdigung der Todten und mit der Wiederherstellung der zerstörten Mauern. Er selber half dabei die schon in Verwesung übergegangenen Leichen zu den Gräbern tragen.

In dieser Weise hätte der Aufenthalt Ludwigs in Syrien noch geraume Zeit fortdauern können. Aber die dortigen Christen fingen allmählich an zu wünschen, daß er das heilige Land verlasse: sie fürchteten offenbar, daß gerade seine Anwesenheit die Muselmänner zu Angriffen reizen werde. Auch starb Ende November 1252 seine kluge Mutter Blanka, und Frankreich verlangte nach seinem Könige, der nun mehr als je verpflichtet war, den Staat gegen innere wie äußere Feinde zu schützen. Dies alles begann Ludwigs Standhaftigkeit zu erschüttern. Indessen auch jetzt noch flehte er durch Prozessionen zu Gott um ein Zeichen, ob er bleiben oder heimkehren solle,

und erst am 24. April 1254 schiffte er sich mit Gattin und Kindern zu
Akkon ein. Das Fahrzeug des Königs litt im Nebel und Sturmwetter
große Noth, doch brachten den gläubigen Gemüthern Gebete und fromme
Gelübde Rettung aus jeder Gefahr, und Ende Juni landeten Ludwig und
die Seinen wohlbehalten an der Küste Frankreichs.

Sein Volk nahm ihn mit Begeisterung auf. War auch der Kreuzzug
in schrecklichster Weise mißglückt und konnte sogar Ludwig selber für manchen
Fehler in der Heeresleitung verantwortlich gemacht werden, so wurde dies
alles doch überwogen durch die bewundernswerthe Haltung, die der König
mitten im Siege wie nach der furchtbarsten Niederlage gleichmäßig gezeigt
hatte. Er erschien den Franzosen als das Idealbild christlicher Ritterschaft:
alles Große, welches sie unter den Namen Peters von Amiens und Gottfrieds von Bouillon verehrten, war in ihm noch einmal zum Ausbruch gekommen. Der Kirche war er treu ergeben, ohne irgend einer hierarchischen
Tendenz zu dienen. Schwärmerisch fromm und zu asketischer Selbstpeinigung
geneigt, verlor er doch die Grundbedingungen unseres Daseins nicht aus
dem Auge und zeigte sich vor allem als ein zärtlicher Gatte und Vater.
Tapfer wie der beste seiner Ritter, ungebeugt von den härtesten Schicksals-
schlägen, aufopfernd freigebig gegen seine Umgebung, sparsam am eigenen
Leibe — so hat er die Tugenden geübt, die ihm nach seinem Tode den
Beinamen des Heiligen erwerben sollten.

Elftes Kapitel.
Ende der Christenherrschaft im Morgenlande.¹)

Syrien seit 1254.

Als König Ludwig das heilige Land im Jahre 1254 verließ, lag die Entscheidung über Fortdauer oder Untergang der dortigen Christenherrschaft vornehmlich bei den benachbarten muselmännischen Fürsten. Diese aber gebrauchten ihre Uebermacht sehr schlecht, indem sie, anstatt einmüthig die Feinde ihres Glaubens zu bekämpfen, von neuem sich gegenseitig zerfleischten. Noch im Jahre 1254 verdrängte der Emir Eibek den jungen Musa vom ägyptischen Throne, warf sich selber zum Sultan auf und heiratete, um seine Stellung zu verstärken, die Sultanin-Wittwe Schedscher Edburr. Ein Theil der Mamluken verließ darnach Aegypten und reizte die syrischen Fürsten,

---

1) Wilken, Geschichte der Kreuzzüge, Bd. VII. Weil, Geschichte der Chalifen, Bd. IV. Faure, Histoire de Saint Louis. Wallon, Saint Louis et son temps. De Mas Latrie, Histoire de l'ile de Chypre. Heyd, Geschichte des Levantehandels im Mittelalter. Wilde, Geschichte des Ordens der Tempelherren. — Ferner: Röhricht, die Eroberung Akkons durch die Muslimen (1291), abgedruckt in den Forschungen zur deutschen Geschichte Bd. XX, 1879. Havemann, Geschichte des Ausgangs des Tempelherrenordens, Stuttgart und Tübingen 1846. Michelet, Procès des Templiers, 2 Bde. Paris 1841 und 1851. Prutz, Geheimlehre und Geheimstatuten des Tempelherrenordens, Berlin 1879. Heeren, Versuch einer Entwickelung der Folgen der Kreuzzüge für Europa. Histor. Werke II, Göttingen 1821. Kampschulte, Zur Geschichte des Mittelalters drei Vorträge), Bonn 1864. Prutz, Christenthum und Islam während des Mittelalters und die kulturgeschichtlichen Ergebnisse der Kreuzzüge, abgedruckt im histor. Taschenbuch, Jahrg. 1878. — Die beiden in dieser Aufzählung erwähnten Arbeiten von Prutz sind reich an belehrendem Detail, manche der in ihnen enthaltenen allgemeinen Urtheile erregen dagegen Bedenken. So giebt Prutz z. B. seine Bemerkungen über freundliche Beziehungen, die vor den Kreuzzügen in mancher Richtung zwischen Christen und Muselmännern gewaltet haben, entwickelt hieraus aber den Satz, daß damals ein ernsterer feindlicher Gegensatz zwischen den beiden Glaubensparteien überhaupt nicht bestanden habe. Er unterschätzt dabei die einfache Thatsache, daß es eben nur Muselmänner waren, die den Christen Syrien und Mesopotamien, Afrika und Spanien und zuletzt noch Kleinasien weggenommen hatten und weitere Gebiete künftig wegzunehmen drohten, eine Thatsache, die weit schwerer wiegt als jene freundlichen Berührungen des Islams mit dem Christenthum, und die den Kreuzzügen eine tiefere Berechtigung gewährt, als Prutz ihnen zugestehen will.

besonders Jusuf von Haleb und Damaskus, zum Kampfe gegen Eibel. Der
letztere wehrte zwar den Angriff dieser Feinde glücklich ab, wurde aber im
Jahre 1257 auf Befehl seiner Gattin, deren Eifersucht er erregt hatte, im
Bade ermordet. Schebscher Ebburr genoß die Früchte dieser Frevelthat
nicht lange, da sich die meisten ägyptischen Offiziere gegen sie empörten, sie
umbrachten und einen Sohn Eibels auf den Thron erhoben, an dessen
Stelle endlich, im Jahre 1259, einer der Emire selber, Kotuz, den Sultanstitel annahm. Die syrischen Fürsten und die mit denselben verbündeten
Mamluken griffen während dieser Umwälzungen Aegypten noch mehrmals
an, erreichten aber auch diesmal keine Erfolge, und zwar großentheils deshalb, weil die Mamluken dank ihrer Unbändigkeit sich mit ihren Genossen
überwarfen und im Streite mit denselben fast sämmtlich zu Grunde gingen.

Die letzten fünfziger Jahre des dreizehnten Jahrhunderts boten somit
den Christen noch einmal eine Frist, in der sie Maßregeln zur Abwehr des
nahenden Verderbens hätten treffen können. Ihre Waffenkraft war freilich
nicht groß, da außer den eigentlichen Truppen der Kreuzfahrerstaaten nur
eine kleine französische Schaar, die König Ludwig zurückgelassen hatte, in
Syrien verweilte und kampfbereite Pilger kaum noch aus dem Abendlande
herüber kamen. Trotzdem aber war ihre Lage noch nicht so ganz verzweifelt,
wie man nach allem Vorausgegangenen wohl meinen möchte. Die christlichen
Städte und Burgen waren noch überaus volkreich und bargen große Reichthümer, die der gewinnbringende Handel mit dem Abendlande wie mit
dem muselmännischen Syrien in ihnen aufgehäuft hatte. Hier gab es Mittel
genug, um mit Opfermuth, Eintracht und Weisheit zu festen Grundlagen
für einen langen und heldenhaften Widerstand zu kommen; und das schlimmste
Uebel bestand deshalb nur darin, daß alle Gruppen und Schichten der
christlichen Bevölkerung in dieser Zeit von nichts weiter entfernt waren als
von den eben genannten Tugenden. Die Fürsten und Herren der größeren
Gebiete und Städte trieben Politik ein jeder auf eigene Faust, so daß sie,
unbekümmert um die Interessen der Gesammtheit, mit den Muselmännern
je nach ihrem augenblicklichen Sondervortheil in Krieg oder Frieden lebten.
Die Tempelherren und Johanniter glichen hierin natürlich den großen
Baronen, suchten sich außerdem gegenseitig auf alle Weise zu übervortheilen
und haderten fast unaufhörlich mit einander: im Jahre 1259 brach sogar
wegen geringfügiger Ursache ein wüthender Kampf zwischen den beiden Orden
in Akkon aus, in dem fast alle dort anwesenden Templer erschlagen wurden.
Die Kaufleute endlich und das niedere Volk in den Hafenstädten hatten sich
daran gewöhnt, von Handel und Wandel, besonders von dem Verkehre mit
den aus dem Abendlande eintreffenden Pilgern in der gierigsten Weise jeden
nur möglichen Vortheil zu ziehen: die Hauptlandesstätte der Kreuzfahrer,
Akkon, war seit langen Jahren in ganz Europa verrufen wegen der Tücke
und Hinterlist, die dort des frommen Wallers warteten: die Deutschen hatten
in dieser romanischen Stadt stets am meisten zu leiden gehabt, aber die

380 Elftes Kapitel. Ende der Christenherrschaft im Morgenlande.

Ruchlosigkeit des Volkes von Akkon trat aller Welt so offen entgegen, daß der päpstliche Legat Odo von Tuskulum, der mit König Ludwig IX. im heiligen Lande war, dem Herrn von Joinville rückhaltslos erklärte: „es ist nothwendig, daß Gott dieses Volk strafe und die Stadt mit dem Blute ihrer Bewohner wasche, damit ein anderes Volk komme und der göttlichen Gnade sich würdig mache; denn das jetzige Volk von Akkon ist der göttlichen Gnade nicht würdig". Kein Wunder, daß unter solchen Umständen die staatlichen Ordnungen in den christlichen Herrschaften sich lockerten, Raub und Mord oftmals an der Tagesordnung waren und die öffentliche Sicherheit immer nur durch die blutigsten Strafgerichte wiederhergestellt werden konnte.

Indessen die Bewohner der syrischen Küste arbeiteten in jenen Jahren nicht für sich allein am Untergange der Kreuzfahrerstaaten; sie wurden vielmehr hierbei auch von Europäern, vornehmlich von den Bürgern der einander voll giftigen Neides befehdenden italienischen Seestädte in verhängnißvollster Weise unterstützt. Diese Städte, in erster Linie Venedig, Genua und Pisa, hatten nämlich ihre Handelskolonien in Akkon, Tyrus, Beirut und andern Orten, die in der Zeit der Siege Saladins größtentheils vernichtet worden waren, seitdem mit dem regsten Eifer neu gegründet und ihnen eine stärkere Stellung als je bisher zu geben versucht. Als deutlichstes Anzeichen hiervon finden wir im dreizehnten Jahrhundert, während früher jede einzelne Kolonialgemeinde einen selbständigen Vorstand hatte, obrigkeitliche Personen an der Spitze aller Handelsniederlassungen jeglicher Mutterstadt. So gab es einen venetianischen Bailo oder bajulus Venetorum in Accon, in Tyro et in tota Syria, zwei consules et vicecomites Januensium in Syria, anfangs mehrere, später aber nur einen consul communis Pisanorum Accon et totius Syriae. Die provenzalischen Städte St. Gilles, Montpellier, Marseille und Barcelona, die nur kleinere Kolonien in Syrien besaßen, ahmten dieses Beispiel wenigstens insofern nach, als sie eine provenzalische Gesammtgemeinde unter der einheitlichen Oberleitung von sechs oder sieben Consuln gründeten. Die Vorstände dieser mächtigen Verbindungen gehörten natürlich zu den einflußreichsten Personen des christlichen Morgenlandes und lagen nicht blos mit den dortigen Feudalherren, denen die privilegirte Stellung der Kolonien ein Dorn im Auge war, in unaufhörlichem Streite, sondern benutzten auch jegliche Gelegenheit, um sich gegenseitig zu schaden und die eigenen Landsleute auf Kosten der Nebenbuhler zu bereichern. Daher entstand schon während der ersten Hälfte des dreizehnten Jahrhunderts eine Reihe von Handelskriegen, an denen sowohl die Mutterstädte wie die Kolonien Theil nahmen, aber erst in den funfziger Jahren brach der Streit aus, der wie kein andrer zum Untergange der Kreuzfahrerstaaten mitgewirkt hat. Damals nämlich haderten Venetianer und Genueser wegen eines dem heiligen Sabas geweihten Klostergebäudes, welches zwischen ihren Quartieren in Akkon gelegen war und von jeder der beiden Kolonialgemeinden für sich beansprucht wurde. Die Genueser griffen endlich, im Jahre 1256, zu den Waffen, bemächtigten sich im Bunde mit den Pisanern aller venetianischen Schiffe, die im Hafen von Akkon lagen, und bedrängten ihre Feinde auch im Innern der Stadt aufs äußerste, während gleichzeitig der damalige Herr von Tyrus, Philipp von Montfort, die Venetianer aus seinem Gebiete vertrieb. In der Markusstadt beschloß man auf die Nachricht von diesen Unfällen, die eigenen Interessen mit rücksichtslosem Nachdrucke zu wahren. Man näherte sich zuerst den Pisanern und bewog dieselben zu einem vollständigen Parteiwechsel. Dann trat man in freundliche Verbindung sowohl mit den Provenzalen wie mit den Templern, den Deutschherren und den meisten syrischen Baronen, so daß als Bundesgenossen Genuas nur der schon genannte Herr von Montfort und die Johanniter übrig blieben. Endlich schickten die Venetianer eine mächtige Flotte zur Unterstützung ihrer Kolonisten ab, schlugen die Genueser zu Wasser und zu Lande und besetzten einen großen Theil von Akkon. Diese Stadt litt furchtbar unter dem andauernden Kriegsgetümmel, indem viele Häuser und feste Thürme verbrannten oder durch die schweren Steingeschosse der Belagerungsmaschinen zerstört wurden; auch sollen damals in Akkon allein nicht weniger als 20,000 Menschen umgekommen sein. Unter den syrischen Großen begann daher die Einsicht zu dämmern, daß zu ihrem eigenen Heile nichts wichtiger sei, als solchem Kampfe ein Ende zu machen. Sie baten Papst Alexander IV. um Vermittelung und es gelang demselben auch, eine provisorische Friedensübereinkunft zwischen Venedig, Genua und Pisa zu Stande zu bringen. Inzwischen war aber eine starke genuesische Flotte auf der Rhede vor Akkon eingetroffen und von der ihr entgegen segelnden venetianischen Flotte in langer heißer Schlacht — am 24. Juni 1258 — mehr als zur Hälfte vernichtet worden. Die wenigen Schiffe der Genueser, die der Niederlage entrannen, flüchteten in den Hafen von Tyrus, und die consules Januensium verzweifelten seitdem, sich in Akkon noch länger behaupten zu können: sie gaben ihre dortige Niederlassung auf und siedelten mit der Gemeinde ihrer Landsleute nach Tyrus über. Der glänzende Sieg, den die Venetianer errungen hatten, machte sie natürlich sehr abgeneigt, den endgültigen Friedensschluß, der nun von ihnen gefordert wurde, zu bewilligen. Der Papst ließ sich hierdurch zwar nicht zurückschrecken, beauftragte vielmehr einen Legaten mit der Fortsetzung der Friedensverhandlung und erreichte möglicher Weise (sichere Nachrichten fehlen) im Anfang des Jahres 1261 die ersehnte Einstellung der Feindseligkeiten. Gleich darauf verbündete sich jedoch Genua, wie wir (oben S. 298) gesehen haben, mit Kaiser Michael Paläologus zum Sturze des lateinischen Kaiserthums und der Verdrängung der Venetianer aus Konstantinopel. Die Folge dieses Schrittes war, daß Venedig den Krieg gegen die gefährliche Nebenbuhlerin mit verdoppeltem Grimme fortsetzte. Alle Meere, auf denen sich die Flotten dieser beiden Städte sowie Pisas begegneten, alle Küsten, an denen sie Handel trieben, waren seitdem von dem Lärme der Streitenden erfüllt: unschätzbare Werthe gingen mit den Schiffen und in den Kolonien derselben zu Grunde, und die

382 Elftes Kapitel. Ende der Christenherrschaft im Morgenlande.

Hauptorte des christlichen Syriens wurden fort und fort in das wilde Getümmel mit hineingerissen. Im Jahre 1264 versuchten die Venetianer Tyrus zu nehmen. Philipp von Montfort und die Genueser sollen sich dagegen mit den Muselmännern zum Angriffe auf Akkon vereinigt haben, und wenn auch dies nicht hinreichend bezeugt ist, so haben doch jedenfalls die Genueser im Jahre 1267, in einer Zeit, in der allen Christen im Morgenlande tödtliche Gefahren von Seiten des Islams schon dicht vor Augen standen, Akkon lange und heftig bedrängt. Endlich im Jahre 1270 kam es zu einem Waffenstillstande zwischen Venedig und Genua, der den Genuesern einen Theil ihrer früheren Besitzungen in Akkon zurückgab: im Jahre 1277 wurden die Venetianer wieder in Tyrus aufgenommen: aber im Jahre 1282 entbrannte zunächst wegen der Insel Korsika ein neuer Krieg zwischen Genua und Pisa. Die furchtbare Seeschlacht bei der Insel Meloria, am 6. August 1284, vernichtete freilich den besten Theil der pisanischen Wehrkraft, der Kampf dauerte jedoch noch längere Zeit fort und zog wiederum die syrischen Städte in Mitleidenschaft. Erst im Jahre 1288 kam der Friedensschluß zu Stande, der den Pisanern die erniedrigendsten Bedingungen auch für ihre akkonitanische Kolonialgemeinde, besonders bezüglich der Zerstörung ihrer dortigen Festungswerke, auferlegte. So rasten diese italienischen Kaufleute bis unmittelbar vor dem traurigen Ende der Christenherrschaft im Morgenlande voll Haß und Neid gegen einander.

Kehren wir in die letzten fünfziger Jahre zurück, so kann uns nach dem oben Ausgeführten nicht Wunder nehmen, daß die Christen in einer Zeit, in der die größeren muselmännischen Fürsten einander bekämpften, selbst geringeren Gegnern kaum gewachsen waren. Antiochien wehrte sich mit Mühe gegen wilde turkomanische Horden und die Ritterschaft des Reiches Jerusalem erlitt durch dieselben Feinde eine schwere Niederlage, die vornehmlich die Templer traf, während die Hospitaliter, wohl aus Haß gegen jene, an dem gemeinsamen Kampfe sich nicht betheiligt zu haben scheinen und daher keinen Verlust zu beklagen hatten. Aber diese vergleichsweise kleinen Händel traten schnell in den Hintergrund vor der ungeheuersten Gefahr, von der in demselben Augenblicke die gesammte sei's christliche sei's islamitische Kultur Vorderasiens bedroht wurde. Denn die Mongolen dehnten in diesen Jahren ihre Eroberungen über Persien und Mesopotamien bis nach Nordsyrien und Palästina aus. Sie waren hierzu zum Theile durch König Hethum von Armenien angeregt worden, der, im Gedränge zwischen seinen muselmännischen Nachbarn, diesen die kriegsgewaltigen Barbaren auf den Hals zu hetzen versucht hatte. In Folge davon war der Mongolenchan Hulagu, Bruder des Großchans Mangu, im Jahre 1256 nach Persien vorgebrochen, hatte das offene Land in kurzer Zeit besetzt und dabei in furchtlos grimmigem Kampfe die Hauptkraft der fanatischen Assassinensekte vernichtet, indem er deren festeste Burgen erstürmte, ihr Oberhaupt gefangen nahm und dessen mordlustige Untergebene zu Tausenden tödten ließ. Dann war der Sieger gen Bagdad gezogen, hatte im Jahre 1258 die herrliche Residenz der Chalifen halb durch Verrath und halb mit Gewalt gewonnen, unermeßliche Schätze in der eroberten Stadt zusammengerafft und durch Ermordung des „letzten Chalifen" Almustasim dem Bagdader Chalifate für immer ein Ende gemacht. Im Jahre 1259 endlich war Hulagu nach Syrien gekommen und hatte Haleb in blutigem Kampfe erobert, Damaskus dagegen ohne Schwertstreich genommen, da hier wie in den meisten syrischen Städten tödtlicher Schrecken jede Hand lähmte. Die Fürsten dieser Orte flohen angsterfüllt gen Süden: der bedeutendste von ihnen, Jusuf von Haleb und Damaskus, wurde jedoch trotzdem von den Mongolen ergriffen und hingerichtet: andere entkamen bis nach Aegypten, dem letzten Horte der Muselmänner, während das ganze innere Syrien unter die Herrschaft der fürchterlichen Feinde gerieth.

Das Verhalten der Christen angesichts dieses erschütternden Schicksalswechsels entsprach der jämmerlichen Zerfahrenheit, die auf ihrer Seite jedes einmüthige Auftreten unmöglich machte. Da die Mongolen bei ihrem Kampfe gegen den Islam begreiflicher Weise den Christen sich freundlich gesinnt zeigten, so schloß sich ein Theil der letzteren jenen mit Eifer an. Hethum von Armenien, der die Unternehmungen Hulagus wenigstens mit veranlaßt hatte, führte demselben ein Hülfsheer zu; Boemund VI. machte einen bemüthigen Besuch im Lager des Chans und erhielt dafür das Versprechen, daß das Fürstenthum Antiochien in dem ganzen Umfange, den es in früheren besseren Tagen gehabt, wieder hergestellt werden sollte; damascenische Christen verhöhnten ihre mohammedanischen Mitbürger, zwangen sie, vor dem Kreuzeszeichen nieder zu knieen, und fingen sogar an, einzelne Moscheen zu zerstören. Im Abendlande erregten die guten Beziehungen der syrischen Glaubensgenossen zu den Mongolen große Freude: man sprach davon, daß Hulagu Christ werden wolle und daß seit den Tagen des Kaisers Konstantin und der frommen Helena niemand dem Christenthume mehr Wohlthaten erwiesen habe als dieser Chan und dessen Gattin Donguz Chatun. Aber alledem gegenüber erklärten die Templer und die Hospitaliter, als sie sich Hulagu anschließen oder dessen Oberhoheit anerkennen sollten: „sie hätten die Ordenskleider nicht angelegt, um ein bequemes Leben zu führen, sondern um für ihren Heiland zu sterben; und wenn die mongolischen Teufel kämen, so würden sie die Knechte Christi auf dem Schlachtfelde bereit zum Kampfe finden". Der trotzigen Verwegenheit, die in diesen Worten lebt, entsprachen die bald folgenden Thaten. Die Ritter machten eine Raubfahrt in benachbarte muselmännische, jetzt jedoch den Mongolen unterthänige Gebiete und erschlugen sogar die Gesandtschaft, die deswegen Genugthuung von ihnen forderte. Hierauf wurde auch das christliche Gebiet von den übermächtigen Barbaren mit einem Angriffe heimgesucht. Sidon wurde erobert und zum Theile zerstört. Akkon zitterte vor dem Nahen der schrecklichen Feinde und suchte durch Zerstörung aller friedlichen Anlagen vor den Thoren der Stadt die Festungswerke verselben sturmfrei zu machen. Das Hauptergebniß der zwiespältigen Politik der Christen bestand aber darin, daß, wie auch immer der Weltkampf zwischen Mongolen und Muselmännern schließlich endigen mochte, die Kreuz= fahrerstaaten unter allen Umständen nur schwer gereizte Feinde sich gegen= über sahen.

Die Entscheidung ließ nicht lange auf sich warten. Hulagu empfing, kurze Zeit nachdem er seine syrischen Siege erfochten hatte, die Nachricht, daß sein Bruder Mangu gestorben war. Sofort kehrte er nordostwärts ins Innere Asiens zurück und überließ die Fortführung des Kampfes mit dem Islam seinem Feldherrn Kethboga und einem Theile seines Heeres. Darauf wagten die Muselmänner endlich, den Feinden muthig entgegen zu treten. Sultan Kotuz zog mit einer starken ägyptischen Kriegsmacht und mit den zu ihm geflohenen Fürsten seines Glaubens nach Syrien, traf am 3. Sep= tember 1260 bei Ein Dschalut im alten Galiläa auf die Mongolen, überwand dieselben in blutiger Schlacht, tödtete Kethboga, fing dessen Kinder, erfocht mit einem Worte den glänzendsten Sieg. Da wenige Monate hierauf ein anderes mongolisches Heer, welches das Unglück der Landsleute gut machen sollte, bei Himß am Orontes eine ähnliche Niederlage erlitt und da Hulagu nach einigen Jahren starb, ohne, wie er fortwährend wünschte, sich an den Musel= männern gründlich rächen zu können, so war der Hauptsache nach die Ueber= fluthung Syriens durch die Barbaren Innerasiens ebenso schnell verschwunden wie sie gekommen war und zugleich die Herrschaft des Islams in diesem Gebiete fester als seit Menschenaltern begründet.

Sultan Bibars.

Sultan Kotuz genoß nicht lange die Früchte des Sieges von Ein Dschalut. Als er im Oktober 1260 nach Aegypten zurückkehren wollte, wurde er von dem Emir Bibars, an dessen Händen schon das Blut des Sultans Turanschah klebte, aus gekränktem Ehrgeiz ermordet. Die Truppen des Todten erhoben darnach Bibars auf den Thron und bald gehorchten Aegypten und Syrien ungetheilt dessen Gebote.

Es war ein herrschgewaltiger Fürst, der sich seitdem derselben Macht= stellung erfreute, die Saladin einst besessen hatte und der auch ebenso be= fähigt wie geneigt war, die Politik dieses großen Vorgängers in allen Haupt= stücken fortzusetzen. Ein turkomanischer Sklave von dunkler Hautfarbe war er frühzeitig in die ägyptischen Mamluken eingereiht worden und hatte unter denselben durch seine Kriegstüchtigkeit in kurzer Frist hohen Ruhm gewonnen. Der Islam dankte ihm großentheils den Sieg über Ludwig IX. und wenn er seitdem auch zweimal mit eigner Hand den Mordstahl gegen die Be= herrscher Aegyptens gelenkt hatte, so vermehrten selbst diese Unthaten nur die scheue Achtung, mit der das muselmännische Volk zu dem grimmen Recken emporsah. Als Sultan wie vordem als Emir zeigte er sich gegen Nebenbuhler oder Feinde vollendet treulos und grausam, in jeder anderen Beziehung erfüllte er aber seine Herrscheraufgabe nicht blos mit zum Ziele treffender Klugheit, sondern auch in eblerer Haltung. Als guter Mohammedaner befolgte er pünktlich die Vorschriften des Koran, lebte selber nüchtern, nöthigte seine Truppen zu gleicher Entsagung und regte sie durch religiöse Reizmittel zu stürmischer Tapferkeit an. Gerecht gegen seine Unterthanen, welches Stammes oder welches Glaubens sie auch waren, gab er trotz furchtbarster Strenge den Volksmassen ein Gefühl von Sicherheit und Wohlbehagen; und obgleich er als Hauptaufgabe seines Lebens betrachtete, gleich einem zweiten Saladin, den Kampf gegen die Christenherrschaft im Morgenlande bis zu deren Vernichtung fortzusetzen, so war er doch staatsmännisch unbefangen und scharfsichtig genug, um die nützliche Verbindung mit einzelnen europäischen Mächten nicht zu verschmähen. Mit Kaiser Michael Paläologus trat er, sobald dieser Konstantinopel gewonnen hatte, in freundlichen Verkehr; mit König Manfred von Sicilien unterhielt er stets die guten Beziehungen, die des gewinnreichen Handels halber schon seit zwei Menschenaltern zwischen den Staufern und den Herren Aegyptens bestanden hatten; der tüchtige König Jakob von Arragonien, Manfreds Freund, schickte Gesandte nach Kairo und selbst der Feind und Nachfolger der Staufer, Karl von Anjou, sah seinen Vortheil darin, am Nile dieselbe Freundschaft zu pflegen, die seinen Vorgängern von der römischen Kirche so oft zum Vorwurfe gemacht worden war.

Die Christen standen dem klugen und mächtigen Sultan gegenüber in kläglichster Haltung da. Im Abendlande war tiefe Unlust, für den heiligen Krieg noch irgend welche Opfer zu bringen, das fast überall herrschende Gefühl; und die Päpste Alexander IV. (1254—1261), Urban IV. (1261—1264) und Clemens IV. (1265—1268), verschuldeten wieder in erster Linie, daß von neuer Erweckung der ehemaligen Begeisterung keine Rede mehr sein konnte. Denn ihnen lag vor allem nur die gänzliche Vernichtung des „verfluchten Stammes" der Staufer, die Beseitigung Manfreds und Konradins am Herzen. Gegen diese „Feinde der Kirche" wurde von vornehmen Legaten wie von geringen Mönchen das Kreuz gepredigt und für den Kampf gegen dieselben der gleiche Ablaß gewährt wie für den Zug nach Syrien. Die übrigen Kreuzpredigten, die allerdings auch in großer Zahl gehalten wurden, zersplitterten außerdem ihre Wirkung, indem sie sich bald gegen die heidnischen Preußen und Livländer, bald gegen die Mongolen im Osten Europas, gegen die spanischen Mohammedaner und sogar zur Wiederherstellung des lateinischen Kaiserthumes gegen die Griechen richteten. Was sollte es unter diesen Umständen helfen, daß die Päpste auch für die Sache Jerusalems bewegliche Briefe an König Ludwig IX. und französische Fürsten, an deutsche Könige, Herzöge und Grafen, an fast alle Großen und Völker des römisch-katholischen Erdkreises richteten und ihrer gesammten Geistlichkeit drückende Kreuzzugssteuern auferlegten? Der fromme Ludwig bewilligte zwar beträchtliche Summen für den Kampf gegen Bibars und verbot den Seinen für einige Jahre die Turniere sowie die Vergeudung ihrer Mittel in unnützer weltlicher Pracht; hier und da nahm auch ein großer Herr das Kreuz; aber jene Kreuzzugssteuern riefen in weiten Kreisen Unwillen und Zahlungsverweigerungen hervor, und während des ganzen siebenten Jahrzehents ist von bedeutenderen Pilgern schließlich nur ein Graf von Nevers mit einer kleinen französischen Ritterschaar nach Syrien gekommen.

Im Morgenlande standen die Dinge nicht besser. Die Templer und Hospitaliter, die Herren und Ritter von Akkon, Tyrus und Antiochien, von Cypern und Armenien dachten auch jetzt noch nicht an einmüthigen Zusammenschluß zur Vertheidigung des gemeinen Wesens. Suchte eine Gruppe von ihnen zum Frieden mit den Muselmännern zu kommen, so störte eine andere die Verhandlungen durch erneuerten Kampf. Ein jeder strebte nur den nächstliegenden Vortheil zu erhaschen, ohne Rücksicht darauf, daß den kleinen christlichen Gebieten die Welt des Islams jetzt nicht mehr in der alten Zersplitterung, sondern, von mächtiger Kriegerhand geführt, in fester Einheit entgegentrat. Mit vollendeter Thorheit reizten die Franken sogar den Sultan Bibars persönlich zum Angriffe, indem sie auf eine Auswechslung von Gefangenen, die er vorgeschlagen hatte, nicht eingingen. Fürwahr, es konnte für den Nachfolger Saladins keine günstigere Stunde geben, um das Werk des großen Ejjubiten endlich zu vollenden.

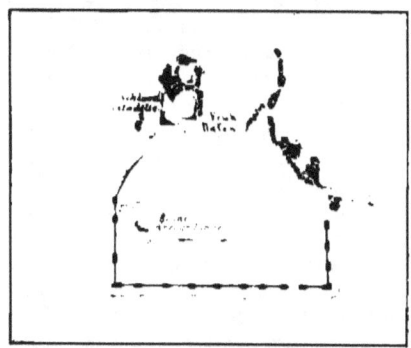

Plan von Cäsarea.

Im Jahre 1262 ließ Bibars zunächst das Gebiet des Fürstenthums Antiochien durch mehrere Kriegerschaaren verwüsten; im nächsten Jahre führte er seine Truppen selber nach Syrien hinein. Die Herren der südlichsten Christenstädte, Joppe und Arsuf, eilten ihm mit Geschenken entgegen und erkauften sich dadurch Schonung für sich und die Ihrigen. Die Ritter von Akkon, die sich ebenfalls mit dem Sultan zu verständigen suchten, wurden dagegen höhnisch abgewiesen und mußten einen scharfen Angriff aushalten. Doch begnügte sich Bibars schließlich damit, ihnen einen gründlichen Schrecken eingeflößt zu haben, und kehrte, nachdem er noch das Hinterland von Akkon, Tyrus und Tripolis bis nach Antiochien hinauf furchtbar verheert hatte, wieder nach Aegypten zurück, so daß er bei diesem Feldzuge viel mehr eine Rekognoscirung der feindlichen Stellungen als einen ernstlichen Kampf beabsichtigt zu haben scheint.

Im Jahre 1264 wirkte, wie schon erwähnt, der Krieg der italienischen Seestädte besonders schlimm auf das christliche Syrien ein, indem die Venetianer Tyrus zu erobern versuchten. Die Kreuzritter unternahmen trotzdem einen dreisten Raubzug ins Gebiet der Muselmänner und reizten die Armenier wie die Mongolen zu Angriffen auf den Sultan. Bibars schlug aber den König Hethum und die Mongolen ohne viele Mühe zurück und rüstete sich darauf zu methodischem Kampfe mit den Franken. Sowie seine Vorbereitungen vollendet, d. h. vornehmlich zahlreiche Belagerungsmaschinen gebaut waren, erschien er plötzlich — im Februar 1265 — vor Cäsarea. Die Stadtmauer wurde schnell überstiegen, aber die sehr feste Citadelle erforderte eine regelmäßige Belagerung. Hier halfen den Muselmännern sowohl ihre trefflichen Maschinen wie auch die Kühnheit und Unermüdlichkeit ihres Sultans, der das dichteste Kampfgewühl nicht scheute und unter den Sturmdächern selber die Wirkung der Mauerbrecher beobachtete. Nach wenigen Tagen war der Muth der Vertheidiger gebrochen: die Burg wurde übergeben und sammt der Stadt von Bibars so gründlich zerstört, daß kein Stein auf dem andern blieb. Von der Trümmerstätte fort ging es sogleich gen Arsuf. Stadt und Burg wurden von den Hospitalitern tapfer vertheidigt. Aber der Sultan befahl die Gräben auszufüllen, und begeisterte seine Truppen für die gefährliche Arbeit, indem er selber Erde und Steine herzutrug. Nach vierzig Tagen voll schwerer Mühen (Mitte März bis Ende April) war man so weit, einen allgemeinen Sturm wagen zu dürfen. Bei demselben fürchtete man noch auf großen Widerstand zu stoßen. Aber die Kraft der Besatzung war inzwischen erlahmt: die Stadt wurde kaum noch vertheidigt, und auch die Burg ergab sich wenige Tage darauf. Während des Kampfes waren gegen hundert Hospitaliter gefallen: an tausend Ritter und Knappen wurden darnach noch gefangen genommen und reiche Schätze erbeutet. Arsuf wurde sobann wie Cäsarea dem Boden gleich gemacht.

Der Heranzug des Sultans zu diesen Unternehmungen hatte die übrigen Christen nicht in die Waffen zu bringen vermocht. Erst zwei Tage vor dem Untergange von Arsuf kam ein kleines cyprisches Heer nach Akkon. Bibars aber hütete sich, die dort Vereinigten nun sofort anzugreifen. Er kehrte vielmehr, froh der erreichten Erfolge, einstweilen wieder nach Aegypten zurück.

Indessen nicht lange sollten die Christen vor ihm Ruhe haben. Schon im Frühlinge 1266 brach er wieder gen Norden auf. In langsamem Marsche durchzog er Palästina, während einige seiner Emire bis nach Nordsyrien voraneilten und in den christlichen Besitzungen ringsum mit Feuer und Schwert entsetzlich wütheten. Ehe sich noch erkennen ließ, wohin der Sultan mit dem Hauptheere zu gelangen beabsichtigte, warf sich derselbe plötzlich auf die große Templerburg Safed, nordwestlich vom See von Tiberias, die vornehmste Stütze aller noch übrigen binnenländischen Besitzungen der Christen. Die Burg galt für uneinnehmbar, aber dem glühenden Eifer der ägyptischen Truppen glückte es, der Besatzung trotzdem bald den Glauben an die Möglichkeit ausdauernden Widerstandes zu nehmen. Hier hätte nur schneller Entsatz helfen können. Die Hospitaliter jedoch, die von den Templern beim Kampfe um Arsuf im Stich gelassen worden waren, hatten nun ebenso wenig Lust, die Templer in Safed zu unterstützen; und da andere christliche Herren gar die Freundschaft des furchtbaren Sultans suchten, so war die Burg rettungslos verloren. Die Belagerten verhandelten zuletzt mit Bibars, und dieser soll sie durch das Versprechen schonender Behandlung zur Uebergabe der Festung bewogen haben. Nachdem aber die Thore derselben geöffnet waren, hat er die Christen, ungefähr zweitausend an der Zahl, gefangen genommen und fast alle hinrichten lassen. Ein Rachezug, den

Ruinen des Hospitaliterschlosses Arat, siehe unten Seite 307 bis 309.

darauf eine stattliche Ritterschaar, die endlich aus Cypern und den Ueberresten des Reiches Jerusalem sich zusammengeschaart hatte, in die Gegend von Tiberias unternahm, endete dank nachlässiger Marschordnung derselben mit einer empfindlichen Niederlage. Ein Angriffsstoß, den König Hethum plante, wurde durch eine gegen denselben gesendete Heeresabtheilung noch im Keime und zwar so gründlich erstickt, daß Hethum sich zu Landabtretungen bequemen mußte. Die Hospitaliter schließlich, die in der Noth dieses Jahres um einen Waffenstillstand nachsuchten, erhielten denselben, aber nur gegen die Bedingung, daß sie die Tribute, die sie bisher von einzelnen Herren und Völkerschaften des muselmännischen Syriens, unter anderen von den Ueberresten der Assassinen in den Bergen des Libanon, erpreßt hatten, von nun an nicht mehr erheben wollten.

Im Jahre 1267 beschäftigte sich Bibars vornehmlich mit Wiederherstellung und Verstärkung der Festungswerke von Safed. Denn ebenso wie

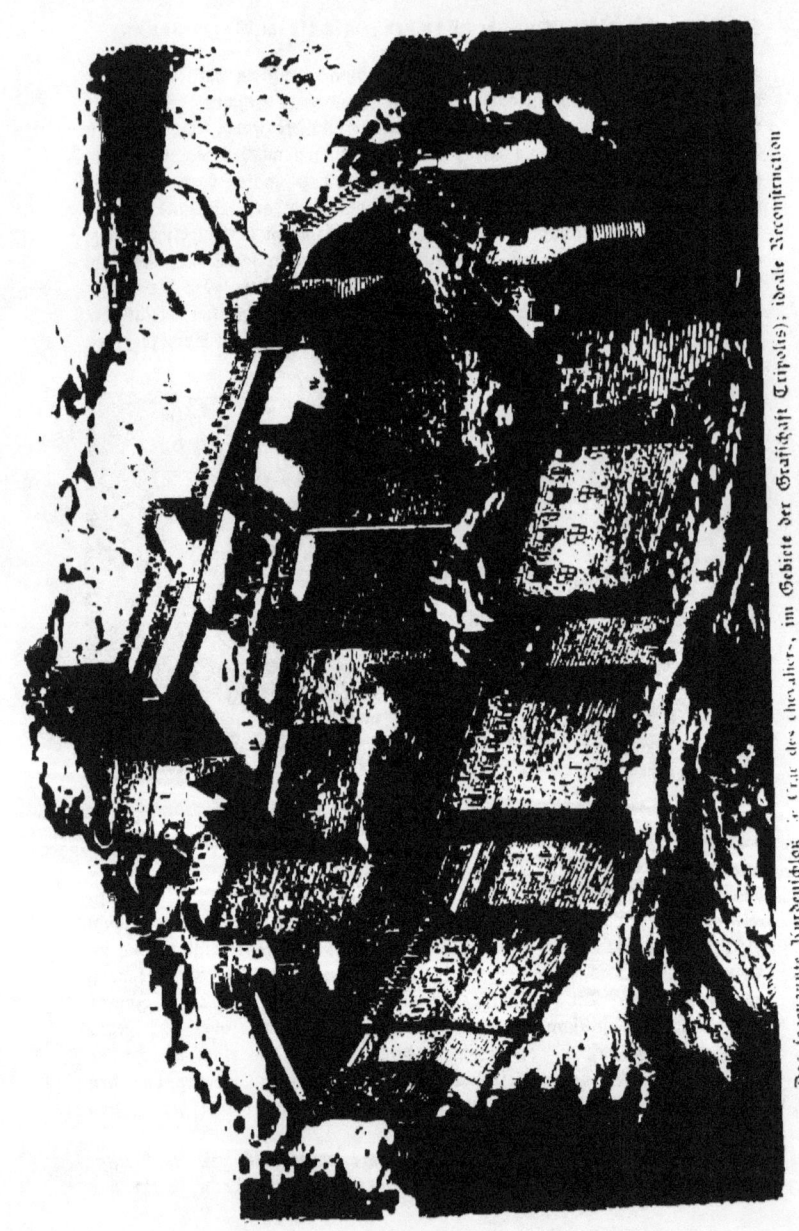

Das sogenannte Kurdenschloß ܀ Cue des theaters, im Gebiete der Grafschaft Tripolis); ideale Reconstruction aus der Vogelperspective.

er die Küstenstädte, die Landestätten der Kreuzfahrer, zu vernichten wünschte, ebenso entschieden beabsichtigte er, die großen Vertheidigungsstellungen im Binnenlande zu festen Stützen seiner Herrschaft zu entwickeln. Von Safed aus unternahm der Sultan ein paar Streifzüge gen Akkon und gen Tyrus, verwüstete das Land, machte zahlreiche Gefangene und ließ denselben die Köpfe abschlagen. Unter den Christen wurde dieses Jahr außerdem durch den Angriff der Genuesen auf Akkon in traurigster Weise gekennzeichnet.

Im Frühling 1268 erhob sich Bibars wieder zu größeren Thaten. Am 7. März erschien er vor Joppe, nahm die Stadt und schleifte die Citadelle derselben. Blitzschnell zog er von dort gen Beaufort, eine große Templerburg im Hinterlande von Sidon. Die Besatzung derselben war schwach an Zahl. Die Templer von Akkon wollten zwar Hülfe bringen, aber der Brief, in dem sie dies meldeten, fiel in des Sultans Hände, der dafür ein Schreiben mit der entgegengesetzten Botschaft nach Beaufort sendete und die Belagerten hierdurch zur Uebergabe des Platzes bewog. Die stolze Feste wurde, wie Safed, sogleich zu einem muselmännischen Waffenplatze umgeschaffen.

Dann wurde Boemund VI. angegriffen, der dem Sultan wegen seiner einstigen Verbindung mit den Mongolen besonders verhaßt war. Zuerst wurde das Gebiet von Tripolis grimmig verheert, darnach aber plötzlich Antiochien bedroht. Die Ritterschaft dieser Stadt versuchte im freien Felde Widerstand zu leisten, wurde jedoch geschlagen, und am 16. Mai wurde die große Festung zur Ergebung aufgefordert. Die Verhandlungen, die hierauf folgten, zerschlugen sich. Am 19. Mai wagte Bibars einen Sturm und erstieg noch am gleichen Tage mit unerhörtem Glücke die Mauern,

Durchschnitt der Ruinen vom Schlosse Krak.

die vor zwei Jahrhunderten den Kreuzfahrern so unüberwindlichen Widerstand entgegengesetzt hatten. Entsetzlich raste das Schwert der Sieger unter den Bewohnern der unglücklichen Orontesstadt. Noch hielt sich die Citadelle. Aber auf verlorenen Posten gestellt blieb ihr nichts übrig, als die Gnade des Sultans anzuflehen. Außer Frauen und Kindern wanderten aus ihr noch achttausend Männer in die Gefangenschaft, und nachdem der Kampf beendigt war, gingen die herrliche Stadt und die hohe Felsenburg vollständig in Flammen auf.[1] Nordsyrien war hiermit für die Christen auf immer verloren, denn die Franken verließen nun freiwillig die wenigen Plätze, die sie bisher dort behauptet hatten. Indessen das gleiche Verderben, welches Antiochien getroffen hatte, schien auch schon Tripolis zu bedrohen. Bibars wenigstens kündigte dies dem Fürsten Boemund mit höhnenden Worten rückhaltlos an, und als dieser demüthig um Frieden bat, wurde ihm derselbe freilich gewährt, der Sultan hatte aber dabei die Verwegenheit, als sein eigener Sendbote nach Tripolis einzuziehen und des Ortes Gelegenheit zu erspähen. Die übrigen morgenländischen Christen zeigten angesichts all dieser Schicksalsschläge theils frechen Uebermuth, theils erbärmlichen, zu Feigheit und Verrath geneigten Knechtssinn, so daß Bibars dem Könige Karl von Sicilien, der ihn um Schonung für seine Glaubensgenossen bat, mit Recht antworten durfte, nicht von ihm hänge es ab, den Untergang der Franken zu hindern, weil sie selbst an ihrem Verderben arbeiteten, und der kleinste unter ihnen zu zerstören pflegte, was der größte zu Stande gebracht hätte.

Zweiter Kreuzzug König Ludwigs IX.

Die steigende Noth des heiligen Landes, die Hülfsbitten der syrischen Franken und die Anrufe der Päpste veranlaßten schließlich doch noch einmal eine bedeutendere Erhebung des Christenthums gegen den Islam. An der Spitze derselben stand der heilige Ludwig, der seit seinem unglücklichen Kreuzzuge stets mit inbrünstiger Sehnsucht Jerusalems gedacht und zur Befriedigung seines frommen Dranges schon lange eine zweite Pilgerfahrt geplant hatte. Im Jahre 1266 wendete er sich deshalb an Papst Clemens IV., der nach manchen Bedenken, welche das Gefühl der Verantwortlichkeit ihm aufdrängte, endlich die Absicht des Königs billigte. Im März 1267 berief Ludwig die Großen seines Reiches nach Paris und nahm vor ihren Augen das Kreuz. Sein Bruder, Graf Alfons von Poitiers, der schon einige Zeit vorher ein Wallfahrtsgelübde abgelegt hatte, schloß sich ihm sogleich an. Auch Ludwigs Söhne Philipp, Johann Tristan und Peter folgten ohne Zaudern dem Beispiele des Vaters. König Thibaut von Navarra, die Grafen von Artois,

---

[1] Im Ganzen sollen bei der Eroberung von Antiochien 17,000 Menschen umgekommen und 100,000 in die Gefangenschaft geführt worden sein.

Zweiter Kreuzzug König Ludwigs IX.

Bretagne und Flandern und mehrere andere französische Herren erklärten sich ebenfalls bereit, am Zuge ins Morgenland Theil zu nehmen. Trotzdem aber blieb das Unternehmen zunächst auf verhältnißmäßig wenige Personen beschränkt, da Ludwigs Ritterschaft der Mehrzahl nach durchaus keine Neigung hatte, für den hoffnungslosen Kampf gegen den Islam schon wieder Gut und Blut zu opfern. Weigerte sich doch sogar der tapfere Seneschall Joinville rundweg, den König zu begleiten, theils weil er die Heimat nicht verlassen könne, ohne sich selber den größten Schaden zuzufügen, theils weil diejenigen, die diese Kreuzfahrt beförderten, sich einer Todsünde schuldig machten, da Ludwig, alternd und kränklich, den Anstrengungen des Zuges nicht mehr gewachsen sei! Es bedurfte deshalb nachdrücklicher und lang anhaltender Einwirkungen von Seiten sowohl des Königs wie des Papstes, um die französische Ritterschaft endlich für den Kriegszug zu gewinnen und um den Klerus zur Zahlung der unentbehrlichen Kreuzzugssteuern zu bewegen.

Außerhalb Frankreichs wurde namentlich König Jakob von Arragonien von der Pilgerbegeisterung ergriffen. Dieser Fürst sah damals auf ein langes Leben voll blutiger Kämpfe und glorreicher Siege über die spanischen Mohammedaner zurück und fühlte sich daher von der Sehnsucht bewegt, auch das Morgenland von der Schärfe seines Schwertes zu überzeugen. Ungefähr in derselben Zeit, in der König Ludwig mit dem Papste verhandelte, nahm er das Kreuz und rüstete seitdem mit großem Eifer zum heiligen Kriege. Im Sommer 1269 sah er seine Vorbereitungen vollendet: am 4. September ging er von Barcelona mit einem stattlichen Heere unter Segel. Aber nach wenigen Tagen überfiel ihn ein schwerer Sturm, der einem Theile der Flotte arg zusetzte und die meisten Schiffe zur Landung in einem französischen Hafen zwang. Nun rächte sich, daß König Jakob die Fahrt im Widerspruche mit den einflußreichsten Personen seiner Umgebung angetreten hatte. Von allen Seiten bestürmte man ihn, das Unternehmen aufzugeben, welches „Gott selber nicht zu billigen schien"; und so fand der einzige größere Kreuzzug, der jemals von Spanien aus unternommen worden ist, ein sehr schnelles Ende. Nur wenige Schiffe Jakobs unter der Leitung eines natürlichen Sohnes desselben, des Fernan Sanchez, fuhren bis nach Syrien und bewogen die dortigen Christen durch die Verstärkung, die sie denselben brachten, zu einem Streifzuge in das Hinterland von Akkon, der aber dank der Wachsamkeit der Muselmänner nur zu einem sehr unglücklichen Gefechte führte. Darauf kehrten auch die Arragonier, die diesem Kampfe entronnen waren, in die Heimat zurück.

König Ludwig hatte inzwischen emsig weiter gerüstet und an Stelle des Königs Jakob andere Genossen für die Pilgerfahrt gewonnen. Sein Bruder König Karl von Sicilien war bereit, sich dem Zuge mit großer Macht anzuschließen. Die englischen Prinzen Eduard und Edmund, Söhne Heinrichs III., nahmen mit mehreren Großen ihrer Heimat das Kreuz und wurden durch ein französisches Darlehen in den Stand gesetzt, eine ansehnliche Kriegerschaar zu werben. Unter den tapferen Friesen endlich regte sich noch einmal die alte Lust zu grimmem Kampfe mit den „Heiden", so daß Tausende das Pilgergelübde ablegten und eine mächtige Flotte segelfertig gemacht wurde. Als die Aussichten des Unternehmens sich somit mehrten, bestimmte Ludwig den Frühling 1270 zum Beginn des Zuges. Ehe er sein Land verließ, sorgte er nach Möglichkeit für die Beseitigung jeglicher Feindschaft in demselben, befriedigte diejenigen, die irgend welche Ansprüche an ihn machen konnten, und ordnete mit freigebiger Hand, wie wenn er sein nahes Ende vorausgefühlt hätte, die künftige Vermögensstellung seiner Kinder. Dann empfing er in Saint Denys die Oriflamme, Pilgerstab und Pilgertasche und zog von dort nach Aiguesmortes, dem Sammelplatze seines Heeres. Die Einschiffung des letzteren verzögerte sich aber eine Weile. Denn Ludwig hatte sich zwar an die Venetianer und an die Genueser um eine Flotte zur Ueberfahrt gewendet, die Lagunenstadt hatte aber aus Furcht, ihren Handel mit Aegypten zu stören, die Bitte des Königs nicht zu erfüllen gewagt, und Genua, welches schließlich eine beträchtliche Zahl stark bemannter Schiffe stellte, brachte dieselben doch nicht rechtzeitig nach Aiguesmortes. In der Zwischenzeit entstand unter den dort versammelten Pilgern blutiger Hader, den Ludwig selber nur mit Mühe zu stillen vermochte. Endlich, Anfangs Juli, begann die Fahrt und nach einigen Tagen, in denen Sturm und Wogendrang die Kreuzfahrer sehr beunruhigt hatten, erreichte man das nächste Ziel, den Hafen von Cagliari an der sardinischen Küste. Hier wurde Kriegsrath gehalten, beschlossen und verkündigt, daß man nicht geraden Weges nach Syrien, auch nicht einmal nach Aegypten, sondern zunächst nach Tunis gehen wolle. Diese auffallende Neuerung wurde damit zu rechtfertigen versucht, daß der Emir von Tunis Neigung zum Christenthume habe und gewiß offen zu demselben übertreten werde, wenn man einen hinreichenden Druck auf ihn ausübe. Sollte diese Hoffnung sich als irrig erweisen, so sei es jedenfalls höchst wünschenswerth, dem Herren Aegyptens die Unterstützung zu entziehen, die er an Kriegern, Pferden und Waffen aus Tunis erhalte; auch sei diese Stadt so unermeßlich reich, daß die Christen durch die Eroberung derselben große Hülfsmittel zu weiterer Bekämpfung der Mohammedaner gewinnen würden.

Die Wendung des Kreuzzuges gegen Tunis war aber im wesentlichen keineswegs durch die angegebenen Gründe herbeigeführt worden, sondern durch die Einwirkung ganz anderer Umstände. Tunis war nämlich dem Königreiche Sicilien zinspflichtig gewesen, so lange die Staufer dort geherrscht hatten.. Seitdem Karl von Anjou in Palermo zur Regierung gekommen war, hatte der Emir die Tributzahlungen eingestellt, und sein Land bildete in jenen Tagen die Zufluchtsstätte staufischer Parteigänger, die von dort aus die Stellung der Franzosen in Süditalien bedrohten. König Karl wirkte daher ohne Zweifel vor allem anderen dahin, die Kraft der Kreuzfahrer gegen Tunis zu lenken, und der fromme Ludwig war, insofern er sich durch geschickte Vorspiegelungen zu diesem Feldzuge gewinnen ließ, lediglich ein Opfer eigensüchtiger politischer Berechnungen.

Am 15. Juli verließ der König von Frankreich mit den Pilgern, die sich bisher um ihn geschaart hatten — es waren außer den Genuesern im wesentlichen nur seine Unterthanen —, den Hafen von Cagliari und erreichte am 17. Juli nach glücklicher Fahrt die Rhede von Tunis. Der Admiral Florent de Varennes landete schon an demselben Tage und besetzte einen wichtigen Posten an der Küste. Ludwig rief ihn jedoch wieder zurück, weil er glaubte, daß der Admiral sich ohne genügende Macht allzu weit vorgewagt habe. Am nächsten Tage landete das ganze Heer auf dem schmalen Küstensaume, der sich zwischen dem Meere und dem See von Tunis hinzieht. Muselmännische Truppen waren in der Nähe, wagten jedoch keinen Angriff. Am 19. und am 20. Juli kam es zu Kämpfen. Die Christen besiegten aber die Feinde mit geringer Mühe und rückten von jenem Küstensaume bis zur Stätte des alten Karthago vor, wo sie hinreichenden Raum für ihr Lager fanden.

König Ludwig IX. auf der Seefahrt.
Facsimile aus „de passagiis in Terram Sanctam" (Venedig).

Tunis schwebte in ernster Gefahr, da man dort auf einen so gewaltigen Anfall nicht gefaßt war und augenblicklich sogar Mangel an Lebensmitteln zu beklagen hatte. Der Emir sammelte indessen, so schnell es ging, seine Streitkräfte, verhaftete eine Anzahl von Christen, die in seinem Gebiete anwesend waren, und drohte denselben den Tod, wenn die Franzosen gegen seine Hauptstadt vorrücken würden. Außerdem ermunterte ihn der kühne Bibars brieflich zu tapferer Vertheidigung, versprach ihm Hülfe und traf in der That Anstalten, mit einem Landheere von Aegypten bis nach Tunis vorzudringen. Die beste Schutzwehr für die Angegriffenen ergab sich aber aus dem verkehrten Verfahren König Ludwigs, der wie einst am Nile so auch jetzt bei Karthago die rechte Stunde zur Errinqung des Sieges nicht zu finden wußte. Vielleicht fortdauernd befangen in der Meinung, daß es blutiger Kämpfe nicht bedürfe, weil der muselmännische Feind sich baldigst in einen christlichen Freund verwandeln werde, jedenfalls aber entschlossen, keine größere Unternehmung zu wagen, ehe nicht König Karl mit dem sicilianischen Heere im Lager eingetroffen sei, verzichtete Ludwig vollständig darauf, den Gegner durch schnelle Schläge niederzuwerfen, begnügte sich vielmehr mit der Befestigung seines Lagers und gab somit dem Fürsten von Tunis volle Zeit, den nachdrücklichsten Widerstand vorzubereiten. Der einzige Erfolg, den die Kreuzfahrer unter diesen Umständen noch erreichten, bestand in der Eroberung des sogenannten Schlosses von Karthago. Die Genueser, die nach dieser Kriegsthat verlangt und die Erlaubniß zu derselben erhalten hatten, erstürmten den auf klassischem Boden gelegenen festen Platz am 23. Juli. Hiernach aber beschränkte man sich darauf, die Angriffe der Muselmänner auf das christliche Lager, die bald begannen und von Tag zu Tage mit größerer Keckheit geführt wurden, einfach abzuwehren. Ja man ließ sich sogar dank den Vorurtheilen, mit denen der König und wenigstens ein Theil der Genossen den Feldzug begonnen hatten, in der plumpsten Weise von den Feinden überlisten. Denn als eines Tages drei vornehme Mohammedaner zu den Vorposten kamen und verlangten, Christen zu werden, nahm man dieselben wohl gefangen, schenkte ihren Worten aber vollen Glauben. Gleich darauf fanden sich etwa hundert Mohammedaner ein, die ebenfalls um die Taufe baten, und während mit diesen verhandelt wurde, kam ein großer Schwarm von Feinden heran, warf sich mit den Waffen auf die Christen und tödtete, ehe er vertrieben werden konnte, sechzig derselben. Jene drei Gefangenen, die wegen dieses Ueberfalls zur Rede gestellt wurden, erklärten nun, derselbe sei offenbar von ihren Feinden ausgegangen; wenn man sie frei lasse, so würden sie am anderen Tage mit mehr als zweitausend Glaubensgenossen und mit vielen Lebensmitteln zurückkehren. Man ließ sie in der That frei, natürlich nur um sie nicht wieder zu sehen.

Das Kreuzheer stand aber noch nicht lange im Lager vor Karthago, da erhob sich gegen dasselbe ein Feind, furchtbarer als alle Gewalt und List der Muselmänner. Die glühende Sonne Afrikas erzeugte schwere Krankheiten, die in kurzer Frist unter dem niederen Volke wie unter den großen Herren entsetzlich zu wüthen begannen. Am 3. August starb Ludwigs zweiter Sohn, Johann Tristan, dessen kurzes Leben dereinst am Nile in einer Stunde des Unheils begonnen hatte und auf afrikanischem Boden in ähnlich trostloser Zeit auch wieder endigte. Wenige Tage darnach starb Bischof Rudolf von Albano, der das Pilgerheer als päpstlicher Legat begleitet hatte, und endlich erkrankte König Ludwig selber. Die geringen Körperkräfte, die er nur noch besaß, ließen sofort einen schlimmen Ausgang der Krankheit voraussehen. Ludwig fühlte auch bald sein Ende herannahen. Pflichtgetreu und fromm jedoch, wie er war, beschäftigte er sich, so lange er es irgend vermochte, mit der Sorge für die Kreuzfahrer, verfaßte noch mit zitternder Hand jene berühmte, weise und warmherzige Belehrung für seinen Sohn und Thronfolger Philipp, versenkte sich endlich in inbrünstiges Gebet und verschied ruhig und

Zweiter Kreuzzug König Ludwigs IX.

gottergeben am 25. August 1270. — Am 11. August 1287 ist der edle Todte von Papst Bonifaz VIII. heilig gesprochen worden.

Das Hinscheiden dieses einen Mannes reichte hin, um den Charakter dieses Kreuzzuges von Grund aus zu wandeln. Der Erbe und nunmehrige König Philipp III. „der Kühne" besaß nur sehr wenig von dem schwärmerischen Kreuzfahrersinne des Vaters. Auch traf gerade in der Todesstunde des heiligen Ludwig der so harte wie kluge König Karl von Sicilien mit seinen Truppen und Schiffen beim Pilgerlager ein, und so konnte der Kreuzzug nur noch klar abgegrenzte politisch-militärische Zwecke verfolgen.

Aber auch unter solchen Umständen durften die Christen fürs erste an nichts anderes denken, als wie sie die Kriegsmacht der Muselmänner aus dem Felde schlagen möchten. Denn diese wurden seit dem Tode König Ludwigs immer breister in ihren Angriffen auf das Lager des Kreuzheeres. Die Könige Karl von Sicilien, Philipp von Frankreich und Thibaut von Navarra nahmen deshalb den Kampf an, wo er sich ihnen bot, drängten zunächst die Feinde in mehreren hitzigen Gefechten aus der Nachbarschaft des Lagers fort, besetzten dann durch einen Theil ihrer Flotte den See von Tunis und schlugen endlich das Heer der Muselmänner unfern von deren Hauptstadt noch einmal in die Flucht. Hiermit war gleichsam die Grundlage für den Friedensschluß gewonnen. Denn weder Karl noch Philipp hatten Lust, Tunis zu belagern, zu erobern und den schwer zu hütenden Platz durch eine kostspielige Besatzung zu behaupten.

König Philipp III. von Frankreich.
Nach seinem Siegel.

Der Emir aber hatte die Kraft der Franzosen und Sicilianer in so schmerzlicher Weise kennen gelernt, daß er gern bereit war, ihnen gegenüber die demüthigen Beziehungen, die er früher zu den Staufern unterhalten hatte, rückhaltslos zu erneuern. Die Masse des christlichen Heeres verlangte trotzdem laut nach der Bestürmung, d. h. nach der Plünderung des reichen Tunis, indessen die Fürsten verständigten sich, wie ihr Vortheil ihnen gebot, und so kam am 30. Oktober[1]) folgender Vertrag zu Stande. Die Unterthanen der Vertrag schließenden Fürsten sollen in den beiderseitigen Ländern, vornehmlich des Handels halber, vollkommen frei und sicher verkehren dürfen. Christliche Geistliche sollen im Gebiete von Tunis nicht gehindert sein, Kirchen zu bauen, Friedhöfe anzulegen und daselbst laut zu beten und zu predigen wie in ihrer Heimat.

---

1) Ueber den Abschluß des Vertrages liegen Nachrichten und Urkunden theils vom 30. Oktober theils vom 21. November vor. Er ist darnach zu Stande gekommen „dans deux actes successifs, analogues au fond et quant aux stipulations générales, mais différentes dans l'expression et assez éloignées par la date". Cf. Wallon, Saint Louis et son temps, II. 542.

Keiner der Fürsten wird widerspenstige Unterthanen der Vertragsgenossen in seinem Lande dulden. Die Gefangenen werden von beiden Seiten ohne Lösegeld frei gegeben werden. Die christlichen Könige werden das Gebiet von Tunis unverzüglich räumen. Der Emir wird denselben für die aufgewendeten Kriegskosten in drei Fristen die Summe von 210,000 Unzen Gold (etwa acht und eine halbe Million Mark deutscher Reichswährung) zahlen, außerdem der sicilischen Krone den früheren Tribut von nun an in doppeltem Betrage entrichten und den seit fünf Jahren rückständigen Tribut nunmehr nachliefern.

Mit diesem Vertrage war erreicht, was hier überhaupt noch erreicht werden konnte. Der Erinnerung an König Ludwig war gleichsam ein Denkmal gesetzt worden durch die Gestattung des christlichen Gottesdienstes in Tunis, im übrigen hatten die Kreuzesfürsten dafür gesorgt, möglichst viel Geld zu gewinnen und den Parteigängern der Staufer ihren besten Stützpunkt im fernen Süden zu entziehen.

Im Laufe des Novembers verließen die Franzosen und Italiener die afrikanische Küste und segelten zunächst nach Sicilien hinüber. Ihnen schlossen sich Prinz Eduard von England und dessen Landsleute an, die soeben erst bei Karthago gelandet waren, während die Flotte der Friesen, die schon bei den letzten Kämpfen gegen den Emir von Tunis tapfer mitgewirkt hatte, geraden Weges nach Syrien weiter fuhr. Von Sicilien aus sollte der Kreuzzug der Könige und Prinzen ebenfalls fortgesetzt werden. Da deren Flotte aber während der Ueberfahrt von einem furchtbaren Sturme erfaßt und zu einem sehr beträchtlichen Theile vernichtet wurde, da ferner König Philipp dringend in sein Reich heimzukehren wünschte und da die meisten Pilger von Krankheiten oder Entbehrungen tief erschöpft waren (es starben jetzt noch schnell hinter einander Thibaut von Navarra und Graf Alfons von Poitiers, Bruder Ludwigs IX.), so wurde der Beschluß gefaßt, das Unternehmen einstweilen aufzugeben und erst in drei Jahren zur Vollendung desselben sich wieder zusammen zu finden. Nur die Engländer, die bisher wenig Mühen zu ertragen gehabt hatten, waren schließlich hiermit nicht einverstanden, überwinterten deshalb in Sicilien und segelten im Frühling 1271, begleitet von ein paar französischen Baronen, nach Syrien ab.

Ende der Christenherrschaft in Syrien.

Nach der Eroberung von Antiochien bedrängte Sultan Bibars einige Zeit lang die syrischen Christen nicht ernstlich. Sein Auge war während der Jahre 1269 und 1270 vornehmlich auf die Pläne und Thaten der Mongolen und der Kreuzfahrer aus dem Abendlande gerichtet. In Iran und den angrenzenden Gebieten von Mesopotamien und Kleinasien herrschte damals ein Sohn Hulagus, Chan Abaga, der in freundlicher Verbindung

Ende der Christenherrschaft in Syrien. 397

mit den Armeniern wie mit den Christen Europas Syrien abermals schwer bedrohte. Aber die Macht der Mongolen war nicht mehr so überaus furchtbar wie wenige Jahre zuvor, da das unermeßliche Reich derselben sich inzwischen in mehrere Theilstaaten aufgelöst hatte und Berekeh, der Chan von Kiptschak (im Norden Persiens), mit Abaga in Feindschaft lebte. Bibars schloß deshalb ein Bündniß mit Berekeh und sicherte sich hierdurch einigermaßen vor der Wuth der iranischen Mongolen, während das Ende Ludwigs IX. und die Rückkehr der Könige von Frankreich, Sicilien und Navarra in ihre Staaten ihn von der Furcht vor den Kreuzfahrern befreiten. Kaum jedoch

Mauerstück vom Hospitaliterschloß Krak.

fühlte der Sultan, daß er die Hände zum Kampfe mit den syrischen Christen wieder frei habe, so warf er sich mit erneuertem Ungestüme auf deren Besitzungen. Im Anfange des Jahres 1271 erschien er mit starker Macht vor dem großen Hospitaliterschlosse Krak im Hinterlande von Tripolis,[1]) nahm dasselbe nach kurzer Belagerung, wendete sich dann gegen nicht weit entfernte Burgen Boemunds VI., bezwang auch diese, darunter namentlich das feste Akkar, umlagerte endlich Montfort, die Hauptburg der Ritter vom deut-

---

1) Dieses Krak, „le Crac des chevaliers", darf nicht mit jener großen Festung Krak im Moabiterlande verwechselt werden, die vornehmlich im Zeitalter Saladins eine bedeutende Rolle gespielt hat. Le Crac des chevaliers heißt oft auch Kurdenschloß nach einer kurdischen Besatzung, die einst dort lag.

398 Elftes Kapitel. Ende der Christenherrschaft im Morgenlande.

schen Orden in der Nähe von Akkon, und bemächtigte sich derselben am 12. Juni. Dabei überhäufte er seine Gegner nach jedem Schlage, den er ihnen beibrachte, mit grimmem Spotte oder mit Prophezeiungen hinsichtlich ihres baldigen gänzlichen Verderbens und bewog dadurch nach und nach die Hospitaliter, die Templer und Boemund VI. von Tripolis, mit großen Opfern Waffenstillstand von ihm zu erkaufen.

Inzwischen hatten die unglücklichen Christen freilich einige Verstärkungen erhalten, indem der Rest jener friesischen Pilger, von denen unterwegs sehr viele zu Grunde gegangen waren, und Prinz Eduard mit einem kleinen Heere die syrische Küste erreicht hatten. Bald hierauf kam auch Eduards Bruder, Prinz Edmund, in Akkon an. Aber selbst mit diesen Verstärkungen waren die Christen viel zu schwach, um zum Angriffe auf Bibars übergehen zu können, zumal jener Waffenstillstand, in den nur Akkon mit den benachbarten Städten und Burgen nicht eingeschlossen war, die volle Hälfte ihrer Streitkräfte zur Unthätigkeit verurtheilte. Der Sultan sah sich daher in der angenehmen Lage, sorglos von einem breisten Unternehmen zum andern fortschreiten zu dürfen. Doch richtete er seine Waffen jetzt noch nicht gegen den Hauptsitz der feindlichen Macht, gegen Akkon selber, sondern gegen Cypern, durch dessen Unterwerfung er eine beherrschende Stellung gleichsam im Rücken der

Mauerstück vom Hospitaliterschloß Krak.

syrischen Christen zu gewinnen hoffte. Mit größtem Eifer bemühte er sich, eine starke Kriegsflotte, die ihm bisher gefehlt hatte, in See zu bringen, und in der That gelang es ihm, noch im Jahre 1271 ein Geschwader gegen Cypern zu entsenden. Aber diesmal schlug die Sache fehl: die Schiffe strandeten auf Felsenriffen vor der feindlichen Küste und wurden sämmtlich eine Bente theils der Wellen theils der Christen. Dazu kam, daß die letzteren in ihrer Noth den Chan Abaga um Hülfe beschickt hatten, dessen wilde Horden nun unter gräulichen Verheerungen Nordsyrien überschwemmten. Bibars zog jedoch den Mongolen sofort entgegen, drängte sie schnell wieder in ihr Reich zurück, und die Kreuzfahrer, die inzwischen die Freude gehabt hatten, ein paar kleine Streif- und Plünderungszüge im Gebiete der Muselmänner ungestraft vollenden zu dürfen, sahen sich bald wieder von der ganzen Macht des Sultans bedroht. Hier half ihnen König Karl von Sicilien, indem er

Ende der Christenherrschaft in Syrien.

Bibars bewog, nun auch der Stadt Akkon und umliegenden Ortschaften am 22. April 1272 einen Waffenstillstand und zwar auf zehn Jahre, zehn Monate und zehn Tage zu bewilligen. Bei diesem Abkommen wurden aber die englischen Prinzen nicht besonders erwähnt. Der jüngere derselben, Edmund, kehrte zwar gleich darauf in die Heimat zurück, der ältere, Eduard, blieb dagegen noch eine Weile in Syrien, und somit machte sich Bibars kein Gewissen daraus,

Mauerstück vom Hospitaliterschloß Krak.

Assassinen zur Ermordung dieses Gegners zu dingen. Am 16. Juni 1272 wurde der Prinz von einem der Mörder, die sich in sein Vertrauen eingeschlichen hatten, überfallen: es gelang ihm zwar, den Todesstreich abzuwehren und sogar den Angreifer zu erschlagen; doch empfing er immerhin eine schwere Wunde, bedurfte geraume Zeit zur Genesung und verließ hierauf ebenfalls das heilige Land, um bald darnach in England die Regierung des väterlichen Reiches anzutreten.

Während der nächsten Jahre hielt der Sultan den Christen im ganzen

Mauerstück vom Hospitaliterschloß Krak.

den Waffenstillstand, den er ihnen versprochen hatte, weniger ohne Zweifel weil er ihnen sein Wort verpfändet hatte, als weil er keinen Anlaß zu neuen Kreuzzügen geben und zugleich mit den Mongolen gründlicher als bisher geschehen abrechnen wollte. Immerhin nahm er eine gute Gelegenheit wahr, auch im Frieden einen Vortheil über die Christen zu gewinnen. Denn als im März 1275 Boemund VI. mit Hinterlassung eines minderjährigen Thronfolgers, Boemunds VII., starb, und die vormundschaftliche Regierung, die darauf in Tripolis ans Ruder kam, um Schutz und Anerkennung bei Bibars nachsuchte, erhob dieser eine Reihe schwer wiegender Forderungen und setzte durch, daß ihm wenigstens ein jährlicher Tribut von 20,000 Goldstücken und die Freilassung von 20 gefangenen Muselmännern zugesichert wurde. Vor allem aber verwendete der Sultan alle List seines Geistes und alle Kraft seiner Völker zur Bedrängung der Mongolen. Mit dem Chan von Kiptschak stand er fortdauernd in guten Beziehungen, während der Chan von Persien und der König von Armenien gegen ihn sich vereinigten und das christliche Abendland für ihre Sache zu erwärmen versuchten. In den syrisch-mesopotamischen Grenzgebieten am oberen Eufrat tobte der Krieg fast ununterbrochen: dem Sultan gelang dort manch kühner Zug: die Armenier wurden überdies so schwer heimgesucht, daß ihre besten Städte in Brand und Plünderung zu Grunde gingen, und im Frühjahr 1277 wagte Bibars einen Angriffsstoß bis tief ins östliche Kleinasien, der, wenn er auch keine dauernden Erfolge erzielte, doch die Herrschaft der Mongolen in dieser Gegend empfindlich schwächte.

Der große Mamlukensultan stand damit auf der Höhe seiner Erfolge: der Islam war durch ihn gegenüber Christen und Mongolen wieder zu vollen Ehren gebracht. Außerdem hat er auch die Assassinen, deren persische Macht von Chan Hulagu vernichtet worden war, in Syrien bekämpft und ihrer Selbständigkeit soweit entkleidet, daß sie nur noch als gefügige Mordwerkzeuge seinem rücksichtslosen Willen dienten; und von Aegypten aus hat er sein siegreiches Schwert bis hoch auf die Berge Nubiens hinauf getragen. Wie drückend auch seine strenge Regierung auf seinen Unterthanen gelastet haben mochte, der Glanz und die Festigkeit derselben haben ihm doch einen stolzen Nachruf in der Welt des Morgenlandes geschaffen: die Wege sind von ihm gebahnt worden, auf denen die Muselmänner wieder zu ungetheilter Herrschaft über die Länder Vorderasiens gelangen konnten.

Am 19. Juni 1277 ist Bibars nach kurzer Krankheit zu Damaskus plötzlich gestorben, ungewiß ob in Folge eines Fiebers oder an einem vergifteten Tranke, den er mit einem unschädlichen verwechselt hatte, oder der ihm aus feindlicher Absicht gereicht worden war.

Während der letzten Lebenszeit dieses Sultans wurde übrigens der Islam noch einmal von einer allgemeinen Erhebung der Christenheit bedroht. Denn im September 1271 wählten die Kardinäle nach fast dreijähriger Erledigung des päpstlichen Stuhles den frommen und für den heiligen Krieg begeisterten Tebald, aus dem edlen Geschlechte der Visconti, zum Oberhaupte der römischen Kirche. Gregor X., wie der neue Papst sich nannte, befand sich gerade als Pilger im heiligen Lande, als die Nachricht von seiner Wahl ihn erreichte. Er verabschiedete sich von den dortigen Christen mit einer Predigt,

Ende der Christenherrschaft in Syrien. 401

in der er die Worte des Psalmes auf sich anwendete: „Vergesse ich deiner, Jerusalem, so werde meiner Rechten vergessen; und meine Zunge müsse an meinem Gaumen kleben, wo ich deiner nicht gedenke, wo ich nicht lasse Jerusalem meine höchste Freude sein". Nach Europa zurückgekehrt, forderte er die Könige und Völker der Christenheit zu einem neuen Kreuzzuge auf und versammelte in Lyon ein allgemeines Konzil (Mai bis Juli 1274), auf dem neben rein abendländischen Angelegenheiten auch die Vereinigung der griechischen mit der römischen Kirche und die Rüstung zum Kampfe gegen Bibars gefördert werden sollten. Aber die eifrigen Bemühungen des Papstes hatten wenig Erfolg. Das Konzil gestaltete sich zwar zu einem der glänzendsten Kongresse des Mittelalters: neben den Prälaten, Fürsten und Gesandten der römischen Christenheit waren Botschafter des Griechenkaisers, der Armenier und der iranischen Mongolen anwesend: indessen weder die Sache der Kirchenvereinigung noch die des heiligen Krieges machte erhebliche Fortschritte: in letzterer Beziehung erregte es wohl Hoffnungen, daß die mongolischen Gesandten sich zur Taufe bequemten; auch wurde der Beschluß gefaßt, daß sechs Jahre lang ein Zehntel des kirchlichen Einkommens als Kreuzzugssteuer gegeben werden solle; mehr wurde jedoch nicht erreicht. Der Papst ließ sich hierdurch nicht abschrecken, sondern rief auch nach dem Konzile fortwährend und in aller Welt zum Kreuzzuge auf[1]) und sah mit großer Freude, daß nach und nach König Rudolf von Habsburg, König Philipp von Frankreich, Eduard von England, Jakob von Arragonien, die Herzöge von Lothringen und Bayern, kurz die Fürsten und Großen halb Europas entweder das Kreuz nahmen oder sich zu endlicher Erfüllung des schon früher abgelegten Pilgergelübdes verpflichteten; aber keiner dieser Herren ist, gehemmt durch heimische Sorgen, wirklich zum Zuge ins Morgenland aufgebrochen, und die längst vorhandene Abneigung der Volksmassen gegen den heiligen Krieg ist durch jene drückende Kreuzzugssteuer, die das Lyoner Konzil ausgeschrieben hatte, schließlich nur noch vermehrt worden. Am 10. Januar 1276 starb Gregor X. Während der nächsten Jahre folgten ihm in schnellem Wechsel mehrere Päpste, die während ihrer kurzen Regierungen das Werk ihres Vorgängers nicht fortsetzen konnten. Dann brach die sicilianische Vesper aus und rief zwischen den Anjous von Neapel und den Arragonesen, den Erben der Staufer, den lange dauernden Krieg hervor, welcher der römischen Kirche wiederum wichtiger war als die Befreiung Jerusalems. Daher blieb das heilige Land hülflos den übermächtigen Feinden preisgegeben.

Für die Muselmänner war diese Unthätigkeit der abendländischen Christen in vielen Beziehungen vom höchsten Werthe. Denn nach dem Tode des Sultans Bibars kamen schwere Jahre über das Reich des Islams. Der

---

[1] Die Kreuzpredigt hat sich damals bis nach Finnland und Island und sogar bis zu den norwegischen Kolonien auf den Küsten von Grönland und Labrador erstreckt.

Sohn des Gestorbenen Almelik Assaid, ein neunzehnjähriger Jüngling, gelangte zwar mit Hülfe der treuen Diener seines Vaters unangefochten zur Regierung, verlor dieselbe aber dank seiner eigenen Verkehrtheit in kurzer Frist. Aehnlich wie einst Turanschah im Jahre 1250 umgab er sich mit jugendlichen Günstlingen, mißhandelte und bedrohte die tapfersten und verdienstvollsten Emire und rief hierdurch eine Empörung gegen sich hervor, die ihm im Sommer 1279 den Thron und nicht lange darauf, insofern er aller Wahrscheinlichkeit nach nicht eines natürlichen Todes gestorben ist, auch das Leben kostete. An seiner Stelle wurde sein Bruder Bedreddin Salamisch zum Sultan gemacht. Da dieser aber erst sieben Jahre alt war, so lag die Regierung von vornherein in der Hand des bedeutendsten jener Emire, Kilawuns, der unter Bibars schon seine Kampfgenossen, die Mamlukenoffiziere, an Fähigkeiten und Erfolgen überragt hatte und nunmehr als Reichsverweser an die Spitze des Sultanates trat. Nach wenigen Monaten wünschte Kilawun jedoch im eigenen Namen zu herrschen, beseitigte den Sultansknaben und fand in Aegypten Anerkennung, während in Syrien ein anderer Emir, Sonkor Alaschkar, als Nebenbuhler gegen ihn auftrat. Die beiden Prätendenten rangen während des Jahres 1280 in blutigen Schlachten mit einander. Kilawun zeigte sich endlich als der Stärkere, so daß Sonkor, in die Enge getrieben, ihn als Herren anerkannte. Inzwischen aber waren die iranischen Mongolen, von Sonkor zu Hülfe gerufen, nach Syrien vorgerückt und hatten die nördliche Hälfte desselben entsetzlich verwüstet. Kilawun nahm diesen Feinden gegenüber alle Kraft zusammen und schlug die Mongolen und die mit ihnen verbündeten Armenier in einer lange auf und ab wogenden Schlacht bei Himß im Herbste 1281 so gründlich aufs Haupt, daß von dieser Seite der Islam für lange Zeit keine Gefahr mehr zu besorgen hatte.

Während der Jahre 1277 bis 1281 waren also die Muselmänner durch innere Fehden und durch den Kampf mit den Mongolen vollauf in Anspruch genommen. Ein neuer Kreuzzug hätte unter diesen Umständen einige Aussichten auf Erfolg gehabt. Aber Europa machte, wie wir gesehen haben, keinen ernstlichen Versuch mehr, den syrischen Christen zu helfen, und diese selber arbeiteten ihrer schlimmen Gewohnheit nach mit den eigenen Händen rastlos an ihrem Verderben. In Tripolis brach damals ein häßlicher Streit wegen der vormundschaftlichen Regierung für den jungen Boemund VII. aus. Auf der einen Seite standen die Wittwe Boemunds VI., Sibylla von Armenien, deren Vertrauter Bischof Bartholomäus von Tortosa und die weltliche Ritterschaft des Ländchens. Die Gegner derselben waren Bischof Wilhelm von Tripolis, ein vornehmer Römer, der bisher großen Einfluß in der Grafschaft gehabt und viele seiner Landsleute in derselben gut versorgt hatte, und außer ihm vornehmlich die Tempelherren. Der junge Boemund hielt sich zu seiner Mutter, reizte aber auch den Bischof Wilhelm und die Tempelherren durch Hohnreden wie durch Gewaltthaten. Die Verletzten suchten Rache zu nehmen, indem sie im Vereine mit einem benachbarten Großen, dem Herrn Guido von Gibelet, nicht weniger als dreimal Angriffe auf ihre Feinde in Tripolis vorbereiteten. Dieselben scheiterten zwar regelmäßig, wie es scheint, weil es dem Herrn von Gibelet an der nöthigen Entschlossenheit zu rücksichtslosem Dreinschlagen gebrach, dafür aber belagerte nun Boemund eine zeitlang Gibelet, erstürmte und plünderte das Templerhaus zu Tripolis und ließ eine Schaar von Muselmännern, die ihm dabei geholfen hatte, in dem eroberten Ordenshaus mohammedanischen Gottesdienst halten. Das allgemeine Aergerniß, welches diese Händel verursachten, bestimmte endlich die römische Kirche, Boemund VII. zu bannen und Tripolis mit dem Interdikte zu belegen; der junge Fürst setzte jedoch dieser Strafe steigenden Trotz entgegen, mißhandelte geistliche Personen und ließ sich erst nach geraumer Frist zur Versöhnung mit seinen Gegnern herbei.

Ebenso traurig sah es damals in den Ueberresten des Reiches Jerusalem aus. Die Hauptveranlassung der Zwietracht war auch hier ein Streit um die Regierung. Seit der Niederlage der Staufer in Syrien waren nämlich, wie wir oben (S. 358) gesehen haben, die Kronen von Cypern und Jerusalem mit einander verbunden, aber dem großen deutschen Kaisergeschlecht war trotzdem noch lange Zeit hindurch der Königstitel von Jerusalem zuerkannt worden. Konrad IV. und selbst der junge Konradin hatten Könige von Jerusalem geheißen, während ihre Zeitgenossen König Heinrich I. von Cypern († 1253) und dessen Sohn König Hugo II. († 1267) nur Herren oder Regenten (seigneurs) von Jerusalem genannt worden waren. Mit dem letzteren, der nur ein Alter von vierzehn Jahren erreichte, starb aber das Haus der cyprischen Lusignans im Mannesstamme aus und es folgte demselben als Begründer einer neuen Dynastie sein Vetter Hugo III., bisher Prinz von Antiochien.[1]) Dieser Hugo, der schon einige Jahre lang vor seiner Thronbesteigung für den minderjährigen Vetter Regent von Cypern und Jerusalem gewesen war, hatte nicht Lust, als König noch die nominelle Oberhoheit der Staufer zu ertragen, und da die Ritterschaft des Reiches Jerusalem in entsprechender Stimmung war, so glückte es ihm, nicht blos auf der Insel, sondern auch in Syrien als wahrer Herr des Landes Anerkennung zu finden. Die fast gleichzeitig erfolgende Katastrophe Konradins kam ihm überdies hierbei zu Statten und so wurde er am 24. September 1269 in Tyrus feierlich zum Könige Jerusalems gekrönt. Indessen wenn auch die Staufer gegen den Usurpator ihrer Rechte nicht mehr auftreten konnten, so fand dessen Verfahren doch von anderer Seite sehr bedrohlichen Widerspruch. Eine Großtante Hugos III. nämlich, die bejahrte Prinzessin Maria von Antiochien, besaß nach dem Aussterben der echten Lusignans einen ähnlichen Rechtsanspruch auf die Krone Jerusalems wie der nunmehrige

---

1) Die Eltern Hugos III. waren Isabella von Lusignan, Schwester König Heinrichs I., und Heinrich von Antiochien, Bruder Fürst Boemunds VI.

Inhaber derselben.¹) Sie verlangte auch, daß Hugo vom Throne entfernt und sie auf denselben erhoben werde, und als sie ihr Ziel weder durch Vorstellungen bei den Großen des Reiches Jerusalem noch durch Klagen beim römischen Papste zu erreichen vermochte, trat sie endlich ihre Rechte an den ländergierigen König Karl von Sicilien gegen ein Jahrgeld ab. Der letztere schickte darauf im Sommer 1277 eine kleine Flotte unter Graf Roger von San Severino nach Syrien, bemächtigte sich Akkons und forderte, daß ihm als dem Könige Jerusalems gehuldigt werde. Hugo konnte diesem Angriffe nur schwache Kräfte entgegen setzen. Die cyprische Ritterschaft hatte von ihm verlangt und durchgesetzt, daß sie außerhalb der heimischen Insel jährlich nur vier Monate ihrem Könige mit den Waffen zu dienen habe; und mit der Mehrzahl der Jerusalemiten, namentlich mit den mächtigsten und eigenwilligsten Bewohnern Akkons, den Venetianern und den Tempelherren, hatte sich Hugo inzwischen völlig überworfen. Ein Versuch, den der König noch im Jahre 1277 machte, Akkon wieder zu nehmen, schlug in kläglichster Weise fehl, und erst sechs Jahre später, nachdem die Kräfte seiner Gegner durch die sicilianische Vesper tief geschwächt waren, durfte er auf besseren Erfolg hoffen. Im Herbste 1283 rüstete er sich in Tyrus zum Kampfe, erkrankte aber dort und starb am 26. März 1284. Sein ältester Sohn Johannes folgte ihm in der Regierung Cyperns, starb jedoch schon am 20. Mai 1285, ehe er sein Recht auf die Krone Jerusalems geltend machen konnte. Erst dem jüngeren Sohne Hugos, König Heinrich II., glückte es, im Sommer 1286 die Sicilier aus Akkon hinauszuschlagen und die Krone der beiden kleinen Staaten wieder in einer Hand zu vereinigen.

Während jener Jahre, in denen Sultan Kilawun den Grund für seine spätere gewaltige Machtstellung legte, schädigten sich aber die Christen nicht blos durch den Streit um die Herrscherrechte in den Ueberbleibseln der

---

1) Maria war eine Tochter Boemunds IV. und Melusinas, die wiederum eine Tochter jener im Zeitalter des dritten Kreuzzuges viermal kurz nach einander verheirateten Isabella von Jerusalem war, und zwar stammte sie aus deren vierter Ehe mit Amalrich von Lusignan. Also:

Isabella
Tochter König Amalrichs von Jerusalem.
Dritter Gatte: Heinrich von Champagne.
Vierter Gatte: Amalrich von Lusignan.

(3) Alice   (4) Melusina
Gatte: Hugo I. von Cypern.   Gatte: Boemund IV. von Antiochien.

Isabella   Maria
Gatte: Heinrich von Antiochien.

Hugo III. von Cypern.

Diese Maria wird häufig als Gattin Friedrichs „von Antiochien", eines unehelichen Sohnes Kaiser Friedrichs II. bezeichnet. Sie war aber unvermählt und jener Friedrich war mit einer edlen Römerin Namens Margareta verheiratet.

Ende der Christenherrschaft in Syrien.

Grafschaft Tripolis und des Reiches Jerusalem, sondern außerdem wagten auch die Hospitaliter von ihrer starken Festung Markab aus, die sich auf fast uneinnehmbarem Felsen an der Küste nördlich von Tripolis erhob, freche Raubzüge in das Gebiet der Muselmänner zu machen. Kilawun war hierüber sehr aufgebracht. Da er jedoch eben damals gegen die Mongolen ins Feld zog, so bewilligte er den Hospitalitern, als sie den Waffenstillstand mit ihm zu erneuern wünschten, wiederum einen Friedensvertrag für die nächsten zehn Jahre. Nachdem er sodann den entscheidenden Sieg bei Himß erfochten hatte, nahten sich ihm auch die Templer nebst den übrigen Großen und Rittern des christlichen Syriens und baten bemüthig um ein gleiches Abkommen. Der Sultan erhörte ihre Bitte, ohne Zweifel weil er nicht unmittelbar nach dem schweren Kriege mit den Mongolen die Kreuzfahrer zum letzten Kampfe um ihr Dasein herausfordern wollte, und so kam in den Jahren 1281 bis 1283 mit den Ritterorden, dem Grafen von Tripolis und den Machthabern von Akkon eine ganze Reihe von Verträgen zu Stande, die den Christen überall eine Waffenruhe von zehn Jahren, oder genauer von zehn Jahren, zehn Monaten und zehn Tagen zusicherten, dieselben aber hierfür verpflichteten, ihre Festungswerke, außer an wenigen namentlich aufge=

Vom Schlosse Markab.

führten Orten, nirgendwo zu verstärken und den Sultan vom Herannahen neuer Pilgerheere zwei Monate vor deren Eintreffen in Kenntniß zu setzen.

Der hiermit begründete Frieden konnte jedoch nicht lange dauern. Weder der Uebermuth und Parteigeist der Christen noch die Sehnsucht Kilawuns nach Unterwerfung ganz Syriens ließen dies zu. Wer zuerst den Vertrag gebrochen hat, ist ungewiß: die muselmännischen Quellenschriften behaupten, daß der Sultan nur in gerechter Vergeltung christlicher Treulosigkeit von neuem zum Schwert gegriffen hat. Im April 1285 erschien er nach tief geheim gehaltenen Vorbereitungen plötzlich vor der festen Burg Markab und zwang den Platz durch Untergrabung der Mauern am 25. Mai zur Ergebung. Dann wendete er sich gegen den hohen und dicken Thurm von Marakia, der auf einer Klippe im Meere, zwei Bogenschüsse vom Ufer entfernt, ein wenig südlich von Markab lag. Ohne Kriegsschiffe war dieser Thurm nicht zu bezwingen, und da Kilawun nur über ein Landheer verfügte, so bedrohte er die Tripolitaner mit einem verheerenden Angriffe, wenn sie nicht den Herrn dieser Inselfestung, Bartholomäus, zu freiwilliger Räumung derselben bringen würden. Boemund VII. kam hierdurch in große Noth, weil Bartholomäus, ein harter und tapferer Kriegsmann, sich um jeden Preis zu behaupten suchte. Endlich gelang es dem Fürsten, den starren Sinn des Trotzigen zu beugen. Das mächtige Bollwerk wurde von der Besatzung verlassen und in gemeinsamer Arbeit von christlichen und muselmännischen Werkleuten zerstört.

Angesichts dieser Erfolge Kilawuns geriethen die Christen ringsum in tödtlichen Schrecken und baten von neuem um Frieden. Am meisten bedroht fühlten sich die Armenier, da sie wegen der langjährigen Verbindung, die sie mit den Mongolen unterhalten hatten, sich ganz besonders vom Hasse der Muselmänner verfolgt wußten. Der Sultan gestattete noch einmal eine Waffenruhe, wofür die Armenier freilich die jährliche Zahlung einer überaus hohen Geldsumme versprechen und auch in mancher anderen Beziehung den Muselmännern die unterwürfigste Gesinnung beweisen mußten. Der theuer erkaufte Frieden war überdies im wesentlichen nur deshalb zu Stande gekommen, weil Kilawun vor der Fortsetzung des Krieges mit den Christen ein paar große Herren im Innern seines Reiches, namentlich seinen einstigen Nebenbuhler, den Emir Sonkor, vollends unschädlich zu machen wünschte. Sobald ihm dies geglückt war, wendete er seine Waffen wiederum gegen die Kreuzfahrer. Diesmal rückte er gen Laodicea, wo die Christen seit einiger Zeit wieder festen Fuß gefaßt hatten und von wo aus sie einen schwunghaften Handelsverkehr mit dem mohammedanischen Hinterlande unterhielten, der die ägyptischen Kaufleute mit Neid und Eifersucht erfüllte. Die bedeutende Stadt wäre aber nicht leicht zu erobern gewesen, wenn ihre Festungswerke nicht kurz vorher durch ein Erdbeben zur Hälfte zerstört worden wären. Auch so noch verursachte die Belagerung große Mühen, da das Schicksal der Stadt vornehmlich von der Beherrschung der Mauern und Thürme abhing, die auf einer Insel im Hafen errichtet worden waren, und erst nachdem die Krieger des Sultans einen Steindamm durch das Wasser bis zur Insel geführt und diese mit den Geschossen ihrer Kriegsmaschinen überschüttet hatten, ergab sich die ganze Festung sammt den umliegenden zu ihr gehörigen Burgen den Siegern.

Hierauf rüstete sich Kilawun zum Kampfe um Tripolis. Diese Stadt war von vornherein in einer verzweifelten Lage, da Boemund VII. am 19. Oktober 1287 ohne Leibeserben starb und die Nachfolge in der Regierung sowohl von seiner Mutter Sibylla wie von seiner Schwester Lucia in Anspruch genommen wurde. Die letztere, mit dem französischen Ritter Narjaud de Toucy vermählt, war nicht in Syrien anwesend. Bis sie dort einträfe, sollte der Herr Bartholomäus von Gibelet als Statthalter in Tripolis herrschen. Dieser wünschte aber die Grafschaft auf die Dauer in seine Gewalt zu bringen und machte einerseits dem Sultan, andererseits den Genuesern bedeutende Versprechungen, wenn sie ihn hierbei unterstützen wollten. Fast gleichzeitig langten darauf die Prinzessin Lucia mit einer kleinen Flotte und der genuesische Admiral Zaccaria mit einigen Schiffen vor Tripolis an. Der letztere suchte für seine Landsleute zuerst durch ein Abkommen mit dem Herrn von Gibelet Vortheil zu ziehen, neigte sich darnach aber mehr der Prinzessin zu, und so wäre diese vielleicht dem letzten Boemund gefolgt, wenn die Vernichtung der Grafschaft durch das Schwert der Muselmänner noch länger hätte hinaus geschoben werden können.

Denn begreiflicher Weise trieben die erbärmlichen Händel der Parteien in Tripolis den Sultan dazu an, den ohnedies schon beschlossenen Angriff so schnell als möglich auszuführen. Nach den sorgfältigsten Vorbereitungen, die wegen der grossen Volkszahl und der starken Festungswerke der christlichen Stadt unentbehrlich waren, lagerte er sich im März 1289 mit einem mächtigen Heere und gewaltigen Belagerungsmaschinen vor den feindlichen Mauern. In dieser Stunde der höchsten Noth schwieg nun zwar der Hader unter den Kreuzfahrern: die Cyprier schickten Hülfe und die sonst immer Entzweiten, die Genueser, Pisaner und Venetianer, Hospitaliter und Tempelherren kamen einmüthig zur Vertheidigung herbei. Aber der Andrang der Mohammedaner war unwiderstehlich. Die Mauern wurden untergraben oder zerschmettert und die Vertheidiger derselben mit Brandgeschossen verscheucht. Am 27. April drangen die Sieger stürmend durch die Bresche ein. Die Christen wehrten sich aufs äusserste. Vergebens aber verbluteten noch siebentausend Mann in grimmem Ringen mit dem überlegenen Feinde: allmählich ergossen sich dessen entmenschte Schaaren über alle Theile der eroberten Stadt. Eine geringe Menge der Besatzung und der Einwohnerschaft entkam zu Schiffe nach Cypern. Die zurückbleibenden Männer wurden erschlagen, die Frauen und die Kinder in die Sklaverei geführt. Unermessliche Beute wurde zusammengerafft und darnach alles Uebrige, Paläste, Hütten, Mauern und Thürme, den Flammen preisgegeben. Der Fall der meisten kleineren Orte, die zur Grafschaft Tripolis gehörten, vollendete in kurzer Frist die schreckliche Tragödie.

Papst Nikolaus IV. vernahm mit tiefem Schmerze die Nachricht von dem neuen Unheil, welches das heilige Land betroffen hatte, und empfand voll bitterer Sorge, dass das Ende der Christenherrschaft in Syrien in drohendste Nähe herangerückt war. Um zu helfen, so viel in seinen Kräften stand, rüstete er mit dem Ertrage von Kreuzzugssteuern eine kleine Flotte und schickte sie nach Akkon. Aber die Schiffe waren unzureichend bemannt und die Kriegsleute auf denselben schlecht bewaffnet; nach kurzer Frist kehrten die meisten derselben wieder nach Italien zurück. Noch übler ging es mit den Aufrufen zur Bildung neuer Pilgerheere, die derselbe Papst von Land zu Land umhersendete: die Könige der Christenheit zuckten die Achseln oder verschoben wenigstens den Kreuzzug, den sie noch in Aussicht stellten, auf eine allzu ferne Zukunft. Eine letzte Hoffnung knüpfte sich an mehrere Gesandtschaften der iranischen Mongolen, die in diesen Tagen in Rom, in

408 Elftes Kapitel. Ende der Christenherrschaft im Morgenlande.

Frankreich und in England zu einem gemeinsamen Kriege gegen Sultan Kilawun aufforderten. Aber auch dies nützte schließlich den syrischen Christen nichts, theils weil eben von Seiten Europas nichts Ernstliches zu ihren Gunsten geschah, theils auch, weil die Mongolen, durch innere Fehden vollauf beschäftigt, zu einem großen auswärtigen Kriege nicht genügende Kräfte übrig hatten. Die schärfste Beleuchtung empfing jedoch die trostlose Lage der Christenherrschaft in Syrien dadurch, daß im Frühjahre 1290 die Genueser, die soeben noch auf den Mauern von Tripolis tüchtig mitgefochten hatten, des Handelsgewinnes halber einen freundschaftlichen Vertrag mit Aegypten abschlossen und daß in derselben Zeit die Könige des Hauses Arragon, die Feinde der römischen Curie und der Anjous von Neapel, Alfons III. von Arragonien und dessen Bruder Jakob von Sicilien, sogar ein enges Schutz- und Trutzbündniß mit dem mächtigen Kilawun eingingen.

Unter diesen Umständen konnte der entscheidende Angriff der Muselmänner auf die letzten Ueberbleibsel des Reiches Jerusalem nicht mehr lange auf sich warten lassen. Der Sultan hatte zwar nach dem Falle von Tripolis im Sommer 1289 dem Könige Heinrich II. von Cypern und Jerusalem noch einen Waffenstillstand für die Dauer von zwei Jahren bewilligt, aber die Christen selber sorgten dafür, daß sie schon vor Ablauf dieses Zeitraumes von der syrischen Küste gänzlich vertrieben werden konnten. Kriegsleute von Akkon, entweder Söldner des Papstes Nikolaus oder zuchtlose Menschen aus irgend einer anderen Frankenschaar, verübten in dem benachbarten mohammedanischen Gebiete arge Gewaltthaten und verletzten somit zur Freude Kilawuns den Frieden. Der Sultan handelte hiernach mit dem Anscheine großer Mäßigung, indem er nur Genugthuung für den Friedensbruch forderte. Er verließ sich wohl darauf, daß die Ereignisse sich von nun an unaufhaltsam nach seinen Wünschen weiter entwickeln würden. Die vornehmen Herren in Akkon waren in der That der dortigen Volksmassen nicht mächtig und daher außer Stande, hinreichende Genugthuung zu geben, so daß Kilawun schließlich Recht und Billigkeit im vollsten Maße auf seiner Seite hatte, als er nunmehr den Christen abermals den Krieg erklärte.

Akkon war damals eine der schönsten und blühendsten Städte der Welt. Kirchen und burgähnliche Paläste, Kaufhäuser und Waarenhallen, Gärten und Wasserleitungen bedeckten, von riesenhaften Festungswerken umgürtet, ein weites Gebiet. Die Kostbarkeiten der halben Welt hatte der regste Handel hier zusammengehäuft. In der dichten Bevölkerung waren alle Nationen Europas, ja fast alle Kulturvölker des Erdballes vertreten. Freche Genußsucht paarte sich in derselben mit frommer Schwärmerei, hoher Heldensinn mit feigem Krämergeiste, und diese Mischung von gut und böse, von edel und niedrig verursachte, daß der letzte Akt in dem großen Trauerspiele des heiligen Krieges noch einmal alle Tugenden wie alle Fehler und Mängel, die sich jemals auf Seiten der Kreuzfahrer gezeigt haben, zu vollem Ausdrucke bringt.

Die Nachricht von den kriegerischen Absichten des Sultans Kilawun

Ende der Christenherrschaft in Syrien.

erregte im ersten Augenblicke in Akkon große Bestürzung. Nachdem aber der Patriarch Nikolaus von Jerusalem eine begeisternde Rede gehalten hatte, entschlossen sich Ritter, Bürger und Soldknechte einmüthig, „die treffliche Stadt Akkon, die Pforte zu den heiligen Stätten des gelobten Landes" bis zum letzten Blutstropfen zu vertheidigen. Nach Europa wurden Boten entsendet, um schnelle Hülfe vom Papste und den Königen der Christenheit zu erbitten; und wenn auch dieser Schritt keinen Erfolg mehr hatte, so scheinen doch wenigstens die geistlichen Ritterorden Verstärkungen aus dem Abendlande an sich gezogen zu haben. Außerdem kamen einige Kriegerschaaren von den benachbarten Küstenstädten und von Cypern zur Unterstützung herbei; und mit den kleinen Truppenabtheilungen, die schon seit Jahren durch die Könige von Frankreich und England im heiligen Lande unterhalten wurden, verfügte man schließlich über eine Streitmacht von etwa 20,000 Mann. Dieses Heer war der Zahl nach im Stande, die starke Festung lange zu behaupten; auch war es anfangs fast ganz und gar vom kühnsten Geiste erfüllt; eine breit strömende Quelle von Unheil aller Art war aber der arge Mangel an Eintracht, Gehorsam und Zucht. Ein eigentlicher Oberfeldherr fehlte den Christen, da der Träger der Krone Jerusalems, der junge König Heinrich II. von Cypern, nicht genug Ansehen unter ihnen besaß und überdies bis gegen Ende der Belagerung von Akkon ruhig in Cypern verweilte. Die Templer, Hospitaliter und deutschen Herren, die Pisaner und Venetianer, die Ritter von Syrien und Cypern, von England und Frankreich vereinbarten zwar eine Gefechtsordnung, nach der alle sich richten sollten; darnach that aber jede Gruppe von ihnen im wesentlichen doch nur, was der eigene Nutzen zu gebieten schien; und die niedere Mannschaft versündigte sich am heiligen Ernste dieses Krieges durch frechen Uebermuth und wüste Ausschweifungen.

Sultan Kilawun rüstete sich inzwischen mit aller Kraft und Sorgfalt. Da er wußte, daß bis zur Erreichung des Sieges immerhin noch viele Mühen und Gefahren, vor denen mancher seiner Emire sich scheute, zu bestehen sein würden, so ließ er seine Rechtsgelehrten zusammen kommen und die Erklärung abgeben, daß der Frieden von Seiten der Christen verletzt worden und der Krieg gegen Akkon somit für die Muselmänner eine heilige Pflicht sei. Im Herbste 1290 verließ er Kairo, um unter den Heeresmassen, die in Syrien sich sammelten, sein Zelt aufzuschlagen. Noch war er aber nicht weit gekommen, als er erkrankte und starb, am 10. November 1290. Dieser Todesfall verschlimmerte jedoch nur die Aussichten der Christen in die nächste Zukunft, da der Sohn und Nachfolger Kilawuns, der Sultan Almelik Alaschraf, nicht blos das von dem Vater begonnene Unternehmen mit gleichem Eifer fortsetzte, sondern auch durch seine grausame Gemüthsart jeden seiner Gegner mit völligem Verderben bedrohte.

Im März 1291 langten die Vortruppen des muselmännischen Heeres im Gefilde vor Akkon an. Nach und nach folgten weitere Schaaren, und als Anfang April auch der Sultan eingetroffen war, befand sich dort ein ungeheures Heer mit allem zu diesem Kriege nöthigen Geräthe. Man zählte 92 Belagerungsmaschinen, von denen eine so groß war, daß man 100 mit Ochsen bespannte Wagen hatte beladen müssen, um die einzelnen Theile derselben heranzufahren. Der Kampf begann mit kleineren und größeren Gefechten im freien Felde vor den Thoren von Akkon. Die Christen machten dreiste Ausfälle und wetteiferten in ausdauernder Tapferkeit. Aber besonnene Männer mußten bei der Uebermacht der Feinde und der Unwahrscheinlichkeit abendländischer Hülfe dennoch einen schlimmen Ausgang der Belagerung bald voraussehen, und so versuchten die Templer, die in früheren Friedenszeiten mit den Mamlukensultanen verhältnißmäßig gute Beziehungen unterhalten hatten, Alaschraf zu einem Waffenstillstande zu bringen. Die Verhandlung scheiterte jedoch sei es an unerfüllbaren Forderungen des Sultans, sei es am Unverstande des großen Haufens in Akkon, der noch zu trotzig gestimmt war, um durch schwere Opfer den Untergang von sich abzuwenden.

Am 4. Mai wurden die Belagerten durch die Ankunft König Heinrichs und einer kleinen cyprischen Hülfsschaar erfreut, aber gleich darauf begannen auch die Kriegsdrangsale ihren Höhepunkt zu erreichen. Denn die Mauern und Thürme von Akkon wurden seit dem 5. Mai von den Muselmännern durch Untergrabung, Berennung und Beschießung jeder Art unmittelbar und an vielen Orten zugleich angegriffen. Tag um Tag tobte rastlos der Kampf, erschöpfte die Kraft der Vertheidiger und ließ kaum noch eine Hoffnung für die Behauptung der Festung übrig. Da schickten viele wohlhabende Bürger ihre Frauen, Kinder und Schätze nach Cypern hinüber und folgten endlich den Geflohenen selber nach dem sicheren Eilande. Die Angehörigen der italienischen Kolonialgemeinden sollen die ersten gewesen sein, die in dieser Weise die gemeine Sache aufgaben. Bald aber griff die Verzweiflung in fast allen Kreisen der Bevölkerung von Akkon um sich: Ritter wie Knechte segelten von dannen, und in der Nacht vom 15. zum 16. Mai kehrte auch König Heinrich mit seinen Truppen und dreitausend anderen Flüchtlingen, die sich ihm anschlossen, nach Cypern zurück.[1]) Die Besatzung der Festung, die für den letzten Kampf übrig blieb, belief sich hiernach auf etwa 12,000 bis 13,000 Mann.

Am 16. Mai versuchte der Sultan mit stürmender Hand in die Stadt hinein zu gelangen. Die Gräben wurden ausgefüllt, die Mauern eine Strecke weit nieder geworfen, und schon hallte der Siegesruf der Muselmänner durch die Straßen des halb eroberten Ortes. Aber noch einmal rafften sich die Christen zu Thaten des höchsten Heldenmuthes auf, warfen die Eingedrungenen, besonders dank der Tapferkeit der Hospitaliter, aus der Stadt hinaus und sperrten die Bresche durch eine Nothmauer aus Steinen und

---

1) König Heinrich ist wegen dieser Fahnenflucht bitter getadelt worden. Die beste Entschuldigung für ihn kann vielleicht aus dem Umstande entnommen werden, daß er ein kränklicher Mann und somit wenig geeignet war, in dem furchtbaren Kampfe bis zuletzt auszudauern.

Ende der Christenherrschaft in Syrien.

allerlei Geräthe. Der Fall der Festung war gleichwohl nicht mehr aufzuhalten. Die Führer der Kreuzfahrer wußten dies und beriethen am 17. Mai, ob man jetzt nicht den allgemeinen Rückzug nach Cypern antreten solle. Indessen es fehlte an Schiffen, um auch nur noch einen beträchtlichen Theil der Belagerten vor dem sicheren Verderben erretten zu können, und so wurde der tapfere Beschluß gefaßt, gemeinsam das Ende zu erwarten. Predigt, Gebet und der Genuß des Abendmahles stärkten die dem Tode Geweihten zur letzten Schlacht.

Am 18. Mai stürmte die Uebermacht der Muselmänner, auch ihrerseits durch religiöse Reizmittel erhitzt, von allen Seiten heran. Mehrmals zurückgeworfen öffneten die Angreifer die Bresche endlich zum zweiten Male, erbrachen ein Thor und ergossen sich in dichten Schaaren durch alle Straßen der Stadt. Vergebens der Opfermuth einzelner christlicher Recken, der Templer zumal, die an diesem Unglückstage mit den Hospitalitern um den Preis der Tapferkeit wetteifern und mit ihrem Blute viele alte Schuld zu sühnen versuchen! Immer weiter bringen die Sieger vor. Tau-

Ueberreste der Befestigungen von Tortosa.

sende und aber Tausende der Männer werden erschlagen, während die Frauen und Kinder zu Sklavendiensten aufgespart oder in viehischer Wollust mißbraucht werden. Nur kleinen Schaaren gelingt es, hinaus an den Hafen und auf die Schiffe zu entkommen. Aber auch von diesen retten sich wenige, da das Meer von heftigem Sturme bewegt ist und die überfüllten Fahrzeuge versinken. Einige Tausende endlich flüchten sich in das feste Schloß der Templer, das im äußersten Westen der Stadt hart am Meeresufer liegt. Sie verhandeln mit dem Sultan um milde Bedingungen der Uebergabe. Aber die Feinde, die darnach das Schloß besetzen, begehen an den Besiegten solche Frevelthaten, daß diese wieder zu den Waffen greifen, die unter ihnen weilenden Muselmänner erschlagen und die Thore verschließen. Tage lang dauert hier noch Verhandlung und Kampf. Einige der Eingeschlossenen entkommen zur See, die übrigen fallen alle unter dem Schwerte der wüthenden Gegner. Die

412 Elftes Kapitel. Ende der Christenherrschaft im Morgenlande.

gefangenen Männer, die hierauf noch in den Händen der Muselmänner sich befinden, werden ebenfalls sämmtlich umgebracht, und der Islam jubelt über die zwar späte aber um so vollkommenere Rache für den Mord, den dereinst Richard Löwenherz an der saladinischen Besatzung Akkons begangen hat. Dann wird die Brandfackel geschwungen und das stolze Akkon gleich so vielen anderen herrlichen Christenstädten, welche die Bewunderung der halben Welt erregt hatten, dem Erdboden gleich gemacht.

Ueberreste der Befestigungen von Tortosa.

Der Fall dieser großen Festung war für die Christenherrschaft in Syrien nicht der Anfang vom Ende, sondern das Ende selber. Noch besaßen die Kreuzfahrer bedeutende und stark ummauerte Orte, namentlich Tortosa, Beirut, Sidon, Tyrus und das „Pilgerschloß", die stolze Templerburg an der Küste südlich von Akkon. Aber eine Verlängerung des Kampfes schien nirgends mehr möglich. Hier und dort flohen die Christen, unmittelbar nachdem sie die Nachricht vom Siege der Muselmänner erhalten hatten. An anderen Stellen bedurfte es nur einer Kriegsdrohung von Seiten der Feinde, um den letzten Gedanken an Widerstand zu ersticken und die Auswanderung aus den lange bewohnten Ortschaften in Gang zu bringen. Wenige Wochen nach dem schrecklichen 18. Mai war die syrische Küste von den Söhnen des Abendlandes gänzlich verlassen.

Almelik Alaschraf feierte den großen Erfolg, den er errungen hatte, durch strahlende Feste in Damaskus und Kairo. Die Christen jammerten um das Schicksal Akkons und erhoben Vorwürfe gegen einander, daß man

„das Lamm unter den Wölfen" allein gelassen habe. Papst Nikolaus IV. rief zu neuen Kreuzzügen auf; einige Fürsten und Könige trugen ja schon das Kreuz, andere legten nunmehr das Pilgergelübde ab, und in Verbindung mit den Mongolen hoffte man das heilige Grab den Händen der Muselmänner entreißen zu können. Aber kein Heer trat mehr zu diesem Kriege zusammen. Nur einige reiche Geneueserinnen rüsteten im Jahre 1301 eine kleine Flotte voll frommer Schwärmerei zum Kampfe gegen den Islam aus, und in Frankreich erhob sich bald darnach das gemeine Volk noch einmal zum Zuge gen Osten, brachte es aber ebenso, wie schon früher geschehen, nur zur Plünderung christlicher Landschaften und zu wüsten Judenverfolgungen. Im übrigen blieben sowohl die Kreuzpredigten wirkungslos wie auch die Kriegspläne, die gelehrte Männer, an ihrer Spitze der edle Venetianer Marino Sanuto, in hoffnungsvollem Eifer ausarbeiteten, und Europa beschränkte sich von nun an wieder darauf, seiner inbrünstigen Sehnsucht nach Verehrung des heiligen Grabes durch unkriegerische Pilgerfahrten wie vor dem Zeitalter der Kreuzzüge Genüge zu thun.

Untergang des Ordens der Tempelherren.

Der Umschwung der Zeiten, der sich hierin offenbart, prägte sich am schärfsten in dem furchtbaren Sturze des Templerordens aus. Denn an dieser Genossenschaft geistlicher Kriegsmänner rächte der moderne Geist, der nunmehr zur Herrschaft emporstrebte, mit grausamer Härte die Verirrungen, deren sich während der Jahrhunderte der Kreuzzüge ein großer Theil der gesammten Christenheit schuldig gemacht hatte. Den Anlaß hierzu gaben insofern die Tempelherren selber, als sie dem Geiste, der sie bedrohte, hochmüthig sich in den Weg stellten.

In den ersten Jahrzehnten seines Bestehens war ihr Verein die Bewunderung des Abendlandes gewesen und vom heiligen Bernhard mit Lob und Preis überhäuft worden. Nicht gar lange aber hatte es gedauert, bis sie durch die unermeßlichen Reichthümer, die von allen Seiten ihnen zuströmten, auf schlimme Abwege verlockt waren. Die Ordensburgen erschienen den Zeitgenossen schließlich als Stätten des üppigsten Lebensgenusses: bibere templariter, saufen wie ein Templer, wurde fast sprichwörtlich gebraucht.[1]) Uebler noch war, daß die stolzen Ritter, in erster Linie auf Erwerb von Geld und Gut bedacht, kein Mittel für zu schlecht hielten, wenn es ihnen die Befriedigung ihrer Habgier in Aussicht stellte, und daher auch ihre syrische Politik, d. h. ihre Beziehungen zu den dortigen Muselmännern, ohne Rücksicht auf das gemeine Beste nur nach ihrem Sondervortheile einrichteten.

---

1) Sollte dieses Wort etwa nicht von übermäßigem Trinken zu verstehen sein, sondern nur heißen: bequem und reichlich leben wie ein Templer, so wäre es auch in dieser Fassung noch charakteristisch genug.

Die Klagen, die darüber laut wurden, glaubten sie verachten zu dürfen dank ihrer großen Zahl, ihrer glänzenden Finanzlage und weil sie keinen anderen Herren über sich anerkannten als allein den Papst. Denn schon im Jahre 1162 hatte Alexander III.[1]) den Orden von der Gewalt der Bischöfe völlig exzimirt und ausschließlich unter das Oberhaupt der Kirche gestellt. Die Tempelherren erwiesen sich hierfür insofern dankbar, als sie ihre ganze Macht oftmals in feindlichem Gegensatze zu den Staatsgewalten für die Herrschaftstendenzen der römischen Kurie einsetzten. Außerdem aber benutzten sie die ihnen gewährte Freiheit, um sich allmählich zu einer von schlechthin niemandem in der Welt mehr beaufsichtigten und in jeglicher Richtung selbstwillig handelnden Gemeinschaft umzugestalten.

In dieser Lage sollen sie denn auch denjenigen Schritt gethan haben, der für einen geistlichen Verein, für den ältesten christlichen Kriegerorden, für das Pflegekind des heiligen Bernhard der allerunverzeihlichste gewesen wäre — d. h. sie sollen den Boden katholischer Rechtgläubigkeit verlassen und arge Ketzerlehren angenommen haben. Diese Verschuldung der Templer ist bekanntlich im Laufe der Jahrhunderte ebenso oft und ebenso bestimmt als erwiesen hingestellt wie in Abrede gezogen worden, und noch heute sind die Meinungen der Forscher hierüber durchaus getheilt. Auf der einen Seite werden zwar alle übrigen Verfehlungen der Templer zugegeben, ihre häretischen Verirrungen jedoch als unglaubwürdig bezeichnet; auf der anderen Seite findet sich die Behauptung, daß diese geistlichen Ritter in der That, und zwar in ihrer Gesammtheit, in der Gruppe ihrer Anführer sowohl wie in der Mehrzahl der übrigen Mitglieder des Ordens, den Christenglauben verläugnet und eine höchst anstößige Geheimreligion ausgebildet haben.[2])

Die letztere Ansicht kann allerdings manches für sich anführen. Denn die Tempelherren verloren ja schon die ideale Grundlage ihres Denkens und Handelns, als sie reich, üppig und habgierig wurden. Der vielgestaltige Verkehr, den sie in Friedenszeiten mit den Muselmännern unterhielten, steigerte sodann ihre Gleichgültigkeit gegen die ethischen wie die dogmatischen Lehren des Christenthums. Und als das Schlimmste eintrat, was diesen geistlichen Kriegsmännern, die ihr Leben dem Kampfe gegen den Islam geweiht hatten, nur irgend begegnen konnte, als Jerusalem verloren ging, als alle Anstrengungen des Abendlandes zum Wiedergewinne der heiligen Stadt erfolglos blieben und die Glaubensfeinde von Sieg zu Sieg schritten, da verwandelte sich die Gleichgültigkeit in Unglauben, in Spott und Zweifelsucht. Schon Innocenz III. beschuldigte den Orden deshalb (1208) nicht blos schnöder Sittenlosigkeit, sondern auch dämonischer Irrlehren, wogegen er Strafen verhängen müsse, wenn keine Besserung einträte; und im Jahre 1266 sang

---

1) Durch die Bulle vom 7. Januar 1162: Omne datum optimum.
2) Dies ist neuerdings wieder behauptet worden von Prutz in der schon oben angeführten Schrift „Geheimlehre und Geheimstatuten des Tempelherrenordens".

ein provenzalischer Tempelherr ledc Verſe folgenden Inhalts: „Es giebt kein Kreuz, es giebt keinen Glauben, der uns zu helfen vermag gegen dieſe verfluchten Schurken von Türken. Offenbar iſt es vielmehr, daß Gott dieſelben beſchützt zu unſerm Unheil. Und weil Jeſus Chriſtus, der ſich dem entgegenſetzen müßte, dem zuſtimmt, ſo werden wir uns wohl auch damit zufrieden geben können. Ein rechter Thor alſo iſt, wer den Kampf noch ſucht mit den Türken, denen Gott alles erlaubt. Gott, der ehemals wachte, ſchläft jetzt; Mohammed entfaltet ſeine ganze Kraft und läßt ſeinen Diener Bibars ſchalten und walten nach ſeinem Belieben."

Auf dieſem Boden iſt nun, wie die Ankläger der Tempelherren behaupten, die Häreſie des Ordens zu voller Ausbildung gekommen; und zwar habe der Verzweiflungskampf der Albigenſer gegen die Heerhaufen der rechtgläubigen Chriſtenheit hierzu am meiſten beigetragen. Denn im Albigenſergebiete beſaß der Orden reiche Güter; von dorther kamen ihm ſehr viele Novizen; deren ketzeriſche, durch den fürchterlichen Krieg gegen die römiſche Kirche wild erregte Stimmung ſoll unter den Tempelrittern im Morgenlande, die von Frevelmuth, Unglauben und Aberglauben vorher ſchon ganz erfüllt waren, den Ausſchlag gegeben haben. Die früheſten Spuren einer Feſtſtellung der templeriſchen Geheimlehre weiſen nach dieſer Anſicht auf die erſte Belagerung von Damiette (1218 bis 1220) und auf das „Pilgerſchloß" hin, jene prachtvolle Ordensburg, deren Bau im Jahre 1219 begann. Merkwürdig genug wäre darnach der Templerorden, dieſe getreue Miliz des Papſtthums, ungefähr in derſelben Zeit häretiſch geworden, in welcher der Hochmuth der römiſchen Kurie in der Perſon des Kardinals Pelagius die ſchlimmſte Verkörperung erhalten hatte.

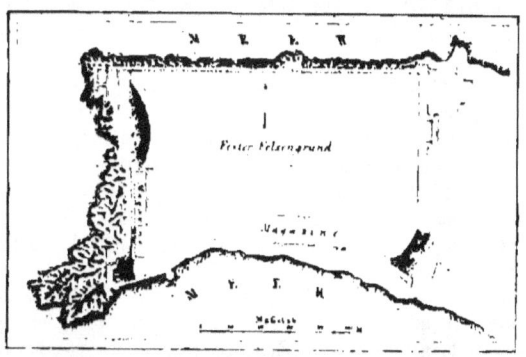

Plan des Pilgerſchloſſes.

Als Ergebniß dieſer Entwickelung im Innern des Ordens müßten wir — immer nach derſelben Anſicht — annehmen, daß die Tempelherren aus den Anſchauungen der Albigenſer, d. h. aus dem alten Vorrathe ketzeriſcher Meinungen der Katharer herüber nahmen, was ihnen gerade paßte, hiermit einzelne Züge, die ſich aus der Geſchichte der eigenen Vergangenheit ergaben, wohl oder übel verbanden und ſchließlich den Genuß des irdiſchen Daſeins in ein ruchlos wüſtes Syſtem brachten. So ſollen ſie zu ſchmutziger Verhöhnung des Kreuzeszeichens gekommen sein, zur Verleugnung Jesu Christi, zur Anerkennung einer Art von Doppelgott; nämlich des einen, wahren, allmächtigen, gleichsam oberen Gottes und eines Untergottes, der nur die körperliche Welt leite und deren Freuden vertheile. Den letzteren hätten sie in der Gestalt eines Idols verehrt, im Bilde, wie es heißt, eines aus edlem Metalle geformten Menschenkopfes. Jedes Mitglied dieser Ketzersekte habe natürlich Theil genommen an allem Glanz und Reichthum, dessen sich die Gemeinschaft erfreute; und da den Rittern Keuschheit im Umgange mit dem weiblichen Geschlechte zur Pflicht gemacht war, so sei ihnen als Ersatz hierfür ausdrücklich jenes abscheuliche Laster gestattet worden, welches zu allen Zeiten im Morgenlande weit verbreitet gewesen ist und auf welches schamlose Ceremonien bei der Aufnahme in den Orden sofort hingewiesen hätten. Die Hauptgruppen der Tempelritterschaft, die morgenländische und die französische, sollen sich dieser schmählichen Ketzerei fast ganz und gar hingegeben haben, während die deutschen Mitglieder des Ordens und die von England und Schottland, Spanien und Portugal mehr oder minder von derselben frei geblieben wären.

Was haben wir von alledem zu halten? Liegen wirklich genügende Beweise dafür vor, daß diese abgeschmackte und widerwärtige templerische Häresie mit dem tief religiösen Wesen des Albigenserthums in irgend welchem inneren Zusammenhang steht? Erscheint nicht außerdem die Häresie selber ganz und gar verdächtig, da sie den Rittern zum Theil dieselben Thorheiten und Gemeinheiten zur Last legt, welche die Kirche schon in den Ketzerverfolgungen des dreizehnten Jahrhunderts an ihren Gegnern, z. B. den unglücklichen Stedingern, gerügt hatte? — Wir dürften offenbar an die schwere Verschuldung des Ordens nur dann glauben, wenn uns dieselbe durch die unzweideutigsten Zeugnisse unwiderleglich bewiesen wird. An solchen Zeugnissen fehlt es jedoch beinahe gänzlich. Denn im wesentlichen nur die eigenen Geständnisse der Ritter, die unter dem Druck sowohl grausamer leiblicher wie vielleicht ebenso schlimmer moralischer Folterqualen gesprochen haben, lehren uns jene Häresie kennen; und dies sind Zeugnisse, die man schwerlich als unzweideutig und wahrheitsgetreu wird bezeichnen dürfen.

An dieser muthmaßlich also ganz erdichteten Häresie ist der mächtige Verein auch keineswegs zu Grunde gegangen und ebenso wenig an seinen vielen sittlichen Verfehlungen. Diese Dinge boten seinen Feinden nur die bequemste Handhabe, ihn zu stürzen; die Hauptursache seines Verderbens entwickelte sich dagegen aus seiner politischen Stellung. Diese Miliz des Papstthumes hatte ja schon vor dem Falle von Akkon manche Gegner der römischen Kurie, Fürsten, Staatsmänner und Volksmassen heftig gegen sich aufgebracht. Nun regierte aber in Frankreich König Philipp IV., „der Schöne", der geschworene Gegner jeder theokratischen Regung, der erste Fürst, „durch dessen Walten schon der schneidende Luftzug der neueren Geschichte geht". Er überwand zunächst den starren Willen Papst Bonifaz' VIII. und führte die Kirche in das Exil von Avignon. Dann wendete er sich gegen die Tempelherren, deren Reichthümer seine Geldgier unwiderstehlich lockten und deren gewaltiger Organismus zerschmettert werden mußte, wenn nicht der junge französische Staatsbau von ernster Gefahr fortdauernd bedroht bleiben sollte. Der entsetzliche Prozeß jedoch, durch den er in den Jahren 1307—1313 den Orden vernichtete, gehört im wesentlichen nicht in den Rahmen der Kreuzzüge, sondern in die innere Geschichte des christlichen Abendlandes, besonders Frankreichs. Klagen gegen die Templer waren begreiflicher Weise ohne Mühe zusammen zu bringen. Viele Hunderte der Ritter wurden verhaftet und grauenvoll gefoltert, ganze Schaaren derselben mit ausgesuchter Grausamkeit hingerichtet. Papst Clemens V. vermochte sich dem leidenschaftlichen Drängen König Philipps endlich nicht mehr zu entziehen und hob den Orden am 22. März 1312, wenn auch nicht kraft „richterlichen Spruches", so doch wenigstens „aus Fürsorge und oberhirtlicher Machtvollkommenheit" gänzlich auf. Am 18. März 1313 wurde der letzte Großmeister der Tempelherren, der ritterliche Jakob von Molay, an gelindem Feuer langsam verbrannt.

Das gräßliche Schicksal war, wie wir gesehen haben, immerhin nicht ganz unverdient. Wer durfte aber nach solchen Vorgängen noch eine ernstliche Hoffnung für Erneuerung der Kreuzzüge hegen? Insofern hat eine alte Sage Recht, die erzählt, „daß alle Jahre in der Nacht der Aufhebung des Ordens eine gewappnete Gestalt, das rothe Kreuz auf dem weißen Mantel, in der Grabkammer der Templer erscheine mit der Frage, wer das heilige Grab befreien wolle: „Niemand, niemand," ist die Antwort, die ihm aus dem Gewölbe entgegenschallt, „denn der Tempel ist zerstört".

Rhodus, Armenien und Cypern.

In denselben Jahren, in denen der Templerorden zu Grunde ging, erhob sich der Orden der Hospitaliter zu neuer Blüthe, obwohl auch er nahe daran war, in den Sturz jenes mächtigeren Vereins mit verwickelt zu werden. Denn beiden Orden drohten damals großentheils dieselben Feinde. Die Hospitaliter waren schon etwas früher als die Templer von der bischöflichen Gewalt eximirt worden, hatten ebenfalls üppig gelebt, eine eigensüchtige Politik befolgt und den Staatsgewalten gegenüber das Banner der römischen Kurie hoch gehalten. Nach dem Falle von Akkon war im Abendlande mehrfach von einer Umbildung, vornehmlich von einer Verschmelzung der beiden Orden zu einem einzigen die Rede, weil sie in ihrer bisherigen Gestalt und bei der Feindschaft, die oft zwischen ihnen gewaltet hatte, ihre Hauptaufgabe, das heilige Land vor dem Islam zu sichern, nur ungenügend zu erfüllen vermocht hätten. Die Mißstimmung gegen die geistlichen Ritterschaften, welche schon hierdurch zum Ausdrucke kam, entlud sich aber schließlich allein gegen die Templer und verschonte die Hospitaliter, theils weil jene vom

418 Elftes Kapitel. Ende der Christenherrschaft im Morgenlande.

Hässe König Philipps in erster Linie getroffen wurden, theils jedoch aus einem anderen Grunde. Denn nur der Verein der Templer schien damals unter allen großen Rittergesellschaften keine volle Daseinsberechtigung mehr zu haben. Die Ritter vom deutschen Orden hatten dagegen schon seit langen Jahrzehnten außerhalb des heiligen Landes, im fernen Preußen, einen zweiten und hochbedeutenden Wirkungskreis gefunden, der ihr Bestehen für eine noch unberechenbare Zeitdauer sicher verbürgte; und die Hospitaliter nahmen gerade

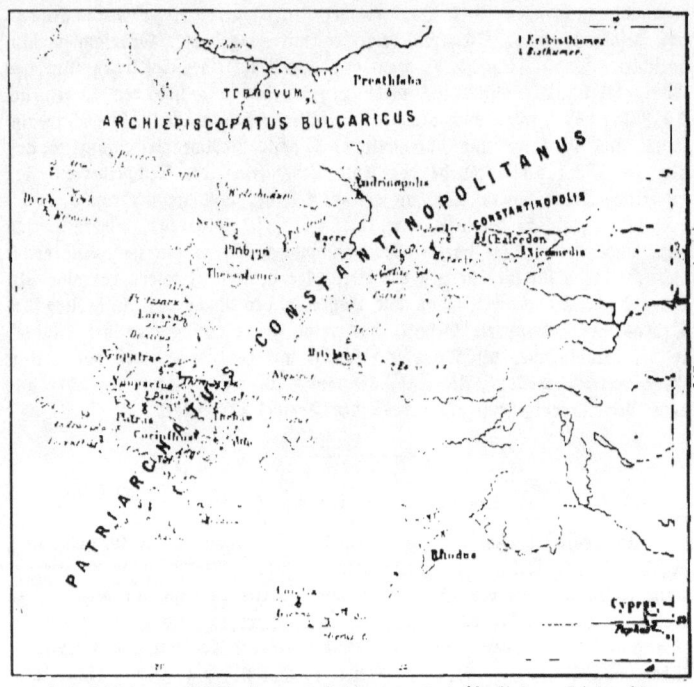

Balkanhalbinsel und Westkleinasien im 13. Jahrhundert. Lateinische Kirche im Griechenreiche.

in diesem Augenblicke alle Kraft zusammen, um sich ebenfalls eine vollkommen selbständige politisch-militärische Stellung zu erwerben. Da ihnen Syrien seit dem Falle Akkons verschlossen war, so wendeten sie ihre Augen weiter westwärts auf die Küsten des ägäischen Meeres, die vom Streite der Franken, Griechen und Osmanen widerhallten. In den Jahren 1306—1309 traten sie hier mit starker Macht auf, setzten sich 1310 endgültig auf Rhodus fest und unterwarfen in der nächstfolgenden Zeit eine ganze Reihe der zu den südlichen Sporaden gehörigen Inseln, namentlich Syme, Kos, Nisyros, Kalym-

Rhodus aus der Vogelschau.

Belagerung von Rhodus durch die Osmanen im Jahre 1480.
Aus dem zu Ulm im Jahre 1496 erschienenen Wiegendrucke: Caorsini, Stabilimenta Rhodiorum Militium. Privilegia. Obsidio Urbis.

Scenen aus der Belagerung von Rhod
Angriff der Osmanen auf das große Hafenbollwerk „Thurm des heiligen Nikolaus".
Aus dem zu Ulm im Jahre 1496 erschienenen Wiegendrucke: Caor

durch die Osmanen im Jahre 1480:
Vergeblicher Sturmangriff der Osmanen auf die Stadtmauern von Rhodus.
Stabilimenta Rhodiorum Militium. Privilegia. Obsidio Urbis.

nos und Leros. Das benachbarte Festland war in den Händen der Mohammedaner: die tapfere Ritterschaft bildete in ihrer neuen Herrschaft eine der Schutzmauern der Christenheit gegen weiteres Vorbringen des Islams, und an eine Auflösung dieses Ordens war fortan so wenig zu denken, daß derselbe vielmehr zum Erben der Templer eingesetzt wurde und von deren Gütern wenigstens einen Theil wirklich erhielt. Mehr als zwei Jahrhunderte lang haben darnach die rhodischen Hospitaliter ihren Platz an der Seite der fränkischen Gebieter von Kreta und Achaja, Athen und Naxos ehrenvoll behauptet. Mit Hülfe ihrer abendländischen Einkünfte sowie der Erträge ihrer blühenden und für den Handel wohl gelegenen Inseln haben sie stattliche Kriegerschaaren aufgestellt, um 1380 einige Jahre lang das Fürstenthum Achaja als Pfandgläubiger beherrscht, von 1343 bis 1402 das reiche Smyrna inne gehabt und im Jahre 1399 auf den Ruinen des antiken Halikarnassus die starke Festung S. Pietro (heute Budrun) erbaut. Endlich aber ist auch ihr Ritterstaat gleich den übrigen Frankenherrschaften im Archipelagus dem Schwerte der Osmanen erlegen.

Die Vertreibung der Kreuzfahrer von der syrischen Küste hat jedoch nicht blos den Hospitalitern, sondern auch den kleinen Königreichen Armenien und Cypern mancherlei Vortheile gebracht. Das erstere derselben hatte zwar die Zeit seiner größten Blüthe schon unter seinen ersten Königen, Leo I. und dessen Schwiegersohn Hethum I., völlig durchlebt, aber der Untergang dieses Christenstaates wurde dennoch, wie es scheint, durch den Fall von Akkon eher verzögert als beschleunigt. Hethum hatte nämlich, wie wir gesehen haben, um sich gegen die Uebermacht der Muselmänner behaupten zu können, das Bündniß zwischen Christen und Mongolen eifrig befördert. Die letzteren hatten sich in der That mit ihm vereinigt, schließlich aber waren die Mamlukensultane Herren von Aegypten und Syrien geblieben und hatten den Armeniern auf wiederholten Kriegszügen großen Schaden an Gut und Blut zugefügt. Unter seinem Sohne Leo II. (1271—1289) und seinem Enkel Hethum II. (1289—1307) verschlimmerte sich die Lage trotz mancher tapferen Thaten der Armenier in mehreren Richtungen. Die Mamluken erzwangen durch neue Angriffe Tributzahlungen von ungeheurem und immer steigendem Betrage, welche die Wehrkraft des Landes aufs tiefste schwächten. Die benachbarten Mongolen bekehrten sich im Anfange des vierzehnten Jahrhunderts zum Islam und vernachlässigten seitdem die Unterstützung ihrer alten Bundesgenossen gegen die Sultane von Aegypten und Syrien. Die armenischen Könige selber endlich baten um Hülfe im Abendlande und verhießen dafür den Anschluß ihrer Kirche an das Gebiet des Papstthums; steigerten aber hierdurch nur die Zwietracht der Parteien, die ihr unglückliches Land ohnedies schon zerklüftete. Hethum II. dankte mehrmals ab, theils freiwillig theils gezwungen, und starb schließlich eines gewaltsamen Todes, nachdem armenische Große mit einem mongolischen Offizier sich gegen ihn verschworen hatten. Der kleine Staat wäre wohl damals schon verloren gewesen, wenn nicht viele Franken nach ihrer Vertreibung von der syrischen Küste in ihm eine Zuflucht gesucht und gefunden hätten, und vornehmlich wenn nicht der rege Handelsverkehr, der bisher die Gassen von Tripolis und Akkon belebt hatte, zum Theile auf armenische Orte übergegangen wäre. Seit dem Ende des dreizehnten Jahrhunderts stand etwa ein Menschenalter lang die Hafenstadt Lajazzo, fast im innersten Winkel des Meerbusens, der Cilicien von Syrien trennt, in erstaunlicher Blüthe. Hier begegneten sich die Kaufleute des inneren Asiens mit Italienern, Franzosen und Spaniern; hier wurden die kostbarsten Erzeugnisse der halben Welt umgesetzt, und die Staatskasse Armeniens gewann aus den Zöllen, die sie dem Handel auferlegte, die Mittel, um die Tributforderungen der ägyptischen Sultane zu befriedigen und den Bedürfnissen der Heimat einigermaßen gerecht zu werden.

Auch so aber kam die letzte Stunde dieses Königreichs mit schnellen Schritten heran. Innere Zerwürfnisse und unglückliche Händel mit Osmanen, Mongolen und Mamluken lösten in traurigem Wechsel einander ab. Außerdem starb im Jahre 1342 der letzte männliche Sproß des Herrscherhauses, Leo IV. oder V., und ein Zweig der Lusignans von Cypern, der von Mutterseite aus armenischem Blute stammte und nun auf den Thron berufen wurde, war um so weniger im Stande, dem drohenden Sturze vorzubeugen, als seitdem die politische und kirchliche Parteiung im Lande nur noch ärger wurde. Ein paar Könige wurden erschlagen; eine zeitlang war der Thron unbesetzt; endlich überschritten die Mamluken mit gewaltiger Macht die Grenzen, zerstreuten das armenische Heer, verbrannten Dörfer, Städte und Burgen und zwangen den letzten König, Leo V. oder VI., aus dem Bergschlosse Gaban, in dem er sich neun Monate lang tapfer vertheidigt hatte, im Jahre 1375 in die Gefangenschaft nach Kairo zu wandern. Armeniens Selbständigkeit war damit für immer vernichtet und die Blüthe des cilicischen Landes von Grund aus zerstört. König Leo starb, nachdem er späterhin wieder freigelassen war und im Abendlande seinen Aufenthalt genommen hatte, zu Paris im Jahre 1393.

Das Königreich Cypern, auf welches endlich der Blick des Lesers sich noch richten muß, überdauerte den armenischen Staat um einige Menschenalter und übertraf ihn auch seit dem Falle Akkons weitaus an Glück und Glanz. Die schöne Insel sah schon im Mai 1291 auf eins der erfreulichsten Jahrhunderte ihrer ganzen Geschichte zurück. Denn die Besiedelung derselben mit fränkischen Kolonisten war im Zeitalter des dritten Kreuzzuges verhältnißmäßig leicht von Statten gegangen, theils weil die Reicheren unter den bisherigen griechischen Einwohnern entflohen waren, während die zurückbleibenden Aermeren sich demüthig unter die Herrschaft der kriegerischen Ankömmlinge gefügt hatten, theils weil in jenen Tagen auch ganze Schaaren von Lateinern mit Freuden bereit gewesen waren, neue Wohnsitze einzunehmen. So hatte sich das Land sehr schnell mit fränkischen Rittern, Kaufleuten und Geistlichen gefüllt; Ackerbau, Industrie und Handel waren in lebhaften

Schwung gekommen; Burgen und Waarenhallen, Kirchen und Klöster erhoben sich aller Orten, und die einzige bedeutendere Schwierigkeit für die fernere glückliche Entwickelung dieses Staatswesens bestand damals in der zähen Abneigung der unterworfenen griechischen Bevölkerung gegen die römische Kirche. Indessen auch der Gefahr, die hieraus hätte entstehen können, wurde die Spitze abgebrochen, indem die cyprischen Könige klug dafür sorgten, daß die strengen Gebote, mit denen die römische Hierarchie gegen die glaubensfremden Griechen auftrat, nur zu mildester Anwendung kamen. Außerdem umstrahlte die Herren der Insel zumeist der Ruhm, Regenten des Reiches Jerusalem zu sein. Ihr Hof war der Sammelpunkt für die meisten Großen des christlichen Morgenlandes; hier wurde das alte Recht des Reiches Jerusalem allmählich festgestellt und kodificirt; und zur Belehrung des letzten Königs aus dem Mannsstamme der Lusignans, d. h. für den Knaben Hugo II. (1253—1267), soll der heilige Thomas von Aquino seine berühmte Schrift „de regimine principum" ursprünglich entworfen haben.

Hugo III. (1267—1284) war von Vatersseite, wie oben erwähnt, ein Sohn des antiochenischen Fürstenhauses; als König nannte er sich aber Hugo von Lusignan, und deshalb rechnet man ihn und seine Nachfolger gewöhnlich schlechtweg zur Familie der ersten Herrscher Cyperns. Seine Regierung war durch vielerlei Unglück im syrischen Küstenlande bezeichnet; trotzdem scheint er des Beinamens „der Große", den er in der Geschichte der Insel trägt, nicht ganz unwürdig gewesen zu sein, insofern er, kenntnißreich und thätig, die ihm untergebenen Gebiete mit Einsicht und gutem Erfolge verwaltet hat. Sein zweiter Sohn Heinrich II. (1285—1324) hat Akkon verloren und auch in Cypern ein elendes Leben geführt, weil er im Streite mit seinen Brüdern lag, die ihn zeitweise vom Throne entfernten, überdies auch an Krankheitsanfällen oftmals schwer litt und endlich, ohne einen Leibeserben zu hinterlassen, verschied. Trotzdem bezeichnen die Jahre seiner Regierung den Beginn der glänzendsten Zeit des mittelalterlichen Cyperns. Denn die Mehrzahl der Ritter und Kaufleute, welche damals die altgewohnten syrischen Wohnsitze flüchtend verließen, ging nicht mit den Hospitalitern nach Rhodus und nicht zu den Armeniern nach Lajazzo, sondern verstärkte die Wehr- und Arbeitskraft der blühenden Insel. Dazu kamen noch andere Ansiedler aus dem Abendlande, gelockt von den Reichthümern dieses vorgeschobensten Postens fränkischer Herrschaft, und so wurde Cypern im 14. Jahrhunderte „la frontiere puissante et necessaire de la Crestienté catholique". Die Bürger der europäischen Handelsstädte verpflanzten die Kolonialgemeinden, die sie in Syrien nicht mehr unterhalten konnten, nach Cypern. Famagusta zumal, die viel besungene, in Sagen und Märchen verherrlichte Hafenstadt, wurde der Hauptsitz ihrer Thätigkeit. Die Erzeugnisse der Insel, Zucker und Wein, Baumwolle und Goldfäden, wurden hier verschifft. Alle Schätze Asiens, alle Produkte Europas begegneten sich hier in so großen Massen wie vordem höchstens in Akkon. Blendender Reichthum füllte die Häuser dieser Stadt, dem sich freilich auch Ueppigkeit und Wollust jeder Art bald genug anschlossen. Eigenthümliche Einwirkungen von Seiten Europas begünstigten diese Entwickelung des insularen Lebens. In den ersten Jahrzehnten nach dem Falle Akkons blieb die Hoffnung auf Befreiung Jerusalems durch neue Kreuzheere noch lebendig. Man glaubte aber den künftigen Kriegen nicht besser vorarbeiten zu können, als wenn man jeden friedlichen Verkehr mit den Muselmännern aufhob. Die Aegypter bedurften das Bauholz und das Eisen Europas und füllten ihre Kriegskasse aus den Zöllen, mit denen sie den Handel belegten: man konnte sie in der That auf das Schwerste schädigen, wenn man jegliche Beziehung mit ihnen abbrach. Deshalb erhob sich die römische Kirche zu dem Versuche, durch strenge Verbote den gottlosen Handel mit den Aegyptern und wenn nur irgend möglich mit allen Mohammedanern überhaupt zu sperren: sie erreichte freilich nicht viel, da sie hierdurch zu starke Privatinteressen verletzte und da sie selber schließlich bei der Erniedrigung, in die sie zu Avignon versank, Licenzen für solchen Handel um Geld vergab; indessen eine zeitlang wurde der Verkehr mit dem Gebiete der Mamluken doch schwer bedroht; Kriegsschiffe wurden ausgesendet, um „die schlechten Christen", die nach Alexandrien oder Damiette zu segeln wagten, auf offenem Meere wegzufangen, und die Cyprier zogen hiervon den größten Vortheil. Denn diese nahmen sich nicht blos der einträglichen Seepolizei eifrig an: sie sahen auch mit Freude, wie die Kauffahrer des Abendlandes aus Furcht vor den Drohungen der Kirche in immer größerer Zahl ihren Kurs nach Famagusta richteten, nach einem christlichen Hafen also, den sie ungescheut berühren durften, von dem aus aber ebenso ungescheut der regste Verkehr mit dem benachbarten Festlande unterhalten wurde.

Nach Heinrich II. regierte dessen Neffe Hugo IV. 35 Jahre lang (1324—1359). Cypern hatte zumeist gute Tage. Der König war verbündet mit den Venetianern, den Hospitalitern und dem Papste zum Kampfe gegen den Islam. Jene Eroberung von Smyrna, welches darnach ein halbes Jahrhundert lang in den Händen der Rhodiser Ritter blieb, bildet den Glanzpunkt seines Zeitalters. Sein Sohn und Nachfolger war Peter I. (1359—1369), ein kraftvoller, genialischer aber auch barer Tollheit zuneigender Charakter. Er schwor, ein bloßes Schwert am Halse, allen Mohammedanern Vernichtung. Die Seestadt Attalia, in der einst Ludwig VII. im Jahre 1148 so bittere Leiden erduldet hatte, wurde von ihm erstürmt und mit gräulichem Blutbade heimgesucht. Dann zog er durch ganz Europa umher, um die Völker des Abendlandes zu einem neuen Kreuzzuge zu begeistern. Festessen und Turniere wurden ihm gegeben, Geschenke und Versprechungen gemacht, für sein großes Unternehmen empfing er aber schließlich nur geringe Unterstützung. Trotzdem wagte er einen Angriff auf Aegypten, eroberte und plünderte Alexandrien (Oktober 1365), mußte die Stadt jedoch wieder aufgeben, da der ferne Posten nicht auf die Dauer zu behaupten war.

In den nächsten Jahren machte er noch ein paar ähnliche Versuche gegen syrische Küstenorte, reizte zugleich aber auch seine Großen durch Ausschweifungen und Grausamkeit in so hohem Grade, daß sie sich empörten und ihn im Januar 1369 erschlugen.

Unter seinem Sohne Peter II., der bis 1382 regierte, begann der Verfall des kleinen Reiches. Mit den hochfahrenden italienischen Kolonialgemeinden hatten die Könige von Cypern bis dahin schon manchen bösen Handel ausfechten müssen; jetzt aber kam es zu einem besonders schweren Zerwürfnisse mit den Genuesern, die endlich — im Jahre 1373 — Famagusta sich aneigneten, den dortigen Handel für sich monopolisirten und die Kraft des Inselreiches durch erdrückende Kriegskontributionen, die sie demselben auferlegten, vollends brachen. König Peter II. und dessen Nachfolger versuchten mehrmals, aber immer vergeblich, sich der harten Fessel zu entledigen, welche die Genueser ihnen angelegt hatten. Sie kamen durch unglückliche Kriege theils mit der mächtigen Seerepublik, theils mit den ägyptischen Sultanen nur immer tiefer in Noth. Der cyprische Staatsschatz, einst bis zum Ueberfließen gefüllt, zeigte bald die tiefste Ebbe; und auch der Glanz Famagustas verblaßte schnell, da die Genueser viel zu schwach waren, um den Handel der halben Welt, der vor ihrer Alleinherrschaft dort geblüht hatte, in gleicher Regsamkeit weiter führen zu können. Spaltungen im Königshause und feindselige Reibungen zwischen der katholischen und der griechischen Bevölkerung der Insel vollendeten das Verderben; und wenn auch schließlich ein kühner Kriegsmann, König Jakob II., ein Bastard des Hauses Lusignan, den Genuesern Famagusta wieder fortnahm (1464), so war die staatliche Selbständigkeit und überhaupt die alte Wohlfahrt Cyperns doch nicht mehr lange aufrecht zu halten. König Jakob mußte sich nach auswärtiger Unterstützung umsehen und heiratete deshalb die venetianische Patrizierin Katharina Cornaro. Einige Zeit nach seinem Tode nahm die Lagunenstadt die Insel unter ihre eigene Herrschaft (1489), behauptete sie noch fast ein Jahrhundert lang, verlor sie aber schließlich gleich all ihren anderen levantinischen Besitzungen an die siegreich vordringenden Osmanen.

Schlußbetrachtungen.

Am Schlusse dieser Geschichte der Kreuzzüge erübrigt noch eine Reihe allgemeiner Erwägungen.

In der Literatur zur Geschichte der Kreuzzüge ist oftmals von einer Entwickelung und Umbildung die Rede, welche die bewaffneten Wallfahrten in ihrem Kerne ergriffen und ihrem ganzen Charakter nach allmählich von Grund aus umgestaltet haben soll. In Wahrheit dürfte jedoch hiervon wenig zu bemerken und vielmehr hervorzuheben sein, daß der heilige Krieg von Anfang bis zu Ende, so lange überhaupt irgend welche Fürsten und

Völker für ihn in die Schranken traten, im wesentlichen auf ein und derselben Grundlage geruht hat und in gleichartigen Formen verlaufen ist.

Die Päpste schufen, indem sie die Pilger unter ihren Schutz nahmen und ihnen allerhand Vergünstigungen ertheilten, eine Art von Kreuzfahrerrecht. Indessen schon Urban II. hat auf dem Konzile von Clermont in dieser Richtung die entscheidenden Schritte gethan, und als eine ganz neue Maßregel aus späterer Zeit ist von Seiten der Päpste nur zu verzeichnen, daß sie neben die Blutsteuer, die das Abendland in den Kreuzheeren für den heiligen Krieg darbrachte, die Geldsteuer der Kreuzzugszehnten setzten. Es war Innocenz III., der auf dem Laterankonzile des Jahres 1215 zum ersten Male von dem Klerus der römischen Christenheit diese Steuer einforderte. Diesem Beispiele sind die späteren Päpste gefolgt: die Kreuzzugszehnten sind in häufiger Wiederholung in allen Ländern von Italien bis Norwegen, sogar in dem fernen Grönland erhoben worden und haben den Fall von Akkon lange überdauert, indem noch im vierzehnten Jahrhunderte diese Abgabe mehrmals verlangt, eingesammelt und in stattlichen Beträgen zur Unterstützung der morgenländischen Christen, namentlich der Könige von Armenien und Cypern, verwendet worden ist.

Aber auch nicht durch die Päpste sondern durch die Fürsten Europas sollen die Kreuzzüge eine tief greifende Umgestaltung erfahren haben. Denn während um 1096 Urban II. und Adhemar von Monteil, der „dux belli", an der Spitze des heiligen Unternehmens standen, hing beim zweiten Kreuzzuge, wie nicht geleugnet werden kann, der Gang der Ereignisse mehr von Ludwig VII. und Konrad III. als von Eugenius III. und dessen Legaten ab; und ums Jahr 1189 ordneten Philipp August, Richard Löwenherz und vor allen Kaiser Friedrich I. die christliche Heerfahrt fast ausschließlich nach ihrem Belieben. Hieraus ist wohl gefolgert worden, daß die Kreuzzüge anfangs zwar unter der Leitung der Kurie gestanden hätten, allmählich jedoch in die Hände der Staatsgewalten gekommen seien. Dieser Satz ist in solcher Allgemeinheit nicht richtig. Wenn ein Schwächling wie Eugenius III. auf dem Stuhle Petri saß oder wenn an der Spitze der Staaten besonders kluge und kraftvolle Fürsten standen, so ergab sich von selber, daß alsdann nicht das geistliche, sondern das weltliche Machtwort den größeren Einfluß beanspruchte und behauptete. Im übrigen aber haben die Päpste im zwölften und im dreizehnten Jahrhunderte so gut wie im elsten zum heiligen Kriege aufgerufen, den Pilgern ihren Schutz zugesagt und Legaten zu den Kreuzheeren entsendet. Die Völker haben sich während eben dieser Zeit stets in wesentlich gleichartiger Weise zum Kampfe erhoben, bald dicht geschaart um einen machtvoll herrschenden König oder Kaiser, bald wieder in lockeren Haufen dahinziehend, so daß von einer durchgreifenden Verstaatlichung der Kreuzzüge füglich nicht die Rede sein kann. Im Anfange des dreizehnten Jahrhunderts haben überdies die Fürsten der Kirche — Innocenz III., Honorius III., Kardinal Pelagius u. s. w. —

Schlußbetrachtungen.

auf den Fortgang des heiligen Krieges viel stärker eingewirkt als jemals Urban II.¹) und Abhemar von Monteil oder irgend einer der Päpste und der Legaten des zwölften Jahrhunderts.

Aehnlich wie mit der Verstaatlichung der Kreuzzüge steht es mit der übrigen sogenannten Verweltlichung derselben. Denn bei den späteren Pilgerfahrten tritt zwar die Lust nach irdischem Gewinne sehr stark hervor — der vierte Kreuzzug wird hierdurch ganz und gar von seinem Ziele abgelenkt —; auch suchen Kaiser Friedrich I., Richard Löwenherz, Friedrich II. und viele andere Kreuzesfürsten der Christenheit nicht blos durch stürmisches, glaubenseifriges Dreinschlagen, sondern außerdem durch kluge Verhandlungen mit den Muselmännern zu nützen; ist aber mit alledem irgend etwas wesentlich und seiner Art nach neues gegeben? Während des ersten Kreuzzuges haben Boemund und die Normannen ebenfalls nach neuen Eroberungen gestrebt; Raimund und seine Ritter haben darin mit ihnen gewetteifert; das ganze Heer war für Geldgewinn äußerst empfänglich, und der hohe Rath der Pilgerfürsten hat schon im Jahre 1097 nicht verschmäht, mit „den gottlosen Heiden" Aegyptens, den Fatimiden, in freundschaftlichen diplomatischen Verkehr zu treten.

Von der Veränderung im Charakter der Kreuzzüge ist mithin nur soviel wahrzunehmen, als sich aus der allmählichen Stärkung abendländischer Staatsgewalten und aus der Entwickelung vielgestaltiger internationaler Beziehungen von selber mit Nothwendigkeit ergiebt. Jene Kraft aber, welcher die bewaffneten Wallfahrten vornehmlich ihre Entstehung und ihre eigenthümlichste Färbung verdanken, ist dadurch in ihrer Eigenart kaum berührt worden, die Wucht des religiösen Dranges nämlich, die Gluth der mittelalterlichen Askese.²) Sie hat ohne Zweifel in erster Linie in den Herzen der Pilger gewirkt, sowohl im elften wie im zwölften und im dreizehnten Jahrhunderte. Die Genossen Gottfrieds und Peters sind dank der Neuheit ihres Unternehmens vermuthlich von noch schwärmerischerer Inbrunst erfüllt gewesen als die Begleiter Ludwigs VII. und Friedrichs I.; indessen zu allen Zeiten ist, wenn auch keineswegs die Gesammtheit, so doch die Mehrzahl der Kreuzfahrer zuverlässig durch den religiösen Drang in den Kampf, in Noth und Tod hinausgetrieben worden. Nach und nach ermattete freilich die Kraft der Askese und damit endigte zugleich auch der heilige

---

1) Abgesehen natürlich von Urbans großer Predigt auf dem Konzile von Clermont, durch welche die Kreuzzüge überhaupt erst ins Leben gerufen wurden.

2) Prutz setzt in den beiden, oben S. 378 erwähnten Schriften die Wirkung der Askese auf ein allzu bescheidenes Maß herab. Nach ihm haben die Kreuzzüge in höherem Grade geruht auf der Verzweiflung der Armen im Lande über ihre gedrückte Lage, auf dem Verlangen der Herren nach Geld und Gut und auf noch anderen ähnlichen Antrieben. Wie stark dergleichen gewirkt hat, ist in der vorliegenden Darstellung nicht verschwiegen worden. Der religiöse Drang ist und bleibt aber trotzdem der mächtigste Antrieb, der wiederholt die gewaltigsten Massen von Vornehmen wie Geringen ergriffen hat.

426 Elftes Kapitel. Ende der Christenherrschaft im Morgenlande.

Krieg. Das Erlöschen des religiösen Dranges ist aber großentheils eine Wirkung derselben Ursachen, die überhaupt das schließliche Mißlingen des gewaltigen Kampfes um den Wiedergewinn des Morgenlandes für die Herrschaft des Kreuzes hervorgerufen haben. Zur Betrachtung dieser Ursachen gehen wir deshalb jetzt über.

Lassen wir hier, um die Erörterung nicht unnöthig zu verwickeln, längst überwundene thörichte Meinungen bei Seite, nach denen die Kreuzzüge nur ein Ergebniß theils schlechter Begierden theils sinnlos fanatischer Schwärmerei waren[1]) und daher von vornherein gar keine Aussicht auf irgend einen dauernden Erfolg hatten, so finden wir in der neueren Literatur für das endliche Scheitern der bewaffneten Wallfahrten nach dem heiligen Lande zwei Ursachen mit besonderem Nachdrucke hervorgehoben. Einmal wird betont, daß der Hauptantrieb zur Wiedereroberung der ältesten Stätten christlicher Kultur eben ein religiöser war, d. h. ein höchst ungeeigneter zur Vollendung eines Werkes, welches auf politisch-militärischer Grundlage hätte ruhen sollen. Und zweitens werden die sittlichen Mängel, die im Wesen der Kreuzfahrer, vornehmlich der Franken im Morgenlande hervorgetreten sind, aufs schärfste gerügt und für den Sturz der christlichen Hoffnungen verantwortlich gemacht. In beidem ist sehr viel Richtiges: die Uebermacht des religiösen Antriebes und die Unsittlichkeit der Franken im Morgenlande haben unendlich geschadet. Dennoch aber sind hiermit die Hauptursachen für das Mißlingen der Kreuzzüge weder vollständig angegeben noch eigentlich in das richtige Licht gestellt.

Die Kreuzzüge wollten, wie die ganze obige Geschichte zeigt, nicht blos schlechthin Jerusalem befreien, sondern außerdem auch das Morgenland christlich-abendländischer Herrschaft wieder zugänglich machen. Sie erscheinen insofern als eine gen Osten gerichtete Völkerwanderung, die jedoch in einem Zeitalter sparsamster geographischer Kenntnisse und unentwickeltster Verkehrsmittel begann. Diese Wallfahrten konnten sich daher nur unter einem so ungeheuren Verbrauche von Menschenmaterial vollziehen, daß schon hiernach fraglich wurde, ob noch genug Kraft zur Kolonisirung bedeutenderer Strecken des Morgenlandes übrig bleiben werde. Die große germanische Völkerwanderung, die am Anfange der mittelalterlichen Geschichte steht, ist gelegentlich wohl als die glänzendste und siegreichste Bethätigung germanischer Kraft gefeiert worden, gelegentlich hat man aber auch darauf hingewiesen, daß bei dieser Wanderung eine im Verhältnisse zum erreichten Ergebniß wahrhaft entsetzliche Menge der edelsten Volksstämme zu Grunde gegangen sei und hier also eins der erschütterndsten Trauerspiele aus der gesammten Geschichte der Menschheit vorliege. Der letzteren Ansicht wird man eine gewisse Be-

---

[1] Hier sind gemeint die Ansichten von Voltaire, Deguignes, Heller, Hagen u. s. w., die Ergebnisse also der rationalistischen Geschichtsauffassung des vorigen Jahrhunderts.

rechtigung nicht abstreiten können; und vergleichen wir nun, wie viel leichter es war, von Deutschland aus Frankreich, Italien und Spanien zu unterwerfen, als vom Abendlande aus das ferne Syrien zu erobern und zu behaupten, so dürfen wir sagen, daß die Summe derjenigen Wallfahrer, die wirklich das Morgenland erreichten (sogar abgesehen davon, daß sehr viele derselben stets wieder in die Heimat zurückkehrten), nur bei außerordentlicher Gunst der Umstände groß genug war, um der europäischen Kultur im fernen Osten eine dauernde Stätte zu bereiten. In dem Mangel an hinreichender Massenhaftigkeit der abendländischen Einwanderung in Syrien hat man demnach wohl eine der Hauptursachen für das Mißlingen der Kreuzzüge und vielleicht die erste und vornehmste zu sehen.

Diese Behauptung dürfte um so gerechtfertigter sein, als während der Kreuzzugs-Völkerwanderung der fürchterliche Verbrauch an Menschenmaterial durch den frommen Drang, der die Herzen der Pilger erfüllte, noch ganz besonders gesteigert worden ist. Der Geist der Askese hat zwar die bewaffneten Wallfahrten großentheils ins Leben gerufen und unterhalten: ohne ihn wären sie, wie sie sich nun einmal gestaltet haben, gar nicht denkbar; aber er hat ihnen auch dieselben Kräfte, die er für sie geworben hatte, massenweise wieder entzogen. Denn gerade die schwärmerische Stimmung, die von den Grundbedingungen gewaltiger politisch-militärischer Unternehmungen nur allzu oft absah, hat Hunderttausende in Noth und Tod gebracht und in ähnlicher Weise zum Verderben der Pilger beigetragen wie die endlose Weite der Märsche, die Schwierigkeit der Verpflegung, die glühende Sonne Asiens. Man braucht sich nur an die Zeiten Peters von Amiens und Bernhards von Clairvaux zu erinnern, um mit einem Blicke zu überschauen, welch unermeßlichen Schaden der Geist der Askese in der bezeichneten Richtung gestiftet hat.

Aber viele Pilger überwanden immerhin die Hemmnisse, die sie in kurzsichtiger Thorheit sich selber bereitet hatten, entgingen glücklich allen Gefahren der Märsche, der Seefahrten und der Kämpfe mit den Selbschulen und kolonisirten allmählich ein stattliches Stück des schönen Syriens, so daß wenigstens die Möglichkeit für die Christen noch vorlag, hier für immer festen Fuß zu fassen, falls sie sich nur im übrigen jener vorerwähnten außerordentlichen Gunst der Umstände zu erfreuen hatten. Dies ist nun keineswegs nach allen Seiten der Fall gewesen, und mit schwerster Ungunst hat vornehmlich das Verhältniß zu den Griechen auf den Franken gelastet. Wir haben oben genugsam gesehen, welche Hindernisse die imperialistische Tendenz der Komnenen den Fortschritten der Kreuzesfahne bereitet hat und wie verhängnißvoll dieselbe für Jerusalem wie für Konstantinopel geworden ist. Es liegt daher nahe, die griechische Politik im Zeitalter der Kreuzzüge als die zweite Hauptursache für den Zusammenbruch der christlichen Herrschaft im Morgenlande geltend zu machen.

Fast vom Anfange des ersten Kreuzzuges an befehdeten sich aber zu eigenem größten Nachtheile auch die Franken unter einander. Hier haben die Normannen und die Provenzalen den Reigen eröffnet. Gefolgt sind ihnen die Könige Jerusalems, die Fürsten von Antiochien, die Grafen von Edessa und Tripolis, die Meister der Templer und Hospitaliter, fast alle Großen der Kreuzfahrerstaaten. Vom Abendlande her haben die Eifersucht der Genueser und Venetianer, der Haber der Deutschen, Franzosen und Engländer, vor allem aber die theokratische Richtung der römischen Kurie verderblich in das Geschick der syrischen Kolonien eingegriffen: die Päpste des dreizehnten Jahrhunderts haben sich an ihrem eigenen Geschöpfe, dem Reiche Jerusalem, durch ihre ungebändigte Herrschsucht in schlimmster Weise versündigt. Die vielgestaltige Zwietracht mithin, die Papstthum und Kaiserthum, Fürsten und Völker des fränkischen Erdkreises während des Kreuzzugszeitalters gegen einander in Waffen brachte, muß als dritte Ursache für den traurigen Ausgang des heiligen Krieges bezeichnet werden.

An die Politik reiht sich die Moral. Denn schon jene Zwietracht unter den Franken ruhte — wenigstens in vielen Fällen — auf moralischer Verkehrtheit. Außerdem haben sich die Pilger oft genug zu schlechten Streichen jeder Art hinreißen lassen, und den Bewohnern der Kreuzfahrerstaaten ist keine Schurkerei, Wollust und Gotteslästerung fremd geblieben. Indessen darf dieser Sittenlosigkeit, ein so großes Uebel sie auch war, doch kein übertriebenes Gewicht beigelegt werden, und man darf nicht, wie wohl manchmal geschieht, behaupten, daß die Verderbtheit der syrischen Franken für sich allein schon hinreiche, um das Scheitern des Kampfes gegen den Islam zu erklären. Denn wir wissen zwar von einer Menge schmählicher Handlungen, deren sich viele Einzelne in Jerusalem, Tripolis und Antiochien schuldig gemacht haben, wir besitzen aber deshalb noch kein Recht, ein allgemeines Verdammungsurtheil über das ganze Volk schlechthin zu fällen, und wir müssen uns um so mehr vor einem solchen Urtheile hüten, weil unsere Quellenschriften nach mittelalterlich moralisirender Anschauung jeden Unfall, von dem die Christen betroffen werden, als eine Strafe für die Sünden derselben ansehen. „Peccatis exigentibus" erleiden die Franken Niederlagen, und somit erscheinen sie sündhafter, als sie in Wahrheit gewesen sind. Ueber jeden Zweifel erhaben ist die Thatsache, daß bis zum Falle Akkons in den syrischen Städten trotz aller Ruchlosigkeit Einzelner sowohl in bürgerlicher Friedensarbeit wie in tapferer Führung der Waffen Hervorragendes geleistet worden ist, und es ist deshalb unstatthaft, der morgenländischen Christenheit wegen ihrer Verderbtheit gleichsam die Daseinsberechtigung von vornherein abzusprechen. Den sittlichen Verfehlungen, deren sich die Franken zu ihrem Unheile schuldig gemacht haben, ist ohne Zweifel Genüge geschehen, wenn sie hier erst in vierter und letzter Stelle, immerhin aber als eine der Hauptursachen für das Mißlingen der Kreuzzüge angeführt werden.

Fassen wir das Gesagte kurz zusammen und beachten wir dabei die chronologische Folge, in der diese „Hauptursachen" im großen Trauerspiel der Kreuzzüge vornehmlich zur Geltung gekommen sind, so zeigt sich folgendes Ergebniß. Gewaltige Menschenmassen ziehen gen Osten, allenfalls stark genug, um weite Länder sich dauernd anzueignen. Aber die Verkehrtheiten des asketischen Dranges, die Beschwerden der Märsche, die Schwerter der Feinde veranlassen ungeheure Verluste. Trotzdem bleiben noch einige Hoffnungen des Gelingens übrig, und erst nachdem die Kraft der Franken im schlimmsten Gedränge zwischen Seldschuken und Griechen fast aufgerieben ist, wird die Aussicht in die Zukunft vollends trostlos. Erst von nun an, da gleichsam keine große Lebensaufgabe mehr zu lösen ist, schädigt die sittliche Ungebundenheit der Kreuzfahrer, an der es auch vorher nicht fehlte, das gemeine Wesen in höherem Grade, und zugleich wirken die Parteiungen im Abendlande, vor allem der Kampf zwischen Kirche und Kaiserthum verhängnißvoll auf die syrischen Kolonien hinüber.[1]) Darnach erliegen auf der syrischen Küste in verzweifeltem Ringen die letzten Vertheidiger des Kreuzes. Das Abendland schickt ihnen keine Unterstützung mehr, denn der asketische Drang ist erloschen, großentheils aus denselben Ursachen, die den Sturz der Kreuzfahrerstaaten herbeigeführt haben. Man ist in Europa empört über die Zuchtlosigkeit, der sich die Streiter Christi im Morgenlande schuldig machen, und man verlangt nach Befreiung von den Fesseln, in welche die Kirche den Geist der Völker geschlagen hat. Unter allen Mitteln, welche die Kirche verwendete, um ihre Theokratie zu vollenden, hat vielleicht nichts anderes ihr selber schließlich so empfindlich geschadet, als der Mißbrauch der Kreuzpredigt, durch den sie die Gemüther vom heiligen Grabe so gut wie vom römischen Stuhle abgelenkt hat.

Wie anders hätte die Kreuzzugs-Völkerwanderung sich entwickeln können, wenn die Ursachen des Mißerfolges nicht allzu zahlreich gewesen wären! Denkt man sich nur die eine oder die andere derselben hinweg, so erscheint nahe liegend, daß Syrien ein mächtiges Frankenland und Kleinasien das feste Bollwerk des Griechenreiches geworden wären. Der Nordrand Afrikas, abgeschnitten von dem musulmännischen Asien, hätte alsdann der erstarkten Christenheit gegenüber sich schwerlich in feindlicher Selbständigkeit erhalten können; fast das ganze Gebiet der hellenistischen, wir dürfen sagen, der abendländischen Kultur wäre für diese wieder gewonnen worden. Statt

---

1) Es ist wohl zu beachten, daß die sittliche Verkommenheit der syrischen Christen nur allmählich zu einer ernsteren Gefahr für den Bestand der Kreuzfahrerstaaten geworden ist. Besonders seit den saladinischen Siegen und den bitteren Enttäuschungen, welche die nächstfolgenden Kreuzzüge gebracht haben, breiten sich freche Rücksichtslosigkeit gegen das gemeine Beste, wüste Habgier in allen nur möglichen Formen, entsetzliche Ausschweifung, Unglauben und Aberglauben in immer weiteren Kreisen aus. Aber selbst bei dem Verdammungsurtheile, zu dem diese Verderbniß überreichen Anlaß giebt, darf man nicht vergessen, an wie vielen ähnlichen Schäden das Abendland damals krankte und wie schlimm gerade europäische Verkehrtheit und Ruchlosigkeit auf die syrischen Kolonien eingewirkt hat.

dessen erfolgte, die Vernichtung der syrischen Kolonien. Seitdem haben Mongolen, Mamluken und Osmanen mit steigendem Erfolge daran gearbeitet, die herrlichen Lande Vorderasiens und Nordafrikas in Elend und Barbarei zu versenken. Der Anbau des Landes zieht sich Schritt um Schritt in engere Grenzen zurück, die Hochflächen verdorren, die Ortschaften zerfallen und das Volk verkommt. Von Asien ausgehend haben die Osmanen den europäischen Provinzen des griechischen Reiches und den Ländern an der unteren Donau dasselbe jammervolle Schicksal bereitet: mit Mühe ist ihrem Vordringen an den Grenzen Deutschlands endlich ein Ziel gesetzt worden.

Darnach erscheinen uns die Kreuzzüge als ein ebenso gewaltiger wie durchaus mißlingender Angriffsstoß des Abendlandes gegen die seit vielen Jahrhunderten im ganzen und großen siegreich sich erweiternde Welt des Morgenlandes. Der Niederlage der Christen reihen sich die triumphirendsten Erfolge des Islams an. Mit Ausnahme der pyrenäischen Halbinsel dehnt sich aller Orten sein Gebiet aus. Gegen Ende des Mittelalters ist nur noch die westliche Hälfte Europas, und auch diese schon schwer bedroht, die Freistätte christlicher Kultur.

Die unermeßlichen Opfer, welche das Abendland vergeblich gebracht, die unsagbar schmerzlichen Einbußen, die es erlitten hat, das ganze Trauerspiel der Kreuzzüge mit seinen schrecklichen Folgen, alles dieses soll nun aber aufgewogen und übertroffen werden durch die allgemeinen Kulturfortschritte, welche die bewaffneten Wallfahrten nach dem heiligen Lande veranlaßt haben.[1]) Es ist dies im letzten Grunde auch richtig, durchaus richtig, nur darf man sich nicht begnügen, wie wohl öfters geschieht, schlechtweg die Summe der Kenntnisse, welche die Christen auf den Kreuzzügen, besonders von ihren Gegnern gewonnen haben, als einen ausreichenden Ersatz für all jenes Unheil zu betrachten. Dem Ernste der Sache, der majestätischen Größe der weltgeschichtlichen Wandlungen wäre damit nicht ganz Genüge geschehen.

Verweilen wir zunächst noch einen Augenblick bei der Bedeutung, welche die Jahrhunderte der Kreuzzüge oder des späteren Mittelalters überhaupt für die Kultur der islamitischen Völker gehabt haben. Hier ist wenig gutes zu melden. Denn wohl hatte bereinst die arabische Ueberfluthung Vorderasiens und Nordafrikas einen reichen Kranz mohammedanischer Kulturstaaten begründet: die Jugendkraft der Araber hatte die Erzeugnisse antiker und christlicher Bildung, die sie in den eroberten Ländern vorfand, gelehrig verwerthet und hier und da selbständig weiter gebildet: den Christen er-

---

1) Eine gute Folge der Kreuzzüge war, daß sie mehrfach belebend auf die Christianisirung und Kultivirung der Slavenwelt eingewirkt haben. Die skandinavischen Fürsten z. B. haben in dieser Richtung den Ertrag des Kreuzzugszehntens verwerthet, und vornehmlich hat am baltischen Meere der deutsche Orden die Stätte seiner fruchtbarsten Wirksamkeit gefunden. Hierauf näher einzugehen, liegt jedoch nicht in der Aufgabe dieses Buches.

Schlußbetrachtungen.

schienen die islamitischen Staaten noch während der Kreuzzüge im Glanze tiefen Wissens und mächtigen Könnens; aber ein weiterer Fortschritt ist hier im großen und ganzen nicht mehr eingetreten. Denn die Volksstämme, die im Verlaufe des Kreuzzugszeitalters die Herrschaft im Gebiete des Islams ergriffen haben, die turkomanischen Stämme der Seldschuken und Osmanen, die Mamluken und Mongolen sind nicht im Stande gewesen, das Reich menschlichen Wissens aus eigener Kraft erheblich zu erweitern. Sie haben von dem Kapitale gezehrt, welches die unterworfenen Länder ihnen darboten: allmählich ist Stillstand eingetreten und darnach ein von Jahrhundert zu Jahrhundert schneller fortschreitender Verfall. Die soldatische Kraft des Islams blieb freilich noch stark genug, um die Christen aus Asien zu vertreiben; sie reichte auch hin, um in Europa, welches noch Jahrhunderte lang unter vielen jener Uebel litt, die schon die Niederlage im Morgenlande verschuldet hatten, die ausgedehntesten Eroberungen zu machen; aber mehr und mehr beschränkte sich jede Herrschaft der Muselmänner auf die Formen einer rohen Militärdespotie, verdarb und zertrat mit plumpem Fuß Wohlstand und Bildung der unterworfenen Völker, und erschien seitdem und bis auf den heutigen Tag als eine Kulturmacht nur noch dort, wo barbarische Volksstämme ihr Wesen treiben, wie z. B. im Innern Afrikas.

Die furchtbare Größe des weltgeschichtlichen Trauerspieles, welches sich im Zeitalter der Kreuzzüge vollendet hat, wird also erst dann in ihrem ganzen Umfange erfaßt, wenn man sich vergegenwärtigt, welches Elend die Muselmänner, und vornehmlich die Osmanen, in den nachfolgenden Jahrhunderten über den von ihnen beherrschten Länderkreis gebracht haben. Für all dieses Unheil soll nun der Fortschritt, den die abendländische Kultur seit den Tagen Gottfrieds von Bouillon aufweist, einen ausreichenden Ersatz gegeben haben. Prüfen wir, inwiefern eigentlich wir dieses Urtheil als berechtigt anerkennen können.

Der Pilger lernte, wenn er die eng begrenzte Heimat verließ, einen großen Theil der bewohnten Erde kennen. Wechselnde Bilder zogen vor seinem Auge vorüber. Fremdartige Landesgestaltung, seltsame Thiere und Pflanzen, der heitere Himmel des Südens regten ihn mächtig an. Er verkehrte unter Menschen, mit denen er sich oftmals nur durch Zeichen verständigen konnte. Die Kleidung und Bewaffnung derselben waren ihm neu; die Anlage der Ortschaften, die Einrichtung der Häuser, die Form jeglichen Geräthes gab ihm zu denken. Im griechischen Gebiete wie im Morgenlande waren lehrreiche Ueberreste des antiken Lebens noch vorhanden: von der Staatsverwaltung des römischen Kaiserreiches hatten sich militärische Einrichtungen und die Grundlagen des Steuerwesens, wenn auch mannigfach verwandelt und verschlechtert, dennoch von Geschlecht zu Geschlecht vererbt. Die gelehrten Männer am Bosporus erhielten in emsigem Sammlerfleiße die Schätze der klassischen Literatur; unter den Muselmännern wurde die Philosophie und Naturkunde der Hellenen mit Vorliebe und Einsicht gepflegt.

Im Betriebe der Landwirthschaft, in den meisten Zweigen der Industrie, an künstlerischem Vermögen waren die Bewohner der alten Kulturländer zwischen Donau und Eufrat den Franken weit überlegen. Die köstlichsten Erzeugnisse aller Zonen, die bei ihnen zusammenströmten, ließen diese Uebermacht im hellsten Lichte erscheinen: ihre großen Städte boten dem Lerneifer des Pilgers ein kaum zu bewältigendes Material des Wissenswerthesten dar. Außerdem waren schon die Griechen keine päpstlichen Christen, die Muselmänner gar Feinde des Kreuzes, und doch erschienen sie nicht als Ungeheuer und Dämonen, wie die kindliche Phantasie manches Frommen unter den ersten Kreuzfahrern erwartet haben mochte. Im Gegentheile, der ritterliche Sinn der Pilger wurde zur Bewunderung hingerissen durch die Güte und Freigebigkeit, die Tapferkeit und Redlichkeit mohammedanischer Herrscher: man lernte den Feind achten und gewöhnte sich, mit ihm zu verkehren wie mit seinesgleichen. Der Geist der Duldung zog ein in die Herzen und mit ihm der Geist des Zweifels an der Allgewalt der Päpste und der Unfehlbarkeit der kirchlichen Lehre.

Das jugendliche Europa hat auf seinen orientalischen Studienreisen, wie man wohl einmal die Kreuzzüge nennen darf, eifrig und mit großem Erfolge gelernt. Unsere Sprachen zeigen in der erstaunlichen Fülle morgenländischer Wörter, wie viel wir von den Mohammedanern entlehnt haben. Denn mit den Ausdrücken ist auch zumeist erst die Sache zu uns gekommen. Aus Asien stammen unser Kattun und Musselin, unser Sofa, Matratze und Alkoven, Bazar, Magazin und Arsenal, Douane, Gabelle, Tarif und Zechine nebst unzähligem anderem. Es dürfte kaum irgend ein Gebiet des politischen, militärischen, merkantilen, industriellen, wissenschaftlichen, künstlerischen und selbst des kirchlichen Lebens aufzufinden sein, welches nicht aus dem Morgenlande irgend welche Bereicherung empfangen hätte. Stammt doch selbst der allgemeine Gebrauch des Rosenkranzes im späteren abendländischen Mittelalter aus Nachahmung einer orientalischen Sitte.

Aber kann alles dieses Einzelne, die ganze Summe dieser Anregungen und Belehrungen jene ungeheure Einbuße aufwiegen, die das Herrschaftsgebiet der abendländischen Kultur vom elften bis zum siebzehnten Jahrhundert erlitten hat? Wer möchte dies zu behaupten wagen!

Das Gleichgewicht zwischen Verlust und Gewinn, oder vielmehr das Ueberwiegen des letzteren und somit ein Fortschritt, den die Kreuzzüge in die Weltgeschichte gebracht haben, wird auch dadurch nicht hinreichend nachgewiesen, daß die Ausbildung des Feudalwesens und Ritterthumes, das Aufblühen der Städte zu selbständigen Gemeinwesen, die Anfänge moderner Staats- und Gesellschaftsgestaltung und der Widerstand, der sich gegen die Herrschaft der römischen Kirche und deren Lehren in Ketzerkreisen erhob, auf die Einwirkung der kriegerischen Wallfahrten zurückgeführt werden. Denn dies ist zwar, wie sich aus allem oben Gesagten von selber ergiebt, zum Theile richtig, jedoch eben nur zum Theile, und zur größeren Hälfte ruht die gesammte Umbildung des europäischen Lebens vom elften bis zum vierzehnten Jahrhunderte ohne Zweifel auf Antrieben, die in der inneren Geschichte des Abendlandes ihre Hauptwurzel haben.

Und dennoch haben die Kreuzzüge segensreich, unendlich segensreich gewirkt. Sie haben zu allen jenen vielgestaltigen, ringsum fördernden Anregungen noch ein weiteres gefügt, welches diesen erst den vollen Werth gab und die befruchteten Kräfte des Abendlandes aufknospen und zu schnellerer Blüthe sich entfalten ließ: nämlich sie haben das bisher allzu gebarme Europa erheblich bereichert. Paradox wie es klingen mag, diesen Punkt so entschieden hervorzuheben, so verdient er dies doch schlechthin. Das Realste und das Idealste hängen oft von einander ab und bieten sich gegenseitig die Hand. Der heilige Krieg, im Hasse gegen den Islam begonnen, hat zu regstem Handelsverkehre mit den Muselmännern geführt. Die Schätze Asiens wurden den Europäern erschlossen und die mächtigsten Antriebe ihnen ertheilt, die Erzeugnisse ihres eigenen Bodens zu bessern und zu mehren, die Kraft ihres Geistes und die Gewandtheit ihrer Hände auf die Belebung ihrer Industrie zu richten. Die Folge war, daß die Völker Europas sich kräftig zu strecken, die ihnen innewohnenden Fähigkeiten in Schaffenslust zu fühlen begannen. Wohin der Geldstrom dieses internationalen Verkehres zuerst seinen Lauf richtete, dort hat in kühnem Wagen und Kämpfen ein neues Zeitalter seinen Anfang genommen. Darum ist Italien das Erstgeborene der modernen Völker, und neben den rührigen Kaufleuten von Florenz und Venedig steht sinnenden Antlitzes Dante, Abschied nehmend vom Mittelalter, ahnungsvoll andeutend die Aufgaben eines neuen Geschlechtes. Jene Kraft begann sich zu regen, die das klassische Alterthum aus Schutt und Trümmern neu hervorbilden, die den Erdball mit siegenden Armen umspannen und mit der Herrschaft der Einen Kirche endgültig brechen sollte. Der Geist der modernen Kultur des Abendlandes erwachte, unvergleichlich erhaben über alle Fähigkeiten, welche die Natur den orientalischen Stämmen verliehen hat, siegreich schon in seinen Jugendregungen gegen die Osmanen und seitdem rastlos am Werke, Konstantinopel und Jerusalem, oder vielmehr den gesammten Orient, soviel davon noch zu retten ist, vom Joche der Barbarei zu befreien.

Nachtrag.

Am Schlusse dieses Buches mag noch erwähnt werden, daß seit einigen Jahren in Paris eine gelehrte Gesellschaft besteht, die sich zum Zwecke gesetzt hat, Quelleneditionen zur Geschichte des lateinischen Orients, d. h. vornehmlich zur Geschichte der Kreuzzüge und der Kreuzfahrerstaaten, zu veranstalten und in denselben eine erwünschte Ergänzung zu dem großen Recueil des historiens des croisades (s. oben S. 2) zu bieten. Diese „Société de l'Orient Latin", unter deren Leitern der oben mehrerwähnte Graf Riant hervorragt, giebt eine série géographique und eine série historique von Quellenschriften heraus. Die erstere, von der zwei Bände erschienen sind, soll nach den bisherigen Ankündigungen umfassen: Itinera hierosolymitana et descriptiones Terrae Sanctae latine conscripta; Itinéraires français; Itinerarj italiani; Itinera graeca. Von der série historique war bis vor kurzem nur ein Band veröffentlicht: La prise d'Alexandrie, par Guillaume de Machaut (Eroberung Alexandriens durch König Peter I. von Cypern im Jahre 1365), herausgegeben von de Mas Latrie. Während des Druckes des vorliegenden Buches ist sodann erschienen der erste Band der Quinti belli sacri scriptores minores (herausgegeben von Röhricht), dem der zweite Band auf dem Fuße nachfolgen soll. — Die Société de l'O. L. unterstützt außerdem einzelne, für die Geschichte der Kreuzzüge werthvolle literarische Unternehmungen, die sogenannten publications patronnées par la société, von denen bisher veröffentlicht worden sind: Numismatique de l'Orient Latin, par G. Schlumberger, und: De passagiis in Terram Sanctam, ed. M. Thomas, jene Bilderhandschrift, der eine Reihe der obigen Illustrationen entnommen ist. An diese Publikationen soll sich in allernächster Zeit anreihen der erste Band der Archives de l'Orient Latin, eines periodischen Unternehmens, welches etwa in der Art der „Forschungen zur deutschen Geschichte" kleinere wie größere Mittheilungen zur Geschichte der Kreuzzüge vereinigen und sich der Beachtung der Fachgenossen ohne Zweifel in hohem Grade werth erweisen wird.

Die ersten Bogen dieses unter der Presse befindlichen ersten Bandes der Archives de l'O. L. hat Graf Riant mir zur Einsicht gütigst mitgetheilt. Dieselben enthalten aus der Feder des eben genannten Gelehrten den Anfang einer schwer wiegenden Abhandlung, nämlich seines „Inventaire critique des lettres historiques des croisades", welches überraschende Aufschlüsse über Echtheit und Unechtheit der betreffenden Schriftstücke, sogar bisher ungedruckte Kreuzfahrerbriefe enthalten soll. Auf die Tragweite dieser Aufschlüsse kann ich jedoch an dieser Stelle nicht näher eingehen, von anderen Gründen abgesehen schon deshalb, weil mir, wie gesagt, nur die ersten Bogen der genannten Abhandlung vorliegen. Nur Nummer XXXI des Inventaire, S. 71 ff., muß hier wohl noch besprochen werden, weil dort eine Streitfrage berührt ist, über welche sich Riant schon einmal in einer vor kurzer Zeit veröffentlichten Arbeit geäußert hat.

Kaiser Alexius soll nämlich nicht lange vor dem ersten Kreuzzuge an Graf Robert I. von Flandern einen Brief mit dringender Bitte um Hülfe gegen die Seldschuken gerichtet haben. Dieser Brief ist von den Forschern bald für echt, bald für unecht gehalten worden. Graf Riant hat nun zunächst in einem eigenen Buche (Alexii I. Comneni Romanorum imperatoris ad Robertum I. Flandriae comitem epistola spuria, Genevae MDCCCLXXIX) und sodann wiederholt in dem erwähnten Inventaire den Beweis der Unechtheit dieses Briefes zu führen gesucht. Ich habe den Brief in meiner obigen Darstellung gar nicht berührt, weil ich ihn ebenfalls für unecht halte und mich insoweit also in vollkommener Uebereinstimmung mit Riant befinde.

Dieser Gelehrte ist aber von der Verwerfung des Briefes aus einen Schritt weiter gegangen und hat nun bezweifelt, daß unter den Veranlassungen des ersten Kreuzzuges irgend welche Bitte des griechischen Kaisers um abendländische Hülfe gegen die Seldschuken erwähnt werden dürfe (s. oben S. 14). Denn Alexius habe kriegerische Unterstützung damals nicht dringend nöthig gehabt; mit den Westeuropäern, insonderheit mit Papst Urban II. habe er nachweislich zwar in regem Verkehr gestanden, doch habe es sich hierbei nur um kirchliche Angelegenheiten gehandelt; auf der Synode von Piacenza, wo eine griechische Gesandtschaft mit dem Papste zusammentraf (s. oben S. 17), sei vermuthlich nur von kirchlichen Angelegenheiten die Rede gewesen. Die Idee des Kreuzzuges wäre hiernach im Kopfe des Papstes nicht durch griechische Hülfsbitten, sondern durch Klagen über die Noth der Christen in Jerusalem und außerdem durch die Angst vor den Almoraviden, den Besiegern Spaniens, erzeugt worden.

Ich kann aber nicht finden, daß Riant für seine Ansicht, so bestechend dieselbe auf den ersten Blick auch erscheinen mag, bis jetzt ausreichende Beweise beigebracht hat. Von der byzantinischen Geschichte kurz vor dem Kreuzzuge wissen wir viel zu wenig gesicherte Einzelheiten, um allein wegen der Thatsache, daß die Seldschukennoth damals nicht tödtlich drängend war, die an den Papst gerichtete Hülfsbitte bezweifeln zu dürfen. Die Entscheidung hängt lediglich von der Würdigung der Mittheilungen ab, die wir einigen abendländischen Chronisten jener Tage verdanken (Hauptstelle bei Bernold von Sanct Blasien, Pertz, Mon. Germ. SS. V, 461). Nach diesen Mittheilungen hat Alexius zwar nicht einen eigentlichen Kreuzzug, wohl aber die Vermittelung tüchtiger kriegerischer Unterstützung vom Papste verlangt; und ich vermag, wie gesagt, mich bis jetzt nicht zu überzeugen, daß diese zeitgenössischen und allem Anscheine nach völlig unverdächtigen Nachrichten aus der gleichen Quelle stammen sollten, wie die epistola spuria ad Robertum comitem.

Wäre dies aber auch der Fall, so giebt Riant wenigstens zu, daß im kirchlichen Verkehr zwischen Alexius und Urban „se sont peut-être glissés quelques mots relatifs aux ravages des Turcs en Asie Mineure"; und auch solche Worte könnten im Kopfe des Papstes stark gewirkt und den entscheidenden Anstoß zur Kreuzpredigt gebildet haben. Riant meint freilich, in diesem Fall würde Urban die Christen zum Kampf in Kleinasien und nicht in Syrien aufgefordert haben. Aber im Kopfe des Papstes wogte in buntem Gemisch Sorge um Konstantinopel und Jerusalem, politische Rücksicht und asketischer Drang. Die Erhebung des werdenden Kreuzzuges vom realpolitischen Boden in mystische Regionen lag nahe genug, und die Einsetzung Jerusalems als Marschziel an Stelle Konstantinopels ist um so weniger auffallend, als nur über letzteres und über die Köpfe der zu besiegenden Seldschuken fort das erstere zu erreichen war.

Viel seltsamer jedenfalls als die Vertauschung des kleinasiatischen Kriegstheaters mit dem syrischen wäre es, wenn — wie Riant will — das Vorbringen der Almoraviden in Spanien den Papst vornehmlich zur Kreuzpredigt bewogen haben sollte. Sorge um Spanien hat denselben zwar ohne Zweifel ebenso lebhaft berührt wie Sorge um alle altchristlichen Länder, die damals schon an die Mohammedaner verloren oder von denselben bedroht waren. Um aber begreiflich zu machen, daß Urban zur Unterstützung der Spanier einen Kriegszug nach Asien hat veranlassen können, muß Riant annehmen, daß man damals über die Bedeutung des Wortes Hispania nicht im Klaren gewesen sei (die Chronisten jener Tage bezeichnen mit Hispania sowohl Spanien wie gelegentlich, verderbt aus Ispahan, einen Theil Asiens) und daß man bei völliger Unkenntniß der politischen Verhältnisse innerhalb der mohammedanischen Welt den Spaniern durch eine Diversion nach Asien nützen zu können geglaubt habe. Für so unwissend dürfen wir doch Urban und die Südfranzosen, unter denen die erste große Kreuzpredigt stattfand, nicht halten.

Einstweilen kann ich also Riants Behauptung, daß die Griechen gar keine kriegerische Unterstützung von Westeuropa erwartet hätten und durch den Kreuzzug in jeglicher Beziehung überrascht worden seien, nicht als bewiesen annehmen. Doch möchte ich mir ein endgültiges Urtheil in dieser Sache vorbehalten, bis Riants Inventaire, wenigstens für das Zeitalter des ersten Kreuzzugs, abgeschlossen vorliegt, da sich vielleicht noch Rückschlüsse aus den dort zu erwartenden neuen Mittheilungen ergeben werden.

Aber selbst wenn Riant alsdann Recht behalten sollte, so würde, was die wichtigste Schlußfolgerung betrifft, die sich an seine Worte knüpfen könnte, meine Auffassung der komnenischen Politik dadurch nicht im Geringsten widerlegt, im Gegentheil, soweit ich sehe, nur gestützt werden. Denn Kaiser Alexius hätte alsdann, so überaus schwer es immerhin war, zwischen Griechen und Kreuzfahrern ein für beide Theile nützliches Verständniß anzubahnen (s. oben S. 33), nur noch klarer und entschiedener, als man bisher annehmen durfte, die Aufgabe gehabt, dergestalt zu solchem Verständniß zu kommen, daß er die Kreuzfahrer nicht zu Werkzeugen seiner Herrschsucht, zu willkommenen Stützen seines Imperiums erniedrigte, sondern daß er ihnen billige Zugeständnisse gewährte und wie von Macht zu Macht mit ihnen verhandelte. Die komnenische Politik hat auch nach Riants Anschauung den schlimmen Fehler begangen, der das Scheitern der Kreuzzüge großentheils herbeigeführt hat (s. oben S. 427) und den ich zum Schlusse in keiner besseren Weise zeichnen kann als mit den Worten, die Riant selber von Kaiser Alexius gebraucht: „qui rêvait déjà l'empire universel, qui garda toujours, dans les circonstances les plus difficiles, un sentiment exagéré de sa dignité personnelle, qui, plus tard, mit la ténacité que l'on sait à faire les chefs de la Ire croisade ses hommes liges et ses débiteurs, enfin qui ne voulait des Latins qu'à titre d'auxiliaires salariés, jamais d'alliés et encore moins de libérateurs".

Verzeichniß der Illustrationen.

Seite 7: Papst Gregor VII. (De passagiis in Terram Sanctam, ed. M. Thomas. Venedig.)
" 12: Kaiser Alexius. Nach einem griechischen Manuscript des Vatikan. (Seroux d'Agincourt, Denkmäler der Malerei vom 4. bis 16. Jahrhundert.)
" 17: Papst Urban II. (De pass. i. Terr. Sanct. ed. M. Thomas.)
" 19: Vision Peters in der Kirche des heiligen Grabes. — Peter empfängt vom Patriarchen von Jerusalem den „Brief der Sendung". (Ebd.)
" 27: Gottfried von Bouillon. (Ebd.)
" 28: Boemund. (Ebd.)
" 29: Kriegsleute aus dem Ende des 11. Jahrhunderts. Fragment eines Pergamentgemäldes. (v. Hefner-Alteneck, Trachten des christlichen Mittelalters. I.)
" 30: Ritter vom ersten Kreuzzug. Aus einem Manuscript des britischen Museums. (Lonandre, les arts somptuaires.)
" 36: Kreuzfahrer zur See. (De pass. i. Terr. Sanct. ed. M. Thomas.)
" 41: Kampf zwischen Kreuzfahrern und Sarazenen. Von einem früher in der Kirche von St. Denis befindlichen Fenster aus dem 11. Jahrhundert. (Planché, the Cyclopaedia of costume.)
" 41: Kampf zwischen Kreuzfahrern und Sarazenen. Fenster aus der Kirche Notre-Dame zu Paris (11. Jahrh.). (Montfaucon, Monuments de la monarchie française.)
" 42: Kreuzfahrer auf dem Marsche. (De pass. i. Terr. Sanct. ed. M. Thomas.)
" 47: Ein Stück von der Westseite der Festungsmauern Antiochiens. (Rey, Monuments de l'architecture militaire des croisés.)
" 61: Façade der Kirche des heiligen Grabes. (Photographische Aufnahme nach der Natur.)
" 70: Grab Gottfrieds von Bouillon in der heiligen Grabeskirche zu Jerusalem. (Vogüé, les églises de la terre sainte.)
" 72: Kirche zu Bethlehem; Krönungsstätte Balduins I. (Ebd.)
" 73: Mosaik aus der Kirche zu Bethlehem, auf Kosten des Kaisers Manuel vor 1170 ausgeführt. (Ebd.)
" 78: Einzelheiten saracenischer Bewaffnung. Nach Glasmalereien des 11. Jahrhunderts in den früheren Fenstern der Kirche von St. Denis. (Planché, the Cyclopaedia of costume.)
" 86: Mittelalterlicher Belagerungsthurm mit Mauerbrecher. (Kottenkamp, der Rittersaal.)
" 87: Schleudermaschine für griechisches Feuer. (Ebd.)

Seite 96: König Balduin I. (De pass. i. Terr. Sanct. ed. M. Thomas.)
„ 103: Seegefecht zwischen Christen und Mohammedanern. (Ebd.)
„ 112: Siegel des Tempelherrenordens. (Vogüé, les églises de la terre sainte.)
„ 113: Templer im Hausanzug. (Tiron, Histoire et costumes des ordres réligieux militaires.)
„ 113: Mönch vom Orden des heiligen Grabes. (Tiron, Histoire et costumes des ordres réligieux.)
„ 114: Siegel des Hospitals. (Vogüé, les églises le la terre sainte.)
„ 115: Aeltere Tracht des Johanniterordens. (Schwan, Abbildungen derjenigen Ritterorden, welche eine eigene Ordenskleidung haben.)
„ 120: Ueberreste der Abtei St. Marie la grande in Jerusalem, erbaut um 1130 oder 1140. (Vogüé, les églises de la terre sainte.)
„ 121: Längendurchschnitt der Kirche der heiligen Anna zu Jerusalem; erste Hälfte des 12. Jahrhunderts. (Ebd.)
„ 123: Kaiser Johannes. (De pass. i. Terr. Sanct. ed. M. Thomas.)
„ 135: Mönchstracht aus dem 12. Jahrhundert. Aus dem Martyrologium von 1138 der königlichen Bibliothek zu Stuttgart. (v. Hefner-Alteneck, Trachten des christlichen Mittelalters. I.)
„ 136: König Konrad III. (De pass. i. Terr. Sanct. ed. M. Thomas.)
„ 138: König Konrad III. auf dem Marsch. (Ebd.)
„ 139: König Ludwig VII. auf dem Marsch. (Ebd.)
„ 146: Tempelherren auf dem Marsch. (Ebd.)
„ 155: Grabmal von Geoffrey de Magnaville, Earl of Essex, † 1148; in der Templerkirche zu London. (Waguer, Trachtenbuch des Mittelalters.)
„ 158: König Balduin III. auf dem Marsch. (De pass. i. Terr. Sanct. ed. M. Thomas.)
„ 167: Bleisiegel des Königs Amalrich. (Vogüé, Monnaies inédits des croisades.)
„ 173: Heinrich der Löwe und seine Gemahlin. Nach ihrem Grabmal zu Braunschweig. (Waguer, Trachtenbuch des Mittelalters.)
„ 175: Kaiser Manuel. (De pass. i. Terr. Sanct. ed. M. Thomas.)
„ 189: Siegel der Kanoniker des heiligen Grabes. (Vogüé, les églises de la terre sainte.)
„ 190: Eisernes Gitter im Tempel zu Jerusalem aus der Zeit der Kreuzzüge. (Vogüé, le temple de Jérusalem.)
„ 193: Ritter und Armbrustschützen. (De pass. i. Terr. Sanct. ed. M. Thomas.)
„ 195: Durchschnitt eines Festungsthurmes. (Rey, Monuments de l'Architecture militaire des croisés.)
„ 196: Durchschnitt eines Wachtthurmes. (Ebd.)
„ 202: Kaiser Friedrich I. Gleichzeitiges Basrelief in Lebensgröße im Kreuzgang des Klosters St. Zeno bei Reichenhall. (v. Hefner-Alteneck, Trachten des christlichen Mittelalters. I.)
„ 203: Kaiser Friedrich I. (De pass. i. Terr. Sanct. ed. M. Thomas.)
„ 205: Kaiser Friedrich I. auf dem Marsch. (Ebd.)
„ 207: Kaiser Audronikus. (Ebd.)
„ 208: Kaiser Isaak. (Ebd.)
„ 220: Statue der Gemahlin Königs Philipp August von Frankreich, ehemals am Portal von Saint-Germain l'Auxerrois zu Paris. (Schulz, das höfische Leben zur Zeit der Minnesinger.)

Verzeichniß der Illustrationen.

Seite 222: König Richard Löwenherz. Nach seinem Siegel. (Demay, le costume au moyen-âge d'après les Sceaux.)
„ 223: König Philipp August auf dem Marsch. (De pass. i. Terr. Sanct. ed. M. Thomas.)
„ 234: Mittelalterlicher Belagerungsthurm mit Fallbrücken. (Rottenkamp, der Rittersaal.)
„ 235: Schleudermaschine, aufgezogen zum Wurf. (Ebd.)
„ 236: Schleudermaschine, den Stein werfend. (Ebd.)
„ 238: Belagerungsthurm. (Ebd.)
„ 239: Maschinen zum Abschießen von Pfeilen. (Ebd.)
„ 245: König Richard Löwenherz auf dem Marsche. (De pass. i. Terr. Sanct. ed. M. Thomas.)
„ 252: Grabmal eines englischen Ritters aus dem Geschlechte der Harcourt in der Kathedrale von Worcester; um 1200. (v. Hefner-Alteneck, Trachten des christlichen Mittelalters. I.)
„ 272: Venetianische Seefahrer. (De pass. i. Terr. Sanct. ed. M. Thomas.)
„ 284: Kaiser Balduin. (Ebd.)
„ 285: Siegel Kaiser Balduins I. (Mémoires et publications de la société des sciences, des arts et des lettres du Hainaut. II. Série, tom. 3.)
„ 294: Kaiser Peter und Kaiserin Jolante. (De pass. i. Terr. Sanct. ed. M. Thomas.)
„ 297: Kaiser Michael VIII. (Ebd.)
„ 314: Sculpturen aus dem Kapellchen zum heiligen Grabe im Dome zu Konstanz. Rittertracht um 1218—20. (v. Hefner-Alteneck, Trachten des christlichen Mittelalters. I.)
„ 316: Sturm auf Damiette. (De pass. i. Terr. Sanct. ed. M. Thomas.)
„ 318: Grabmal des Kreuzritters William Marshall, Earl of Pembroke, († 1219) in der Templerkirche zu London. (Wagner, Trachtenbuch des Mittelalters.)
„ 319: Bischöfliche Tracht aus dem Anfange des 13. Jahrh. Nach einem Temperagemälde im Dome zu Worms. (v. Hefner-Alteneck, Trachten des christlichen Mittelalters. I.)
„ 327: Siegel Kaiser Friedrichs II. (Eye u. Falke, Kunst und Leben der Vorzeit. I.)
„ 331: Münzen Friedrichs II. (Seroux d'Agincourt, Denkmäler der Sculptur vom 4. bis 16. Jahrhundert.)
„ 332: Grabmal des Kreuzfahrers Robert Roß († 1227) in der Templerkirche zu London. (Wagner, Trachtenbuch des Mittelalters.)
„ 335: Tracht eines Königs des 13. Jahrhunderts. Glasgemälde in den Chorfenstern des Kölner Doms. (v. Hefner-Alteneck, Trachten des christlichen Mittelalters. I.)
„ 336: Kaiser Friedrich II Miniatur aus der Handschrift über die Falkenierkunst. (Seroux d'Agincourt, Denkmäler der Malerei vom 4. bis 16. Jahrhundert.)
„ 338: Drei Krieger als Wächter am Grabe Christi. Pergamentmalerei eines Gebetbuches aus d. Anfange d. 13. Jahrh. auf der Universitäts-Bibliothek zu Leipzig. (v. Hefner-Alteneck, Trachten des christlichen Mittelalters. I.)
„ 341: Sieben Krieger als Wächter beim heiligen Grabe. Pergamentmalerei um 1250. (v. Hefner-Alteneck, Trachten des christlichen Mittelalters. I.)
„ 346: Grabmal des Kreuzritters William Marshall († 1231) in der Templerkirche zu London. (Wagner, Trachtenbuch des Mittelalters.)

Verzeichniß der Illustrationen.

Seite 360: Ludwig IX. Nach einem Miniaturbild aus dem 14. Jahrh. (Muf. d. Bibl. nat. zu Paris.) (Lacroix, les arts au moyen-âge et à l'époque de la Renaissance.)
„ 366: König Ludwig IX. und seine Brüder: Robert von Artois, Philipp, Karl von Anjou und Alfons von Poitiers. (De pass. i. Terr. Sanct. ed. M. Thomas.)
„ 388: Ruinen des Hospitaliterschlosses Krak. (Rey, Monuments de l'Architecture militaire des croisés.)
„ 389: Durchschnitt der Ruinen vom Schlosse Krak. (Ebd.)
„ 393: König Ludwig IX. auf der Seefahrt. (De pass. i. Terr. Sanct. ed. M. Thomas.)
„ 395: König Philipp III. von Frankreich. Nach seinem Siegel. (Demay, le costume au moyen-âge d'après les Sceaux.)
„ 397: Mauerstück vom Hospitaliterschloß Krak. (Rey, Monuments de l'architecture militaire des croisés.)
„ 398: Mauerstück vom Hospitaliterschloß Krak. (Ebd.)
„ 399: Mauerstück vom Hospitaliterschloß Krak. (Ebd.)
„ 399: Mauerstück vom Hospitaliterschloß Krak. (Ebd.)
„ 405: Vom Schlosse Markab. (Ebd.)
„ 411: Ueberreste der Befestigungen von Tortosa. (Ebd.)
„ 412: Ueberreste der Befestigungen von Tortosa. (Ebd.)

„ 24: Küstengebiet der Propontis.
„ 34: Konstantinopel.
„ 44: Plan von Antiochien.
„ 59: Plan von Jerusalem.
„ 122: Grundriß der Kirche der heiligen Anna. (Vogüé, les églises de la terre sainte.)
„ 162: Askalon.
„ 188: Grundriß der Kirche des heil. Grabes. (Vogüé, les églises de la terre sainte.)
„ 229: Plan der Umgebung von Akkon.
„ 230: Akkon.
„ 262: Umfang des Reiches Jerusalem am Ende des 12. Jahrhunderts.
„ 281: Balkanhalbinsel und Westkleinasien im 13. Jahrhundert. Herrschaft der Lateiner im Griechenreiche.
„ 340: Das Reich Jerusalem nach dem Frieden von 1229.
„ 386: Plan von Cäsarea. (Rey, Monuments de l'architecture milit. des croisés.)
„ 415: Plan des Pilgerschlosses. (Ebd.)
„ 418: Balkanhalbinsel und Westkleinasien im 13. Jahrhundert. Lateinische Kirche im Griechenreiche.

Vollbilder.

Seite   1: Kirche des heiligen Grabes zu Jerusalem. (Vogüé, les églises de la terre sainte.)
"   61: Architektonischer Schmuck von der Vorderseite der Kirche des heiligen Grabes zu Jerusalem. (Ebb.)
" 122: Grabkirche der Jungfrau Maria im Thal Josaphat; 12. Jahrh. (Ebb.)
" 188: Längendurchschnitt der Kirche des heiligen Grabes zu Jerusalem. Nach dem Zustande derselben im 12. Jahrhundert. (Ebb.)
" 282: Ruinen des Hospitaliterschlosses Markab; Ansicht von Südosten. (Rey, Monuments de l'architecture militaire des croisés.)
" 388: Das sogenannte Kurdenschloß (le Crac des chevaliers, im Gebiete der Grafschaft Tripolis); ideale Reconstruction aus der Vogelperspective. (Ebb.)
" 418: Die Insel Rhodus aus der Vogelschau. (v. Winterfeld, Geschichte des ritterl. Ordens St. Johannis vom Spital zu Jerusalem.)
" 418: Belagerung von Rhodus durch die Osmanen im Jahre 1480. (Caorsini, Stabilimenta Rhodiorum Militium. Privilegia. Obsidio Urbis.)
" 418: Scenen aus der Belagerung von Rhodus durch die Osmanen im Jahre 1480. (Ebb.)
        1) Angriff der Osmanen auf das große Hafenbollwerk „Thurm des heiligen Nikolaus".
        2) Vergeblicher Sturmangriff der Osmanen auf die Stadtmauern von Rhodus.

Beilage.

"   38: Belagerung von Nicäa. Aus der im Anfang des 14. Jahrh. verfaßten Chronik „de passagiis in Terram Sanctam" (Venedig). (Nach der Ausgabe derselben von M. Thomas.)

Karten.

"   63: Syrien zur Zeit der Kreuzzüge.
" 156: Griechenland und die Kreuzfahrerstaaten um die Mitte des 12. Jahrhunderts.

Inhalts-Verzeichniß.

Vorwort . . . . Seite VII

Erstes Kapitel.
Morgenland und Abendland vor den Kreuzzügen. 1

Zweites Kapitel.
Erster Kreuzzug.

Papst Urban II. 15
Peter der Eremite 19
Das große Kreuzheer 25
Die Kreuzfahrer im griechischen Reiche 31
Belagerung von Nicäa 37
Marsch durch Kleinasien 40
Belagerung von Antiochien 44
Kampf mit Kerbogha von Mosul 49
Die Kreuzfahrer nach dem Siege 54
Eroberung Jerusalems 57

Drittes Kapitel.
Normannen und Griechen von 1099 bis 1119.

Die Kreuzfahrer und Kaiser Alexius von 1099 bis 1101 63
Kreuzzug des Jahres 1101 71
Fürst Boemund und Kaiser Alexius seit 1102 81
Tankred und Roger del Principato, Fürsten von Antiochien . . 89

Viertes Kapitel.
Geschichte des Reiches Jerusalem von 1100 bis 1143.

König Balduin I. 96
König Balduin II. 106
König Fulko und Kaiser Johannes 117

Fünftes Kapitel.
Zweiter Kreuzzug.

Das Morgenland vor dem zweiten Kreuzzuge 128
Kreuzzugsrüstungen im Abendlande 131

Inhalts-Verzeichniß.

	Seite
Die Kreuzfahrer in Griechenland und Kleinasien	138
Die Kreuzfahrer in Syrien	147
Nachwirkungen des Kreuzzuges	151
Kreuzzug gegen die Wenden	154
Eroberung Lissabons	155

Sechstes Kapitel.
Geschichte des Reiches Jerusalem von 1149 bis 1188.

König Balduin III.	157
König Amalrich	166
Kaiser Manuel	174
König Balduin IV.	179
Untergang des Reiches Jerusalem	187

Siebentes Kapitel.
Dritter Kreuzzug.

Das Abendland nach dem Falle Jerusalems	200
Rüstungen Kaiser Friedrichs I.	202
Griechische Geschichte seit 1180	206
Kreuzzug Kaiser Friedrichs I.	210
Kreuzzug König Richards I. und König Philipps II.	220
Belagerung von Akkon	228
Ende des Kreuzzuges	241

Achtes Kapitel.
Vierter Kreuzzug.

Kaiser Heinrich VI.	254
Papst Innocenz III. und Heinrich Dandolo, Doge von Venedig	263
Erste Eroberung von Konstantinopel	271
Zweite Eroberung von Konstantinopel	276
Syrien um 1204	282
Lateinisches Kaiserthum von 1204 bis 1261	284
Fürstenthum Achaja	298
Ende der Lateinerherrschaft im Griechenreiche	300

Neuntes Kapitel.
Fünfter Kreuzzug.

Syrien seit 1205	304
Kinderkreuzzug	306
Papst Innocenz III. und Papst Honorius III.	308
Kreuzzug des Königs Andreas von Ungarn	312

	Seite
Belagerung von Damiette	315
Kaiser Friedrich II. und die römische Kirche	325
Kreuzzug Kaiser Friedrichs II.	336
Nachspiel des Kreuzzuges	344

Zehntes Kapitel.
Sechster Kreuzzug.

Kreuzzüge Thibauts von Navarra und Richards von Cornwallis	348
Eroberung Jerusalems durch die Chariśmier	352
Kreuzzug König Ludwigs IX.	368

Elftes Kapitel.
Ende der Christenherrschaft im Morgenlande.

Syrien seit 1254	378
Sultan Bibars	384
Zweiter Kreuzzug König Ludwigs IX.	390
Ende der Christenherrschaft in Syrien	396
Untergang des Ordens der Tempelherren	413
Rhodus, Armenien und Cypern	417
Schlußbetrachtungen	423

Nachtrag	433
Verzeichniß der Illustrationen	437

www.ingramcontent.com/pod-product-compliance
Lightning Source LLC
Chambersburg PA
CBHW022113300426
44117CB00007B/697